国 防 大 学 政 治 学 院
学科基础理论学术专著资助项目

政党的逻辑

马克思恩格斯无产阶级政党理论

张军 著

上海人民出版社 上海远东出版社

图书在版编目(CIP)数据

政党的逻辑：马克思恩格斯无产阶级政党理论 / 张军著. —上海：上海远东出版社，2021
ISBN 978-7-5476-1725-0

Ⅰ.①政… Ⅱ.①张… Ⅲ.①工人政党—理论研究 Ⅳ.①D053

中国版本图书馆 CIP 数据核字(2021)第 145101 号

责任编辑 程云琦 祁东城
封面设计 李 廉

国防大学政治学院学科基础理论学术专著资助项目

政党的逻辑：马克思恩格斯无产阶级政党理论

张 军 著

出　　版 上海遠東出版社
(200235 中国上海市钦州南路 81 号)
发　　行 上海人民出版社发行中心
印　　刷 上海信老印刷厂
开　　本 710×1000 1/16
印　　张 34.75
插　　页 1
字　　数 568,000
版　　次 2021 年 10 月第 1 版
印　　次 2021 年 10 月第 1 次印刷
ISBN 978-7-5476-1725-0/D·31
定　　价 158.00 元

序言

何怀远

近年来，西方一些反华政客，把反华的矛头瞄准中国特色社会主义制度和中国共产党。他们越来越清楚地意识到：中国从近代一个被西方列强任意欺侮、剥夺、肢解和摆布的国家，经过1949年后70余年特别是改革开放40多年的建设发展，走过了西方资本主义国家几百年的发展历程，而且正阔步走向世界舞台的中央，其中的根本原因是中国走了社会主义道路，而中国走社会主义道路的政治力量是中国共产党。只有瓦解了中国共产党的领导、瓦解了中国人民的社会主义信仰，才能实现对中国的“不战而胜”。

世界正经历百年未有之大变局。我们知道，当今世界的经济运行的三大支柱——世界贸易组织、世界银行和国际货币基金组织及其规则，都是在英美主导下建立，其规则主要体现的是西方发达国家的根本利益和法权意志。随着世界新兴经济体的快速发展，特别是中国的发展，国际政治多元化、国际关系民主化、国际秩序合理化成为世界发展的大趋势，过去几个西方国家碰个头就决定人类命运的时代一去不复返了。世界变局的实质是国际权力和国家利益的再分配，必然让美国和西方发达国家产生霸权焦虑。中国特色社会主义的巨大成功，“意味着科学社会主义在二十一世纪的中国焕发出强大生机活力，在世界上高高举起了中国特色社会主义伟大旗帜；意味着中国特色社会主义道路、理论、制度、文化不断发展，拓展了发展中国家走向现代化的途径，给世界上那些既希望加快发展又希望保持自身独立性的国家和民族提供了全新选择，为解决人类问题贡献了中国智慧和中国方案”①。社会主义与资本主义的并存发展，充分显示出资本主义价值观

① 习近平：《决胜全面建成小康社会，夺取新时代中国特色社会主义伟大胜利（2017年10月18日）》，《习近平谈治国理政（第三卷）》，外文出版社2020年版第8—9页。

并不像他们自己宣称的甚至别人以为的那样“普世”，它的基本制度的基因性缺陷和价值观的虚伪性暴露无遗，让资本主义价值观的说客们越来越感到力不从心，理屈词穷，这不能不让美国和西方政客们深感精神焦虑。

无产阶级政党是社会主义、共产主义事业发展的根本保证，没有坚强的无产阶级政党领导，无产阶级革命和社会主义、共产主义事业就无从谈起。坚强的无产阶级政党来源于马克思主义政党理论的指导。

我们知道，马克思、恩格斯都曾是人本主义哲学的信仰者。人本主义者不满于资本主义的非人道社会状况，他们要改造旧人、培育新人，让人人都成为“真人”。为此，人本主义哲学家拿起批判的武器，批判“非人”，构建“真人”，盼望开启人们深层的本真人性，通过“新人”来建设全新社会。将理想的实现诉诸启迪人性，当然不需要分析阶级、不需要开展阶级斗争、不需要社会革命、更不需要领导社会革命的政党。人本主义的理想不可谓不美好。可“理想很丰满，现实很骨感”。资本主义社会中的人道主义灾难，是因为人性异化了吗？或者我们进一步追问：资本主义社会的人为什么异化？马克思很快发现：“人的本质不是单个人所固有的抽象物，在其现实性上，它是一切社会关系的总和。”①于是，马克思、恩格斯一针见血地指出：造成资本主义社会的人产生异化的根源是资本主义私有制，不改变资本主义私有制，就不能从根本上消除资本主义社会人的异化。资本是资产阶级的命根子，资本关系是资本主义社会的支配性关系，资产阶级是资本主义社会的统治者和守护神，要改变资本主义私有制，必将是一场你死我活的阶级搏斗。被剥削、被压迫、被统治的无产阶级要赢得对资产阶级的阶级斗争的胜利，就必须把无产阶级和广大劳动人民组织起来，以整个阶级的力量动员和领导社会力量，向有产阶级作斗争，才有取得革命胜利的可能。而要把无产阶级和广大劳动人民团结起来、组织起来，就必须建立无产阶级政党，使之成为领导无产阶级革命的政治核心。这个政党不仅承担着领导无产阶级和广大劳动人民彻底改造资本主义社会的历史使命，还承担着领导无产阶级和广大劳动人民建设社会主义、共产主义的历史使命。因此，如何建设无产阶级政党，就成了科学社会主义理论与实践的先导任务和核心任务。马克思、恩格斯以他们的革命实践和理论探索，向我们深刻阐明了无产阶级政党建设和实现历史使命的内在逻辑和深刻学理。

---

① 马克思：《关于费尔巴哈的提纲》，《马克思恩格斯文集》第1卷，人民出版社2009年版第501页。

本书有三个特点，一是历史与逻辑的交融。社会的历史是社会过程的自然展开和延续，所以历史过程是“浑沌的多”，科学的历史认识，就是要从过程中找出过程延续、变迁的主导性原因，找到原因与结果之间的必然性，悟出“浑沌的多”中的“有序的一”，这就是发现历史的逻辑或历史规律。马克思恩格斯无产阶级政党理论，是他们近半个世纪不断探索的结果。马克思、恩格斯开展国际工人运动的丰富实践，是这一理论体系发生发展的实践基础；他们所创立的新世界观，是这一理论体系的哲学根基；他们为各国无产阶级政党制定的纲领策略，则构成了贯穿这一理论体系的方法论原则。概而言之，无产阶级政党的性质、地位、使命、任务、策略、自身建设、与时俱进的世界观方法论原则等，构成马克思恩格斯无产阶级政党理论的总体框架和逻辑体系。本书全面梳理并向我们展示了马克思、恩格斯创立的无产阶级政党理论的基本架构和这一架构得以形成的波澜壮阔的国际工人运动。二是文与论的相互支撑。马克思、恩格斯都不是书斋式的学者，他们本质上都是无产阶级革命家，是他们在工作实践、社会生活中深切感受到了资本主义造成的极度不平等和深重社会灾难，才立志要改造这个不合理社会，建设一个没有剥削、没有压迫，人人平等自由的新社会。他们既没有给我们留下一本完整阐述马克思主义理论体系的教科书，更没有留下一本全面阐述他们创立的无产阶级政党理论体系的教科书，要全面呈现他们创立的无产阶级政党理论体系，只有一条路：对马克思、恩格斯留给我们的全部著作进行深度学习、研究，结合他们的革命实践和整个国际工人运动历史，发掘文本中的理论逻辑与历史的关系，按照无产阶级政党存在、发展、实践、事业等需要的理论逻辑，构建起一个概念规范、命题清晰、逻辑严谨、学理通畅、理论与实践统一的完整体系。本书在这方面是下了大功夫的。值得说明的是，本书是在作者博士论文的基础上写成的，本可以早几年出版，但作者没有这样做，而是又花了数年功夫，继续深入研究了马克思、恩格斯的个人传记、回忆录，全面复原马克思、恩格斯工作、生活和理论研究的“历史情境”；精读细研了2009年版10卷本《马克思恩格斯文集》、中文第1版50卷本《马克思恩格斯全集》，更全面深入地了解把握了马克思、恩格斯无产阶级政党思想的文本全貌；进一步研究国际共产主义运动史，对马克思、恩格斯创立无产阶级政党理论的历史语境、时代问题、实践基础有了更为直接的体悟；对有关马克思恩格斯无产阶级政党理论的研究成果进行了更深入的整理和鉴别。通过上述努力，把原来的书稿提升到一个更高的层次。恩格斯指出：“一个人如果想研究科学问题，首先要学会按照作者写作的原样去阅读自己要加以利用的著作，并且首先不要读出原著中没有的东西。”①忠实于原著，坚持论从文本出，这是本书作者严格遵循的一个重要原则，这既是思想史研究的方法论原则，也是研究者的学风问题。三是马克思主义政党学说与中国共产党理论和实践的统一。中国共产党是践行马克思主义政党理论的光辉典范。中国共产党在一个曾经是农民占人口绝大多数的东方大国，把自身建设成一支坚强的马克思主义政党，成为中国工人阶级的先锋队、中国人民和中华民族的先锋队；她不仅团结带领人民取得了新民主主义革命的胜利，还成为中国人民抗日战争的中流砥柱，取得了民族解放战争的胜利；她不仅彻底推翻了国民党腐朽没落的阶级统治，建立了人民当家作主的新中国，建立社会主义制度，还适应时代要求，开创和发展了中国特色社会主义；她不仅在推翻旧制度的革命战争年代把党建设为具有革命的牺牲奉献精神的党，还在和平建设时期，把党建设成具有先进性、纯洁性和卓越执政能力的马克思主义政党，既经受住了腥风血雨的革命战争的生死考验，又经受住了长期执政考验、改革开放考验、市场经济考验和外部环境考验，防范了精神懈怠的危险、能力不足的危险、脱离群众的危险、消极腐败的危险，不断强化自我革命精神，使党始终成为中国革命建设改革的坚强领导核心。习近平深刻指出，功成名就时做到居安思危、保持创业初期那种励精图治的精神状态不容易，执掌政权后做到节俭内敛、敬终如始不容易，承平时期严以治吏、防腐戒奢不容易，重大变革关头顺乎潮流、顺应民心不容易。中国共产党践行和发展马克思主义政党理论的实践，是马克思主义发展史中的宝贵财富，值得深入总结。本书虽为研究马克思恩格斯无产阶级政党理论的专著，但作者还是在这一理论的指导下，深入研究了中国共产党人对马克思主义政党理论的自觉实践、创新发展以及取得的宝贵历史经验。

恩格斯强调：“我们的理论是发展的理论，而不是必须背得烂熟并机械地加以重复的教条。”②这既是马克思主义的理论品格，也是马克思主义政党的政治品格和方法论自觉。当代中国共产党人所面临的使命任务和自身发展的环境条件，与马克思、恩格斯所处的时代已经不能同日而语了，但今天我们仍然可以像他们当年说到《共产党宣言》时所强调的：马克思、恩格斯创立的无产阶级政党理论的

① 恩格斯：《〈资本论〉第3卷序言》，《马克思恩格斯文集》第7卷，人民出版社2009年版第26页。

② 恩格斯：《致弗洛伦斯·凯利-威士涅威茨基夫人（1887年1月27日）》，《马克思恩格斯全集》第36卷，人民出版社1974年版第584页。

"一般原理整个说来直到现在还是完全正确的"①。因此,继承和发展马克思恩格斯无产阶级政党理论,为当代中国共产党的自身建设和中国特色社会主义事业提供基本理论和科学方法论滋养,把马克思和恩格斯为之奋斗的事业发扬光大,实现中国共产党人为人民谋幸福、为民族谋复兴、为世界谋大同的神圣使命,是理论工作者的神圣职责。

今年恰逢中国共产党百年华诞,本书的出版是对为中华民族奋斗了整整一个世纪的中国共产党的最好礼赞,也是一个马克思主义理论工作者献给中国共产党的最珍贵礼物。作为作者张军的导师,我和作者及所有读者一样,是十分高兴的,特作此序以为志。

① 马克思、恩格斯:《共产党宣言》,《马克思恩格斯文集》第2卷,人民出版社2009年版第5页。

目录

绪论

政党本质和无产阶级政党理论

恩格斯指出："在自然界里，同样的辩证法的运动规律在无数错综复杂的变化中发生作用，正象在历史上这些规律支配着似乎是偶然的事变一样；这些规律也同样地贯串于人类思维的发展史中，它们逐渐被思维着的人所意识到。"① 政党现象作为社会实践活动的重要内容，也有支配着其变化发展的辩证运动规律，需要按照其内在本质去认识和把握。作为马克思恩格斯无产阶级政党理论来讲，它首先是研究政党这个政治现象的理论，其次是无产阶级的政党理论，最后才是马克思和恩格斯在他们所创立的科学世界观指导下而创立和发展起来的马克思恩格斯无产阶级政党理论。因此，研究马克思恩格斯无产阶级政党理论，需要首先解决如何从基础层面认识政党，进而认识无产阶级政党，从而再进一步去全面认识和把握马克思和恩格斯他们所创立的无产阶级政党理论等问题。这既是学习研究马克思恩格斯无产阶级政党理论的基础和前提，也是全面认识和把握马克思恩格斯无产阶级政党理论的基本出发点和立足点。

第一节　马克思恩格斯视域中的"政党"

研究马克思恩格斯无产阶级政党理论，首先遇到的一个问题，应该就是马克思和恩格斯是如何看待政党的。从概念的理论角度来讲，这应该是学习和研究马克思恩格斯无产阶级政党理论的逻辑起点。

一、政党本质上是特定阶级利益的集中代表

阶级观点是马克思、恩格斯的基本观点，也是他们认识和把握社会政治活动的基本分析研究方法。马克思、恩格斯在《德意志意识形态》② 中，对他们所创立和发展的唯物史观进行了详细而科学的阐述，阐明了人类历史发展的基

① 恩格斯：《反杜林论》，《马克思恩格斯全集》第 20 卷，人民出版社 1973 年版第 13 页。

② 马克思、恩格斯对唯物史观的科学阐述，相对集中体现在《德意志意识形态》中，主要是《马克思恩格斯全集》第 3 卷，人民出版社 1960 年版第 23—47 页。

本规律。在他们1848年共同撰写的《共产党宣言》中就明确提出："至今一切社会的历史都是阶级斗争的历史。"① 恩格斯在1888年英文版《序言》中更正补充，指出原始公社的历史除外。马克思和恩格斯认为，在人类历史的发展中，起决定作用的是社会生产力。在人类历史的最初阶段，也就是原始公社时期，由于生产力还不是很发达或者说物质条件非常差，所以只能是全体人员一起进行劳动，获得物质资料后大家平均分享，因此社会分工也就不是那么复杂。而随着社会的不断发展，特别是生产力的不断加强，社会分工也就越来越细、越来越复杂，这就从最初的不同"社会阶层"，不断分化为拥有不同物质资料的不同等级，各个不同的等级根据不同的劳动分工共同构成一个社会集体，这个社会集体再制定和采取一定的规则维持它的正常运转，这就构成了最初的"国家"形式。这种国家形式随着生产力的不断提升和社会历史的不断发展而不断地加强，特别是当人类历史发展到资本主义社会的时候，随着生产力的持续快速发展，物质资料越来越集中在资本家的手中，这就越来越形成了虽然占人口是少数但物质资料却占多数的资产阶级和虽然占人口是多数但物质资料却占少数的"人民大众、即无产阶级"② 这两大对立的阶级，这既更加造成了社会的不公平和阶级对抗，同时也使社会变得更加简单和清晰，那就是当今社会历史的发展，一定程度上取决于资产阶级和无产阶级这两大阶级矛盾的解决进程。这就是马克思、恩格斯分析社会历史发展的基本脉络。既然社会历史的发展是由生产力也就是人们的物质需求决定的，那么社会历史的发展，人类自由幸福的获得，也就都需要围绕着提高生产力也就是增加物质资料来进行。在一定程度上可以讲，只要是生产力高度发达了，物质资料能极大满足人们的需求，也就是人们不再为了物质资料的基本需求而去劳动了，那么也就基本消除了人与人之间的竞争、对抗和压迫，那么这个时候，阶级也就失去了它存在的理由，也就会自然而然地随着历史的不断发展而逐渐地自我消亡了，人也就实现自由而全面发展了。对于这一理论观点，马克思和恩格斯在1879年9月17—18日给奥古斯特·倍倍尔等人的信中，通过对他们的革命斗争经验的总结进行了阐明，明确指出："至于我们，那末，根据我们的全部经历，摆在我们面前的只有一条路。

---

① 马克思、恩格斯：《共产党宣言》，《马克思恩格斯文集》第2卷，人民出版社2009年版第31页。

② 马克思、恩格斯：《德意志意识形态》，《马克思恩格斯全集》第3卷，人民出版社1960年版第45页。

将近四十年来，我们都非常重视阶级斗争，认为它是历史的直接动力，特别是重视资产阶级和无产阶级之间的阶级斗争，认为它是现代社会变革的巨大杠杆；所以，我们决不能同那些想把这个阶级斗争从运动中勾销的人们一道走。”① 既然阶级观点是认识和把握社会历史发展的基本观点，那么认识和把握作为社会政治现象重要组成部分的政党，也就必然地需要运用阶级观点来进行。

（一）政党首先是阶级的组织

这是政党的基本属性，也是政党本质的基本体现。既然阶级观点是马克思、恩格斯的基本观点，那么他们在认识和分析政党这个社会政治现象时，同样也是坚持用阶级观点来认识和分析政党问题的。他们在写于1850年1月31日至2月初的《国际述评（一）》中写道：“表现为各个政党之间相互关系的各个阶级之间的关系，在目前几乎跟1848年2月22日一样。”② 这说明政党之间的相互关系，实质上就是各阶级之间的关系，政党就是阶级的组织。从政党发展的历史来看，自资产阶级革命获得胜利以后出现现代意义上的“政党”以来，资产阶级学者们就对这一社会现象做过各种各样的评说，虽然这些观点有所差异，但有一点是相同的，就是只注重政党的外部特征，而回避政党的阶级实质。而马克思、恩格斯则站在辩证唯物主义立场，对政党的本质进行了深刻揭示。他们认为，政党本质上是特定阶级利益的集中代表者，是特定阶级政治力量中的领导力量，是由各阶级的政治中坚分子为夺取或巩固国家政治权力而组成的政治组织。这不仅体现在他们的理论阐释中，更实际地反映在他们创立和发展无产阶级政党的进程中。马克思、恩格斯在创立无产阶级政党时就公开申明党的阶级性，并自始至终将它作为党的基本宗旨。恩格斯在写于1872年5月—1873年1月的《论住宅问题》中就明确指出：“德国社会民主工党，正因为它是**工人政党**，所以必然实行‘阶级政策’，即工人阶级的政策。既然每个政党都力求取得在国家中的统治，所以德国社会民主工党就必然力求争得**自己的**统治，工人阶级的统治，即‘阶级统治’。而且，**每个**真正的无产阶级政党，从英国宪章派起，总是把阶级政策，把无产阶级组织成为独立政党作为首要条件，把无产阶

① 马克思、恩格斯：《马克思和恩格斯致奥古斯特·倍倍尔等人（1879年9月17—18日）》，《马克思恩格斯全集》第34卷，人民出版社1972年版第383—384页。

② 马克思、恩格斯：《国际述评（一）》，《马克思恩格斯全集》第7卷，人民出版社1959年版第260页。

级专政作为斗争的最近目的。”①

在创立和发展无产阶级政党的进程中，马克思、恩格斯还与那些企图改变这一基本属性的人进行了坚决斗争。比如，在共产主义者同盟时期，马克思、恩格斯批判海尔曼·克利盖“爱的呓语”，扭转同盟的前身“正义者同盟”阶级观点模糊的倾向，将“人人皆兄弟”的口号改为：“全世界无产者，联合起来！”1847年12月制定的同盟章程第一条明确提出，同盟的目的就是“推翻资产阶级政权，建立无产阶级统治，消灭旧的以阶级对立为基础的资产阶级社会和建立没有阶级、没有私有制的新社会”。② 还比如，1879年，德国社会民主工党内部出现了赫希伯格、施拉姆和伯恩施坦组成的所谓“苏黎世三人团”，他们在1879年8月以三颗星花为署名，在《社会科学和社会政治年鉴》上抛出了右倾机会主义的纲领《德国社会主义运动的回顾》，主张工人阶级政党应成为“一切富有真正仁爱精神的人的全面的党”。马克思、恩格斯对此进行了坚决批判，严肃指出了这种主张的严重错误，指出如果按照“三人团”的主张去办，德国社会民主工党就会变成大杂烩，丧失战斗力。恩格斯还明确指出：“任何民主的政党，无论在英国或在其他任何国家，除非具有明显的工人阶级的性质，就不可能取得真正的成就。抛弃这种性质，就只有宗派和欺骗。”③

（二）政党是阶级斗争发展到一定历史阶段的产物

政党是一种古老的历史现象。早在中国的《论语》中就说“君子群而不党”，宋代欧阳修还专门著有《朋党论》。这里的“党”既有不良的含义，而更多的是具有“帮派”的意思，因此并不是现代意义上的“政党”。现代意义上的政党，是在资产阶级革命获得胜利以后才出现的。对现代政党的产生，不同的角度有不同的理论解释。制度论认为，政党的出现是伴随议会与选举制度改革的结果；历史局势论认为，政党是在新旧制度交替和民族战争中，因为政治理念的不同而产生争议，从而产生了多样性的政党；发展论认为，社会现代化导致社会各方面关系得以加强，从而出现了政党；危机论认为，形成国家时会发生新政治秩序的合法性危机，政党正是为了解决这一问题而产生的。

---

① 恩格斯：《论住宅问题》，《马克思恩格斯全集》第18卷，人民出版社1964年版第299页。

② 马克思、恩格斯：《共产主义者同盟章程》，《马克思恩格斯全集》第4卷，人民出版社1958年版第572页。

③ 恩格斯：《工人党》，《马克思恩格斯全集》第19卷，人民出版社1963年版第306页。

马克思、恩格斯则对现代政党产生的原因进行了根本性的分析阐释。他们认为政党起源于阶级斗争，是阶级和阶级斗争发展到一定历史阶段的产物，而隐藏在阶级斗争背后的经济事实则是政党产生的最终原因。恩格斯在《关于共产主义者同盟的历史》中，通过早年对英国阶级斗争的深入考察，透彻分析了这个问题："我在曼彻斯特时异常清晰地观察到，迄今为止在历史著作中根本不起作用或者只起极小作用的经济事实，至少在现代世界中是一个决定性的历史力量；这些经济事实形成了现代阶级对立所由产生的基础；这些阶级对立，在它们因大工业而得到充分发展的国家里，因而特别是在英国，又是政党形成的基础，党派斗争的基础，因而也是全部政治历史的基础。马克思不仅得出同样的看法，并且在'德法年鉴'（1844 年）里已经把这些看法概括成如下的意思：决不是国家制约和决定市民社会，而是市民社会制约和决定国家，因而应该从经济关系及其发展中来解释政治及其历史，而不是相反。"① 马克思在《哲学的贫困》中，还明确地把组成为政党看成是无产阶级由"自在的阶级"成为"自为的阶级"的基本标志，他明确指出："经济条件首先把大批的居民变成工人。资本的统治为这批人创造了同等的地位和共同的利害关系。所以，这批人对资本说来已经形成一个阶级，但还不是自为的阶级。在斗争（我们仅仅谈到它的某些阶段）中，这批人逐渐团结起来，形成一个自为的阶级。他们所维护的利益变成阶级的利益。而阶级同阶级的斗争就是政治斗争。"② 从这可以看到，马克思、恩格斯对政党现象的分析是从经济生活入手的。这也符合马克思、恩格斯他们自己揭示并坚持的"生产力是社会发展的最根本的决定性因素"的基本原理要求。在经济生活中具有不同利益的人群首先分裂为阶级，为了维护本阶级的利益，各阶级展开阶级间的斗争，而政党就是为了适应这种斗争的需要，在阶级斗争发展到一定阶段产生出来的。这个阶级斗争的"一定阶段"，是指产生了被这个阶级大部分成员所广泛认同的共同思想，各个阶级成员之间也已经被一定的生产方式联为一体，并且在这个阶级中也已经产生了一定的阶级组织形式和阶级的领袖人物等基本条件。只要具备了这些最基本的条件，政党的产生也就是必然的了。资产阶级政党如此，无产阶级政党也同样如此。

---

① 恩格斯：《关于共产主义者同盟的历史》，《马克思恩格斯全集》第 21 卷，人民出版社 1965 年版第 247 页。

② 马克思：《哲学的贫困》，《马克思恩格斯全集》第 4 卷，人民出版社 1958 年版第 196 页。

（三）政党的中心任务是围绕着政治权力这个直接目的而进行政治斗争

政治从字意看，政有政权，治有统治和治理的意思。也就是说，政治从内涵要义来讲，一定意义上就是政权的统治和治理问题，只要是涉及政权的统治和治理的问题都是政治问题，只要是涉及政权的统治和治理的行动都是政治行动，只要是涉及政权的统治和治理的斗争都是政治斗争。既然政治斗争是涉及政权的统治和治理的斗争，那么它就既包括为了获得政权的统治和治理而进行的斗争，也包括为了维护政权的统治和治理而进行的斗争这两个方面。对于这个问题，马克思在 1848 年 6 月 1 日的《民主派》这篇文章中进行过阐明："有人会问，为什么我们对党派感到兴趣，为什么我们不去考虑民主运动的目的、人民的福利和所有的人的幸福呢？这是斗争的法则和惯例。在观点、利益和目的不一致的情况下，新时代的幸福是不能用假想的合理妥协和虚伪的合作等办法来达到的，这种幸福只有经过各个党派的斗争才能达到。"① 恩格斯写于 1878 年 3 月底的《一八七七年的欧洲工人》明确提出，工人阶级"正在组成一个不同于其他一切政党并同它们相对立的政党，这个政党的目的，是通过当前条件所需要的任何政治行动来求得工人的解放"。② 马克思更是在《哲学的贫困》中，在针对拉萨尔分子叫嚣无产阶级政党不能进行政治行动的问题进行批判时明确提出："不需要任何同盟，不需要任何政治，因为组织同盟不就是搞政治吗？"③ 恩格斯写于 1881 年 5 月 20 日左右的《工联》中写道："两大社会阶级之间的斗争，必然会成为政治斗争。中等阶级即资本家阶级同土地贵族之间的长期斗争就是这样，工人阶级同上述这些资本家之间的斗争也是这样。在阶级反对阶级的任何斗争中，斗争的直接目的是政治权力；统治阶级保卫自己的最高政治权力，也就是说保卫它在立法机关中的可靠的多数；被统治阶级首先争取一部分政治权力、然后争取全部政治权力，以便能按照他们自己的利益和需要去改变现行法律。"④ 马克思、恩格斯关于此问题的论述还有很多。

---

① 马克思：《民主派》，《马克思恩格斯全集》第 5 卷，人民出版社 1958 年版第 25 页。1848 年 6 月 1 日的《民主派》这篇文章，最初是由毕尔格尔斯写的。据马克思后来说，他在校阅这篇文章时删去了一半，另一半由他重新改写过。

② 恩格斯：《一八七七年的欧洲工人》，《马克思恩格斯全集》第 19 卷，人民出版社 1963 年版第 147 页。

③ 马克思：《哲学的贫困》，《马克思恩格斯全集》第 4 卷，人民出版社 1958 年版第 195 页。

④ 恩格斯：《工联》，《马克思恩格斯全集》第 19 卷，人民出版社 1963 年版第 284 页。

马克思、恩格斯不仅提出而且在创立和发展无产阶级政党的进程中，也始终坚持和维护政党的中心任务是围绕着政治权力这个直接目的而进行政治斗争的基本思想。在1866年9月初的国际工人协会第一次代表大会期间，蒲鲁东主义者曾向大会提交报告书，要求把协会的宗旨改为只是从事经济改良，为会员在本国和欧洲各国寻找职业，而不进行政治斗争。马克思、恩格斯同这个错误意图进行了坚决斗争。马克思在起草的《临时中央委员会就若干问题给代表的指示》中强调“协会的目的就在于把至今仍然分散的各国工人阶级争取自身解放的斗争联合起来，把它纳入共同的轨道”，[①] 进一步强调了国际工人协会进行政治行动的目的。在与蒲鲁东主义进行斗争后，国际工人协会内部又出现了巴枯宁主义。巴枯宁也反对无产阶级政党的政治斗争方向，要求国际工人协会作为一个协会根本不应从事政治活动。马克思、恩格斯又对巴枯宁派进行了坚决揭露和批判，明确指出，现存政府为了政治的和社会的目的对工人施加的政治压迫，都迫使工人不得不从事政治。向工人鼓吹放弃政治，就等于把他们推入资产阶级的怀抱。恩格斯还深入阐述了“革命是政治的最高行动”的基本原理：“我们要消灭阶级。唯一的手段是无产阶级掌握政治权力；而我们不应当从事政治吗？所有主张放弃政治的人都自命为革命家。革命是政治的最高行动，谁要想革命，谁就必须也承认准备革命和教育工人进行革命的手段，关心不让工人在革命后的第二天又受到法夫尔和皮阿之流的愚弄。问题只在于从事**什么样**的政治——**唯有从事无产阶级的政治，而不要做资产阶级的尾巴**。”[②] 虽然这是所有政党的基本原理，但同时也应看到，马克思、恩格斯之所以突出强调政党的中心任务是围绕政治权力这个直接目的进行政治斗争这一思想，也有基于他们当时所生活的年代、基于无产阶级政党当时所处的受压制和受排斥的地位等因素的影响。对处在这种位置上的政党来讲，夺取政权的政治任务显而易见比其他任务更急迫，也必然更要放在“中心位置”。

（四）政党必将随着阶级的最终消灭而消失

马克思指出：“辩证法在对现存事物的肯定的理解中同时包含对现存事物的

---

① 马克思：《临时中央委员会就若干问题给代表的指示》，《马克思恩格斯全集》第16卷，人民出版社1964年版第214页。

② 恩格斯：《关于工人阶级的政治行动（1871年9月21日在代表会议上的发言提纲）》，《马克思恩格斯全集》第17卷，人民出版社1963年版第446页。

否定的理解，即对现存事物的必然灭亡的理解；辩证法对每一种既成的形式都是从不断的运动中，因而也是从它的暂时性方面去理解。”① 恩格斯更是直接指出：“一切产生出来的东西，都一定要灭亡。”② 这充分说明，在马克思和恩格斯的唯物史观里，世界上的万事万物都有一个从产生到消亡的过程。政党作为一个社会政治现象也同样如此，既然有一个产生和发展的过程，也就必然伴随着一个不断消亡而消失的进程。不仅如此，而且政党是阶级的组织，而阶级是要最终消亡的。这是马克思、恩格斯的阶级观点的基本思想，也是人类解放理论的基本内容。马克思强调：“工人阶级解放的条件就是要消灭一切阶级；正如第三等级即资产阶级解放的条件就是消灭一切等级一样。”③ 恩格斯也指出：“阶级不可避免地要消失，正如它们从前不可避免地产生一样。”④ 马克思、恩格斯在其撰写的《神圣家族，或对批判的批判所做的批判》中，对阶级消灭的问题进行了科学阐明：“无产阶级执行着雇佣劳动因替别人生产财富、替自己生产贫困而给自己做出的判决，同样地，它也执行着私有制因产生无产阶级而给自己做出的判决。无产阶级在获得胜利之后，无论怎样都不会成为社会的绝对方面，因为它只有消灭自己本身和自己的对立面才能获得胜利。随着无产阶级的胜利，无产阶级本身以及制约着它的对立面——私有制都趋于消灭。”⑤ 这个问题，在他们所撰写的《共产党宣言》中又进行了进一步阐明，马克思、恩格斯指出：“当阶级差别在发展进程中已经消失而全部生产集中在联合起来的个人的手里的时候，公共权力就失去政治性质。原来意义上的政治权力，是一个阶级用以压迫另一个阶级的有组织的暴力。如果说无产阶级在反对资产阶级的斗争中一定要联合为阶级，通过革命使自己成为统治阶级，并以统治阶级的资格用暴力消灭旧的生产关系，那么它在消灭这种生产关系的同时，也就消灭了阶级对立的存在条件，消灭了阶级本身的存在条件，从而消灭了它自己这个阶级

---

① 马克思：《〈资本论〉第二版跋》，《马克思恩格斯文集》第 5 卷，人民出版社 2009 年版第 22 页。

② 恩格斯：《自然辩证法》，《马克思恩格斯全集》第 20 卷，人民出版社 1973 年版第 375 页（恩格斯引自歌德《浮士德》第 1 部第 3 场《书斋》）。

③ 马克思：《哲学的贫困》，《马克思恩格斯全集》第 4 卷，人民出版社 1958 年版第 197 页。

④ 恩格斯：《家庭、私有制和国家的起源》，《马克思恩格斯全集》第 21 卷，人民出版社 1965 年版第 197—198 页。

⑤ 马克思、恩格斯：《神圣家族，或对批判的批判所做的批判》，《马克思恩格斯全集》第 2 卷，人民出版社 1957 年版第 44 页。

的统治。”[①] 因此，“人对人的剥削一消灭，民族对民族的剥削就会随之消灭。民族内部的阶级对立一消失，民族之间的敌对关系就会随之消失。”[②]

政党作为阶级的组织，是阶级斗争发展到一定历史阶段的产物，而阶级不可避免地要消失，正如它们从前不可避免地产生一样。所以，政党的消失首先是以阶级的消灭为基本前提的，而且是以敌对阶级之间对立的消除为基础的。也就是说，对立阶级中将有一个首先被消灭，而另一个阶级则能承担起实现生产者平等自由并按新方式来组织生产的任务。政党的消失又是以国家的“自行消亡”而最终实现的。政党的中心任务是进行政治方面的斗争，国家政权是政治斗争的根本目的。国家自行消亡了，政党的任务也就自行取消了，使命任务没有了，政党也就失去了存在的最基本理由和条件。当然，政党与国家“自行消亡”的进程并不一定是个同步的过程，但其最终结局是一致的，这是其内在本质所得出的必然结果。阶级社会已经存在了几千年，阶级社会的生活方式、思维习惯、价值规范等在人们生活的各个方面、在思维的各个领域都留下了深深印记。阶级特别是国家的消亡必将是一个漫长而复杂的进程，它的长短取决于人类解放的发展进程和速度。在这一进程中，无产阶级作为人类历史上的最后一个阶级肩负着人类解放的历史使命，作为领导核心的无产阶级政党必须也必将承担起应该承担的历史担当，完成无产阶级的历史使命。

二、一定的政党活动方式形成一定的社会关系

政党活动是政党调动和利用党内外资源服务于自己奋斗目标的有组织的集体行为。马克思、恩格斯认为，政党活动是一种客观现象，不管人们喜欢不喜欢、乐意不乐意，它都会出现在社会政治生活中，都在按照其固有的内在规律运行着，影响着社会政治生活，影响着人们的思想行为，影响着社会的发展。

（一）政党活动首先是人们的社会实践活动

马克思在《哲学的贫困》中指出：“不能说社会运动排斥政治运动。从来没有哪一种政治运动不同时又是社会运动的。”[③] 从这里可以看出，既然政党是阶

① 马克思、恩格斯：《共产党宣言》，《马克思恩格斯文集》第 2 卷，人民出版社 2009 年版第 53 页。
② 马克思、恩格斯：《共产党宣言》，《马克思恩格斯文集》第 2 卷，人民出版社 2009 年版第 50 页。
③ 马克思：《哲学的贫困》，《马克思恩格斯全集》第 4 卷，人民出版社 1958 年版第 198 页。

级的组织，是阶级斗争发展到一定历史阶段的产物，那么政党活动也必然是一个动态发展的过程，需要放在社会、历史和人类的社会实践活动中来加以认识和分析。而作为社会历史发展的实践活动，政党活动必然首先是社会生活的重要组成部分，它是人们参与社会生活的众多方式中的一个特殊形式。也正因如此，政党活动作为社会政治活动的形式之一，必然体现在社会实践活动之中，成为人们参加社会活动特别是社会政治活动的重要形式和载体。

（二）政党活动是由政党活动主体来完成的

政党作为一个社会政治组织，必然应有其活动的主体，这个主体在不同社会形态和不同历史条件下会因社会历史发展的进程而有所不同。但从政党活动主体的基本存在形式来讲，总体上可分为个体和集体两种。从作为个体性的政党主体来讲，任何政党活动首先是个人的社会实践活动，个人以一定的政党身份参与政党活动，个人在一定的条件下进行政党活动，这个主体主要体现在如政党的领袖、党员等。从集体性的政党主体来讲，这是政党活动最基本、最重要的主体，这里既特指各个政党本身这个主体，也指政党的各级组织和机构等。与个体性的政党活动主体相比，政党的这个集体性主体更能决定一定社会条件下政党活动的内容和形式。因为个人往往受一定阶级和集团的利益和观念的支配，参与某一政党，或代表某一政党一定的利益进行政党活动。

政党活动主体有其自身的基本特征。首先，每个政党活动主体都有自己特定的利益和活动目的。一定的政党活动主体进行一定的政党活动，一定的政党活动主体介入社会政治活动，总是受自己特定的利益所决定和制约的。在马克思、恩格斯看来，人是社会关系的总和，在社会关系中所扮演的角色不同、所处的地位不同，就会形成不同的个人利益、团体利益和阶级利益，因为“人们为之奋斗的一切，都同他们的利益有关”①。利益是客观存在的，也是多方面的，可能是经济的也可能是社会的，既可能是集团的也可能是个人的。正是这些利益构成了人们的思想基础。马克思、恩格斯高度强调利益在政党活动中的意义和地位。恩格斯在 1895 年 3 月 6 日撰写的《卡·马克思“1848 年至 1850 年的法兰西阶级斗争”一书导言》中说：“唯物主义的方法在这里就往往只得局

① 马克思：《关于新闻出版自由和公布省等级会议辩论情况的辩论》，《马克思恩格斯全集》第 1 卷（上），人民出版社 1995 年版第 187 页。

限于把政治冲突归结于由经济发展所造成的现有各社会阶级以及各阶级集团的利益的斗争，而把各个政党看做是这些阶级以及阶级集团的多少确切的政治表现。”① 对于政党来讲，利益是从一定的政党活动主体的现实的社会生活中产生出来的。人们参与政党活动，或是为了谋取一定的利益，或是为了保护一定的利益，或是为了扩大一定的利益。利益以这样或那样的方式受政党活动主体的社会地位和社会生活决定。也正是对自己特定的利益的追求，从而使政党活动主体在参与政治活动时总有自己的一定的目的性。这种目的性与特定的利益是紧密相连的，在每个政党活动主体中都有各自不同的表现形式。其次，每个政党活动主体都受到一定的社会思想和观念的影响与支配。政党活动既然首先是社会实践活动，那么它必然受到一定的社会思想和观念的影响与支配。因此每个政党活动主体，也总是在一定的社会思想和观念的影响与支配下进行政党活动的。这些社会思想和观念，有的以政党的法规形式固定地体现在政党活动主体的纲领路线和策略政策中，有的虽然没有正式的表现形式但体现在政党活动主体的日常行为中。第三，政党活动主体的社会实践活动是有计划、有步骤、有组织地进行的。政党本身就是一个有组织的群体。正如恩格斯指出的："在阶级反对阶级的政治斗争中，组织是最重要的武器。"② 这种组织形式根据各个政党的阶级性质不同、所要实现的目标不同、所处的社会地位不同等而有所区别，这进而造成了各个政党活动的基本平台，也就是政党的组织结构形式的不同。马克思、恩格斯就在创立和发展无产阶级政党的进程中，根据当时革命所处的不同发展阶段，采取了不同的组织形式。比如，从政党活动的组织状态来讲，最初在布鲁塞尔成立的共产主义通讯委员会时期采取的是秘密活动形式，而发展到共产主义者同盟时期就已是公开的革命斗争形式。

（三）政党活动主体在政党活动中形成的相互关系构成一定的社会关系和政治关系

马克思、恩格斯指出："以一定的方式进行生产活动的一定的个人，发生一定的社会关系和政治关系。经验的观察在任何情况下都应当根据经验来揭示社

① 恩格斯：《卡·马克思"1848年至1850年的法兰西阶级斗争"一书导言》，《马克思恩格斯全集》第22卷，人民出版社1965年版第592页。

② 恩格斯：《工联》，《马克思恩格斯全集》第19卷，人民出版社1963年版第284页。

会结构和政治结构同生产的联系，而不应当带有任何神秘和思辨的色彩。”① 政党活动主体进行政党活动的同时，必然会形成这样或那样的关系。这种关系包括政党之间的关系、政党与群众之间的关系、政党领袖与普通党员之间的关系、党员与党员之间的关系等。这种由政党活动主体在各项政党活动中所形成的相互关系就构成了一般意义上的政党关系。首先，这种政党关系以某种方式反映着一定的阶级关系。也就是说，人与人之间的关系，归根到底是阶级与阶级之间的关系，可是这些关系总是同物联系着，并且作为物出现。因此，政党现象虽然主要表现为国家政权的活动和各类政党主体的活动，但更重要的是这里体现了各种复杂的人与人之间的关系，其中主要是阶级关系。其次，这种政党关系根源于物质的生活关系。马克思指出：“人们在自己生活的社会生产中发生一定的、必然的、不以他们的意志为转移的关系，即同他们的物质生产力的一定发展阶段相适应的生产关系。这些生产关系的总和构成社会的经济结构，即有法律的和政治的上层建筑竖立其上并有一定的社会意识形式与之相适应的现实基础。物质生活的生产方式制约着整个社会生活、政治生活和精神生活的过程。不是人们的意识决定人们的存在，相反，是人们的社会存在决定人们的意识。”② 政党作为社会政治活动的主体之一，政党的活动，从根本上讲是由社会物质生活条件决定的。人们在一定的生产方式下进行生产活动，必然会发生一定的生产关系和政治关系，进而发生政党关系，因此经济生活是政党关系的基础。这也是唯物史观理解和分析政党关系的基本观点。第三，政党关系是多方面的，但它们总的来说是随着政党活动的发展而发展的。政党关系的变化，本质上是对时代变化的应对。没有一个政党会在客观上没有变革需要的情况下随意地改变自己。现代政党从最初产生发展到今天，已有 200 多年的历史。在这 200 多年的时间里，时代已经发生了深刻变化。如果不是随着这种变化而对自身进行不断的变革发展，政党就不可能求得生存和发展。因此，政党本身正是在适应社会发展的进程中不断变革持续演进的。

① 马克思、恩格斯：《德意志意识形态》，《马克思恩格斯全集》第 3 卷，人民出版社 1960 年版第 28—29 页。

② 马克思：《政治经济学批判》，《马克思恩格斯全集》第 13 卷，人民出版社 1962 年版第 8 页。

三、政党形式体现着政党的本质、功能和运转模式

政党在实际发展过程中，有的政党关系会受历史力量的推动继续向前发展或者被淘汰，有的则被党章和法规等肯定下来形成制度。这种制度化的政党关系就是政党形式。政党形式是把构成政党要素统一起来的结构方式及其表现形式，是政党的本质、功能和运转模式的基本体现。如果政党的基本形式不是其内容的形式，那么它就没有任何价值了。政党形式总体上包括三个方面。

（一）政党制度

政党制度是政党进行社会政治活动的方式或状态，通常情况下是指政党执政、参政的方式和党际关系。这是政党关系在社会关系中的宏观体现形式，也是一个政党存在和发展的外在环境和条件。政党制度存在于一个国家中的市民社会的若干政党组成的整体，其基本特征在于该国政党的性质与数目，一般受到该国法律规定或长期政治实践影响而形成相对固定的结构模式。马克思、恩格斯在创立和发展无产阶级政党的过程中，也受到当时各国政党制度的影响和制约。最明显和影响最大的就是，当时的俾斯麦反动政府以有人谋刺德皇为借口，于 1878 年 5 月制定的《反对社会民主党企图危害治安的法令》，俗称“反社会党人法”。在马克思、恩格斯特别是马克思之后的恩格斯时期，恩格斯之所以支持各国工人政党进行议会斗争，也是因为当时各国实行了多党制的政党制度，这给无产阶级革命斗争提供了重要的外在的并且相对宽松的有利的社会政治环境和条件。

（二）政党体制

政党体制主要是指政党内部的组织形式。这是政党自身的组织结构和管理体制及相关法规制度的综合体。没有一定的体制形式，也就没有一定的政党活动。从政党的体制形式来看，有的是严密的，有的是松散的。但不管是严密还是松散，这都在一定程度上决定了一个政党的基本功能和运转模式。政党体制是受政治或者说社会因素决定的，但不能把政党体制本身当作决定性的东西。正如马克思指出的：“任何时候，我们总是要在生产条件的所有者同直接生产者的直接关系——这种关系的任何形式总是自然地同劳动方式和劳动社会生产力的一定的发展阶段相适应——当中，为整个社会结构，从而也为主权和依附关

系的政治形式，总之，为任何当时的独特的国家形式，找出最深的秘密，找出隐蔽的基础。”① 这就是说，政党体制必然受到“自然条件，种族关系，各种从外部发生作用的历史影响等等，而在现象上显示出无穷无尽的变异和程度差别，这些变异和程度差别只有通过对这些经验所提供的事实进行分析才可以理解”。②

（三）政党机构

政党机构是指政党体制内的具体机构设置，也就是政党这个组织的组织机构，马克思还曾把组织机构称为“组织系统”③。任何一个组织都是由一定的组织机构所组成的，都必须按照一定的组织形式和组织原则来对它的成员进行分工以及职责范围的确定、责权利的分配等。政党的组织机构，是表明政党内部各级组织各个组成部分的排列顺序、聚散状态、联系方式以及各要素之间相互关系的一种模式，是整个政党系统的“框架”，也是对政党全体成员为实现政党目标，在管理工作中进行分工协作，在职务范围、责任、权利方面所形成的结构体系。作为一个政党，组织机构是其核心的部分，是其日常运转的基本平台和载体。组织机构包括党的中央组织、党的领导者、党的地方组织和外围组织等。在马克思、恩格斯1847年12月8日积极参与起草的《共产主义者同盟章程》中，第五条就规定：“同盟的组织机构是：支部、区部、总区部、中央委员会和代表大会。”④ 马克思、恩格斯还在《所谓国际内部的分裂》中指出：“和一切资产阶级团体的章程相反，国际的共同章程对自己的组织结构问题只是轻轻地提了一笔。它让组织结构在实践中发展，而由未来的代表大会加以固定。”⑤ 也就是说，组织机构是可以改革和调整的，是需要随着实践的发展而不断丰富完善的。

---

① 马克思：《资本论》，《马克思恩格斯全集》第25卷（下），人民出版社1974年版第891—892页。

② 马克思：《资本论》，《马克思恩格斯全集》第25卷（下），人民出版社1974年版第892页。

③ 马克思：《共产主义者同盟章程》（马克思加了字句的全文），《马克思恩格斯全集》第7卷，人民出版社1959年版第627页。

④ 马克思、恩格斯：《共产主义者同盟章程》，《马克思恩格斯全集》第4卷，人民出版社1958年版第572页。

⑤ 马克思、恩格斯：《所谓国际内部的分裂》，《马克思恩格斯全集》第18卷，人民出版社1964年版第39页。

第二节　马克思恩格斯无产阶级政党理论的形成和地位

马克思、恩格斯创立了马克思主义，并在实践马克思主义中创立和发展了无产阶级政党，进而形成了马克思恩格斯无产阶级政党理论。这个形成的过程不是一蹴而就的，而是在继承前人的理论和实践的基础上形成的，是一个内容丰富、体系完备的理论体系。这一理论体系的创立和发展，对无产阶级履行崇高历史使命发挥了根本性作用。

一、马克思恩格斯对无产阶级政党的基本概念认知

研究马克思恩格斯无产阶级政党理论，从基本理论逻辑的角度来讲，首先应该面对的是，在马克思、恩格斯的理论认知里，对无产阶级政党的基本内涵是如何确定的。这是研究和把握无产阶级政党理论的基础和前提。对于这个问题，马克思、恩格斯结合革命实践进行了基本理论确定。

（一）无产阶级政党是由无产阶级这个阶级所组成的政党

这就涉及什么是无产阶级的问题。对于这个问题，马克思、恩格斯曾在不同的时机和场合进行过阐述。恩格斯在 1845 年 3 月撰写的《英国工人阶级状况》中曾进行过声明，指出："最后，我还要做两点声明。第一，Mittelklasse［**中等阶级**］这个词我经常用来表示英文中的 middle-class（或通常所说的 middle-classes），它同法文的 bourgeoisie（资产阶级）一样是表示有产阶级，即和所谓的贵族有所区别的有产阶级，这个阶级在法国和英国是直接地、而在德国是假借'社会舆论'间接地掌握着国家政权。同样，我也经常把工人（working men）和无产者，把工人阶级、没有财产的阶级和无产阶级当做同义语来使用。"① 马克思、恩格斯在 1845 年共同撰写的《德意志意识形态》中写道："对于人民大众、即无产阶级来说，这些理论观念是不存在的，因而也就用不着去消灭它们。"② 恩格斯在其撰写的《共产主义原理》中，在回答"第二个

① 恩格斯：《英国工人阶级状况》，《马克思恩格斯全集》第 2 卷，人民出版社 1957 年版第 280 页。

② 马克思、恩格斯：《德意志意识形态》，《马克思恩格斯全集》第 3 卷，人民出版社 1960 年版第 45—46 页。

问题：什么是无产阶级？”时，明确回答：“无产阶级是专靠出卖自己的劳动而不是靠某一种资本的利润来获得生活资料的社会阶级。这一阶级的祸福、存亡和整个生存，都要看对劳动的需求而定，也就是要看生意的好坏，要看无法制止的竞争的波动而定。一句话，无产阶级或无产者阶级就是 19 世纪的劳动阶级。”① 虽然这里只是引用了马克思、恩格斯对于无产阶级这个基本概念的几个简单阐述，但也可以看出，在马克思、恩格斯的理论语境里，无产阶级就是由“人民大众”所组成的广大“劳动阶级”。在这个阶级里面，还根据所从事的不同职业、工种等，又进一步有着不同的阶层。比如，工人阶级里面的码头工人“这个阶层”② 等。

（二）无产阶级政党是叫无产阶级政党的政党，而不是其他什么的政党

这就涉及无产阶级政党的名称问题。对于这个问题，列宁曾在《国家与革命》中，借用恩格斯的话进行过详细阐述，他说：“辩证法家恩格斯到临终时仍然忠于辩证法。他说：马克思和我有过一个很好的科学上很确切的党的名称，可是当时没有一个真正的即群众性的无产阶级政党。现在（19 世纪末）真正的政党是有了，可是它的名称在科学上是不正确的。但这不要紧，‘可以过得去’，只要党**在发展**，只要党意识到它的名称在科学上不确切，不让这一点妨碍它朝着正确的方向发展就行！”③ 从这里可以看到，马克思、恩格斯眼中的“真正的即群众性的无产阶级政党”是无产阶级的政党，是相对于资产阶级的政党来讲的。具体到无产阶级政党在科学上很确切的名称问题，只要党是发展的、是先进的，名称“可以过得去”。因为正如恩格斯所强调的：“对**真正的**政党说来，名称总是不完全符合的；党在发展，名称却不变。”④ 从这里可以看出，在马克思、恩格斯的理论认知中，任何事物都不是完善的，有时并不在于其叫什么，而关键是其有什么，特别是内容是什么。因此，在马克思、恩格斯创立和发展无产阶级政党的进程中，不管是用“共产党人”这个名称还是“社会民主党人”的叫法，都应该是无产阶级政党。当前，中国共产党称为“马克思主义政党”，

---

① 恩格斯：《共产主义原理》，《马克思恩格斯全集》第 4 卷，人民出版社 1958 年版第 357 页。

② 恩格斯：《致爱德华·伯恩施坦（1889 年 8 月 22 日）》，《马克思恩格斯全集》第 37 卷，人民出版社 1971 年版第 253 页。

③ 列宁：《国家与革命》，《列宁选集》第 3 卷，人民出版社 2012 年版第 183 页。

④ 恩格斯：《〈〈人民国家报〉国际问题论文集（1871—1875）〉序》，《马克思恩格斯文集》第 4 卷，人民出版社 2009 年版第 449 页。

从字意本身来看就是以马克思主义为指导的政党，因此从本源讲就是无产阶级政党，只不过是一个本体而根据不同的历史发展要求所进行的两种不同的叫法。马克思、恩格斯虽然有时把1840年就成立的“宪章派”称为“工人阶级的第一个战斗组织”①，但真正意义上的无产阶级政党还是从他们开始创立政党时开始的，他们才是真正的无产阶级政党创始人，他们在创立和发展无产阶级政党的同时也创立和发展了无产阶级政党理论。马克思恩格斯无产阶级政党理论是以马克思和恩格斯共同创立的科学世界观为理论基础和行动指导，以工人阶级为阶级基础，以领导无产阶级和广大人民群众进行革命斗争以及党的自身建设为实践基础的，关于无产阶级政党实现历史使命和加强自身建设的规律的科学理论体系。

二、马克思恩格斯无产阶级政党理论的形成基础

历史的发展是一个不断延续的过程。因此，任何事物的产生都有其源头和基础。对于马克思恩格斯无产阶级政党理论来讲，其不仅是以马克思主义为指导的政党理论，更是马克思主义的重要组成部分，这种双重的内在联系，不仅决定了马克思主义所形成的基础就是马克思恩格斯无产阶级政党理论所形成的基础，而且又根据政党理论创立和发展的特定要求进一步进行了拓展。

（一）历史的发展为马克思恩格斯无产阶级政党理论的形成提供了社会和历史的主客观条件

历史唯物主义告诉我们，任何理论都是时代的理论，都是当时社会历史发展的现实环境孕育的结果，都是适应历史发展提出的客观条件和主观要求的结果。马克思恩格斯无产阶级政党理论作为马克思主义政党的起源理论，之所以具有强大的社会生命力和历史生命力，在历史长河的发展中起到了巨大推动作用，就在于它不仅是当时社会历史发展的必然结果，也是对人类历史发展方向有效把握的结果。

马克思恩格斯无产阶级政党理论的产生首先与资本主义的发展有着密切的关系。19世纪初期，由于工业革命的推动，资本主义在欧洲各国迅速发展，从工场手工业迅速过渡到机器大工业。资本主义生产方式产生的巨大的生产力，

① 马克思、恩格斯：《致日内瓦一八三〇年波兰革命五十周年纪念大会》，《马克思恩格斯全集》第19卷，人民出版社1963年版第266页。

导致欧洲社会的经济结构和社会结构发生了巨大变化，从而出现了现代工业资产阶级和工业无产阶级的对立。特别是随着资本主义生产方式的进一步发展，使生产社会化和资本主义私人占有之间的矛盾日益激化，经济危机不断发生，社会矛盾日益尖锐，无产阶级反对资产阶级的斗争也日益广泛展开。恩格斯就指出："工人阶级第一次反抗资产阶级是在产业革命初期，即工人用暴力来反对使用机器的时候。"① 这种斗争从刚开始"自发"的"用暴力来反对使用机器"，不断发展到"自觉"组织起来与资产阶级进行集体抗争。这个由"自发"到"自觉"的无产阶级反对资产阶级斗争的大的社会历史环境，迫切需要有一个无产阶级自己的"组织"来领导和组织这场革命斗争。马克思恩格斯无产阶级政党理论就是在这种历史背景和社会环境下产生的，它适应了社会历史发展，首先是资本主义社会历史发展的需要，这是对资本主义社会历史发展的必然反映。它通过对资本主义社会的分析，提出无产阶级革命的任务，即资本主义社会不通过暴力革命就不能被推翻，要实现暴力革命就需要依靠无产阶级的力量，无产阶级要完成这样的任务，就必须建立自己的独立政党。在建立无产阶级政党的过程中，马克思恩格斯无产阶级政党理论也就得以形成和发展。

（二）人类在19世纪所创造的优秀成果为马克思恩格斯无产阶级政党理论的产生奠定了理论基础

列宁指出："为什么马克思的学说能够掌握最革命阶级的千百万人的心灵，那你们只能得到一个回答：这是因为马克思依靠了人类在资本主义制度下所获得的全部知识的坚实基础；马克思研究了人类社会发展的规律，认识到资本主义的发展必然导致共产主义，而主要的是他完全依据对资本主义社会所作的最确切、最缜密和最深刻的研究，借助于充分掌握以往的科学所提供的全部知识而证实了这个结论。凡是人类社会所创造的一切，他都有批判地重新加以探讨，任何一点也没有忽略过去。凡是人类思想所建树的一切，他都放在工人运动中检验过，重新加以探讨，加以批判，从而得出了那些被资产阶级狭隘性所限制或被资产阶级偏见束缚住的人所不能得出的结论。"② 马克思恩格斯无产阶级政党理论作为马克思主义的实践理论，它的形成同样不仅基于19世纪欧洲的社

---

① 恩格斯：《英国工人阶级状况》，《马克思恩格斯全集》第2卷，人民出版社1957年版第502页。

② 列宁：《共青团的任务（在俄国共产主义青年团第三次代表大会上的讲话）（1920年10月2日）》，《列宁全集》第39卷，人民出版社2017年版第333—334页。

会、政治和经济变化，而且还基于欧洲社会思想发展的既有成果，充分吸收并扬弃了当时理论思想的三大最高成就。

其一，德国古典哲学，主要是黑格尔的辩证法和费尔巴哈的唯物主义。正如恩格斯指出的："这就是从黑格尔逻辑学中把包含着黑格尔在这方面的真正发现的内核剥出来，使辩证方法摆脱它的唯心主义的外壳并把辩证方法在使它成为唯一正确的思想发展方式的简单形式上建立起来。"① 也就是说，马克思恩格斯无产阶级政党理论是建立在辩证唯物主义和历史唯物主义基础之上的理论体系。在创立这一理论体系时，马克思和恩格斯不仅吸取了黑格尔辩证法的"合理内核"，同时扬弃了其中唯心主义的部分，批判了黑格尔的唯心主义学说，还批判吸收了费尔巴哈的唯物主义，找到了揭示人类社会发展规律的科学方法、现实基础和社会力量，从而为确立无产阶级政党的历史使命、性质宗旨、纲领策略等，提供了科学世界观和方法论。其二，英国古典政治经济学。英国古典经济学家威廉·配弟、亚当·斯密和大卫·李嘉图关于劳动是财富和价值的源泉、劳动分工和生产法则的研究，提出了对资本主义经济结构和职能的重要认识。这些古典经济学家的理论体系，为马克思和恩格斯科学地认识资本主义经济关系和阶级关系，揭示资本主义社会的内在经济运动过程和发展规律提供了一定的理论素材，从而撰写出《资本论》等政治经济学著作，对揭示资本主义的本质，动员和组织工人阶级去完成历史使命发挥了理论指导和精神激励作用。其三，法国启蒙思想家和唯物主义以及空想社会主义的思想。18 世纪法国启蒙思想家和唯物主义的思想是非常革命的，这些思想改变了欧洲社会的精神。这种当时欧洲最为基本的思想，不仅为马克思恩格斯无产阶级政党理论的形成提供了一个较高的理论起点，而且法国空想社会主义深受这些观念的影响，提出的种种改造资本主义社会的社会批判理论和社会理想，对马克思恩格斯无产阶级政党理论的形成也产生了直接政治影响。

（三）马克思的两大理论发现为马克思恩格斯无产阶级政党理论的形成确立了科学基础和理论指导

唯物史观和剩余价值理论的形成，促使马克思主义走向成熟，也为马克思恩格斯无产阶级政党理论提供了理论武器。这两大理论，一方面使马克思恩格

---

① 恩格斯：《卡尔·马克思"政治经济学批判"》，《马克思恩格斯全集》第 13 卷，人民出版社 1962 年版第 532 页。

斯无产阶级政党理论获得了科学的基础，另一方面使马克思恩格斯无产阶级政党理论可以通过剩余价值揭露的资本主义生产的秘密，来揭示资本主义社会的阶级关系和国家本质，为无产阶级革命指明道路。恩格斯写于1877年6月中旬的《卡尔·马克思》对这个问题进行了翔实的阐述，他在谈到这个问题时说："在马克思使自己的名字永垂于科学史册的许多重要发现中，这里我们只能谈到两点。第一点就是他在整个世界史观上实现了变革。以前所有对于历史的见解，都以下述观念为基础：一切历史变动的最终原因，应当到人们变动着的思想中去寻求，并且在一切历史变动中，最重要的、决定全部历史的是政治变动。可是，人的思想究竟从哪里来的，政治变动的动因又是什么——关于这一点，没有人发问过。只有在法国史学家和部分英国史学家的新学派中，才产生了一种信念，认为欧洲历史的动力——至少从中世纪起——是新兴资产阶级为争取社会和政治的统治同封建贵族所作的斗争。而马克思则证明，过去的全部历史是阶级斗争的历史，在全部纷繁和复杂的政治斗争中，问题的中心始终是社会阶级的社会和政治的统治，即旧的阶级要保持统治，新兴的阶级要争得统治。可是，这些阶级是由于什么而产生和存在的呢？是由于当时存在的物质的、可以实际感觉到的条件，即各该时代社会借以生产和交换必要生活资料的那些条件。"① "历史破天荒第一次被安置在它的真正基础上；一个很明显而以前完全被人忽略的事实，即人们首先必须吃、喝、住、穿，就是说首先必须**劳动**，然后才能争取统治，从事政治、宗教和哲学等等，——这一很明显的事实在历史上应有的权威此时终于被承认了。"② "马克思的第二个重要发现，就是彻底弄清了资本和劳动的关系，换句话说，就是揭露了在现代社会内，在现存资本主义生产方式下资本家对工人的剥削是怎样进行的。"③ "现代科学社会主义就是建立在这两个重要根据之上的。"④

（四）无产阶级的革命实践为马克思恩格斯无产阶级政党理论的创立提供了实践基础

马克思恩格斯无产阶级政党理论是马克思主义的实践理论。一方面，

---

① 恩格斯：《卡尔·马克思》，《马克思恩格斯全集》第19卷，人民出版社1963年版第121—122页。
② 恩格斯：《卡尔·马克思》，《马克思恩格斯全集》第19卷，人民出版社1963年版第123页。
③ 恩格斯：《卡尔·马克思》，《马克思恩格斯全集》第19卷，人民出版社1963年版第124页。
④ 恩格斯：《卡尔·马克思》，《马克思恩格斯全集》第19卷，人民出版社1963年版第125页。

它是马克思和恩格斯创立自己的科学世界观后，由科学理论转化为指导革命实践的过程中所创立的实践中的理论。另一方面，是指这个理论体系的创立和发展，来源于对无产阶级政党革命实践的总结，又指导着无产阶级政党新的革命实践，并在新的革命实践中得到进一步检验、丰富、完善和发展。

马克思、恩格斯的一生是科学研究的一生，更是革命实践的一生。马克思加入“博士俱乐部”投身黑格尔运动，开启了参与实际斗争的帷幕，为马克思恩格斯无产阶级政党理论孕育了适当的政治和思想的土壤；编辑出版《莱茵报》，撰写第一篇政论文《评普鲁士最近的书报检查令》，标志着马克思政治活动的开始；马克思、恩格斯共同完成《德意志意识形态》，系统制定新的世界观，为传播和实践他们自己的科学世界观，在布鲁塞尔成立共产主义通讯委员会，在与各种错误思潮的不懈斗争中为无产阶级政党理论的诞生做了思想和组织准备；1847 年马克思、恩格斯加入正义者同盟，1848 年在创建共产主义者同盟中制定《共产党宣言》和《共产主义者同盟章程》，标志着无产阶级政党理论的诞生和实践征程的开启；在随后发生的欧洲革命，则是对无产阶级政党理论的第一次实践检验，马克思通过对革命运动的总结，撰写了《一八四八年至一八五〇年的法兰西阶级斗争》《中央委员会告共产主义者同盟书》和《路易·波拿巴的雾月十八日》等，丰富了无产阶级政党建设的基本原理；1848 年欧洲革命后，马克思全身心撰写《资本论》，为无产阶级政党理论的进一步发展提供科学指南，为新的革命高潮进行思想理论准备，进而奠定了党的纲领的理论基础；1864 年在伦敦成立国际工人协会，草拟《国际工人协会成立宣言》和《国际工人协会临时章程》，不仅为无产阶级政党理论的进一步发展提供了科学指南，为迎接革命高潮的再次到来做好了组织准备，而且把无产阶级政党及其理论在进一步巩固发展中提升到了一个新水平；1871 年出版《法兰西内战——国际工人协会总委员会宣言》《哥达纲领批判》等，通过对无产阶级政党纲领的全面系统阐述，为各国无产阶级政党制定正确党纲指明了方向；马克思之后的恩格斯，在创立和领导第二国际的过程中，坚持不懈与机会主义坚决斗争，捍卫和发展了马克思恩格斯无产阶级政党理论。正是这一革命实践过程的不断总结探索，才为马克思恩格斯创建和发展无产阶级政党奠定了坚实的实践基础，进而也促进了无产阶级政党理论的形成和发展。

三、马克思恩格斯无产阶级政党理论的体系构成

体系是由若干有关事物或某些相互联系的系统所构成的一个有特定功能的有机整体，任何体系都是由若干子体系构成的。作为马克思主义这个大理论体系的子体系，马克思恩格斯无产阶级政党理论也有自己相对独立的体系构成。这一理论体系，基于历史发展的主客观条件、人类思想成就的继承发展、马克思的两大理论发现、无产阶级的革命实践等的形成基础和条件，使得马克思恩格斯无产阶级政党理论具备了自己独特的理论体系和方法论，其基本内容包括以下方面。

（一）关于马克思恩格斯创立和发展无产阶级政党理论的历史与逻辑

马克思恩格斯无产阶级政党理论的形成和发展有其自身的独特过程，有其内在的历史逻辑和理论逻辑。这一过程是从创立辩证唯物主义和历史唯物主义这个科学世界观的理论准备和设计，到由于宣传和实践新的世界观的客观要求创立无产阶级政党的实践设计，进而在创立和发展无产阶级政党的过程中形成和发展无产阶级政党理论的整个过程。系统梳理马克思恩格斯无产阶级政党理论演进的历史与逻辑，从而全面厘清历史脉络和发展轨迹，构建起基本的历史发展的理论体系，既能为研究马克思恩格斯无产阶级政党理论提供基本的历史演进过程和文本资料依据，也能为马克思主义政党继承和发展这一理论体系提供历史经验的参考和借鉴。

（二）关于人类解放与无产阶级政党

这是马克思、恩格斯对无产阶级政党所进行的理论准备和“顶层设计”，是对无产阶级政党全局上的把握，根本上的构建。人的本质的特质需要实现人类解放，而人类解放需要无产阶级这个特定阶级来担负使命去实现，而无产阶级需要在无产阶级政党的领导和团结之下去实现自己的历史使命。人的本质、人类解放、无产阶级、无产阶级政党这四者之间的内在逻辑关系，既是相互联系的统一体，也是马克思、恩格斯进行理论演进的“拓扑图”，构成了无产阶级政党基础理论的理论体系，需要以人的本质为逻辑起点，从人类解放的基本认知入手，梳理人类解放与无产阶级的内在关系，进而研究无产阶级的本质属性对无产阶级政党提出的阶级基础、使命任务、建设要求等，从而为全面把握无产阶级政党的性质、宗旨和历史使命等问题，提供根本理论的指导和遵循。

（三）关于无产阶级政党的崇高理想与纲领策略

无产阶级政党之所以被称为革命的、先进的政党，就在于是无产阶级自己的政党，就在于担负着实现人类解放的伟大而崇高的历史使命，而要完成这一历史使命，不仅需要正确的革命纲领和路线方针作保证，而且需要有正确的斗争策略来支撑。马克思、恩格斯在领导无产阶级政党的革命实践中，从党的纲领、无产阶级革命、无产阶级专政、无产阶级政党的国际主义原则、无产阶级政党的策略等方面，对如何实现无产阶级政党的最终目标进行了科学阐明和论述。其中，党的纲领是无产阶级政党实现崇高理想的理论基础和行动指南，无产阶级革命是实现党的崇高理想的重要途径，无产阶级专政是实现党的崇高理想的必由之路，国际主义是实现无产阶级政党崇高理想的重要原则，正确的策略是实现无产阶级政党崇高理想的基本保证。这五个方面，在相互支撑、相互作用中形成了辩证统一的有机体，构成了无产阶级政党的党的领导的科学理论体系。这一理论体系，贯穿了马克思、恩格斯革命实践的全过程，是马克思恩格斯无产阶级政党理论的基本内容。

（四）关于无产阶级政党的使命任务与自身建设

任何政党的建设，总体上都包括两个方面：一个是如何进行政治斗争，实现政治目标的问题；另一个是如何加强自身建设，为实现政治目标提供坚强组织保证的问题。比如，马克思、恩格斯在创立共产主义者同盟时，就拟定了《共产党宣言》和《共产主义者同盟章程》，在创建国际工人协会时草拟了《国际工人协会成立宣言》和《国际工人协会临时章程》，其中“宣言”就是对实现党的崇高理想而确立的理论基础和行动指南，“章程”则是加强党的自身建设的总的规章，这两个方面是相互支撑、互为条件的辩证统一体。作为创立和发展中的无产阶级政党理论，马克思、恩格斯在党的自身建设方面，实现了从无到有、从初步建立到逐步完善的艰苦探索过程，包括科学理论、党员队伍、组织机构、党的纪律、发展规律等基本内容。其中，科学理论是党的建设的基础支撑和指导、党员队伍是党的建设的基本要素、组织机构是党的建设的基本载体、铁的纪律是党的建设的基本保证、发展规律是党的建设的内在要求。这五个方面也是在相互支撑、相互作用中形成了辩证统一的有机体，构成了无产阶级政党的党的自身建设的科学理论体系。这个理论体系，虽然只是无产阶级政党创立和发展阶段的思想观点，但它们“所阐述的一般原理整个说来直到现在还是完全正确的"，只不过"这些原理的实际运用"，需要"随时随地都要以当时的历史条件为转移"①。

另外，关于马克思恩格斯无产阶级政党理论的继承和发展问题。这是对马克思恩格斯无产阶级政党理论如何实现其历史价值、理论价值、实践价值的延伸。历史唯物主义注重研究政党的动态的过程，把政党问题放在社会历史发展的全过程来加以分析。马克思恩格斯无产阶级政党理论本身就是个动态发展的科学理论，是随着时代的发展而不断丰富完善的理论体系。从 1848 年马克思、恩格斯创立世界上第一个真正的无产阶级政党起，到现在已整整过去 170 多年，在此期间虽然有波折有起伏，但它始终保持了顽强的历史生命力和社会生命力，为推动历史发展发挥了重要促进作用。特别是中国共产党创立和建设发展的百年过程，更加有力印证了这一理论体系的真理性。世界是发展的，未来是光明的。马克思恩格斯无产阶级政党理论也是需要不断继承和发展的，如何在坚持马克思、恩格斯所创立的基本原理和思想观点的基础上，结合时代特征谋求创新发展，既是马克思恩格斯无产阶级政党理论这个理论体系的重要内容构成，也是马克思主义政党建设的重要任务和内在要求。

四、马克思恩格斯无产阶级政党理论的基本特征

马克思恩格斯无产阶级政党理论，作为实现了政党发展史和思想史的革命的理论，特别是作为马克思主义政党理论的基石，有其自身的基本特征。这些基本特征不仅是由马克思恩格斯无产阶级政党理论形成的基础和条件所决定的，也是由无产阶级政党本身的基本特性所规定的。

(一) 科学性

这是马克思恩格斯无产阶级政党理论的鲜明特征。这一鲜明特征，首先体现在马克思恩格斯无产阶级政党理论是建立在科学基础之上的理论体系。从无产阶级政党的本身来看，马克思、恩格斯创立无产阶级政党的最初本意，就是为了能更好地宣传和实践他们自己所创立的科学世界观。这个创立马克思、恩格斯他们自己的科学世界观的过程，既可以说是为无产阶级政党提供理论指导和世界观方法论支撑的过程，也可以说是马克思、恩格斯为创立无产阶级政党

---

① 马克思、恩格斯：《共产党宣言》，《马克思恩格斯文集》第 2 卷，人民出版社 2009 年版第 5 页。

所进行的理论设计的阶段。但不管从何种角度去理解和认识，马克思和恩格斯所创立的无产阶级政党都是以他们自己所创立的科学世界观为理论指导和建设基础的，具有基础性的科学特征。其次从无产阶级政党理论的体系构成来看，它是从属于马克思主义这个大的科学理论体系的。一般来讲，马克思恩格斯无产阶级政党理论从属于马克思主义三大部分的科学社会主义部分。这就从内容属性上具备了使其成为马克思主义这个科学理论体系子体系的本性。这个基本属性的基本成立，也就决定了马克思恩格斯无产阶级政党理论所具有的科学性。最后，马克思恩格斯无产阶级政党理论本身就是一个完备而科学的理论体系。马克思、恩格斯在无产阶级的革命实践中，科学而相对完整地概括了无产阶级政党的纲领路线、方针策略、自身建设等基本原理和思想观点，为无产阶级革命提供了理论指导，为无产阶级政党建设提供了科学理论支撑。

（二）阶级性

这是任何政党本身所带有的基本特性。首先，阶级观点是马克思、恩格斯的基本观点，既是观察和认识社会政治现象的基本立场，也是分析和研究社会问题的基本方法。列宁指出："阶级关系——这是一种根本的和主要的东西，没有它，也就没有马克思主义，关于这个问题共产国际第二次代表大会也作过决议。"① 其次，马克思、恩格斯认为，政党从本质上就是阶级的政治组织。马克思、恩格斯把人类解放作为无产阶级政党的理论逻辑起点，认为人类的彻底解放只有通过在资本主义社会下完全失去"自主活动"的无产阶级和无产阶级革命才能实现，而这个任务只有在无产阶级政党的领导下才能完成。正如恩格斯指出的："科学愈是毫无顾忌和大公无私，它就愈加符合于工人的利益和愿望。在劳动发展史中找到了理解全部社会史的锁钥的新派别，一开始就主要是面向工人阶级的，并且得到了工人阶级的同情。"② 最后，从无产阶级政党的基本性质来讲就是相对于资产阶级政党来讲的，它本身就是阶级斗争的产物。马克思恩格斯无产阶级政党理论，自然而然地就是无产阶级这个阶级自己的政治组织的理论，而不是其他什么阶级的政党的理论。

---

① 列宁：《俄共（布）第十次代表大会文献》，《列宁专题文集·论无产阶级政党》，人民出版社 2009 年版第 306 页。

② 恩格斯：《路德维希·费尔巴哈和德国古典哲学的终结》，《马克思恩格斯全集》第 21 卷，人民出版社 1965 年版第 353 页。

（三）革命性

这是马克思恩格斯无产阶级政党理论与其他政党理论的本质区别。首先体现在马克思主义本身就是一种革命的理论。列宁在阐述马克思的理论时说："马克思认为他的理论的全部价值在于这个理论'按其本质来说，它是批判的和革命的'。后一性质的确完全地和无条件地是**马克思主义**所固有的，因为这个理论公开认为自己的任务就是**揭露**现代社会的一切对抗和剥削形式，考察它们的演变，证明它们的暂时性和转变为另一种形式的必然性，**因而也就帮助无产阶级尽可能迅速地、尽可能容易地消灭任何剥削**。这一理论对世界各国社会主义者所具有的不可遏止的吸引力，就在于它把严格的和高度的科学性（它是社会科学的最新成就）同革命性结合起来，并且不仅仅是因为学说的创始人兼有学者和革命家的品质而偶然地结合起来，而是把二者内在地和不可分割地结合在这个理论本身中。实际上，这里直接地提出理论的任务、科学的目的就是帮助被压迫阶级去进行他们已在实际进行的经济斗争。"① 其次，马克思恩格斯无产阶级政党理论是在论述无产阶级革命的过程中提出的。无产阶级要推翻资产阶级，实现人类解放的崇高理想，必须建立自己的独立的政党，只有在党的领导下，才能制定纲领路线、战略和策略原则，才能最终实现自己的目标。马克思、恩格斯在《共产党宣言》中宣告："共产党人到处都支持一切反对现存的社会制度和政治制度的革命运动。"②

（四）实践性

马克思恩格斯无产阶级政党理论是理论与实践相结合的典范。它来源于对党的建设实践经验和教训的总结，又指导着新的实践，并在新的实践中得到进一步检验、丰富和完善。首先，马克思恩格斯无产阶级政党理论的创立是实践观点的成功运用。这一理论体系是以唯物史观作为理论基础的。唯物史观强调的就是实践是理论的基础，理论反过来又为实践服务。其次，这一理论是科学社会主义和工人运动相结合的产物。"马克思、恩格斯认为，社会主义理论需要同工人运动相结合，工人运动需要革命理论指导。"③ 他们既是这样说的，更是

---

① 列宁：《什么是"人民之友"以及他们如何攻击社会民主党人？（1894 年春夏）》，《列宁选集》第 1 卷，人民出版社 2012 年版第 82—83 页。

② 马克思、恩格斯：《共产党宣言》，《马克思恩格斯文集》第 2 卷，人民出版社 2009 年版第 66 页。

③ 保尔·拉法格：《回忆马克思恩格斯》，人民出版社 1973 年版第 68 页。

这样做的。正如恩格斯指出的："我们决不想把新的科学成就写成厚厚的书，只向'学术'界吐露。正相反，我们两人已经深入到政治运动中。"① 可见，没有无产阶级的革命运动，就不可能有马克思恩格斯无产阶级政党理论。同样，没有革命的理论，也就不可能有无产阶级的革命运动。第三，这一理论是同马克思、恩格斯的革命实践紧密相关的。马克思恩格斯无产阶级政党理论，不是什么天才人物主观臆造出来的，更不是在工人运动中自发产生的，除了马克思和恩格斯的天才条件外，更主要的是他们亲自参加了无产阶级革命的实践，总结了工人运动的经验，始终根植于社会革命实践的土壤之中。马克思、恩格斯为人类解放而终其一生奋斗的革命实践，已经进行了铁的印证。

（五）发展性

一方面，从马克思主义本身来讲就是发展的理论。恩格斯指出："我们的理论是发展的理论，而不是必须背得烂熟并机械地加以重复的教条。"② 另一方面，实践性内在要求也具有发展性。马克思恩格斯无产阶级政党理论的实践性，决定了这一理论的内容和观点，必将在不同的时代、社会和历史背景下不断得到丰富、完善和发展，从而更好地指导革命实践活动，并在具体指导实践活动的过程中进一步丰富和发展自己。

五、马克思恩格斯无产阶级政党理论的历史地位

马克思主义是关于全世界无产阶级和全人类彻底解放的学说，由马克思主义哲学、政治经济学和科学社会主义三部分组成。科学社会主义是以马克思主义哲学和政治经济学理论为基础的，是马克思主义理论体系的核心理论，它的任务是研究无产阶级解放事业的历史条件以及这一事业本身的性质，是最直接又全面指导无产阶级为实现人类解放而斗争的行动科学。马克思恩格斯无产阶级政党理论，作为科学社会主义的重要行动理论，不仅为无产阶级的革命斗争特别是无产阶级政党的发展提供了理论指导，而且开创了人类认识和掌握政党现象的科学时代，为人们更好认识世界和改造世界提供了思想和理论指引。

---

① 恩格斯：《关于共产主义者同盟的历史》，《马克思恩格斯全集》第 21 卷，人民出版社 1965 年版第 248 页。

② 恩格斯：《致弗洛伦斯·凯利-威士涅威茨基夫人（1887 年 1 月 27 日）》，《马克思恩格斯全集》第 36 卷，人民出版社 1974 年版第 584 页。

（一）为无产阶级的革命斗争和无产阶级政党的建设发展提供了思想指南

这是马克思恩格斯无产阶级政党理论作为无产阶级政党自己的科学理论所体现的首要价值。马克思恩格斯无产阶级政党理论首先是为无产阶级的革命斗争服务的，作为无产阶级自己的科学理论体系，它为无产阶级的革命斗争和无产阶级政党的建设发展提供了科学的基础原理和思想观点的理论支撑，是正确认识把握并科学解决革命建设问题的科学方法指南，是革命斗争和建设的有力理论武器。从这一理论诞生到现在170多年的历史发展实践，已经有力证明了它的革命意义和历史价值。它不仅动员千百万人民群众为实现一个没有剥削和压迫的理想社会而不懈奋斗，而且推动国际工人运动持续发展，使无产阶级政党成为当时的资本主义国家的重要政治力量；它不仅指导无产阶级首先在俄国夺取革命政权，建立世界上第一个社会主义国家，开辟了人类历史的新纪元，而且还为其他落后国家建立无产阶级政党提供理论指导，推动无产阶级革命运动在世界范围内的蓬勃发展，特别是有力指导中国共产党领导和团结全国人民取得了革命、建设和改革的伟大胜利。当然，由于马克思恩格斯无产阶级政党理论，还只是无产阶级政党创立和发展初期的理论，不可能把所有的问题都回答到，特别是对于无产阶级政党取得革命政权后如何加强党的建设、如何治理国家等问题，都还处于预想阶段，有些甚至还只是初步的或者说是思想的萌芽，需要客观辩证地认识和把握。

（二）奠定了当代马克思主义政党的理论基石

这是马克思恩格斯无产阶级政党理论作为马克思主义政党理论体系的初始理论所体现的价值。历史唯物主义认为，任何事物的成长都是一个不断发展的过程。政党作为一种社会政治现象也不例外。马克思、恩格斯在创立马克思主义的同时，也创立和发展了无产阶级政党理论。这一理论体系是创立和发展中的政党理论，为当代马克思主义政党理论的进一步发展奠定了基本的理论基础和原理支撑。马克思恩格斯无产阶级政党理论不仅在系统分析人类解放与无产阶级政党的关系中阐明了无产阶级政党的崇高理想、性质宗旨等根本问题，而且还在实际的革命斗争和党的建设发展中提出了党的纲领策略、组织原则等战略策略问题等。这些既是党的建设和发展的基本问题，也是进一步增强党的建设质量的根本问题，是马克思主义政党建设发展的理论源泉和精神财富，始终坚持和发展这些基本原理和思想观点，具有深远而重大的理论和现实指导意义。

(三) 推动政党理论实现了革命性发展

这是对现代政党理论的普遍意义所体现的理论价值。政党不仅是一种社会政治现象，而且还是一种古老的历史现象。从封建社会中只是“帮派”“派系”意思的“党派”，到资产阶级革命获得胜利以后出现的现代意义上的“政党”，进而再到马克思、恩格斯对政党现象进行本质性的揭示，从而实现了人们对政党现象的革命性认识。这个对政党现象不断揭示不断发展演变的过程，也是人们对政党理论不断认识、持续总结完善的过程。马克思恩格斯无产阶级政党理论，是建立在他们自己创立的科学世界观基础之上的，他们坚持历史唯物主义和辩证唯物主义的立场、观点和方法，通过对资本主义社会特别是资产阶级本质的根本剖析，第一次揭示了政党现象的阶级本质，深刻阐述了政党发展的基本规律，系统提出了政党建设的基本原理和思想观点等，实现了政党理论发展史上的革命性跃升，使马克思恩格斯无产阶级政党理论成为真正科学而先进的政党理论体系。

第三节　马克思恩格斯无产阶级政党理论研究的方法论

马克思主义认为，理论研究应当在一个科学的总的方法论的指导下进行，没有一个科学的总的方法论的指导，具体方法的运用往往难以导致一个科学的结论。马克思恩格斯无产阶级政党理论的创立和发展，是对马克思主义最深刻、最科学的证明和运用。作为马克思主义理论体系的重要组成部分，辩证唯物主义和历史唯物主义共同构成了马克思恩格斯无产阶级政党理论的方法论基础。马克思、恩格斯坚持以辩证唯物主义和历史唯物主义为指导，把马克思主义哲学的基本原理和方法论贯穿于创立和发展无产阶级政党理论的全过程，融入无产阶级政党建设的各个方面，使其成为真正科学而革命的理论体系。因此研究马克思恩格斯无产阶级政党理论，必然应在辩证唯物主义和历史唯物主义方法论的指导下进行。

一、唯物政党观

历史唯物主义也就是唯物史观，恩格斯把它称为马克思的两大理论创造之一。作为马克思主义哲学中关于人类社会发展一般规律的理论，是科学的社会历史观和认识、改造社会的基本的方法论。恩格斯指出，“历史的发展像自然的发展一样，有它自己的内在规律”①，而历史唯物主义的任务，“归根到底，就是要发现那些作为支配规律在人类社会的历史上为自己开辟道路的一般运动规律”。② 由此可以看出，历史唯物主义以社会发展的一般规律为研究对象，以为各门具体的社会科学提供历史观和方法论的理论基础为任务，为人们提供正确认识社会现象和社会历史发展规律的思想路线。因此，正如恩格斯指出的：“历史从哪里开始，思想进程也应当从哪里开始，而思想进程的进一步发展不过是历史过程在抽象的、理论上前后一贯的形式上的反映；这种反映是经过修正的，然而是按照现实的历史过程本身的规律修正的，这时，每一个要素可以在它完全成熟而具有典范形式的发展点上加以考察。”③ 政党现象作为社会活动的重要组成部分，如果脱离社会的整体发展和运动来认识与研究，就不可能真正理解和把握它。所以，唯物史观方法论是认识和把握政党现象的根本方法论。用唯物史观方法论对政党现象进行的认识和研究可以称为唯物政党观。坚持用唯物政党观研究马克思恩格斯无产阶级政党理论的具体方法包括以下方面。

（一）政党是一个由各种要素及其关系的总和构建而成的有机系统

也就是把政党看成一个有机系统，运用系统方法来加以认识和把握。马克思、恩格斯认为，整个变化多端、气象万千的社会，实质上是一个各个部分之间紧密相关的整体，这个整体可以称为系统。恩格斯指出：“我们所面对着的整个自然界形成一个体系，即各种物体相互联系的总体，而我们在这里所说的物体，是指所有的物质存在，从星球到原子，甚至直到以太粒子，如果我们承认以太粒子存在的话。”④ 这段话不仅表述了历史唯物主义对客观世界的看法，也表述了历史唯物主义认识世界的系统观念。历史唯物主义用系统观点来看待人类社会，自然会把人类社会视为一个系统。因此研究马克思恩格斯无产阶级政

① 恩格斯：《美国工人运动。“英国工人阶级状况”美国版序言》，《马克思恩格斯全集》第21卷，人民出版社1965年版第389页。

② 恩格斯：《路德维希·费尔巴哈和德国古典哲学的终结》，《马克思恩格斯全集》第21卷，人民出版社1965年版第341页。

③ 恩格斯：《卡尔·马克思“政治经济学批判”》，《马克思恩格斯全集》第13卷，人民出版社1962年版第532—533页。

④ 恩格斯：《自然辩证法》，《马克思恩格斯全集》第20卷，人民出版社1973年版第409页。

党理论，必然要求首先应把无产阶级政党看作是一个系统来认识和分析，看作是各种元素及其关系的总和构成的，并且这个系统内部的个体是相互联系的，它们不仅具有自己特定的整体行为和功能，而且还是与其他社会系统相互联系相互影响的。

（二）把政党现象在复归于历史原点中探求理论的思想原点

这是实施政党研究的具体方法。马克思、恩格斯指出："历史不外是各个世代的依次交替。"① "只要按照事物的本来面目及其产生根源来理解事物，任何深奥的哲学问题（后面将对这一点作更清楚的说明）都会被简单地归结为某种经验的事实。"② 历史唯物主义首先注重用历史思维看待和认识事物。也就是说，任何理论的产生都是时代的产物，是与当时的时代背景和条件紧密相连的，研究理论既不能用新时代的思维和眼光来审视和看待多年前的思想和观点，也不能拿着多年前的事物与新时代的问题来套用。这就需要用历史思维研究当时的基本条件和特点，找到解决问题的基本规律，用于指导新时代的建设。因此，坚持唯物史观首先需要坚持回到历史看历史。同样，研究马克思恩格斯无产阶级政党理论必然首先回到马克思和恩格斯所创立和发展无产阶级政党理论的时代去研究。马克思和恩格斯的思想和观点，虽然是着眼于未来人类社会的发展所进行的理论设计，但归根结底还是他们所处时代的理论，是立足于当时时代背景和条件所产生的理论。只有真正回到他们的时代背景、回到他们面对的问题、回到他们研究的基本视角，与他们在"同一个时空"中进行同步思考和研究，才能更真切地体悟到他们的思想原点、感切到他们的精神境界、理解他们内心的真实想法。这里的"回到马克思和恩格斯"，既是对马克思、恩格斯所著述"文本"的回归，也是对他们所生活和革命时代背景的还原，更是对他们艰苦理论研究和探究的深层追寻，与他们的真实思想的"时空连线"。

（三）从基于社会发展的客观条件角度认识和探求政党现象

历史唯物主义认为，对社会事物的认识必须基于客观的基础。这是基于社会存在决定社会意识这个基本的哲学原理的指导。恩格斯说："一切社会变迁和

---

① 马克思、恩格斯：《德意志意识形态》，《马克思恩格斯全集》第3卷，人民出版社1960年版第51页。

② 马克思、恩格斯：《德意志意识形态》，《马克思恩格斯全集》第3卷，人民出版社1960年版第49页。

政治变革的终极原因，不应当到人们的头脑中，到人们对永恒的真理和正义的日益增进的认识中去寻找，而应当到生产方式和交换方式的变更中去寻找；不应当到有关时代的**哲学**中去寻找，而应当到有关时代的**经济**中去寻找。”① 这个客观条件就是生产物质生活资料的基本方式及在这个过程中起决定作用的经济利益。恩格斯还进一步把这层关系表述为：“我们视为社会历史的决定性基础的经济关系，是指一定社会的人们用以生产生活资料和彼此交换产品（在有分工的条件下）的方式说的。因此，这里面也包括生产和运输的**全部技术装备**。这种技术装备，照我们的观点看来，同时决定着产品的交换方式，以及分配方式，从而在氏族社会解体后也决定着阶级的划分，决定着统治和从属的关系，决定着国家、政治、法律等等。”② 政党现象作为社会政治现象的重要组成部分，它的决定性因素是经济关系也就是物质关系。因此，研究和认识马克思恩格斯无产阶级政党理论，不仅应认识这个决定性的物质关系，并揭示社会物质关系如何对政党发生作用，政党又如何对社会物质关系发生作用，而且应从这个决定性因素出发，去进一步研究政党运行的规律和把握解决问题的根源。这是深透研究和把握好马克思恩格斯无产阶级政党理论的基本立场和方法。

（四）把政党现象置于历史运动的基本动力和发展规律的基础上加以研究

历史唯物主义方法论的一个基本要求，就是揭示历史发展、社会现象和政治活动的基本动机与发展规律，而不是停留在表面现象上，也就是透过现象看本质。因此研究马克思恩格斯无产阶级政党理论，需要透过对马克思、恩格斯在政党活动中的各种行为、关系和形式的种种表面的表现形态，真正去发掘这些表象背后的本质现象，找出其内在的基本规律，探讨和揭示政党活动的基本动机和根本原因。正如恩格斯指出的：“如果要去探究那些隐藏在——自觉地或不自觉地，而且往往是不自觉地——历史人物的动机背后并且构成历史的真正的最后动力的动力，那末应当注意的，与其说是个别人物、即使是非常杰出的人物的动机，不如说是使广大群众、使整个整个的民族、以及在每一民族中间又使整个整个阶级行动起来的动机；而且也不是短暂的爆发和转瞬即逝的火光，

① 恩格斯：《社会主义从空想到科学的发展》，《马克思恩格斯文集》第 3 卷，人民出版社 2009 年版第 547 页。

② 恩格斯：《致瓦·博尔吉乌斯（1894 年 1 月 25 日）》，《马克思恩格斯全集》第 39 卷（上），人民出版社 1974 年版第 198 页。

而是持久的、引起伟大历史变迁的行动。”①

（五）在把握社会持续发展的全过程中考察政党现象

历史唯物主义的基本观点，就是认为人类社会是处在一个持续发展的全过程中，不断从一种生产方式过渡到另一种生产方式，从一种社会形态过渡到另一种社会形态等。社会始终处在生生不息、革故鼎新的持续进程之中。同样，政党现象也受社会演变的制约，也是一个不断变革不断发展的全过程。因此，研究马克思恩格斯无产阶级政党理论，必须将其置于社会发展的全过程中加以分析，视为社会运动全过程中的一部分来把握。马克思、恩格斯所创立和发展的无产阶级政党是无产阶级政党的初始阶段，具有“初始”的基本特征，但这个“初始”阶段的问题，需要立足政党发展的全过程进行具体情况具体分析。

二、唯物辩证法

恩格斯指出：“辩证法不过是关于自然、人类社会和思维的运动和发展的普遍规律的科学。”② 并且恩格斯强调：“辩证法对今天的自然科学来说是最重要的思维形式，因为只有它才能为自然界中所发生的发展过程，为自然界中的普遍联系，为从一个研究领域到另一个研究领域的过渡提供类比，并从而提供说明方法。”③ 因此，“辩证法的规律是自然界的实在的发展规律，因而对于理论自然科学也是有效的”。④ 也正是基于此，“唯物主义历史观及其在现代的无产阶级和资产阶级之间的阶级斗争上的特别应用，只有借助于辩证法才有可能”。⑤ 马克思、恩格斯就是借助于唯物辩证法，对政党现象进行了深邃的分析和透视，特别是在把握政党现象是什么、有什么的基础上，重点回答和解决了“怎么样”的问题，由此使唯物辩证法成为构成马克思恩格斯无产阶级政党理论的另一方法论基础。正如列宁指出的：“马克思是严格根据他的辩证唯物主义世

---

① 恩格斯：《路德维希·费尔巴哈和德国古典哲学的终结》，《马克思恩格斯全集》第 21 卷，人民出版社 1965 年版第 343 页。

② 恩格斯：《反杜林论》，《马克思恩格斯全集》第 20 卷，人民出版社 1973 年版第 154 页。

③ 恩格斯：《自然辩证法》，《马克思恩格斯全集》第 20 卷，人民出版社 1973 年版第 383 页。

④ 恩格斯：《自然辩证法》，《马克思恩格斯全集》第 20 卷，人民出版社 1973 年版第 402 页。

⑤ 恩格斯：《“社会主义从空想到科学的发展”德文本初版序言》，《马克思恩格斯全集》第 19 卷，人民出版社 1963 年版第 346—347 页。

界观的一切前提确定无产阶级策略的基本任务的。”①

（一）从把握物质运动的根本属性角度来探求政党现象的活动规律和发展规律

唯物辩证法认为世界是物质的，物质的基本属性决定着自然界和社会发展的属性。物质是运动的，运动是物质的根本属性。恩格斯指出：“运动，就最一般的意义来说，就它被理解为存在的方式、被理解为物质的固有属性来说，它包括宇宙中发生的一切变化和过程。”② 恩格斯在对黑格尔进行评价中对这个问题进行了进一步阐述：“黑格尔第一次——这是他的巨大功绩——把整个自然的、历史的和精神的世界描写为一个过程，即把它描写为处在不断的运动、变化、转变和发展中，并企图揭示这种运动和发展的内在联系。从这个观点看来，人类的历史已经不再是乱七八糟的一堆统统应当被这时已经成熟了的哲学理性的法庭所唾弃并最好尽快被人遗忘的毫无意义的暴力行为，而是人类本身的发展过程，而思维的任务现在就在于通过一切迂回曲折的道路去探索这一过程的依次发展的阶段，并且透过一切表面的偶然性揭示这一过程的内在规律性。”③ 列宁对唯物辩证法在社会领域中的应用意义进行了科学归纳：“马克思和恩格斯称之为辩证方法（它与形而上学相反）的，不是别的，正是社会学中的科学方法，这个方法把社会看做处在不断发展中的活的机体（而不是机械地结合起来因而可以把各种社会要素随便配搭起来的一种什么东西），要研究这个机体，就必须客观地分析组成该社会形态的生产关系，研究该社会形态的活动规律和发展规律。”④ 根据这个基本的观点，政党现象也是处在不断运动过程中的。因此认识和把握马克思恩格斯无产阶级政党理论，就不能采取静止的观点、僵化的思维，而是把政党活动视作经常处在社会运动进程中的社会活动加以分析和研究，以动态和发展的观点去认识和理解，以具体情况具体分析的基本方法去把握和解决。

---

① 列宁：《卡尔·马克思（1914年11月）》，《列宁专题文集·论马克思主义》，人民出版社2009年版第33页。

② 恩格斯：《自然辩证法》，《马克思恩格斯全集》第20卷，人民出版社1973年版第408页。

③ 恩格斯：《反杜林论》，《马克思恩格斯全集》第20卷，人民出版社1973年版第26—27页。

④ 列宁：《什么是“人民之友”以及他们如何攻击社会民主党人？（1894年春夏）》，《列宁选集》第1卷，人民出版社2012年版第32页。

（二）以普遍联系观点拓展对政党现象的深层认知和研究

唯物辩证法认为，世界上的事物有着普遍的联系，对世界的认识和研究就在于发现和认识这些联系。恩格斯指出："当我们深思熟虑地考察自然界或人类历史或我们自己的精神活动的时候，首先呈现在我们眼前的，是一幅由种种联系和相互作用无穷无尽地交织起来的画面，其中没有任何东西是不动的和不变的，而是一切都在运动、变化、产生和消失。"① 运用普遍联系的观点认识事物，就是认为每个事物的存在和发展都与其他事物有着千丝万缕的联系，并且事物各因素之间是相互作用、相互影响、相互制约的，具有联系的普遍性和多样性的特征。运用这个基本观点认识和把握马克思恩格斯无产阶级政党理论，就是把政党现象作为人类社会生活的重要组成部分，与社会各个领域之间有着不可分割的密切联系，不仅聚焦政党现象本身去研究和阐释，更重要的是放到与社会历史发展的联系上，放到政党全部组成要素的相互联系上去把握。比如，政党内的各级各类组织和机构，党的领袖、普通党员及群众等，均不是孤立的范畴，而是相互之间有各种各样交叉关系和相互作用关系的范畴。还有政党与国家政权的关系、政党与其他非党组织的关系、政党的纲领策略与外部环境条件的关系等。只有确定并坚持这个普遍联系观点的研究方法和原则，才能在更大更高更宽阔的视野和范围内，真正把握马克思恩格斯无产阶级政党理论的真谛和精髓。

（三）运用唯物辩证法的基本范畴和规律透彻分析政党现象的内在活动本质和要求

一方面，唯物辩证法归纳了事物辩证运动的质量互变规律、对立统一规律和否定之否定规律。恩格斯指出："辩证法的规律是从自然界和人类社会的历史中抽象出来的。辩证法的规律不是别的，正是历史发展的这两个方面和思维本身的最一般的规律。"② 既然唯物辩证法的基本规律是从人类社会的发展进程中总结出来的，那么作为社会政治现象重要内容的政党现象，也必然包含着与这三条基本规律相适应的运动过程。因此，研究和认识马克思恩格斯无产阶级政党理论，就需要坚持运用这些规律来揭示政党现象的发展过程、认识政党现象

① 恩格斯：《反杜林论》，《马克思恩格斯全集》第 20 卷，人民出版社 1973 年版第 23 页。
② 恩格斯：《自然辩证法》，《马克思恩格斯全集》第 20 卷，人民出版社 1973 年版第 401 页。

的内在本质、把握政党活动的运行规律。比如，在研究马克思、恩格斯创立和发展无产阶级政党理论的历史逻辑和理论逻辑时，就需要坚持否定之否定的规律，认清每一个阶段的发展都是前一阶段发展的结果，前一阶段为后一阶段的发展和进步提供了理论和实践的基础等。这既是人类社会发展的基本规律，也是理论发展的内在要求。另一方面，唯物辩证法还是由一系列科学的哲学范畴所构成的理论体系，包括整体和部分、原因和结果、必然性和偶然性、可能性和现实性、形式和内容、现象和本质等。这些基本范畴，反映了自然、社会、人类思维的普遍本质联系，是对事物之间最普遍的辩证关系的概括和反映，是人们分析和思考问题、创建科学理论的基本思维工具。研究和认识马克思恩格斯无产阶级政党理论，就需要坚持这些基本范畴所体现的方法论，从最普遍最基本的联系中把握其内在本质规定和要求。比如，原因和结果是揭示事物的前后相继、彼此制约的关系范畴，运用这对范畴的方法论去研究和认识无产阶级政党理论，就要正确把握事物的因果联系是自觉的实践活动的必要条件，辩证地分析事物的因果关系，以增强对政党现象认识的自觉性、预测性和调控性。内容和形式是揭示事物内在要素同这些要素的结构和表现方式的关系范畴，运用这对范畴的方法论研究和认识无产阶级政党理论，就必然要求在解决革命实践的问题时，既重视内容，根据内容的需要决定形式的取舍、改造和创新，也要善于运用形式，发挥其积极作用，利用和创造必要的形式，适时地抛弃与内容不相适应的形式。现象和本质是揭示客观事物的外部表现和内部联系相互关系的范畴，研究和认识政党现象，需要透过现象揭示本质，既有感性认识更需有理性思考等。

第一章

马克思恩格斯无产阶级政党理论演进的历史与逻辑

1883 年 3 月 17 日，恩格斯在马克思葬礼上的讲话中说："马克思首先是一个革命家。他毕生的真正使命，就是以这种或那种方式参加推翻资本主义社会及其所建立的国家设施的事业，参加现代无产阶级的解放事业，正是他第一次使现代无产阶级意识到自身的地位和需要，意识到自身解放的条件。"① 作为早已融为一体的马克思和恩格斯，这段话也同样适用于恩格斯本人。列宁曾对马克思主义的历史发展进行总结说："在 1848 年以前，特别突出的是马克思主义哲学的形成；在 1848 年，是马克思主义的政治思想；在 50 年代和 60 年代，是马克思的经济学说。"② 从这也可以看出，马克思和恩格斯两人在无产阶级革命的道路上，首先创立了他们自己的新世界观——唯物史观，并在传播和实践这个新世界观中实现了与人类解放事业的完美结合，创立并发展了无产阶级政党理论，领导和指导无产阶级革命运动为实现人类解放的崇高理想而不断前行。这是他们对人类解放事业做出的伟大贡献。回顾他们携手创立和发展无产阶级政党理论的历程来看，这个从萌芽到创立，再到传播实践，进而深化完善的过程，是内在联系、完整统一的上升过程，其中的每个阶段都是该过程的一个有机环节，既有自己内在的特质和内容，又为下一阶段作了必要准备，前一阶段是后一阶段发展的前提，后一阶段是前一阶段发展的必然趋势，综合起来形成并演绎了马克思恩格斯无产阶级政党理论演进的理论逻辑和实践逻辑。

第一节　黑格尔哲学确立了马克思恩格斯无产阶级政党理论的出发点

列宁指出："马克思由黑格尔哲学转向社会主义：这个转变是显著的，——可

① 恩格斯：《在马克思墓前的讲话》，《马克思恩格斯文集》第 3 卷，人民出版社 2009 年版第 602 页。
② 列宁：《重要论述摘编》，《列宁专题文集·论马克思主义》，人民出版社 2009 年版第 299 页。

以看出马克思已经掌握了什么以及他如何转到新的思想领域。”① 这为考察马克思、恩格斯的思想演变过程提供了基本的方法指导。任何事物的发展都有个出发点问题，而从列宁对马克思的这段阐述来看，马克思恩格斯无产阶级政党理论的出发点应该是黑格尔哲学。正如恩格斯指出的：“我越来越觉得把我们和黑格尔哲学的关系，即我们怎样从这一哲学出发并且怎样同它脱离，做一个简要而有系统的说明是很必要的了。”② 如果说少年时期的家庭和学校是马克思、恩格斯的人生起点的话，黑格尔哲学则是他们的思想起点。马克思、恩格斯的理论研究和设计，就是从黑格尔出发走向费尔巴哈，又从费尔巴哈进一步实现向辩证唯物主义和历史唯物主义的转变，从而为无产阶级政党理论的创立奠定了世界观基础。

一、远大人生志向为马克思恩格斯创立无产阶级政党理论奠定思想根基

1835 年 8 月 12 日，17 岁的马克思在中学毕业考试时写的论文《青年在选择职业时的考虑》中写道：“历史承认那些为共同目标劳动因而自己变得高尚的人是伟大人物；经验赞美那些为大多数人带来幸福的人是最幸福的人”，所以“如果我们选择了最能为人类福利而劳动的职业，那么，重担就不能把我们压倒，因为这是为大家而献身；那时我们所感到的就不是可怜的、有限的、自私的乐趣，我们的幸福将属于千百万人，我们的事业将默默地、但是永恒发挥作用地存在下去，而面对我们的骨灰，高尚的人们将洒下热泪”。③ 这篇著作可以说是马克思首次借以言志的“理想篇”，表达了一个少年立志为全人类谋幸福的雄心壮志，体现了他为实现这一伟大理想的求实和献身的崇高精神。这成为马克思终身信守不渝的思想和行为准则。此年龄段的恩格斯虽没写出这样的豪言壮语，但“祈求真理”“到处探求真理”的苦苦人生思索，却奠定了他为人类解

---

① 列宁：《马克思和恩格斯〈神圣家族〉一书摘要（1895 年 4 月 25 日和 9 月 7 日［5 月 7 日和 9 月 19 日］之间）》，《列宁全集》第 55 卷，人民出版社 2017 年版第 6 页。

② 恩格斯：《“路德维希·费尔巴哈和德国古典哲学的终结”一书序言》，《马克思恩格斯全集》第 21 卷，人民出版社 1965 年版第 412 页。

③ 马克思：《青年在选择职业时的考虑》，《马克思恩格斯全集》第 40 卷，人民出版社 1982 年版第 7 页。

放事业奋斗终生的思想根基。

(一) 家庭给了马克思、恩格斯重要的基础性影响

家风对一个人的成长具有潜移默化的基础性作用，影响着家庭成员的思想、志趣和爱好。卡尔·马克思，1818 年 5 月 5 日凌晨 2 点出生于德国莱茵省特里尔市布吕肯巷 664 号一个犹太人的律师家庭，在家中的 9 个孩子中排行老三，12 岁之前都是在家中受的教育，“这个家庭是富裕的，有教养的，但不是革命的”。① 马克思的父亲希尔舍·卡尔·马克思，后改名亨利希·马克思（1777—1838），作为在特里尔颇有名望的律师，深受当时社会思潮的影响，具有十分鲜明的自由主义色彩。而马克思的母亲罕丽达·马克思（1863 年去世，荷兰人）则是一位颇为典型的“家庭女性”，既不理解儿子的崇高理想，也从未参与过马克思的思想斗争。马克思对自己的父亲很敬重，一辈子把父亲的照片带在身上，逝世后也与父亲的照片一起合葬。还有一位对少年马克思影响较大的是马克思父亲的朋友、自己未来的岳父路德维希·冯·威斯特华伦（1770—1843），他不仅“灌输给了卡尔·马克思对浪漫主义学派的热情”，而且激发了马克思对法国空想社会主义者圣西门的人格和著作的兴趣。马克思的博士论文就是献给他的，并称“您，我的父亲般的朋友，对于我永远是一个活生生的证据，证明理想主义不是幻想，而是真理”。②

比马克思小 2 岁多的恩格斯，1820 年 11 月 28 日出生于德国莱茵省巴门市的一个资产阶级家庭，是家中的长子。他的父亲老弗里德里希·恩格斯（1796—1860）是一个工厂主，巴门和乌培河谷地区资产阶级的头面人物。母亲伊丽莎白（爱利莎）·弗兰契斯卡·毛里齐娅·恩格斯（1797—1873），出身知识分子家庭，她父亲是一位语言学教授，从小就喜爱音乐和文学，特别推崇歌德及其作品。在恩格斯 20 岁生日的时候，她特意送给恩格斯一部当时被宗教虔诚主义者禁止，而为青年恩格斯梦寐以求的《歌德全集》。恩格斯的父母和马克思的父母正好相反。如果说马克思终生保持了对父亲的愉快回忆，那么恩格斯则径直宣布过：“我的母亲是个很好的人，只是在父亲面前不能自主，我很爱

① 列宁：《卡尔·马克思（1914 年 11 月）》，《列宁专题文集·论马克思主义》，人民出版社 2009 年版第 3 页。

② 马克思：《德谟克利特的自然哲学和伊壁鸠鲁的自然哲学的差别》，《马克思恩格斯全集》第 40 卷，人民出版社 1982 年版第 187 页。

她，要不是为了我的母亲，我对我那个狂热而专横的老头就根本不会作丝毫的让步。”① 正是在家庭的熏陶影响下，少年马克思和恩格斯才确立了良好的思想品德和行为志趣。

（二）中学教育为马克思、恩格斯打下了伟大人生志向的思想根基

中学时代往往对一个人的思想形成具有决定性意义，特别是在确定一个人的志向方面是不容忽视的。

马克思从 1830 年 10 月入学到 1835 年 9 月 24 日领得毕业证书，在特里尔中学念了 5 年书，他在这里受到了典型而纯粹的人道主义的教育。特里尔中学向来具有自由主义传统，特别是马克思在那里求学的时候，学校聘请了一些具有革命民主主义思想的优秀老师，如数学和物理老师约翰·施泰宁格尔、希伯来语教师施涅曼，还有校长约翰·胡果·维滕巴赫，等等。学校的自由主义环境和教师的民主精神，对少年马克思的思想形成产生了深刻影响。这从他中学毕业的一组作文中可以看到这种思想的影响痕迹。他 1835 年 8 月 10 日的中学考试论宗教问题作文《根据约翰福音第 15 章第 1 至 14 节论信徒和基督的一致，这种一致的原因和实质，它的绝对必要及其影响》②、德文作文《青年在选择职业时的考虑》、1835 年 8 月 15 日的拉丁语作文《奥古斯都的元首政治应不应当算是罗马国家较幸福的时代?》，都反映了他的智力发展水平和独立思考能力。特别是《青年在选择职业时的考虑》，这篇德文作文的可贵之处，就在于马克思的抱负不凡，一开始就把个人的未来和全人类的幸福紧密联系在一起，这成为马克思终生信守不渝的思想准则和人生追求。马克思在 1865 年 4 月 1 日写的《自白》中，他写的自己的特点就是“目标始终如一”，对幸福的理解是“斗争”，对不幸的理解则是“屈服”③。

恩格斯的学生时代是在两所不同学校度过的。“在乌培河谷有三所用地方经费办的高级学校，即巴门市立学校，爱北斐特理科中学和爱北斐特中学。”④ 恩

① 恩格斯：《恩格斯致马克思（1845 年 3 月 17 日）》，《马克思恩格斯全集》第 27 卷，人民出版社 1972 年版第 32 页。

② 马克思：《论宗教问题作文。根据约翰福音第 15 章第 1 至 14 节论信徒和基督的一致，这种一致的原因和实质，它的绝对必要及其影响》，《马克思恩格斯全集》第 40 卷，人民出版社 1982 年版第 818 页。

③ 马克思：《自白（1865 年 4 月 1 日）》，《马克思恩格斯全集》第 31 卷（下），人民出版社 1972 年版第 588 页。

④ 恩格斯：《乌培河谷来信》，《马克思恩格斯全集》第 1 卷，人民出版社 1956 年版第 508 页。

格斯先是从1829年开始在巴门市立学校学习，后于1834年10月20日转入爱北斐特理科中学。由于巴门市立学校是个教会学校，这里充满了宗教的偏执，使恩格斯的精神发展受到极大创伤，“简直无法理解，一个人怎会相信这些和理性、圣经根本矛盾的东西”。[①] 转入爱北斐特理科中学后，这种状况得到了些许好转。因为，“爱北斐特理科中学的经费非常充足，因此可以招聘最好的教员，开设比较完整的班次。但这个学校流行着一种非常可怕的背书制度，这种制度半年的时间就会使一个学生变成傻瓜”。“教师当中值得提起的是克鲁赛博士。”[②] 虽然学校氛围不是很好，但恩格斯不满足于课堂上的有限知识，他爱好广泛，听课专心，勤学好问，使得他成为一个全面发展的优秀学生。爱北斐特理科中学代理校长汉契克博士曾称赞恩格斯“操行优异”，“谦虚、真诚、热情”，“资质很高”，有“独立的思想”，“理解能力很强”，并善于清楚准确地表达自己的思想。恩格斯在1837年9月取得的中学肄业证书就是一个很好证明。这为恩格斯以后的理论学习和研究打下了坚实的知识基础和方法引领。

二、黑格尔哲学的再次回归揭开了马克思恩格斯无产阶级政党理论发展的序幕

乔治（格奥尔格）·威廉·弗里德里希·黑格尔（1770—1831）是德国古典唯心主义哲学的集大成者。黑格尔哲学以其博大精深的思想领域和最富有成果的辩证法雄踞于哲学殿堂。恩格斯称其为“从康德以来的整个运动的顶峰的哲学”[③]。黑格尔第一次把整个自然的、历史的和精神的世界描写为一个过程，是历史上第一个以唯心主义的形式系统阐述辩证法基本规律的人。一定意义上，没有黑格尔哲学就不可能有马克思主义，也就不可能产生马克思恩格斯无产阶级政党理论。正如恩格斯指出的：“归根到底没有一个人比黑格尔本人对我们的帮助更大。”“正是在1830到1840年这个时期，‘黑格尔主义’的独占统治达到了顶点，它甚至或多或少地感染了自己的敌人；正是在这个时期，黑格尔的观点自觉地或不自觉地大量浸入了各种科学，甚至渗透了通俗读物和日报，而普

① 恩格斯：《乌培河谷来信》，《马克思恩格斯全集》第1卷，人民出版社1956年版第504页。

② 恩格斯：《乌培河谷来信》，《马克思恩格斯全集》第1卷，人民出版社1956年版第510页。

③ 恩格斯：《路德维希·费尔巴哈和古典哲学的终结》，《马克思恩格斯全集》第21卷，人民出版社1965年版第307页。

通的‘有教养的意识’就是从这些通俗读物和日报中汲取自己的思想材料的。但是这一全线胜利仅仅是一种内部斗争的序幕罢了。”① 从这可以理解，青年马克思和恩格斯经过自身思想发展的曲折过程后，最终认识黑格尔哲学，也才真正拉开了无产阶级政党理论发展的帷幕。

(一) 步入成年，开始截然不同的成长路径

17 岁是人生向成人迈进的关键一年。这一年既是一个思想开化的一年，也是容易产生精神危机的一年。在这个关键年岁里，马克思和恩格斯开始了两种截然不同的成长路径。无独有偶，也正是这两种不同的成长路径，才奠定了他们之后一个重于理论、一个重于实践的两种不同但互补而辩证统一的思维特性和研究形式，这也为马克思和恩格斯实现终生的紧密合作打下了坚实的理论研究基础。

马克思的 17 岁是在波恩大学度过的。1835 年 10 月，刚过 17 岁不久的马克思就遵照父亲的意愿进入波恩大学法律系学习。虽然当时的波恩并不比特里尔城大多少，但它毕竟是莱茵地区精神生活的中心，特别是波恩大学的精神生活更为丰富多彩，使马克思看到了一个新的天地。马克思第一学期学习了《法学全书》《法学提要》《罗马法史》《希腊罗马神话》《荷马问题》《现代艺术史》等；第二学期劲头有所削弱，选修了《德意志法学史》《普洛培尔丘斯的哀歌》《欧洲民族法》和《自然法》四门课。另外，在此期间还参加了青年作家协会，与哥丁根的一个诗人团体展开了竞赛。特别是 1836 年 10 月，刚满 18 岁的马克思还收获了终生伴侣，与比他大 4 岁的燕妮正式订婚。虽然学习是认真的，但 17 岁的马克思精神上是彷徨的。他在苦苦思考自己到底要到哪里去：是自己所学的法律，还是当时感兴趣的文学创作和诗歌？也正是由于这种精神危机，使他在这一年里还曾经出现过酗酒等问题。

恩格斯的 17 岁是在巴门的一家营业所度过的。1837 年 9 月 15 日至 1838 年 7 月，既是恩格斯结束学业的一年，也是开始走向终生边工作边学习边革命的一年。按照恩格斯的意愿，中学毕业后就升入大学继续深造，但虔诚而专制的父亲没有等到恩格斯中学修业期满，就强制他停学，把他送到自己在巴门开办

---

① 恩格斯：《路德维希·费尔巴哈和古典哲学的终结》，《马克思恩格斯全集》第 21 卷，人民出版社 1965 年版第 311 页。

的一家营业所的办公室里去见习做生意。从现在来看，恩格斯的学历连高中都没毕业。可以想象，当时不满 17 岁的恩格斯心里是多么的苦闷。也许正是想上学而不能上的强烈愿望，才促使恩格斯一辈子都在“上学”读书和研究，进而研究社会问题，观察人情世态，思考人生道路，最终走上为无产阶级解放事业而奋斗终生的伟大道路。这在他于 1842 年 6 月给卢格的信中就可看到他当时的心情：“我决不是博士，而且永远也不可能成为博士。”① 他反对并讨厌将博士头衔加在自己身上。在这里，既体现出恩格斯诚恳谦虚的品性，也多少流露出没有办法正式上大学，只能自学的遗憾。

（二）再次回到黑格尔哲学，迈出思想转型的决定性一步

18 岁是成人的年岁，正是在这一年里，马克思和恩格斯同时完成了影响自己一生的思想转换，找到了黑格尔哲学这个思想发展和理论研究的出发点。

马克思主要是在甘斯的引导下回到黑格尔哲学的。1836 年 10 月，18 岁多一点的马克思按照父亲的意愿转到柏林大学法律系继续学习。这一年大学生活对于马克思的整个人生起着承上启下的作用，生活上巩固发展了终生的人生伴侣，学习上养成了终生的学习习惯，思想上确立了终生的奋斗目标。这从 1837 年 11 月，他给父亲写的长信中可以很好把握。这封长信讲述了自己“在柏林一年间的感想”，不仅能让我们了解到青年马克思的学习、生活的基本状况，更重要的是能让我们全面深入把握他的思想变化全过程。在爱情上，1836 年追求燕妮的成功，特别是还处在半秘密的爱情状态，更加激发了 18 岁的青年马克思对浪漫主义和诗歌创作的兴趣。马克思在这一年还参加了青年作家协会。1837 年上半年，马克思写了三本献给燕妮的爱情诗［《爱之书》（第一部）、《爱之书》（第二部）和《歌之书》］，另外还写了题为《狂歌》的两首小诗（《小提琴手》《夜恋》）。还写过一个剧本也就是悲剧《乌兰内姆》，幽默小说《斯科尔皮昂和费利克斯》等。在学习上，“这时我养成了对我读过的一切书作摘录的习惯——例如，摘录莱辛的《拉奥孔》、左尔格的《埃尔温》、温克尔曼的《艺术史》、卢登的《德国史》——并顺便在纸上写下自己的感想”。② 马克思的这个学习习惯保持了一生。这也为我们更深更直接回到马克思、研究马克思提供了丰厚的原

① 恩格斯：《恩格斯致阿尔诺德·卢格（1842 年 6 月 15 日）》，《马克思恩格斯全集》第 27 卷，人民出版社 1972 年版第 428 页。

② 马克思：《给父亲的信》，《马克思恩格斯全集》第 40 卷，人民出版社 1982 年版第 14 页。

始的资源。

在思想上，也是这一年最重要的收获，就是再次回到黑格尔哲学，找到了思想的出发点。马克思讲："我应该研究法学，而且首先渴望专攻哲学。"[①] 之所以"想在哲学方面试一试"，主要应归功于他大学的老师爱德华·甘斯（1798—1839）。马克思第一次系统接触黑格尔哲学，是在他生病期间。在柏林大学第一学期的学习结束时，马克思由于不停地钻研，多少个不眠之夜，终于使马克思又一次受到病魔的袭击。他遵从医生的建议，迁居到柏林郊区的施特拉劳休养。当时他的老师甘斯就住在这里，显然是受了甘斯的影响，他从头至尾读了黑格尔的全部著作和他的大多数学生的著作。一定意义上，甘斯是马克思转向黑格尔哲学的引路人。作为柏林大学的教授、黑格尔的学生，甘斯追随着黑格尔，马克思则追随着甘斯。特别是马克思在听他讲课期间，甘斯发表了深受圣西门思想影响的《人物与事件的回顾》一书，第一次给马克思上了社会主义的启蒙课。正如马克思 1837 年 11 月在给父亲的信中讲的："先前我读过黑格尔哲学的一些片断，我不喜欢它那种离奇古怪的调子。我想再钻到大海里一次，不过有个明确的目的，这就是要证实精神本性也和肉体本性一样是必要的、具体的，并且具有同样的严格形式；我不想再练剑术，而只想把真正的珍珠拿到阳光中来。"[②] 并且说："生活中往往会有这样的时机，它好象是表示过去一段时期结束的界标，但同时又明确地指出生活的新方向"。[③] 这说明，马克思对自己转向黑格尔哲学估价很高，把它看成是标志自己"新方向"的"界标"。

恩格斯是在施特劳斯的引领下转入黑格尔哲学的。1838 年 7 月，在父亲眼中"意志薄弱和思想浮泛"的不满 18 岁的恩格斯，又被派到不来梅的一家贸易公司熟悉经商业务。这一年的不来梅生活是恩格斯思想发展史上的重要一年，不来梅之于恩格斯的意义，就像 1836 年 10 月到柏林后对于马克思的意义一样重大。在这里，恩格斯经历了自身思想发展的深刻斗争，从而完成了其思想形成的决定性一步，即初步确立了革命民主主义和无神论的思想观念。这在 1839 年 4 月 8 日，恩格斯在写给自己中学时代的好友弗里德里希·格雷培的信中有明确的表示。

① 马克思：《给父亲的信》，《马克思恩格斯全集》第 40 卷，人民出版社 1982 年版第 10 页。
② 马克思：《给父亲的信》，《马克思恩格斯全集》第 40 卷，人民出版社 1982 年版第 15 页。
③ 马克思：《给父亲的信》，《马克思恩格斯全集》第 40 卷，人民出版社 1982 年版第 8 页。

恩格斯是从参加青年德意志运动开始自己的政治生活的。但青年德意志分子是软弱的，特别是1835年他们的著作被禁以后，转入颓唐、消沉，或多或少抛弃了政治斗争，专门从事文艺工作，而恩格斯在清算自己的宗教信仰、批判神学的斗争中，不可能限于文学，必然从文学进入到恩格斯称之为“一切科学的灵魂”的哲学。因此恩格斯思想的进一步发展，是脱离青年德意志运动而投身到青年黑格尔运动的。在这一转变中，黑格尔的学生大卫·弗里德里希·施特劳斯（1808—1874）起了很大作用。他在1835年出版了《耶稣传》，这是青年黑格尔派的一部名著，它的出版掀起了对宗教的批判，标志着青年黑格尔运动的兴起。正是施特劳斯关于神话起源的学说，使恩格斯解决了理性和信仰、宗教和科学的矛盾，进一步转向无神论。更重要的是施特劳斯的作用，不仅有助于恩格斯清理自己的宗教信仰，而且成为转向黑格尔的纽带。正如恩格斯在1839年给弗里德里希·格雷培的信中所说的那样：“由于施特劳斯，我现在走上了通向黑格尔主义的阳光大道。”① 并且自称“我目前是一个热心的施特劳斯主义者了”。② 1842年6月15日左右撰写的《评亚历山大·荣克的〈德国现代文学讲义〉》③ 一文，标志着恩格斯同青年德意志运动的最终决裂，从而走向黑格尔的开端。恩格斯在不来梅总共待了两年零九个月的时间，从1838年9月第一次发表作品《贝都英人》这首诗开始，其间在《不来梅城市信使报》《不来梅娱乐报》《不来梅谈话报》《德意志电讯》等9种报刊上发表了以《乌培河谷来信》为代表的近40篇的通信、政论文章、文学评论、哲学论述以及诗歌等，反映了他当时的思想和志趣。

三、青年黑格尔运动为马克思恩格斯无产阶级政党理论孕育了适当的政治和思想土壤

青年黑格尔运动是资产阶级革命性质的运动，秉持黑格尔哲学的根本原则——观念支配世界，他们把改造现实社会的希望寄托在改变人的观念、塑造

① 恩格斯：《致弗里德里希·格雷培（1839年12月9日）》，《马克思恩格斯全集》第4卷，人民出版社1982年版第544页。

② 恩格斯：《致威廉·格雷培（1839年10月8日）》，《马克思恩格斯全集》第41卷，人民出版社1982年版第522页。

③ 恩格斯：《评亚历山大·荣克的〈德国现代文学讲义〉》，《马克思恩格斯全集》第1卷，人民出版社1956年版第519—534页。

"模范人"① 之上，它在当时的德国对于反对宗教和宣传无神论、传播激进的政治观点起到了很好作用。恩格斯赞扬它："对一切宗教信仰给予严酷的批评，使基督教的古老建筑根本动摇，同时又提出了德国人从未听到过的大胆的政治原则，并且企图恢复第一次法国革命时期的已故的英雄们的应有的荣誉。"② 青年黑格尔运动发挥过良好作用，但终究是局限在意识形态领域，是少数知识分子的运动，特别是由于德国资产阶级的软弱性，使这个运动的实际政治成果是微小的。不过，它有一个巨大的历史功绩，就是为马克思恩格斯无产阶级政党理论的产生孕育了适当的政治和思想的土壤。马克思和恩格斯就是在青年黑格尔运动兴起时，在他们批判宗教、批判国家的战斗氛围下，开启自己的哲学和政治运动的。正如恩格斯总结的："从黑格尔学派的解体过程中还产生了另一个派别，唯一的产生真实结果的派别。这个派别主要是同马克思的名字联系在一起的。"③

（一）马克思的青年黑格尔运动

从 1837 年底再次回到黑格尔到 1841 年 4 月 15 日收到耶拿大学哲学系博士证书，在这 3 年多时间里，马克思经受了人生的重要考验，经历了 1838 年初加入"博士俱乐部"，1838 年 5 月 10 日父亲与世长辞，1839 年老师甘斯去世等重要事件。另外还在这个基础上重点做了两件事。

第一件事，积极参加青年黑格尔运动。1838 年 5 月 10 日，马克思的父亲与世长辞。父亲的早逝对于 20 岁的马克思的家庭来说是不幸的，马克思的心理和生活也是痛苦的，但也有不幸中的幸运。这就是父子之间酝酿着的一场不可避免的思想冲突终于防止了，使得马克思终生保持着对父亲的美好回忆，以至于他的上衣口袋里始终贴身不离地装着父亲的相片，最后还一同埋进了自己的坟墓。从这一角度来讲，父亲的死对于青年马克思来说，无疑获得了一个精神的解放，他不仅和家庭的密切联系中断了，而且完全能够按照自己的意愿选择自己的道路了。首先，他放弃了法学的课程，把自己的全部精力转移到哲学研

① 马克思、恩格斯：《德意志意识形态》，《马克思恩格斯全集》第 3 卷，人民出版社 1960 年版第 15 页。

② 恩格斯：《德国的革命和反革命》，《马克思恩格斯全集》第 8 卷，人民出版社 1961 年版第 16—17 页。

③ 恩格斯：《路德维希·费尔巴哈和德国古典哲学的终结》，《马克思恩格斯全集》第 21 卷，人民出版社 1965 年版第 335 页。

究上了；其次，他完全抛弃了母亲所期望于他的那种舒适的资产阶级生活方式，而投身到政治和社会的斗争中了。马克思在此期间研读了黑格尔的全部著作和他的大多数学生的著作，开始结识“博士俱乐部”的成员。正是在这个“博士俱乐部”里，马克思结识了青年黑格尔派的成员，不仅促使他从黑格尔的思想海洋里汲取智慧，而且积极投身到黑格尔运动之中，开启了参与实际斗争的帷幕。这期间，他修改和补充了他父亲写的关于天主教教会和普鲁士政府之间的科伦冲突的文章；写了讽刺卡·菲·费舍的《神的观念》的小册子《该受鞭挞的费舍》；还批判波恩大学神学教授海尔梅斯，并打算同鲍威尔合作创办一种哲学期刊《无神论文库》等。

第二件事，努力撰写博士论文。马克思在转向黑格尔后，从 1839 年 1 月起以撰写博士论文为牵引，对古代哲学史，主要是对伊壁鸠鲁主义、斯多葛主义、怀疑论进行了研究，包括对亚里士多德、塞克斯都·恩披里柯、第欧根尼·拉尔修、欧瑟比·克里门的著作，参考了辛普利修、约翰·斯托贝、约翰·菲洛朋的注释等。原来准备全面分析在古代社会解体时，伊壁鸠鲁主义、斯多葛主义、怀疑论对希腊思想发展的重大意义，但后来发现题目太大，决定把问题限在较小的范围内，即集中研究德谟克里特和伊壁鸠鲁的自然哲学问题，摘记了《自然哲学提纲》，撰写了包含有 7 个笔记的《关于伊壁鸠鲁哲学的笔记》等。在此基础上，于 1841 年 3 月在柏林完成了题为《德谟克利特的自然哲学和伊壁鸠鲁的自然哲学的差别》的博士论文。1841 年 4 月 15 日，23 岁的马克思收到耶拿大学哲学系的博士证书。这个博士论文不是独立的著作，正如马克思在序言中说的：“必须把这篇论文仅仅看作是一部更大著作的导论，在该著作里我将联系整个希腊思辨来详细地分析伊壁鸠鲁、斯多葛和怀疑论这三派哲学的相互关系。这篇论文在形式方面和其他方面的缺点在那里将被消除。”① 这个想法后来因为种种原因没有实现。马克思在写博士论文时，还是个唯心主义者。正如列宁指出的：“1841 年，马克思写了论伊壁鸠鲁哲学的学位论文。”“在这篇论文中，马克思所持的还完全是黑格尔唯心主义的观点。”② 可是在这篇论文中，

---

① 马克思：《德谟克利特的自然哲学和伊壁鸠鲁的自然哲学的差别》，《马克思恩格斯全集》第 40 卷，人民出版社 1982 年版第 188 页。

② 列宁：《卡尔·马克思（1914 年 11 月）》，《列宁专题文集·论马克思主义》，人民出版社 2009 年版第 39 页。

我们既可以看到黑格尔对马克思的思想影响，看到马克思和青年黑格尔派的共同点，又可以看到他们的分歧和差别，看到使马克思之所以能够成为“马克思”的那种独立不羁的创新精神的萌芽。博士论文不仅反映了马克思的学术观点，而且反映了他的政治观点，说明对待当时德国社会迫切的问题，马克思是站在革命民主主义立场上的。这为他日后实现根本的转变奠定了思想和理论的基础。

（二）恩格斯的青年黑格尔运动

1841 年 3 月，不到 21 岁的恩格斯结束不来梅自由城的商行实习生生活回到巴门，在家待了半年，于 9 月初也就是马克思离开柏林的不到 5 个月后，应征到柏林的兵营中做了一名炮手。从 1841 年 9 月到 1842 年 10 月的这一年兵役生涯，对恩格斯后来在 1848 年德国革命中发挥军事才能，并成为无产阶级军事科学的奠基人起到了很大的基础性作用。特别是在服兵役的同时，他还利用时间到柏林大学旁听，这既帮助恩格斯向青年黑格尔运动更深入了一层，同时也迈出了马克思、恩格斯殊途同归的第一步。

恩格斯虽然在不来梅期间思想上就已转向黑格尔，但他是在 1841 年到柏林服兵役之后才开始结识青年黑格尔派成员的。在“博士俱乐部”出版的《艺文》杂志的封面上，曾经与一些青年黑格尔派成员的名字并列刊登过恩格斯的名字，当时他用的笔名是奥斯渥特。这说明恩格斯同原来博士俱乐部成员科本、布尔、梅因、鲁腾堡等有来往。恩格斯在柏林很快与黑格尔派建立了联系，积极参加了青年黑格尔派运动，并像马克思一样以其理论活动对这个运动产生了积极影响。特别是与谢林的斗争，更加体现了此时恩格斯的思想转变和学习研究的成果。

1841 年 11 月，哲学家弗里德里希・威廉・谢林（1775—1854）受聘到柏林大学讲学，掀起了从思想领域反对黑格尔主义的运动。1841 年 11 月 15 日，恩格斯以“旁听生”的身份在柏林大学第六教室，听了谢林讲授他的“启示哲学”第一课。在听完谢林的几堂课后，于 12 月中旬，把自己的听课笔记和其他两位听讲者的笔记核对以后，写了第一篇反对谢林的战斗檄文《谢林论黑格尔》，以弗里德里希・奥斯渥特的笔名（这一时期恩格斯写的文章多数用此笔名）寄给《德意志电讯》发表。这是青年恩格斯同“青年德意志”文学团体联系的最后一根纽带。此后又于 1842 年春发表了《谢林和启示。对绞杀自由哲学的最新反动派的批判》《谢林——基督哲学家，或世俗智慧变为上帝智慧》《一个旁听生的日记》等，揭露谢林启示哲学的本质是一种倒退的繁琐的哲学。当时年仅22岁的恩格斯，站在青年黑格尔派反对谢林斗争的最前列，捍卫了黑格尔的辩证法，批判了谢林对黑格尔和青年黑格尔派的攻击。

恩格斯自从发表了批判谢林的著作后，更加关心哲学的斗争，他致力于研究哲学，特别是黑格尔的哲学。他到柏林大学旁听黑格尔学生们的讲课。在当时的柏林青年黑格尔派中，恩格斯受到大家的推崇。他和布鲁诺·鲍威尔的兄弟埃德加·鲍威尔，共同创作了论战性的讽刺长诗《横遭灾祸但又奇迹般地得救的圣经》，积极参加了反对宗教蒙昧主义、反对普鲁士的神学教授的斗争。恩格斯还在1842年春陆续为《莱茵报》撰写了《北德意志自由主义和南德意志自由主义》《时文评注》《普鲁士出版法批判》等，这些文章表明恩格斯同“青年德意志”运动已经彻底决裂，坚决主张改革现存社会制度，维护言论出版自由，反对自由派的保守思想。在1842年秋天发表的《集权和自由》一文，历史地分析了官僚集权同专制国家的联系，说明了集权和自由的关系。

第二节　费尔巴哈人本主义架起了马克思恩格斯通向无产阶级政党理论的“桥梁”

人本主义是一种把人仅仅看作一种生物的形而上学唯物主义。路德维希·安德列斯·费尔巴哈（1804年7月28日—1872年9月13日）是人本主义的主要代表，他称自己的哲学体系为“人本学”。列宁在评价费尔巴哈的人本主义原则时指出，费尔巴哈“哲学中的‘人本主义原则’——是**狭隘的**。无论是人本主义原则，还是自然主义，都只是关于**唯物主义**的不确切的、肤浅的表述”。[①] 但人本主义在当时反对宗教和唯心主义的斗争中，起过一定的进步作用。马克思和恩格斯是借助和吸收费尔巴哈的思想，批判和清算黑格尔的唯心主义的。早在

① 列宁：《费尔巴哈〈宗教本质讲演录〉一书摘要（不早于1909年）》，《列宁全集》第55卷，人民出版社2017年版第58页。

1845 年《英国工人阶级状况。根据亲身观察和可靠材料》的序言中，恩格斯在谈到德国的社会主义和共产主义者时说："在公开主张这种改革的代表人物中，几乎没有一个不是通过费尔巴哈对黑格尔思辨的克服而走向共产主义的。"① 过了四十多年以后，恩格斯在《路德维希·费尔巴哈和德国古典哲学的终结》单行本序言中，重申了这个观点，把费尔巴哈称为"黑格尔哲学和我们的观点之间的中间环节"②，并且"完全承认，在我们那个狂风暴雨时期，费尔巴哈给我们的影响比黑格尔以后任何其他哲学家都大"。③ 列宁也肯定了这一点，他在概括马克思的思想发展道路时指出，马克思是由黑格尔出发走向费尔巴哈，又进一步从费尔巴哈走向历史唯物主义和辩证唯物主义的。可以说费尔巴哈为马克思、恩格斯提供了批判黑格尔的思想武器，加速了他们向历史唯物主义和辩证唯物主义的转化过程。这一时期主要是从 1841 年费尔巴哈的《基督教的本质》出版到 1848 年《共产党宣言》诞生这一阶段。

一、《基督教的本质》开启了马克思和恩格斯转向唯物主义的行程

费尔巴哈在哲学史上的一个伟大功绩，就是他在批判神学、批判黑格尔思辨哲学的斗争中，重新恢复了唯物主义的权威，把被唯心主义颠倒了的存在和思维的关系再颠倒过来。从 1839 年公开与黑格尔唯心主义体系决裂的《黑格尔哲学批判》到 1841 年的《基督教的本质》，再到 1842 年的《关于哲学改革的临时纲要》、1843 年的《未来哲学原理》，都贯穿了这条红线。马克思、恩格斯正是在费尔巴哈的影响下，实现了与青年黑格尔运动的决裂，从而成为"费尔巴哈派"，进而开启了唯物主义的行程。

如果说黑格尔是马克思、恩格斯思想发展的出发点的话，那么费尔巴哈则是马克思、恩格斯通向创立自己的科学世界观的桥梁。寻找出发点是需要经过摸索的，而对费尔巴哈则不同。1841 年费尔巴哈的《基督教的本质》一书刚出版，马克思和恩格斯就热烈欢呼它的解放作用。这是因为当时正是黑格尔哲学

---

① 恩格斯：《英国工人阶级状况。根据亲身观察和可靠材料》，《马克思恩格斯文集》第 1 卷，人民出版社 2009 年版第 386 页。

② 恩格斯：《"路德维希·费尔巴哈和德国古典哲学的终结"一书序言》，《马克思恩格斯全集》第 21 卷，人民出版社 1965 年版第 411 页。

③ 恩格斯：《"路德维希·费尔巴哈和德国古典哲学的终结"一书序言》，《马克思恩格斯全集》第 21 卷，人民出版社 1965 年版第 412 页。

解体，一些青年黑格尔分子力图摆脱黑格尔的唯心主义，但又找不到出路，陷于极大的矛盾之中，正在这个时候，费尔巴哈的《基督教的本质》出版了，它一下子就消除了这个矛盾。恩格斯晚年回顾了这段历史，在生动描绘这个过程时说："费尔巴哈的'基督教的本质'出版了。它一下子就消除了这个矛盾，它直截了当地使唯物主义重新登上王座。自然界是不依赖任何哲学而存在的；它是我们人类即自然界的产物本身赖以生长的基础；在自然界和人以外不存在任何东西，我们的宗教幻想所创造出来的最高存在物只是我们所固有的本质的虚幻反映。魔法被解除了；'体系'被炸开了，而且被抛在一旁，矛盾既然仅仅是存在于想像之中，也就解决了。——这部书的解放作用，只有亲身体验过的人才能想像得到。那时大家都很兴奋：我们一时都成为费尔巴哈派了。马克思曾经怎样热烈地欢迎这种新观点，而这种新的观点又是如何强烈地影响了他（尽管还有批判性的保留意见），这可以从'神圣家族'中看出来。"[①]

虽然马克思、恩格斯是"一时都成为费尔巴哈派了"，但一个人的思想是一个持续连贯的过程，不可能在一夜之间就完成转变的。其实，早在马克思参加青年黑格尔运动时就埋下了与他们决裂的"种子"。首先从与黑格尔本身的分裂来看，马克思从 1837 年转向黑格尔哲学，不是无条件的。在 1837 年 11 月 10—11 日那封著名的给他父亲的信中，马克思告诉他父亲，虽然他过去厌恶黑格尔哲学，但现在要回到黑格尔哲学，"不过有个明确的目的，这就是要证实精神本性也和肉体本性一样是必要的、具体的，并且具有同样的严格形式；我不想再练剑术，而只想把真正的珍珠拿到阳光中来"。[②] 从这里可以看出，马克思不是要学习黑格尔思辨的"剑术"，而是要"把真正的珍珠拿到阳光中来"，即对黑格尔哲学进行"验证"。马克思年轻时制定的这个原则，预示了他同黑格尔的关系的发展方向，也注定了与黑格尔哲学的再次分裂。其次，从与青年黑格尔运动的关系看，马克思虽然参加了"博士俱乐部"，参加了青年黑格尔运动，但他与青年黑格尔派一开始就存在分歧。在政治上，生长在资本主义比较发达的莱茵地区，受到法国革命和启蒙思想熏陶的马克思是革命民主主义者，在政治上是激进的，而青年黑格尔派基本上属于资产阶级自由派。在哲学观点上，青年

---

① 恩格斯：《路德维希·费尔巴哈和德国古典哲学的终结》，《马克思恩格斯全集》第 21 卷，人民出版社 1965 年版第 313 页。

② 马克思：《给父亲的信》，《马克思恩格斯全集》第 40 卷，人民出版社 1982 年版第 15 页。

黑格尔派中的许多人在自我意识上与实现关系问题上，从黑格尔退回到费希特，而马克思则吸收了黑格尔关于应有和现有辩证统一的思想。这些分歧，虽然开始还是处于萌芽状态，但这是原则性的分歧，根本政治立场和方法的分歧。这些分歧，随着马克思的思想发展和青年黑格尔派的蜕化而不断扩大、深化，最终导致马克思与青年黑格尔派的彻底决裂。

恩格斯同马克思一样，自始就与青年黑格尔派存有分歧。他反对青年黑格尔派重理论轻实践的看法，特别是随着斗争的发展，恩格斯更加勇猛地抨击普鲁士封建制度，而青年黑格尔派越来越脱离当时反对普鲁士制度的政治斗争，沉湎于夸夸其谈的所谓纯批判之中。这样思维发展的最终结果，必然是同青年黑格尔派的分手，以及日后同马克思的合作。这样也从思想发展的路径上，促使马克思、恩格斯这两位出身不尽相同、教育途径不同、个性也不尽相同的年轻人最终走到一起，成为创造马克思主义进而创建马克思恩格斯无产阶级政党理论的生死与共的亲密战友。

二、从思辨哲学到现实世界、从抽象思维到实际批判道路的开启

马克思对“所谓物质利益发表意见的难事”，开启了他从思辨哲学到现实世界、从抽象思维到实际批判的道路，成为由人本主义向唯物主义转变的“分水岭”。

1841 年 4 月，23 岁的马克思从柏林大学毕业，曾计划在波恩大学从事教学工作。为此，他再次打算刊印自己的博士论文，并增补了对谢林的评注和新写了一篇序言。可是，由于当时的德皇威廉四世加强了思想控制，鲍威尔由于宣传无神论而被赶出了波恩大学，柏林的一个文学周刊被查封，卢格的《哈雷年鉴》也被迫停刊。马克思考虑到，即使登上大学讲台，也不能公开宣传自己的信念，因而就放弃了从事教书的打算，准备完全投身到实际的政治斗争中去。这对于从小在学校受教育，长期生活在学校院墙里的马克思来说，参加这种直接的政治斗争，对他以后的思想发展方向具有决定性的意义。

1842 年 2 月初，马克思写了自己的第一篇政论文《评普鲁士最近的书报检查令》，发表于《德国现代哲学和政论界轶文集》。这篇评论，无论就政治尖锐性还是鲜明性来说，都比他的“博士论文”前进了一大步。这为马克思开拓了一条从思辨哲学到现实世界的彼岸，从抽象思维通往实际批判的道路，也是马

克思走向实际生活的第一步，标志着马克思政治活动的开始。恩格斯在 1895 年 4 月 15 日给费舍的信中就写道："至于那篇关于摩泽尔的文章，我是有把握的，因为我曾不止一次地听马克思说过，正是他对林木盗窃法和摩泽尔河沿岸地区农民状况的研究，推动他由纯政治转向经济关系，并从而走向社会主义。"①

1842 年 5 月 23 日至 7 月 25 日，第六届莱茵省议会在杜塞尔举行会议。马克思参加了关于出版自由的辩论，写下了包括《关于新闻出版自由和公布省等级会议辩论情况的辩论》《关于林木盗窃法的辩论》等《第六届莱茵议会的辩论》一组文章，并于 1842 年 5 月连载在《莱茵报》上。这是马克思为《莱茵报》撰稿的开始。此时，马克思还持有黑格尔的唯心主义观点。这组文章里，马克思提出了用"矛头"和"斧子"为自由而战斗的思想。这是马克思革命民主主义思想的高度体现，同时又是马克思的思想进一步发展的坚实的政治基础，也预示着马克思转向共产主义迈出的第一步。这是因为，在当时的《莱茵报》上就"可以听到法国社会主义和共产主义的带着微弱哲学色彩的回声"②。另外，他还写下了《历史法学派的哲学宣言》《论离婚法草案》《摩泽尔记者的辩护》等文章。

1842 年 10 月 15 日，马克思被任命为《莱茵报》的主编。第一天就写了《共产主义和奥格斯堡〈总汇报〉》的答辩文章，可以看到他对空想社会主义的态度，以及寻找解决社会问题新途径的愿望，也表明了马克思对于共产主义的初浅看法。随着以《莱茵报》为阵地所进行的实际斗争的不断深入，马克思越来越感觉到人本主义中只是强调精神和理性作用是不够的，不仅感觉到了自己文章的苍白无力，也感受到了研究现实问题的重要性。他在回忆自己的斗争历程时讲道："1842—1843 年间，我作为'莱茵报'的主编，第一次遇到要对所谓物质利益发表意见的难事。莱茵省议会关于林木盗窃和地产析分的讨论，当时的莱茵省总督冯·沙培尔先生就摩塞尔农民状况同'莱茵报'展开的官方论战，最后，关于自由贸易和保护关税的辩论，是促使我去研究经济问题的最初动因。"③ 于是在 1842 年底发表了论文《关于林木盗窃法的辩论》。正是通过对

---

① 恩格斯：《恩格斯致理查·费舍（1895 年 4 月 15 日）》，《马克思恩格斯文集》第 10 卷，人民出版社 2009 年版第 701 页。

② 马克思：《政治经济学批判》，《马克思恩格斯全集》第 13 卷，人民出版社 1962 年版第 8 页。

③ 马克思：《政治经济学批判》，《马克思恩格斯全集》第 13 卷，人民出版社 1962 年版第 7—8 页。

这一文章的研究和撰写，才促使马克思将研究工作从哲学、法律领域深入到社会经济领域，从而看到了有产阶级和无产阶级的差距，并引起他进一步研究无产阶级在资产阶级社会中的地位、作用和要求，为寻找“解开社会之谜的钥匙”奠定了思想基础。这既是马克思世界观转变的强大动因，也是从人本主义转向唯物主义的“分水岭”。

三、“诉诸群众，诉诸无产阶级”政治思想的产生

《莱茵报》被查封的事实从根本上动摇了马克思的早期信仰，通过深刻总结反思，他第一次阐明认识人类历史发展过程应当到“市民社会”中去寻找的思想，明确了无产阶级历史使命的论点。人的一生关键处就几步。《莱茵报》时期就是马克思一生中的一个重要关节点或者说转折点。作为大学毕业后的第一份工作，《莱茵报》的编辑和研究工作是其正式走向社会的开端。但马克思担任《莱茵报》主编的职务也仅仅不到 5 个月的时间，由于普鲁士反动当局的迫害，《莱茵报》被查封了，马克思也于 1843 年 3 月 18 日被迫辞去了主编职务。至于报纸被查封的原因，马克思在给卢格的信中进行了阐明：“报纸的查封是一些特殊情况一起促成的：报纸的畅销；我的《摩泽尔记者的辩护》（这篇文章把一些高官厚禄的国家要人狠狠地干了一顿）；我们坚决拒绝说出给我们送来婚姻法草案的人的名字；议会的召开（我们的鼓动可能对它产生影响）；最后，我们对查封《莱比锡总汇报》和《德国年鉴》所进行的批评。”①

普鲁士反动当局对《莱茵报》的查封，不仅使马克思失去了相对稳定的工作，从此开始了远离自己祖国的漂泊的居无定所的艰难困苦生活，而且这一事件也让马克思对普鲁士专制制度有了更加深刻的认识，感受到了人本主义思想的浅薄和不足，从而促使马克思进一步反省自己的思想，开始清算对自己影响很深的黑格尔哲学。马克思还深入指出：“我们坚信，构成真正**危险的**并不是共产主义思想的**实际试验**，而是它的**理论阐述**。”② 而创造这种科学理论，正是 1843 年马克思所面临的任务。马克思在《莱茵报》时期向共产主义的转变仅仅

① 马克思：《马克思致阿尔诺德·卢格（1843 年 1 月 25 日）》，《马克思恩格斯全集》第 27 卷，人民出版社 1972 年版第 438—439 页。

② 马克思：《共产主义和奥格斯堡〈总汇报〉》，《马克思恩格斯全集》第 1 卷（上），人民出版社 1995 年版第 295 页。

是开始。要解决这个任务，一个重要的步骤是对自己在《莱茵报》所碰到的重大问题，从理论上进行总结和清算。于是马克思在辞去《莱茵报》主编职务后，在克罗茨纳赫小镇的岳母家里，于1843年3月中至9月底研究撰写了《黑格尔法哲学批判》一书，初步探讨了把“彻底的革命、全人类解放”的使命寄托于新兴无产阶级的可能。在此基础上的1843年10月底，马克思为了“为真正思维着的独立的人们寻找一个新的集结地点”①，同妻子燕妮离开德国，到法国巴黎与阿·卢格（1802—1880）共同创办了《德法年鉴》。虽然在1844年2月只办了一期，但马克思刊登在上面的《论犹太人问题》《〈黑格尔法哲学批判〉导言》两篇文章，是对《黑格尔法哲学批判》的继续和发展，明确阐明了新世界观的基本观点，第一次明确新世界观的核心和支点是关于无产阶级历史使命的论点，指出“这个解放的头脑是哲学，它的心脏是无产阶级”② 等思想，标志着他完成了从人本主义到唯物主义、从革命民主主义到共产主义的伟大转变。正如列宁在《卡尔·马克思》中指出的：“马克思在这个杂志上发表的文章表明他已经是一个革命家。他主张‘对现存的一切进行无情的批判’，尤其是‘武器的批判’；他诉诸**群众**，诉诸**无产阶级**。”③《德法年鉴》时期，马克思完成了两个转变。所谓完成转变是相对的。主要是马克思在《德法年鉴》的文章中，提出了人类解放，即社会主义革命问题；论述了无产阶级的伟大历史使命。诉诸革命，诉诸无产阶级，这是马克思完成转变的根本标志。但如果就对这些问题的论证来说，仍然有着费尔巴哈的烙印。

（一）恩格斯的《国民经济学批判大纲》“已经表述了科学社会主义的某些一般原则”④，也标志着他正式完成向唯物主义和共产主义的转变

1842年10月，22岁的恩格斯结束了一年多的兵役生涯从柏林返回巴门，此时也正好是马克思刚开始担任《莱茵报》主编的时间。在巴门的家里待了不

---

① 马克思：《马克思致阿尔诺德·卢格（1843年9月）》，《马克思恩格斯文集》第10卷，人民出版社2009年版第7页。

② 马克思：《〈黑格尔法哲学批判〉导言》，《马克思恩格斯文集》第1卷，人民出版社2009年版第18页。

③ 列宁：《卡尔·马克思（1914年11月）》，《列宁专题文集·论马克思主义》，人民出版社2009年版第4页。

④ 马克思：《社会主义从空想到科学的发展，马克思写的1880年法文版前言》，《马克思恩格斯文集》第3卷，人民出版社2009年版第491页。

长时间，他的父亲就又把他送到曼彻斯特的分厂，也就是欧门-恩格斯公司去工作。在途中，恩格斯经过莱茵地区，与赫斯进行了长时间的会晤，因为这次会面，他开始作为"一流的革命者"崭露头角。他还拜访了《莱茵报》，但马克思"冷淡地"会见了他，因为马克思此时把恩格斯看作是"自由人"团体的成员，而当时恩格斯刚刚断绝了同自由人的一切关系。1843 年在曼彻斯特，恩格斯为欧文的《新道德世界》写了文章，还继续为《莱茵报》撰稿，发表了《伦敦来信》《大陆上社会改革运动的进展》等，对共产主义问题进行具体分析和研究。他还为《德法年鉴》寄送了《过去和现在》以及《国民经济学批判大纲》两篇文章。特别是 1843 年 9 月底或 10 月初至 1844 年 1 月中旬撰写的《国民经济学批判大纲》这篇文章，正如马克思在 1880 年 5 月为恩格斯撰写的《社会主义从空想到科学的发展》所写的序言中指出的："弗里德里希·恩格斯是当代社会主义最杰出的代表人物之一，他在 1844 年就以他最初发表在马克思和卢格在巴黎出版的《德法年鉴》上的《国民经济学批判大纲》引起了注意。《大纲》中已经表述了科学社会主义的某些一般原则。"① 从马克思的这段话中，可以理解这篇著述的重要意义。一个是作为恩格斯这一时期学习研究的系统总结，被马克思称为"批判经济学范畴的天才大纲"，还把对它的摘录放在了马克思自己的《巴黎笔记》前面，并在《资本论》中多次加以引用，这篇文章也表明恩格斯正式完成了从唯心主义向唯物主义、从革命民主主义向共产主义的世界观转变。另一个是通过对资本主义即将到来的末日所做的极为明确的预言，使得马克思一生中真正开始对经济问题发生兴趣，从而改变了对恩格斯的看法，并开始与恩格斯通信，进而架起了两人终生合作的"桥梁"。另外，从对曼彻斯特状况的考察来看，恩格斯已经开始为他的名著《英国工人阶级状况。根据亲身观察和可靠材料》收集材料了。这个"材料"就是大约写于 1844 年 1 月初至 2 月初，载于 1844 年 8 月 31 日和 9 月 4、7 和 11 日《前进报》第 70、71、72 和 73 号的《英国状况。十八世纪》。

（二）马克思、恩格斯对人民群众在历史发展中作用的集中论证和无产阶级历史使命的正式阐明，使无产阶级政党理论的创立成为必然

1844 年 3 月出版的《德法年鉴》虽然只出了一期双月刊，但在马克思、恩

① 马克思：《社会主义从空想到科学的发展，马克思写的 1880 年法文版前言》，《马克思恩格斯文集》第 3 卷，人民出版社 2009 年版第 491 页。

格斯思想发展史上有着里程碑意义。不仅是因为在这上面发表了马克思的《论犹太人问题》《〈黑格尔法哲学批判〉导言》和恩格斯的《过去和现在》《国民经济学批判大纲》这四篇文章，标志着两人从不同途径、殊途同归完成了从唯心主义转向唯物主义，从革命民主主义转向共产主义，更重要的是架起了两人思想沟通和交流的桥梁，促成了他们 1844 年 8 月底的正式会面。

1842 年 10 月初，恩格斯在柏林服兵役期满后，曾在返回巴门的途中特地在科伦停留，为的是想拜访马克思这位“面色黝黑的特里尔之子”，但这次见面由于一点“小误会”的原因，马克思只是“冷淡地”会见了他。在经过一年多的沟通交流后，1844 年 8 月底，恩格斯又在回德国的途中路经巴黎。8 月 28 日，在具有法国摄政时期风格的一间咖啡屋里，恩格斯与马克思进行了第二次见面，也是“正式”的历史性会面。长时间的亲密交谈使他们在接下来的 10 天中一直待在瓦诺街。恩格斯在谈到这次会面时说：“自从分手以后，我再没有像在你家里度过的 10 天那样感到心情愉快，感到有人情味。”① 这次会见奠定了他们在理论工作和实际革命活动的各个方面进行创造性合作的基础，从此开启了为全人类的彻底解放而共同奋斗的革命生涯。正如列宁指出的：“自从命运使卡尔·马克思和弗里德里希·恩格斯相遇之后，这两位朋友的毕生工作，就成了他们的共同事业。”② 他们第一次正式会面的成果就是写于 1844 年 9 月—11 月，并于 1845 年 2 月在美因河畔法兰克福出版的《神圣家族，或对批判的批判所做的批判。驳布鲁诺·鲍威尔及其伙伴》。“这本书比《英国工人阶级状况》早一年出版，大部分是马克思写的。它奠定了革命唯物主义的社会主义的基础。”③ 这是他们两人合著的第一部哲学著作。在这部论战性的著作中，马克思和恩格斯通过以战斗的唯物主义者的姿态，对青年黑格尔派的主观主义观点进行深刻的批判，不仅使辩证唯物主义和历史唯物主义的许多重要原理都得到了阐述，而且还包含着几乎已经形成的关于无产阶级的历史使命的观点。无产阶级有使命就必然需要有组织来领导，因此这也为无产阶级政党理论的产生奠定

---

① 恩格斯：《恩格斯致马克思（1844 年 10 月初）》，《马克思恩格斯文集》第 10 卷，人民出版社 2009 年版第 21 页。

② 列宁：《弗里德里希·恩格斯（1895 年 9 月 7 日［19 日］以后）》，《列宁专题文集·论马克思主义》，人民出版社 2009 年版第51 页。

③ 列宁：《弗里德里希·恩格斯（1895 年 9 月 7 日［19 日］以后）》，《列宁专题文集·论马克思主义》，人民出版社 2009 年版第 56 页。

了实践的必然性。同时，这部著作中已经含有1845年春马克思在“费尔巴哈提纲”中批判费尔巴哈的形而上学的、直观的唯物主义时所持的某些观点。正如恩格斯所指出的：“费尔巴哈所没有走的一步，终究是有人要走的。对抽象的人的崇拜，即费尔巴哈的新宗教的核心，必须由关于现实的人及其历史发展的科学来代替。这个超出费尔巴哈而进一步发展费尔巴哈观点的工作，是由马克思于1845年在‘神圣家族’中开始的。”[①] 在此之前，马克思还在1844年上半年撰写了《詹姆斯·穆勒〈政治经济学原理〉一书摘要》，特别是在同年的4—8月期间，基本上完成了《1844年经济学哲学手稿》的撰写。

四、创立科学世界观中产生的实践要求

恩格斯在《关于共产主义者同盟的历史》中写道：“当我们1845年春天在布鲁塞尔再次会见时，马克思已经从上述基本原理出发大致完成了发挥他的唯物主义历史理论的工作，于是我们就着手在各个极为不同的方面详细制定这些新观点了。”[②] 从1845年春马克思撰写《关于费尔巴哈的提纲》到合著《德意志意识形态》再到《真正的社会主义者》，这些著作在马克思恩格斯无产阶级政党理论的哲学基础、理论基础的形成过程中构成一个重要阶段，它们是马克思、恩格斯的第一批完全成熟的著作的直接准备。

（一）完成个人思想“两个转变”后的进一步研究探索

1844年8月的巴黎相聚，通过合著《神圣家族》，共同实现了马克思和恩格斯与以前的黑格尔哲学的最终决裂。旧思想的消失，必然伴随着新思想的诞生。我们可以想象，两人在巴黎10天的相聚中，为找到终生的“思想伴侣”而欣喜的表情，为彼此交流思想而亲密无间、形影不离、无话不谈的情形，他们在相互交流中为创立新的世界观制定了详细的计划和分工。在1844年11月合著完《神圣家族》后，马克思由于普鲁士政府的逼迫，于1845年2月3日离开巴黎去了比利时的布鲁塞尔（马克思接下来在布鲁塞尔度过了3年），恩格斯则在1845年4月初从德国的巴门市移居到了布鲁塞尔。在恩格斯到来之前，马克

① 恩格斯：《路德维希·费尔巴哈和德国古典哲学的终结》，《马克思恩格斯全集》第21卷，人民出版社1965年版第334页。

② 恩格斯：《关于共产主义者同盟的历史》，《马克思恩格斯全集》第21卷，人民出版社1965年版第247—248页。

思完成了《关于费尔巴哈的提纲》这篇“包含着新世界观的天才萌芽的第一个文件”①。在马克思和恩格斯相聚后的3个多月时间里，他们根据分工，“在各个极为不同的方面详细制定这些新观点”。马克思集中撰写了《政治经济学批判》部分书稿，恩格斯则主要完成了《英国工人阶级状况。根据亲身观察和可靠材料》。恩格斯的《英国工人阶级状况。根据亲身观察和可靠材料》，是对1844年1月初至2月初的《英国状况。十八世纪》进一步深入研究的成果，是利用21个月时间“通过亲身观察和亲自交往来直接了解英国的无产阶级，了解他们的愿望、他们的痛苦和欢乐，同时又以必要的可靠材料补充自己的观察”② 而撰写的献给工人们的著作，他“放弃了资产阶级的社交活动和宴会、波尔图酒和香槟酒，把自己的空闲时间几乎全部用来和普通工人交往；这样做，我感到既高兴又骄傲”。③ 列宁认为这一著作是世界社会主义文献中最优秀的著作之一，是一部“反映着马克思主义形成过程初期的一个阶段”的早期作品。此后，马克思还撰写了《对黑格尔辩证法和整个哲学的批判》，恩格斯撰写了《英国对国内危机的看法》《国内危机》《各个政党的立场》以及《共产主义在德国的迅速进展》《在爱北斐特的演说》《最近发生的莱比锡大屠杀。——德国工人运动》等文章。

（二）共同撰写《德意志意识形态》，系统阐述唯物史观和共产主义理论

1845年9月底至1846年5月，马克思和恩格斯开始共同撰写《德意志意识形态》，对费尔巴哈、布·鲍威尔和施蒂纳所代表的现代德国哲学以及各式各样先知所代表的德国社会主义进行批判。马克思在1846年8月1日给列斯凯的信中阐述了写这部著作的原因：“我认为，在发表我的**正面**阐述以前，**先发表**一部反对德国哲学和那一时期产生的**德国社会主义**的论战性著作，是很重要的。为了使读者能够了解我的同迄今为止的德国科学根本对立的政治经济学的观点，

① 恩格斯：《“路德维希·费尔巴哈和德国古典哲学的终结”一书序言》，《马克思恩格斯全选》第21卷，人民出版社1965年版第412页。

② 恩格斯：《英国工人阶级状况。根据亲身观察和可靠材料》，《马克思恩格斯文集》第1卷，人民出版社2009年版第385页。

③ 恩格斯：《英国工人阶级状况。根据亲身观察和可靠材料》，《马克思恩格斯文集》第1卷，人民出版社2009年版第382页。

这是必要的。”[①] 刚开始写作时，只是想在开头对费尔巴哈进行详细批判，中间插上对鲍威尔和施蒂纳的批判，但到 1846 年 4 月底，这个批判已经扩展成了一部大部头的著作。这部经过 200 多个日日夜夜紧张写作而完成的著作，虽然由于历史原因没有在当时发表，但达到了他们自己弄清问题的目的，第一次完整系统地阐述了辩证唯物主义的历史观，标志着马克思主义第一个伟大发现的初步完成，使人类特别是使无产阶级有了认识和改造世界的锐利的思想武器。正如马克思在《政治经济学批判》的序言中，阐述自己和恩格斯研究这本著作时的情况所指出的：“当 1845 年春他也住在布鲁塞尔时，我们决定共同钻研我们的见解与德国哲学思想体系的见解之间的对立，实际上是把我们从前的哲学信仰清算一下。这个心愿是以批判黑格尔以后的哲学的形式来实现的。八开本两厚册的原稿早已送到威斯特伐利亚的出版所，后来我们才接到通知说，由于情况改变，不能付印。既然我们已经达到了我们的主要目的——自己弄清问题，我们就情愿让原稿留给老鼠的牙齿去批判了。”[②] 这本著作直到马克思、恩格斯都已经逝世多年之后的 1932 年，才由苏联编译局出版。

（三）创立新世界观的同时也产生了无产阶级政党理论的基本思想

新世界观的制定，标志着马克思、恩格斯理论研究阶段任务的完成，使他们的思想发展获得了一个质的飞跃。但这只是开始，还有更宏伟更艰巨的任务摆在他们前面，那就是进一步发展和传播他们的世界观，从理论研究的“书斋”转到真正“革命的第一线”。正如恩格斯指出的，他们有义务论述他们的理论观点，但是对于他们来讲，更重要的是通过他们的理论宣传和教育，让欧洲无产阶级首先是德国无产阶级能够了解掌握他们的理论，从而能够支持和拥护他们的理论，因此“我们明确了这一点以后，就立即着手工作了”。[③] 马克思、恩格斯在系统阐述新世界观的《德意志意识形态》中，也多次表达了这个思想：“无论为了使这种共产主义意识普遍地产生还是为了达到目的本身，都必须使人们普遍地发生变化，这种变化只有在实际运动中，在**革命**中才有可能实现；因此

---

① 马克思：《马克思致卡尔·威廉·列斯凯（1846 年 8 月 1 日）》，《马克思恩格斯全集》第 27 卷，人民出版社 1972 年版第 473 页。

② 马克思：《政治经济学批判》，《马克思恩格斯全集》第 13 卷，人民出版社 1962 年版第 10 页。

③ 恩格斯：《关于共产主义者同盟的历史》，《马克思恩格斯全集》第 21 卷，人民出版社 1965 年版第 248 页。

革命之所以必需，不仅是因为没有任何其他的办法能推翻**统治**阶级，而且还因为**推翻**统治阶级的那个阶级，只有在革命中才能抛掉自己身上的一切陈旧的肮脏东西，才能建立社会的新基础。”① 要实现这一任务和思想，就得有基本平台和领导力量，这就是无产阶级政党。这既是传播和实践他们科学理论的必然需要，也是他们新世界观的内在要求，更是马克思主义之所以具有强大生命力的根本所在。

第三节　《共产党宣言》的制定完成宣告无产阶级政党理论的诞生和实践征程的开启

新世界观的制定完成为无产阶级政党理论的诞生奠定了世界观基础和科学指南，共产主义通讯委员会则为无产阶级政党理论的诞生奠定了组织基础。在具备了各方面条件的基础上，无产阶级政党理论犹如十月孕育的“婴儿”，终于在 1848 年 2 月的共产主义者同盟这个“母体”中，以《共产党宣言》为标志宣告诞生了。这个新生的“婴儿”注定要历经磨难才能茁壮成长。在其诞生后的几个星期，规模空前的欧洲大革命就为无产阶级政党理论提供了绝佳的验证机会，使其在接受这场革命风暴的洗礼中得到了初步检验和发展，为其以后的不断发展提供了坚实的实践基础。

一、无产阶级政党理论诞生的思想和组织基础

（一）为传播科学世界观而成立共产主义通讯委员会

新世界观虽然制定完成了，但正如列宁指出的：“在第一个时期的开头，马克思学说决不是占统治地位的。它不过是无数社会主义派别或思潮中的一个而已。”② 尽管新的世界观是唯一科学的世界观，但它绝不是占支配地位的学说。

---

① 马克思、恩格斯：《德意志意识形态》，《马克思恩格斯全集》第 3 卷，人民出版社 1960 年版第 78 页。

② 列宁：《马克思学说的历史命运（1913 年 3 月 1 日［14 日］）》，《列宁专题文集 · 论马克思主义》，人民出版社 2009 年版第61—62 页。

如何用新的组织形式把最进步的工人阶级联合起来，传播科学世界观，就成为马克思、恩格斯从事新的理论研究和实践活动的最迫切任务。

早在1845年7月，马克思、恩格斯为进一步了解掌握当时英国的状况，曾花了6个星期一起去英国考察，他们在伦敦会见了宪章派领导人乔治·朱利安·哈尼，一位当时最有影响的工人阶级报纸《北极星报》的编辑。恩格斯还把马克思介绍给了伦敦的德国工人组织的领导人，马克思和恩格斯还一起参加了各种各样的国家团体领导人的聚会，讨论建立某种形式的国际民主协会，这就是1845年9月成立的兄弟民主党。马克思、恩格斯还在布鲁塞尔这个建立德国社会主义者之间联系的理想、有利的地方［因为它地处巴黎、伦敦（德国工人移民最大的聚居区）和科伦（莱茵省的首府，德国最易接受共产主义思想的省份）构成的三角形地带的中间］，与一些革命者建立和巩固了联系。比如：比利时民主党领导人律西安·若特兰、列韦尔，还有德国的塞巴斯提安·戴勒尔（在布鲁塞尔组织了一个左翼新闻机构）、威廉·沃尔弗（德国著名革命领导人）等。

1846年2月，"马克思和恩格斯拟定了国际共产主义宣传的任务；为此他们打算着手准备在科学共产主义的基础上建立国际共产主义组织，而在初期则采取在各国成立共产主义通讯委员会的方式"。① 马克思、恩格斯与菲力浦·日果等人，在比利时首都布鲁塞尔成立了共产主义通讯委员会。马克思在描述它的目标时写道："借以讨论学术问题，评述流行的著作，并进行社会主义宣传"，"不过，我们这种通讯活动的主要目的，是要让德国的社会主义者同法国和英国的社会主义者建立联系，使外国人了解德国不断发展的社会主义运动，并且向德国国内的德国人报道法国和英国社会主义运动的进展情况。通过这种方式，可以发现意见分歧，交流思想，进行公正的批评。这是以**文字**形式表现的社会运动为了摆脱**民族**局限性而应当采取的一个步骤"。② 共产主义通讯委员会是马克思、恩格斯第一次政治实践的尝试，它成为所有后来国际共产主义组织的雏形，为建立无产阶级政党奠定了组织基础。

---

① 弗·阿多拉茨基主编：《马克思年表》，人民出版社1982年版第52页。

② 马克思：《马克思致皮埃尔·约瑟夫·蒲鲁东（1846年5月5日）》，《马克思恩格斯文集》第10卷，人民出版社2009年版第31页。

（二）共产主义通讯委员会作为共产主义宣传和组织的开始，在与各种错误思潮的不懈斗争中为无产阶级政党理论的诞生作了思想和组织准备

在共产主义通讯委员会创立2年多的时间里，在搞好共产主义宣传的同时，还与魏特林、蒲鲁东等进行了坚决的思想斗争。1846年，马克思、恩格斯与威廉·克里斯蒂安·魏特林（1808年10月5日—1871年1月24日）的空想共产主义和以克利盖、格律恩为代表的“真正的社会主义”进行了坚决斗争。特别是同蒲鲁东的论战，既是马克思、恩格斯在这一时期取得的关键性胜利，也是无产阶级政党理论发展史上的一个重要里程碑。蒲鲁东把马克思改造资本主义的革命主张说成是“流血”的“横暴”，1846年底他出版了两卷本的《贫困的哲学》一书，反对革命，主张通过建立无息贷款的“人民银行”，逐步消灭大私有制，实行小私有制的互助制，从而达到改造资本主义社会的目的。马克思撰写《哲学的贫困》，通过对蒲鲁东的全面批判，进一步阐发了唯物史观的基本观点，明确了无产阶级的历史使命、无产阶级革命等一系列重要原理。这是1847年1月到6月完成的一本著作。这本著作与《共产党宣言》被列宁称为“成熟的马克思主义的头两部著作”①。马克思也指出：“我们见解中有决定意义的论点，在我的1847年出版的为反对蒲鲁东而写的著作‘哲学的贫困’中第一次作了科学的、虽然只是论战性的表述。”② 恩格斯也在1884年10月23日写的《马克思和洛贝尔图斯。卡·马克思“哲学的贫困”一书德文第一版序言》中指出：“本书是1846年到1847年那个冬天写成的，那时候，马克思已经彻底明确了自己的新的历史观和经济观的基本点。”③ 共产主义通讯委员会虽没演变成一个正式的无产阶级政党，但它的理论活动特别是内部的理论斗争，为无产阶级政党理论的诞生作了思想理论和组织模式上的准备。恩格斯后来回忆这一段历史时，指出通过与这些错误思想的坚决斗争，使同盟内部特别是伦敦领导者们，越来越支持和理解了自己的思想和观点，“愈来愈使伦敦的盟员相信马克思和我的新理论是正确的”。④ 在此期间，恩格斯还于1846年8月去了趟巴黎，在那

---

① 列宁：《国家与革命》，《列宁选集》第3卷，人民出版社2012年版第128页。

② 马克思：《政治经济学批判》，《马克思恩格斯全集》第13卷，人民出版社1962年版第10页。

③ 恩格斯：《马克思和洛贝尔图斯。卡·马克思“哲学的贫困”一书德文第一版序言》，《马克思恩格斯全集》第21卷，人民出版社1965年版第205页。

④ 恩格斯：《关于共产主义者同盟的历史》，《马克思恩格斯全集》第21卷，人民出版社1965年版第250页。

里进行共产主义的理论宣传和灌输。

二、无产阶级政党理论的正式诞生

（一）共产主义者同盟为无产阶级政党理论的诞生提供了实践平台

共产主义通讯委员会的重要成果之一就是在马克思、恩格斯与伦敦共产主义者之间建立起了密切联系。伦敦共产主义者是当时德国工人最大的、组织得最好的团体，直到19世纪30年代末，其重要的中心一直在巴黎。1836年，被流放到巴黎的德国手工业者创立了正义者同盟，“这个同盟起初纯粹是德国工人团体，后来成为国际工人团体，而在1848年以前欧洲大陆的政治条件下必然是一个秘密的团体”①。这个组织由卡尔·沙佩尔、亨利希·鲍威尔和约瑟夫·莫尔领导，最初的目标是把“人权”和“市民”引入德国，虽然具有一定的革命性和广泛的国际性，但远非无产阶级政党。1846年5月，马克思、恩格斯利用通讯委员会与正义者同盟建立了密切联系，并在相互交流中对它进行了改造，使大多数领导人愈来愈相信科学社会主义理论的真理性。在此基础上，1847年1月20日，马克思、恩格斯在正义者同盟的代表莫尔的邀请下，正式加入了同盟。马克思后来回忆道：“我们对这种建议有种种顾虑，但都被莫尔打消了，因为他通知说，中央委员会准备在伦敦召开同盟代表大会，大会上，我们所坚持的各种批判的观点，将作为同盟的理论在正式的宣言中表现出来；他又说，可是为了同保守派分子和反对派分子作斗争，我们必须亲自参加大会，这就涉及我们要加入同盟这样一个问题了。”② 马克思在加入之前还提出另一个条件是“摒弃章程中一切助长迷信权威的东西”③。1847年6月2日至9日，正义者同盟代表大会在伦敦召开，马克思以缺钱为借口没有参加，恩格斯代表巴黎成员参加了大会。大会把同盟名称更改为“共产主义者同盟”，并发行第一期也是最后一期的由沙佩尔写的名字为《共产主义报》的杂志。马克思也在8月初正式把共产主义通讯委员会变成了共产主义者同盟的一个支部，他担任主席。共产主义者同盟的改组成功，标志着马克思主义同工人运动历史性结合的实现、与

① 马克思、恩格斯：《共产党宣言》，《马克思恩格斯文集》第2卷，人民出版社2009年版第11页。

② 马克思：《福格特先生》，《马克思恩格斯全集》第14卷（上），人民出版社1964年版第465页。

③ 马克思：《马克思致威廉·布洛斯（1877年11月10日）》，《马克思恩格斯全集》第34卷，人民出版社1972年版第289页。

无产阶级政党在革命实践基础上的统一。在这次大会上，还讨论通过了组织章程草案，提出了“全世界无产者，联合起来!”的革命口号。马克思、恩格斯在正式加入共产主义者同盟后，恩格斯于1847年9月26日和10月3日撰写《共产主义者和卡尔·海因岑》、马克思于1847年10月底撰写《道德化的批评和批评化的道德》，对海因岑的“人民党”谬论进行了批判，坚定捍卫了它的理论基础。马克思和恩格斯还于1847年11月29日参加了民主派兄弟协会在伦敦举行的纪念1830年波兰起义国际大会，进行了《关于波兰的演说》，阐述了无产阶级革命与民族解放运动的关系。

（二）《共产党宣言》和《共产主义者同盟章程》的完成标志着无产阶级政党理论的诞生

1847年11月底至12月初，马克思、恩格斯参加了同盟第二次代表大会。他们在前往伦敦途中讨论了恩格斯草拟的由25个问题组成的问答式的纲领草稿《共产主义原理》。大会在通过《同盟章程》的基础上，用绝大部分时间讨论同盟纲领，最终一致赞同马克思、恩格斯阐述的科学共产主义原则，并委托他们制定新纲领。1848年2月下旬，经马克思、恩格斯共同研究制定的《共产党宣言》公开出版。《共产党宣言》作为世界上第一个无产阶级政党纲领，向全世界公开说明自己的观点、自己的目的、自己的意图，是马克思恩格斯无产阶级政党理论的出生证书。它的发表，为国际工人运动的发展提供了强大思想武器，指导并推动着工人运动蓬勃发展，牵引着无产阶级政党不断发展壮大。与《共产党宣言》同时制定的《共产主义者同盟章程》，规定了以科学社会主义理论为“同盟”的指导思想，规定了党员条件、党的组织机构和职权范围、民主选举制度、组织纪律等内容，确立了无产阶级政党的组织理论。正如恩格斯所说的：“同盟的全部组织这时已根本改造了；这个先前多少是密谋性的团体，现在变成了一个平常的、只是不得已才是秘密的共产主义宣传组织，变成了德国社会民主党的**第一个**组织。”①

1847年，在积极推动和领导共产主义者同盟创立的同时，“马克思和恩格斯致力于建立**布鲁塞尔民主协会**的工作，这是一个公开的和国际性的组织，参

① 恩格斯：《卡尔·马克思》，《马克思恩格斯全集》第19卷，人民出版社1963年版第116页。

加这个组织的有资产阶级激进派和社会主义工人的代表人物”。[①] 马克思和恩格斯以及他们所领导的布鲁塞尔德意志工人教育协会对该协会的成立起到了积极作用。1847 年 11 月 15 日，马克思当选为该协会的副主席，比利时的民主主义者律・若特兰被推选为主席。在马克思的影响下，布鲁塞尔民主协会成了国际民主主义运动的中心之一。该协会在 1848 年 3 月初，马克思被驱逐出布鲁塞尔以及比利时当局镇压了协会中最革命的分子以后，比利时的资产阶级民主主义者就没有能力领导劳动群众反对君主政体的运动了，民主协会的活动成了纯地方性的活动，到 1849 年协会的活动实际上已告停止。

三、无产阶级政党理论的第一次实践检验和丰富

（一）1848 年欧洲革命是对无产阶级政党理论的第一次实践检验

就在《共产党宣言》发表的同时，爆发了一场欧洲历史上规模空前的大革命。意大利西西里首府巴勒莫，于 1848 年 1 月发动了人民起义。这一起义揭开了欧洲革命的序幕。以此为起点，革命风起云涌。法国二月革命推翻七月王朝，成立了法兰西第二共和国。德国、奥地利的三月革命发动了起来，匈牙利、罗马尼亚、捷克、波兰等国也接踵而起。最后由法国巴黎工人的六月起义把革命推向顶峰。尽管这场革命是资产阶级革命，但它给刚刚成立的共产主义者同盟提供了一个验证自己理论的绝佳机会。因此，马克思、恩格斯改组和成立同盟新的中央委员会，建立“德国工人俱乐部”，亲身参与并指导革命运动。

马克思在 1849 年 6 月 7 日给恩格斯的信中就说：“巴黎是一片阴沉气氛。而且霍乱异常猖獗。尽管如此，革命火山口的大爆发从来没有象现在的巴黎这样逼近。这一点以后再详谈。我正同全体革命派会晤，过几天我就将掌握**所有的**革命报刊。”[②] 马克思拿出继承父亲的 2 000 多法郎（有的说是 6 000 法郎），与恩格斯和其他同盟领导组织流亡在法国的德国工人和革命者回国参加革命斗争，马克思、恩格斯还共同撰写了《共产党在德国的要求》，与《共产党宣言》一起印发给他们。他们还在科伦创办了德文日报《新莱茵报。民主派机关报》

---

① 马克思：《弗・恩格斯的小册子“社会主义从空想到科学的发展”法文版导言》，《马克思恩格斯全集》第 19 卷，人民出版社 1963 年版第 260 页。

② 马克思：《马克思致恩格斯（1849 年 6 月 7 日）》，《马克思恩格斯全集》第 27 卷，人民出版社 1972 年版第 154 页。

(1848 年 6 月 1 日至 1849 年 5 月 19 日),“这家由卡尔·马克思任总编辑,弗里德里希·恩格斯、格奥尔格·维尔特、著名诗人弗莱里格拉特、斐·沃尔弗和威·沃尔弗等人任编辑的报纸,作为德国唯一代表无产者利益的刊物,英勇无畏地捍卫最先进的革命原则和无产阶级的利益,因而很快就获得了非凡的信誉”。[①] 恩格斯还加入工人志愿部队,多次参加战斗。在此期间,马克思还与沙佩尔、莫尔等人成立了德国工人俱乐部,并于 1848 年 3 月 10 日当选为主席。1848 年 6 月帮助建立并主持了科伦民主协会的工作,主要是同莱茵省的其他科伦组织,重点是工人联合会、工人业主联合会等各地民主派建立联合并密切联系,同工人组织内部的错误倾向进行斗争。“恩格斯参加爱北斐特起义以后,作为志愿部队指挥官维利希的副官完成了反对普鲁士人的巴登进军(1849 年 6—7 月)。”[②] 恩格斯“参加了四次战斗,其中有两次,特别是拉施塔特会战,是相当重要的”[③]。革命虽然最终失败了,但在马克思、恩格斯看来,这次革命使无产阶级经受了一场深刻的革命教育和锻炼,使《共产党宣言》中提出的理论与策略原则不仅得到了验证,而且为丰富这些理论和原则提供了客观依据。

(二)对革命运动的总结丰富了无产阶级政党理论的基本原理

1849 年 6 月 13 日,随着巴黎工人阶级、德国五月起义等的失败,“1848 年革命的整个伟大时期便结束了”。[④] 在革命失败后的 1850 年到 1852 年期间,又先后发生了由于以维利希、沙佩尔为首的宗派集团坚持盲动主义的策略而使同盟分裂;由于 1851 年 5 月科伦共产党人的相继被捕使同盟在德国的活动陷于停顿;1852 年 11 月鉴于同盟已无力担负一个无产阶级政党的艰巨任务,同时也由于欧洲革命的高潮在短期内不会到来,共产主义者同盟宣告解散。马克思、恩格斯在极端困难的条件下,全面系统地反思总结这次革命的经验教训,严格审查了他们创立的革命理论,写出了一系列重要著作,主要有:1850 年马克思

---

① 恩格斯:《革命的两年。1848 年和 1849 年》,《马克思恩格斯全集》第 44 卷,人民出版社 1982 年版第 42 页。

② 马克思:《弗·恩格斯的小册子“社会主义从空想到科学的发展”法文版导言》,《马克思恩格斯全集》第 19 卷,人民出版社 1963 年版第 260 页。

③ 恩格斯:《恩格斯致燕妮·马克思(1849 年 7 月 25 日)》,《马克思恩格斯文集》第 10 卷,人民出版社 2009 年版第 59 页。

④ 恩格斯:《关于共产主义者同盟的历史》,《马克思恩格斯全集》第 21 卷,人民出版社 1965 年版第 256 页。

在汉堡出版的6期《新莱茵报》杂志中的一些重要文章组成的《一八四八年至一八五〇年的法兰西阶级斗争》，另外还有两篇《中央委员会告共产主义者同盟书》以及《德国农民战争》《德国的革命和反革命》《路易·波拿巴的雾月十八日》《科隆共产党人审判案真相》等。这些著作科学总结了这次革命的经验教训，论述了无产阶级政党建立坚强组织的重要性，强调了无产阶级政党的独立性，丰富了无产阶级政党纲领的内容，阐明了无产阶级政党在资产阶级民主革命中的斗争策略，论述了无产阶级政党对本阶级和广大劳动群众实行领导的问题，从而丰富发展了无产阶级政党理论。列宁在阐述马克思和恩格斯这段时间的革命斗争情况时写道："马克思和恩格斯参加1848—1849年的群众革命斗争的时期，是他们一生活动中最令人瞩目的中心点。他们从这一中心点出发来判定各国的工人运动和民主运动的成败。他们为了最明白最清楚地判定各个不同阶级的内在本性及其倾向也总是回过来研究这一中心点。他们总是从当年的革命时期出发来评价后来出现的较小的政治派别、政治组织、政治任务和政治冲突。"①

第四节　国际工人协会时期无产阶级政党理论的巩固和完善

1848年欧洲革命后的马克思和恩格斯，特别是1852年11月17日共产主义者同盟宣告解散后，他们在系统总结这次革命的经验教训的基础上，开始把主要精力集中在两件大事上：一个是深入进行理论研究，全身心撰写《资本论》，另一个是"作为全部活动的顶峰，创立伟大的国际工人协会"②。这两件大事，不仅为无产阶级政党理论的进一步发展提供了科学指南，为迎接革命高潮的再次到来做好了组织准备，而且把无产阶级政党及其理论在进一步巩固发展中提升到了一个新水平。特别是国际工人协会（简称"国际"，后通称"第一国际"）的创立，在马克思、恩格斯整个革命生涯中占有极其重要的位置。正

① 列宁：《反对抵制》，《列宁专题文集·论马克思主义》，人民出版社2009年版第140—141页。
② 恩格斯：《在马克思墓前的讲话》，《马克思恩格斯文集》第3卷，人民出版社2009年版第602页。

如恩格斯指出的，马克思作为“协会的这位创始人即使没有别的什么建树，单凭这一成果也可以自豪”。①

一、《资本论》为无产阶级政党理论的进一步发展提供科学指南

恩格斯在《反杜林论》序言中写道：“我们这一世界观，首先在马克思的《哲学的贫困》和《共产党宣言》中问世，经过了二十余年的潜伏时间，到《资本论》出版以后，就以日益增长的速度，扩大它的影响，并为日益广大的阶层所接受。”② 从恩格斯的这一段论述，可以看出《资本论》在创立和发展无产阶级政党理论中的阶段性作用。这既是理解《资本论》这一重要著述的基本依据，也是研究无产阶级政党理论发展的基本理论支撑。

（一）为了新的革命高潮而进行思想理论准备

1848年欧洲革命失败后，反动势力统治着欧洲，黑暗的专制统治更加黑暗了。马克思于1849年8月24日离开法国巴黎，到达了伦敦。当马克思去英国的时候，他当时还不认为那里会成为他永远的家。马克思、恩格斯从当时的实际情况出发，采取了新的斗争形式。最主要的是全力以赴进行科学理论研究和宣传工作，为无产阶级政党锻造未来斗争需要的新的思想武器。为实现这一目标，他们对科学研究进行了详细分工，马克思着重研究政治经济学，恩格斯则侧重于语言学、自然科学和军事学等。马克思和恩格斯还在德国汉堡创办了《新莱茵报。政治经济评论》（1849年12月至1850年11月），“以评论性杂志形式继续出版‘新莱茵报’”，但“不久就因反动势力日益猖獗而只好放弃”。③ 虽然杂志只出版了6期，但在杂志上发表的马克思的《法兰西阶级斗争》、恩格斯的《德国维护帝国宪法的运动》和《德国农民战争》以及他们写的许多国际评论、书评等，系统地对1848—1849年的欧洲革命进行了理论上的总结，基本完成了原定任务。当时，马克思认为革命会很快再次到来，但革命形势却并没像他所判断和期望的那样，而是延迟到了19世纪60年代初。在这一时期，一方面马克思遭受政治迫害，政党活动基本停止，革命处于最低潮，精神生活非常压抑；另一方面由于没有固定的生活来源，生活上极度困苦艰难，

① 恩格斯：《在马克思墓前的讲话》，《马克思恩格斯文集》第3卷，人民出版社2009年版第602页。
② 恩格斯：《反杜林论》，《马克思恩格斯全集》第20卷，人民出版社1973年版第11页。
③ 恩格斯：《卡尔·马克思》，《马克思恩格斯全集》第19卷，人民出版社1963年版第118页。

几乎生活不下去，马克思的身体因为经常得病而越来越虚弱，特别是1850年11月19日1岁多的儿子格维多、1852年4月14日刚满1岁的女儿弗兰契斯卡、1855年4月6日8岁的儿子埃德加尔、1857年7月6日刚出生的第七个孩子，这4个孩子的相继去世，给马克思以极大打击。因此，马克思把这一时期叫作“难忘的十年”。这一时期，马克思没有参加任何政党的活动，而是主要致力于《资本论》的研究写作。

（二）《资本论》的完成奠定了党的纲领的理论基础

恩格斯在《社会主义从空想到科学的发展》中指出：“这两个伟大的发现——唯物主义历史观和通过剩余价值揭破资本主义生产的秘密，都应当归功于**马克思**。由于这些发现，社会主义已经变成了科学。”[①] 恩格斯还指出，“马克思还发现了现代资本主义生产方式和它所产生的资产阶级社会的特殊的运动规律”[②]，从而“通过剩余价值揭开资本主义生产的秘密”，这就是《资本论》。最明亮的珍珠往往是在最阴暗的空间里长成的。同样，《资本论》这个马克思科学理论研究的最耀眼“金星”，也是在欧洲革命后最黑暗的时期里写就的。这一时期，马克思克服了常人难以忍受的极大困苦，牺牲了健康、幸福和家庭，集一生的智慧和辛劳，研究撰写《资本论》这一鸿篇巨著，直到1865年12月底才写完三卷《资本论》的草稿，第一卷在1867年8月才正式出版。马克思在《资本论》里，指出了资本主义以剩余价值为根本目的的生产在推动生产力发展的同时，科学分析了资本主义经济关系的固有矛盾及其运动的对抗性，揭露了资本主义经济关系必然导致的阶级对立、生产无政府状态和经济危机，无情地宣布了资本主义必然灭亡、社会主义必然胜利的结论，从而使无产阶级革命及其政党有了系统的理论指南。恩格斯在马克思写作《资本论》上给予了无私帮助，不仅在金钱上，而且在精神上也进行了帮助和支持。恩格斯在他撰写的《论住宅问题》中就讲：“由于马克思和我之间有分工，我的任务就是要在定期报刊上，因而特别是在同敌对见解的斗争中，发表我们的见解，以便让马克思有时间去写作他那部伟大的基本著作。因此，在大多数情况下，我都必须采用

---

① 恩格斯：《社会主义从空想到科学的发展》，《马克思恩格斯全集》第19卷，人民出版社1963年版第227页。

② 恩格斯：《在马克思墓前的讲话》，《马克思恩格斯文集》第3卷，人民出版社2009年版第601页。

论战的形式，在反对其他种种观点的过程中，来叙述我们的观点。”① 正如马克思在1867年8月16日深夜两点，《资本论》第一卷正式出版前，也就是在马克思刚过49岁又3个多月的时候，在伦敦的家中给恩格斯的信中说：“这本书能够完成，完全要归功于你！没有你为我作的牺牲，我是不可能完成这三卷书的繁重工作的。我满怀感激的心情拥抱你！”②

在全力撰写《资本论》的同时，马克思、恩格斯还在美国《纽约每日论坛报》《新闻报》《美国新百科全书》和英国及其他一些国家的报刊杂志上发表了大量文章，重点评述了各种重大国际政治问题，论述并支持了各国人民的革命斗争。正如马克思本人写于1859年1月《政治经济学批判》的序言中所讲的：“八年来，我一直为第一流英美报纸‘纽约每日论坛报’撰稿。”③ 马克思还针对福格特诬蔑马克思特别是对无产阶级政党进行诽谤的问题，于1860年2月至11月间撰写了《福格特先生》一书，马克思高度评价了同福格特的斗争，称这次斗争“对于党**在历史上的声誉**和它在德国的未来地位具有决定性意义”。④

二、无产阶级政党理论在国际工人协会实践中的发展

在《资本论》第一卷出版后，其他各卷之所以没有继续问世，一个重要原因就是作为国际工人协会的领导人，马克思把绝大部分的时间和精力都用在了协会的工作上。正如恩格斯指出的，从第一届伦敦圣马丁堂国际工人协会成立起到海牙代表大会时止，“每届总委员会的灵魂都是马克思。国际总委员会所发表的一切文件，自1864年的成立宣言至1871年的法兰西内战这篇宣言，几乎都是由他起草的。叙述马克思在国际中的活动，就等于编写这个协会本身的历史，而欧洲工人对协会仍然记忆犹新”。⑤ 马克思在1865年3月13日给恩格斯的信中写道：“除写书以外，**国际协会**也占去了我的许多时间，因为实际上我是

① 恩格斯：《论住宅问题》，《马克思恩格斯文集》第3卷，人民出版社2009年版第242页。

② 马克思：《马克思致恩格斯（1867年8月16日凌晨两点于伦敦）》，《马克思恩格斯文集》第5卷，人民出版社2009年版第6页。

③ 马克思：《政治经济学批判》，《马克思恩格斯全集》第13卷，人民出版社1962年版第10页。

④ 马克思：《马克思致斐迪南·弗莱里格拉特（1860年2月23日）》，《马克思恩格斯全集》第30卷（下），人民出版社1974年版第449页。

⑤ 恩格斯：《卡尔·马克思》，《马克思恩格斯全集》第19卷，人民出版社1963年版第120页。

它的首脑。”① 马克思在这里所说的书，是指《资本论》。马克思还在1866年10月13日给路德维希·库格曼的信中写道：“国际协会的实际工作照常在进行，而且工作很多，因为事实上我必须领导整个协会。”② 恩格斯1883年6月24日在给拉法格的信中也指出：“摩尔的一生，要是没有国际，便成了挖去了钻石的钻石戒指。”③ 这些都充分说明国际工人协会在马克思、恩格斯一生的革命斗争中的决定性分量。

(一) 国际工人协会的创立是新的革命高潮而产生的实践要求

恩格斯在《共产党宣言·1888年英文版序言》中说：“当欧洲工人阶级重新聚集了足以对统治阶级发动另一次进攻的力量的时候，产生了国际工人协会。但是，这个协会成立的明确目的是要把欧美正在进行战斗的整个无产阶级团结为一个整体。”④ 19世纪50年代末和60年代初，资本主义国家爆发了世界性经济危机，使得阶级矛盾和民族矛盾日益加剧，这就促使欧洲的工人运动又重新高涨起来。特别是马克思、恩格斯的革命理论的广泛传播，也有力推动了各国工人运动的发展。正是在这种形势的促使下，英国建筑工人为争取9小时工作日的成功斗争促进了工会组织的发展，并促成了1860年伦敦工商联合会的建立。在法国，拿破仑三世开始放宽反工会法，企图利用工人来平衡日益增长的自由主义的对抗。在中欧，“在德国工人运动沉寂了十五年之后，拉萨尔又唤醒了这个运动”⑤。

直接推动国际工人协会成立的是波兰1863年起义（1863年1月22日至1864年秋）。1863年7月22日，工人联合会伦敦理事会召开群众大会，抗议沙皇俄国镇压波兰起义，声援波兰人民的正义斗争。法国工人代表团参加大会，并与英国工联领袖就联合行动问题交换了意见。波兰大会之后，英国工联书记

---

① 马克思：《马克思致恩格斯（1865年3月13日）》，《马克思恩格斯全集》第31卷（上），人民出版社1972年版第102页。

② 马克思：《马克思致路德维希·库格曼（1866年10月13日）》，《马克思恩格斯文集》第10卷，人民出版社2009年版第245页。

③ 恩格斯：《致劳拉·拉法格（1883年6月24日）》，《马克思恩格斯全集》第36卷，人民出版社1974年版第44页。

④ 马克思、恩格斯：《共产党宣言》，《马克思恩格斯文集》第2卷，人民出版社2009年版第12页。

⑤ 马克思：《马克思致约翰·巴普提斯特·施韦泽（1868年10月13日）》，《马克思恩格斯全集》第32卷，人民出版社1974年版第557页。

乔治·奥哲尔受委托起草呼吁书——《英国工人致法国工人书》，号召两国工人加强团结，共同战斗。英国工人大会于同年 11 月 10 日通过了这份呼吁书。1864 年 9 月 28 日，英国工联在科文特花园附近的伦敦圣马丁堂召开群众大会，欢迎为响应呼吁书而来访的法国工人代表团。出席大会的还有德国、意大利、波兰、爱尔兰的工人代表以及一些资产阶级民主人士。在这之前的 1864 年 9 月 19 日，勒·吕贝被派以这次大会的组织委员会的名义，邀请马克思作为德国工人的代表参加这次会议，并请他推荐一位德国工人作为发言人。此时的马克思，也正在考虑实现他的夙愿："创立一个包括欧美最先进国家的工人协会，这个协会无论是在工人自己眼中或是在资产阶级及各国政府眼中，都可以说是活生生地表明社会主义运动的国际性质，使无产阶级欢欣鼓舞，使无产阶级的敌人恐慌畏惧。"① 因此，马克思就积极关注着即将到来的伦敦圣马丁堂会议，并推荐埃卡留斯作为德国工人的发言人参加会议。关于他被邀参会的事，马克思在几个星期后给恩格斯的信中写道："定于 1864 年 9 月 28 日在圣马丁堂召开群众大会，召集人是奥哲尔（鞋匠，这里的各工联的伦敦理事会的主席，也是工联的鼓动争取选举权的协会的主席，这个协会同布莱特有联系）和克里默——泥水匠，泥水匠工会的书记……一个叫做**勒·吕贝**的人被派到我这里来，问我是否愿意作为德国工人的代表参加会议，是否愿意专门推荐一个德国工人在会上讲话等等。我推荐了埃卡留斯，他干得很出色，而我也在讲台上扮演哑角加以协助。我知道伦敦和巴黎方面这一次都显示了真正的'实力'，因此我决定打破向来谢绝这类邀请的惯例。"② 1864 年 9 月 28 日，在英国伦敦的圣马丁堂举行了会议，会议有 2 000 多人参加，马克思出席会议并坐在主席台上。会上通过了成立国际工人协会的决议，马克思作为德国的代表选入临时委员会。这个国际性工人组织，是一个"在反对资本家和土地占有者、反对他们的组织成为国家的阶级

---

① 恩格斯：《卡尔·马克思》，《马克思恩格斯全集》第 19 卷，人民出版社 1963 年版第 120 页。

② 马克思：《马克思致恩格斯（1864 年 11 月 4 日）》，《马克思恩格斯全集》第 31 卷（上），人民出版社 1972 年版第 11—12 页。这里需要说明的是：马克思写的这段话，因为对当时情况不是很了解，因此与事实有些出入。这里的鞋匠奥哲尔应是伦敦工联委员会的书记，不是理事会的主席。克里默是一个木匠，也不是泥水匠。被派到马克思那里去邀请的，应是勒斯讷，而不是勒·吕贝，这是这件事发生 30 年后，勒斯讷本人叙述的。

统治的共同斗争中联合起来的全世界无产阶级的真正的、战斗的组织”。[①]

(二) 为国际工人协会制定纲领性文件成了无产阶级政党实践的急切任务

国际工人协会成立后的首要任务，是制定纲领和章程。1864 年 10 月 5 日，马克思在由 34 名委员组成的国际工人协会临时委员会第一次会议上，被选为负责起草“原则宣言”和“临时章程”的由 9 人组成的小委员会的委员。根据马克思的提议，克里默被选为委员会书记，马克思建议德国书记由德意志工人教育协会选出，不久他本人被他们推选为书记。10 月上半月，马克思因病未能出席国际工人协会委员会第一次会议（10 月 12 日）和小委员会的头两次会议。埃卡留斯把韦斯顿和沃尔弗少校的章程草案告诉了马克思。10 月 18 日，马克思出席国际工人协会临时委员会会议，会上讨论了勒·吕贝根据欧文主义者韦斯顿的纲领草案和马志尼主义者鲁伊治·沃尔弗的章程草案草拟的并在 10 月 12 日由委员会通过的纲领和章程的草案。马克思反对勒·吕贝的草案，并力争使纲领草案只是“大体上”被采用，而把章程草案退回委员会重新修订。1864 年 10 月 20 日，克里默、方塔纳和勒·吕贝在马克思家里集会，讨论国际工人协会的“原则宣言”和“临时章程”。马克思力争延期作出最后决定，以便为起草自己的纲领和章程的草案赢得时间。10 月 21 日至 27 日，马克思草拟了《国际工人协会成立宣言》和《国际工人协会临时章程》。11 月 1 日，在国际工人协会临时委员会会议上进行了宣读。这两个文件被“以很大的热情”一致通过，临时委员会也被确认为中央委员会。此后，在 1872 年国际海牙代表大会上，又正式通过了经多次修改和补充后的“临时章程”，最终成为《国际工人协会共同章程》，使无产阶级的第一个国际组织有了自己的政治纲领和章程。

《国际工人协会成立宣言》和《国际工人协会共同章程》这两份文件，虽然只是国际工人这个国际组织的宣言和章程，但也正是这两个文件的制定完成，从而把无产阶级政党推进到理论、组织与实践形态相统一的新高度。这两个文件，坚持“实质上坚决，形式上温和”[②] 的原则，论述了无产阶级政党应该坚持的一些基本原则，说明了国际工人联合的必要性，指出了工人阶级夺取政权

---

① 马克思、恩格斯：《所谓国际内部的分裂。国际工人协会总委员会内部通告》，《马克思恩格斯全集》第 18 卷，人民出版社 1964 年版第 36 页。

② 马克思：《马克思致恩格斯（1864 年 11 月 4 日）》，《马克思恩格斯文集》第 10 卷，人民出版社 2009 年版第 216 页。

的伟大使命，规定了国际工人协会的组织原则，不仅从思想上和组织上为国际工人协会的发展奠定了坚实理论基础，而且也为以后无产阶级政党制定革命纲领和章程提供了宝贵经验，把无产阶级政党理论推进到新水平。

三、无产阶级政党理论在同各种非无产阶级思想的斗争中全面阐发

马克思在写于1871年4—5月的《法兰西内战。国际工人协会总委员会宣言》中指出："我们的协会只是文明世界各国先进工人之间的国际纽带。阶级斗争无论在何处、以何种形式、在何种条件下表现出来，自然总是由我们协会的会员站在最前列。"① 马克思不仅是这样说的，而且也是这样做的。在马克思、恩格斯领导国际工人协会期间，他们不仅同外部的敌对势力进行斗争，而且还在同内部的各种非无产阶级思想进行斗争，在这些斗争中促进了无产阶级政党理论的进一步发展。

（一）同各种非无产阶级思想进行坚决斗争是国际工人协会的重要内容

在创建国际工人协会时，工人运动虽然走向了高潮，但对运动本身的性质的认识实际上还是很模糊的。各种非无产阶级的社会主义思想及其组织派别仍然占据着重要地位。虽然在国际工人协会的总委员会中，马克思的正式职责只是德国通讯书记、恩格斯在里面也没有担任什么重要的职务，但马克思、恩格斯却是国际工人协会的灵魂和领袖，他们也责无旁贷地肩负起了捍卫无产阶级政党理论的使命。为此，他们把各国正在进行战斗的工人阶级联合成一支大军，同蒲鲁东主义、工联主义以及巴枯宁主义等进行了不妥协的斗争，并结合新的实践进一步阐述和推动了无产阶级政党理论的丰富发展。

（二）同蒲鲁东主义斗争，捍卫无产阶级政党的性质、纲领和路线

同蒲鲁东主义的斗争，是自19世纪40年代开始的斗争的继续，主要集中在1864年至1868年期间。比埃尔·约瑟夫·蒲鲁东（1809—1865）作为法国小资产阶级社会主义者，是无政府主义的创始人之一。他从19世纪40年代末开始，先后发表《什么是财产》《贫困的哲学》《社会问题的解决》《一个革命家的自白》等著作，从小资产阶级立场来批评资本主义，反对资本主义剥削，同

---

① 马克思：《法兰西内战。国际工人协会总委员会宣言》，《马克思恩格斯全集》第17卷，人民出版社1963年版第384页。

时又想保持资本主义的生产关系，以和平的改良方法，建立一个“无政府”状态的小生产者的天堂。蒲鲁东主义在小资产阶级占优势的工人运动中有很大影响。虽然1865年蒲鲁东去世了，但他的继承人却继续同马克思主义相对抗，并且企图篡夺和取代国际工人协会的领导权。为了同蒲鲁东主义作斗争，马克思、恩格斯除了在《国际工人协会成立宣言》和《国际工人协会共同章程》中对蒲鲁东主义进行批判外，还在国际工人协会代表大会上先后通过《关于合作制》等决议，撰写了《哲学的贫困》《论住宅问题》等著作，从理论上彻底粉碎蒲鲁东主义反动观点，扫清了无产阶级政党建设道路上的思想障碍。

（三）同英国工联主义等各种改良主义斗争，进一步指明无产阶级革命的正确道路

这一斗争是同蒲鲁东主义的斗争同时进行的。反映了少数工人贵族利益的工联主义，也叫工会主义，是19世纪五六十年代在英国形成的，它反映了少数工人贵族利益，是一种机会主义的思潮。马克思、恩格斯为清除工联主义对工人运动的影响和危害，在组织国际工人协会对工联主义进行经常性思想防范和批判的基础上，重点根据自己在《资本论》手稿中所阐述的政治经济学基本原理和实际材料，在总委员会会议上作了《工资、价格和利润》的报告等，系统批判了工联改良主义谬论，提高了工人阶级的觉悟，进一步深化了无产阶级政党理论。

（四）反对巴枯宁主义，坚持发展无产阶级政党的组织原则和组织路线

巴枯宁（1814—1876），俄国人，全名叫米哈伊尔·亚历山大罗维奇·巴枯宁，作为无政府主义的创始人之一，他在国际工人协会的后期，一方面虚伪地向马克思表白愿意为国际工人协会工作，另一方面又与国际唱反调，不仅宣传无政府主义，而且还组织篡夺国际工人协会领导权的活动。在1872年的海牙代表大会上，马克思、恩格斯彻底清算了巴枯宁的宗派主义分裂活动，并于1872年至1875年间先后写了《社会主义民主同盟和国际工人协会》《巴枯宁〈国家制度和无政府状态〉一书摘要》《论权威》《行动中的巴枯宁主义》等重要著作，不仅清除了巴枯宁主义在工人运动中的思想影响，而且在斗争中进一步论证发展了无产阶级政党理论。特别是恩格斯在1872年10月至1873年3月写的《论权威》一文，运用历史唯物主义观点，从社会发展规律上论证了权威的作用、实质和重要意义，对形成完整的民主集中制和系统的无产阶级政党领袖的基本原理起到了重要作用。

第五节　在指导各国政党建设中进一步深化拓展无产阶级政党理论

国际工人协会从1864年9月28日成立，经过1865年伦敦会议、1866年日内瓦会议、1867年洛桑会议，在1867年到1869年间，它的力量和影响达到了顶点。随着1870年7月19日普法战争的爆发，法国巴黎再次爆发工人革命，虽然革命最终于1871年再次失败了，但马克思、恩格斯通过对革命的系统总结论证，特别是思考并提出的在各民族国家建立独立的无产阶级政党思想，进一步深化拓展了这一理论，推动欧美各国兴起了建立群众性社会主义政党的运动，引领无产阶级革命进入到了一个新的阶段。

一、在各民族国家建立独立的无产阶级政党思想的产生

载于1893年3月25日的《工人选民》报第12号的《记弗·恩格斯在纪念巴黎公社的集会上的讲话》，对恩格斯总结回顾巴黎公社时的讲话写道："恩格斯先生（马克思博士的得力助手）在他出席的那次集会上的讲话讲得非常好。他回顾了最近二十二年的历史，他说：'……1871年秋举行代表会议，会上第一次提出建立不同于并独立于所有其他政党的政党问题。……1888年新工会的成立是工人阶级历史上最重要的事件；它第一次导致独立工人党的建立，而这个党又必将把所有其他党派吸收进来。他认为，这说明巴黎公社的教训没有付之东流，没有被忘记。'"① 确实也如此，1871年法国巴黎的工人武装起义，是"无产阶级发展过程中一个最光荣和最富悲剧性的阶段"②，不仅让马克思、恩格斯看到了这次运动的伟大意义，也总结了无产阶级革命运动的重要经验，更是看到了"比几百种纲领和议论更为重要的实际步骤"。这个历史经验和实际步

① 《记弗·恩格斯在纪念巴黎公社的集会上的讲话》，《马克思恩格斯全集》第45卷，人民出版社1985年版第734页。

② 恩格斯：《纪念巴黎公社十五周年》，《马克思恩格斯文集》第4卷，人民出版社2009年版第314页。

骤就是，在各民族国家建立独立的无产阶级政党。正如恩格斯指出的："无产阶级最强有力的发展，是从公社和普法战争的时候开始的。……巴黎公社的周年纪念日，则成了全体无产阶级的第一个共同节日。"①

早在法国巴黎革命爆发前几个月，也就是1870年7月23日，即普法战争爆发后的第4天，马克思为普法两国无产阶级制定对待普法战争的策略方针而写的第一篇《宣言》中，就针对当时无产阶级政党尚未建立起来的实际情况，感到十分担忧。恩格斯在1870年8月15日给燕妮·马克思的信中也特别指出："最糟糕的是，巴黎一旦发生真正的革命运动，由谁来领导呢?"② 恩格斯还在1871年2月13日《致国际工人协会西班牙联合会委员会》中明确提出："各地的经验都证明，要使工人摆脱旧政党的这种支配，最好的办法就是在每一个国家里建立一个无产阶级的政党，这个政党要有它自己的政策，这种政策将同其他政党的政策显然不同，因为它必须表现出工人阶级解放的条件。这种政策的细节可以根据每一个国家的特殊情况而有所不同；但是，因为劳动和资本之间的基本关系到处都一样，有产阶级对被剥削阶级的政治统治这一事实到处都存在，所以无产阶级政策的原则和目的就总是一样的，至少在一切西方国家中是这样。"③

在马克思、恩格斯的指导帮助下，巴黎工人虽然做了建党努力，但由于形势发展太快，尚未建立起来，革命就爆发了。巴黎公社在敌人的残酷镇压下，从1871年3月18日（正式成立的日期为同年的3月28日）到5月28日，仅仅存在了70多天。马克思、恩格斯及时总结这一沉痛教训，于1871年出版《法兰西内战·国际工人协会总委员会宣言》，通过全面总结巴黎公社的战斗历程，阐发了关于阶级斗争、国家、无产阶级专政等的学说，而且还对无产阶级如何夺取政权、夺取政权后如何执掌政权等问题进行了初步分析总结。

1871年9月中旬召开的国际工人协会的伦敦代表会议，在距离托登楠大院

① 恩格斯：《卡·马克思〈1848年至1850年法兰西阶级斗争〉一书导言》，《马克思恩格斯文集》第4卷，人民出版社2009年版第543页。

② 恩格斯：《恩格斯致燕妮·马克思（1870年8月15日）》，《马克思恩格斯全集》第33卷，人民出版社1973年版第146页。

③ 恩格斯：《致国际工人协会西班牙联合会委员会》，《马克思恩格斯全集》第17卷，人民出版社1963年版第304页。

路不远的一个小旅馆里召开，这次会议是马克思和恩格斯为建立无产阶级政党而斗争的一个重要阶段。他们根据巴黎公社缺乏自己政党领导的教训，在这里第一次正式而明确地提出了工人阶级应建立自己的独立政党的原理。代表会议《关于工人阶级的政治行动》的决议中说道："工人阶级在它反对有产阶级联合权力的斗争中，只有组织成为与有产阶级建立的一切旧政党对立的独立政党，才能作为一个阶级来行动；工人阶级这样组织成为政党是必要的，为的是要保证社会革命获得胜利和实现这一革命的最终目标——消灭阶级。"① 这是国际工人协会专门谈到"工人政党"的第一批文件。1872 年 9 月初的国际海牙代表大会又做出决议，把在各国建党作为第七条附则写入了"共同章程"。这一思想的确立，使无产阶级政党理论得到进一步丰富和拓展。这次会议是国际工人协会最后一次全体大会，同时也是最具有代表性的一次大会，也是马克思唯一正式参加的一次大会。

随着国际工人协会内部的矛盾斗争和外部的环境改变，1876 年 7 月 15 日，国际工人协会在费城正式解体。随着国际工人协会的解体，也就意味着 19 世纪 70 年代民族自治党派发展的开始。从这可以看出，国际工人协会的历史意义就在于它奠定了工人国际组织的基础，使工人做好向资本主义进行革命进攻的准备。

二、在各民族国家建立无产阶级政党理论的成熟完善

巴黎公社之后的 19 世纪 70 至 80 年代，资本主义出现了一个相对和平发展的时期。这一时期，随着工人运动的不断发展壮大，特别是马克思主义的广泛传播，在各民族国家内开始出现了一个相继成立群众性的社会主义工人政党的时代。继 1875 年统一的德国社会主义工人党建立后，1876 年美国建立了社会主义工人党（后改名为社会劳工党），1879 年法国建立了工人党，1884 年英国建立了社会民主联盟。欧洲其他国家也都先后建立了社会主义政党和组织。马克思、恩格斯以极大的热情帮助欧美各国建党。如果说马克思、恩格斯在 70 年代以前主要是传播科学社会主义理论，解决为什么建立工人阶级政党，建立一

---

① 马克思、恩格斯：《1871 年 9 月 17 日至 23 日在伦敦举行的国际工人协会代表会议的决议》，《马克思恩格斯全集》第 17 卷，人民出版社 1963 年版第 455 页。

个什么样的党的问题的话，那么在这个时期则主要是解决怎样建设这样一个党的问题。他们在总结各国建党经验的基础上，科学阐明了建立群众性社会主义工人政党的理论和路线，推进无产阶级政党理论进入新的时期。《哥达纲领批判》就是这一时期的标志性成果。

《哥达纲领批判》对政党纲领的全面系统表达，为各国无产阶级政党制定正确党纲指明了方向。普法战争后的德国工人运动，存在着奉行拉萨尔主义的全德工人联合会和拥护国际工人协会、信仰马克思主义的德国社会民主工党（因1869年8月7日至9日在爱森纳赫城成立，又称爱森纳赫派）两个影响较大的政治派别。由于工人运动的分裂状况和两派不断的摩擦，对德国革命力量的发展极为不利。因此，在群众中要求工人运动统一的呼声便一天天高涨起来。对于德国工人运动的统一，马克思、恩格斯一向很关心，也赞成。但考虑到两派之间的原则分歧，马克思、恩格斯认为应当在科学社会主义而不是拉萨尔主义基础上进行统一。但爱森纳赫派领导人为了实现组织上的统一并没有考虑马克思、恩格斯的意见。他们于1875年2月，背着马克思、恩格斯与全德工人联合会起草了一个合并纲领——《哥达纲领草案》。当马克思、恩格斯在3月7日看到这个纲领时，很是气愤，因为纲领贯穿了拉萨尔主义。恩格斯首先给德国社会民主工党领导人写了两封信，批评纲领草案的主要错误。但他们不仅不接受批评，反而为机会主义的纲领草案和放弃原则的行为辩解。马克思为帮助德国社会民主工党领导人认识制定错误党纲的危害，进一步肃清拉萨尔机会主义流毒，1875年5月抱病给白拉克写了一封信，说“一步实际运动比一打纲领更重要”①，并在信中还附了一份题为《对德国工人党纲领的几点意见》，也就是《哥达纲领批判》。他通过对这个“极其糟糕的、会使党堕落的纲领”的逐条剖析，论述了党的纲领的重要性和必须坚持的基本原则，第一次论述了共产主义两个阶段和过渡时期的理论，进一步完善了党的原则和内容。尽管这一著作当时没有公开发表，直到1891年才刊行出来，但马克思、恩格斯在帮助欧美各国政党制定纲领时，都坚持了这些原则。这篇文章是马克思最重要的理论文献之一。

---

① 马克思：《马克思致威廉·白拉克（1875年5月5日）》，《马克思恩格斯全集》第34卷，人民出版社1972年版第130页。

三、在批判小资产阶级思潮中对无产阶级政党理论的捍卫

由于德国社会民主工党的领导人不听马克思、恩格斯的劝告，没有采纳《哥达纲领批判》多少意见，就使这个批判在党内没有产生应有的效果，致使小资产阶级思潮乘机泛滥，不断挑战马克思主义在党内的理论指导地位。马克思、恩格斯敏锐地看到了这一危险，同他们进行了坚决斗争，捍卫了党的理论基础，维护了党的工人阶级性质。

（一）捍卫党的理论基础，为各国无产阶级政党进一步指明前进方向

这主要体现在与杜林的斗争中。欧根·杜林（1833—1921）作为柏林大学哲学、经济学讲师，并不是德国社会民主工党的党员，并且还在19世纪60年代曾写文章攻击《资本论》。但在70年代，他却突然以“社会主义改革家”自居，于1871年至1875年先后出版《国民经济学和社会主义批判史》《国民经济学和社会经济学讲义》以及《哲学教程》等著作，声称发明了新的理论体系，创造了“最后的、终极的真理”，并猛烈攻击马克思主义。杜林拼凑的庞杂体系，编造的改革社会计划，不仅俘虏了一些青年大学生和普通党员，而且获得了党的个别领导人的支持和信任，严重影响着德国党的健康发展。面对杜林给党造成的理论上的灾难和组织上的危害，德国社会民主工党的领导人先后两次写信请恩格斯批判杜林。恩格斯为了党的利益不受损害，毅然中断了《自然辩证法》的写作，从1876年5月开始到1878年初，共用了两年多时间，写了一系列批判杜林的论文在《前进报》上发表，后来汇编成《反杜林论》一书，捍卫辩证唯物主义世界观，论证和发展了马克思主义政治经济学，进一步阐明了无产阶级的历史使命。这一科学论著的发表，彻底粉碎了杜林的思想体系，澄清了党内的思想混乱，捍卫了党的理论基础，成为每个觉悟工人必读书籍。恩格斯还节选了一部分，于1880年1月至3月间修改成《社会主义从空想到科学的发展》这一重要著述。马克思1880年5月4—5日称赞“这一部分可以说是**科学社会主义的入门**”。①

① 马克思：《弗·恩格斯的小册子“社会主义从空想到科学的发展”法文版导言》，《马克思恩格斯全集》第19卷，人民出版社1963年版第263页。

（二）在反对机会主义中进一步阐述无产阶级政党的性质和作用

正当德国社会民主工党清除杜林的危害，党在人民群众中的威信不断提高时，俾斯麦反动政府以有人谋刺德皇为借口，于 1878 年 5 月制定了《反对社会民主党企图危害治安的法令（反社会党人非常法案）》。这个“非常法”的高压实行，使德国社会民主工党的一些领导人，表现出惊慌失措和悲观失望的情绪。在这严重的历史关头，马克思、恩格斯挺身而出写了《德国反社会党人非常法·俄国的状况》等文章和书信，教育德国党和工人群众利用“非常法”这一绝好的反面教材和俾斯麦这一绝好的反面教员，激发工人的政治觉悟，把工人运动引向正确轨道。而德国社会民主工党的三名党员赫希伯格、施拉姆以及伯恩施坦，由于害怕被迫害而逃到瑞士的苏黎世，形成了右倾机会主义集团，即苏黎世“三人团”。他们在 1879 年 8 月以三颗星花为署名，在《社会科学和社会政治年鉴》上抛出了右倾机会主义的纲领《德国社会主义运动的回顾》，企图转变党的无产阶级性质、党的最终目的和指导思想。马克思、恩格斯在这危难之际，联名写了给奥·倍倍尔、威·白拉克、威·李卜克内西等人的《通告信》以及其他著作，对“三人团”进行严厉批判，明确党的无产阶级性质不容篡改、无产阶级反对资产阶级的阶级斗争是现代社会变革的巨大杠杆等思想，还鉴于“三人团”的严重教训，对非工人阶级成分入党的人提出了两个基本条件。从而不仅对“三人团”进行了严厉批判，而且把无产阶级政党理论推进到了一个新的境界。

第六节 马克思之后的恩格斯对无产阶级政党理论的捍卫和发展

1883 年 3 月 14 日，还差 1 个多月才满 65 岁的马克思在伦敦寓所与世长辞。此时的恩格斯也已经是 63 岁的老人，但恩格斯没有停止革命的脚步，而是义无反顾地承担起两人共同奋斗了终生的革命任务。正如列宁指出的：“马克思逝世以后，恩格斯一个人继续担任欧洲社会党人的顾问和领导者。无论是受政府迫害但力量仍然不断迅速增长的德国社会党人，或者是落后国家内那些还需仔细考虑斟酌其初步行动的社会党人，如西班牙、罗马尼亚和俄国的社会党人，都同样向恩格斯征求意见，请求指示。他们都从年老恩格斯的知识和经验的丰富宝库中得到教益。”① 从马克思之后到恩格斯1895年8月5日逝世的这12年里，他讲得最多的就是“我”实在是太忙了。比如，在1891年7月1日给施米特的信中就讲：“我来这里躲几天。……堆到我身上的工作实在太多了，只好来这里几天，呼吸一下新鲜空气，处理刻不容缓的信件。明天就回伦敦。”② 恩格斯终其一生都始终坚守着《共产党宣言》《法兰西内战》《哥达纲领批判》等阐发的基本原理，坚守着他与马克思共同创立和发展的无产阶级政党理论，从来没有丝毫动摇，更没有放弃或否定过，竭尽全力为完成马克思未竟的事业而努力工作。正如恩格斯自己所说：“我是马克思的著作方面的遗嘱执行人，所以我也是有义务的。”③

一、坚决维护马克思的历史地位，为无产阶级政党留下宝贵精神财富

马克思之后的恩格斯始终保持了他谦逊的品格，不仅没有因为马克思的去世而凸显自己的革命功劳和地位作用，而且处处坚持和维护马克思的历史功绩和地位。在马克思之后恩格斯所撰写的文章中，“首先归功于马克思”④ 等语言贯穿于其中。这不仅为我们后来人如何继承前一代党的领袖的思想作出了榜样，而且也进一步体现了恩格斯的高风亮节和伟大革命品质。这是无形的革命资产，是恩格斯留给我们共产党人最为宝贵的精神财富。恩格斯在马克思之后的不到12年的时间里，坚决维护马克思的历史地位和作用，阐明马克思的思想理论、强调马克思的历史贡献，可以说贯穿了全过程、各方面。

1883年3月18日，在马克思墓前的讲话，恩格斯就充分体现了他的心中只有马克思而忘却了自己的高贵品格。

---

① 列宁：《弗里德里希·恩格斯》，《列宁专题文集·论马克思主义》，人民出版社2009年版第59页。

② 恩格斯：《恩格斯致康拉德·施米特（1891年7月1日）》，《马克思恩格斯文集》第10卷，人民出版社2009年版第615页。

③ 恩格斯：《恩格斯致卡尔·考茨基（1891年2月23日）》，《马克思恩格斯文集》第10卷，人民出版社2009年版第603页。

④ 恩格斯：《马克思和〈新莱茵报〉（1848—1849年）》，《马克思恩格斯文集》第4卷，人民出版社2009年版第12页。

1884年2月中至3月初，恩格斯撰写《马克思和〈新莱茵报〉（1848—1849年）》，指出共产党者同盟“这个不大的战斗队，却拥有一个大家都乐于服从的、第一流的领袖**马克思**，并且赖有他才拥有一个至今还完全适用的原则性的和策略的纲领——《**共产主义宣言**》”[①]，强调马克思的领袖地位。

1884年10月15日，在马克思去世一年之后，恩格斯在给约翰·菲力浦·贝克尔的信中，提出了著名的“第二小提琴手”的自我定位。他在信中写道：“我一生所做的是我注定要做的事，就是拉第二小提琴，而且我想我做得还不错。我很高兴我有像马克思这样出色的第一小提琴手。当现在突然要我在理论问题上代替马克思的地位去拉第一小提琴时，就不免要出漏洞，这一点没有人比我自己更强烈地感觉到。而且只有在时局变得更动荡一些的时候，我们才会真正感受到失去马克思是失去了什么。”[②] 这既是恩格斯一贯谦逊的典型的语言表达，也是他在马克思去世一年间的深思后的自我评价。

1884年10月23日，恩格斯在为马克思《哲学的贫困》一书所撰写的德文第一版序言《马克思和洛贝尔图斯》中，对马克思的思想又进一步进行了阐述，通过对洛贝尔图斯的批判，维护和坚持了马克思的历史地位。

1885年9月23日，恩格斯在其撰写的《反杜林论》序言中，还特别声明：“顺便指出：本书所阐述的世界观，绝大部分是由马克思所确立和阐发的，而只有极小的部分是属于我的。”[③]

1886年初撰写的《路德维希·费尔巴哈和德国古典哲学的终结》，恩格斯又特别郑重地在注释中写道：“请允许我在这里作一点个人的说明。近来人们不止一次地提到我参加了制定这一理论的工作，因此，我在这里不得不说几句话，把这个问题澄清。我不能否认，我和马克思共同工作四十年，在这以前和这个期间，我在一定程度上独立地参加了这一理论的创立，特别是对这一理论的阐发。但是，绝大部分基本指导思想（特别是在经济和历史领域内），尤其是对这些指导思想的最后的明确的表述，都是属于马克思的。我所提供的，至多除几

---

① 恩格斯：《马克思和〈新莱茵报〉（1848—1849年）》，《马克思恩格斯文集》第4卷，人民出版社2009年版第3页。

② 恩格斯：《恩格斯致约翰·菲力浦·贝克尔（1884年10月15日）》，《马克思恩格斯文集》第10卷，人民出版社2009年版第525页。

③ 恩格斯：《反杜林论》，《马克思恩格斯全集》第20卷，人民出版社1973年版第11页。

个专门的领域外，马克思没有我也能很容易地做到。至于马克思所做到的，我却做不到。马克思比我们一切人都站得高些，看得远些，观察得多些和快些。马克思是天才，我们至多是能手。没有马克思，我们的理论远不会是现在这个样子。所以，这个理论用他的名字命名是公正的。”①

1888 年 1 月 30 日，恩格斯在他写于伦敦的《共产党宣言》英文版序言中，进一步强调指出：“虽然《宣言》是我们两人共同的作品，但我认为自己有责任指出，构成《宣言》核心的基本思想是属于马克思的。”②

1890 年 11 月 28 日是恩格斯的 70 岁生日，在这期间，世界各国的政党领袖和广大工人群众等纷纷向他表示祝贺，恩格斯三番五次指出：“而且归根到底，我主要是靠了马克思才获得荣誉！”③ 强调“没有谁比我更清楚地知道，这些荣誉大部分我不应该归于自己，归于我的功劳。我只是有幸来收获一位比我伟大的人——卡尔·马克思播种的光荣和荣誉”。④

1893 年 7 月 14 日，恩格斯再次写信给梅林说：“如果一个人有幸能和马克思这样的人一起工作四十年之久，那末他在后者在世时通常是得不到本来似乎应当得到的承认的。后来，伟大的人物逝世了，他的不大出色的战友就很容易被给以过高的评价——而这种情况看来现在就正好落在我的身上。历史最终会把一切都纳入正轨，但到那时我已经幸福地长眠于地下，什么也不知道了。”⑤

以上还只是摘取了恩格斯的一部分言论，不管是“大家都乐于服从的、第一流的领袖马克思”的“领袖论”，还是“第二小提琴手”的“小提琴手论”，再还是“马克思是天才”的“天才论”，更还是“伟大的人物”的“伟大人物论”，可以说恩格斯对于马克思的评价是自始至终的，是至高无上的。这充分体现了他的眼里只有马克思，而唯独忘了他自己的高贵品格。

---

① 恩格斯：《路德维希·费尔巴哈和德国古典哲学的终结》，《马克思恩格斯全集》第 21 卷，人民出版社 1965 年版第 335—336 页。

② 马克思、恩格斯：《共产党宣言》，《马克思恩格斯文集》第 2 卷，人民出版社 2009 年版第 14 页。

③ 恩格斯：《致弗里德里希·阿道夫·左尔格（1890 年 11 月 26 日）》，《马克思恩格斯全集》第 37 卷，人民出版社 1971 年版第 498 页。

④ 恩格斯：《致“柏林人民报”编辑部》，《马克思恩格斯全集》第 22 卷，人民出版社 1965 年版第 100 页。

⑤ 恩格斯：《致弗兰茨·梅林（1893 年 7 月 14 日）》，《马克思恩格斯全集》第 39 卷（上），人民出版社 1974 年版第 94 页。

二、集中整理马克思的遗著，为无产阶级政党发展继续提供理论指导

载于1883年5月5日和17日的《社会民主党人报》第19号和第21号，恩格斯追记马克思的文章《卡尔·马克思的逝世》中提及，马克思“他亲口指定他的幼女爱琳娜和我为他在著作方面的遗嘱执行人”。[①] 恩格斯还说：“我担负着编印马克思遗稿的责任，这比其他一切事情都远为重要。”[②] 为了承担这份责任，恩格斯在马克思去世之后，就义无反顾承担起了原来由他们两个人共同承担的科学研究任务。

马克思在世时，他们的研究任务是有分工的，马克思侧重于研究政治经济学，恩格斯则侧重于语言学、自然科学和军事学。马克思去世后，恩格斯就基本放下了自己的研究，转而集中精力整理完成马克思没有完成的政治经济学方面的研究任务。这里面最重要的，就是对《资本论》第2卷、第3卷手稿的修饰和润色。恩格斯不仅促成了这部巨著的问世，而且只署上了马克思一个人的名字。正如列宁所讲：“马克思还没有把他那部论述资本的巨著整理完毕就逝世了。可是，这部著作的草稿已经完成，于是恩格斯在他的朋友逝世后就从事整理和出版《资本论》第2卷和第3卷的艰巨工作。1885年他出版了第2卷，1894年出版了第3卷（他没有来得及把第4卷整理好）。整理这两卷《资本论》，是一件很费力的工作。奥地利社会民主党人阿德勒说得很对：恩格斯出版《资本论》第2卷和第3卷，就是替他的天才朋友建立了一座庄严宏伟的纪念碑，无意中也把自己的名字不可磨灭地铭刻在上面了。的确，这两卷《资本论》是马克思和恩格斯两人的著作。古老传说中有各种非常动人的友谊故事。欧洲无产阶级可以说，它的科学是由这两位学者和战士创造的，他们的关系超过了古人关于人类友谊的一切最动人的传说。”[③]

另外，正如恩格斯在《资本论》第3卷序言中写的：“此外，还有一些别的无法推卸的工作，如马克思和我本人以前各种著作的重新出版和翻译，就是说

---

① 恩格斯：《卡尔·马克思的逝世》，《马克思恩格斯全集》第19卷，人民出版社1963年版第383页。

② 恩格斯：《反杜林论》，《马克思恩格斯全集》第20卷，人民出版社1973年版第11页。

③ 列宁：《弗里德里希·恩格斯》，《列宁专题文集·论马克思主义》，人民出版社2009年版第58页。

要订正、作序、增补（而这些工作没有新的研究往往是不可能进行的）等等。”① 从经过恩格斯本人校阅，载于百科辞典《政治科学手册》1892年耶拿版第3卷的《关于恩格斯的传记条目》中的记载看，主要有：《资本论》第1卷，1883年第3版；《资本论》第2卷，关于洛贝尔图斯的序言，1885年版；《哲学的贫困》，伯恩施坦和考茨基的德译本，1885年斯图加特版；《在科伦陪审法庭面前》，1885年苏黎世版的序言；《揭露科伦共产党人案件》，1885年苏黎世版的引言《关于共产主义者同盟的历史》；《雇佣劳动与资本》导言，1891年柏林版；《资本论》，赛·穆尔和爱·艾威林翻译，1887年伦敦版的译文审阅并作序；等等。②

三、创立和领导第二国际，发展和捍卫无产阶级政党理论

随着欧美各国无产阶级政党的普遍建立，群众性工人运动出现新的高潮。这为新的国际工人协会的成立提供了基本前提。1889年7月14日，在恩格斯的直接指导下，第二国际在法国巴黎宣告成立。在第二国际从成立到1895年恩格斯逝世的6年间，恩格斯进一步发展和捍卫了无产阶级政党理论。

（一）坚持和捍卫无产阶级政党建设的基本原理

这主要体现在对《共产党宣言》基本原理的坚持上。《共产党宣言》这个标志着无产阶级政党诞生的魅力永恒的经典名著，是党的第一个周详的理论和实践的纲领。在马克思去世后，恩格斯又写了1883年德文版、1888年英文版、1890年德文版、1892年波兰文版以及1893年意大利文版等5篇序言。在这5篇序言中，恩格斯突出强调并一直坚守《共产党宣言》的基本思想和原理。比如，在1883年德文版序言中就讲：“本版序言不幸只能由我一个人署名了。马克思这位比其他任何人都更应受到欧美整个工人阶级感谢的人物，已经长眠于海格特公墓，他的墓上已经初次长出了青草。在他逝世以后，就更谈不上对《宣言》作什么修改或补充了。”③ 在1890年5月1日写的德文版序言中，恩格斯在进一步强调需要坚持党的基本原理基础上，最后写道：“如果马克思今天还

① 恩格斯：《〈资本论〉第3卷序言》，《马克思恩格斯文集》第7卷，人民出版社2009年版第3页。
② 《关于恩格斯的传记条目》，《马克思恩格斯全集》第50卷，人民出版社1985年版第532—533页。
③ 马克思、恩格斯：《共产党宣言》，《马克思恩格斯文集》第2卷，人民出版社2009年版第9页。

能同我站在一起亲眼看见这种情景，那该多好啊！”①

（二）进一步发展党的纲领理论

恩格斯还结合当时的无产阶级斗争形势，撰写了一系列著述，为无产阶级政党提供理论指导。比如：1884 年 3 月至 5 月间的《家庭、私有制和国家的起源》、1885 年 11 月的《关于普鲁士农民的历史》、1886 年 3 月 15 日的《纪念巴黎公社十五周年》及同年初的《路德维希·费尔巴哈和德国古典哲学的终结》等。他还为《1844 年英国工人阶级状况》撰写了 1887 年纽约版的序言和附录《美国工人运动》，1892 年 4 月为《社会主义从空想到科学的发展》撰写了《1892 年英文版导言》，1894 年 1 月撰写了《〈论俄国的社会问题〉跋》，1894 年 11 月写了《法德农民问题》及同年的《论原始基督教的历史》等。这一大批理论著作的出版，充分展现了他的深厚理论造诣，为无产阶级政党建设提供了理论指导和方法论的指引。

（三）高度重视党的人才队伍特别是知识分子队伍建设

恩格斯在 1895 年 5 月 11 日，在同法国《费加罗报》记者的谈话中指出：“如果明天我们必须掌握政权，我们就需要工程师、化学家、农艺师。”② 如何造就宏大的知识分子队伍呢？对于这个问题，恩格斯在 1891 年 10 月给倍倍尔的信中进行了阐述。恩格斯认为，一方面，要通过党的宣传、教育和影响，争取团结已有的知识分子。党只要实行正确的政策和坚持不懈地工作，“会有足够数量的技术与医务方面的青年专家、律师和教师站到我们这方面来，以便在党内同志的帮助下把工厂和大地产掌管起来，为民族造福。因此，那时由我们取得政权将是十分自然的，而且会进行得比较顺利”③。另一方面，要善于寻找、发现和培养自己的知识分子，尽快将他们培养成“一种脑力劳动无产阶级”④。

（四）强调发扬党内民主，注重运用批评解决党的内部斗争问题

随着建党活动高潮的来临，同时党内矛盾也相应出现，如何解决党内矛盾，

---

① 马克思、恩格斯：《共产党宣言》，《马克思恩格斯文集》第 2 卷，人民出版社 2009 年版第 22 页。

② 《1893 年 5 月 11 日弗·恩格斯对法国“费加罗报”记者的谈话》，《马克思恩格斯全集》第 22 卷，人民出版社 1965 年版第 629—630 页。

③ 恩格斯：《致奥古斯特·倍倍尔（1891 年 10 月 24—26 日）》，《马克思恩格斯全集》第 38 卷，人民出版社 1972 年版第 187 页。

④ 恩格斯：《致国际社会主义者大学生代表大会》，《马克思恩格斯全集》第 22 卷，人民出版社 1965 年版第 487 页。

如何对待党内的思想认识分歧，如何协调党内因时代发展和环境改变而产生的各种不同观点和态度，恩格斯都结合实际进行了科学回答。比如，1895 年 1 月 3 日，恩格斯在给保尔·施土姆普弗的信中写道："党不断加强的、不可控制的向广度扩展，会造成这样的情况，即新党员比从前入党的人难于消化。大城市的工人，即最有见识和最有觉悟的工人，已经同我们站在一起。现在加入的不是小城市或农业地区的工人，就是大学生、店员等等；或者是与破产斗争的小资产者和农村手工业者，这些人还占有小块土地或承租小块土地，而且现在还有真正的小农。"① 在这种情况下，党内出现意见分歧，吵吵闹闹的事，是不可避免的，但要采取正确的方法来解决，这个方法就是民主，就是批评。"党内的分歧并不怎么使我不安；偶尔发生这类事情而且人们都公开发表意见，比暮气沉沉要好得多。"② "任何一个身居高位的人，都无权要求别人对自己采取与众不同的温顺态度。"③

四、集中批判各种非马克思主义思想，捍卫无产阶级政党的策略原则

经过国际工人协会时期对各种非马克思主义思想流派的批判，特别是经过巴黎公社革命的检验，到 19 世纪 70 年代，马克思主义在国际工人运动中已取得支配地位，但到了 90 年代，由于资本主义又进入相对稳定的发展时期，资本主义国家日益采取民主共和国的形式，并直接通过普选制来统治。在这些国家里，工人政党在合法的议会斗争中取得了巨大的成就，造成一些党的领导人开始觉得，似乎为了达到无产阶级的彻底胜利，并不需要其他东西了，致使机会主义在各国党内又滋生出来，日益成为工人运动和各国政党面临的主要危险。针对这一问题，恩格斯发表多篇文章以及许多书信，不仅迎头痛击机会主义思潮，而且以深厚的理论造诣和几十年的斗争经验，对机会主义产生的社会历史原因作了深刻分析，阐明了同机会主义斗争的必要性，论述了它的特征和活动规律，揭露了机会主义的实质和危害性，为解决无产阶级政党发展中遇到的这

---

① 恩格斯：《致保尔·施土姆普弗（1895 年 1 月 3 日）》，《马克思恩格斯全集》第 39 卷（上），人民出版社 1974 年版第 348—349 页。

② 恩格斯：《致保尔·施土姆普弗（1895 年 1 月 3 日）》，《马克思恩格斯全集》第 39 卷（上），人民出版社 1974 年版第 348 页。

③ 恩格斯：《致弗里德里希·阿道夫·左尔格（1891 年 4 月 8 日）》，《马克思恩格斯全集》第 38 卷，人民出版社 1972 年版第 72—73 页。

一新课题作出了巨大贡献。

针对各国党虽然取得了显著成绩，但由于在胜利形势面前，一些党的领导人特别是法德两党个别领导者，主张通过议会斗争和平长入社会主义的错误思想，恩格斯先后投掷出三颗重磅炸弹，痛击党内的这种机会主义。第一，1891年1月，为了反击日渐抬头的机会主义思潮，肃清拉萨尔主义的影响，帮助德国党制定正确的纲领，恩格斯不顾当时党内某些领导人的反对，将马克思生前没有公开发表的《哥达纲领批判》在《新时代》杂志上发表，并为之写了1891年版序言。15年后的公开发表，完全是按马克思的手稿刊印，完全保留了马克思剖析纲领草案的那种无情的尖锐性和揭露草案缺点的严厉性，只是在内容不受影响的地方，把一些涉及个人的尖锐词句和评语删掉了。第二，趁着纪念巴黎公社10周年出版马克思《法兰西内战》一书德文第三版的机会，写了一篇内容丰富、论述深刻的《〈法兰西内战〉1891年版导言》，借此批评德国社会民主党人对国家的迷信和害怕无产阶级专政的庸人心理，强调："实际上，国家无非是一个阶级镇压另一个阶级的机器，而且在这一点上民主共和国并不亚于君主国。国家再好也不过是在争取阶级统治的斗争中获胜的无产阶级所继承下来的一个祸害；胜利了的无产阶级也将同公社一样，不得不立即尽量除去这个祸害的最坏方面，直到在新的自由的社会条件下成长起来的一代有能力把这国家废物全部抛掉。"① 同时，针对以法国的工团主义、德国的青年派和荷兰的纽文胡斯分子为代表的无政府主义思潮，恩格斯强调和论证了打破旧的国家机器和建立无产阶级专政的必要性，强调无产阶级政党应当根据变化了的条件制定符合新的形势要求的新的斗争策略的思想。《导言》最后写道："社会民主党的庸人又是一听到无产阶级专政这个词就吓出一身冷汗。好吧，先生们，你们想知道无产阶级专政是什么样子吗？请看巴黎公社，这就是无产阶级专政。"② 第三，为对右倾机会主义者给予加倍的打击，以彻底打破"议会迷"们的幻想，恩格斯又在1891年6月中旬，撰写了《1891年社会民主党纲领草案批判》（即《爱尔福特纲领草案批判》），深刻揭露"和平长入"论的荒谬性和危害性，同时也

---

① 恩格斯：《〈法兰西内战〉恩格斯写的1891年版导言》，《马克思恩格斯文集》第3卷，人民出版社2009年版第111页。

② 恩格斯：《〈法兰西内战〉恩格斯写的1891年版导言》，《马克思恩格斯文集》第3卷，人民出版社2009年版第111—112页。

提出并不绝对排除革命和平发展的可能性，但绝不能对普选权抱迷信心理而盲目崇拜。另外，恩格斯还发表《一八四五年和一八八五年的英国》《“论住宅问题”一书第二版序言》《〈英国工人阶级状况〉1892年英国版序言》等著作，以深厚的理论造诣和数十年的斗争经验，对机会主义在理论上做了深刻分析，揭示了它产生的原因和实质，阐明了它的特征和活动规律，提出了正确的斗争策略，为解决无产阶级政党发展中遇到的新课题作出了巨大贡献。

第二章

人类解放与无产阶级政党

马克思在 1843 年 9 月给阿尔诺德·卢格的信中写道，人们“虽然对于‘从何处来’这个问题没有什么疑问，但是对于‘往何处去’这个问题却很模糊。不仅在各种改革家中普遍出现混乱，而且他们每一个人都不得不承认自己对未来应该怎样没有确切的看法”。① 这里所指的“往何处去”，一定意义上来讲，就是“人类解放”问题。正是以对人类“往何处去”的思考为逻辑起点，马克思、恩格斯系统制定了他们自己的新世界观，也就是唯物史观。而制定新世界观只是他们终生奋斗的开始，正如恩格斯指出的：“我们有义务科学地论证我们的观点，但是，对我们来说同样重要的是：使欧洲无产阶级，首先是使德国无产阶级相信我们的信念是正确的。我们明确了这一点以后，就立即着手工作了。”② 在实践他们的新世界观的进程中，马克思、恩格斯首先找到了实现人类解放的基本力量——无产阶级，进而在实践中探寻到了组织和领导这个力量的基本平台和核心，这就是无产阶级政党。在创立和发展无产阶级政党的革命进程中，马克思、恩格斯又通过不断探索和实践，系统阐述和论证了人的本质与人类解放、人类解放与无产阶级、无产阶级与无产阶级政党的辩证统一关系，进而构建起了无产阶级政党的基础理论大厦。

第一节　人的本质与人类解放

马克思指出：“人的根本就是人本身。”③ 对人本身的认识和思考，是哲学绕不开的基本问题，也是研究人类解放的基础和前提。从古希腊苏格拉底的“未经思考的人生不值得过”，到近代笛卡尔的“我思故我在”，形成了西方哲学

① 马克思：《马克思致阿尔诺德·卢格（1843 年 9 月）》，《马克思恩格斯文集》第 10 卷，人民出版社 2009 年版第 7 页。

② 恩格斯：《关于共产主义者同盟的历史》，《马克思恩格斯全集》第 21 卷，人民出版社 1965 年版第 248 页。

③ 马克思：《〈黑格尔法哲学批判〉导言》，《马克思恩格斯文集》第 1 卷，人民出版社 2009 年版第 11 页。

传统中对人的问题的思考。马克思、恩格斯在他们所创立的唯物史观中，通过对现实的经验发现，在对人类历史发展客观规律的认识，在对人类的社会、经济、政治和文化等发展必然趋势的认识基础上，从人的本质问题入手，科学论证了人类解放是人类历史发展的基本规律，阐释了人类解放的一般特征及其发展的基本走向，从而构建起了关于人类解放的系统理论，为人类到底应该"往何处去"指明了方向。有的学者甚至把马克思主义称为"人类解放学说"，这也从一定意义上说明了马克思、恩格斯所创立的唯物史观，就是人类为最终实现以人的自由而全面发展为本质特征的共产主义的科学理论体系。

一、对"人"的本质的认知构建起了人类解放的理论起点

马克思于1845年春撰写的《关于费尔巴哈的提纲》，在批判费尔巴哈的哲学思想，系统总结马克思和恩格斯共同研究成果的基础上，提出了关于人的本质的著名论断，指出"费尔巴哈把宗教的本质归结于**人的**本质。但是，人的本质不是单个人所固有的抽象物，在其现实性上，它是一切社会关系的总和。费尔巴哈没有对这种现实的本质进行批判，因此他不得不：(1) 撇开历史的进程，把宗教感情固定为独立的东西，并假定有一种抽象的——**孤立的**——人的个体。(2) 因此，本质只能被理解为'类'，理解为一种内在的、无声的、把许多个人**自然地**联系起来的普遍性"。[①] 马克思对人的这个本质的认识和阐述，是在系统总结自己的研究成果基础上提出的，是从现实社会中活动着的人出发去分析人和观察人的，是在对人本身和人的现实状况做出的分析，对人与社会的起源之间的关系做出的说明。如何深入认识这个问题？从马克思、恩格斯系统研究的成果来看，可以从以下方面来把握。

首先，"人在其最直接的现实中，在市民社会中，是尘世存在物"。[②]

这是马克思在《论犹太人问题》中做出的著名论断。对于这个命题的认识和理解，可以从"一个前提一个基本"的角度来把握。

一个前提，也就是马克思对于人的认识和把握，是把人放在"其最直接的现实中，在市民社会中"这个前提下来认识的，而不是什么宗教的、精神的王

① 马克思：《关于费尔巴哈的提纲》，《马克思恩格斯文集》第1卷，人民出版社2009年版第501页。
② 马克思：《论犹太人问题》，《马克思恩格斯文集》第1卷，人民出版社2009年版第31页。

国等角度。这就首先确定了认识人本身的基本出发点和立足点，也是根本点。也就是说，市民社会是人类全部历史的真正发源地和舞台。这是马克思、恩格斯在《德意志意识形态》中所阐述的基本观点，他们在这里指出："在过去一切历史阶段上受生产力所制约、同时也制约生产力的交往形式，就是**市民社会**。这个社会（从前面已经可以这样判定）是以简单的家庭和复杂的家庭，即所谓部落生活作为自己的前提和基础的。关于市民社会的比较详尽的定义已经包括在前面的叙述中了。从这里已经可以看出，这个市民社会是全部历史的真正发源地和舞台，可以看出过去那种轻视现实关系而只看到元首和国家的丰功伟绩的历史观何等**荒谬**。"①

一个基本，也就是既然确立了"人在其最直接的现实中，在市民社会中"这个基本前提，那么人就是现实中的人。那么，这个"人"首先是个什么样的"人"呢？马克思进一步分析认为，我们人首先是存在于这个大千世界里，与自然界的其他万千物件一样，只是这个世界里的一分子的其中一个"尘世存在物"。我们现在叫"人"，如果当初我们给自己起的名字叫其他的什么如"竹子"，那么我们可能现在就叫"竹子"，而不叫"人"。这就是**人在这个世界上的最基本的现实存在状态**。那么，人作为这个"尘世存在物"的根本特性是什么呢？马克思在《1844 年经济学哲学手稿》中，对这个问题进行了进一步阐述："人是**特殊的**个体，并且正是人的特殊性使人成为个体，成为现实的、**单个的**社会存在物。"② 也就是说，马克思首先把人看作是在这个世界上的基本的"尘世存在物"，认为这个"尘世存在物"的根本特性，是"现实的、单个的社会存在物"。

"人在其最直接的现实中，在市民社会中，是尘世存在物"这一论断的确立，在人类社会的发展史上具有决定性的意义，不仅确立了唯物主义的基本立场和观点，从人是上帝制造的宗教的唯心主义的立场转变到现实的唯物主义的立场，标定了马克思、恩格斯构建唯物史观的起点，确立了物质决定意识这个最基本的马克思主义哲学的原理，而且这个论断也为人类解放理论确立了基础的实现基点，说明既然人是现实的、是物质的，就是可以发展的并且是需要进

---

① 马克思、恩格斯：《德意志意识形态》，《马克思恩格斯全集》第 3 卷，人民出版社 1960 年版第 40—41 页。

② 马克思：《1844 年经济学哲学手稿》，《马克思恩格斯文集》第 1 卷，人民出版社 2009 年版第 188 页。

步和完善的，人最终实现自我的解放也是可能的。正如马克思指出的：“人不是抽象的蛰居于世界之外的存在物。人就是**人的世界**，就是国家，社会。这个国家、这个社会产生了宗教，一种**颠倒的世界意识**，因为它们就是**颠倒的世界**。”“宗教是人的本质**在幻想中的实现**，因为**人的本质**不具有真正的现实性。因此，反宗教的斗争间接地就是反对以宗教为精神**抚慰**的**那个世界**的斗争。”①

其次，“人，作为市民社会的成员，即非政治的人，必然表现为自然人”。②

马克思在这里所表达的意思，就是说，人作为有生命的，存在于这个大千世界里的“现实的、单个的社会存在物”，也就是不受任何外在的环境条件特别是政治因素所左右的单个人来讲，人还是“自然存在物”，是“市民社会”的最基本成员，其基本特性是自然性，是个“自然人”。马克思明确指出：“人作为自然存在物，而且作为有生命的自然存在物，一方面具有**自然力**、**生命力**，是**能动的**自然存在物；这些力量作为天赋和才能、作为**欲望**存在于人身上；另一方面，人作为自然的、肉体的、感性的、对象性的存在物，同动植物一样，是**受动的**、受制约的和受限制的存在物，就是说，他的欲望的**对象**是作为不依赖于他的**对象**而存在于他之外的；但是，这些对象是他的**需要**的**对象**；是表现和确证他的本质力量所不可缺少的、重要的**对象**。”③

从这里可以认为，人之所以为人，首先人是自然界的一部分，是存在于这个世界上的个体的单纯的无所联系的“个人”，我们人与其他“动物”是没有区别的“人”，是为了生存而存在的一般性“动物”。恩格斯针对这一人的特性，也明确指出：“人来源于动物界这一事实已经决定人永远不能完全摆脱兽性，所以问题永远只能在于摆脱得多些或少些，在于兽性或人性的程度上的差异。”④ 对于人的自然性，马克思也指出：“人，正像他是市民社会的成员一样，被认为是**本来意义上的人**，与 *citoyen*［**公民**］不同的 *homme*［**人**］，因为他是具有感性的、单个的、**直接**存在的人……现实的人只有以**利己**的个体形式出现才

---

① 马克思：《〈黑格尔法哲学批判〉导言》，《马克思恩格斯文集》第 1 卷，人民出版社 2009 年版第 3 页。

② 马克思：《论犹太人问题》，《马克思恩格斯文集》第 1 卷，人民出版社 2009 年版第 45 页。

③ 马克思：《1844 年经济学哲学手稿》，《马克思恩格斯文集》第 1 卷，人民出版社 2009 年版第 209 页。

④ 恩格斯：《反杜林论》，《马克思恩格斯全集》第 20 卷，人民出版社 1973 年版第 110 页。

可予以承认，**真正的**人只有以**抽象的** *citoyen*［**公民**］形式出现才可予以承认。”①

最后，人是有意识的类存在物。

这是马克思、恩格斯在与其他动物相比较后，得出的人之所以为人的基本特性。马克思在《1844年经济学哲学手稿》中指出：“人是**特殊的**个体，并且正是人的特殊性使人成为个体，成为现实的、**单个的**社会存在物，同样，人也是**总体**，是观念的总体，是被思考和被感知的社会的自为的主体存在，正如人在现实中既作为对社会存在的直观和现实享受而存在，又作为人的生命表现的总体而存在一样。”② 对这段论述的理解，马克思、恩格斯从多个方面又进行了进一步阐述。

一方面，“人是类存在物”，也就是说人具有社会属性，必然“以一定的方式进行生产活动的一定的个人，发生一定的社会关系和政治关系”。③ 对这个问题，马克思在《1844年经济学哲学手稿》中进行了详细而深刻的阐释：“**社会**性质是整个运动的普遍性质；**正像**社会本身生产作为**人**的**人**一样，社会也是由人**生产**的。活动和享受，无论就其内容或就其**存在方式**来说，都是**社会的**活动和**社会的**享受。自然界的**人的**本质只有对**社会的**人来说才是存在的；因为只有在社会中，自然界对人来说才是人与**人联系的纽带**，才是他为别人的存在和别人为他的存在，只有在社会中，自然界才是人自己的**合乎人性的**存在的**基础**，才是人的现实的生活要素。只有在社会中，人的**自然的**存在对他来说才是人的**合乎人性的**存在，并且自然界对他来说才成为人。因此，**社会**是人同自然界的完成了的本质的统一，是自然界的真正复活，是人的实现了的自然主义和自然界的实现了的人道主义。”④

正是基于以上的科学深入分析，马克思才做出科学结论，指出人是**特殊的**个体，“同样，人也是**总体**，是观念的总体，是被思考和被感知的社会的自为的

---

① 马克思：《论犹太人问题》，《马克思恩格斯文集》第1卷，人民出版社2009年版第46页。

② 马克思：《1844年经济学哲学手稿》，《马克思恩格斯文集》第1卷，人民出版社2009年版第188页。

③ 马克思、恩格斯：《德意志意识形态》，《马克思恩格斯全集》第3卷，人民出版社1960年版第28—29页。

④ 马克思：《1844年经济学哲学手稿》，《马克思恩格斯文集》第1卷，人民出版社2009年第187页。

主体存在，正如人在现实中既作为对社会存在的直观和现实享受而存在，又作为人的生命表现的总体而存在一样”。① 也正是基于对这个基本原理的总结性阐释，马克思才最终得出人的本质的著名论断，也就是“人的本质不是单个人所固有的抽象物，在其现实性上，它是一切社会关系的总和”。② 也就是说，首先，人的生产活动具有社会性，人类为了进行生产劳动③，便发生一定的联系和关系，只有在这些社会联系和社会关系的范围内，才会有他们对自然界的关系，才会有生产。也就是说，社会在劳动的过程中才能实现存在和发展。其次，人们的生活也具有社会性。“一人之所需，百工斯为备”，说明任何人都不能离开社会独自生存在这个世界上，这是“由于他们的需要即他们的本性，以及他们求得满足的方式，把他们联系起来（两性关系、交换、分工），所以他们**必然要**发生相互关系”。④ 最后，人们的思想也具有社会性，并且这个社会性是“内在的、无声的、把许多个人自然地联系起来的普遍性”。也就是说，不管人想不想、愿意不愿意，都处在社会中，处在各种社会关系中，都在扮演着不同的社会角色，并且必须扮演好这些不同的社会角色，只有这样才能不至于角色错乱，避免造成各种关系的错乱，进而影响在这个世界上的基本生存和发展。

另一方面，人是**有意识**的类存在物。马克思在《1844 年经济学哲学手稿》中，对这个问题进行了系统阐释，他是把作为自然人的人与动物相区别来看待这个问题的。马克思指出：“动物和自己的生命活动是直接同一的。动物不把自己同自己的生命活动区别开来。它就是**自己的生命活动**。人则使自己的生命活动本身变成自己意志的和自己意识的对象。他具有有意识的生命活动。这不是人与之直接融为一体的那种规定性。有意识的生命活动把人同动物的生命活动直接区别开来。正是由于这一点，人才是类存在物。或者说，正因为人是类存在物，他才是有意识的存在物，就是说，他自己的生活对他来说是对象。仅仅由于这一点，他的活动才是自由的活动。……通过实践创造**对象世界，改造**无

---

① 马克思：《1844 年经济学哲学手稿》，《马克思恩格斯文集》第 1 卷，人民出版社 2009 年版第 188 页。

② 马克思：《关于费尔巴哈的提纲》，《马克思恩格斯文集》第 1 卷，人民出版社 2009 年版第 505 页。

③ 这里的“劳动”，正如马克思自己所说的：“劳动在国民经济学中仅仅以谋生活动的形式出现。”（马克思：《1844 年经济学哲学手稿》，《马克思恩格斯文集》第 1 卷，人民出版社 2009 年版第 124 页。）

④ 马克思、恩格斯：《德意志意识形态》，《马克思恩格斯全集》第 3 卷，人民出版社 1960 年版第 514 页。

机界，人证明自己是有意识的类存在物，……诚然，动物也生产。动物为自己营造巢穴或住所，如蜜蜂、海狸、蚂蚁等。但是，动物只是生产它自己或它的幼仔所直接需要的东西；动物的生产是片面的，而人的生产是全面的；动物只是在直接的肉体需要的支配下生产，而人甚至不受肉体需要的影响也进行生产，并且只有不受这种需要的影响才进行真正的生产；动物只生产自身，而人再生产整个自然界；动物的产品直接属于它的肉体，而人则自由地面对自己的产品。动物只是按照它所属的那个种的尺度和需要来构造，而人却懂得按照任何一个种的尺度来进行生产，并且懂得处处都把固有的尺度运用于对象；因此，人也按照美的规律来构造。因此，正是在改造对象世界的过程中，人才真正地证明自己是**类存在物**。"①

以上这一大段论述，是我们认识和理解把握人之所以为人并且是与其他动物相区别的人的基础理论文本。一方面，人与动物是有共性的，马克思、恩格斯之所以拿动物来与人相比较，就是因为人来源于动物。恩格斯指出："人来源于动物界这一事实已经决定人永远不能完全摆脱兽性，所以问题永远只能在于摆脱得多些或少些，在于兽性或人性的程度上的差异。"② 人与动物有许多共同点，比如，都是有生命活动的动物，都是自然界中的一分子，人与动物都需要"生产"，也就是住所、食物、繁殖等。另一方面，人之所以为人，又是与动物不同的，这里面的最大不同，就是人是"**有意识**的类存在物"，也就是人生产自己的生活资料。马克思、恩格斯在《德意志意识形态》中指出："可以根据意识、宗教或随便别的什么来区别人和动物。一当人们自己开始**生产**他们所必需的生活资料的时候（这一步是由他们的肉体组织所决定的），他们就开始把自己和动物区别开来。人们生产他们所必需的生活资料，同时也就间接地生产着他们的物质生活本身。"③ 这就是人与动物相区别的最基本特征。也就是说，正是因为人有意识，才能够左右自己，干自己想干的事情。动物靠本能，人类靠意识。所以，"正是在改造对象世界的过程中，人才真正地证明自己是类存在物"，

---

① 马克思：《1844年经济学哲学手稿》，《马克思恩格斯文集》第1卷，人民出版社2009年版第162—163页。

② 恩格斯：《反杜林论》，《马克思恩格斯全集》第20卷，人民出版社1973年版第110页。

③ 马克思、恩格斯：《德意志意识形态》，《马克思恩格斯全集》第3卷，人民出版社1960年版第24页。

才证明人之所以为人。人不仅改造对象世界，同时也改造自身，才能真正成为人。因此恩格斯也指出："一切动物的一切有计划的行动，都不能在自然界上打下它们的意志的印记。这一点只有人才能做到。一句话，动物仅仅**利用**外部自然界，单纯地以自己的存在来使自然界改变；而人则通过他所作出的改变来使自然界为自己的目的服务，来**支配**自然界。这便是人同其他动物的最后的本质的区别，而造成这一区别的还是劳动。"①

也正因为人是有意识的类存在物这个基本事实，也才体现了人的另一个基本特性，也就是人具有对象化。马克思在《1844年经济学哲学手稿》中指出："只有当对象对人来说成为**人的**对象或者说成为对象性的人的时候，人才不致在自己的对象中丧失自身。"② 马克思还举了一个例子来对这一基本原理进行证明，马克思指出："从主体方面来看：只有音乐才激起人的音乐感；对于没有音乐感的耳朵来说，最美的音乐也**毫无意义**，**不是**对象，因为我的对象只能是我的一种本质力量的确证。"③ 这一基本观点说明，首先人只有具备什么才能感受到什么，也就是马克思指出的："物本身是对自身和对人的一种**对象性的**、**人的**关系，反过来也是这样。当物按人的方式同人发生关系时，我才能在实践上按人的方式同物发生关系。因此，需要和享受失去了自己的**利己主义**性质，而自然界失去了自己的纯粹的**有用性**，因为效用成了**人的**效用。"④ 也就是说，只有人具备了一定的层次，才能享受到那个层次的东西。这也是马克思最终所下的结论："一句话，**人的**感觉、感觉的人性，都是由于**它的**对象的存在，由于**人化的**自然界，才产生出来的。五官感觉的**形成**是迄今为止全部世界历史的产物。"⑤

总之，从以上马克思、恩格斯对人的本质的认识和理解来看，他们所理解的"人"，不是黑格尔式的"抽象的精神的人"，也不是费尔巴哈式的"抽象的

① 恩格斯：《自然辩证法》，《马克思恩格斯全集》第20卷，人民出版社1973年版第518页。

② 马克思：《1844年经济学哲学手稿》，《马克思恩格斯文集》第1卷，人民出版社2009年版第190页。

③ 马克思：《1844年经济学哲学手稿》，《马克思恩格斯文集》第1卷，人民出版社2009年版第191页。

④ 马克思：《1844年经济学哲学手稿》，《马克思恩格斯文集》第1卷，人民出版社2009年版第190页。

⑤ 马克思：《1844年经济学哲学手稿》，《马克思恩格斯文集》第1卷，人民出版社2009年版第191页。

自然的人”，“不是某种处在幻想的与世隔绝、离群索居状态的人，而是处在一定条件下进行的、现实的、可以通过经验观察到的发展过程中的人”。① 这种人具有能动性，“是自己的观念、思想等等的生产者”②，认为世界是可以被人们认识和改造的。人的特点在于他能够能动地改造世界，正是人的这种能动性，不断推进人与社会、自然关系的变革，从而不断形成新的生活格局。现实的人还是处在“发展过程中的人”，人的能力、意识、性格、本质、理想、观念等均处在推陈出新的持续运动之中，这说明人是可以发展的、可以改造的。还有，这个现实的人还是经验的人。正如马克思、恩格斯指出的：“我们开始要谈的前提并不是任意想出的，它们不是教条，而是一些只有在想像中才能加以抛开的现实的前提。这是一些现实的个人，是他们的活动和他们的物质生活条件，包括他们得到的现成的和由他们自己的活动所创造出来的物质生活条件。因此，这些前提可以用纯粹经验的方法来确定。”③

也正是以现实的个人为出发点，使人类解放就不再是悬浮于空中的观念解放，而是植根于个人实际生活的现实运动。以现实运动来诠释人类解放，就使得马克思、恩格斯的历史观获得了坚实的唯物论基础，从而与唯心史观区别开来。也就是说，马克思、恩格斯把与社会和自然界发生密切关系的人确定为“现实的人”，并确定“现实的人”是人类社会生活的前提。因此，马克思、恩格斯所要探索的人类解放只有从这个“现实的人”出发，才能观察人类社会的发展趋势，也才能探求到人类解放的归宿。正如马克思、恩格斯指出的：“任何人类历史的第一个前提无疑是有生命的个人的存在。”④ 因此，这种观察方法的前提是人，“是处在一定条件下进行的、现实的、可以通过经验观察到的发展过程中的人。只要描绘出这个能动的生活过程，历史就不再像那些本身还是抽象的经验论者所认为的那样，是一些僵死事实的搜集，也不再像唯心主义者所认

---

① 马克思、恩格斯：《德意志意识形态》，《马克思恩格斯全集》第 3 卷，人民出版社 1960 年版第 30 页。

② 马克思、恩格斯：《德意志意识形态》，《马克思恩格斯全集》第 3 卷，人民出版社 1960 年版第 29 页。

③ 马克思、恩格斯：《德意志意识形态》，《马克思恩格斯全集》第 3 卷，人民出版社 1960 年版第 23 页。

④ 马克思、恩格斯：《德意志意识形态》，《马克思恩格斯全集》第 3 卷，人民出版社 1960 年版第 23 页。

为的那样，是想像的主体的想像的活动”。[①] 所以，从现实的人出发分析社会现象，既是实现人类解放的基本出发点，也是人类解放理论的逻辑起点。

二、异化理论为人类解放的实现提供了根本指向

马克思在详细阐述了人的本质后，又对现实生活中的人进行了进一步分析研究，得出了现实中的“人”与真实的“人”是存在着“异化”的，从而提出了“异化理论”。“异化”概念在马克思以前的德国哲学著作中曾广泛使用过，而马克思在《1844年经济学哲学手稿》等著述中详尽地论述了异化和异化劳动的问题，把异化同私有制的统治和私有制统治下的社会制度联系起来，用异化来分析劳动与资本的关系。

通过深入分析研究，马克思认为，在私有制统治下，“劳动所生产的对象，即劳动的产品，作为一种**异己的存在物**，作为**不依赖于**生产者的**力量**，同劳动相对立”[②]，也就是“对对象的占有竟如此表现为异化，以致工人生产的对象越多，他能够占有的对象就越少，而且越受自己的产品即资本的统治”。[③] 劳动的异化不仅表现在工人同劳动产品的关系上，而且表现在工人同生产行为本身的关系上：“劳动对工人来说是**外在的东西**，也就是说，不属于他的本质”；在这种劳动中，工人“不是感到幸福，而是感到不幸，不是自由地发挥自己的体力和智力，而是使自己的肉体受折磨、精神遭摧残”[④]；“这种劳动不是他自己的，而是别人的；劳动不属于他”[⑤]。异化劳动既然夺去了人的生产的对象，也就夺去了人所固有的真正的人的生活；人同他的劳动产品、他的生命活动、他的类本质相异化的直接结果就是人同人相异化，人同他人相对立。既然人同人相异化，人同他人相对立，那么人要全面而自由的发展，实现人类解放，就要消灭

---

① 马克思、恩格斯：《德意志意识形态》，《马克思恩格斯全集》第3卷，人民出版社1960年版第30页。

② 马克思：《1844年经济学哲学手稿》，《马克思恩格斯文集》第1卷，人民出版社2009年版第156页。

③ 马克思：《1844年经济学哲学手稿》，《马克思恩格斯文集》第1卷，人民出版社2009年版第157页。

④ 马克思：《1844年经济学哲学手稿》，《马克思恩格斯文集》第1卷，人民出版社2009年版第159页。

⑤ 马克思：《1844年经济学哲学手稿》，《马克思恩格斯文集》第1卷，人民出版社2009年版第160页。

异化劳动、结束人的相互异化，而结束人的异化就必须废除私有财产，“而要扬弃现实的私有财产，则必须有**现实的**共产主义行动”[①]。

以上就是马克思通过异化理论得出的实现人类解放的根本指向的基本思维逻辑。如果再进一步深入分析马克思的这个理论逻辑的话，可以从三个方面来认识。

（一）从人作为有意识的类存在物的基本前提出发，首先，人在市民社会中的生活，本身就是异化的

这是异化理论的最初形态，也算是普遍的一般的异化。只要没有最终实现人的自由而全面发展，也就是实现人类解放之前，生活在任何社会形态的人都将面临着这个基本的异化问题。马克思在阐释这个异化理论时，首先就讲道，只要是“在政治国家真正形成的地方，人不仅在思想中，在意识中，而且在**现实**中，在**生活**中，都过着双重的生活——天国的生活和尘世的生活。前一种是**政治共同体**中的生活，在这个共同体中，人把自己看做**社会存在物**；后一种是**市民社会**中的生活，在这个社会中，人作为**私人**进行活动，把他人看做工具，把自己也降为工具，并成为异己力量的玩物”。[②] 也就是说，我们每一个人都不是一个完全自我的人，而是存在着两个“我”，一个是现实中的“我”，这个“我”在为了生存和发展而努力。另一个“我”是思想中的“我”，也就是意识中的“我”，这个“我”是自由的“我”，是进行私人活动的“我”，是有个人自我意识的“我”。而这两个“我”，由于外在社会制约，造成了在社会现实中生活的“我”，与个人思想意识中的“我”，这两个“我”不是统一的，而是相反的也就是“异化”的，如果再进一步通俗一点的话，就是大部分时间里，每个人都是“我想的不是我干的，我干的不是我想的”，所以这就使每个人的活动和行为不是个人意愿的活动和行为，而是有时被外在的某种力量所逼迫的，从而自己“把自己也降为工具，并成为异己力量的玩物”，这也就造成了人的痛苦。

这就是马克思在《论犹太人问题》中指出的：“人，不仅一个人，而且每一个人，是**享有主权的**，是最高的存在物，但这是具有无教养的非社会表现形式的人，是具有偶然存在形式的人，是本来样子的人，是由于我们整个社会组织

① 马克思：《1844 年经济学哲学手稿》，《马克思恩格斯文集》第 1 卷，人民出版社 2009 年版第 232 页。

② 马克思：《论犹太人问题》，《马克思恩格斯文集》第 1 卷，人民出版社 2009 年版第30 页。

而堕落了的人、丧失了自身的人、外化了的人，是受非人的关系和自然力控制的人，一句话，人还不是**现实**的类存在物。"① 也就是说，人本来是有意识的动物，是比动物更高级的，应该是"享有主权的"，也就是自己对自己应该说了算的，但现实却是自己到底应该干什么，自己是说了不算的，所以就成了一个"堕落了的人、丧失了自身的人、外化了的人，是受非人的关系和自然力控制的人"。说到底，我们现在的人不是真正的人。对于这个基本的异化现象的阐述，马克思在《詹姆斯·穆勒〈政治经济学原理〉一书摘要》中也有过详细的阐述，这也可以作为我们研究这个基本理论的基本文本。

另外，马克思、恩格斯还在《德意志意识形态》中指出"宗教是异化了的人的本质，人的本质是人的本质和万物的尺度"②。也就是说，从人本身的现实的最初生活形态来看，人为了生存和发展本身就是为了劳动而劳动，就已经不是真正的人了，而且人又自己给自己人为地再加上了一个"锁链"，这就是宗教。宗教本身就是人对异化的人的一种"神化"和"虚化"，所以现在有双重的异化在制约着我们人、"压迫"着我们人，所以这就更加造成了人的异化，也就更加使人感觉到生活在这个世界上的"累"、活在这个世界上的痛苦。马克思之所以在前面的普遍异化中讲到一个基本的前提，就是"在政治国家真正形成的地方"，就是因为这种宗教使人的异化。因此，要实现人的解放，首先得把人为的自我异化，也就是让人首先摆脱宗教，使人首先成为真正的现实中的人，也就是市民社会中的人。这是人类解放的首要一步。没有这一步，其他也就无从谈起。在马克思、恩格斯的理论体系里，这就是政治解放的一部分，或者说首要的一个步骤。在下一节中我们还要详细阐述。

（二）"从国民经济学的各个前提出发"③，在财产私有特别是资本主义制度下，这个异化体现得更加突出，这就是"劳动的异化"

这也算是人的异化的更深一层异化，这种异化表现更加集中、更加突出、更加明晰。这种异化主要是在资本主义制度下所凸显的人的异化。

---

① 马克思：《论犹太人问题》，《马克思恩格斯文集》第1卷，人民出版社2009年版第37页。

② 马克思、恩格斯：《德意志意识形态》，《马克思恩格斯全集》第3卷，人民出版社1960年版第576页。

③ 马克思：《1844年经济学哲学手稿》，《马克思恩格斯文集》第1卷，人民出版社2009年版第155页。

通过对第一个问题的分析研究，我们可以看到，在马克思的异化理论里，人在实践中，一是把自然界当作直接的生产资料，二是把自然当作人的生命活动的材料、对象和工具。人的生命活动就是劳动，劳动对人来说就是维持肉体生存的条件，人有意识地指挥和协调自己的生命活动，“而人类的特性恰恰就是自由的自觉的活动”。反过来说，正因为人类的特性是有意识的活动，人才是类存在物。“正因为人是类存在物，他才是有意识的存在物，也就是说，他自己的生活对他是对象。仅仅由于这一点，他的活动才是自由的活动。”人的自由在于能有意识地安置自己的生活，在于有意识的生命活动——劳动。这应该是人的劳动的本来“面貌”，但是从过往的历史发展来看，随着生产力的不断发展，财产的私有化越来越严重，特别是当社会发展到资本主义社会的时候，整个社会已经基本上分化为两大阶级，有产者阶级也就是资产阶级和没有财产的工人阶级。这个“没有财产的工人阶级”的劳动作为异己的存在物与劳动相对立，更是体现出是自己的“外在的劳动，人在其中使自己外化的劳动，是一种自我牺牲、自我折磨的劳动”的基本特性，这就使原本体现人的自由生命活动的劳动，在资本和劳动分离的条件下，“他在自己的劳动中不是肯定自己，而是否定自己，不是感到幸福，而是感到不幸，不是自由地发挥自己的体力和智力，而是使自己的肉体受折磨、精神遭摧残”①。“同样，工人的活动也不是他的自主活动。他的活动属于别人，这种活动是他自身的丧失。因此，结果是，人（工人）只有在运用自己的动物机能——吃、喝、生殖，至多还有居住、修饰等等——的时候，才觉得自己在自由活动，而在运用人的机能时，觉得自己只不过是动物。动物的东西成为人的东西，而人的东西成为动物的东西。吃、喝、生殖等等，固然也是真正的人的机能。但是，如果加以抽象，使这些机能脱离人的其他活动领域并成为最后的和唯一的终极目的，那它们就是动物的机能。”②

以上就是马克思所阐释的在资本主义社会下所产生的比一般异化还要异化的劳动异化理论。对于这个劳动异化理论，还可以从四个方面进行具体化的深入分析和理解。

---

① 马克思：《1844年经济学哲学手稿》，《马克思恩格斯文集》第1卷，人民出版社2009年版第159页。

② 马克思：《1844年经济学哲学手稿》，《马克思恩格斯文集》第1卷，人民出版社2009年版第160页。

其一，从生产结果看，劳动者的劳动和他的劳动产品相异化。马克思认为，劳动产品是劳动的结晶，是人的本质的对象化，劳动产品本应该属于工人，但在资本主义社会，“劳动所生产的对象，即劳动的产品，作为一种**异己的存在物**，作为**不依赖于**生产者的**力量**，同劳动相对立”[①]。就是说，“工人生产的财富越多，他的生产的影响和规模越大，他就越贫穷。工人创造的商品越多，他就越变成廉价的商品。物的世界的增值同人的世界的贬值成正比”。[②]

其二，从生产过程看，劳动者和他的劳动行为本身相异化。马克思认为“异化不仅表现在结果上，而且表现在**生产行为**中，表现在**生产活动**本身中”。[③] 劳动本身应该是获取劳动成果的过程，应该是一个愉悦的过程，但是异化劳动中，劳动不再是自觉自愿的活动，而变成了“**外在的劳动**”，被迫的、强制的、奴役式的劳动。“因此，他在自己的劳动中不是肯定自己，而是否定自己，不是感到幸福，而是感到不幸，不是自由地发挥自己的体力和智力，而是使自己的肉体受折磨、精神遭摧残。因此，工人只有在劳动之外才感到自在，而在劳动中则感到不自在，他在不劳动时觉得舒畅，而在劳动时就觉得不舒畅。”“劳动的外在性表现在：这种劳动不是他自己的，而是别人的；劳动不属于他；他在劳动中也不属于他自己，而是属于别人。”[④]

其三，也正是生产结果、生产过程的异化，从而造成了人的类本质与人的进一步异化。马克思指出：“异化既表现为**我的**生活资料属于**别人**，**我**所希望的东西是我不能得到的、**别人的**占有物；也表现为每个事物本身都是不同于它本身的**另一个东西**，我的活动是**另一个东西**，而最后，——这也适用于资本家，——则表现为一种**非人的**力量统治一切。”[⑤] 也就是说，“人是类存在物”[⑥]，

---

① 马克思：《1844年经济学哲学手稿》，《马克思恩格斯文集》第1卷，人民出版社2009年版第156页。

② 马克思：《1844年经济学哲学手稿》，《马克思恩格斯文集》第1卷，人民出版社2009年版第156页。

③ 马克思：《1844年经济学哲学手稿》，《马克思恩格斯文集》第1卷，人民出版社2009年版第159页。

④ 马克思：《1844年经济学哲学手稿》，《马克思恩格斯文集》第1卷，人民出版社2009年版第159—160页。

⑤ 马克思：《1844年经济学哲学手稿》，《马克思恩格斯文集》第1卷，人民出版社2009年版第233页。

⑥ 马克思：《1844年经济学哲学手稿》，《马克思恩格斯文集》第1卷，人民出版社2009年版第161页。

人的类生活、类存在就是劳动，即自由自觉的活动，这也是人区别于动物的最根本的标志。人通过劳动，改造对象世界，使人类的类本质的体现完全发生了变化。但“异化劳动从人那里夺去了他的生产的对象，也就从人那里夺去了他的**类生活**，即他的现实的类对象性，把人对动物所具有的优点变成缺点”；“异化劳动把自主活动、自由活动贬低为手段，也就把人的类生活变成维持人的肉体生存的手段”①。由于劳动产品的异化使人不能确证其类本质，劳动本身的异化则是把人的自由自觉的活动变成仅仅维持肉体生存的手段，于是造就了人和自己的类本质相异化，人的类本质变成人的异己的本质，人变成了丧失类本质的人。这样一来，异化劳动导致：“**人的类本质**，无论是自然界，还是人的精神的类能力，都变成了对人来说是**异己的**本质，变成了维持他的**个人生存的手段**。异化劳动使人自己的身体同人相异化，同样也使在人之外的自然界同人相异化，使他的精神本质、他的**人的**本质同人相异化。”②

其四，人的本质是社会关系的总和，也就是说，人是生活在社会关系中的人，但由于人的类本质产生了异化，这就造成了人与人之间的相互关系的异化。马克思认为：“人同自己的劳动产品、自己的生命活动、自己的类本质相异化的直接结果就是**人同人相异化**。”③ 马克思又进一步指出：“人的异化，一般地说，人对自身的任何关系，只有通过人对他人的关系才得到实现和表现。”④ 当人同自身相对立的时候，他也必然同他人相对立，也就是他们中每个人都同人的本质相异化。马克思指出：“如果劳动产品不是属于工人，而是作为一种异己的力量同工人相对立，那么这只能是由于产品属于**工人之外的他人**。如果工人的活动对他本身来说是一种痛苦，那么这种活动就必然给他人带来**享受**和生活乐趣。”⑤ 至于这“别的什么人”不是神也不是自然界，而是由异化的、外化的劳

① 马克思：《1844年经济学哲学手稿》，《马克思恩格斯文集》第1卷，人民出版社2009年版第163页。

② 马克思：《1844年经济学哲学手稿》，《马克思恩格斯文集》第1卷，人民出版社2009年版第163页。

③ 马克思：《1844年经济学哲学手稿》，《马克思恩格斯文集》第1卷，人民出版社2009年版第163页。

④ 马克思：《1844年经济学哲学手稿》，《马克思恩格斯文集》第1卷，人民出版社2009年版第164页。

⑤ 马克思：《1844年经济学哲学手稿》，《马克思恩格斯文集》第1卷，人民出版社2009年版第165页。

动所生产出来的资本家。从而，私有制财产是外化劳动即工人对自然界和自身的外在关系的产物、结果和必然后果。这样，马克思就解决了开始时所提出的任务——考察资产阶级经济学当作不言而喻的前提的任务。

对于这个劳动异化的理论，马克思在 1856 年 4 月 14 日《在〈人民报〉创刊纪念会上的演说》中，从当时社会的现实出发，又进行了总结式的阐明。马克思指出："在我们这个时代，每一种事物好像都包含有自己的反面。我们看到，机器具有减少人类劳动和使劳动更有成效的神奇力量，然而却引起了饥饿和过度的疲劳。财富的新源泉，由于某种奇怪的、不可思议的魔力而变成贫困的源泉。技术的胜利，似乎是以道德的败坏为代价换来的。随着人类愈益控制自然，个人却似乎愈益成为别人的奴隶或自身的卑劣行为的奴隶。甚至科学的纯洁光辉仿佛也只能在愚昧无知的黑暗背景上闪耀。我们的一切发明和进步，似乎结果是使物质力量成为有智慧的生命，而人的生命则化为愚钝的物质力量。现代工业和科学为一方与现代贫困和衰颓为另一方的这种对抗，我们时代的生产力与社会关系之间的这种对抗，是显而易见的、不可避免的和毋庸争辩的事实。"①

（三）马克思的异化理论是在批判前人非科学形态的基础上而创立的，揭示了异化本质，为人类应该"往何处去"找到了前进方向，也为人类解放理论确立了根本指向

马克思、恩格斯在详细阐述了异化理论的基本原理以后，最终得出一个结论，也就是，人类从最初的原始的一般性动物进化成为有意识的高级动物，这是一个进步，虽然产生了异化，但这是人类发展或者说进化的必经阶段，只有从不异化发展到异化，再通过人类的进一步努力，最终消除异化，人类才能最终实现解放。这也是马克思、恩格斯所创立的唯物辩证法中的否定之否定原理在人类历史发展中的应用所得出的结果。这就是马克思《资本论》手稿"第六章 直接生产过程的结果"中所阐明的基本原理：**"从历史上看**，这种颠倒是靠牺牲多数来强制地创造财富本身，即创造无限的社会劳动生产力的必经之点，只有这种无限的社会劳动生产力才能构成自由人类社会的物质基础。这种对立

① 马克思：《在〈人民报〉创刊纪念会上的演说》，《马克思恩格斯文集》第 2 卷，人民出版社 2009 年版第580 页。

的形式是必须经过的，正象人起初必须以宗教的形式把自己的精神力量作为一种独立的力量来与自己相对立完全一样。这是人本身的劳动的**异化过程**。”①

也正是基于这个基本原理，马克思在《法兰西内战》中讲道：“劳动一被解放，大家都会变成工人，于是生产劳动就不再是某一个阶级的属性了。”② 这个重要思想阐明，只要是消除了“劳动的异化”，人类解放就有了实现的可能。也就是说，在马克思看来，异化作为社会现象同阶级一起产生，是人的物质生产与精神生产及其产品变成异己力量，反过来统治人的一种社会现象。私有制是异化的主要根源，社会分工固定化是它的最终根源。异化概念所反映的，是人们的生产活动及其产品反对人们自己的特殊性质和特殊关系，遭到异己的物质力量或精神力量的奴役，从而使人的个性不能全面发展，只能片面发展，甚至畸形发展。异化在一定历史阶段同对象化与物化有关。但是，异化不等于或归结于对象化与物化。对象化与物化作为人的社会活动，将与人类社会一起长存，而异化活动则是短时期的历史现象，随着私有制和阶级的消亡以及僵化的社会分工的最终消灭，异化必将在社会历史上绝迹。因此，从异化理论对历史发展的作用来看，马克思借助异化概念，初步探讨了人类历史发展的客观规律，通过对异化的扬弃来说明人类解放的历史必须性和根本指向。

三、对人类解放的目标、标志以及实现方式的基本论证

马克思、恩格斯通过对异化理论的阐释，找到了人类解放的根本指向，在这个基础上，他们又进一步探讨了人类解放的基本目标、根本标志、实现方式以及实现的路径等相对具体实际的问题。这里首先有个如何区分共产主义与人类解放的问题。在马克思、恩格斯的理论体系中，“共产主义是关于无产阶级解放的条件的学说”。③ 因此，在马克思、恩格斯的语境中，人类解放与共产主义这两个词汇的运用，是根据实际情况而定的。马克思指出：“对异化的扬弃只有通过付诸实行的共产主义才能完成。要扬弃私有财产的**思想**，有**思想上**的共产主义就完全够了。而要扬弃现实的私有财产，则必须有**现实的**共产主义行动。

① 马克思：《〈资本论〉第一册“第六章　直接生产过程的结果”》，《马克思恩格斯全集》第 49 卷，人民出版社 1982 年版第49 页。

② 马克思：《法兰西内战》，《马克思恩格斯全集》第 17 卷，人民出版社 1963 年版第362 页。

③ 恩格斯：《共产主义原理》，《马克思恩格斯全集》第 4 卷，人民出版社 1958 年版第357 页。

历史将会带来这种共产主义运动，而我们**在思想中**已经认识到的那正在进行自我扬弃的运动，在现实中将经历一个极其艰难而漫长的过程。”① 恩格斯也指出：“共产主义不是教义，而是**运动**。它不是从原则出发，而是从**事实**出发。共产主义者不是把某种哲学作为前提，而是把迄今为止的全部历史，特别是这一历史目前在文明各国造成的实际结果作为前提。共产主义的产生是由于大工业以及由大工业带来的后果，是由于世界市场的形成，是由于随之而来的不可遏止的竞争，是由于目前已经完全成为世界市场危机的那种日趋严重和日益普遍的商业危机，是由于无产阶级的形成和资本的积聚，是由于由此产生的无产阶级和资产阶级之间的阶级斗争。共产主义作为理论，是无产阶级立场在这种斗争中的理论表现，是无产阶级解放的条件的理论概括。”② 这是恩格斯虽然不是从长远的目标来讲，但也从面上对共产主义运动的形成基础进行的概括，同时也对共产主义运动的基本原则进行了阐明。当然这个共产主义运动，“在 1847 年，社会主义是资产阶级的运动，而共产主义则是工人阶级的运动”。“在这两个名称中间我们应当选择哪一个，就是毫无疑义的了。而且后来我们也从没有想到要把这个名称抛弃。”③

(一) 人类解放的基本目标是摒弃个人与社会的对立，实现人的自由而全面的发展

马克思、恩格斯指出：“只要人们还处在自发地形成的社会中，也就是说，只要私人利益和公共利益之间还有分裂，也就是说，只要分工还不是出于自愿，而是自发的，那末人本身的活动对人说来就成为一种异己的、与他对立的力量，这种力量驱使着人，而不是人驾驭着这种力量。原来，当分工一出现之后，每个人就有了自己一定的特殊的活动范围，这个范围是强加于他的，他不能超出这个范围：他是一个猎人、渔夫或牧人，或者是一个批判的批判者，只要他不想失去生活资料，他就始终应该是这样的人。”④ 这就是说，既然现实中的

① 马克思：《1844 年经济学哲学手稿》，《马克思恩格斯文集》第 1 卷，人民出版社 2009 年版第 231—232 页。

② 恩格斯：《共产主义者和卡尔·海因岑》，《马克思恩格斯文集》第 1 卷，人民出版社 2009 年版第 672 页。

③ 马克思、恩格斯：《共产党宣言》，《马克思恩格斯文集》第 2 卷，人民出版社 2009 年版第14 页。

④ 马克思、恩格斯：《德意志意识形态》，《马克思恩格斯全集》第 3 卷，人民出版社 1960 年版第 37 页。

"人"与真正的"人"是"异化"的，那么解决好这个"异化"就是人实现真正自我的唯一通路。因此马克思、恩格斯提出人类解放的基本目标，就是要摒弃个人与社会的对立，实现生产与需求相一致、知与行相统一，成为一个"自由而全面发展的人"。

马克思、恩格斯还针对这种"异化"问题，接着指出："而在共产主义社会里，任何人都没有特定的活动范围，每个人都可以在任何部门内发展，社会调节着整个生产，因而使我有可能随我自己的心愿今天干这事，明天干那事，上午打猎，下午捕鱼，傍晚从事畜牧，晚饭后从事批判，但并不因此就使我成为一个猎人、渔夫、牧人或批判者。"① 列宁又进一步用通俗的语言对马克思、恩格斯的这一思想进行了阐述，指出："所谓共产主义，严格说来就是无报酬地为社会工作，不考虑个人的差别，丝毫没有世俗偏见，没有守旧心理，没有旧的习气，消除各个工作部门的差别，劳动报酬上的差别等等。"② 虽然这里针对的是当时的俄国现状讲的一个最初的最现实的图景，但这也为我们进一步了解和研究马克思和恩格斯所阐述的人类解放，也就是共产主义的远景提供了一个初步的方向。

如果从最基本的单个人的动物的基本属性来讲，马克思、恩格斯对人的解放或者说人的历史进化问题的思考，是不是可以理解为，总体上的设想应该是三个阶段，也就是：**动物—有意识的高级动物—全面而自由发展的更高级动物**。

这个人类发展或者说进化的主线是意识和行为的统一问题，如果用通俗的话来讲，就是想和做的一致问题。在人的初始阶段或者说低级阶段，也就是动物阶段，想与做是一致的，不过这个一致是低级的一致，是本能行为的一致。而当人发展到第二阶段，也就是人成为人的时候，由于人的意识的不断发展，从而造成对外在需求的不断增加，进而造成意识与行为的差异，也就是想与做的不一致，这就造成了人的"异化"，因为我想的不是我做的，我做的不是我想的，因此就造成了人的痛苦，而要消除这种痛苦，就需要消除这种"异化"，从

① 马克思、恩格斯：《德意志意识形态》，《马克思恩格斯全集》第 3 卷，人民出版社 1960 年版第 37 页。

② 列宁：《中央委员会的政治报告（节选）（1919 年 12 月 2 日）》，《列宁专题文集・论无产阶级政党》，人民出版社 2009 年版第235 页。

而实现想与做的统一，这就是在更高阶段的一致性，这个更高阶段就是实现了人的全面而自由的发展，人成为真正自由的人。所以在马克思、恩格斯的人类解放理论认知里，讲得比较多的就是“复归”，这里的“复归”是人性的“复归”，是实现想与做相统一的“复归”。从这里也可以看到，马克思主义哲学的否定之否定基本原理在人类解放理论中的应用。这就是从人的基本属性层面来认识和把握人类的历史进化或者说发展的总过程。当前，人类已经进化到第二个阶段，而要实现人类的解放，应当就是要向全面而自由发展的更高级动物这个最终目标而迈进。

(二) 人类解放的标志是组成“自由人的联合体”，也就是“共产主义社会”，这也是实现人类解放的根本体现

马克思在阐释了单个人的解放的同时，还意识到，人是有意识的类存在物，是社会关系的总和，因此对于作为社会群体而存在的人类来讲，要实现最终解放所要达到的总体目标，就应该是由所有的“自由而全面发展的人”所组成的“自由人的联合体”。

对于组成这种“联合体”的必然性，马克思、恩格斯在《德意志意识形态》中，以唯物史观为前提，进行了深入而科学的阐明。他们指出：“个人力量（关系）由于分工转化为物的力量这一现象，不能靠从头脑里抛开关于这一现象的一般观念的办法来消灭，而只能靠个人重新驾驭这些物的力量并消灭分工的办法来消灭。没有集体，这是不可能实现的。只有在集体中，个人才能获得全面发展其才能的手段，也就是说，只有在集体中才可能有个人自由。”并且在通过对“过去的种种冒充的集体”的批判后，进一步强调指出：“在真实的集体的条件下，各个个人在自己的联合中并通过这种联合获得自由。”①

对于这个“自由人的联合体”，早在1842年6月，当马克思还是一位革命民主主义者，其世界观带有浓厚的唯心色彩的时候，他就满怀豪情地提出，应当“把国家看作是相互教育的自由人的联合体”②。这是马克思对“自由人的联合体”这个概念的首次提出。在随后的岁月中，他不断地阐明和发挥这个概念。

---

① 马克思、恩格斯：《德意志意识形态》，《马克思恩格斯全集》第3卷，人民出版社1960年版第84页。

② 马克思：《〈科隆日报〉第179号的社论》，《马克思恩格斯全集》第1卷（上册），人民出版社1995年版第217页。

1845 年，在马克思与恩格斯共同撰写的《德意志意识形态》中，他们对这个“自由人的联合体”的总体面貌进行了描述：“在这个集体中个人是作为个人参加的。它是个人的这样一种联合（自然是以当时已经发达的生产力为基础的），这种联合把个人的自由发展和运动的条件置于他们的控制之下。而这些条件在从前是受偶然性支配的，并且是作为某种独立的东西同各个个人对立的，这是由于他们作为个人是分散的，是由于分工使他们有了一种必不可免的联合，而这种联合又因为他们的分散而成了一种对他们来说是异己的联系。”① 1848 年，在《共产党宣言》中明确规定了共产主义的社会政治理想：“代替那存在着阶级和阶级对立的资产阶级旧社会的，将是这样一个联合体，在那里，每个人的自由发展是一切人的自由发展的条件。”② 1867 年，在《资本论》中，再一次把“自由人的联合体”作为历史运动的最高目标，指出：“让我们换一个方面，设想有一个自由人联合体，他们用公共的生产资料进行劳动，并且自觉地把他们许多个人劳动力当做一个社会劳动力来使用。”③ 由此可见，“自由人联合体”是马克思、恩格斯人类解放思想和伟大理想的主体，体现了马克思、恩格斯理解人类历史的发展方向和必然归宿。

（三）人类解放的根本路径是实现人性复归，也就是消除“异化”

马克思、恩格斯在对人类解放的基本目标和标志进行了阐述之后，还进一步对如何实现人类解放的根本路径问题进行了研究和阐述。马克思、恩格斯认为，既然人作为基本的有意识的类存在物是异化的，特别是在私有制的出现更特别是资本主义制度下更加凸显的“劳动的异化”，那么要实现人类解放，最根本的就是消除这种异化，实现人性的根本复归。

对这一观点的论述，马克思首先在《论犹太人问题》中进行了阐述：“**任何**解放都是使人的世界即各种关系**回归于人自身**。政治解放一方面把人归结为市民社会的成员，归结为**利己的**、**独立的**个体，另一方面把人归结为**公民**，归结为法人。只有当现实的个人把抽象的公民复归于自身，并且作为个人，在自己

---

① 马克思、恩格斯：《德意志意识形态》，《马克思恩格斯全集》第 3 卷，人民出版社 1960 年版第 85 页。

② 马克思、恩格斯：《共产党宣言》，《马克思恩格斯文集》第 2 卷，人民出版社 2009 年版第53 页。

③ 马克思：《〈资本论〉第一册“第一篇商品和货币”》，《马克思恩格斯文集》第 5 卷，人民出版社 2009 年版第96 页。

的经验生活、自己的个体劳动、自己的个体关系中间，成为**类存在物**的时候，只有当人认识到自身‘固有的力量’是**社会**力量，并把这种力量组织起来因而不再把社会力量以**政治**力量的形式同自身分离的时候，只有到了那个时候，人的解放才能完成。”① 在《1844 年经济学哲学手稿》中，通过对“粗陋的共产主义”即空想的平均共产主义的批判，对人性复归问题又进行了更加深入系统的论述，马克思进一步提出对于共产主义的观点，指出：“**共产主义**是对**私有财产**即**人的自我异化的积极的**扬弃，因而是通过人并且为了人而对**人的**本质的真正**占有**；因此，它是人向自身、也就是向**社会的**即合乎人性的人的复归，这种复归是完全的复归，是自觉实现并在以往发展的全部财富的范围内实现的复归。这种共产主义，作为完成了的自然主义，等于人道主义，而作为完成了的人道主义，等于自然主义，它是人和自然界之间、人和人之间的矛盾的**真正**解决，是存在和本质、对象化和自我确证、自由和必然、个体和类之间的斗争的真正解决。它是历史之谜的解答，而且知道自己就是这种解答。”② 从以上阐述可以理解，**人性复归是实现人类解放的根本道路**。

（四）实现人性复归的前提和基础是人自身奋斗去为这种复归创造各种物质条件

如何才能消除异化，实现人性的复归？恩格斯 1859 年 8 月在《卡尔·马克思“政治经济学批判”》（1859 年柏林弗兰茨·敦克尔出版社版，第一分册）中，总结梳理他与马克思的研究成果，对这个问题进行了科学回答。恩格斯指出：“在所有这些文献中，每个事件都证明，每次行动怎样从直接的物质动因产生，而不是从伴随着物质动因的辞句产生，相反地，政治辞句和法律辞句正像政治行动及其结果一样，倒是从物质动因产生的。”③ 这说明，一切事物的发展特别是历史的发展，“物质动因”是直接的动因。马克思、恩格斯在《德意志意识形态》中阐述得更加直白，指出“共产主义和所有过去的运动不同的地方在于：它推翻了一切旧的生产和交往的关系的基础，并且破天荒第一次自觉地把

---

① 马克思：《论犹太人问题》，《马克思恩格斯文集》第 1 卷，人民出版社 2009 年版第46 页。

② 马克思：《1844 年经济学哲学手稿》，《马克思恩格斯文集》第 1 卷，人民出版社 2009 年版第 185—186 页。

③ 恩格斯：《卡尔·马克思“政治经济学批判”》，《马克思恩格斯全集》第 13 卷，人民出版社 1962 年版第527 页。

一切自发产生的前提看作是先前世世代代的创造，消除这些前提的自发性，使它们受联合起来的个人的支配。因此，建立共产主义实质上具有经济的性质，这就是为这种联合创造各种物质条件，把现存的条件变成联合的条件。共产主义所建立的制度，正是这样的一种现实基础，它排除一切不依赖于个人而存在的东西，因为现存制度只不过是个人之间迄今所存在的交往的产物。这样，共产主义者实际上把过去的生产和交往所产生的条件看作无机的条件”。①

对于这个“直接的物质动因”的结论，马克思、恩格斯就是通过创立历史唯物主义来进行充分论证的。恩格斯在1880年初撰写的《社会主义从空想到科学的发展》中，在总结唯物史观的基本原理时指出：“唯物主义历史观从下述原理出发：生产以及随生产而来的产品交换是一切社会制度的基础；在每个历史地出现的社会中，产品分配以及和它相伴随的社会之划分为阶级或等级，是由生产什么、怎样生产以及怎样交换产品来决定的。所以，一切社会变迁和政治变革的终极原因，不应当在人们的头脑中，在人们对永恒的真理和正义的日益增进的认识中去寻找，而应当在生产方式相交换方式的变更中去寻找；不应当在有关的时代的**哲学**中去寻找，而应当在有关的时代的**经济学**中去寻找。”② 对于这个问题，还可以从以下几点去进一步深化理解。

首先，“一切人类生存的第一个前提也就是一切历史的第一个前提，这个前提就是：人们为了能够‘创造历史’，必须能够生活。但是为了生活，首先就需要衣、食、住以及其他东西。因此第一个历史活动就是生产满足这些需要的资料，即生产物质生活本身。同时这也是人们仅仅为了能够生活就必须每日每时都要进行的（现在也和几千年前一样）一种历史活动，即一切历史的一种基本条件”。③ 在这里，马克思、恩格斯把物质资料的生产放到了人类历史活动的首位，并认为人们在这一生产中所结成的关系是社会中最为基本的关系，人类社会的其他关系都是从这一基本关系中派生出来的，无不受到这一基本关系的作用和影响。因而，马克思、恩格斯在《德意志意识形态》中又接着指出：“个人

---

① 马克思、恩格斯在：《德意志意识形态》，《马克思恩格斯全集》第3卷，人民出版社1960年版第79页。

② 恩格斯：《社会主义从空想到科学的发展》，《马克思恩格斯全集》第19卷，人民出版社1963年版第228页。

③ 马克思、恩格斯：《德意志意识形态》，《马克思恩格斯全集》第3卷，人民出版社1960年版第31—32页。

怎样表现自己的生活，他们自己也就怎样。因此，他们是什么样的，这同他们的生产是一致的——既和他们生产**什么**一致，又和他们怎样生产一致。因而，个人是什么样的，这取决于他们进行生产的物质条件。”① 这也就是说，人们的社会生活方式是与他们进行生产的物质条件相联系，即与社会生产力发展的总体水平相联系的。马克思、恩格斯还进一步分析认为：“社会活动的这种固定化，我们本身的产物聚合为一种统治我们的、不受我们控制的、与我们愿望背道而驰的并抹煞我们的打算的物质力量，这是过去历史发展的主要因素之一。”② 马克思、恩格斯在阐述了这一观点后，又进一步指出：“第二个事实是，已经得到满足的第一个需要本身、满足需要的活动和已经获得的为满足需要用的工具又引起新的需要。这种新的需要的产生是第一个历史活动。”③ 也就是人的需要是推进历史的“第一个历史活动”，也可以进一步得出，只要是不断地满足人的需要，人是可以不断发展的，也是可以最终得到解放的。恩格斯对这个观点进行了总结性阐明，指出：“我们自己创造着我们的历史，但是第一，我们是在十分确定的前提和条件下进行创造的。其中经济的前提和条件归根到底是决定性的。但是政治等等的前提和条件，甚至那些存在于人们头脑中的传统，也起着一定的作用，虽然不是决定性的作用。”④

其次，马克思、恩格斯还进一步从物质或者说生产力这个“绝对必需”因素的角度，对消除“异化”所应具备的两个实际前提进行详细而科学的阐明。马克思、恩格斯明确指出：“这种‘**异化**’（用哲学家易懂的话来说）当然只有在具备了两个**实际**前提之后才会消灭。要使这种异化成为一种‘不堪忍受的’力量，即成为革命所要反对的力量，就必须让它把人类的大多数变成完全‘没有财产的’人，同时这些人又和现存的有钱的有教养的世界相对立，而这两个条件都是以生产力的巨大增长和高度发展为前提的。另一方面，生产力的这种

① 马克思、恩格斯：《德意志意识形态》，《马克思恩格斯全集》第 3 卷，人民出版社 1960 年版第 24 页。

② 马克思、恩格斯：《德意志意识形态》，《马克思恩格斯全集》第 3 卷，人民出版社 1960 年版第 37 页。

③ 马克思、恩格斯：《德意志意识形态》，《马克思恩格斯全集》第 3 卷，人民出版社 1960 年版第 32 页。

④ 恩格斯：《致约瑟夫·布洛赫（1890 年 9 月 21—22 日）》，《马克思恩格斯全集》第 37 卷，人民出版社 1971 年版第461 页。

发展（随着这种发展，人们的**世界历史性的**而不是狭隘地域性的存在已经是经验的存在了）之所以是绝对必需的实际前提，还因为如果没有这种发展，那就只会有**贫穷**的普遍化；而在**极端贫困的情况下**，就必须重新开始争取必需品的斗争，也就是说，全部陈腐的东西又要死灰复燃。其次，这种发展之所以是必需的前提，还因为：只有随着生产力的这种普遍发展，人们之间的**普遍**交往才能建立起来；由于普遍的交往，一方面，可以发现在一切民族中同时都存在着‘没有财产的’群众这一事实（普遍竞争），而其中每一民族同其他民族的变革都有依存关系；最后，狭隘地域性的个人为**世界历史性的**、真正普遍的个人所代替。不这样，（1）共产主义就只能作为某种地域性的东西而存在；（2）交往的**力量**本身就不可能发展成为一种**普遍的**因而是不堪忍受的力量：它们会依然处于家庭的、笼罩着迷信气氛的‘境地’；（3）交往的任何扩大都会消灭地域性的共产主义。共产主义只有作为占统治地位的各民族‘立即’同时发生的行动才可能是经验的，而这是以生产力的普遍发展和与此有关的世界交往的普遍发展为前提的。”①

综上可以看出，在马克思、恩格斯的理论认知里，不管是从人类历史活动的首位或首要来看，还是从私有财产而造成人的劳动异化来讲，都需要把创造足够充足的物质基础作为根本或者说是决定性条件。正如马克思、恩格斯所指出的：“只有在现实的世界中并使用现实的手段才能实现真正的解放；没有蒸汽机和珍妮走锭精纺机就不能消灭奴隶制；没有改良的农业就不能消灭农奴制；当人们还不能使自己的吃喝住穿在质和量方面得到充分供应的时候，人们就根本不能获得解放。‘解放’是一种历史活动，而不是思想活动，‘解放’是由历史的关系，是由工业状况、商业状况、农业状况、交往关系的状况促成的……其次还要根据它们的不同发展阶段，［消除］实体、主体、自我意识和纯批判等无稽之谈，正如同［消除］宗教的和神学的无稽之谈一样，而且在它们有了更充分的发展以后就再次清除这些无稽之谈。”②

---

① 马克思、恩格斯：《德意志意识形态》，《马克思恩格斯全集》第 3 卷，人民出版社 1960 年版第 39 页。

② 马克思、恩格斯：《〈德意志意识形态〉第一卷手稿片断》，《马克思恩格斯全集》第 42 卷，人民出版社 1979 年版第368—369 页。

四、共产主义行动实际上将经历一个极其艰难而漫长的过程

对于在实现人类解放的过程中也就是共产主义中所采取的某种措施，马克思、恩格斯并没有给出具体的建议，只是从总体上给出了大的方向和目标原则。恩格斯在 1881 年和考茨基谈这个问题时就指出："无论如何，共产主义社会中的人们自己会决定，是否应当为此采取某种措施，在什么时候，用什么办法，以及究竟是什么样的措施。我不认为自己有向他们提出这方面的建议和劝导的使命。那些人无论如何也会和我们一样聪明。"① 马克思还在 1881 年 2 月 22 日给纽文胡斯的信中讲道："在将来某个特定的时刻应该做些什么，应该**马上**做些什么，这当然完全取决于人们将不得不在其中活动的那个既定的历史环境。而现在提出这个问题是**不着边际的**，因而这实际上是一个幻想的问题，对这个问题的唯一的答复应当是**对问题**本身的**批判**。"②

虽然马克思、恩格斯对实现人类解放没有提出具体的建议，但他们对人类解放的整个实现过程和基本的发展阶段进行了科学论证。马克思在《1844 年经济学哲学手稿》中指出："既然人的生命的现实的异化仍在发生，而且人们越意识到它是异化，它就越成为更大的异化；所以，对异化的扬弃只有通过付诸实行的共产主义才能完成。要扬弃私有财产的**思想**，有**思想上的**共产主义就完全够了。而要扬弃现实的私有财产，则必须有**现实的**共产主义行动。历史将会带来这种共产主义行动，而我们**在思想中**已经认识到的那正在进行自我扬弃的运动，在现实中将经历一个极其艰难而漫长的过程。"③ 马克思在《法兰西内战》中也指出："工人阶级并没有期望公社做出奇迹。他们并没有想 par décret du peuple〔靠人民的法令〕来实现现成的乌托邦。他们知道，为了谋得自己的解放，同时达到现代社会由于本身经济发展而不可遏制地趋向着的更高形式，他们必须经过长期的斗争，必须经过一系列将把环境和人都完全改变的历史过

---

① 恩格斯：《恩格斯致卡尔·考茨基（1881 年 2 月 1 日）》，《马克思恩格斯文集》第 10 卷，人民出版社 2009 年版第455—456 页。

② 马克思：《马克思致斐迪南·多梅拉·纽文胡斯（1881 年 2 月 22 日）》，《马克思恩格斯文集》第 10 卷，人民出版社 2009 年版第458 页。

③ 马克思：《1844 年经济学哲学手稿》，《马克思恩格斯文集》第 1 卷，人民出版社 2009 年版第 231—232 页。

程。”① 马克思还在《资本论》中写道：“只有当实际日常生活的关系，在人们面前表现为人与人之间和人与自然之间极明白而合理的关系的时候，现实世界的宗教反映才会消失。只有当社会生活过程即物质生产过程的形态，作为自由联合的人的产物，处于人的有意识有计划的控制之下的时候，它才会把自己的神秘的纱幕揭掉。但是，这需要有一定的社会物质基础或一系列物质生存条件，而这些条件本身又是长期的、痛苦的发展史的自然产物。”②

在明确了人类解放“将经历一个极其艰难而漫长的过程”之后，马克思、恩格斯又对这个解放过程的总体发展趋势和预计的发展阶段进行了论证。马克思在 1850 年 12 月修订的《共产主义者同盟章程》中指出：“共产主义者同盟的**目的**是以宣传和政治斗争的一切手段达到破坏旧社会——**推翻资产阶级**，在精神上、政治上和经济上解放无产阶级和实现共产主义革命。在无产阶级的斗争必须经过的各个发展阶段上，同盟始终是整个运动的利益的代表者，同样，它始终力求把无产阶级的一切革命力量团结在自己的周围并把它们组织起来；它是一个秘密的组织，这个组织在无产阶级革命未达到最终目的前不得解散。”③ 这里面所讲的“在精神上、政治上和经济上解放”，既可以看成是无产阶级解放和实现共产主义的基本内容，也可以看成是实现无产阶级解放的基本阶段。恩格斯也在 1880 年初撰写的《社会主义从空想到科学的发展》中，对人类解放的发展进程进行了概述，他把历史的发展总体上分为三个阶段，也就是“一、中世纪社会”“二、资本主义革命”“三、无产阶级革命，矛盾的解决”④。马克思还把实现人类解放，胜利过渡到共产主义社会分为了两个阶段：一个是共产主义社会的初级阶段，即现在一般意义上讲的社会主义社会；二是共产主义社会的高级阶段，即人类社会发展的未来。

综合以上马克思和恩格斯的理论论证，可以认为，他们从人类社会发展是一个自然的历史过程的唯物史观的立场出发，始终把人类解放的实现理解为一

---

① 马克思：《法兰西内战》，《马克思恩格斯全集》第 17 卷，人民出版社 1963 年版第362—363 页。

② 马克思：《〈资本论〉第一册“第一篇商品和货币”》，《马克思恩格斯文集》第 5 卷，人民出版社 2009 年版第 97 页。

③ 马克思：《共产主义者同盟章程》，《马克思恩格斯全集》第 7 卷，人民出版社 1959 年版第626 页。

④ 恩格斯：《社会主义从空想到科学的发展》，《马克思恩格斯全集》第 19 卷，人民出版社 1963 年版第 245—247 页。

个不断革命并且需要经历多个历史阶段的发展进程。如果再进一步深入分析的话，可以把这个实现过程具体划分为三个阶段，也可称为三个方面。

(一) 政治解放，这是实现人类解放的“第一个基本条件”

这是恩格斯在1847年6月9日撰写的《共产主义信条草案》中提出的基本观点，恩格斯指出：“实行财产公有的第一个基本条件是通过民主的国家制度达到无产阶级的政治解放。”① 对于政治解放这个问题，总结马克思、恩格斯的理论阐述，主要体现在三个方面。

首先，政治解放是使人的世界即各种关系回归于人自身的一大步。对于政治解放的实质内涵，马克思在《论犹太人问题》中写道：“**任何**解放都是使人的世界即各种关系**回归于人自身**。政治解放一方面把人归结为市民社会的成员，归结为**利己的**、**独立的**个体，另一方面把人归结为**公民**，归结为法人。只有当现实的个人把抽象的公民复归于自身，并且作为个人，在自己的经验生活、自己的个体劳动、自己的个体关系中间，成为**类存在物**的时候，只有当人认识到自身‘固有的力量’是**社会**力量，并把这种力量组织起来因而不再把社会力量以**政治**力量的形式同自身分离的时候，只有到了那个时候，人的解放才能完成。”② 马克思、恩格斯在《德意志意识形态》中说得更加直接，他们明确指出，所谓的政治解放就是如何“‘从神的王国进入人的王国’这样一个重要问题”③。马克思早在《关于伊壁鸠鲁哲学的笔记》中也提出政治解放的初步思想，就是“努力把人的精神从迷信的罗网中解放”④。

如果再进一步分析的话，也就是说，从上面的异化理论我们应该已经理解，从最初的人的生存形态来看，人是有意识的类存在物，由于为了生存而进行劳动，所以就造成了为了生存而不得不劳动的现实中的人和自由的想实现个人想法的思想中的人，这“两个人”或者说“两个我”的相互矛盾，再加上历史发展到一定阶段后出现的由于对外在环境的不认识和不理解，而对外在物质的“神化”和“虚化”，从而形成宗教、神学等对人的束缚，从而给人带来更大的

① 恩格斯：《共产主义信条草案》，《马克思恩格斯全集》第42卷，人民出版社1979年版第379页。

② 马克思：《论犹太人问题》，《马克思恩格斯文集》第1卷，人民出版社2009年版第46页。

③ 马克思、恩格斯：《德意志意识形态》，《马克思恩格斯全集》第3卷，人民出版社1960年版第45页。

④ 马克思：《关于伊壁鸠鲁哲学的笔记》，《马克思恩格斯全集》第40卷，人民出版社1982年版第112页。

痛苦，因此人要实现解放，第一步就是揭开宗教、神学等的神秘外衣，摆脱对它的精神寄托，从而“回归于人自身”，成为真正的“市民社会的成员”，成为一名“公民”，成为“现实中的人”。这就是政治解放的基本任务。

而要实现这个基本任务，最紧要的是建立使人摆脱某种限制的“自由国家”，使“政治国家真正形成”①。马克思在《论犹太人问题》中，对这个问题进行了阐述，他首先指出：“政治解放的限度一开始就表现在：即使人还没有**真正**摆脱某种限制，**国家**也可以摆脱这种限制，即使人还不是**自由人**，国家也可以成为**自由国家**。”② 在这里，马克思虽然是从哲学的角度对政治解放进行的阐述，但也可以理解政治解放是人类解放的一个必需阶段，它的基本任务就是使人类摆脱人的从属关系，就是建立一个让人能够摆脱宗教、神学等精神束缚的“自由国家”，因为“国家是人和人的自由之间的中介者”③。马克思还指出：“人通过**国家这个中介**得到解放，他在**政治上**从某种限制中解放出来，就是在与自身的矛盾中超越这种限制，就是以**抽象的**、**有限的**、局部的方式超越这种限制。”④ “正像战争以和平告终一样，政治剧必然要以宗教、私有财产和市民社会一切要素的恢复而告终。”⑤

马克思在最初论证人类解放的理论时，曾经把完成这一任务的使命寄托于资本主义社会，从而消除对“封建主义”的束缚。但随着革命斗争的不断发展，马克思、恩格斯在进一步研究之后，失去了对资本主义制度实现这一历史任务的信心，从而越过资本主义制度，更加集中精力于无产阶级革命胜利后所实现的政治统治。这就是马克思提出的实现政治解放就必须进行政治革命的思想，并且对实现政治革命后的“共同体”的基本状况进行了总体描述。马克思指出：“政治解放同时也是同人民相异化的国家制度即统治者的权力所依据的旧社会的**解体**。政治革命是市民社会的革命。旧社会的性质是怎样的呢？可以用一个词来表述：**封建主义**。”⑥ “旧社会的解体”，不仅表明专制权力的崩溃，而且表明人将摆脱“人的从属关系”，获得形式上的独立，从而在政治领域实现自由的民

① 马克思：《论犹太人问题》，《马克思恩格斯文集》第1卷，人民出版社2009年版第30页。
② 马克思：《论犹太人问题》，《马克思恩格斯文集》第1卷，人民出版社2009年版第28页。
③ 马克思：《论犹太人问题》，《马克思恩格斯文集》第1卷，人民出版社2009年版第29页。
④ 马克思：《论犹太人问题》，《马克思恩格斯文集》第1卷，人民出版社2009年版第28—29页。
⑤ 马克思：《论犹太人问题》，《马克思恩格斯文集》第1卷，人民出版社2009年版第33页。
⑥ 马克思：《论犹太人问题》，《马克思恩格斯文集》第1卷，人民出版社2009年版第44页。

主制。马克思指出："政治革命打倒了这种统治者的权力，把国家事务提升为人民事务，把政治国家组成为**普遍**事务，就是说，组成为现实的国家；这种革命必然要摧毁一切等级、同业公会、行帮和特权，因为这些是人民同自己的共同体相分离的众多表现。于是，政治革命**消灭了市民社会的政治性质**。它把市民社会分割为简单的组成部分：一方面是**个体**，另一方面是构成这些个体的生活内容和市民地位的**物质要素**和**精神要素**。它把似乎是被分散、分解、溶化在封建社会各个死巷里的政治精神激发出来，把政治精神从这种分散状态中汇集起来，把它从与市民生活相混合的状态中解放出来，并把它构成为共同体、人民的**普遍**事务的领域，在观念上不依赖于市民社会的上述**特殊**要素。**特定的**生活活动和特定的生活地位降低到只具有个体意义。它们已经不再构成个体对国家整体的普遍关系。公共事务本身反而成了每个个体的普遍事务，政治职能成了他的普遍职能。"① 这一大段论述，就从面上对政治革命后所建立的"共同体"的基本面貌进行了描述。这个描述应该是政治革命也就是市民社会革命，对推翻了封建主义后所建立的"共同体"也就是"政治国家"的基本状态的描述。

其次，"摆脱了宗教的**政治**解放，不是彻头彻尾、没有矛盾地摆脱了宗教的解放，因为政治解放不是彻头彻尾、没有矛盾的**人的**解放方式"。② 也就是说，政治解放只是人类解放的一个阶段，其历史局限性不可避免。因此，马克思一方面强调"**政治**解放当然是一大进步"，同时又清醒地认识到政治解放"它不是普遍的人的解放的最后形式"③。他告诫人们，"我们不要对政治解放的限度产生错觉"④。显而易见，马克思已经认识到了政治解放的历史局限性。马克思关心的是，完成了政治解放的国家，市民社会的成员在"世俗"领域的生活又是怎样的情形。马克思一反以往思想家在抽象的意义上理解"人"的传统，把人看成是活生生的感性具体的人，并通过对资本主义条件下工人的现实状况的实际考察，发现了相互关联的两个事实。

一个事实是，在经过了政治解放的"洗礼"之后，穿上了"平等"外衣的公民们，他们的"尘世"生活实际上是多么的不平等。马克思指出："当国家宣

---

① 马克思：《论犹太人问题》，《马克思恩格斯文集》第 1 卷，人民出版社 2009 年版第44—45 页。
② 马克思：《论犹太人问题》，《马克思恩格斯文集》第 1 卷，人民出版社 2009 年版第28 页。
③ 马克思：《论犹太人问题》，《马克思恩格斯文集》第 1 卷，人民出版社 2009 年版第32 页。
④ 马克思：《论犹太人问题》，《马克思恩格斯文集》第 1 卷，人民出版社 2009 年版第32 页。

布出身、等级、文化程度、职业为**非政治**的差别，当它不考虑这些差别而宣告人民的每一成员都是人民主权的**平等**享有者，当它从国家的观点来观察人民现实生活的一切要素的时候，国家是以自己的方式废除了**出身**、**等级**、**文化程度**、**职业**的差别。尽管如此，国家还是让私有财产、文化程度、职业以**它们固有的**方式，即作为私有财产、作为文化程度、作为职业来**发挥作用**并表现出它们的**特殊**本质。"① 因此，政治解放所实现的政治民主，还仅仅是形式上的民主，人们所获得的只是表面上的权利。这种政治民主从根本上讲还是为市民社会中居统治地位的经济利益服务的。法国1791年《人权宣言》第二条："一切政治结合的目的都是为了维护自然的和不可剥夺的人权。"1793年《人权宣言》第一条："政府的设立是为了保障人享有自然的和不可剥夺的权利。"② 马克思引用了法国大革命的《人权宣言》这两条内容后说："可见，即使在政治生活还充满青春的激情，而且这种激情由于形势所迫而走向极端的时候，政治生活也宣布自己只是一种**手段**，而这种手段的目的是市民社会生活。"③ 因此，马克思认为政治解放，只是人类解放其中的一个过程，在这种解放中，人们虽然实现了政治上的民主，但从根本上讲，这种解放还没有把人的世界和人的关系完全还给人自己。人们只有在实现政治领域平等的基础上，实现市民社会生活完全平等的时候，才能获得彻底的解放，才能实现真正彻底的民主。

另一个事实是，他们作为人，与人之所以为人的本质是如何的相去甚远——他们成了"异化"的人。正如基督教的教徒们在天国一律平等，而在人世间却不平等一样，人们的单个成员在他们的政治世界的天国里是平等的，而在人世的存在中，在他们的社会生活中却是不平等的。也就是说，相对于政治生活中的"平等"，社会生活中的"不平等"更具有实质性意义，因为政治国家是脱离市民社会的一个抽象，政治生活本身就是空中的生活，是市民社会上空的领域。"国家从宗教中解放出来并不等于现实的人从宗教中解放出来"④，所以人在政治国家中的平等只是一种抽象的、虚幻的平等，而在市民社会中的不

① 马克思：《论犹太人问题》，《马克思恩格斯文集》第1卷，人民出版社2009年版第29—30页。

② 马克思引用1791年《人权宣言》第1条、第2条：《论犹太人问题》，《马克思恩格斯文集》第1卷，人民出版社2009年版第43页。

③ 马克思：《论犹太人问题》，《马克思恩格斯文集》第1卷，人民出版社2009年版第43页。

④ 马克思：《论犹太人问题》，《马克思恩格斯文集》第1卷，人民出版社2009年版第38页。

平等却是实实在在的不平等。因此，政治解放的一个实际结果，就是以表面上的平等掩盖了事实上的不平等。这种表里不一的“二元性”[①]，集中暴露了政治解放的不彻底性。正是这种不彻底性，决定了“**政治解放**本身并不就是**人的**解放”[②]。因为“人的解放”必定是植根于人的本质之规定的深层解放，它是彻底的，又是普遍的。

第三，是不是真正使人摆脱某种限制，实现了与“封建主义”或者说是宗教、神学等的解体，真正成为一个世俗的“自由国家”，使“政治国家真正形成”，也可成为判断当今各个国家的社会发展状态的重要标尺。从当今社会发展的现实状态来看，虽然资产阶级革命已经胜利近百年了，但马克思、恩格斯所设想的“政治解放”还远远没有实现。这最主要的体现，就是虽然各个国家都已经建立起了所谓的资本主义国家，但许多的所谓资本主义的国家都还在受着以宗教、神学等为主体的“某种限制”，还没有与“封建主义”实现彻底的解体，也就不能称其为使人摆脱某种限制的“自由国家”。比如，某些经济社会发展相对较好的国家，虽然经济发展得还可以，但可以说它的体制总体还是落后的，甚至还处在封建社会的阶段，有的国家还处于一个大家族的统治、有的国家还有国王等，这些国家就只能是一个“家国”的国家，而不是人民的国家、社会的国家，所以它是社会制度的落后，是根本的落后。说社会主义国家是先进的，根本的一点，也体现在我们已经是唯物的、现实的，是处于社会形态发展的最前沿，而相对于其他西方国家，他们还在被宗教、神学等左右，这是他们相对落后的根本点。因此，基于此主要判断，马克思、恩格斯所设定的“政治解放”，在当今的大部分国家中还远远没有实现，并且从当前的社会发展趋势看，也还需要很长的时间，还有很长的路要走。这项任务需要现代的无产阶级走向前台，去勇敢地担负起这一历史使命。这也是基本的马克思主义立场、观点和方法的体现。

（二）实现经济解放，这既是人类解放的物质基础和前提，也是实现人类解放的根本

政治解放使人们摆脱了外在的各种束缚，实现了在政治领域内平等的政治

① 马克思：《论犹太人问题》，《马克思恩格斯文集》第1卷，人民出版社2009年版第36页。

② 马克思：《论犹太人问题》，《马克思恩格斯文集》第1卷，人民出版社2009年版第38页。

权利，也就是获得了政治民主。但马克思和恩格斯同时发现，由于人们的平等仅仅限于政治领域，并没有在社会领域、经济领域等实现，结果政治领域内的民主，就不可避免地会陷入理论和实践的尖锐矛盾和冲突之中。马克思、恩格斯认为，现实的社会生活和历史发展，要求消除政治民主中的矛盾。而这矛盾的真正解放，唯一的途径是使民主从政治领域扩展到社会领域，在消除经济领域中的不平等的情况下，完成社会解放，实现社会民主，最终消灭私有制。马克思、恩格斯在《共产党宣言》中就明确指出："共产党人可以把自己的理论概括为一句话：消灭私有制。"① 而要消灭私有制，最根本的是运用最现实的手段，大力发展生产力，为人类解放创造各种物质条件。恩格斯就在 1890 年 9 月 21—22 日给约・布洛赫的信中明确指出："我们自己创造着我们的历史，但是第一，我们是在十分确定的前提和条件下进行创造的。其中经济的前提和条件归根到底是决定性的。但是政治等等的前提和条件，甚至那些存在于人们头脑中的传统，也起着一定的作用，虽然不是决定性的作用。"② 根据这一基本原理，马克思、恩格斯对无产阶级革命路径进行了设计，指出："工人革命的第一步就是使无产阶级上升为统治阶级，争得民主。无产阶级将利用自己的政治统治，一步一步地夺取资产阶级的全部资本，把一切生产工具集中在国家即组织成为统治阶级的无产阶级手里，并且尽可能快地增加生产力的总量。"③ 在马克思、恩格斯修改的《国际工人协会的共同章程和组织条例》中明确提出："工人阶级的经济解放是一切政治运动都应该作为手段服从于它的伟大目标。"④ 恩格斯在《路德维希・费尔巴哈和德国古典哲学的终结》中阐述的更加明确："在现代历史中至少已经证明：任何政治斗争都是阶级斗争，而任何争取解放的阶级斗争，尽管它必然地具有政治的形式（因为任何阶级斗争都是政治斗争），归根到底都是围绕着经济解放进行的。"⑤

---

① 马克思、恩格斯：《共产党宣言》，《马克思恩格斯文集》第 2 卷，人民出版社 2009 年版第 45 页。

② 恩格斯：《致约瑟夫・布洛赫（1890 年 9 月 21—22 日）》，《马克思恩格斯全集》第 37 卷，人民出版社 1971 年版第 461 页。

③ 马克思、恩格斯：《共产党宣言》，《马克思恩格斯文集》第 2 卷，人民出版社 2009 年版第 52 页。

④ 马克思：《国际工人协会的共同章程和组织条例》，《马克思恩格斯全集》第 17 卷，人民出版社 1963 年版第 475—476 页。

⑤ 恩格斯：《路德维希・费尔巴哈和德国古典哲学的终结》，《马克思恩格斯全集》第 21 卷，人民出版社 1965 年版第 345 页。

首先，经济的解放必定导致人自身的解放。经济解放，就是在实现人回归到人本身，成为“市民社会的成员”之后，在新的生产关系下，把发展生产力作为根本任务，大规模有秩序地开展经济建设，从而使社会生产力和劳动生产率得到极大的提高，人民日益增长的物质文化需要得到极大满足。马克思、恩格斯在《德意志意识形态》中明确指出：“经济前提，一切人的自由发展的必要的团结一致以及在现有生产力基础上的个人的共同活动方式。因此，这里谈的是一定历史发展阶段上的个人，而决不是任何偶然的个人，至于不可避免的共产主义革命就更不用说了，因为它本身就是个人自由发展的共同条件。”① 马克思在《国际工人协会共同章程》中还指出：“劳动者在经济上受劳动资料即生活源泉的垄断者的支配，是一切形式的奴役的基础，是一切社会贫困、精神沉沦和政治依附的基础；因而工人阶级的经济解放是伟大的目标，一切政治运动都应该作为手段服从于这一目标。”② 因此在马克思、恩格斯看来，无产阶级解放的根本任务，就在于经济解放创造的社会物质文化成熟条件下和全面深刻社会变革基础上的不懈努力，从而最终实现“人自身解放”的任务，也就是实现人的自由而全面发展。马克思同时指出，经济的解放必定导致人自身的解放，使人从“奴隶般的分工”中摆脱出来，成为“自由人的联合体”，从而实现从必然王国到自由王国的飞跃。马克思、恩格斯在描述共产主义大致的轮廓时也指出：“在共产主义社会高级阶段上，在迫使人们奴隶般地服从分工的情形已经消失，从而脑力劳动和体力劳动的对立也随之消失之后；在劳动已经不仅仅是谋生的手段，而且本身成了生活的第一需要之后；在随着个人的全面发展生产力也增长起来，而集体财富的一切源泉都充分涌流之后，——只有在那个时候，才能完全超出资产阶级法权的狭隘眼界，社会才能在自己的旗帜上写上：各尽所能，按需分配！”③

其次，资本主义社会造就的社会生产力是实行社会主义必要的物质前提。也就是说，资本主义既有罪恶的一面，也有文明的一面，它的文明的一面，就是它榨取剩余劳动的方式和条件，同以前的奴隶制、农奴制等形式相比，都更

---

① 马克思、恩格斯：《德意志意识形态》，《马克思恩格斯全集》第 3 卷，人民出版社 1960 年版第 516 页。

② 马克思：《国际工人协会共同章程》，《马克思恩格斯文集》第 3 卷，人民出版社 2009 年版第 226 页。

③ 马克思：《哥达纲领批判》，《马克思恩格斯全集》第 19 卷，人民出版社 1963 年版第 22—23 页。

有利于生产力的发展，有利于社会关系的发展，有利于更高的新形态的各种要素的创造。1880 年 5 月 10 日前后，马克思在《法国工人党纲领导言（草案）》中就指出："集体形式，资本主义社会本身的发展为这种形式创造了物质的和精神的因素。"① 这就是说，资本主义的发展是社会主义的历史起点，而社会主义又是资本主义发展的必然结果。马克思的这个认识，是建立在他的"社会经济形态的发展是一种自然历史过程"的观点之上的。一般说来，资本主义充分发展，是社会主义产生的必要历史前提。所以马克思曾这样说过：如果说大陆苦于无产阶级革命不发展，不如说是苦于大陆的资本主义不发展。新的社会形态所必需的物质基础和社会力量，都是在旧制度的母体内孕育起来的。资本主义为共产主义所代替，也需要经历这样的孕育过程。现实的历史发展过程完全证实了这一点。到 20 世纪中后期，发达资本主义迎来第三次科技革命的高潮，开始从工业经济进入知识经济时代，出现资本主义经济、社会发展的新奇观。这一方面说明不断革新的现代资本主义制度还有容纳新的生产力发展的余地，另一方面，它继续在为建立社会主义准备更充分的社会、经济前提。但它只能为更高的新社会"创造出物质手段和萌芽"，成为社会主义的入口处。社会主义的高度物质基础，决不能完全依靠资本主义制度自身力量来创造。这是因为，一方面，社会主义所拥有的社会物质生产力是一种高于资本主义所能提供的现实物质生产力。这样的生产力水平，只有凭借新制度的力量才能加速创造出来。另一方面，资本主义的私有制也为进入社会主义设置了障碍。马克思指出："以个人自己劳动为基础的分散的私有制转化为资本主义私有制，同事实上已经以社会的生产经营为基础的资本主义所有制转化为社会所有制比较起来，自然是一个长久得多、艰苦得多、困难得多的过程。前者是少数掠夺者剥夺人民群众，后者是人民群众剥夺少数掠夺者。"②

第三，经济的发展与社会的全面进步是一个既有联系又有区别的问题。马克思在谈到人类解放的物质生产力和社会发展水平的标准和目标时曾说过："自由王国只是在由必需和外在目的规定要做的劳动终止的地方才开始；因而按照

---

① 马克思：《法国工人党纲领导言（草案）》，《马克思恩格斯文集》第 3 卷，人民出版社 2009 年版第 568 页。

② 马克思：《资本论（第 1 卷）》，《马克思恩格斯文集》第 5 卷，人民出版社 2009 年版第 874—875 页。

事物的本性来说，它存在于真正物质生产领域的彼岸。”① 也就是说，实现人类解放光靠经济解放是不够的，也是不可能达到的，如果光靠经济解放，“这个领域内的自由只能是：社会化的人，联合起来的生产者，将合理地调节他们和自然之间的物质变换，把它置于他们的共同控制之下，而不让它作为盲目的力量来统治自己；靠消耗最小的力量，在最无愧于和最适合于他们的人类本性的条件下来进行这种物质变换。但是不管怎样，这个领域始终是一个必然王国。在这个必然王国的彼岸，作为目的本身的人类能力的发展，真正的自由王国，就开始了。但是，这个自由王国只有建立在必然王国的基础上，才能繁荣起来”。② 马克思后来在《哥达纲领批判》中，把实现这个“自由王国”的社会物质条件归结为通过共产主义第一阶段（即我们今天常称的“社会主义社会”）的发展之后，“在共产主义社会高级阶段上，在迫使人们奴隶般地服从分工的情形已经消失，从而脑力劳动和体力劳动的对立也随之消失之后；在劳动已经不仅仅是谋生的手段，而且本身成了生活的第一需要之后；在随着个人的全面发展生产力也增长起来，而集体财富的一切源泉都充分涌流之后，——只有在那个时候，才能完全超出资产阶级法权的狭隘眼界，社会才能在自己的旗帜上写上：各尽所能，按需分配！”③

以上论述的中心点就是，消灭物对人的统治，不光依赖物质的发展，而且要有以人为中心的社会全面进步。只有真正地实现了这些物质条件和社会发展条件，人才能最后真正摆脱物对人的统治。然而经济的解放需要经历一个漫长的历史过程，它自身的发展会呈现出若干不同的发展阶段，不同的民族和不同的国家因社会、历史等原因的不同，经济解放的发展阶段也会有所不同，时间的长短也会有所不同。

第四，物质基础的创造，也就是生产力或者说物质生产的发展“取决于科学的一般水平和技术进步，或者说取决于这种科学在生产上的应用”。④ 马克思

---

① 马克思：《资本论（第 3 卷）》，《马克思恩格斯全集》第 25 卷（下），人民出版社 1974 年版第 926 页。

② 马克思：《资本论（第 3 卷）》，《马克思恩格斯全集》第 25 卷（下），人民出版社 1974 年版第 926—927 页。

③ 马克思：《哥达纲领批判》，《马克思恩格斯全集》第 19 卷，人民出版社 1963 年版第 22—23 页。

④ 马克思：《〈政治经济学批判（1857—1858 年手稿）摘选〉》，《马克思恩格斯文集》第 8 卷，人民出版社 2009 年版第 196 页。

在《〈政治经济学批判（1857—1858 年手稿）摘选〉》中，阐述了工具本身是劳动的产物，而作为机器体系来讲，只不过是工具的发展化，因此马克思在“机器体系和科学发展以及资本主义劳动过程的变化”这一章节，在阐述机器体系在社会生产中的地位和作用时，提出了一个重要思想，这就是机器体系能“使人的劳动，使力量的支出缩减到最低程度。这将有利于解放了的劳动，也是使劳动获得解放的条件”。① 特别是“随着大工业的发展，现实财富的创造较少地取决于劳动时间和已耗费的劳动量，较多地取决于在劳动时间内所运用的作用物的力量，而这种作用物自身——它们的巨大效率——又和生产它们所花费的直接劳动时间不成比例，而是取决于科学的一般水平和技术进步，或者说取决于这种科学在生产上的应用。（这种科学，特别是自然科学以及和它有关的其他一切科学的发展，本身又和物质生产的发展相适应。）例如，农业将不过成为一种物质变换的科学的应用，这种物质变换能加以最有利的调节以造福于整个社会体”。②

随着机器体系的不断发展，使**“现今财富的基础是盗窃他人的劳动时间”**的状况转变，也就是说“一旦直接形式的劳动不再是财富的巨大源泉，劳动时间就不再是，而且必然不再是财富的尺度，因而交换价值也不再是使用价值的尺度。**群众的剩余劳动**不再是一般财富发展的条件，同样，**少数人的非劳动**不再是人类头脑的一般能力发展的条件。于是，以交换价值为基础的生产便会崩溃，直接的物质生产过程本身也就摆脱了贫困和对立的形式。个性得到自由发展，因此，并不是为了获得剩余劳动而缩减必要劳动时间，而是直接把社会必要劳动缩减到最低限度，那时，与此相适应，由于给所有的人腾出了时间和创造了手段，个人会在艺术、科学等等方面得到发展”。③

（三）人的自我解放，这是人类解放的理想状态或者说是追求的最高目标

恩格斯在总结社会历史发展的历程中指出：“三、**无产阶级革命**，矛盾的解决：无产阶级将取得社会权力，并且利用这个权力把脱离资产阶级掌握的社会

① 马克思：《〈政治经济学批判（1857—1858 年手稿）摘选〉》，《马克思恩格斯文集》第 8 卷，人民出版社 2009 年版第 192 页。

② 马克思：《〈政治经济学批判（1857—1858 年手稿）摘选〉》，《马克思恩格斯文集》第 8 卷，人民出版社 2009 年版第 195—196 页。

③ 马克思：《政治经济学批判（1857—1858 年手稿）摘选》，《马克思恩格斯文集》第 8 卷，人民出版社 2009 年版第 196—197 页。

化生产资料变为公共财产。通过这个行动，无产阶级使生产资料摆脱了它们迄今具有的资本属性，给它们的社会性以充分发展的自由。从此按照预定计划进行的社会生产就成为可能的了。生产的发展使不同社会阶级的继续存在成为时代的错误。随着社会生产的无政府状态的消失，国家的政治权威也将消失。人终于成为自己的社会结合的主人，从而也就成为自然界的主人，成为自己本身的主人——自由的人。"①从这一段论述可以理解，人的自我解放就是人成为真正的自我，不再受外在的社会条件和精神的约束，真正成为全面而自由的"我"。也就是说，当生产的发展，社会的进步最终使"各尽所能、按需分配"和由每个人的自由发展而组成的"自由人的联合体"，由理想成为现实的时候，人类的真正的完全的自由和平等也就实现了。在这个"自由人的联合体"里，人们会逐渐习惯于遵守数百年来人们就知道的、数千年来在一切处世格言上反复谈到的、起码的公共生活规则，自觉地遵守这些规则而不需要暴力，不需要强制，不需要服从，不需要所谓国家这种实行强制的特殊机构，于是"公共权力就失去政治性质"②，也就正如恩格斯指出的："人终于成为自己的社会结合的主人，从而也就成为自然界的主人，成为自己本身的主人——自由的人。"这个人的自我解放的思想，具体包含着两个方面。

一方面，实现了社会的解放。就是实现个人与社会的根本摒弃和对立，成为真正的社会的主人。个人与社会根本对立的扬弃，使个人成为自由发展的人有了现实可能，同时也构成了马克思、恩格斯人类解放理论的基本目标。马克思、恩格斯指出："只要人们还处在自发地形成的社会中，也就是说，只要私人利益和公共利益之间还有分裂，也就是说，只要分工还不是出于自愿，而是自发的，那末人本身的活动对人说来就成为一种异己的、与他对立的力量，这种力量驱使着人，而不是人驾驭着这种力量。"③就是说，人如果想要获得解放而成为能驾驭自己的人，就必须对这种外化的异己力量进行彻底摒弃，只有这样，人的意识也才可能成为能动的、自由发展的。正是基于这一点，马克思也才为

① 恩格斯：《社会主义从空想到科学的发展》，《马克思恩格斯全集》第19卷，人民出版社1963年版第247页。

② 马克思、恩格斯：《共产党宣言》，《马克思恩格斯文集》第2卷，人民出版社2009年版第53页。

③ 马克思、恩格斯：《德意志意识形态》，《马克思恩格斯全集》第3卷，人民出版社1960年版第37页。

人类解放指出了另一个理想的境界。马克思指出："在共产主义社会里，任何人都没有特定的活动范围，每个人都可以在任何部门内发展，社会调节着整个生产，因而使我有可能随我自己的心愿今天干这事，明天干那事。"① 而对于实现社会解放的政治形式，马克思结合总结巴黎公社革命的经验进行了阐明，马克思就指出，巴黎公社是"人民群众获得社会解放的政治形式"②，即"把劳动从垄断劳动者自己所创造的或是自然所赐予的劳动资料的那批人篡夺的权力（奴役）下解放出来的政治形式"。③

另一方面，实现了精神的解放。就是人的精神境界达到理想状态。这是作为主体的人获得自由而全面发展的基本条件。精神解放作为人类解放的理想状态，标志着人不仅摆脱了对人与物的依赖和束缚，而且摆脱了一切旧的思想、观念和意识的禁锢束缚，实现人与自然最优整合、人与人最终协调、人自身最佳和谐，每个人都能充分发挥自己的天赋和能力，人的所有活动进入自由自觉的状态，也就是实现了现实中的"我"与思想意识中的"我"的辩证统一，从而使每个人都得到了自由而全面的发展。这是马克思、恩格斯指出的精神解放的基本状况。那么又如何实现这种状态呢？也就是说，实现人的精神解放的现实路径又是什么呢？马克思、恩格斯接着指出，只有在现实世界中并使用现实手段才能实现真正的解放；没有蒸汽机和珍妮走锭精纺机就不可能消灭奴隶制；没有改良的农业就不可能消灭农奴制；当人们还不能使自己的吃穿住行在质和量方面得到充分保证的时候，人们就根本不能获得解放。这里又进一步充分说明了，在生产力还不发达、经济社会发展还不完善的阶段，不可能达到人类社会的最高层次，也就是精神解放。只有生产力高度发展、物质财富极大丰富、社会高度和谐、人的精神境界极大提高的情况下，才能真正实现人的自由而全面的发展，实现人的真正解放，即精神解放。这就又回到了第二点，也就是实现经济解放，这既是人类解放的物质基础和前提，也是实现人类解放的根本。

---

① 马克思、恩格斯：《德意志意识形态》，《马克思恩格斯全集》第 3 卷，人民出版社 1960 年版第 37 页。

② 马克思：《"法兰西内战"（初稿）》，《马克思恩格斯全集》第 17 卷，人民出版社 1963 年版第 588 页。

③ 马克思：《"法兰西内战"（初稿）》，《马克思恩格斯全集》第 17 卷，人民出版社 1963 年版第 593 页。

马克思、恩格斯对人类历史的发展进行了科学论证，也进行了大体的阶段划分，但历史的发展并不是按照人的意志所进行的。另外，从唯物辩证法的方法论角度来讲，任何事物都不是单独的、绝对的，因此上面所阐述的三个阶段或三个方面，是一个你中有我、我中有你的辩证统一体。从总体上来讲，政治解放是第一基本条件，这个政治解放的目标是使人摆脱宗教、神学等的某种限制，实现与“上帝”“神”等的解体，回归到现实的“市民社会”。这就需要进行政治革命，这场政治革命根据社会历史发展的状态，马克思、恩格斯曾赋予资产阶级，这是因为无产阶级由于社会历史发展的需要以及还没有达到一定的力量水平，所以在这场革命中只能担当“配角”，去支持资产阶级实现政治革命的胜利，实现资产阶级政治统治建立“自由国家”。其次是经济解放，这个经济解放的前提，就是无产阶级需要再次进行革命，夺取资产阶级的政治统治，组成为无产阶级专政的国家，在此基础上以经济建设为中心全力发展社会生产力，使人摆脱为了衣、食、住等而必须去劳动的限制，从而能够按照自己的“心愿”的内在需求去从事活动，也就是“任何人都没有特定的活动范围，每个人都可以在任何部门内发展，社会调节着整个生产，因而使我有可能随我自己的心愿今天干这事，明天干那事，上午打猎，下午捕鱼，傍晚从事畜牧，晚饭后从事批判，但并不因此就使我成为一个猎人、渔夫、牧人或批判者”。[①] 第三是真正消除“人的异化”，实现社会和精神的解放，达到自由而全面的发展。也就是在摆脱了经济的限制后，再通过全方位的发展，达到人类自身的进一步改造和提高，人终于成为自己的社会结合的主人，从而也就成为自然界的主人，成为自己本身的主人，实现自由而全面的发展，进而实现自由人联合体这个理想境地的到来。这三个阶段既是一个继承发展的连续进程，也是一个内在联系、完整统一的前进过程，其中的每个阶段都是该过程的一个有机环节，既有自己内在的特质和内容，又为下一阶段作了必要准备，前一阶段是后一阶段发展的前提，后一阶段是前一阶段发展的必然趋势，综合起来形成了人类解放的历史进程。

① 马克思、恩格斯：《德意志意识形态》，《马克思恩格斯全集》第 3 卷，人民出版社 1960 年版第 37 页。

第二节　人类解放与无产阶级的历史使命

马克思指出："历史本身就是审判官，而无产阶级就是执刑者。"① 马克思、恩格斯在提出人类解放理论并为人类解放确定了基本任务，提出了根本指向，阐述了基本模式后，还就人类解放的基本力量做了进一步论证，提出只有靠人类自身的不懈奋斗，才能真正解放自己。但这也绝不是人类任何群体甚至任何阶级都能完成这一历史使命的。他们通过对社会状况的全面深入调查研究后，最后找到了能够担当这一历史使命的基本力量——无产阶级。并且强调，它是唯一有能力、有资格完成人类解放的社会阶级。无产阶级既然是实现人类解放的基本力量，那么内在地就必须把实现人类解放作为自己的历史使命。这既是实现人类解放的必然要求，更是无产阶级所处历史地位的内在担当。正如列宁指出的："马克思和恩格斯的具有世界历史意义的伟大功绩，在于他们向各国无产者指出了无产者的作用、任务和使命就是率先起来同资本进行革命斗争，并在这场斗争中把一切被剥削的劳动者团结在自己的周围。"②

一、人类解放是人类的解放，必然是人自己解放自己

马克思、恩格斯指出："**思想**从来也不能超出旧世界秩序的范围：在任何情况下它都只能超出旧世界秩序的思想范围。思想根本不能**实现什么东西**。为了实现思想，就要有使用实践力量的人。"③ 这充分说明，思想是人的思想，实现人本身的思想，还需要人本身去努力、去奋斗。同理，人类自身要实现解放，必然需要靠人类自身去努力奋斗，从而实现人类自己去解放人自己。

（一）人类的历史是现实的、活生生的人自己不断发展的历史

这既是马克思、恩格斯在批判唯心主义历史观的基础上，所确立的历史唯物主义的基本观点，也是确立人类解放理论的逻辑起点。马克思在《1844 年经

① 马克思：《在〈人民报〉创刊纪念会上的演说》，《马克思恩格斯文集》第 2 卷，人民出版社 2009 年版第 581 页。

② 列宁：《在马克思恩格斯纪念碑揭幕典礼上的讲话》，《列宁专题文集・论马克思主义》，人民出版社 2009 年版第 81—82 页。

③ 马克思、恩格斯：《神圣家族，或对批判的批判所做的批判》，《马克思恩格斯全集》第 2 卷，人民出版社 1957 年版第 152 页。

济学哲学手稿》中指出："如果劳动产品不是属于工人，而是作为一种异己的力量同工人相对立，那么这只能是由于产品属于**工人之外的他人**。如果工人的活动对他本身来说是一种痛苦，那么这种活动就必然给他人带来**享受**和生活乐趣。不是神也不是自然界，只有人自身才能成为统治人的异己力量。"① 马克思在《神圣家族，或对批判的批判所做的批判》中又进一步指出："**现实的**人类的活动无非是由人的个体构成的**群众**的活动。"② "**历史什么事情**也没有做，它'不拥有**任何**惊人的丰富性'，它'没有进行**任何**战斗'！其实，正是**人**，现实的、活生生的人在创造这一切，拥有这一切并且进行战斗。""历史**不过是**追求着自己目的的人的活动而已。"③ 从这一系列的论述可以理解，人的异化不管体现哪几个方面，最终的根本指向还是人本身。也就是说，人类的历史就是人类自己不断发展的历史，是人自身在不断地创造人类自己的历史。马克思在对这一观点进行阐释时指出："在人类历史中即在人类社会的形成过程中生成的自然界，是人的**现实的**自然界；因此，通过工业——尽管以**异化**的形式——形成的自然界，是真正的、**人本学**的自然界。"④ "可见，全部历史是为了使'**人**'成为**感性**意识的对象和使'人作为人'的需要成为需要而作准备的历史（发展的历史）。"⑤

（二）人类的历史发展只有依靠人自身才能够消除异化、实现解放

马克思、恩格斯在确定了人类历史发展是人自己的发展的观点后，进一步分析认为，既然历史的发展是现实的"人作为人"的历史发展的过程，那么，要消除人的异化现象，实现人的自由而全面的发展，这个最终人类发展的力量又如何去寻找呢？马克思进行了进一步分析后指出："任何一个**存在物**只有当它用自己的双脚站立的时候，**才**认为自己是独立的，而且只有当它依靠自己而**存在**的时候，

---

① 马克思：《1844年经济学哲学手稿》，《马克思恩格斯文集》第1卷，人民出版社2009年版第165页。

② 马克思：《神圣家族，或对批判的批判所做的批判》，《马克思恩格斯文集》第1卷，人民出版社2009年版第292页。

③ 马克思：《神圣家族，或对批判的批判所做的批判》，《马克思恩格斯文集》第1卷，人民出版社2009年版第295页。

④ 马克思：《1844年经济学哲学手稿》，《马克思恩格斯文集》第1卷，人民出版社2009年版第193页。

⑤ 马克思：《1844年经济学哲学手稿》，《马克思恩格斯文集》第1卷，人民出版社2009年版第194页。

它才是用自己的双脚站立的。”① 也就是说，历史发展既不能靠神也不能靠什么其他的东西。人是通过“无限过程”的“循环运动”，从而人自己创造了人自身，成为现在的人。从这可以说，人始终是历史发展的主体，过去是这样发展而来的，将来还需要这样发展下去，因此人要不断创造历史最终还得靠人自身。所以，马克思指出：“**整个所谓世界历史**不外是人通过人的劳动而诞生的过程，是自然界对人来说的生成过程，所以关于他通过自身而**诞生**、关于他的**形成过程**，他有直观的、无可辩驳的证明。因为人和自然界的**实在性**，即人对人来说作为自然界的存在以及自然界对人来说作为人的存在，已经成为实际的、可以通过感觉直观的，所以关于某种**异己的**存在物、关于凌驾于自然界和人之上的存在物的问题，即包含着对自然界的和人的非实在性的承认的问题，实际上已经成为不可能的了。”②

二、实现人类解放的基本力量必然是一个“阶级”

马克思、恩格斯在分析了人类历史的发展要靠人自身去实现后，还进一步分析了社会状况，提出这个人类历史发展的“人”，在现阶段应该是什么样的人呢？他们在通过对历史发展的基本规律进行研究之后，最终确定了这个“人”并不是单个的人，而应该是一个阶级，因为“至今一切社会的历史都是阶级斗争的历史。”③ 恩格斯在《共产党宣言·1883年德文版序言》中，对这个问题进行了进一步阐明：“每一历史时代的经济生产以及必然由此产生的社会结构，是该时代政治的和精神的历史的基础；因此（从原始土地公有制解体以来）全部历史都是阶级斗争的历史，即社会发展各个阶段上被剥削阶级和剥削阶级之间、被统治阶级和统治阶级之间斗争的历史。”④ 这个“阶级斗争的历史”的理论呈现，是马克思、恩格斯深入思考和研究的结果。

（一）人之所以组成为阶级“仅仅同生产发展的一定历史阶段相联系”

马克思、恩格斯虽然在其著作中界定过“阶级”这一概念，但没有专门对

① 马克思：《1844年经济学哲学手稿》，《马克思恩格斯文集》第1卷，人民出版社2009年版第195页。

② 马克思：《1844年经济学哲学手稿》，《马克思恩格斯文集》第1卷，人民出版社2009年版第196—197页。

③ 马克思、恩格斯：《共产党宣言》，《马克思恩格斯文集》第2卷，人民出版社2009年版第31页。

④ 马克思、恩格斯：《共产党宣言》，《马克思恩格斯文集》第2卷，人民出版社2009年版第9页。

阶级的概念进行过系统的理论阐释和说明，不过，在《资本论》和另一些政论性文章和评论中却贯穿了对阶级的分析。马克思在 1852 年 3 月 5 日给魏德迈的信中，曾阐发了他对阶级的基本看法，提出了**“阶级的存在仅仅同生产发展的一定历史阶段相联系”**[①] 的观点。恩格斯也在 1880 年的《社会主义从空想到科学的发展》中对这一基本原理进行了进一步阐明，指出“即使阶级的划分根据上面所说具有某种历史的理由，那也只是对一定的时期、一定的社会条件才是这样。这种划分是以生产的不足为基础的，它将被现代生产力的充分发展所消灭”，“所以，阶级的消灭是以生产的高度发展阶段为前提”[②]。

以上所表达的意思表明，马克思、恩格斯是从“物质生产”的经济角度界定阶级的，他们把生产和阶级形成的关系紧密联系起来。对于这个不断演变和发展的过程，马克思、恩格斯也进行了研究和探索。马克思、恩格斯指出：“在过去的各个历史时代，我们几乎到处都可以看到社会完全划分为各个不同的等级，看到社会地位分成多种多样的层次。”[③] 也就是说，阶级的产生是由于物质生产的不断发展而造成了分工，由于不断进行分工从而形成了不同的人群，也由于分工又重新分裂为各种不同的集团，进而形成了各个不同等级，又进而分成多种多样的层次，再进而形成了不同的阶级。对于阶级形成的基本原因，马克思、恩格斯在阐述了物质生产的基础上，还进一步分析认为：“单独的个人所以组成阶级只是因为他们必须进行共同的斗争来反对某一另外的阶级；在其他方面，他们本身就是相互敌对的竞争者。另一方面，阶级对各个人来说又是独立的，因此各个人可以看到自己的生活条件是早已确定了的；阶级决定他们的生活状况，同时也决定他们的个人命运，使他们受它支配。这和个人屈从于分工是同类的现象，这种现象只有通过消灭私有制和消灭劳动本身才能消除。”[④] 马克思、恩格斯还特别强调：“个人隶属于一定阶级这一现象，在那个除了反对统治阶级以外不需要维护任何特殊的阶级利益的阶级还没有形成之前，

---

① 马克思：《马克思致约瑟夫·魏德迈（1852 年 3 月 5 日）》，《马克思恩格斯全集》第 28 卷（下），人民出版社 1973 年版第 509 页。

② 恩格斯：《社会主义从空想到科学的发展》，《马克思恩格斯全集》第 19 卷，人民出版社 1963 年版第 243—244 页。

③ 马克思、恩格斯：《共产党宣言》，《马克思恩格斯文集》第 2 卷，人民出版社 2009 年版第 31 页。

④ 马克思、恩格斯：《德意志意识形态》，《马克思恩格斯全集》第 3 卷，人民出版社 1960 年版第 61 页。

是不可能消灭的。”①

（二）“以往的全部历史，除原始状态外，都是阶级斗争的历史；这些互相斗争的社会阶级在任何时候都是生产关系和交换关系的产物”②

历史唯物主义认为，社会历史发展的决定性因素，归根到底是人类生活的生产和再生产。这种生产本身可分为两种：一是生活资料的生产；二是生命的生产，即人类自身的繁衍。恩格斯因此认为：“一定历史时代和一定地区内的人们生活于其下的社会制度，受着两种生产的制约：一方面受劳动的发展阶段的制约，另一方面受家庭的发展阶段的制约。”③ 生产力水平十分低下的早期人类社会发展，主要受生命的生产，即受家庭的发展阶段的制约，但是当随着私有制出现而出现的社会各阶级及它们间的冲突，不断地摧毁以家庭血族团体为基础的旧社会，并以组成为国家的新社会取而代之时，制约历史与社会制度发展的，就不再是家庭制度，而是确立在一定所有制关系基础上的社会生产以及由此决定的阶级关系和阶级斗争。正是在这个意义上，马克思、恩格斯认为“至今一切社会的历史都是阶级斗争的历史”④。也正是基于对阶级斗争的这一看法，马克思在《哥达纲领批判》中才进一步指出：“随着阶级差别的消灭，一切由此差别产生的社会的和政治的不平等也就自行消失。”⑤

（三）阶级斗争是历史的直接动力，是现代社会变革的巨大杠杆

马克思、恩格斯指出：“我们一贯强调阶级斗争，认为它是历史的直接动力，特别是一贯强调资产阶级和无产阶级之间的阶级斗争，认为它是现代社会变革的巨大杠杆。”⑥ 对于这一观点，马克思、恩格斯还进行了深入分析研究。

---

① 马克思、恩格斯：《德意志意识形态》，《马克思恩格斯全集》第3卷，人民出版社1960年版第85—86页。

② 马克思：《社会主义从空想到科学的发展》，《马克思恩格斯全集》第19卷，人民出版社1963年版第225页。

③ 恩格斯：《家庭、私有制和国家的起源》，《马克思恩格斯全集》第21卷，人民出版社1965年版第30页。

④ 马克思、恩格斯：《共产党宣言》，《马克思恩格斯文集》第2卷，人民出版社2009年版第31页。

⑤ 马克思：《哥达纲领批判》，《马克思恩格斯全集》第19卷，人民出版社1963年版第28页。

⑥ 马克思、恩格斯：《给奥·倍倍尔、威·李卜克内西、威·白拉克等人的通告信》，《马克思恩格斯文集》第3卷，人民出版社2009年版第484页。

恩格斯指出，在阶级对抗的社会，“政治权力不过是用来实现经济利益的手段”[①]，“任何政治斗争都是阶级斗争，而任何争取解放的阶级斗争，尽管它必然地具有政治的形式（因为任何阶级斗争都是政治斗争），归根到底都是围绕着经济解放进行的。因此，至少在这里，国家，政治制度是从属的东西，而市民社会，经济关系的领域是决定性的因素”。[②] 马克思和恩格斯还进一步指出：“国家内部的一切斗争——民主政体、贵族政体和君主政体相互之间的斗争，争取选举权的斗争等等，不过是一些虚幻的形式，在这些形式下进行着各个不同阶级间的真正的斗争。”[③] 由此进一步分析，人们不难得出这样的结论：在以阶级划分为基础的社会中，任何形式的社会历史发展都是在阶级斗争中进行的，都是阶级斗争的结果。因此，在这种社会中，阶级斗争的水平和规模，直接决定着社会历史发展的速度和所能达到的水平。比如，英国和法国的资产阶级革命的结果足以说明这一问题。英国在 1688 年“光荣革命”中只实现了君主立宪制代替君主专制这一发展过程，这种革命的不彻底性，正是由资产阶级在与封建势力的斗争中所表现出的妥协性决定的。法国革命则与英国革命完全不同。马克思认为法国革命比自己的原型，即英国革命，前进了一个世纪，“不仅在时间上是如此，而且在内容上也是如此”。[④] 其中的动因就在于法国的阶级斗争的规模和水平要大大超过英国。恩格斯分析说：“法国是这样一个国家，在那里历史上的阶级斗争，比起其他各国来每一次都达到更加彻底的结局；因而阶级斗争借以进行、阶级斗争的结果借以表现出来的变换不已的政治形式，在那里也表现得最为鲜明。法国在中世纪是封建制度的中心，从文艺复兴时代起是统一的等级君主制的典型国家，它在大革命时期粉碎了封建制度，建立了纯粹的资产阶级统治，这种统治所具有的典型性是欧洲任何其他国家所没有的。”[⑤]

---

① 恩格斯：《路德维希·费尔巴哈和德国古典哲学的终结》，《马克思恩格斯全集》第 21 卷，人民出版社 1965 年版第 344 页。

② 恩格斯：《路德维希·费尔巴哈和德国古典哲学的终结》，《马克思恩格斯全集》第 21 卷，人民出版社 1965 年版第 345 页。

③ 马克思、恩格斯：《德意志意识形态》，《马克思恩格斯全集》第 3 卷，人民出版社 1960 年版第 38 页。

④ 马克思：《资产阶级和反革命》，《马克思恩格斯全集》第 6 卷，人民出版社 1961 年版第 124 页。

⑤ 恩格斯：《卡·马克思“路易·波拿巴的雾月十八日”一书德文第三版序言》，《马克思恩格斯全集》第 21 卷，人民出版社 1965 年版第 290—291 页。

阶级斗争之所以成为社会历史发展的直接动力，是因为在历史上，一切反动的旧的阶级都不会自愿退出历史舞台，它们在咽气以前往往要做最后的挣扎。正如马克思所说："过了时的社会力量，虽然它存在的基础早已腐朽，可是，在名义上它还控制着权力的一切象征，它继续苟延残喘，同时在它尚未宣告死亡和宣读遗嘱的时候，继承者们就为遗产而争吵了起来。为历史所证明的古老真理告诉我们：正是这种社会力量在咽气以前还要作最后的挣扎，由防御转为进攻，不但不避开斗争，反而挑起斗争，并且企图从那种不但令人怀疑而且早已被历史所谴责的前提中作出最极端的结论来。"① 面对这种情况，代表社会历史发展的新生的阶级力量所能采取的唯一办法，就是组织力量和它们作斗争。这种斗争的水平和规模，将最终决定社会历史发展的进程。因此，马克思、恩格斯一生始终坚持这一理论观点，他们强调指出："根据我们的全部经历，摆在我们面前的只有一条路。将近 40 年来，我们一贯强调阶级斗争，认为它是历史的直接动力，特别是一贯强调资产阶级和无产阶级之间的阶级斗争，认为它是现代社会变革的巨大杠杆；所以我们决不能和那些想把这个阶级斗争从运动中勾销的人们一道走。"②

三、实现人类解放的这个阶级力量历史地落在无产阶级身上

阶级斗争既然是历史发展的基本规律，那么促进历史的发展，就应该找到人类解放的这个阶级力量。马克思、恩格斯通过对社会各阶级状况的综合分析，最终形成了对阶级特别是无产阶级的理论观点，指导人类解放理论向实践又迈进了一大步。恩格斯就在其撰写的《英国工人阶级状况》中指出："工人阶级的状况是当代一切社会运动的真正基础和出发点，因为它是我们目前社会一切灾难的最尖锐最露骨的表现。法国和德国的工人共产主义是它的直接产物，而傅立叶主义和英国社会主义以及德国有教养的资产阶级的共产主义则是它的间接产物。"③ 正是基于恩格斯的这一认识，马克思在其《资本论》中明确提出：

① 马克思：《反教会运动。——海德公园的示威》，《马克思恩格斯全集》第 11 卷，人民出版社 1962 年版第 363 页。

② 马克思、恩格斯：《给奥・倍倍尔、威・李卜克内西、威・白拉克等人的通告信》，《马克思恩格斯文集》第 3 卷，人民出版社 2009 年版第 484 页。

③ 恩格斯：《英国工人阶级状况》，《马克思恩格斯全集》第 2 卷，人民出版社 1957 年版第 278 页。

"这个阶级的历史使命是推翻资本主义生产方式和最后消灭阶级。这个阶级就是无产阶级。"① 马克思、恩格斯把人类解放的历史使命之所以赋予无产阶级，是他们深入而严谨的调查论证得出的科学结论。

(一) 马克思和恩格斯在科学确定了实现人类解放的基本力量必然是一个"阶级"之后，紧接着对这个特定阶级所能担负解放使命的特定条件进行了分析

他们首先对这个"阶级"所能担负人类解放使命的总的前提进行了阐明，明确指出："市民社会任何一个阶级，如果不是由于自己的**直接**地位、由于**物质**需要、由于自己的**锁链本身**的强迫，是不会有普遍解放的需要和能力的。"② 在提出这个总的前提之后，马克思、恩格斯又通过对德国的解放这个典型的剖析，具体提出了解放的实际可能性。马克思指出："解放的**实际**可能性到底在哪里呢？答：就在于形成一个被戴上**彻底的锁链**的阶级，一个并非市民社会阶级的市民社会阶级，形成一个表明一切等级解体的等级，形成一个由于自己遭受普遍苦难而具有普遍性质的领域，这个领域不要求享有任何**特殊的权利**，因为威胁着这个领域的不是**特殊的不公正**，而是**普遍的不公正**，它不能再求助于**历史的**权利，而只能求助于**人的**权利，它不是同德国国家制度的后果处于片面的对立，而是同这种制度的前提处于全面的对立，最后，在于形成一个若不从其他一切社会领域解放出来从而解放其他一切社会领域就不能解放自己的领域，总之，形成这样一个领域，它表明人的**完全丧失**，并因而只有通过**人的完全回复**才能回复自己本身。"③ 在提出这一系列的条件后，马克思随后对这个基本力量及其解放的条件又进行了深入阐发和说明："与此同时还产生了一个阶级，它必须承担社会的一切重负，而不能享受社会的福利，由于它被排斥于社会之外，因而必然与其余一切阶级发生最激烈的对立：这个阶级是社会成员中的大多数，从这个阶级中产生出必须实行根本革命的意识，即共产主义的意识。……完成这个革命的是这样一个阶级，它在社会上已经不算是一个阶级，它已经不被承认是一个阶级，它已经成为现今社会的一切阶级、民族等等的解体的表现。"④

---

① 马克思：《资本论第二版跋》，《马克思恩格斯文集》第5卷，人民出版社2009年版第18页。

② 马克思：《〈黑格尔法哲学批判〉导言》，《马克思恩格斯文集》第1卷，人民出版社2009年版第16页。

③ 马克思：《〈黑格尔法哲学批判〉导言》，《马克思恩格斯文集》第1卷，人民出版社2009年版第16—17页。

④ 马克思、恩格斯：《德意志意识形态》，《马克思恩格斯全集》第3卷，人民出版社1960年版第77—78页。

从以上论述可以理解，马克思、恩格斯对担负人类解放历史使命的阐述是明确而具体的，包括了总的前提，就是在考察这个阶级力量时，要从**直接**地位、**物质**需要、自己的**锁链本身**，这三个方面去详细分析和考察。在考察这三个方面的基础上，还要具体分析这个阶级的五个具体条件，也就是：1. 一个被戴上彻底的锁链的阶级；2. 一个并非市民社会阶级的市民社会阶级；3. 一个表明一切等级解体的阶级；4. 一个由于自己遭受普遍苦难而具有普遍性质的领域；5. 一个若不从其他一切社会领域解放出来从而解放其他一切社会领域就不能解放自己的领域。另外，还需要明确四个具体要求，也就是：1. 必须承担社会的一切重负，而不能享受社会的福利；2. 它被排斥于社会之外，因而不得不同其他一切阶级发生最激烈的对立；3. 形成全体社会成员中的大多数，从这个阶级中产生出必须实行根本革命的意识，即共产主义的意识；4. 它在社会上已经不算是一个阶级，它已经不被承认是一个阶级，它已经成为现今社会的一切阶级、民族等等的解体的表现。

（二）马克思、恩格斯在详细分析了这个能够担负起人类解放历史使命的阶级所具备的基本条件后，在通过对现实中各阶级力量的考察，最终确定只有无产阶级这个特定阶级才完全具备人类解放的条件，从而把人类解放的历史使命赋予了无产阶级这个特定阶级

马克思在《资本论》的第二版跋中，以十分简洁的语言表明了无产阶级的历史使命："这个阶级的历史使命是推翻资本主义生产方式和最后消灭阶级。"① 这一重要思想的确立，不仅是一个理论研究的过程，而且还是一个实际考察了解的过程。综合起来看，马克思、恩格斯是从六个方面对这个问题进行研究和考察的。

其一，无产阶级的"天然基因"决定了能够担当人类解放的历史使命。恩格斯在1880年初撰写的《社会主义从空想到科学的发展》中指出："资本主义生产方式日益把大多数居民变为无产者，同时就造成一种在死亡的威胁下不得不去完成这个变革的力量。"② 也就是说，马克思、恩格斯是在考察无产阶级的基本形成过程及基本群体组成，确立"无产者"和"无产阶级"的基本内涵中，

① 马克思：《资本论第二版跋》，《马克思恩格斯全集》第23卷，人民出版社1972年版第18页。

② 恩格斯：《社会主义从空想到科学的发展》，《马克思恩格斯全集》第19卷，人民出版社1963年版第241—242页。

初步形成的对无产阶级所能担负历史使命的基本看法。

马克思在《莱茵报》当编辑时撰写的第一篇政论文《评普鲁士最近的书报检查令》等文章，恩格斯“根据亲身观察和可靠材料”所撰写的《英国工人阶级状况》等文章，就是基于对工人阶级的考察了解所撰写的，这也更加确立了马克思、恩格斯把历史使命赋予“工人阶级”的初步意向。马克思接着又在《〈黑格尔法哲学批判〉导言》中，以德国为典型例子，对无产阶级的形成进行了分析，指出：“德国无产阶级只是通过兴起的**工业**运动才开始形成；因为组成无产阶级的不是**自然形成的**而是**人为造成的**贫民，不是在社会的重担下机械地压出来的而是由于社会的**急剧解体**、特别是由于中间等级的解体而产生的群众，虽然不言而喻，自然形成的贫民和基督教日耳曼的农奴也正在逐渐跨入无产阶级的行列。”[①] 马克思还指出：“国民经济学把**无产者**即既无资本又无地租，全靠劳动而且是靠片面的、抽象的劳动为生的人，仅仅当做**工人**来考察。因此，它可以提出这样一个论点：工人完全像每一匹马一样，只应得到维持劳动所必需的东西。”[②] 也就是“没有财产的工人阶级”[③]。

通过这一系列研究，基本确定了对无产阶级这个特定阶级的界定。但马克思、恩格斯并没有把无产阶级绝对化，无产阶级只不过是历史过程中一个特定的阶级群体，以“无产阶级”的解放来求得这个阶级群体内的每个人乃至整个人类的解放这一理论路径，对马克思、恩格斯来说也是在一个具体的社会条件下所寻求的理论路径，因为“无产阶级”本身也是特定历史阶段的产物。这也符合马克思、恩格斯对人、历史和社会事件的历史辩证法研究思路。因此，随着社会的不断进步，无产阶级的概念内涵也需要不断丰富发展。正如恩格斯所讲：“我也总是把工人（working men）和无产者，把工人阶级、没有财产的阶级和无产阶级当做同义语来使用。”[④]

其二，无产阶级的阶级地位决定了能够担当人类解放的历史使命。马克思、

---

① 马克思：《〈黑格尔法哲学批判〉导言》，《马克思恩格斯文集》第1卷，人民出版社2009年版第17页。

② 马克思：《1844年经济学哲学手稿》，《马克思恩格斯文集》第1卷，人民出版社2009年版第124页。

③ 马克思：《1844年经济学哲学手稿》，《马克思恩格斯文集》第1卷，人民出版社2009年版第155页。

④ 恩格斯：《英国工人阶级状况》，《马克思恩格斯文集》第1卷，人民出版社2009年版第387页。

恩格斯通过对无产阶级的阶级地位的进一步分析，确定了无产阶级能够担当人类解放历史使命的社会地位。结合马克思、恩格斯提出人类解放当时的历史时代背景和条件，可以看出，马克思、恩格斯所提到的“被戴上彻底的锁链”“一般的不公正”“制度的前提”，指的就是人所遭受的资本统治这一现代性困境的束缚。而无产阶级虽说是诞生于市民社会之中的，却被剥夺了市民社会成员的资格和权利，从而具有既诞生于市民社会中又处于市民社会之外的特性，因此其受到的资本统治的束缚最深重。也正因如此，马克思、恩格斯才理所当然把无产阶级看成是人类解放的阶级力量。

一方面，无产阶级由于在同样的异化劳动中存在的无力和非人的生存的现实，必然产生消灭对立的行动。在《1844 年经济学哲学手稿》中，马克思从异化劳动的前提对这个问题进行了确证。马克思在首先指出“无产阶级和财富是两个对立面”[①] 的论断后，又进一步指出：“有产阶级和无产阶级同样表现了人的自我异化。但是，有产阶级在这种自我异化中感到幸福，感到自己被确证，它认为异化是它**自己的力量**所在，并在异化中获得人的生存的**外观**。而无产阶级在异化中则感到自己是被消灭的，并在其中看到自己的无力和非人的生存的现实。这个阶级，用黑格尔的话来说，就是在被唾弃的状况下对这种被唾弃的状况的**愤慨**，这是这个阶级由于它的人的**本性**同作为对这种本性的露骨的、断然的、全面的否定的生活状况发生矛盾而必然产生的愤慨。因此，在这种对立内，私有者是**保守的**一方，无产者是**破坏的**一方。从前者产生保持对立的行动，从后者则产生消灭对立的行动。”[②] 从这可以认识到，马克思是通过研究“异化劳动”，认识了无产阶级由于在同样的异化劳动中存在的无力和非人的生存的现实，必然产生消灭对立的行动。换言之，人类之所以要解放，就是因为人类受到了资本统治的“奴役”，而这一“奴役”凸显在“工人同生产的关系中”。在《神圣家族》里，马克思又指出，正是因为无产阶级受到了资本统治的奴役，导致在无产阶级身上实际上已完全丧失了一切合乎人性的东西，也就是人失去了自己，而且还直接由于贫困的逼迫，不得不愤怒地反对这种违反人性的现象，

---

① 马克思：《神圣家族，或对批判的批判所做的批判》，《马克思恩格斯文集》第 1 卷，人民出版社 2009 年版第 260 页。

② 马克思：《神圣家族，或对批判的批判所做的批判》，《马克思恩格斯文集》第 1 卷，人民出版社 2009 年版第 261 页。

所以无产阶级能够而且必须自己解放自己。

另一方面，无产阶级的目标和历史使命已经在它自己的生活状况和现代资产阶级社会的整个组织中明显地、无可更改地预示出来了。马克思指出："由于在已经形成的无产阶级身上，一切属于人的东西实际上已完全被剥夺，甚至连属于人的东西的**外观**也已被剥夺，由于在无产阶级的生活条件中集中表现了现代社会的一切生活条件所达到的非人性的顶点，由于在无产阶级身上人失去了自己，而同时不仅在理论上意识到了这种损失，而且还直接被无法再回避的、无法再掩饰的、绝对不可抗拒的**贫困**——**必然性**的这种实际表现——所逼迫而产生了对这种非人性的愤慨，所以无产阶级能够而且必须自己解放自己。但是，如果无产阶级不消灭它本身的生活条件，它就不能解放自己。如果它不消灭集中表现在它本身处境中的现代社会的**一切**非人性的生活条件，它就不能消灭它本身的生活条件。无产阶级并不是白白地经受那种严酷的但能使人百炼成钢的**劳动**训练的。问题不在于某个无产者或者甚至整个无产阶级暂时**提出**什么样的目标，问题在于**无产阶级究竟是什么**，无产阶级由于其**身为无产阶级**而不得不在历史上有什么作为。它的目标和它的历史使命已经在它自己的生活状况和现代资产阶级社会的整个组织中明显地、无可更改地预示出来了。"① 也就是说，在马克思、恩格斯的理论认知里，无产阶级的奋斗"目标"和担负的历史使命，不仅是由"它自己的生活状况"所决定的，而且更是由无产阶级在整个现代资产阶级社会中的社会地位和发展趋势中所造就的。这也是马克思和恩格斯在《共产党宣言》中所说的，无产阶级将是资产阶级掘墓人的深刻缘由之所在。也正是基于此，恩格斯才明确指出："工人除了为改善自己的整个生活状况而进行反抗，再也没有任何其他表现自己的人的尊严的余地，那么工人自然就一定会在这种反抗中显示出自己最动人、最高贵、最合乎人性的特点。"②

其三，无产阶级的群体特征决定了能够担当起人类解放的历史使命。这是马克思、恩格斯在详细分析了无产阶级的地位特点等因素后得出的最终结论。也就是说，无产阶级求得解放，既不能靠救世主，也不能靠神仙皇帝，只能靠自己阶级的力量。首先，无产阶级是最先进最有前途的阶级。资产阶级特别是

① 马克思：《神圣家族，或对批判的批判所做的批判》，《马克思恩格斯文集》第1卷，人民出版社2009年版第261—262页。

② 恩格斯：《英国工人阶级状况》，《马克思恩格斯文集》第1卷，人民出版社2009年版第449页。

工业资产阶级是随着大工业的发展而不断发展起来的。但大工业的发展，生产社会化程度的不断提高，使资产阶级所有制和工业发展产生了尖锐矛盾。这就使资产阶级从促进生产力发展的阶级，演变成为发展的障碍，成为革命的对象。无产阶级是同社会化的大生产相联系，并随着大工业的发展而不断发展的阶级力量，因此它是掌握着未来的阶级。其次，无产阶级是最富有革命彻底性的阶级。从经济地位看，资产阶级占有社会生产资料，并剥削雇佣劳动者，而无产阶级完全靠着出卖劳动力而生活，它处于社会的最下层。无产阶级所处的这种地位，使它除了出卖自己的劳动力外一无所有，是没有什么东西需要加以保护的，他们在反对资产阶级的斗争中，失去的只是锁链，而获得的将是整个世界，因此最具有革命的坚决性和彻底性。而中间阶级则动摇于无产阶级与资产阶级之间，一方面具有保守性，会跟着资产阶级来维护他们已有的经济地位，另一方面又具有革命性，当资产阶级把他们挤到破产边缘时，又有可能参加革命。因此，“只有无产阶级是真正革命的阶级”。① 第三，无产阶级是最富有组织性、纪律性和团结性的阶级。大工业的生产把他们聚集在一起，“挤在工厂里的工人群众就像士兵一样被组织起来”。② 资产阶级工厂对工人阶级有着两个方面的作用：一方面是对工人的残酷剥削，但同时另一方面也对工人阶级起着组织作用。这些都是建立在技术高度发达的共同劳动之上的。因此，这就培养了工人阶级的组织性和纪律性。同时，反对资产阶级的斗争，也促使他们由分散到团结，凝聚成为战胜强大敌人的集体力量。第四，无产阶级又是大公无私、具有远大政治眼光和崇高理想的阶级，它能成为一切被压迫被剥削阶级根本利益的代表。由于无产阶级的社会地位，决定了他们只有彻底消灭一切剥削制度，解放全体被剥削被压迫的劳动群众，自己才能最终得到彻底解放。正如马克思、恩格斯在《共产党宣言》中指出的：“过去的一切运动都是少数人的，或者为少数人谋利益的运动。无产阶级的运动是绝大多数人的，为绝大多数人谋利益的独立的运动。无产阶级，现今社会的最下层，如果不炸毁构成官方社会的整个上层，就不能抬起头来，挺起胸来。”③ 在这里，已经包含了无产阶级领导权的思想，也就是只有无产阶级才能团结和带领一切被剥削被压迫的劳动人民，为推翻资

---

① 马克思、恩格斯：《共产党宣言》，《马克思恩格斯文集》第 2 卷，人民出版社 2009 年版第 41 页。
② 马克思、恩格斯：《共产党宣言》，《马克思恩格斯文集》第 2 卷，人民出版社 2009 年版第 38 页。
③ 马克思、恩格斯：《共产党宣言》，《马克思恩格斯文集》第 2 卷，人民出版社 2009 年版第 42 页。

产阶级和一切剥削制度、最终实现共产主义而奋斗。

其四，无产阶级只有解放全人类才能最终解放自己。之所以提出这个理论观点，马克思、恩格斯通过深入考察分析，给出了两方面的理由。

一方面，无产阶级作为人类解放的重要组成部分，只有全人类得到解放其自身才能得到解放。这是由人的本质属性所决定的，也就是人是类存在物，不可能离开社会而存在。一个单一的个人只有在集体中才能生活和实现个人目的，同样作为一个阶级存在的无产阶级更是如此，也只有全人类最终消灭了阶级差别和对立，才能说无产阶级自身最终得到解放。这就是马克思在《〈黑格尔法哲学批判〉导言》中所阐述的基本原理："若不从其他一切社会领域解放出来从而解放其他一切社会领域就不能解放自己的领域。"① 马克思、恩格斯还指出："对于无产者说来，他们自身的生存条件、劳动，以及当代社会的全部生存条件都是一种偶然的东西，它是单个的无产者无法加以控制的，而且也没有任何**社会**组织能使他们加以控制的。单个无产者的个性和强加于他的生存条件即劳动之间的矛盾，现在无产者自己已经意识到了，特别是因为他从早年起就成了牺牲品，因为他在本阶级的范围内没有机会获得使他转为另一个阶级的各种条件。"因此，"无产者，为了保住自己的个性，就应当消灭他们至今面临的生存条件，消灭这个同时也是整个旧社会生存的条件，即消灭劳动。因此，他们也就和国家这种形式（在这种形式下组成社会的各个个人迄今都表现为某种整体）处于直接的对立中，他们应当推翻国家，使自己作为个性的个人确立下来"。② 马克思还进一步对这个问题进行了阐述，指出："无产阶级不再在一个个场合同经济特权阶级作斗争，它获得的力量和组织使它足以在同这些阶级作斗争时采取普遍的强制手段；但是，它只能运用经济手段来消除它作为雇佣工人的特性，因而消除它作为阶级的特性；随着它获得彻底胜利，它的统治也就结束了，因为它的阶级性质已经消失了。"③

另一方面，无产阶级处在被压迫被剥削的底层，只有全部消灭了剥削压迫

① 马克思：《〈黑格尔法哲学批判〉导言》，《马克思恩格斯文集》第 1 卷，人民出版社 2009 年版第 17 页。

② 马克思、恩格斯：《德意志意识形态》，《马克思恩格斯全集》第 3 卷，人民出版社 1960 年版第 87 页。

③ 马克思：《巴枯宁〈国家制度和无政府状态〉一书摘要（摘录）》，《马克思恩格斯文集》第 3 卷，人民出版社 2009 年版第 405 页。

的现实条件，无产阶级自身才能真正得到解放。马克思明确指出："我们必须先解放自己，才能解放别人。"① 马克思还在《神圣家族》中讲，无产阶级的贫困，不是某一阶级的贫困，而是体现在它身上的现代社会必然的普遍贫困。无产阶级的生活条件，是现代社会中非人性生活条件最集中最尖锐的表现和发展的"顶点"。因此，马克思指出："无产阶级在获得胜利时，无论如何决不会因此成为社会的绝对方面，因为它只有消灭自己本身和自己的对立面才能获得胜利。到那时，无产阶级本身以及制约着它的对立面——私有财产都会消失。"② 也就是说，无产阶级只有"消灭集中表现在它本身处境中的现代社会的一切违反人性的生活条件"，才能"消灭它本身的生活条件"。就是说，无产阶级只有解放全人类，才能获得自身的最后解放。正是基于这一点，马克思、恩格斯才把解放全人类的历史使命赋予无产阶级。从历史来看，以往统治阶级在取得统治之前，也把自己装扮成全体人民的代表，把自己阶级的解放说成是"全人类"的任务，但事实上他们解放的只是他们这个阶级，只不过是企图利用群众达到自己的政治目的而已。只有无产阶级才是最广大人民群众根本利益的代表，因此也只有它的任务才是"全人类的任务"。

其五，无产阶级能够担当人类解放的历史使命不仅是个理论问题也是经过历史实践检验的结果。马克思、恩格斯通过对各阶级的综合分析，特别是对无产阶级的深入研究，最终选择无产阶级作为实现人类解放的现实物质力量。这不仅是个理论问题，也最终经过历史实践的检验，证明马克思和恩格斯这一论断的正确性。正如列宁所指出的："在第一个时期的开头，马克思学说决不是占统治地位的。它不过是无数社会主义派别或思潮中的一个而已。当时占统治地位的，是那些基本上同我国民粹主义相似的社会主义：它们不懂得历史运动的唯物主义原理，不能分别说明资本主义社会中每个阶级的作用和意义，并且用各种貌似社会主义的关于'人民'、'正义'、'权利'等等的词句来掩盖各种民主变革的资产阶级实质。1848 年革命给了马克思**以前**的所有这些喧嚣一时、五花八门的社会主义形式以致命的打击。各国的革命使社会各阶级**在行动**中显露出自己的面目。共和派资产阶级在巴黎 1848 年 6 月的那些日子里枪杀工人，最

---

① 马克思：《论犹太人问题》，《马克思恩格斯文集》第 1 卷，人民出版社 2009 年版第 23 页。

② 马克思：《神圣家族，或对批判的批判所做的批判》，《马克思恩格斯文集》第 1 卷，人民出版社 2009 年版第 261 页。

终证明**只有**无产阶级具有社会主义本性。自由派资产阶级害怕这个阶级的独立行动，比害怕任何反动势力还要厉害百倍。怯懦的自由派在反动势力面前摇尾乞怜。农民以废除封建残余为满足，转而支持现存秩序，只是间或动摇于**工人民主派和资产阶级自由派**之间。一切关于**非**阶级的社会主义和**非**阶级的政治的学说，都是胡说八道。巴黎公社（1871 年）最终结束了资产阶级变革的这一发展过程；只是靠无产阶级的英勇，共和制这种最明显地表现出阶级关系的国家组织形式才得以巩固下来。"① 列宁的这一大段论述，充分阐明了马克思、恩格斯之所以把人类解放这一历史使命赋予无产阶级的实践基础，特别是从马克思、恩格斯之后的无产阶级革命的历史发展来看，也证明了这一论断的正确性。

正是基于对以上的分析论证，马克思、恩格斯才把人类解放的历史使命赋予无产阶级。正如恩格斯在为马克思撰写的传记中阐明的："过去的全部历史都是在阶级对抗和阶级斗争中发展的；统治阶级和被统治阶级，剥削阶级和被剥削阶级是一直存在的；人类的大多数总是注定要从事艰苦的劳动和过着悲惨的生活。"② 这些事实都证明："历史的领导权已经转到无产阶级手中，转到这个由于自己的整个社会地位只有用完全消灭任何阶级统治、任何奴役和任何剥削的方法才能解放自己的阶级手中，社会生产力已经发展到资产阶级不能控制的程度，只等待联合起来的无产阶级去掌握它，以便建立这样一种制度，使社会的每一成员不仅有可能参加生产，而且有可能参加社会财富的分配和管理，并通过有计划地组织全部生产，使社会生产力及其所制成的产品增长到能够保证每个人的一切合理的需要日益得到满足的程度。"③ 所以马克思满怀信心地指出："工人阶级充分认识到自己的历史使命，满怀着完成这种使命的英勇决心。"④

第三节　无产阶级的历史使命与无产阶级政党

人类解放的历史使命历史地而且是责无旁贷地落在了无产阶级的身上。而

① 列宁：《马克思学说的历史命运（1913 年 3 月 1 日［14 日］）》，《列宁专题文集・论马克思主义》，人民出版社 2009 年版第 61—62 页。

② 恩格斯：《卡尔・马克思》，《马克思恩格斯全集》第 19 卷，人民出版社 1963 年版第 123 页。

③ 恩格斯：《卡尔・马克思》，《马克思恩格斯全集》第 19 卷，人民出版社 1963 年版第 123—124 页。

④ 马克思：《法兰西内战》，《马克思恩格斯全集》第 17 卷，人民出版社 1963 年版第 363 页。

要完成这一历史使命，就需要有真正组织领导和团结凝聚这个阶级力量的核心。这个领导核心，就是无产阶级政党。这是马克思、恩格斯在不断探索和实践中的最终选择。之所以最终选择了无产阶级政党，这既是由政党的一般组织形式和组织功能决定的，也是由无产阶级政党特有的政治优势和组织优势所赋予的。马克思曾从内心感叹："党的组织是多么重要。"①

一、无产阶级完成历史使命必须建立自己独立的和战斗的党

马克思曾明确指出："……独立的和战斗的工人党的［建立具有］极其伟大的意义……"② 恩格斯也说："每一个新参加运动的国家所应采取的第一个步骤，始终是把工人组织成独立的政党，不管怎样组织起来，只要它是一个真正的工人政党就行。"③ 这既是马克思、恩格斯对自己革命生涯经验教训的深刻总结，也是对无产阶级政党革命力量的由衷赞叹。马克思、恩格斯在《共产党宣言》《中央委员会告共产主义者同盟书》《国际工人协会临时章程》以及许多重要信件中，都从理论上阐述了这一重要思想。对于成立无产阶级政党的历史意义，马克思写于 1868 年 9 月 1 日的《国际工人协会总委员会第四年度报告》中，通过对国际工人协会成立的历史必然性的论述进行了阐明。马克思指出："一国范围内的工人阶级的组织甚至也可能由于其他国家工人阶级的组织性不强而遭到挫败，因为所有的国家都在世界市场上进行竞争，从而彼此互相影响。只有工人阶级的国际性的联盟才能保证工人阶级的最终胜利。正是由于这种需要，才产生了国际工人协会。国际工人协会并不是某一个宗派或某一种理论的人为的产物。它是无产阶级运动自然发展的结果，而无产阶级运动又是由现代社会自然的和不可抗拒的趋势所产生的。国际工人协会深知自己所负使命的伟大意义，它既不容许别人恫吓自己，也不容许离开正确的道路。今后，它的命

① 马克思：《马克思致恩格斯（1867 年 5 月 7 日）》，《马克思恩格斯文集》第 10 卷，人民出版社 2009 年版第 257 页。

② 马克思：《马克思致茹尔·盖得（1878 年底—1879 年初）》，《马克思恩格斯全集》第 34 卷，人民出版社 1972 年版第 339 页。

③ 恩格斯：《恩格斯致弗里德里希·阿道夫·左尔格（1886 年 11 月 29 日）》，《马克思恩格斯文集》第 10 卷，人民出版社 2009 年版第 558 页。

运将同人类复兴所系的那个阶级的历史发展不可分割地联系在一起。”① 虽然国际工人协会从严格意义上来讲，只是一个国际性组织而不是政党，但从马克思的这段论述中，也可以领悟到组织成为政党的理论和实践的必然性。如果再进一步综合分析的话，马克思、恩格斯对无产阶级要完成历史使命必须组织成为政党的意义，可以体现在以下方面。

（一）只有建立独立的无产阶级政党，才能使无产阶级作为一个阶级而采取行动

马克思在其拟定的1871年的《国际工人协会共同章程》中指出：“无产阶级在反对有产阶级联合力量的斗争中，只有把自身组织成为与有产阶级建立的一切旧政党不同的、相对立的政党，才能作为一个阶级来行动。为保证社会革命获得胜利和实现革命的最高目标——消灭阶级，无产阶级这样组织成为政党是必要的。”② 马克思在《资本论》中写道：“工人要学会把机器和机器的资本主义应用区别开来，从而学会把自己的攻击从物质生产资料本身转向物质生产资料的社会使用形式，是需要时间和经验的。”③ 同样，建立独立的无产阶级政党这个思想的形成，也是需要时间和经验的，也是一个不断深化发展的过程。分析马克思、恩格斯创立和发展无产阶级政党的过程以及他们的理论成果，无产阶级与资产阶级作为两个对抗性的阶级，它们之间的斗争经历了不同的发展阶段。

在无产阶级发展的初始阶段，他们对资本主义社会还处于感性认识的阶段，只认识到资本主义的表面现象及其外部联系，他们只是自发地进行斗争。例如：在18世纪七八十年代，英国曾经发生过破坏机器的运动。当时工人认为机器是他们贫困和失业的根源，便自发地摧毁机器、焚烧厂房。这时的无产阶级的觉悟还不高，阶级组织还不完善，只是仅仅作为一个“自在的阶级”而存在。无产阶级在一次又一次的失败中，特别是在“学会把机器和机器的资本主义应用区别开来，从而学会把自己的攻击从物质生产资料本身转向物质生产资料的社

---

① 马克思：《国际工人协会总委员会第四年度报告》，《马克思恩格斯全集》第16卷，人民出版社1964年版第365页。

② 马克思：《国际工人协会共同章程》，《马克思恩格斯文集》第3卷，人民出版社2009年版第228页。

③ 马克思：《资本论》，《马克思恩格斯文集》第5卷，人民出版社2009年版第493页。

会使用形式”以后，才逐渐产生了自己独立的阶级意识和阶级追求。这时的无产阶级就逐渐由“自在的阶级”变为“自为的阶级”，从而作为一支独立的政治力量登上历史舞台。

随着阶级意识的不断成熟和发展，无产阶级建立自己政治组织的要求也被提上日程。然而，在起初，“无产者组织成为阶级，从而组织成为政党这件事，不断地由于工人的自相竞争而受到破坏。但是，这种组织总是重新产生，并且一次比一次更强大、更坚固、更有力”。① 从最初成立兄弟会、工会到后来成立各种类型的政治组织，如英国的宪章协会、法国的四季社、德国的正义者同盟，一直发展到成立共产主义者同盟这一历史，的确体现了无产阶级的政治组织的艰难发展历程。也正因为如此，恩格斯才进一步指出，无产阶级政党在刚刚创立的时候，有些缺点是不可避免的，“然而也是暂时的缺点。群众需要有时间和机会来成长，而只要他们有了自己的运动——不管这种运动采取什么形式，只要是**他们自己的**运动——，他们就会有这种机会，因为在这种运动中，他们将通过本身的错误而取得进步，吃一堑，长一智。”②

（二）无产阶级只有在本阶级政党的领导之下，才能最大限度团结无产阶级革命的力量

马克思在《国际工人协会成立宣言》中指出：“工人们已经具备了作为成功因素之一的人数；但是只有当群众组织起来并为知识所指导时，人数才能起决定胜负的作用。”③ 马克思总结了几十年来工人运动的经验教训认为，为达到工人阶级的解放“这个伟大目标所做的一切努力之所以至今没有收到效果，是由于每个国家里各个不同劳动部门的工人彼此间不够团结，由于各国工人阶级彼此间缺乏紧密的联合”。④ 鉴于这个理由，必须创建无产阶级自己独立的政党。马克思、恩格斯在《共产主义者同盟中央委员会告同盟书（1850 年 3 月）》中

---

① 马克思、恩格斯：《共产党宣言》，《马克思恩格斯文集》第 2 卷，人民出版社 2009 年版第 40—41 页。

② 恩格斯：《恩格斯致弗里德里希·阿道夫·左尔格（1886 年 11 月 29 日）》，《马克思恩格斯文集》第 10 卷，人民出版社 2009 年版第 558 页。

③ 马克思：《国际工人协会成立宣言》，《马克思恩格斯全集》第 16 卷，人民出版社 1964 年版第 13 页。

④ 马克思：《国际工人协会共同章程》，《马克思恩格斯文集》第 3 卷，人民出版社 2009 年版第 226 页。

指出：“工人，首先是共产主义者同盟，不应再度降低自己的地位，去充当资产阶级民主派的随声附和的合唱队，而应该谋求在正式的民主派旁边建立一个秘密的和公开的独立工人政党组织，并且应该使自己的每一个支部都成为工人协会的中心和核心。”①

恩格斯在 1887 年 1 月给斐迪南·多梅拉·纽文胡斯的信中，通过全面深入分析美国的革命运动情况，总结了无产阶级建立独立政党对革命运动的重大作用。恩格斯指出：“只要想一想，法国、比利时、西班牙及其他国家的工人，经过了多么长的时间才认识到工人阶级只有从政治上组织成一个独立于一切其他政党并同一切其他政党相对立的党，才能取得胜利，那么美国人在运动开始后的六个月，就作为一个有组织的政党进行活动，并在纽约获得了六万八千张选票，在西部地区的选举中取得了重大的胜利，这的确是令人惊叹的。”② 虽然这只是马克思、恩格斯对无产阶级政党的组织力量强大而感到自豪的一个事例，但也可以从一个方面充分体现建立无产阶级政党对组织群众，鼓舞广大无产阶级进行革命斗争所起的凝聚力和领导力作用。

（三）无产阶级只有在本阶级政党领导之下，才能根据形势发展的特点和要求提出策略和任务，最终完成历史使命

1889 年 12 月 18 日，恩格斯在给格尔桑·特利尔的信中，阐明了建立无产阶级政党的必要性，他说：“要使无产阶级在决定关头强大到足以取得胜利，无产阶级必须（马克思和我从 1847 年以来就坚持这种立场）组成一个不同于其他所有政党并与它们对立的特殊政党，一个自觉的阶级政党。”③ 这就是说，建立自己的政党，是无产阶级在政治上独立和成熟的重要标志。

无产阶级革命运动不仅仅是推翻资本主义制度，建立社会主义制度，而是要在社会主义制度下大力发展生产力，满足人民不断增长的物质文化生活需要，奠定彻底消灭阶级的物质基础。在这同时，不断加强人的思想改造，使人成为具有极高思想境界的全面发展的人，最终建立由“全面而自由发展的人”组成

---

① 马克思、恩格斯：《共产主义者同盟中央委员会告同盟书（1850 年 3 月）》，《马克思恩格斯文集》第 2 卷，人民出版社 2009 年版第 193 页。

② 恩格斯：《致斐迪南·多梅拉·纽文胡斯（1887 年 1 月 11 日）》，《马克思恩格斯全集》第 36 卷，人民出版社 1974 年版第 579 页。

③ 恩格斯：《致格尔桑·特利尔（1889 年 12 月 18 日）》，《马克思恩格斯全集》第 37 卷，人民出版社 1971 年版第 321 页。

的“自由人的联合体”，也就是共产主义社会。这个任务的实现，需要无产阶级政党的领导才能完成。这是可靠的组织保证。特别是革命时期，客观形势迅速而急剧地发生着各种变化，要想在革命运动中特别是“决定关头强大到足以取得胜利”，及时地提出或修改革命的策略和任务，就成了革命胜利的关键。而这只有通过作为阶级的核心和整个革命的领导的政党才能做到。因为无产阶级政党在实践方面，是最坚决的、始终推动运动前进的部分；在理论方面，了解无产阶级革命的条件、进程、目标和任务。正是基于这些原因，马克思、恩格斯也一再强调：“工人阶级这样组织成为政党是必要的，为的是要保证社会革命获得胜利和实现这一革命的最终目标——消灭阶级。”①

二、无产阶级政党是科学社会主义和工人运动相结合的产物

科学社会主义和工人运动相结合，这既是无产阶级政党产生的一般规律，也是无产阶级政党产生的现实可能性。恩格斯在谈到科学社会主义和工人运动相结合的重要意义时指出：“如果我们有哲学家和我们一起思考，有工人和我们一起为我们的事业奋斗，那末世界上还有什么力量能阻挡我们前进呢?”② 从这可以认为，无产阶级必须建立自己的政党，但无产阶级政党并不是随意产生的。马克思、恩格斯指明了无产阶级政党建立的基本条件，这就是科学社会主义和工人运动相结合。无产阶级政党就是在无产阶级反对资产阶级的斗争过程中，由自发斗争发展到自觉斗争阶段的产物，是工人运动和科学社会主义相结合的产物。

（一）现代无产阶级的出现以及这个阶段在斗争中的不断成熟，为无产阶级政党的产生奠定了基础

马克思和恩格斯参加了工人运动的实践，他们亲身感受到无产阶级的力量。无产阶级作为一支独立的政治力量开始登上历史舞台，是在19世纪30年代、40年代，标志性的就是三大工人运动。在这一时期，工人运动的蓬勃发展奠定了无产阶级政党坚实的阶级基础，不仅建立了工会，而且还有了政党的雏形，

① 马克思、恩格斯：《在伦敦举行的国际工人协会代表会议的决议》，《马克思恩格斯全集》第17卷，人民出版社1963年版第455页。

② 恩格斯：《共产主义在德国的迅速进展》，《马克思恩格斯全集》第2卷，人民出版社1957年版第595页。

如英国宪章协会、法国四季社、德国正义者同盟等。然而这些团体，或者组织上涣散不稳定，或者带有密谋性和宗派性，不仅不可能领导无产阶级进行坚决的革命斗争，甚至有时还会一定程度上阻碍工人运动的发展。面对此种情形，恩格斯以迫切的心情提出："要使无产阶级在决定关头强大到足以取得胜利，无产阶级必须（马克思和我从1847年以来就坚持这种立场）组成一个不同于其他所有政党并与它们对立的特殊政党，一个自觉的阶级政党。"① 也就是说，当现代无产阶级组织成为一个整体，其阶级性鲜明之时，就是无产阶级政党建党之日。

（二）科学社会主义理论是无产阶级政党产生和发展的理论基础

从早期的工人运动实践过程来看，仅靠工人运动自身发展，不可能产生真正的无产阶级政党，只有以科学社会主义理论武装起来的工人阶级，才能最终成功。在马克思主义产生以前，有各种各样的空想社会主义，影响较大的，如法国圣西门（1760—1825）、傅立叶（1772—1837）和英国的欧文（1771—1858）等空想社会主义。他们曾有力地揭露和尖锐抨击了资本主义制度的弊病和罪恶，并憧憬一种新的社会制度来代替资本主义制度。他们对资本主义制度的批判和对未来社会制度的预想，为启发工人阶级觉悟和研究资本主义社会本质及其规律提供了宝贵材料，对社会进步也起过巨大作用，成为科学社会主义的重要思想和理论来源。但限于历史局限性，他们并没有找到实现这种社会变革的正确途径和社会力量，因此他们对未来社会的设想只能是一种空想。正是由于马克思、恩格斯，才使共产主义理论从人们头脑的幻想中摆脱出来，使之建立在现实经济关系和阶级斗争基础之上，从而变成了科学理论。在这个基础上，又进一步探寻了资本主义必然将走向灭亡的必然性；进一步揭露了资本家剥削工人的秘密，找到了无产阶级产生贫困和苦难的根源；进一步阐明了无产阶级的伟大历史作用和获得彻底解放的正确道路。也正是科学社会主义的创立和传播，才为无产阶级政党的产生提供了思想和理论的基础和条件。正如恩格斯在《卡尔·马克思》中指出的："现代科学社会主义就是建立在这两个重要根据之上的。"② 他还在《社会主义从空想到科学的发展》中强调，正是"由于这

① 恩格斯：《致格尔桑·特利尔（1889年12月18日）》，《马克思恩格斯全集》第37卷，人民出版社1971年版第321页。

② 恩格斯：《卡尔·马克思》，《马克思恩格斯全集》第19卷，人民出版社1963年版第125页。

些发现，社会主义已经变成了科学”。[①] 也正是科学社会主义的创立和传播，才为无产阶级政党的产生提供了思想和理论条件。

这一点，也是马克思、恩格斯关于无产阶级政党产生基础的重要认识。恩格斯指出：“我们党有个很大的优点，就是有一个新的科学的世界观作为理论的基础。”[②] 这个科学的世界观就是马克思、恩格斯共同创立的唯物史观。马克思早在1843年写的《〈黑格尔法哲学批判〉导言》中就说过：“哲学把无产阶级当做自己的**物质**武器，同样，无产阶级也把哲学当做自己的**精神**武器；思想的闪电一旦彻底击中这块素朴的人民园地，**德国人**就会解放成为人。”“**德国人的解放**就是**人的解放**。这个解放的**头脑**是**哲学**，它的**心脏**是**无产阶级**。”[③] 就是说，只有当现代无产阶级从马克思主义哲学那里找到自己理论的武器，掌握了无产阶级革命的科学理论时，无产阶级政党的产生才有可能。

（三）革命实践是无产阶级政党产生和发展的实践基础

马克思、恩格斯不仅从理论上论证了科学社会主义和工人运动相结合的必要性和可能性，而且首次通过自己的革命实践，为两者架起了一座从理论到实践的桥梁，实现了这种结合。马克思、恩格斯不仅研究理论、创造理论，而且更是积极实践自己的理论，他们积极参加工人运动，教育工人群众，注重把科学社会主义灌输到工人之中去。还和各种工人组织建立联系，力争把这些组织改造成为受科学社会主义理论指导的组织。他们改造正义者同盟，使之成为世界上的第一个无产阶级政党。以《共产党宣言》作为“周详的理论和实践的纲领”的共产主义者同盟的产生，标志着科学社会主义和工人运动真正实现了结合。虽然这种结合，还是科学社会主义和西欧工人运动的初步结合，但这已经取得了重大成果，是无产阶级政党的第一个形式，促使工人运动在斗争中不断前进，无产阶级政党也在这样的结合中不断发展壮大起来。

---

① 恩格斯：《社会主义从空想到科学的发展》，《马克思恩格斯全集》第19卷，人民出版社1963年版第227页。

② 恩格斯：《卡尔·马克思“政治经济学批判”》，《马克思恩格斯全集》第13卷，人民出版社1962年版第528页。

③ 马克思：《〈黑格尔法哲学批判〉导言》，《马克思恩格斯文集》第1卷，人民出版社2009年版第17—18页。

（四）科学社会主义和工人运动相结合是一个不断发展的过程

自从有了无产阶级和资产阶级，就有了工人和资本家之间的斗争，同时也就有了社会主义的设想与理念，但刚刚开始时这两者是互不相关的。在经过了漫长的发展过程之后，直到 19 世纪 40 年代，当工人运动开始蓬勃地发展，进而产生科学社会主义以后，这种结合才成为可以预见的现实。恩格斯在《德国的社会主义》中，以德国为范例对这个结合的过程，进行了具体详细的描述。恩格斯分析指出："德国的社会主义在 1848 年以前很久就产生了。起初它有两个独立的派别。一方面是纯粹工人运动，即法国工人共产主义的支流；这个运动产生了作为它的发展阶段之一的魏特林的空想共产主义。其次是由于黑格尔哲学的解体而产生的理论运动；在这一派中马克思的名字从一开始就占有统治地位。1848 年 1 月出现的'共产主义宣言'标志着两个派别的融合，这个融合是在革命熔炉中完成和巩固起来的。"① 从这一段论述中，我们应该理解到马克思主义与工人运动相结合的理论依据和具体实践过程，这也为我们更好理解把握这一问题提供了基本线索。

三、无产阶级政党是无产阶级独立的先进的阶级组织

无产阶级政党的无产阶级性质是马克思恩格斯无产阶级政党理论的核心，也是无产阶级政党之所以被称为无产阶级政党的应有之义。假若失去了无产阶级的性质，也就不能称其为无产阶级政党了。同一切标榜超阶级非阶级的资产阶级、小资产阶级的政党相反，马克思、恩格斯从一开始，就公开声明无产阶级政党的无产阶级性质，并且明确指出它代表整个无产阶级的根本利益，集中反映无产阶级的意志要求。这主要体现在无产阶级政党的阶级性、革命性和先进性上。

（一）无产阶级政党代表整个无产阶级的根本利益，集中反映无产阶级的意志和要求

这是党的阶级特性和根本标志。任何政党都代表一定阶级的利益，都是阶级的政党。无产阶级政党也是如此。马克思、恩格斯指出，无产阶级政党是无产阶级自己的政党，它代表着整个无产阶级的根本利益，集中反映着无产阶级

① 恩格斯：《德国的社会主义》，《马克思恩格斯全集》第 22 卷，人民出版社 1965 年版第 288 页。

的根本利益和要求。无产阶级政党可以暂时利用其他政党来达到自己的目的，或者为了无产阶级的利益同他们一起采取暂时的共同行动，但“所有这一切又必须以党的无产阶级性质不致因此发生问题为前提”，并且强调“这是绝对的界限”。① 无产阶级政党的阶级性体现在它与无产阶级的利益是完全一致的，无产阶级政党奋斗的方向正是无产阶级争取解放的方向。在第一部“周详的理论和实践的党纲”——《共产党宣言》中，马克思、恩格斯集中论述了无产阶级政党和工人阶级这种密不可分的关系：“共产党人不是同其他工人政党相对立的特殊政党。他们没有任何同整个无产阶级的利益不同的利益。他们不提出任何特殊的原则，用以塑造无产阶级的运动。”“在无产阶级和资产阶级的斗争所经历的各个发展阶段上，共产党人始终代表整个运动的利益。”“共产党人的最近目的是和其他一切无产阶级政党的最近目的一样的：使无产阶级形成为阶级，推翻资产阶级的统治，由无产阶级夺取政权。”②

（二）无产阶级政党是独立的革命性政党，在任何情况下都不妥协

从创立无产阶级政党的目的来看，马克思、恩格斯明确了他们所要创立的党，不是在资本主义制度之内发挥作用的党，而是要推翻这个制度。马克思、恩格斯在《共产党宣言》中明确指出，共产党人可以把自己的理论概括为一句话：消灭私有制。他们公开宣布：他们的目的只有用暴力推翻全部现存的社会制度才能达到。从这里可以明确地认识到，无产阶级的政党首先是革命型的政党，它以推翻资本主义制度，进而最终实现人类解放为根本目的。并且在实际革命斗争过程中，始终保持无产阶级政党的独立性。恩格斯明确指出：无产阶级政党在革命斗争中可以同资产阶级、小资产阶级党派结成联盟，但“必须以党的无产阶级性质不致因此发生问题为前提”。③ 这不仅是理论的研究问题，更是对实践经验的总结。马克思、恩格斯始终认为，在许多政党同时存在的情况下，无产阶级政党有必要与其他进步力量结成同盟，但是无产阶级政党必须在政治上、组织上保持独立性。

---

① 恩格斯：《致格尔桑·特利尔（1889 年 12 月 18 日）》，《马克思恩格斯全集》第 37 卷，人民出版社 1971 年版第 322 页。

② 马克思、恩格斯：《共产党宣言》，《马克思恩格斯文集》第 2 卷，人民出版社 2009 年版第 44 页。

③ 恩格斯：《致格尔桑·特利尔（1889 年 12 月 18 日）》，《马克思恩格斯全集》第 37 卷，人民出版社 1971 年版第 322 页。

无产阶级政党只有保持自己的独立性，才能使无产阶级运动朝着正确的方向不断发展前进。1848 年革命失败后，马克思和恩格斯总结了革命的经验教训，第一次提出了在各国建立区别于资产阶级民主派的独立的无产阶级政党的理论，强调了党在资产阶级民主革命运动中的独立性。马克思、恩格斯在 1850 年 3 月撰写的《共产主义者同盟中央委员会告同盟书》中指出："工人，首先是共产主义者同盟，不应再度降低自己的地位，去充当资产阶级民主派的随声附和的合唱队，而应该谋求在正式的民主派旁边建立一个秘密的和公开的独立工人政党组织，并且应该使自己的每一个支部都成为工人协会的中心和核心，在这种工人协会中，无产阶级的立场和利益问题应该能够进行独立讨论而不受资产阶级影响。"① 马克思在这里还最后强调："为了要达到自己的最终胜利，他们首先必须自己努力：他们应该认清自己的阶级利益，尽快采取自己独立政党的立场，一时一刻也不能因为听信民主派小资产者的花言巧语而动摇对无产阶级政党的独立组织的信念。"② 在国际工人协会时期，恩格斯也强调："工人的政党不应当成为某一个资产阶级政党的尾巴，而应当成为一个独立的政党，它有自己的目的和自己的政策。"③ 恩格斯在总结无产阶级政党的斗争经验时还指出："各地的经验都证明，要使工人摆脱旧政党的这种支配，最好的办法就是在每一个国家里建立一个无产阶级的政党，这个政党要有它自己的政策，这种政策将同其他政党的政策显然不同，因为它必须表现出工人阶级解放的条件。"④

马克思、恩格斯一再强调党的独立性，根本的还是为了坚持党的无产阶级性质。1889 年 12 月，恩格斯在给特利尔的信中，总结了他和马克思坚持党的无产阶级性质的原则任务，一方面指出无产阶级政党在革命斗争中可以同其他政党结成暂时同盟，另一方面又强调在结成同盟时，必须以党的无产阶级性质不致因此发生问题为前提。并且特别强调，这是绝对的界限。针对当时有些国

---

① 马克思、恩格斯：《共产主义者同盟中央委员会告同盟书（1850 年 3 月）》，《马克思恩格斯文集》第 2 卷，人民出版社 2009 年版第 193 页。

② 马克思、恩格斯：《共产主义者同盟中央委员会告同盟书（1850 年 3 月）》，《马克思恩格斯文集》第 2 卷，人民出版社 2009 年版第 199 页。

③ 恩格斯：《关于工人阶级的政治行动（恩格斯本人做的 1871 年 9 月 21 日伦敦代表会议上的发言摘要）》，《马克思恩格斯全集》第 17 卷，人民出版社 1963 年版第 449—450 页。

④ 恩格斯：《致国际工人协会西班牙联合会委员会》，《马克思恩格斯全集》第 17 卷，人民出版社 1963 年版第 304 页。

家工人政党的领导人在运用策略时有丧失原则的问题，恩格斯提出尖锐批评，认为如果放弃这种独立性，就必然“丧失其工人政党的阶级性”①。

(三) 无产阶级政党是无产阶级组织的最高形式，是无产阶级的先锋队的组织，是无产阶级“最先进的和最坚决的部分”②

马克思、恩格斯关于无产阶级政党性质的一个重要观点，就是无产阶级是不能靠其自身的斗争取得胜利，它必须在无产阶级政党的指引和领导下才能前进。由于无产阶级政党负有这样的使命，因而，党就要具有一定的先进性。若是否认了这种先进性，无产阶级政党的存在也就成为不必要的了。马克思、恩格斯在《共产党宣言》中，对党的这种先进性作了概括：“一方面，在无产者不同的民族的斗争中，共产党人强调和坚持整个无产阶级共同的不分民族的利益；另一方面，在无产阶级和资产阶级的斗争所经历的各个发展阶段上，共产党人始终代表整个运动的利益。因此，在实践方面，共产党人是各国工人政党中最坚决的、始终起推动作用的部分；在理论方面，他们胜过其余无产阶级群众的地方在于他们了解无产阶级运动的条件、进程和一般结果。”③ 这一段的论述，作为《共产党宣言》中的精华之精华论述，不管是他们在创立和发展他们的理论过程中，还是加强党的建设实践中，都是始终强调和坚持的核心思想和基本原理。这段论述所集中体现的一个思想或者原理，就是无产阶级政党的先进性。这一段论述可以从以下方面来理解。

首先，这种先进性体现在党始终代表着无产阶级的最高利益和最长远利益，他们比一般无产阶级群众站得更高、看得更远。指导思想上，无产阶级政党以唯物史观为指导，了解无产阶级运动的条件、进程和结果。这是与其他政党最大的理论优势。这说明了无产阶级政党是无产阶级的先锋队组织。没有这个先锋队领导，无产阶级就不能实现自己的理想和目标。也正是基于此，《共产党宣言》才明确指出：“共产党人同其他无产阶级政党不同的地方只是：一方面，在无产者不同的民族的斗争中，共产党人强调和坚持整个无产阶级共同的不分民族的利益；另一方面，在无产阶级和资产阶级的斗争所经历的各个发展阶段上，

① 恩格斯：《致格尔桑·特利尔（1889年12月18日）》，《马克思恩格斯全集》第37卷，人民出版社1971年版第323页。

② 马克思、恩格斯：《共产党宣言》，《马克思恩格斯文集》第2卷，人民出版社2009年版第44页。

③ 马克思、恩格斯：《共产党宣言》，《马克思恩格斯文集》第2卷，人民出版社2009年版第44页。

共产党人始终代表整个运动的利益。”① 也就是在无产阶级反对资产阶级斗争的各个发展阶段上，无产阶级政党具有彻底的革命精神，始终代表着整个无产阶级的利益，强调和坚持整个无产阶级共同的不分民族的利益，也就是无产阶级政党坚持无产阶级的国际主义原则，强调“全世界无产者，联合起来”！坚持各国无产阶级共同的不分民族的利益，坚持人类解放的远大理解和目标，将革命进行到底。

其次，在实践方面，是各国工人政党中最坚决的，始终推动运动前进的部分。马克思和恩格斯在总结1848年革命的经验时，指出了无产阶级政党和民主主义的小资产阶级之间的根本区别。他们认为：民主主义的小资产者根本不愿为革命无产者的利益而变革整个社会，“他们所要求的社会制度的改变，是想使现存社会尽可能让他们感到满意而舒服”。② 而无产阶级政党的政治纲领则根本不同，“我们的利益和我们的任务却是要不间断地进行革命”，“对我们说来，问题不在于改变私有制，而在于消灭私有制，不在于掩盖阶级矛盾，而在于消灭阶级，不在于改良现存社会，而在于建立新社会”。③ 马克思、恩格斯还指出，无产阶级政党的战斗口号是“不断革命”，“直到把一切大大小小的有产阶级的统治都消灭掉，直到无产阶级夺得国家政权，直到无产者的联合不仅在一个国家内而且在世界一切占统治地位的国家内都发展到使这些国家的无产者间的竞争停止，至少是直到那些有决定意义的生产力集中到了无产者手里的时候为止”。④

第三，无产阶级政党的先进性还表现在它的成员是由工人中的优秀分子所组成的，而不是所有工人群众都参加的。在成立共产主义者同盟时，马克思和恩格斯就在《同盟章程》第二条中严格规定了入党的条件，以保证党的先进性。马克思和恩格斯还要求党员不能混同于一般无产阶级群众，他们应是无产阶级群众中具有党性觉悟的“最不知疲倦的、无所畏惧的和可靠的先进战士”，“最

---

① 马克思、恩格斯：《共产党宣言》，《马克思恩格斯文集》第2卷，人民出版社2009年版第44页。

② 马克思、恩格斯：《中央委员会告共产主义者同盟书（1850年3月）》，《马克思恩格斯全集》第7卷，人民出版社1959年版第291页。

③ 马克思、恩格斯：《中央委员会告共产主义者同盟书（1850年3月）》，《马克思恩格斯全集》第7卷，人民出版社1959年版第292—293页。

④ 马克思、恩格斯：《中央委员会告共产主义者同盟书（1850年3月）》，《马克思恩格斯全集》第7卷，人民出版社1959年版第292页。

坚定的共产主义者也是最勇敢的兵士"①。每个党员都必须承认、维护、服从、遵守党的代表大会所通过的党纲党章，为无产阶级伟大历史使命而奋斗；都必须按照党章规定履行党员的义务和行使党员的权利。作为党的领导人物则要求具有更高的素质。恩格斯就指出："要在党内担任负责的职务，仅仅有写作才能或理论知识，甚至二者全都具备，都是不够的；要担任领导职务，还需要熟悉党的斗争条件，掌握这种斗争的方式，具备久经考验的耿耿忠心和坚强性格，最后还必须自愿地把自己列入战士的行列中。"②

另外，无产阶级政党的先进性还体现在对其组织成员阶级成分的严格限制方面。马克思、恩格斯认为，无产阶级政党作为工人阶级政党，其人员组成，应以工人阶级为主。为了保持党的阶级性，马克思、恩格斯对要求入党的非无产阶级分子，特别是资产阶级和资产阶级出身的知识分子，提出两个条件："**第一**，要对无产阶级运动有益处，这些人必须带来真正的启蒙因素。""**第二**，如果其他阶级中的这种人参加无产阶级运动，那末首先就要要求他们不要把资产阶级、小资产阶级等等的偏见的任何残余带进来，而要无条件地掌握无产阶级世界观。"③ 对于那些"满脑子都是资产阶级的和小资产阶级的观念"的人，"如果有理由暂时还容忍他们，那末我们就应当**仅限于**容忍他们，而不要让他们影响党的领导工作，并且要清楚地知道，和他们分裂只是一个时间问题"。④ 马克思和恩格斯还认为，党内可以吸收任何阶级的个别人物，但绝不能容纳代表各阶级利益的集团。党把非无产阶级出身的个别人物吸收进来是要"溶化"他们，而不是让他们用本阶级的面目来影响党改造党。

---

① 恩格斯：《德国维护帝国宪法的运动》，《马克思恩格斯全集》第7卷，人民出版社1959年版第219页。

② 恩格斯：《给"萨克森工人报"编辑部的答复》，《马克思恩格斯全集》第22卷，人民出版社1965年版第82页。

③ 马克思、恩格斯：《给奥·倍倍尔、威·李卜克内西、威·白拉克等人的通告信》，《马克思恩格斯全集》第19卷，人民出版社1963年版第188—189页。

④ 马克思、恩格斯：《给奥·倍倍尔、威·李卜克内西、威·白拉克等人的通告信》，《马克思恩格斯全集》第19卷，人民出版社1963年版第189页。

第三章

无产阶级政党的
崇高理想与纲领策略

恩格斯 1893 年 10 月 11 日在给维克多·阿德勒的信中写道："一个有纲领、有策略并了解自身要求和如何达到这种要求的工人政党……——这样的政党只要充分发挥自己的才能，便能取得非凡的成就。"① 这在一定程度上说明了纲领和策略在无产阶级政党的领导过程中的地位作用。马克思、恩格斯根据他们创立的新世界观，提出只有实现人的自由而全面的发展，形成"自由人的联合体"，才是真正的人类解放。而在这个历史进程中，无产阶级政党担负着领导无产阶级实现这个崇高理想的历史使命。马克思、恩格斯终其一生为实现人类解放而进行了艰苦卓绝的革命斗争，这个过程从马克思"选择了最能为人类福利而劳动的职业"② 的时候就开始了。在这个从 1835 年马克思确立理想到 1895 年恩格斯去世的 60 年时间里，他们创立了自己的新世界观为无产阶级政党奠定理论基础，创建并发展无产阶级政党的纲领策略为实现党的崇高理想确立纲领路线和提供策略保证。这些纲领和策略的基本原理和观点，既集中体现在他们创立新世界观，为无产阶级政党提供理论支撑时所撰写的《神圣家族，或对批判的批判所做的批判。驳布鲁诺·鲍威尔及其伙伴》《论犹太人问题》《1844 年经济学哲学手稿》《英国工人阶级状况》《德意志意识形态》《资本论》等著述中，也贯注在为实现党的领导提供实践理论和指导的共产主义者同盟、国际工人协会等组织的创立和发展进程中的文献中，体现在领导和支持 1848 年和 1871 年两次法国巴黎工人革命的斗争过程和对革命经验教训的总结之中，还体现在为实现党的领导和革命斗争提供具体理论观点和思路举措所撰写的日常交往和联系的书信中。

作为创立和发展中的无产阶级政党理论，马克思和恩格斯对党的纲领策略或称之为党的领导理论，实现了从理论源头创建到实践征程开启，进而到理论实践检验再到不断丰富完善的发展过程，构成了包括党的纲领、无产阶级革命、

① 恩格斯：《致维克多·阿德勒（1893 年 10 月 11 日）》，《马克思恩格斯全集》第 39 卷（上），人民出版社 1974 年版第 133 页。

② 马克思：《青年在选择职业时的考虑》，《马克思恩格斯全集》第 40 卷，人民出版社 1982 年版第 7 页。

无产阶级专政、国际主义原则以及党的革命策略等为基本内容的科学理论体系，为实现党的崇高理想、完成历史使命，提供了根本的方向引领和基础的理论支撑。

第一节　制定纲领就是树立起可供人们用以判定党的运动水平的界碑

马克思在 1875 年撰写的《哥达纲领批判》中指出：无产阶级政党只要是“制定一个原则性纲领……这就是在全世界面前树立起一些可供人们用以判定党的运动水平的界碑”。[①] 这充分说明了制定纲领在党的建设中的重要作用。在马克思、恩格斯的革命生涯中，撰写党纲、批判党纲、维护党纲，构成了他们革命活动的主要内容，体现了无产阶级政党领导的重要思想。他们撰写和批判的党的纲领主要有 5 部：《共产党宣言》《国际工人协会成立宣言》，这两部由马克思、恩格斯亲自起草；《法国工人党纲领导言（草案）》，这是法国工人党的竞选纲领，马克思口述了理论部分；《哥达纲领》，这是德国社会民主工党制定的合并纲领，马克思、恩格斯对这部纲领进行了严厉批判；《爱尔福特纲领草案》，也就是《1891 年社会民主党纲领草案批判》，恩格斯对这部纲领的制定进行批判和指导。另外，马克思还于 1868 年 12 月 15 日对国际社会主义民主同盟的纲领和章程进行了指导[②]；1872 年 1 月 9 日在国际工人协会总委员会会议上作了关于新成立的波兰支部章程的报告[③]；1881 年 7 月 2 日对民主联盟的纲领进行了批判[④]。恩格斯对 1887 年 5 月创立于诺森伯兰的英国北方社会主义联盟的纲领进行了修正[⑤]，对 1888 年巴塞罗那代表大会上通过的西班牙社会主义工人党

① 马克思：《哥达纲领批判（给威·白拉克的信）》，《马克思恩格斯全集》第 19 卷，人民出版社 1963 年版第 13—14 页。

② 马克思：《对国际社会主义民主同盟纲领和章程的评语》，《马克思恩格斯全集》第 44 卷，人民出版社 1982 年版第 516—521 页。

③ ［苏］弗·阿多拉茨基：《马克思年表》，人民出版社 1982 年版。

④ 马克思：《马克思致亨利·迈尔斯·海德门（1881 年 7 月 2 日）》，《马克思恩格斯全集》第 35 卷，人民出版社 1971 年版第 194—196 页。

⑤ 恩格斯：《弗·恩格斯对英国北方社会主义联盟纲领的修正》，《马克思恩格斯全集》第 21 卷，人民出版社 1965 年版第 569—570 页。

纲领也非常关注。马克思、恩格斯通过对这些纲领的撰写和批判，阐述了无产阶级政党的纲领和策略，规定了党的革命路线和方针原则，为实现人类解放提供了理论指导和行动指南。

一、党的纲领是无产阶级政党实现崇高理想的行动指南

恩格斯指出："只要人民在心目中有了明确的目标，他们就会显示出足够的勇气。"① 在马克思、恩格斯看来，纲领是一个政党根据自己一定时期内的任务而规定的奋斗目标和行动步骤，是党的政治主张和目标的集中概括与反映。马克思和恩格斯在撰写和批判党的纲领时，对无产阶级政党制定一个科学的原则性纲领的重要意义进行了深刻阐明。

（一）纲领是无产阶级政党建立的标志

作为无产阶级的政党，之所以称为无产阶级政党，除了其基本成员由"没有财产的工人阶级"② 组成等基本标志外，还有两个重要标志，其一为是否以实现人类解放为崇高理想；其二为是否有一个革命的纲领。这是党创立和成熟的基本标志。只有这样的党才能成为目标一致的无产阶级政党。这是恩格斯在1887年1月撰写的《美国工人运动》中提出的思想观点。恩格斯在这篇文章中，在阐述美国自我解放的基本步骤时，明确提出首先需要"组织具有自己的纲领并以夺取国会大厦和白宫为目标的工人政党"。③ 这充分说明，每一个新创立的无产阶级政党，都需要具备两个最基本的条件。其中最重要的，就是"新的党必须有一个明确的积极的纲领，这个纲领在细节上可以因环境的改变和党本身的发展而改动，但是在每一个时期内都必须为全党所赞同"。并且特别强调，"只要这种纲领还没有制订出来或是还处于萌芽状态，新的党本身也将处于萌芽状态；它可以作为地方性的党存在，但还不能作为全国性的党存在；它将是一个潜在的党，而不是一个实在的党"。④ 特别是在恩格斯的晚年，对这个问

---

① 恩格斯：《英国工人阶级状况》，《马克思恩格斯文集》第1卷，人民出版社2009年版第462页。

② 马克思：《1844年经济学哲学手稿》，《马克思恩格斯文集》第1卷，人民出版社2009年版第155页。

③ 恩格斯：《美国工人运动。"英国工人阶级状况"美国版序言》，《马克思恩格斯全集》第21卷，人民出版社1965年版第384页。

④ 恩格斯：《美国工人运动。"英国工人阶级状况"美国版序言》，《马克思恩格斯全集》第21卷，人民出版社1965年版第385页。

题更加重视，他在 1892 年 9 月 26 日给倍倍尔的信中突出强调，如果没有党的纲领，这个党只能算是一个“宗派”，我们一定要从这个角度去认识，“否则，我们是要大吃苦头的”。[①] 恩格斯在《1891 年社会民主党纲领草案批判》中还明确指出：“在德国连一个公开要求共和国的党纲都不能提出的事实，证明了以为在这个国家可以用舒舒服服和平的方法建立共和国，不仅建立共和国，而且还可以建立共产主义社会，这是多么大的幻想。”[②]

从以上论述可以看到，马克思、恩格斯对党的纲领的重视程度，与党是否创立、是否成熟、能否存在等党的根本性问题紧密联系在一起。马克思、恩格斯之所以提出这一重要思想，既是无产阶级政党现实斗争的迫切要求，也是对党的历史发展经验的总结。从马克思、恩格斯创立和发展无产阶级政党的进程看，不管是创立共产主义者同盟，还是领导国际工人协会，都是以《共产党宣言》《国际工人协会成立宣言》等纲领的宣告为标志的。特别是创立共产主义者同盟的时候，其前身是正义者同盟，“这个同盟起初纯粹是德国工人团体，后来成为国际工人团体，而在 1848 年以前欧洲大陆的政治条件下必然是一个秘密的团体”[③]，正是在马克思、恩格斯的领导和改造下，特别是《共产党宣言》这个党的纲领的宣告产生后，才标志着世界上第一个在马克思主义指导下的无产阶级政党的诞生。正如恩格斯为马克思撰写的传记中所写的：“同盟的全部组织这时已根本改造了；这个先前多少是密谋性的团体，现在变成了一个平常的、只是不得已才是秘密的共产主义宣传组织，变成了德国社会民主党的**第一个**组织。”[④]

（二）党的纲领是判断党的性质的重要依据

性质是事物本身所具有的与其他事物不同的根本属性，这是判断是此事物还是彼事物的基本依据。党的纲领就是紧紧围绕着党的性质进行全面而深刻阐述的过程，这也是判断是无产阶级政党还是其他什么政党的基本标尺和依据。马克思、恩格斯在《共产党宣言》中提出：“共产党人不屑于隐瞒自己的观点和

---

① 恩格斯：《致奥古斯特·倍倍尔（1892 年 9 月 26 日）》，《马克思恩格斯全集》第 38 卷，人民出版社 1972 年版第 476 页。

② 恩格斯：《1891 年社会民主党纲领草案批判》，《马克思恩格斯文集》第 4 卷，人民出版社 2009 年版第 415 页。

③ 马克思、恩格斯：《共产党宣言》，《马克思恩格斯文集》第 2 卷，人民出版社 2009 年版第 11 页。

④ 恩格斯：《卡尔·马克思》，《马克思恩格斯全集》第 19 卷，人民出版社 1963 年版第 116 页。

意图。”[①] 这说明，党的观点和意图都要在党的纲领中进行鲜明而公开的公布，这也是无产阶级政党所要坚持的基本原则之一。也正是基于此，恩格斯在1875年3月给奥·倍倍尔的信中指出：“一般说来，一个政党的正式纲领没有它的实际行动那样重要。但是，一个**新的**纲领毕竟总是一面公开树立起来的旗帜，而外界就根据它来判断这个党。”[②] 从这里可进一步认为，党的纲领之所以对无产阶级政党非常重要，根本之处也就在于它集中反映了本阶级的意志、愿望和要求，是对外界的一个公开宣示。恩格斯在1882年11月给伯恩施坦的信中，就批判了不坚持党的性质的思想和行为，他明确指出：“马隆以他自己的没有纲领的绪论这一施给乞丐的稀汤吸引着许多人，这是毫不足怪的。但是，如果建立一个没有纲领的党，一个谁都可以参加的党，那末这就不成其为党了。”[③] 恩格斯还严厉批判马隆和福尔马尔为了迎合那些老派的宗派主义者而放弃任何党纲，这样是不能带领他们前进的。

作为无产阶级政党来讲，第一部党纲《共产党宣言》对党的基本性质进行了完整而科学的阐明：

> 共产党人不是同其他工人政党相对立的特殊政党。
>
> 他们没有任何同整个无产阶级的利益不同的利益。
>
> 他们不提出任何特殊的原则，用以塑造无产阶级的运动。
>
> 共产党人同其他无产阶级政党不同的地方只是：一方面，在无产者不同的民族的斗争中，共产党人强调和坚持整个无产阶级共同的不分民族的利益；另一方面，在无产阶级和资产阶级的斗争所经历的各个发展阶段上，共产党人始终代表整个运动的利益。[④]

以上马克思、恩格斯所明确的，就是党的基本性质，也是确定是不是真正的无产阶级政党的基本依据。

（三）党的纲领是衡量党的运动水平的界碑

马克思1875年5月5日在关于哥达纲领问题给威廉·白拉克的信中，对制

① 马克思、恩格斯：《共产党宣言》，《马克思恩格斯文集》第2卷，人民出版社2009年版第66页。

② 恩格斯：《给奥·倍倍尔的信》，《马克思恩格斯文集》第3卷，人民出版社2009年版第415页。

③ 恩格斯：《恩格斯致爱德华·伯恩施坦（1882年11月28日）》，《马克思恩格斯全集》第35卷，人民出版社1971年版第401页。

④ 马克思、恩格斯：《共产党宣言》，《马克思恩格斯文集》第2卷，人民出版社2009年版第44页。

定党的纲领的重要意义进行了阐明，他明确指出，无产阶级政党只要是制定了一个原则性的纲领，“这就是在全世界面前树立起一些可供人们用以判定党的运动水平的界碑”。并且还用括号着重强调，“应该是把这件事情推迟到由较长时间的共同工作准备好了的时候再做”①。从这里可以看到，马克思是把党的纲领放到“界碑”的高度来看的，这充分说明了制定党的纲领这件事对党的领导和党的建设工作的重要意义，必须引起党的高度重视。也正是由于制定党的纲领非常重要，因此就需要非常慎重，需要做全面而扎实的准备工作。

之所以把党的纲领置于“界碑”的高度，并且对制定党的纲领要采取谨慎态度，是因为从党的纲领的基本内容来看，主要是表述了党的基本理论和原则，既是党的理论水平和政治成熟的具体体现，也是党的运动水平、认识水平等各方面的综合反映。正如恩格斯在 1875 年 3 月给奥·倍倍尔的信中指出的：“我们的党在理论方面，即在对纲领有决定意义的方面，**绝对没有什么**要向拉萨尔派**学习**的。”② 从这可以认为，党的纲领的具体内容方面，科学的理论就是纲领的决定性内容。这在马克思和恩格斯之后的无产阶级政党发展中所制定的纲领中也可体现这一点。从列宁创建和领导俄国新型无产阶级政党，到毛泽东领导中国共产党的革命和建设，都非常注重党的纲领的理论表达。他们正是通过对党的纲领的制定，才研究制定了党的政治路线，也才凝聚和团结带领广大人民齐心努力来实现党的政治主张。

（四）党的纲领是维系党的团结统一的政治基础

恩格斯 1882 年 11 月 28 日，在给伯恩施坦的信中指出，拥有一个正确的纲领，总比没有纲领要强得多。这是因为没有一个正确的纲领，既不能检验人们是否真正拥护我们党，更不能凝聚和团结工人阶级来一起战斗，即使表面上拥护也只能是“虚假的拥护者”③。在 1887 年 1 月撰写的《美国工人运动》中，恩格斯又再次强调，必须达到这种结果，也就是把各支独立的部队联合成一支全国性的劳工大军，并有一个临时的纲领，哪怕有不足之处，只要是真正的工

① 马克思：《哥达纲领批判（给威·白拉克的信）》，《马克思恩格斯全集》第 19 卷，人民出版社 1963 年版第 14 页。

② 恩格斯：《给奥·倍倍尔的信（1875 年 3 月 18—19 日）》，《马克思恩格斯文集》第 3 卷，人民出版社 2009 年版第 410—411 页。

③ 恩格斯：《恩格斯致爱德华·伯恩施坦（1882 年 11 月 28 日）》，《马克思恩格斯文集》第 10 卷，人民出版社 2009 年版第 492 页。

人阶级的纲领就行，这就是在美国需要紧接着完成的重大步骤。从恩格斯以上的论述可以理解，他是把制定党的纲领作为党的政治基础来看待的，是作为统一全党的思想意志，激励广大党员群众的革命斗志，凝聚党的团结统一的重要革命策略来做的。他不仅是这样说的，更是这样做的。正如恩格斯指出的："这就是现代社会主义的伟大创始人卡尔·马克思、还有我以及同我们一起工作的各国社会主义者四十多年来所遵循的策略；结果，这个策略到处都引向胜利。"① 列宁还根据马克思、恩格斯的这一基本思想，提出"纲领应当成为鼓动手册"② 的思想。

二、制定党的纲领是为了把党的基本原则规定下来并公布于世

恩格斯在为马克思写的传记中写道："在 1847 年召开的两次代表大会上，同盟进行了改组。第二次大会决定委托马克思和恩格斯两人起草一篇宣言，把党的基本原则规定下来并公布于世。"③ 从这里专门提到的"把党的基本原则规定下来并公布于世"这句话，我们可以认为，无产阶级政党的纲领是无产阶级政党建立的标志，是判断党的性质的重要依据，是衡量党的运动水平的里程碑，也是维系党的团结统一的政治基础，因此在具体拟定中，就必须科学规定党的奋斗目标和行动步骤，全面体现党的政治主张。这也可进一步看出，马克思、恩格斯在制定党的纲领时，是非常严谨而求实的，具有十分系统而严格的标准。

（一）把新的科学的世界观作为制定正确纲领的根本遵循

恩格斯在《卡尔·马克思"政治经济学批判"》（1859 年柏林弗兰茨·敦克尔出版社版，第一分册）中指出："我们党有个很大的优点，就是有一个新的科学的世界观作为理论的基础。"④ 恩格斯还在《1891 年社会民主党纲领草案批判》中，针对当时的草案内容存在着"陈腐传统"的东西太多的问题（这里的所谓"陈腐传统"的东西，指的就是拉萨尔等非马克思主义的理论观点），在对

---

① 恩格斯：《美国工人运动。"英国工人阶级状况"美国版序言》，《马克思恩格斯全集》第 21 卷，人民出版社 1965 年版第 392 页。

② 列宁：《俄共（布）第八次代表大会文献（关于党纲报告的总结发言）（1919 年 3 月 19 日）》，《列宁全集》第 36 卷，人民出版社 2017 年版第 162 页。

③ 恩格斯：《卡尔·马克思》，《马克思恩格斯全集》第 19 卷，人民出版社 1963 年版第 117 页。

④ 恩格斯：《卡尔·马克思"政治经济学批判"》，《马克思恩格斯全集》第 13 卷，人民出版社 1962 年版第 528 页。

这个“纲领草案”进行肯定的同时，也特别指出，现在的草案之所以“大大优于以前的那个纲领”，也是因为“草案在理论方面整个说来是立足在现代科学的基础上，因而有可能从这个基础出发来进行讨论”。[①] 这里的不管是“新的科学的世界观”，还是“现代科学的基础”，指的就是马克思、恩格斯他们自己所创立的新世界观——唯物史观。这既是他们思考和研究一切问题的基本出发点和落脚点，也是无产阶级政党建设和发展的根本遵循，因此必须“从这个基础出发来进行讨论”。马克思、恩格斯不仅批判党纲时是这样说的，更是在他们自己制定党的纲领时这样做的。他们制定的第一部党纲《共产党宣言》，之所以成为无产阶级政党永远的遵循，其中之一就是因为有唯物史观作为自己的理论基础。在马克思、恩格斯之后的无产阶级政党发展的实践中，也充分证明了党纲必须以唯物史观为根本遵循的重要性。列宁在创建和领导俄国革命时，也对这一思想进行了着重强调，指出：“我们必须从大家公认的一条马克思主义原理出发，即纲领必须建立在科学的基础上。纲领应该向群众说明，共产主义革命是怎样发生的，为什么它是不可避免的，它的意义、实质和力量在哪里，它应当解决什么问题。”[②]

（二）把党的基本原则作为制定正确纲领的核心思想

这是马克思、恩格斯始终强调的一个问题，也是制定党的纲领必须坚持的根本要求。恩格斯在阐述他与马克思共同撰写《共产党宣言》的过程时写道：“在 1847 年召开的两次代表大会上，同盟进行了改组。第二次大会决定委托马克思和恩格斯两人起草一篇宣言，把党的基本原则规定下来并公布于世。‘共产党宣言’就是这样产生的，它第一次发表在 1848 年二月革命前不久，后来被译成欧洲几乎所有的文字。”[③] 这里的“把党的基本原则规定下来并公布于世”，就是对党的纲领的基本规定。也就是说，需要紧紧围绕着规定党的基本原则来设置纲领的具体内容。从马克思、恩格斯所拟制和批判的党的纲领来看，他们始终坚持了这个总的要求。不仅《共产党宣言》是如此，而且在拟制《国际工

① 恩格斯：《1891 年社会民主党纲领草案批判》，《马克思恩格斯文集》第 4 卷，人民出版社 2009 年版第 407 页。

② 列宁：《俄共（布）第八次代表大会文献 · 关于党纲报告的总结发言（1919 年 3 月 19 日）》，《列宁全集》第 36 卷，人民出版社 2017 年版第 162 页。

③ 恩格斯：《卡尔 · 马克思》，《马克思恩格斯全集》第 19 卷，人民出版社 1963 年版第 117 页。

人协会成立宣言》时，也是根据当时的斗争需要，坚持了“实质上坚决，形式上温和”[①] 的原则，论述了无产阶级政党应该坚持的一些基本原则，说明了国际工人联合的必要性，指出了工人阶级夺取政权的伟大使命，规定了国际工人协会的组织原则。另外，在《对德国工人党纲领的几点意见》，也就是《哥达纲领批判》中，马克思针对纲领全篇贯穿了拉萨尔主义的问题，通过对这个“极其糟糕的、会使党堕落的纲领”的逐条剖析，重点阐述了党的纲领的重要性和必须坚持的基本原则。

（三）把党的理论和策略原则作为制定正确纲领的主体内容

恩格斯在《马克思和〈新莱茵报〉（1848—1849 年）》中，在评价共产主义者同盟时写道：“这个不大的战斗队，却拥有一个大家都乐于服从的、第一流的领袖**马克思**，并且赖有他才拥有一个至今还完全适用的原则性的和策略的纲领——**《共产主义宣言》**。”[②] 从恩格斯阐明的《共产主义宣言》的“原则性的和策略的纲领”这句话，可以认为，在马克思、恩格斯的思想里，从总体上来讲，对制定党的纲领有两个方面的要求，这是他们制定《共产党宣言》时就已经明确了的。一个就是“公开说明自己的观点、自己的目的、自己的意图”[③]，也就是旗帜鲜明地表达无产阶级政党的目标和意图，准确而深刻地阐述党的基本理论和观点。另一个是“详细的理论和实践的党纲”[④]，完整而不是零散地反映马克思主义基本原理，并且实现理论与实践的辩证统一。也就是说，无产阶级政党的纲领是“公开说明自己的观点、自己的目的、自己的意图”的“详细的理论和实践的党纲”。这是马克思、恩格斯对无产阶级政党纲领的总体要求，也是具体制定纲领主体内容的基本遵循。这里所说的无产阶级政党自己的“观点”“目的”和“意图”，指的就是党的基本理论和策略原则。纲领之所以称为纲领，就是指一个政党的总的理论指导和策略原则，这是纲领的本质所在。如果不能把这个作为主体内容进行阐述，也就失去了“纲”和“领”的意义。因此马克思、恩格斯始终强调，在制定党的纲领时，必须以党的理论和策略原则

---

① 马克思：《马克思致恩格斯（1864 年 11 月 4 日）》，《马克思恩格斯文集》第 10 卷，人民出版社 2009 年版第 216 页。

② 恩格斯：《马克思和〈新莱茵报〉（1848—1849 年）》，《马克思恩格斯文集》第 4 卷，人民出版社 2009 年版第 3 页。

③ 马克思、恩格斯：《共产党宣言》，《马克思恩格斯文集》第 2 卷，人民出版社 2009 年版第 30 页。

④ 马克思、恩格斯：《共产党宣言》，《马克思恩格斯文集》第 2 卷，人民出版社 2009 年版第 5 页。

为主体内容，进行详尽而科学的论述和阐明，只有这样才能真正体现纲领的总体指导和牵引作用，也才能起到指导无产阶级革命运动的目的。

(四) 把简练严整作为制定正确纲领的基本要求

马克思在帮助法国工人党制定纲领时，强调党的纲领是一个重要的指导原则，因此在撰写时要做到简短，并且起点要高。1880 年 11 月 5 日他在给左尔格的信中，针对盖得在制定法国工人党纲领时，坚持把法定最低工资之类的具体措施都写进纲领的问题，表达了强烈反对的态度。同时，也对法国工人党制定纲领中坚持用精练和简短的话语阐述共产主义的目的和经济部分的要求，表示了赞赏，称赞他们“这个很精练的文件在导言中用短短的几行说明了共产主义的目的”①。恩格斯在《1891 年社会民主党纲领草案批判》中也提出了这样的思想，指出讨论党纲的前提有两个方面，一个是“草案在理论方面整个说来是立足在现代科学的基础上”，也就是以马克思、恩格斯所创立的科学世界观为指导，这是首要前提和基础。另一个就是，在具体阐述时不可以“要求它既是纲领，又是对纲领的**解释**”，特别是不能把纲领写得“冗繁和拖沓”②。在恩格斯看来，“纲领应当尽量简练严整，即使用上个把外国字或者不是一读就能把握其全部意义的句子，那也无妨”。这是因为，“集会上的口头报告和报刊上的文字说明将使所必需的一切得到弥补，而言简意赅的句子，一经理解，就能牢牢记住，变成口号；这是冗长的论述绝对做不到的。不要为了通俗而作太多的牺牲，不要把我国工人的智力和文化程度估计过低”。③ 党的纲领是为了向广大党员和群众进行宣传的，而当时的工人阶级并不具有多少文化知识，所以想被工人阶级领会和掌握，必须用很容易理解并且是简短而有力的工人自己的话语来讲明党的意志和主张。

三、党的纲领必须成为一切坚决而有觉悟的工人政党的准则

马克思、恩格斯首先是无产阶级革命家，他们不仅仅研究理论、探索理论，

① 马克思：《马克思致弗里德里希·阿道夫·左尔格（1880 年 11 月 5 日）》，《马克思恩格斯文集》第 10 卷，人民出版社 2009 年版第 453 页。

② 恩格斯：《1891 年社会民主党纲领草案批判》，《马克思恩格斯文集》第 4 卷，人民出版社 2009 年版第 407 页。

③ 恩格斯：《1891 年社会民主党纲领草案批判》，《马克思恩格斯文集》第 4 卷，人民出版社 2009 年版第 407 页。

更重要的是去努力实践自己的理论。同样，他们在制定无产阶级政党的纲领时，不仅十分注重内容上的科学性，而且更注重把握纲领内容的内在规律性，从而更加科学更加贴近于国际工人运动的实际，真正成为无产阶级革命运动的行动准则。恩格斯在1884年总结回顾制定《共产党宣言》的过程时指出："从来没有一个策略纲领像这个策略纲领那样得到了证实。它在革命前夜被提出后，就经受住了这次革命的检验；并且从那时起，任何一个工人政党每当背离这个策略纲领的时候，都因此而受到了惩罚。而现在，差不多过了40年以后，它已经成为欧洲——从马德里到彼得堡所有坚决而有觉悟的工人政党的准则。"① 这对无产阶级政党制定和执行纲领问题提出了根本性要求，对于具体制定中所把握的具体原则，马克思、恩格斯也在实践中进行了论证和阐明。

（一）正确把握最高纲领和最低纲领的辩证关系

这是制定和执行落实党的纲领的重要遵循。一方面，必须首先把最高纲领放到最重要最突出的位置，并作为最高原则来坚持。1869年3月5日，马克思在给恩格斯的信中指出："说到'同盟'的纲领，总委员会没有必要批判地审查它。总委员会无须研究这个纲领是不是如实地、科学地反映了工人运动。它只需要弄清楚，纲领的**总的方向**同国际工人协会的总的方向——工人阶级的彻底解放有没有相抵触的地方！"② 恩格斯也在《美国工人运动》中提出了这样的思想，指出纲领不管具有什么样的形式，还是撰写什么样的具体内容，但有一点必须要非常明确，而且要始终坚持，那就是"必须朝着预先可以确定的方向发展"。③ 从这里可以看出，马克思、恩格斯最关注的是"纲领的总的方向"，这个总的方向就是最终目标，也就是无产阶级夺取政权，得到彻底解放的问题。另一方面，在强调最高纲领的同时，马克思、恩格斯还非常注重最低纲领的问题。在他们制定的三部党纲中，既深刻论述了实现彻底解放、最终达到人类解放的必然性，也从不忽视暂时利益和当下斗争。《共产党宣言》既提出了最终目标，还提出了对待其他党派的基本立场和态度；《国际工人协会成立宣言》，在

---

① 恩格斯：《马克思和〈新莱茵报〉（1848—1849年）》，《马克思恩格斯文集》第4卷，人民出版社2009年版第4页。

② 马克思：《马克思致恩格斯（1869年3月5日）》，《马克思恩格斯文集》第10卷，人民出版社2009年版第301页。

③ 恩格斯：《美国工人运动。"英国工人阶级状况"美国版序言》，《马克思恩格斯全集》第21卷，人民出版社1965年版第385—386页。

继承《共产党宣言》的基本原理和观点的基础上，又进一步提出了最终目标和当前任务；在《法国工人党纲领（草案）》中，既概略描绘了党的远大理想和目标，也根据当时法国经济社会发展的实际状况，提出了工人阶级的具体诉求。这些都充分体现了马克思、恩格斯对党的最高纲领与最低纲领有机统一的坚定思想。

（二）实现党的理论问题阐述与策略原则制定的统一

从马克思、恩格斯撰写和批判的几个纲领来看，一般情况下，第一部分是对理论问题的阐述，在这个基础上对实现这个理论而提出一些策略原则。这是促进党的纲领落地生根的基本需要。这就是要求无产阶级政党在制定行动纲领时，既要有基础的理论和观点，也要有宏观的策略和原则，还要有历史发展的阶段性目标和一定的具体措施。马克思、恩格斯在制定《共产党宣言》时，就是既从理论和宏观上对党的基本原理和策略原则进行阐明，还针对当时的斗争形势提出了 10 条具体落实的措施。恩格斯在《美国工人运动》中也进一步提出了这样的思想，他明确指出，纲领让广大工人群众感受到他们的共同苦难和共同利益，也就是搞好思想动员，制定原则策略，并且作为一个阶级团结起来组织行动，这只是做到了第一步，更重要的是“下一步是要找到一剂医治这些共同苦难的共同药物，并且把它体现在新的工人政党的纲领中”。[①] 这里的“医治这些共同苦难的共同药物”，指的就是具体的行动措施和方法。并且指出在整个无产阶级的革命运动中，这是“最重要最困难的这一步”[②]。有的学者把马克思、恩格斯的学说称为“实践哲学”，就是指他们不仅研究理论、提出思想、拿出策略和办法，更重要的是他们实践自己的理论，贯彻自己的思想，落实自己制定的具体措施和办法，在实际革命斗争中去争取革命理想的实现。这既是他们的革命品质，更是他们的革命要求。

（三）与革命运动的实际发展和现实需要相结合

这是制定党的纲领的基本遵循和现实要求。正如恩格斯在 1891 年 4 月 8 日给左尔格的信中指出的，党的纲领“如果不同人们的实际需要相结合，即使它

---

① 恩格斯：《美国工人运动。“英国工人阶级状况”美国版序言》，《马克思恩格斯全集》第 21 卷，人民出版社 1965 年版第 385 页。

② 恩格斯：《美国工人运动。“英国工人阶级状况”美国版序言》，《马克思恩格斯全集》第 21 卷，人民出版社 1965 年版第 385 页。

在理论上是基本正确的，那也毫无用处”。[①] 他们在这里所强调要求的，就是党的纲领是党的指导理论、基本原理的总体反映，是谋划未来，指引方向，制定策略原则的重要载体。虽然党的性质、宗旨以及根本的策略原则是不变的，也是需要长期坚持的，但这些基本原理特别是策略原则以及方法等的实际应用，正如马克思、恩格斯所强调的，是要随时随地以当时的历史条件为转移的。所以制定党的纲领，必须坚持辩证唯物主义的基本原理，具体内容着眼于革命形势的阶段性发展和外界环境条件的不断变化，而进行不断适应和调整。这既是制定纲领的基本原则，更是学习应用马克思主义的根本要求。马克思、恩格斯不仅是这样说的，在实际制定党的纲领时也是这样做的。从 1847 年底至 1848 年 1 月制定出《共产党宣言》，再到 1893 年 2 月，在这 45 年的时间里，虽然因为已“是一个历史文件”，“已没有权利来加以修改”，但他们分别于 1872 年、1882 年、1883 年、1888 年、1890 年、1892 年和 1893 年写了序言，这些序言就是根据革命形势的不断变化和党的建设发展的实际状况，而提出的适应当时党的斗争和发展情况的理论原则和思想观点，就是对《共产党宣言》的进一步补充和完善。

（四）应当避免对于个别作者或著作的明显依赖

马克思 1881 年 7 月 2 日针对民主联盟的纲领，在给亨利·迈尔斯·海德门的信中指出：“党的纲领应当避免对于个别作者或著作的明显的依赖性。我还想补充一点，对于您从《资本论》中借用来的那类新的科学发现，党的纲领也是个不合适的地方；把这些新发现放在一个明确宣布的目的与这些新发现毫无共同之处的纲领的**说明**中，是完全不妥当的。把它们写进为建立一个独立自主的工人阶级政党的纲领的说明中，也许有某种意义。”[②] 恩格斯也非常赞同马克思的这个观点，他在 1891 年 10 月 14 日针对《爱尔福特纲领草案》也就是《1891 年社会民主党纲领草案》，在给考茨基的信中写道：“鼓动中使用拉萨尔的用语，**在一定的情况下**是有理由的，尽管我们的人，例如在 1890 年 10 月 1 日以来的《前进报》上，用得太滥了。但是，**纲领中不容许这种用语存在**，它用在那里是

---

① 恩格斯：《致弗里德里希·阿道夫·左尔格（1891 年 4 月 8 日）》，《马克思恩格斯全集》第 38 卷，人民出版社 1972 年版第 74 页。

② 马克思：《马克思致亨利·迈尔斯·海德门（1881 年 7 月 2 日）》，《马克思恩格斯全集》第 35 卷，人民出版社 1971 年版第 195 页。

绝对错误的，而且会把人引入迷途。它用在那里，就像银行家贝特曼的妻子要坐在别人打算给贝特曼的房子修建的阳台上一样：‘如果你们给我修建一个阳台，我的妻子往上面一坐，楼房的整个外观就给破坏了！’”① 马克思、恩格斯的这一重要思想说明，对于无产阶级政党来讲，党的纲领是整个党的形象、方向和力量，它就像一面旗帜，推动和牵引着党的事业不断胜利前行。因此，无产阶级政党的纲领不是某一个人的事业，而是全体无产阶级的伟大事业，成为凝聚全体人员智慧和力量的平台。

（五）修改纲领应做得无懈可击

这是恩格斯在 1882 年 11 月 4 日给伯恩施坦的信中提出的重要思想，恩格斯针对伯恩施坦想对当时的德国社会民主党的纲领进行修改时，明确指出：“对您筹划的修改纲领的运动说几句话。我认为这是非常不适时的。纲领不好，但谁也没有再谈这件事了，修改纲领应做得无懈可击。所以，当不能公开选举代表时，也就是说，当不能对**任何**代表资格证提出异议时，如果不是十分必要，最好不要触及纲领。修改纲领会使右翼有借口把自己装扮成真正捍卫党的原则、忠于经过考验的旧纲领等等的人。在把这个纠纷的苹果抛到被捆住了手脚的党里来以前，请好好考虑考虑。”② 从这里可以看到，恩格斯之所以要求伯恩施坦对纲领的修改应做得无懈可击，主要是因为，党的纲领是党的基本理论和原则的规定，是对党的面上内容的总体规定，决定着党的革命斗争和建设方向，不仅制定时必须保证其内容的严谨和科学，而且修改时更须非常慎重。一方面，制定完成的党的纲领，已经在党内施行了一段时间，对党已经产生了重大的作用，修改党的纲领不仅仅是对纲领文字内容的修改，而是对党的路线方针和基本原则等的改变，可谓牵一发而动全身，影响重大而深远，因此不得不慎重。另一方面，党的纲领是党这个集体的行动指南，因此需要得到全党成员的支持才能完成，如果仓促制定完成而得不到大多数党员的承认，必将对纲领在党的革命斗争和建设中的功能地位产生重要影响，因此也必须要慎重，而且要做得无懈可击。

---

① 恩格斯：《恩格斯致卡尔·考茨基（1891 年 10 月 14 日）》，《马克思恩格斯文集》第 10 卷，人民出版社 2009 年版第 619 页。

② 恩格斯：《恩格斯致爱德华·伯恩施坦（1882 年 11 月 4 日）》，《马克思恩格斯全集》第 35 卷，人民出版社 1971 年版第 392 页。

1875年5月5日，马克思在关于哥达纲领问题给威·白拉克的信中指出："一步实际运动要比一打纲领更为重要。"① 制定纲领只是完成了上篇，更重要的还是始终把党的纲领作为指导无产阶级政党建设发展的重要遵循，作为加强党员队伍建设的重要依据，切实搞好学习研究和贯彻落实，真正把党的思想统一到党的纲领上来，按照党的纲领要求齐心奋斗。这就需要以顽强的精神、坚韧的毅力去搞好落实。正如恩格斯指出的："一个知道自己的目的，也知道怎样达到这个目的的政党，一个真正想达到这个目的并且具有达到这个目的所必不可缺的顽强精神的政党，——这样的政党将是不可战胜的。"②

第二节　党能保持住做一个革命党的权利也就有了它所需要的一切

1883年3月18日，恩格斯在马克思的葬礼上讲道："马克思首先是一个革命家。他毕生的真正使命，就是以这种或那种方式参加推翻资本主义社会及其所建立的国家设施的事业，参加现代无产阶级的解放事业"，"斗争是他的生命要素"。③ 作为早已与马克思融为一体的恩格斯，这句话同样也适用于恩格斯自己。作为革命家的马克思、恩格斯在他们革命的一生中，坚持历史唯物主义的世界观，采取辩证唯物主义的方法论，从理论和实践的结合中创立了无产阶级政党的革命理论。作为理论和实践相结合的历史产物，马克思、恩格斯的革命实践贯穿于他们的一生，也就历史地必然成为无产阶级政党理论的重要内容。这一基本理论的创立和发展，既是由革命的内在作用决定的，也是由无产阶级政党所处的地位和任务所要求的。恩格斯在1884年11月18日给倍倍尔的信中指出："如果党能保持住做一个革命党的权利……那末党也就有了它所需要的一切。"④ 1851年2月恩格斯在给马克思的信中也提道："革命是一种与其说受平

① 马克思：《哥达纲领批判》，《马克思恩格斯全集》第19卷，人民出版社1963年版第13页。

② 恩格斯：《致奥古斯特·倍倍尔（1893年10月12日）》，《马克思恩格斯全集》第39卷（上），人民出版社1974年版第139页。

③ 恩格斯：《在马克思墓前的讲话》，《马克思恩格斯文集》第3卷，人民出版社2009年版第602页。

④ 恩格斯：《致奥古斯特·倍倍尔（1884年11月18日）》，《马克思恩格斯全集》第36卷，人民出版社1974年版第239页。

时决定社会发展的法则支配，不如说在更大程度上受物理定律支配的纯自然现象。或者更确切地说，这些法则在革命时期具有大得多的物理性质，必然性的物质力量表现得更加强烈。只要你作为一个党的代表出现，你就要被卷到这个不可抗拒的自然必然性的漩涡里去。”① 从这里可以看出，在马克思、恩格斯的理论认知里，无产阶级政党永远是一个革命党，需要承担起这个党应该承担的责任，完成好应该完成的革命的历史使命，这不仅是作为肩负着人类解放历史使命的政党的基本规律所需，也是作为无产阶级革命政党的应有之义。

一、革命是历史的火车头

恩格斯曾在1882年8月给伯恩施坦的信中指出：“真奇怪！罗曼语国家的一切革命者都抱怨说，过去他们进行革命总是对别人有利，——其原因很简单：他们往往被‘革命’这个词所迷惑。只要某地刚一发生暴乱，整个罗曼语族革命界总是根本不加批判地欣喜若狂。”② 在这里，恩格斯通过对阿拉伯地区特别是埃及的革命者对“革命”这个词的误解，从而导致革命行动受挫的问题进行了批判。这充分说明了，对“革命”这个词的基本内涵要义的精准把握的重要性。那么，到底什么是真正的革命呢？马克思、恩格斯在《德意志意识形态》中提出：“历史的动力以及宗教、哲学和任何其他理论的动力是革命，而不是批判。”③ 基于这个基本原理，马克思又在《1848年至1850年的法兰西阶级斗争》中，形象地提出了“革命是历史的火车头”④ 的重要论断。在马克思和恩格斯看来，革命是改变世界的重要手段和方式，是牵引历史发展的重要动力，它可以加快历史发展进程、发挥人民群众的巨大创造力。这是马克思、恩格斯从革命的普遍意义上提出的重要思想，这既是基于马克思、恩格斯他们革命生涯的经验教训总结的结果，也是对无产阶级政党实现党的崇高理想而进行研究探讨的结论。

---

① 恩格斯：《恩格斯致马克思（1851年2月13日）》，《马克思恩格斯全集》第27卷，人民出版社1972年版第210页。

② 恩格斯：《恩格斯致爱德华·伯恩施坦（1882年8月9日）》，《马克思恩格斯全集》第35卷，人民出版社1971年版第345页。

③ 马克思、恩格斯：《德意志意识形态》，《马克思恩格斯全集》第3卷，人民出版社1960年版第43页。

④ 马克思：《1848年至1850年的法兰西阶级斗争》，《马克思恩格斯文集》第2卷，人民出版社2009年版第161页。

(一) 生产力和交往形式之间的矛盾每一次都不免要爆发为革命

马克思、恩格斯在《共产党宣言》中提出:“废除先前存在的所有制关系,并不是共产主义所独具的特征。一切所有制关系都经历了经常的历史更替、经常的历史变更。”① 也就是说,这是社会发展的基本规律,那么经常发生的促使历史“更替”和“变更”的东西是什么呢?就是革命。在大致写于1845年9月至1846年8月的《德意志意识形态》中,马克思、恩格斯在对费尔巴哈和青年黑格尔派进行全面批判的基础上,提出“生产力和交往形式之间的这种矛盾每一次都不免要爆发为革命”的基本原理,而且在这里还用括号对这个问题进行了进一步强调,指出这个问题虽然在以往历史中曾多次爆发过,但“并没有威胁这种形式的基础”②。也就是说,革命的根本动因在于生产力与生产关系的矛盾。革命是一种政治行动,但引起革命的真正原因,并不在政治本身,而是在社会的经济运动,主要表现为生产力和生产关系的矛盾斗争。

对于这一基本原理的提出过程,马克思、恩格斯在《德意志意识形态》的“共产主义。——交往形式本身的生产”③ 中进行了详细而深刻的理论阐述。马克思、恩格斯认为,经济因素是社会发展的决定性因素,而发展经济就得要生产,而要生产就得要产生交往关系。因此,生产力与交往形式的关系当然是物质的关系,它决定一切其他的活动,如脑力活动、政治活动、宗教活动等。任何一种社会制度形式,应当适应于它们面临的生产力发展水平,如果起初没有这种适应,那么社会制度形式就应当按照生产力而发生变化。也就是说,生产力发展的一定水平产生相适应的交往形式。当这对关系相互适应的时候,就会促进生产力的发展,而如果交往形式不能适应生产力的发展的时候,这种交往关系就会成为生产力发展的桎梏,必然会阻碍生产力的发展,进而产生必然的矛盾。“因此,按照我们的观点,一切历史冲突都根源于生产力和交往形式之间的矛盾。”④ 马克思、恩格斯还特别指出,这“不仅是逻辑的差别,而且是历

---

① 马克思、恩格斯:《共产党宣言》,《马克思恩格斯文集》第2卷,人民出版社2009年版第45页。

② 马克思、恩格斯:《德意志意识形态》,《马克思恩格斯全集》第3卷,人民出版社1960年版第83页。

③ 这一基本原理的阐述,集中在马克思、恩格斯共同撰写的《德意志意识形态》中(《马克思恩格斯全集》第3卷,人民出版社1960年版第79—84页)。

④ 马克思、恩格斯:《德意志意识形态》,《马克思恩格斯全集》第3卷,人民出版社1960年版第83页。

史的事实”。[①] 他们还举例进行了进一步证明：“封建主义决不是现成地从德国搬去的；它起源于蛮人在进行侵略时的军事组织中，而且这种组织只是在征服之后，由于被征服国家内遇到的生产力的影响才发展为现在的封建主义的。这种形式到底受到生产力的多大程度的制约，这从查理大帝等企图建立以古罗马遗迹为基础的其他形式的失败尝试中已经得到证明。”[②] “在与之相适应的交往形式已经为适应于较晚时期的利益的交往形式所排挤之后，仍然在长时间内拥有一种表现为与个人隔离的虚幻共同体（国家、法）的传统权力，这种权力归根结底只有通过革命才能打倒。”[③] “一个社会不能停止消费，同样，它也不能停止生产。”[④] 因此，人类历史就是在这对矛盾的周而复始的运动中不断向前发展的。

马克思、恩格斯在创立了这一基本理论之后，在他们以后的不管是理论研究还是革命实践中，都始终坚持和发展了这一基本理论。比如，马克思在 1855 年 6 月 25 日的《反教会运动。——海德公园的示威》中说：“过了时的社会力量，虽然它存在的基础早已腐朽，可是，在名义上它还控制着权力的一切象征，它继续苟延残喘，同时在它尚未宣告死亡和宣读遗嘱的时候，继承者们就为遗产而争吵了起来。为历史所证明的古老真理告诉我们：正是这种社会力量在咽气以前还要作最后的挣扎，由防御转为进攻，不但不避开斗争，反而挑起斗争，并且企图从那种不但令人怀疑而且早已被历史所谴责的前提中作出最极端的结论来。”[⑤] 面对这种情况，代表社会历史发展的新生的阶级力量所能采取的唯一办法，就是组织力量和它们作斗争。这种斗争的水平和规模，将最终决定社会历史发展的进程。恩格斯也在其撰写的《社会主义从空想到科学的发展》中指出：“一切社会变迁和政治变革的终极原因，不应当在人们的头脑中，在人们对

---

① 马克思、恩格斯：《德意志意识形态》，《马克思恩格斯全集》第 3 卷，人民出版社 1960 年版第 79—80 页。

② 马克思、恩格斯：《德意志意识形态》，《马克思恩格斯全集》第 3 卷，人民出版社 1960 年版第 83 页。

③ 马克思、恩格斯：《德意志意识形态》，《马克思恩格斯全集》第 3 卷，人民出版社 1960 年版第 81 页。

④ 马克思：《资本论》，《马克思恩格斯全集》第 23 卷，人民出版社 1972 年版第 621 页。

⑤ 马克思：《反教会运动。——海德公园的示威》，《马克思恩格斯全集》第 11 卷，人民出版社 1962 年版第 363 页。

永恒的真理和正义的日益增进的认识中去寻找，而应当在生产方式和交换方式的变更中去寻找；不应当在有关的时代的**哲学**中去寻找，而应当在有关的时代的**经济学**中去寻找。”① 从而明确了经济因素不管是在社会发展中还是在无产阶级革命中的决定性作用。恩格斯在1894年1月25日给博尔吉乌斯的信中还提出了“红线”② 的观点，他指出，经济关系不管受到其他关系多大的影响，比如不管是政治的还是意识形态的，归根到底具有决定意义的还是经济关系。这里恩格斯提出“红线”思想，并且还是一条“贯穿始终的”而且是“唯一”的一条“红线”。

（二）只有社会革命才是真正的革命

恩格斯在其撰写的《流亡者文献》中，在总结历史上的革命斗争过程时提出：“任何一个真正革命都是社会革命，因为它使新阶级占居统治地位并且让它有可能按照自己的面貌来改造社会。”③ 这一基本原理，站在历史发展的角度，对革命的实质进行了阐明。这是理解和把握革命理论的基本着眼点。

首先，根据所担负的任务，革命可大体分为政治革命和社会革命。对于革命的具体内容和分类，马克思和恩格斯虽然没有进行非常明确的论述，但从他们在各个时期的论断中，可以得到理解。马克思、恩格斯在《共产党宣言》中指出：“过去一切阶级在争得统治之后，总是使整个社会服从于它们发财致富的条件，企图以此来巩固它们已经获得的生活地位。”④ 在这里，“争得统治”的过程就是政治革命的过程，而“力图把已经获得的生活地位巩固起来，使全社会都服从那保障它们的占有方式的条件”的过程就是社会革命的过程。恩格斯在《德国的革命和反革命》中，依据“革命是历史的火车头”这一思想，还具体地把革命比喻为“社会进步和政治进步的强大发动机”，并且强调这种力量使得一个国家“五年就走完在普通环境下一百年还走不完的途程”⑤。在对革命发生的原因进行论述时，特别强调了革命的必然性，指出“革命之所以必需”，就

① 恩格斯：《社会主义从空想到科学的发展》，《马克思恩格斯文集》第3卷，人民出版社2009年版第547页。

② 恩格斯：《致瓦·博尔吉乌斯（1894年1月25日）》，《马克思恩格斯全集》第39卷（上），人民出版社1974年版第199页。

③ 恩格斯：《流亡者文献》，《马克思恩格斯全集》第18卷，人民出版社1964年版第614页。

④ 马克思、恩格斯：《共产党宣言》，《马克思恩格斯文集》第2卷，人民出版社2009年版第42页。

⑤ 恩格斯：《德国的革命和反革命》，《马克思恩格斯全集》第8卷，人民出版社1961年版第38页。

是因为只有革命才能够推翻统治阶级，也“只有在革命中才能抛掉自己身上的一切陈旧的肮脏东西，才能建立社会的新基础”①。

从以上论述，我们可以认为，在马克思和恩格斯的理论体系里，革命分为政治革命和社会革命两个大的方面。生产力和交往形式之间的矛盾每一次都不免要爆发为革命，革命的第一种意义是推翻旧的政治统治建立新的政治统治，这就是政治革命，而政治革命只是完成了革命的第一步，最重要的是在完成革命的第一阶段后，因为“占有也只有通过革命才能得到实现”②，所以还要继续进行革命，“必须使人们普遍地发生变化”③，与“自己身上的一切陈旧的肮脏东西”进行彻底决裂，这就是社会革命。

其次，政治革命是社会革命的前提和先决条件，是社会革命产生和发展的必然结果，社会革命应以政治革命为自己开辟道路。任何一种生产关系都有由它决定并同它相适应的自己的政治上层建筑，而这个政治上层建筑形成后将积极保护这种生产关系的完善和巩固。因此，生产力与交往形式的矛盾到了非采取革命手段改变旧的交往形式不可的时候，革命遇到的第一个对象势必就是保护旧的生产关系的旧的政治上层建筑。这也就是说，改变旧的生产关系，确立和发展新的生产关系的社会革命，要首先从根本上改变旧的政治上层建筑的政治革命开始。正是从这个意义上讲，马克思、恩格斯才认为政治革命是社会革命的前提和先决条件。然而，就政治革命的形成而言，政治革命却是社会革命产生和发展的必然结果。以改变旧的生产关系，建立和发展新的生产关系为主要任务的社会革命是一场大规模、长时间的革命。当生产力发展到一定阶段，并与它一直在其中活动的现存生产关系发生矛盾时，社会革命的时代就到来了。在这个时代中出现的政治革命，正是这种矛盾日趋尖锐化的结果。这也就意味着，历史上的每一次政治革命都是一定的社会革命产生和发展的结果。

这可以从英国历史上出现的、对人类历史发展具有决定性意义的社会革命中得到充分印证。在 1844 年的 1 月到 3 月之间，恩格斯基本上每月写一篇分析

---

① 马克思、恩格斯：《德意志意识形态》，《马克思恩格斯全集》第 3 卷，人民出版社 1960 年版第 78 页。

② 马克思、恩格斯：《德意志意识形态》，《马克思恩格斯全集》第 3 卷，人民出版社 1960 年版第 76 页。

③ 马克思、恩格斯：《德意志意识形态》，《马克思恩格斯全集》第 3 卷，人民出版社 1960 年版第 78 页。

英国社会状况的文章，在这期间共写了三篇。在这组文章中，恩格斯认为，18世纪是革命的世纪，欧洲大陆的旧世界在这革命的世纪中都被摧毁，然而英国却依然风平浪静，国家和教会都没有发生变化。但是在这平静的背后，英国却在进行着比其他任何国家所发生的变革都具有更大意义的变革，即社会革命。尽管从表面形式看，当时的英国社会革命是在18世纪已经具有了科学形式的各门科学与实践结合的结果，而同一时期的法国政治革命却是各门科学与哲学结合的结果，但是，不能就因此认为，英国的社会革命是毫无政治革命的前提的。恩格斯认为恰恰相反，这场在18世纪成为大规模运动的社会革命，从根本上讲，是英国16、17世纪资产阶级所进行的资产阶级政治革命的结果。恩格斯说："十六世纪和十七世纪创造了社会革命的一切前提，消灭了中世纪制度，树立了社会的、政治的、宗教的抗议派思想；这两个世纪为英国建立了殖民地、海军和贸易，并使新兴的而且已经相当强有力的资产阶级和贵族并列。"① 虽然，在16、17世纪中，英国资产阶级所进行的政治革命并不彻底，但是由于在这场革命中，资产阶级已达到掌握政权并改造旧政治上层建筑的目的，所以，这场不彻底的政治革命在使资产阶级享有统治地位并获得发展的同时，也为英国的社会革命提供了条件。从以上分析的英国的革命过程来看，世界上没有一次革命可以不进行政治革命就能实现社会革命的。

第三，只有社会革命才是真正的革命。在人类发展历史上，出现在每一个社会革命时代的政治革命，归根到底都是为了社会革命，即为了彻底改变旧的生产关系，确立和发展新的生产关系而进行的。因此，每一次革命的最终落脚点都是在生产关系上。正是从这个意义上，恩格斯总结说："迄今所发生的一切革命，都是为了保护一种所有制以反对另一种所有制的革命。它们如果不侵犯另一种所有制，便不能保护这一种所有制。……一切所谓政治革命，从头一个起到末一个止，都是为了保护**一种**财产而实行的，都是通过没收（或者也叫做盗窃）**另一种**财产而进行的。"②

为社会革命开辟道路的政治革命，每一次都将为社会革命的全面展开和取得最后胜利提供两个十分重要的条件：第一个条件是获得政治上解放的新阶级。

① 恩格斯：《英国状况十八世纪》，《马克思恩格斯全集》第1卷，人民出版社1956年版第664页。

② 恩格斯：《家庭、私有制和国家的起源》，《马克思恩格斯全集》第21卷，人民出版社1965年版第131页。

这个新的阶级是新的生产力的代表。在封建社会出现的资产阶级是当时的新的阶级，在资本主义社会里出现的无产阶级同样也是新的阶级。这些新的阶级通过革命获得政权后，自身也就在政治上获得解放，不再是被统治的阶级。这种解放使得代表新生产力发展的新的阶级成为社会的主导力量，从而为生产力的进一步发展和新生产关系的确立提供社会基础。第二个条件是新政权。政权的根本改变，将使旧的生产关系丧失政治上的保护，同时，也为新的生产关系的确立和发展提供政治的保证。任何新的阶级都将运用手中的权力积极帮助新的生产关系的形成、发展和巩固。由于政治革命为社会革命的发展创造了这两个重要的条件，所以，每一次政治革命成功后，社会革命都将紧接着展开，从而形成广泛而深刻的社会改造运动。

资产阶级反对封建社会的整个过程就是按照这一基本规律而展开进行的。对此，恩格斯在《共产主义原理》一文中进行了详细描述："凡是大工业代替了手工工场的地方，产业革命都使资产阶级最大限度地增加了自己的财富和扩充了自己的势力，使它成为国内的第一个阶级。结果，凡是完成了这种过程的地方，资产阶级便夺取了政治权力，并挤掉了以前的统治阶级——贵族、行东和代表他们的君主专制。资产阶级废除了长子继承权或不许出卖领地的禁令，取消了贵族的一切特权，这样便消灭了特权贵族、土地贵族的权力。资产阶级取消了所有行会，废除了手工业者的一切特权，从而打垮了行东的威风。资产阶级用自由竞争来代替它们；在自由竞争这种社会状况下，每一个人都有权经营任何一个工业部门，而且，除非缺乏必要的资本，任何东西都不能妨碍他的经营。这样，实行自由竞争无异就是公开宣布：从今以后，由于社会各成员的资本多寡不等，所以他们之间也不平等，资本成为决定性的力量，而资本家，资产者则成为社会上的第一个阶级。"①

（三）革命的直接目的是政治权力

什么是政治权力？马克思、恩格斯在《共产党宣言》中指出："原来意义上的政治权力，是一个阶级用以压迫另一个阶级的有组织的暴力。"② 这从一定意义上讲明了政治权力与阶级斗争的辩证关系。在这个基础上，恩格斯在其撰写

① 恩格斯：《共产主义原理》，《马克思恩格斯全集》第 4 卷，人民出版社 1958 年版第362 页。

② 马克思、恩格斯：《共产党宣言》，《马克思恩格斯文集》第 2 卷，人民出版社 2009 年版第53 页。

的《工联》这篇文章中又进一步指出："在阶级反对阶级的任何斗争中，斗争的直接目的是政治权力；统治阶级保卫自己的最高政治权力，也就是说保卫它在立法机关中的可靠的多数；被统治阶级首先争取一部分政治权力、然后争取全部政治权力，以便能按照他们自己的利益和需要去改变现实法律。"① 对于这段论述的深化理解，可以从以下几个方面来分析和认识。

首先，一切革命斗争的锋芒都是指向在此以前实行政治统治的阶级的。马克思指出："在一切生产工具中，最强大的一种生产力是革命阶级本身。"② 所以，当生产力与生产关系的矛盾使社会陷入全面危机时，这一革命阶级必然将为自身的解放而采取革命行动，而革命的首要目标将是推翻在旧的生产关系上形成的统治阶级。对于这个问题，马克思、恩格斯进行了科学而明确的阐述。马克思、恩格斯说："那些使一定的生产力能够得到利用的条件，是一定的社会阶级实行统治的条件，这个阶级的由其财产状况产生的社会权力，每一次都在相应的国家形式中获得**实践的**观念的表现，因此一切革命斗争的锋芒都是指向在此以前实行统治的阶级的。"③

其次，统治阶级实行政治统治的工具是国家。马克思、恩格斯指出："国家是属于统治阶级的各个个人借以实现其共同利益的形式，是该时代的整个市民社会获得集中表现的形式。"④ 这是从阶级的观点，对国家本质的基本概括。恩格斯对于国家产生的生动而科学阐述，为我们解开了为什么国家的产生是基于统治阶段的意志，是统治阶级实行政治统治的工具。恩格斯在《家庭、私有制和国家的起源》中，以古代的氏族组织和奴隶制的不断演变过程为基础，系统而生动地描写了国家被"发明"出来的过程，最终提出："一句话，财富被当作最高福利而受到赞美和崇敬，古代氏族制度被滥用来替暴力掠夺财富的行为辩护。所缺少的只是一件东西，即这样一个机关，它不仅可以保障单个人新获得的财富不受氏族制度的共产制传统的侵犯，不仅可以使以前被轻视的私有财产神圣化，并宣布这种神圣化是整个人类社会的最高目的，而且还会给相继发展

① 恩格斯：《工联》，《马克思恩格斯全集》第 19 卷，人民出版社 1963 年版第 284 页。

② 马克思：《哲学的贫困》，《马克思恩格斯全集》第 4 卷，人民出版社 1958 年版第 197 页。

③ 马克思、恩格斯：《德意志意识形态》，《马克思恩格斯全集》第 3 卷，人民出版社 1960 年版第 78 页。

④ 马克思、恩格斯：《德意志意识形态》，《马克思恩格斯全集》第 3 卷，人民出版社 1960 年版第 70 页。

起来的获得财产的新形式，因而是给不断加速的财富积累，盖上社会普通承认的印章；所缺少的只是这样一个机关，它不仅可以使正在开始的社会划分为阶级的现象永久化，而且可以使有产阶级剥削无产者的权利以及前者对后者的统治永久化。而这样的机关也就出现了。**国家**被发明出来了。”① 从这里可以理解，国家的发明者是统治阶段，国家是阶级统治的机关，是为统治阶级所控制和掌握的。

第三，国家的核心是国家政权，也就是政治权力。何谓国家政权？恩格斯给出了明确回答：“社会创立一个机关来保护自己的共同利益，免遭内部和外部的侵犯。这种机关就是国家政权。”② 从这里可以认为，国家政权的本质是阶级统治的工具。这也可进一步得出，为什么革命的直接目的是政治权力。这里面有两个方面的根本原因。

一方面，国家政权是政治的中心问题。因为“政治权力不过是用来实现经济利益的手段”③，革命斗争中获胜的阶级都将极力借助手中的权力来保护自身的经济利益和经济特权。马克思在写于 1847 年 10 月底的《道德化的批评和批评化的道德（论德意志文化的历史，驳卡尔・海因岑）》中说：“现代的**资产阶级**财产关系靠国家权力来‘维持’，资产阶级建立国家权力就是为了保卫自己的财产关系。”④ 所以，当生产力与生产关系的矛盾使生产关系面临非进行革命性变革不可的时候，统治阶级为了保住手中的政治权力，就必然会用这种政治权力来保护作为其自身存在的基础的旧的生产关系。因此，任何试图突破旧的生产关系，并使自身获得解放的被压迫阶级就不得不与旧的统治阶级展开最激烈的斗争，而这个斗争的焦点必然是在国家的政治权力上。这就是恩格斯所说的：“在阶级反对阶级的任何斗争中，斗争的直接目的是政治权力；统治阶级保卫自己的最高政治权力，也就是说保卫它在立法机关中的可靠的多数；被统治阶级

---

① 恩格斯：《家庭、私有制和国家的起源》，《马克思恩格斯全集》第 21 卷，人民出版社 1965 年版第 123—124 页。

② 恩格斯：《路德维希・费尔巴哈和德国古典哲学的终结》，《马克思恩格斯全集》第 21 卷，人民出版社 1965 年版第 347 页。

③ 恩格斯：《路德维希・费尔巴哈和德国古典哲学的终结》，《马克思恩格斯全集》第 21 卷，人民出版社 1965 年版第 344 页。

④ 马克思：《道德化的批评和批评化的道德（论德意志文化的历史，驳卡尔・海因岑）》，《马克思恩格斯全集》第 4 卷，人民出版社 1958 年版第 331 页。

首先争取一部分政治权力、然后争取全部政治权力，以便能按照他们自己的利益和需要去改变现行法律。”① 被统治阶级只有通过斗争把牢牢保护着旧的生产关系的政权从统治阶级手中完全夺过来，并推翻旧的阶级，才能促使旧的生产关系彻底瓦解，才能使自身获得最后解放。马克思指出：“要解放被压迫阶级而不损害靠压迫它过活的阶级，而不同时摧毁建立在这种阴暗社会基础上的国家全部上层建筑，是不可能的。”②

另一方面，国家政权在社会和经济生活中居重要地位，起关键作用。就它所具有的功能而言，国家政权对社会生活的各个领域都产生十分重要的作用。马克思指出：“在我们面前有两种权力：一种是财产权力，也就是所有者的权力，另一种是政治权力，即**国家**的权力。‘权力也统治着财产。’这就是说：财产的手中并没有政治权力，甚至政治权力还通过如任意征税、没收、特权、官僚制度加于工商业的干扰等等办法来捉弄财产。”③ 从这里可理解，在实际的社会生活中，国家权力对社会生活起支配作用。这种支配作用，决定了国家权力是推动社会进步、组织新的社会的重要力量。

总之，国家政权在社会、政治和经济生活中的地位与作用，决定了国家政权是政治发展的核心。因此，政治发展应牢牢地围绕国家政权展开，当政治发展步入最激烈的政治革命时期，政权问题也就同时成为革命的根本问题。“每一个力图取得统治的阶级，如果它的统治就像无产阶级的统治那样，预定要消灭整个旧的社会形态和一切统治，都必须首先夺取政权，以便把自己的利益说成是普遍的利益，而这是它在初期不得不如此做的。”④ 夺取了政权，被压迫阶级在上升为统治阶级的同时，也实现了对整个社会的统治。正如马克思举例当时的西欧时所说：“在那些资产阶级已经夺得政治权力的国家里，政治统治已成为资产阶级对整个社会的阶级统治，而不是个别资产者对自己的工人的统治。”⑤ 因而，任何

---

① 恩格斯：《工联》，《马克思恩格斯全集》第19卷，人民出版社1963年版第284页。

② 马克思：《关于俄国废除农奴制的问题》，《马克思恩格斯全集》第12卷，人民出版社1962年版第628页。

③ 马克思：《道德化的批评和批评化的道德（论德意志文化的历史，驳卡尔·海因岑）》，《马克思恩格斯全集》第4卷，人民出版社1958年版第330页。

④ 马克思、恩格斯：《德意志意识形态》，《马克思恩格斯全集》第3卷，人民出版社1960年版第38页。

⑤ 马克思：《道德化的批评和批评化的道德（论德意志文化的历史，驳卡尔·海因岑）》，《马克思恩格斯全集》第4卷，人民出版社1958年版第330页。

一场革命是胜利还是失败，首先就是看其是否夺取了国家政权。因此，恩格斯在谈到无产阶级革命时说：“我们始终认为，为了达到未来社会革命的这一目的以及其他更重要得多的目的，工人阶级应当首先掌握有组织的国家政权并依靠这个政权镇压资本家阶级的反抗和按新的方式组织社会。”①

（四）革命是政治的最高行动

恩格斯在《关于工人阶级的政治行动》中指出：“革命是政治的最高行动；谁要想革命，谁就要有准备革命和教育工人进行革命的手段，即政治行动，没有政治行动，工人总是在战斗后的第二天就会受到法夫尔和皮阿之流的愚弄。”② 这是恩格斯从组织实施革命的每一个过程来看的，也就是说，不管是政治革命还是社会革命都需要经过两个阶段，第一个阶段是政治行动，也就是“准备行动和教育工人进行革命的手段”。第二个阶段是革命的实施阶段，也就是最高行动阶段，恩格斯称其为“紧要关头”。这一个“紧要关头”，对于政治革命来讲，就是推翻旧的政治统治；对于社会革命来讲，就是“全面革命”。这在马克思、恩格斯的一系列论述中都可以得到体现。

首先，革命具有政治性，本身就是政治行动。政治，从一定意义上来讲，核心要义的问题就是政权的统治和治理问题。因此，马克思说：“每一次革命都破坏**旧社会**，所以它是**社会的**。每一次革命都推翻**旧政权**，所以它具有**政治**性。”③ 其次，政权是市民社会内部阶级对抗的正式表现，这个斗争的最高表现就是全面革命。这一思想是马克思在《哲学的贫困》中首先进行初步阐述的。在这里，马克思通过系统阐述无产阶级与资产阶级对抗的“革命因素”，论述劳动阶级解放的条件等，最后得出“因为政权正是市民社会内部阶级对抗的正式表现”。而从现实情况看，这种市民社会内部的阶级对抗，主要还是在这两个阶级之间进行，“在这以前，资产阶级和无产阶级间的对抗仍然是一个阶级反对另一个阶级的斗争，这个斗争一旦达到最紧张的地步，就成为全面的革命”。④ 第

---

① 恩格斯：《致菲力浦·范-派顿（1883年4月18日）》，《马克思恩格斯全集》第36卷，人民出版社1974年版第10页。

② 恩格斯：《关于工人阶级的政治行动》，《马克思恩格斯文集》第3卷，人民出版社2009年版第224页。

③ 马克思：《评“普鲁士人”的“普鲁士国王和社会改革”一文》，《马克思恩格斯全集》第1卷，人民出版社1956年版第488页。

④ 马克思：《哲学的贫困》，《马克思恩格斯全集》第4卷，人民出版社1958年版第198页。

三，革命不是一蹴而就的，而是长期奋斗的结果，“要爆发为革命，同时也采取各种附带形式”。历史唯物主义认为，任何事物的变化，都是由量变到质变的过程。马克思、恩格斯坚持这一哲学基本原理，对革命的整个过程也进行了考察，早在《1844 年经济学哲学手稿》中就提出，革命问题是一切生产关系和阶级对立的“顶点、最高阶级和灭亡”的思想。他们在《德意志意识形态》中认为：“生产力和交往形式之间的这种矛盾（正如我们所见到的，它在以往的历史中曾多次发生过，然而并没有威胁这种形式的基础）每一次都不免要爆发为革命，同时也采取各种附带形式——表现为冲突的总和，表现为各个阶级之间的冲突，表现为意识的矛盾、思想斗争等等、政治斗争等等。根据狭隘的观点，可以从其中抽出一种附带形式，把它看作是这些革命的基础。”[①] 在此后的革命生涯中，马克思、恩格斯又根据这一基础理论不断进行发展，从而提出“革命是政治的最高行动”的论断。此外，马克思、恩格斯还提出了“决定关头”[②] 等思想。在《共产党宣言》中他们就提出“在阶级斗争接近决战的那些时期”。这个“决战”的时期，也是恩格斯提出这一思想的理论来源。

（五）革命权是唯一的真正的历史权利

这是马克思和恩格斯在坚持历史唯物主义的基础上，总结社会发展的基本规律得出的科学结论。恩格斯指出：“不言而喻，我们的外国同志们没有放弃自己的革命权。须知革命权是唯一的**真正**‘历史权利’——是所有现代国家无一例外都以它为基础建立起来的唯一权利。”[③] 对于这个基本思想，可以从两个方面来深化理解。

一方面是从革命的特殊意义，也就是从获得政治统治权力的角度来理解。在马克思、恩格斯所处的时期，由于他们所面临的革命任务，主要是推翻资本主义建立无产阶级自己的政治统治的问题，因此他们所阐述的革命思想，大都是从这一角度来进行的。恩格斯还相继列举了连梅克伦堡等贵族革命，指出它们是 1755 年以《继承条约》这个至今还有效力的光荣的封建主义文书而告终

① 马克思、恩格斯：《德意志意识形态》，《马克思恩格斯全集》第 3 卷，人民出版社 1960 年版第 83—84 页。

② 恩格斯：《恩格斯致格尔松·特里尔（1889 年 12 月 18 日）》，《马克思恩格斯文集》第 10 卷，人民出版社 2009 年版第 578 页。

③ 恩格斯：《卡·马克思〈1848 年至 1850 年法兰西阶级斗争〉一书导言》，《马克思恩格斯文集》第 4 卷，人民出版社 2009 年版第 550—551 页。

的。革命权已经如此普遍地深入人心，甚至冯·博古斯拉夫斯基将军也只是根据这个人民权利才为自己的皇帝引申出举行政变的权利。恩格斯在 1884 年 11 月 18 日给倍倍尔的信中写道：“整个欧洲现有的政治制度，都是革命的产物。法制基础、历史权利、合法性到处都遭到千百次破坏或彻底颠覆。但是所有通过革命取得政权的政党或阶级，就其本性说，都要求由革命创造的新的法制基础得到绝对承认，并被奉为神圣的东西。革命权**原先**是存在的，否则现在的执政者就是不合法的了，但是后来这种权利被取消了。”① 这里讲的革命权“被取消了”，就是因为统治阶级取得政治统治权以后，就有个维护政治统治的问题，而为了维护自己的政治统治，任何统治阶级都不可能允许被统治的阶级去实行革命而推翻自己的政治统治。这是最基本的道理。另一方面就是从革命的一般意义，也就是不仅要通过革命获得政治统治，而且还要通过再革命进一步维护和巩固政治统治的问题。这是因为，革命是历史的火车头，任何阶级如果不进行革命，就不能取得政治统治的权力，即使取得了政治统治的权力，如果不继续进行革命，那么也就不能很好地维护自己的政治统治。因此，不管是从革命的特殊意义还是普遍意义来讲，革命权都是唯一的真正的历史权利。所以，任何阶级都必须很好地认识把握和应用好这个权利。

（六）革命无疑是天下最权威的东西

对于权威的基本含义，恩格斯指出：“这里所说的权威，是指把别人的意志强加于我们，另一方面，权威又是以服从为前提的。”② 1871 年 12 月 30 日在给拉法格的信中，他又说：“不强迫某些人接受别人的意志，也就是说没有权威，就不可能有任何的一致行动。不论这是多数表决人的意志，还是作为领导机构的委员会的意志，或是某一个人的意志，它总是一种要强迫有不同意见的人接受的意志；而没有这种统一的和指导性的意志，要进行任何合作都是不可能的。”③ 从这里可以认为，权威的特征就是强制与服从。从权威在阶级社会中的作用来说，权威是一种政治暴力。恩格斯指出：“革命无疑是天下最权威的东

① 恩格斯：《恩格斯致奥古斯特·倍倍尔（1884 年 11 月 18）》，《马克思恩格斯文集》第 10 卷，人民出版社 2009 年版第528 页。

② 恩格斯：《论权威》，《马克思恩格斯全集》第 18 卷，人民出版社 1964 年版第341 页。

③ 恩格斯：《恩格斯致保尔·拉法格（1871 年 12 月 30 日）》，《马克思恩格斯文集》第 10 卷，人民出版社 2009 年版第372 页。

西。革命就是一部分人用枪杆、刺刀、大炮，即用非常权威的手段强迫另一部分人接受自己的意志。”①

恩格斯认为，国家不过是统治阶级为维护其社会特权而建立的组织，只有废除了资本，才能消灭国家，从而最终消灭阶级，而这恰恰需要运用权威。恩格斯明确指出：“为了达到未来社会革命的这一目的以及其他更重要得多的目的，工人阶级首先应当掌握有组织的国家政权并依靠这个政权镇压资产阶级的反抗和按新的方式组织社会。”② 恩格斯还着力批判了巴枯宁的反权威思想，他在 1872 年 1 月 14—15 日给特尔察吉的信中，针对无政府主义者对“权威”问题的指责，强调“‘权威’和集中这些字眼用得太滥了”，不能把任何东西都用这个词来进行强调，并且强调指出“我不知道什么东西能比革命更有权威了”，就像在一切革命中所做的，用炸弹和枪弹把自己的意志强加于人，“这就是在行使权威”。③ 他还总结巴黎公社之所以失败的原因，就在于缺乏集中和权威，强调革命斗争必须用权威把一切力量凝聚起来。为了进一步强调权威的重要性，恩格斯还专门撰写了《论权威》，来反驳无政府主义者的论调。恩格斯指出：“获得胜利的政党如果不愿意失去自己努力争得的成果，就必须凭借它的武器对反对派造成的恐惧，来维持自己的统治。要是巴黎公社不依靠对付资产阶级的武装人民这个权威，它能支持一天以上吗？反过来说，难道我们没有理由责备公社把这个权威用得太少了吗？”④ 在这里，恩格斯责备巴黎公社之所以失败，根本原因之一就是“把这个权威”，也就是政治暴力“用得太少了”。

二、共产主义革命就是同传统的所有制关系实行最彻底的决裂

这是马克思、恩格斯在《共产党宣言》中提出的基本原理，他们明确指出：“共产主义革命就是同传统的所有制关系实行最彻底的决裂；毫不奇怪，它在自己的发展进程中要同传统的观念实行最彻底的决裂。”⑤ “共产党人可以把自己

---

① 恩格斯：《论权威》，《马克思恩格斯全集》第 18 卷，人民出版社 1964 年版第 344 页。

② 恩格斯：《卡尔·马克思的逝世》，《马克思恩格斯全集》第 19 卷，人民出版社 1963 年版第 385 页。

③ 恩格斯：《恩格斯致卡洛·特尔察吉（1872 年 1 月 14—15 日）》，《马克思恩格斯文集》第 10 卷，人民出版社 2009 年版第 375 页。

④ 恩格斯：《论权威》，《马克思恩格斯全集》第 18 卷，人民出版社 1964 年版第 344 页。

⑤ 马克思、恩格斯：《共产党宣言》，《马克思恩格斯文集》第 2 卷，人民出版社 2009 年版第 52 页。

的理论概括为一句话：消灭私有制。”① 马克思、恩格斯还根据无产阶级的历史使命，为无产阶级革命的过程作了科学设计：“工人革命的第一步就是使无产阶级上升为统治阶级，争取民主。无产阶级将利用自己的政治统治，一步一步地夺取资产阶级的全部资本，把一切生产工具集中在国家即组织成为统治阶级的无产阶级手里，并且尽可能快地增加生产力的总量。”② 在马克思、恩格斯的理论体系里，无产阶级革命与以往的革命相比，虽然都具有革命的性质，但在实现形式和路径上都是有所不同的，无产阶级革命的最终目的是彻底推翻资本主义生产方式，直至最后消灭阶级，所以无产阶级不仅需要政治革命，更重要的是社会革命。尽管马克思、恩格斯在他们的具体革命实践中，由于所面临的主要任务首先是政治革命的问题，因此主要强调的是革命的第一种意义，但他们丝毫也没有忘记革命的后一种意义。也正因为这一点，恩格斯才高度评价：“工人的斗争是唯一伟大的、唯一站在时代高度的、唯一不使战士软弱无力而是不断加强他们的力量的斗争……”③ 这“三个唯一”，充分说明了恩格斯对无产阶级革命独一无二的思想认识，这正因为如此，也才让马克思和恩格斯自豪地喊出：“让统治阶级在共产主义革命面前发抖吧。无产者在这个革命中失去的只是锁链。他们获得的将是整个世界。”④ 相对于历史上其他阶级所组织进行的革命，无产阶级的革命在具备基本的革命特性的基础上，马克思、恩格斯还赋予了其特殊的意义和使命。

（一）无产阶级革命的第一步就是使无产阶级上升为统治阶级

马克思、恩格斯在《共产党宣言》中明确提出：“共产党人的最近目的是和其他一切无产阶级政党的最近目的一样的：使无产阶级形成为阶级，推翻资产阶级的统治，由无产阶级夺取政权。”⑤ 恩格斯根据这一目的，在 1875 年 11 月给社会主义革命下了一个初步的概念：“生产者阶级把生产和分配的领导权从迄今为止掌握这种领导权但现在已经无力领导的那个阶级手中夺过来，而这就是社会

---

① 马克思、恩格斯：《共产党宣言》，《马克思恩格斯文集》第 2 卷，人民出版社 2009 年版第 45 页。

② 马克思、恩格斯：《共产党宣言》，《马克思恩格斯文集》第 2 卷，人民出版社 2009 年版第 52 页。

③ 恩格斯：《恩格斯致爱德华·伯恩施坦（1882 年 1 月 25—31 日）》，《马克思恩格斯文集》第 10 卷，人民出版社 2009 年版第 470 页。

④ 马克思、恩格斯：《共产党宣言》，《马克思恩格斯文集》第 2 卷，人民出版社 2009 年版第 66 页。

⑤ 马克思、恩格斯：《共产党宣言》，《马克思恩格斯文集》第 2 卷，人民出版社 2009 年版第 44 页。

主义革命。"[1] 这实际上讲的是实现人类解放也就是共产主义的政治革命问题。这不仅是由革命的一般内在规律所决定的，也是由共产主义革命的特有特性所要求的。正是基于以上认识，所以早在1844年7月31日马克思写的《评"普鲁士人"的"普鲁士国王和社会改革"一文》中就谈道："**社会主义**不通过**革命**是不可能实现的。社会主义需要这种**政治**行为，因为它需要**消灭**和**破坏**旧的东西。"[2]

首先，无产阶级的历史使命要求首先推翻资产阶级的政治统治，从而使无产阶级上升为统治阶级。无产阶级革命的性质、任务和目标，是由无产阶级的历史使命决定的。对于这一使命，马克思、恩格斯在《共产党宣言》中进行了科学阐述，明确指出"工人革命的第一步就是使无产阶级上升为统治阶级，争得民主"，并且"无产阶级将利用自己的政治统治，一步一步地夺取资产阶级的全部资本，把一切生产工具集中在国家即组织成为统治阶级的无产阶级手里，并且尽可能快地增加生产力的总量"。[3] 一方面，就无产阶级革命作为一种革命而言，它和历史上其他阶级革命一样，必须首先夺取政权。恩格斯说："我们始终认为，为了达到未来社会革命的这一目的以及其他更重要得多的目的，工人阶级应当首先掌握有组织的国家政权并依靠这个政权镇压资本家阶级的反抗和按新的方式组织社会。"[4] 但是，就无产阶级革命所要实现的历史使命而言，夺取政权，对于无产阶级革命来说，却具有其他阶级革命所没有的特殊重要意义。历史上的一切革命，除了奴隶制代替原始公有制以外，都是以一种私有制代替另一种私有制。无产阶级革命则是彻底消灭一切私有制，建立以生产资料公有制为基础的社会。而生产资料公有制的社会主义生产关系是不可能在资本主义社会内部产生的。无产阶级只有夺取政权，利用政权的权力，才能剥夺资产阶级的生产资料，建立和发展社会主义的经济制度。另一方面，由于无产阶级革命是彻底消灭一切剥削制度和一切阶级及阶级差别的革命，所以，无产阶级革命所遇到的敌人，要比历史上的一切革命所遇到的敌人强大。无产阶级只有夺

---

① 恩格斯：《恩格斯致彼得·拉甫罗维奇·拉甫罗夫（1875年11月12—17日）》，《马克思恩格斯文集》第10卷，人民出版社2009年版第412页。

② 马克思：《评"普鲁士人"的"普鲁士国王和社会改革"一文》，《马克思恩格斯全集》第1卷，人民出版社1956年版第488—489页。

③ 马克思、恩格斯：《共产党宣言》，《马克思恩格斯文集》第2卷，人民出版社2009年版第52页。

④ 恩格斯：《致菲力浦·范-派顿（1883年4月18日）》，《马克思恩格斯全集》第36卷，人民出版社1974年版第10页。

取政权，并凭借政权的力量，才能用革命的暴力镇压剥削者的反抗，才能巩固新的社会制度。对于无产阶级来说，从资产阶级手里夺得国家政权，是无产阶级革命胜利的首要标志。马克思在其修订于1871年9月底10月初至大约11月6日的《国际工人协会共同章程》中指出："由于土地巨头和资本巨头总是要利用他们的政治特权来维护和永久保持他们的经济垄断，来奴役劳动，所以，夺取政权已成为无产阶级的伟大使命。"①

其次，马克思、恩格斯通过系统总结历史上无产阶级革命的经验教训，得出无产阶级推翻资产阶级政治统治的历史必然性。在总结1848年到1849年的欧洲革命时，马克思的这一思想就已初步形成。当时马克思提出的思想是：用革命暴力打碎资产阶级国家机器，建立无产阶级专政。马克思这一思想的明确提出，是基于他对这场革命的经验和教训的科学分析之上的。一方面，马克思通过对法国的二月共和国的阶级性质和巴黎工人六月起义失败教训的分析，揭示了不论什么形式的资产阶级国家，都是镇压无产阶级的工具，不能幻想可以利用它来为无产阶级服务。马克思总结指出，六月起义的失败证明："**资产阶级共和国**在这里是表示一个阶级对其他阶级实行无限制的专制统治。"② 要在这样的资产阶级共和国范围内稍微改善一下无产阶级的处境，都只是一种空想，更不要说能依靠它来实现无产阶级的解放了。因此，马克思认为，原先无产阶级想强迫二月共和国予以满足的那些要求，就应当"由一个大胆的革命战斗口号取而代之，这个口号就是：**推翻资产阶级！工人阶级专政！**"③ 另一方面，马克思对法国资产阶级国家演进历史分析后认为，资产阶级革命是以一种剥削制度代替另一种剥削制度，它不需要打碎旧的国家机器，而只需要夺取并进一步完善它，以适合自己的统治。无产阶级要获得解放，就必须集中自己的一切力量反对这个权力。马克思在1871年给路德维希·库格曼的信中，对这一思想作出明确说明，他写道："如果你查阅一下我的《雾月十八日》的最后一章，你就会看到，我认为法国革命的下一次尝试不应该再像以前那样把官僚军事机器从一

---

① 马克思：《国际工人协会共同章程》，《马克思恩格斯文集》第3卷，人民出版社2009年版第229页。

② 马克思：《路易·波拿巴的雾月十八日》，《马克思恩格斯全集》第8卷，人民出版社1961年版第130页。

③ 马克思：《1848年至1850年的法兰西阶级斗争》，《马克思恩格斯全集》第7卷，人民出版社1959年版第37页。

些人的手里转到另一些人的手里，而应该把它**打碎**，这正是大陆上任何一次真正的人民革命的先决条件。”①

第三，从资产阶级国家机器产生之后的发展方向来看，无产阶级也必须而且必将要推翻它。对于资产阶级国家机器产生之后的发展方向，马克思指出，不管资产阶级采取什么样的政治体制，它们的实质是一样的，都是为了实现资产阶级对无产阶级的统治而服务的，因此它不可避免地会向着中央集权的方向不断发展，并且会越来越完善，越来越走向军人和官僚的体制。当前，虽然马克思的结论已经过去一百多年了，但从资本主义国家的实际发展情况看，越来越显现出马克思这一科学结论的真理性。对于这个结论，马克思还给出了两个方面的理由。一方面，这是由资本主义社会的经济基础决定的。从资本主义产生、发展的基本规律看，它的生产模式主要体现的是高度利己主义的利润最大化，而为实现这个利润最大化，必然采取各种手段包括利用军队和官僚权力，来全力维护自己的利益，这就必然造成军队和官僚体制的不断扩张和强化。这就是马克思主义哲学的基本原理之一，经济基础决定上层建筑在实践中的具体应用。另一方面，这也是与资本主义社会内部的阶级斗争日益尖锐化相关联的。这是起决定性的因素。由于社会化的大生产，在资本主义社会内部，日益分裂为两大阶级，也就是资产阶级和无产阶级。由于无产阶级处在受压迫受剥削的最底层，而这个阶级的基本特征就是高度的组织性，这就有利于他们组成为一个阶级联合起来共同反对资产阶级。而资产阶级为了镇压无产阶级就要不断加强国家机器，这就形成了一个恶性循环。无产阶级越贫穷越要起来反抗，而资产阶级为了反对反抗，就越要加强军队和官僚体制，越是加强国家机器建设就越是膨胀，这就会加剧对无产阶级的剥削，进而越来越促使无产阶级更加贫困，也就会更进一步促进无产阶级起来反抗，最终导致资本主义社会的灭亡。

（二）无产阶级将利用自己的政治统治，一步一步地夺取资产阶级的全部资本，把一切生产工具集中在国家即组织成为统治阶级的无产阶级手里，并且尽可能快地增加生产力的总量②

这是马克思、恩格斯在《共产党宣言》中提出的思想。恩格斯在谈到社会

① 马克思：《马克思致路德维希·库格曼（1871 年 4 月 12 日）》，《马克思恩格斯文集》第 10 卷，人民出版社 2009 年版第352 页。

② 马克思、恩格斯：《共产党宣言》，《马克思恩格斯文集》第 2 卷，人民出版社 2009 年版第52 页。

主义社会的形式时指出："我认为，所谓'社会主义社会'不是一种一成不变的东西，而应当和任何其他社会制度一样，把它看成是经常变化和改革的社会。它同现存制度的具有决定意义的差别当然在于，在实行全部生产资料公有制（先是国家的）基础上组织生产。"① 这里谈的主要是无产阶级的社会革命问题。无产阶级在实现了社会主义革命，也就是政治革命后，应如何进一步推进社会的发展？关于这个问题，在马克思、恩格斯的前期，在对革命问题进行总体设计的时候，已经进行了原则性的阐述和设计，但由于他们当时面临的主要任务是推翻资产阶级的政治统治的政治革命，所以他们就把他们的主要精力用在了研究政治革命上，而当马克思去世以后，特别是在恩格斯的最后几年里，随着无产阶级革命特别是在各个国家建立了独立的无产阶级政党以后，他们通过议会斗争等形式，在资产阶级政治统治内取得了一定的发言权，比如龙格等 3 人就都是各自国家的国会议员，这就使此时的无产阶级革命进入了新的阶段。这个时候的恩格斯，就把他的研究重心向无产阶级的社会革命有所倾斜和思考。在这方面，马克思、恩格斯提出了一些理论见解。

首先，无产阶级革命必须先夺取国家政权，但是无产阶级革命的历史使命决定了"工人阶级不能简单地掌握现成的国家机器，并运用它来达到自己的目的"。② 因为无产阶级革命的最终目的是推翻资本主义生产方式和最后消灭阶级，所以无产阶级不仅需要进行政治革命，而且更需要进行长期而艰苦的社会革命。但是这个革命的过程与资产阶级革命过程有所不同。在马克思、恩格斯根据无产阶级的历史使命，为无产阶级革命所设计的过程中，在"使无产阶级上升为统治阶级"后，紧接着就需要"利用自己的政治统治，一步一步地夺取资产阶级的全部资本，把一切生产工具集中在国家即组织成为统治阶级的无产阶级手里，并且尽可能快地增加生产力的总量"。③ 这样的革命过程表明，无产阶级革命的第一步是夺取政权，但这仅仅是整个革命的开始，而不像资产阶级革命那样，做到了这一步，也就差不多完成了它应做的一切；由于无产阶级所要确立的生产关系，不是在夺取政权前就已经初步形成，而是在夺取政权后才

---

① 恩格斯：《恩格斯致奥托·冯·伯尼克（1890 年 8 月 21 日）》，《马克思恩格斯文集》第 10 卷，人民出版社 2009 年版第588 页。

② 马克思：《法兰西内战》，《马克思恩格斯全集》第 17 卷，人民出版社 1963 年版第355 页。

③ 马克思、恩格斯：《共产党宣言》，《马克思恩格斯文集》第 2 卷，人民出版社 2009 年版第52 页。

开始确立，所以无产阶级通过政治革命夺取政权，成为统治阶级后，就必须利用手中的权力，确立起新的生产关系，然后才能在此基础上展开广泛而深刻的社会革命。正因为如此，马克思和恩格斯才强调“必须对所有权和资产阶级生产关系实行强制性的干涉”。列宁领导的布尔什维克以及中国共产党的实践，也从实践的层面证明了马克思、恩格斯这一理论原理的科学性。

其次，虽然资产阶级和无产阶级都有一个从政治革命向社会革命转换的过程，但这两个阶级所进行的革命过程却是不相同的。资产阶级在进行政治革命后，就能在已经初步形成并获得解放的生产关系基础上进行社会革命，而无产阶级在进行政治革命后，则要利用掌握的政权，在破坏旧的生产关系的同时，确立新的生产关系，从而进行广泛而深刻的社会革命。无产阶级所处国家的物质基础越薄弱、经济越落后，进行社会革命所面临的困难也就越大。1871 年，马克思总结巴黎公社革命经验时，就把这个思想进一步发展为：“工人阶级不能简单地掌握现成的国家机器，并运用它来达到自己的目的。”① 这一重要思想，就是无产阶级革命胜利后，不能简单地掌握和运用现成的旧的国家机器来达到自己的目的，而是要打碎旧的国家机器，从而以新的符合无产阶级政治统治的方式组织新的生产关系，从而大力发展生产力。

（三）无产阶级的战斗口号应该是：“不断革命”

这一口号是在 1850 年 3 月的《中央委员会告共产主义者同盟书》中首次提出的。马克思、恩格斯在这里写道：“为了要达到自己的最后胜利，首先还是要靠他们自己努力：他们应该认清自己的阶级利益，尽快地采取自己独立政党的立场，一时一刻也不要由于受到民主主义的小资产者花言巧语的诱惑而离开无产阶级政党保持独立组织的道路。他们的战斗口号应该是：‘不断革命’。”② 从这一段论述的语境来讲，当时正是巴黎革命失败后，马克思、恩格斯的新世界观已经制定完成，这是对无产阶级的倡议书和动员书。在此后的革命发展中，马克思、恩格斯又根据革命斗争的形势，对“不断革命”的理论进行了持续创新和完善，不但提出不断革命的思想，而且对不断革命的目的、任务、条件等问题也进行了系统阐述。不断革命的基本原理早已包含在马克思和恩格斯于

---

① 马克思：《法兰西内战》，《马克思恩格斯全集》第 17 卷，人民出版社 1963 年版第355 页。

② 马克思、恩格斯：《中央委员会告共产主义者同盟书（1850 年 3 月）》，《马克思恩格斯全集》第 7 卷，人民出版社 1959 年第 299 页。

1848—1849 年登在《新莱茵报》上的许多文章中，而《法兰西阶级斗争》等又发展了这个学说，《中央委员会告共产主义者同盟书》最为详尽地表述了这一问题。之所以马克思、恩格斯提出“不断革命”的口号，从他们的思想原点来理解，主要还是基于以下几个方面的原因。

首先，基于无产阶级所担负的历史使命是崇高而长远的。马克思写于 1873 年 1 月 24 日的《资本论》第二版跋中，以十分简洁的语言表明了无产阶级的历史使命：“这个阶级的历史使命是推翻资本主义生产方式和最后消灭阶级。”① 这是对无产阶级所要完成的历史使命的目标的总的概括。早在 1850 年 3 月的《共产主义者同盟中央委员会告同盟书》中，马克思、恩格斯就对这一思想进行了阐述，明确提出：“我们的利益和我们的任务却是要不断革命，直到把一切大大小小的有产阶级的统治全都消灭，直到无产阶级夺得国家政权，直到无产者的联合不仅在一个国家内，而且在世界一切举足轻重的国家内都发展到使这些国家的无产者之间的竞争停止，至少是发展到使那些有决定意义的生产力集中到了无产者手中。对我们说来，问题不在于改变私有制，而只在于消灭私有制，不在于掩盖阶级对立，而在于消灭阶级，不在于改良现存社会，而在于建立新社会。”② 对于具体的实现标准和要求，马克思在《1848 年至 1850 年的法兰西阶级斗争》中，提出了“四个达到”，也就是：“这种社会主义就是**宣布不断革命**，就是无产阶级的阶级专政，这种专政是达到**消灭一切阶级差别**，达到消灭这些差别所由产生的一切生产关系，达到消灭和这些生产关系相适应的一切社会关系，达到改变由这些社会关系产生出来的一切观念的必然的过渡阶段。”③ 对于完成这样的历史使命，没有坚强的毅力和“不断革命”的持之以恒精神，是绝对完不成的。

其次，不断革命与革命阶段相统一，是马克思、恩格斯关于无产阶级革命的一个重要思想。马克思、恩格斯用历史唯物主义来看待这一问题，认为社会发展有其内在的运动规律，完成历史使命不是一蹴而就的，而是分阶段的，只

① 马克思：《〈资本论〉第二版跋》，《马克思恩格斯全集》第 23 卷，人民出版社 1972 年版第 18 页。

② 马克思、恩格斯：《共产主义者同盟中央委员会告同盟书（1850 年 3 月）》，《马克思恩格斯文集》第 2 卷，人民出版社 2009 年版第 192 页。

③ 马克思：《1848 年至 1850 年的法兰西阶级斗争》，《马克思恩格斯文集》第 2 卷，人民出版社 2009 年版第 166 页。

有不断革命才不至于在完成一个阶段后停滞下来。在马克思、恩格斯所要实现的总目标中，他们设计了几个不同的阶段。

第一个阶段，“在我们这里，革命的第一个直接结果，按其**形式**来说，同样只能是而且**必然**是一个**资产阶级**共和国”。① 也就是说，无产阶级首先积极参加资产阶级的革命，实现资产阶级的政治统治，为无产阶级革命奠定政治和经济上的基础。这主要是从当时马克思、恩格斯所处的历史发展阶段来进行设计的。从当时马克思、恩格斯所处的历史发展阶段来看，19世纪的初期，还处在资本主义刚刚发展，封建主义还没有完全消灭的社会发展阶段。也正是从这一实际出发，马克思、恩格斯认为，无产阶级革命的第一步是夺取政权，实现无产阶级专政，但无产阶级在为实现自己目标而斗争之中，必须首先推翻封建专制制度。因此，他们反对诸如魏特林等人试图一步跨入共产主义的空想方案，主张无产阶级革命应分阶段进行，在无产阶级能够直接为共产主义社会而斗争之间，必须首先消灭封建专制制度，建立资产阶级民主制度。1847年10月底，马克思在《道德化的批评和批评化的道德》一文中指出：“工人非常清楚：资产阶级不仅在政治上必将比君主专制对他们作出更大的让步，而且为了自己的工商业它还会违背自己的意旨为工人阶级创造团结的条件，工人阶级的团结就是工人胜利的首要前提。工人知道，要消灭**资产阶级的**财产关系不能通过保存**封建的**财产关系来实现。他们知道，资产阶级反对封建等级和反对君主专制的革命运动只能使他们自己的革命运动加速进展。他们知道，他们自己同资产阶级的斗争只有在资产阶级胜利之日才能开始。尽管如此，他们对海因岑先生的资产阶级幻想也是不会同意的。他们不仅能够而且应当参加**资产阶级革命**，因为这个革命是**工人革命**的前提。但是工人丝毫也不能把资产阶级革命当做自己的**最终目的**。”② 正是基于这样的基本认识，马克思、恩格斯在总结1848年欧洲革命时，对无产阶级参加资产阶级革命，并为资产阶级赢得共和制所作的努力给予了热情的肯定。正如恩格斯1893年2月1日撰写的《致意大利读者（“共产党宣言”1893年意大利文版序言）》中指出的：“1848年革命虽然不是社会主义

---

① 恩格斯：《恩格斯致爱德华·伯恩施坦（1883年8月27日）》，《马克思恩格斯文集》第10卷，人民出版社2009年版第510页。

② 马克思：《道德化的批评和批评化的道德（论德意志文化的历史，驳卡尔·海因岑）》，《马克思恩格斯全集》第4卷，人民出版社1958年版第346—347页。

革命，但是毕竟为社会主义革命扫清了道路，为这个革命准备了基础。”① 马克思也认为法国工人阶级在二月革命中为资产阶级所赢得共和制，使无产阶级获得了“为本身革命解放作斗争的基地”②。

恩格斯在1883年8月27日给伯恩施坦的信中，系统总结革命斗争的经验，进一步提出了“过渡阶段”的理论。恩格斯分析指出：“波拿巴式的君主政体（它的特点，马克思和我分别在《雾月十八日》和《论住宅问题》第二篇以及其他地方阐述过）在无产阶级和资产阶级之间的阶级斗争中所起的作用，同旧的专制君主政体在封建制度和资产阶级之间的斗争中所起的作用相类似。但是，正像后一种斗争不能在旧的专制君主政体下而只能在立宪君主政体下（英国、1789—1782年和1815—1830年的法国）才能进行到底一样，资产阶级和无产阶级之间的斗争也只有在共和政体下才能进行到底……在我们这里，革命的第一个直接结果，按其**形式**来说，同样只能是而且**必然**是一个**资产阶级**共和国。但是，它在这里只是一个短暂的过渡阶段……我们可以利用它首先来**为革命的社会主义争取广大的工人群众**……只有到那个时候，我们才能胜利地取得政权。”③

以上介绍的是马克思、恩格斯所设置的无产阶级革命的第一个阶段。他们也从1848年的欧洲革命经历中深切感到，无产阶级要取得革命的最后胜利，就必须在条件具备的情况下，坚决把资产阶级民主革命转变为社会主义革命，并把革命进行到底。于是，在完成第一阶段的基础上，马克思、恩格斯又进一步设计了两个大的阶段。第一步是无产阶级推翻资产阶级的政治统治，建立无产阶级的政治统治，并大力发展生产力，最终“消灭雇佣劳动制”。第二步是在这个基础上大力进行社会革命，最终使国家“自行消亡”，进而“消灭阶级”。所以，马克思、恩格斯再三告诫共产党人，在1848年的法国巴黎革命中，“革命在这里并没有终结，而是获得有组织的开端，它不是一个短暂的革命”。④ 特别

① 恩格斯：《致意大利读者（“共产党宣言”1893年意大利文版序言）》，《马克思恩格斯全集》第22卷，人民出版社1965年版第430页。

② 马克思：《1848年至1850年的法兰西阶级斗争》，《马克思恩格斯全集》第7卷，人民出版社1959年版第19页。

③ 恩格斯：《恩格斯致爱德华·伯恩施坦（1883年8月27日）》，《马克思恩格斯文集》第10卷，人民出版社2009年版第509—510页。

④ 马克思：《1848年至1850年的法兰西阶级斗争》，《马克思恩格斯文集》第2卷，人民出版社2009年版第155页。

是针对小资产阶级民主派使革命仅仅取得不大的资产阶级性质的改革，便希望赶快结束革命的情况，再三地警告革命党人，“民主派小资产者只不过希望实现了上述要求便赶快结束革命，而我们的利益和我们的任务却是要不断革命”①，为了取得最终的胜利，必须要始终努力，我们的战斗口号应该是“不断革命”②，不能因为取得暂时的胜利而放弃远大的理想和目标。

第三，无产阶级争取自己解放的斗争特点要求无产阶级要不断革命。无产阶级革命的一个突出特点，用马克思自己的话来讲，就是“一个很长的充满变化的过程”。马克思、恩格斯在他们的革命生涯中，早就看到了革命的艰巨性和复杂性，所以一再警告其他的革命党人。早在 1843 年 3 月，马克思在给卢格的信中就指出：“国家是十分严肃的东西，要它演什么滑稽剧是办不到的。满载愚人的船只或许会有一段时间顺风而行，但是它在向着命运驶去，这正是因为愚人们不相信这一点。这命运就是我们所面临的革命。”③ 在提出国家是严肃的东西的同时，还进一步强调，革命不能靠狂热来支持。恩格斯也反复强调这一思想，因为“狂热心理是不能持久的”④。他在 1883 年 8 月 27 日给伯恩施坦的信中，批判德国社会民主党的“急躁病”，指出“德国人的重大错误就在于把革命想象成一夜之间就能完成的事情。事实上，它是群众在加速情况下的多年发展过程。任何一个一夜之间就完成的革命，或者只不过是推翻一个早已毫无希望的反动政权（1830 年），或者直接导致预定目的的反面（1848 年的法国）”。⑤ 恩格斯在为马克思撰写的《1848 年至 1850 年的法兰西阶级斗争》的导言中也进一步强调指出，我们不可能有丝毫怀疑，伟大的决战已经开始，虽然这个结局是可能预想的，只能是无产阶级的最终胜利，但是“这个决战将在

① 马克思、恩格斯：《共产主义者同盟中央委员会告同盟书（1850 年 3 月）》，《马克思恩格斯文集》第 2 卷，人民出版社 2009 年版第 192 页。

② 马克思、恩格斯：《共产主义者同盟中央委员会告同盟书（1850 年 3 月）》，《马克思恩格斯文集》第 2 卷，人民出版社 2009 年版第 199 页。

③ 马克思：《马克思致阿尔诺德·卢格（1843 年 3 月）》，《马克思恩格斯文集》第 10 卷，人民出版社 2009 年版第 6 页。

④ 恩格斯：《恩格斯致奥古斯特·倍倍尔（1873 年 6 月 20 日）》，《马克思恩格斯文集》第 10 卷，人民出版社 2009 年版第 393 页。

⑤ 恩格斯：《恩格斯致爱德华·伯恩施坦（1883 年 8 月 27 日）》，《马克思恩格斯文集》第 10 卷，人民出版社 2009 年版第 510 页。

一个很长的和充满变化的革命时期中进行到底”[1]。恩格斯更是在1887年8月8日给左尔格的信中进一步警示党的革命领袖：“运动的发展决不会是一帆风顺的，而会是非常迂回曲折的，并且有时候好象是在后退，不过同我们这里比较起来，这种情况在他们那里更加无关紧要。”[2]

（四）只有在没有阶级和阶级对抗的情况下，社会进化将不再是政治革命[3]

这是马克思在《哲学的贫困》中提出的重要思想，也是无产阶级革命的最突出特点。也就是说，作为无产阶级取得革命的政权后，在由社会主义向共产主义转变的这个过渡时期，只是需要进行不断的社会革命，而不需要政治革命来推翻现在的社会主义制度。无产阶级最终要消灭阶级，而这个消亡的过程是个不断进化的过程，是社会革命不断积累的结果，是自我革命的“自行消亡”。正如恩格斯指出的，在推翻资产阶级建立无产阶级的政治统治以后，“无产阶级将取得社会权力，并且利用这个权力把脱离资产阶级掌握的社会化生产资料变为公有财产。通过这个行动，无产阶级使生产资料摆脱了它们迄今具有的资本属性，给它们的社会性以充分发展的自由。从此按照预定计划进行的社会生产就成为可能的了。生产的发展使不同社会阶级的继续存在成为时代的错误。随着社会生产的无政府状态的消失，国家的政治权威也将消失。人终于成为自己的社会结合的主人，从而也就成为自然界的主人，成为自己本身的主人——自由的人”。[4] 恩格斯在《反杜林论》中还进一步指出：“国家真正作为整个社会的代表所采取的第一个行动，即以社会的名义占有生产资料，同时也是它作为国家所采取的最后一个独立行动。那时，国家政权对社会关系的干预将先后在各个领域中成为多余的事情而自行停止下来。那时，对人的统治将由对物的管理和对生产过程的领导所代替。国家不是‘被废除’的，**它是自行消亡的**。”[5] 所以，恩格斯在《家庭、私有制和国家的起源》中下

---

① 恩格斯：《卡·马克思〈1848年到1850年法兰西阶级斗争〉一书导言》，《马克思恩格斯文集》第4卷，人民出版社2009年版第538页。

② 恩格斯：《致弗里德里希·阿道夫·左尔格（1887年8月8日），《马克思恩格斯全集》第36卷，人民出版社1974年版第668页。

③ 马克思：《哲学的贫困》，《马克思恩格斯全集》第4卷，人民出版社1958年版第198页。

④ 恩格斯：《社会主义从空想到科学的发展》，《马克思恩格斯全集》第19卷，人民出版社1963年版第247页。

⑤ 恩格斯：《反杜林论》，《马克思恩格斯全集》第20卷，人民出版社1973年版第305—306页。

结论说："以生产者自由平等的联合体为基础的、按新方式来组织生产的社会，将把全部国家机器放到它应该去的地方，即放到古物陈列馆去，同纺车和青铜斧陈列在一起。"① 也正是基于无产阶级革命的这种"自我消亡"论，恩格斯才认为"工人的斗争是唯一伟大的、唯一站在时代高度的、唯一不使战士软弱无力而是不断加强他们的力量的斗争"②。

三、创造革命所必需的出发点，创造为保证现代革命能具有严重性质所绝对必需的形势、关系和条件

马克思、恩格斯始终认为，革命不能随心所欲地制造，革命在任何地方都是完全不以个别政党和整个阶级的意志为转移的各种情况综合的必然结果。正如马克思指出的："社会还只是在为自己创造革命所必需的出发点，创造为保证现代革命能具有严重性质所绝对必需的形势、关系和条件。"③ 马克思、恩格斯结合革命实践，对无产阶级革命所必需的出发点以及形势、关系和条件等，进行了全面分析研究，提出了他们的基本思想和观点，为无产阶级革命的胜利提供了理论指导和原理支撑。

（一）彻底的革命只能是彻底需要的革命④

这是马克思在《〈黑格尔法哲学批判〉导言》中提出的重要思想。这两个"彻底"，是马克思从总体上对实行革命的形势、关系和条件的原则性规定。具体到每次无产阶级革命特别是政治革命的时机问题，马克思、恩格斯在《德意志意识形态》中进行了历史性的分析阐述，他们指出："历史上周期性地重演着的革命震荡是否强大到足以摧毁现存一切的基础；如果还没有具备这些实行全面变革的物质因素，就是说，一方面还没有一定的生产力，另一方面还没有形成不仅反抗旧社会的某种个别方面，而且反抗旧的'生活生产'本身、反抗旧

① 恩格斯：《家庭、私有制和国家的起源》，《马克思恩格斯全集》第21卷，人民出版社1965年版第198页。

② 恩格斯：《恩格斯致爱德华·伯恩施坦（1882年1月25—31日）》，《马克思恩格斯文集》第10卷，人民出版社2009年版第470页。

③ 马克思：《路易·波拿巴的雾月十八日》，《马克思恩格斯全集》第8卷，人民出版社1961年版第124—125页。

④ 马克思：《〈黑格尔法哲学批判〉导言》，《马克思恩格斯文集》第1卷，人民出版社2009年版第13页。

社会所依据的‘综合活动’的革命群众，那末，正如共产主义的历史所证明的，尽管这种变革的**思想**已经表述过千百次，但这一点对于实际发展没有任何意义。”① 从马克思、恩格斯在这里的论述可以理解，每次革命的爆发，都是在一定历史条件下出现的，也就是说，具体革命的产生是有条件的，这条件包括革命的客观条件和革命的主观条件。这两个基本条件中有一个条件不成熟，革命就将是不可能的。他们在具体实践过程中，又根据这一总的思想对无产阶级的革命时机和条件进行了具体阐述。

其一，“无论哪一个社会形态，在它们所能容纳的全部生产力发挥出来以前，是决不会灭亡的；而新的更高的生产关系，在它存在的物质条件在旧社会的胎胞里成熟以前，是决不会出现的。”② 这是马克思对社会历史发展基本规律的经典论述，也是我们理解把握无产阶级革命时机和条件的基本文本。

首先，这是对发动革命时机的客观条件所进行的总的规定和判断。恩格斯指出：“一切社会变迁和政治变革的终极原因”，都要到“生产方式相交换方式的变更中去寻找”，到“有关的时代的**经济学**中去寻找”。③ 经济因素不管是在社会发展中还是在无产阶级革命中，都起着决定性作用。革命是社会历史运动的必然，其根本原因在于生产力与生产关系的矛盾。只有当生产力已经不是生产的力量，而是破坏的力量，进而产生了与其余的一切阶级发生最激烈的对立的阶级，并进而产生出必须实行根本革命的意识的时候，革命才是能够成立的。正如马克思提出的：“社会的物质生产力发展到一定阶段，便同它们一直在其中活动的现存生产关系或财产关系（这只是生产关系的法律用语）发生矛盾。于是这些关系便由生产力的发展形式变成生产力的桎梏。那时社会革命的时代就到来了。”④

其次，马克思、恩格斯在革命实践中，针对无产阶级政党的斗争实践，反复强调这一点。1849 年 12 月 19 日，马克思在给魏德迈的信中指出：“革命过早爆发（如果它不是直接由俄国的干涉所引起的），是一种不幸，因为现在正好

---

① 马克思、恩格斯：《德意志意识形态》，《马克思恩格斯全集》第 3 卷，人民出版社 1960 年版第 43—44 页。

② 马克思：《政治经济学批判》，《马克思恩格斯全集》第 13 卷，人民出版社 1962 年版第 9 页。

③ 恩格斯：《社会主义从空想到科学的发展》，《马克思恩格斯全集》第 19 卷，人民出版社 1963 年版第 228 页。

④ 马克思：《政治经济学批判》，《马克思恩格斯全集》第 13 卷，人民出版社 1962 年版第 8—9 页。

是贸易日益扩大的时候，法国、德国等地的工人群众，以及整个小店主阶层等，也许在口头上是革命的，但是实际上肯定不是如此。”① 马克思还系统总结1848年法国巴黎革命的经验教训，指出：“在这种普遍繁荣的情况下，即在资产阶级社会的生产力正以在整个资产阶级关系范围内所能达到的速度蓬勃发展的时候，也就谈不到什么真正的革命。只有在**现代生产力和资产阶级生产方式这两个要素**互相**矛盾**的时候，这种革命才有可能。”② 并且在1858年10月8日，在给恩格斯的信中写道：“大陆上革命已经迫在眉睫，并将立即具有社会主义的性质。但是，由于在广大得多的地域内资产阶级社会还在走上坡路，革命在这个小小角落里不会必然被镇压吗？”③ 即使到他们的晚年，他们还一直坚持这一思想不变。恩格斯就在1882年2月10日给贝克尔的信中进一步强调：“在这种行动能够起决定性作用之前，即当欧洲的事变促使它诞生之前，应当暂不采取这种行动。”④

第三，危机是政治革命的最强有力的杠杆之一。马克思、恩格斯在强调生产力和生产关系的矛盾这一客观条件的同时，也积极探索主观因素对革命的推动问题。1882年1月，恩格斯在给伯恩施坦的信中，就对这一思想进行了系统阐述，恩格斯指出：“危机是政治变革的最强有力的杠杆之一，关于这点在《共产党宣言》中就已经讲了，在《新莱茵报评论》上也根据到1848年为止的资料指出过，而除此之外，还指出过，繁荣的恢复会破坏革命，会为反动派的胜利创造条件。在进行详细分析的时候，必须注意中间危机，它们有些是比较带地方性的、而有些是比较带特殊性的；这种局限于纯粹证券投机事业内的中间危机，现在我们正在经历；1847年以前，这些危机是有规则的中间环节，所以在我的《工人阶级状况》中周期还是确定为五年。”⑤

---

① 马克思：《马克思致约瑟夫·魏德迈（1849年12月19日）》，《马克思恩格斯文集》第10卷，人民出版社2009年版第62页。

② 马克思：《1848年至1850年的法兰西阶级斗争》，《马克思恩格斯文集》第2卷，人民出版社2009年版第176页。

③ 马克思：《马克思致恩格斯（1858年10月8日）》，《马克思恩格斯文集》第10卷，人民出版社2009年版第166页。

④ 恩格斯：《恩格斯致约翰·菲力浦·贝克尔（1882年2月10日）》，《马克思恩格斯文集》第10卷，人民出版社2009年版第477页。

⑤ 恩格斯：《恩格斯致爱·伯恩施坦（1882年1月25、31日）》，《马克思恩格斯全集》第35卷，人民出版社1971年版第258—259页。

从这一段论述可以理解，生产力是最革命的力量，它发展到一定水平后，势必会与现存的生产关系产生矛盾。这种矛盾的尖锐化首先造成社会的经济危机，随之而来的将是政治危机。当政治和经济的危机使社会到了非采取激烈的政治行动不可时，这种全面的危机也就同时营造出了革命形势。1848年欧洲革命的爆发，与当时英国工商业总危机密切相关。马克思说："欧洲从十八世纪初没有一次严重的革命事先没有商业危机和财政危机。1789年的革命是这样，1848年的革命也是这样。"① 1870年的法国在普法战争中失败，使腐朽的波拿巴政府陷入全面危机，这场全面危机引发了巴黎公社革命。每一次革命都表明，"危机是政治变革的最强有力的杠杆之一"。

马克思、恩格斯还认为，当世界市场的形成与开拓，使一切国家的生产和消费都成为世界性的时候，就不能把革命看作纯粹是某一国内部发展的结果。这就意味着，一国革命形势的形成还与国际客观条件的影响有关。这种客观条件，既包括整个国际关系和政治、经济的基本格局，也包括与这个国家关系密切的其他国家的政治和经济状况。马克思、恩格斯指出："一切历史冲突都根源于生产力和交往形式之间的矛盾。此外，对于某一国家内冲突的发生来说，完全没有必要等这种矛盾在这个国家本身中发展到极端的地步。由于同工业比较发达的国家进行广泛的国际交往所引起的竞争，就足以使工业比较不发达的国家内产生类似的矛盾（例如，英国工业的竞争使德国潜在的无产阶级显露出来了）。"② 事实上，不仅发达国家能影响落后国家，落后国家所出现的问题在一定条件下也能引发发达国家的危机和革命。马克思在《中国革命和欧洲革命》一文中，就分析了中国的太平天国运动对英国和欧洲的影响。马克思认为，太平天国运动将使英国面临这样的问题，中国茶叶出口减少，于是茶叶涨价，英国只好用更多金银去收购这个主要的消费品。与此相应，它的棉毛织品在中国市场大大缩小。而此时的西欧正面临肉类粮食及其他一切农产品因歉收而涨价的时候。这诸多不利因素的加重将使已经经历一个经济周期大部分的英国工商业走向危机。"所以可以大胆预言，中国革命将把火星抛到现代工业体系的即将爆炸的地雷上，使酝酿已久的普遍危机爆发，这个普遍危机一旦扩展到国外，

① 马克思：《中国革命和欧洲革命》，《马克思恩格斯全集》第9卷，人民出版社1961年版第115页。

② 马克思、恩格斯：《德意志意识形态》，《马克思恩格斯全集》第3卷，人民出版社1960年版第83页。

直接随之而来的将是欧洲大陆的政治革命。”[①] 马克思、恩格斯把爱尔兰的民族独立看作无产阶级革命的起点，在讲到爱尔兰起义的问题时，特别指出：“如果没有外来的战争或战争危险，爱尔兰起义丝毫没有成功的机会。”[②] 以上事例表明，在各个国家和民族经济都已成为世界经济整个链条的各个环节的情况下，各国革命的客观条件的成熟不仅取决于本国的经济和政治，而且取决于世界和其他国家的经济与政治的某些因素。

其二，“任何一次革命起义，不论它的目的显得离阶级斗争有多么远，在革命的工人阶级没有获得胜利以前，都是注定要失败的；任何一种社会改革，在无产阶级革命和封建反革命没有在**世界战争**中用武器进行较量以前，都是要成为空想的”。[③] 这是马克思在《雇佣劳动与资本》中，对革命起义时机的主观条件所应该具备的条件进行的科学论断。这“两个任何”的思想，是马克思在详细分析了波兰、意大利和匈牙利的革命运动后作出的科学结论，是从一般规律的角度，提出了对于革命起义的深刻认识。另外，恩格斯撰写的《德国的革命和反革命》，规定了革命政党在起义中所应遵循的一些重要原则。在这一著作中第一次表述了“起义也正如战争或其他各种艺术一样，是一种艺术”[④] 这样一个基本原理。对于这个问题的深入理解，可以从两个方面来认识和把握。

一方面，无产阶级革命起义应该是无产阶级作为主角出现在革命的前台。马克思在《1848年至1850年的法兰西阶级斗争》中，在深入分析了法国巴黎六月革命的教训后指出：“巴黎无产阶级在资产阶级**逼迫**下发动了六月起义。单是这一点已注定无产阶级要失败。既不是直接的、公开承认的要求驱使无产阶级想用武力推翻资产阶级，也不是无产阶级已经到了有能力解决这个任务的地步。”[⑤] 这里就提出了发动起义所应具备的目标要求以及能力问题。这说到底就是指，无产阶级革命只有在“取得了自己专有的、独特的名称时”，也就是真正是无产阶级自己组织进行革命时，才能成为自己的革命。而要达到这一点，所需要的最基本的条

---

① 马克思：《中国革命和欧洲革命》，《马克思恩格斯全集》第9卷，人民出版社1961年版第114页。

② 恩格斯：《恩格斯致爱德华·伯恩施坦（1882年6月26日）》，《马克思恩格斯全集》第35卷，人民出版社1971年版第334页。

③ 马克思：《雇佣劳动与资本》，《马克思恩格斯文集》第1卷，人民出版社2009年版第711页。

④ 恩格斯：《德国的革命和反革命》，《马克思恩格斯全集》第8卷，人民出版社1961年版第102页。

⑤ 马克思：《1848年至1850年的法兰西阶级斗争》，《马克思恩格斯文集》第2卷，人民出版社2009年版第103页。

件，就是“现代的革命阶级即工业无产阶级作为主角出现在革命前台”①。马克思这里指出的“作为主角出现在革命前台”这句话，从马克思、恩格斯的论著中，可以得出三个方面的深意。一个是马克思、恩格斯在《德意志意识形态》中提出：“一定时代的革命思想的存在是以革命阶级的存在为前提的。”② 这里所提到的必须讲的前提，就是指革命的思想、力量等所必须要具备等问题。另一个是无产阶级能够成为全社会的代表出现。这是《德意志意识形态》中提出的，也就是组织进行革命的阶级，要“作为全社会的代表出现”。这是基本的前提，具备了这个基本的前提后才只是其中的一个，另外还有一个就是“以社会全体群众的姿态反对唯一的统治阶级”③。这里所提出的“作为全社会的代表出现”，并且是以“社会全体群众的姿态”，就是强调在能够成为一个阶级、成为一个团结凝聚力量的基础上，要反映“全社会”的意见，代表“社会全体群众”去反对统治阶级。

另一方面，当武装力量本身不再是反对我们的力量的时候。这是实施无产阶级革命的重要要求。从国家机器的内部构成来看，主要有两个方面，一个是军队，另一个是官僚机构。也就是从一定意义上来讲，夺取了这两部分，也就夺取了政权。而人数众多的军队是维护国家机器的重要保障，也是无产阶级用暴力推翻资产阶级统治的主要障碍。因此，在马克思、恩格斯分工进行科学研究的时候，恩格斯结合自己的实际，主要精力就是研究军事问题。也正是基于以上原因，恩格斯在 1884 年 11 月 18 日，在给倍倍尔的信中，明确要求倍倍尔在当时的军事情况下，要耐心地等待，特别是当军队还不支持无产阶级革命的时候，既要静心等待，更要积极做好争取军队支持的工作，“直到武装力量本身不再**是反对我们的力量**”，④ 这就是发动军事行动的最佳时机。并且进一步指出，如果在这之前发动革命起义，不但不可能取得革命胜利，即使取得暂时胜利，也只能是使最激进的资产者即小资产者掌握政权。也正是基于这一点，马克思、恩格斯在总结巴黎公社的经验及其教训时，深刻阐明了一个极其重要思

① 马克思：《1848 年至 1850 年的法兰西阶级斗争》，《马克思恩格斯文集》第 2 卷，人民出版社 2009 年版第 118 页。

② 马克思、恩格斯：《德意志意识形态》，《马克思恩格斯全集》第 3 卷，人民出版社 1960 年版第 53 页。

③ 马克思、恩格斯：《德意志意识形态》，《马克思恩格斯全集》第 3 卷，人民出版社 1960 年版第 54 页。

④ 恩格斯：《恩格斯致奥古斯特・倍倍尔（1884 年 11 月 18 日）》，《马克思恩格斯文集》第 10 卷，人民出版社 2009 年版第 529 页。

想，也就是："无产阶级专政的首要条件就是无产阶级的军队。工人阶级必须在战场上争得自身解放的权利。国际的任务就是把工人阶级的力量组织起来、团结起来，以迎接即将到来的斗争。"① 也就是说，要实现夺取统治权，首要的是掌握无产阶级自己的军队，并且利用这个军队来使用暴力手段夺取资产阶级的政权。毛泽东提出的"枪杆子里出政权"，也正是对这一重要思想的继承和发展。

其三，"革命是在绝大多数人民以及正式党派联合起来**反对**因此而被孤立了的政府、并要推翻它的时候开始的；而且只有在那些还能继续存在下来的正式党派在相互斗争中一个促使一个和一个接着一个地垮台以后，只有在这以后，才会出现福尔马尔所谈的彻底分裂，与此同时，我们取得统治权的时机也就来临了"。② 这是马克思、恩格斯对发动革命的基本力量因素所进行的具体阐述。

马克思在《柏林的危机》中提出："权利在力量方面。**没有力量**的方面只是**空谈权利**。"③ 也就是说，想取得革命和权利，首先得有力量。对于革命的力量，马克思、恩格斯对无产阶级发起革命，并且取得统治权的时机中革命力量应该达到的程度进行了深入详细分析。首先，革命开始发起的时机有两个方面。一个是"绝大多数人民和正式党派联合起来"，这是革命的基本力量和保证。人民是决定力量，无产阶级政党是领导核心。只有这两个方面联合起来，才能够保证革命既有领导力又有基本力量支持。另一个是"因此而被孤立了的政府、并要推翻它的时候"，这是无产阶级革命所要推翻政府的状态。也就是失去了人民的信任和支持，是一个没有政权基础的政府的时候。其次，革命取得统治权的重要时期是出现"正式党派"之间相互斗争，并且发生彻底分裂的时候。在当时马克思、恩格斯的眼中，这些"正式党派"，指的是其他的资产阶级党派和非无产阶级的党派。也就是说，只有这些所谓的"正式党派"之间也发生相互争斗，并且四分五裂，已经没有威信和力量领导人民，不能对无产阶级政党和

---

① 马克思：《纪念国际成立七周年（1871 年 9 月 25 日在伦敦庆祝大会上的讲话的报道）》，《马克思恩格斯全集》第 17 卷，人民出版社 1963 年版第 468 页。

② 恩格斯：《恩格斯致奥古斯特·倍倍尔（1882 年 10 月 28 日）》，《马克思恩格斯全集》第 35 卷，人民出版社 1971 年版第 379 页。

③ 马克思：《柏林的危机》，《马克思恩格斯全集》第 6 卷，人民出版社 1961 年版第 6 页。

广大人民形成阻碍，而且人民这时也真正认清了无产阶级政党的先进性和领导力量的时候，革命的力量就会全都凝聚在无产阶级政党的周围，这时我们取得革命的胜利，赢得统治权的时机也就到来了。

（二）革命斗争的每一次进行都有理论、政治和实践经济的互相配合、互相联系

恩格斯在《“德国农民战争”一八七〇年版序言的补充》中指出：“自从有工人运动以来，斗争是第一次在其所有三方面——理论方面、政治方面和实践经济方面（反抗资本家）互相配合，互相联系，有计划地进行着。德国工人运动所以强大有力和不可战胜，也正是由于这种可以说是向心的攻击。”① 恩格斯在这里所指出的意思，就是指自从有工人运动以来，革命斗争的每一次进行，都有理论、政治和实践经济的互相配合、互相联系。并且强调说这三者的配合是在有计划地推进的，而且还以德国的工人运动为例，提出之所以它们能够强大有力，就是因为这种“向心的攻击”。马克思在分析当时的德国革命斗争形势时，也明确指出：“在德国，工人阶级从工人运动一开始起就清楚地懂得，不经过革命，就不可能摆脱军事专制制度。同时，德国的工人也懂得，这样的革命，不预先进行组织、不掌握知识、不进行宣传和[字迹不清]，即使开始时是顺利的，但归根到底总会反过来反对他们。”② 虽然这里专指的是德国，但这一重要思想也适用于所有国家的革命斗争。这清楚地表明，无产阶级要取得革命斗争的胜利，不但要进行预先的组织和宣传，而且这种准备还应当是相互配合、互相联系的，只有这样才能具有强大的组织力量。对于如何具体组织这方面的工作，马克思、恩格斯结合革命实践提出了自己的思想和观点。

首先，加强教育强化无产阶级的历史使命意识。马克思在《“法兰西内战”初稿》中指出：“只有因对全社会负有新社会使命而得到鼓舞力量的无产阶级，即负有消灭一切阶级和阶级统治使命的无产阶级，才能够粉碎阶级统治的工具——国家，也就是集中化的组织起来的窃居社会主人地位而不是充当社会公

---

① 恩格斯：《“德国农民战争”一八七〇年版序言的补充》，《马克思恩格斯全集》第 18 卷，人民出版社 1964 年版第 566 页。

② 马克思：《马克思致亨利·迈尔斯·海德门（1880 年 12 月 8 日）》，《马克思恩格斯全集》第 34 卷，人民出版社 1972 年版第 456 页。

仆的政府权力。”① 正因为担负着这样的使命，所以马克思、恩格斯早在《共产党宣言》中就明确提出：“共产党一分钟也不忽略教育工人尽可能明确地意识到资产阶级和无产阶级的敌对的对立，以便德国工人能够立刻利用资产阶级统治所必然带来的社会的和政治的条件作为反对资产阶级的武器，以便在推翻德国的反动阶级之后立即开始反对资产阶级本身的斗争。”② 通过教育培养启发工人的政治觉悟，这是马克思在1843年就提出的基本观点。他在给卢格的信中写道：“知耻干不了革命。我的回答是：羞耻已经是一种革命。”为什么“羞耻是一种革命”，马克思接着进行了论述，因为“羞耻是一种内省的愤怒”。③ 这里的“羞耻”，指的就是有革命的觉悟问题。而那些所谓“爱国者”，也就是马克思用讽刺的语调对当时的资产阶级拥护者的表达，是不可能有“羞耻”的感觉的，也就是说，让他们去反对自己的统治是不可能的。

其次，永远需要勇敢地面对敌人。马克思在其撰写的《危机和反革命》中明确指出，在革命斗争中，“谁有更大的勇气和更多的毅力，谁就能取得胜利”。④ 而要做到这一点，一方面，对真正的敌人不能有任何的“仁慈”和“讲良心”。这是对敌人的基本态度，也是检验革命者的立场是否坚定的重要标尺。马克思在总结巴黎公社的失败教训时，第一条就是对敌人的“仁慈”和“讲良心”。1871年，马克思在给库格曼的信中指出：“如果他们战败了，那只能归咎于他们的‘仁慈’。”⑤ 这里的“仁慈”，并不是真正的“仁慈”，而是对敌人的软弱和轻视。这是革命者的大敌。此外对待分裂主义或者反对派，马克思、恩格斯也讲求反对态度或坚定的批判，不能有丝毫的不坚定性。在马克思、恩格斯一生的革命斗争生涯中，曾出现过许多分裂主义分子，他们都是非常坚定地与他们划清界线，并与他们进行坚决的斗争，有的甚至要清除出党。另一方面，要在决定性关头，不计成败地孤注一掷。恩格斯要求革命的阶级和它的政党，

---

① 马克思：《“法兰西内战”初稿》，《马克思恩格斯全集》第17卷，人民出版社1963年版第587—588页。

② 马克思、恩格斯：《共产党宣言》，《马克思恩格斯文集》第2卷，人民出版社2009年版第66页。

③ 马克思：《马克思致阿尔诺德·卢格（1843年3月）》，《马克思恩格斯文集》第10卷，人民出版社2009年版第5页。

④ 马克思：《危机和反革命》，《马克思恩格斯全集》第5卷，人民出版社1958年版第477页。

⑤ 马克思：《马克思致路德维希·库格曼（1871年4月12日）》，《马克思恩格斯文集》第10卷，人民出版社2009年版第353页。

要坚决、勇敢、有自我牺牲精神、善于实行果断的进攻。恩格斯在《德国的革命和反革命》中，针对革命中的具体行动策略，强调“在革命中，也像在战争中一样，永远需要勇敢地面对敌人，而进攻者总是处于有利地位”。① 这一段话充分说明，革命工作要积极主动，不能被动应付，如果被动应付，就会丧失时机和有利态势。在阐述了这一思想后，恩格斯接着指出：“在革命中，也像在战争中一样，在决定性的关头，不计成败地孤注一掷是十分必要的。”② 也就是说，革命工作一方面不是能够轻易成功的，要做好艰苦的斗争准备；另一方面，革命工作是有一个决定性战斗的时刻，在这一时刻，只有不计成败地英勇战斗，才能取得革命的成功。这是革命的基本规律，因为“历史上没有一次胜利的革命不证明这个原理的正确”③。面对当时资本主义还处在上升的时期，马克思、恩格斯在《共产党宣言》中，就以大无畏的革命精神向全世界宣布，资产阶级的灭亡和无产阶级的胜利是同样不可避免的，并呐喊：“让统治阶级在共产主义革命面前发抖吧。无产者在这个革命中失去的只是锁链。他们获得的将是整个世界。”④

第三，联合不同的阶级共同奋斗。马克思、恩格斯把不同阶级的联合看作是一切革命的必要条件。无产阶级扮演好革命主角或者说领导者的角色，就必须去动员全体群众一起革命。任何一次革命，都不是简单地由一个被压迫阶级来进行的。事实上，作为新生产力代表的被压迫阶级在推翻统治阶级的过程中，为了达到获得自身解放和建立新社会的目标，在把自己的利益说成是社会全体成员的利益的同时，还必须联合其他一切非统治阶级，以便采取最有力的革命行动，推翻旧的统治阶级。马克思、恩格斯指出：“特别是在存在至今的这些关系中，一个阶级总是占着统治地位；个人的生活条件总是和一定阶级的生活条件相一致；因而任何一个新兴的阶级的实际任务，在这一阶级的每一个人看来都不能不是**共同**任务；每个阶级都只有把**一切**阶级的个人从那些至今仍然套在他们头上的枷锁下解放出来，才能真正地推翻自己面前的统治阶级，——正是在上述这种情况下，把争取统治地位的阶级中的个人的任务说成是全人类的任

① 恩格斯：《德国的革命和反革命》，《马克思恩格斯全集》第 8 卷，人民出版社 1961 年版第82 页。
② 恩格斯：《德国的革命和反革命》，《马克思恩格斯全集》第 8 卷，人民出版社 1961 年版第82 页。
③ 恩格斯：《德国的革命和反革命》，《马克思恩格斯全集》第 8 卷，人民出版社 1961 年版第82 页。
④ 马克思、恩格斯：《共产党宣言》，《马克思恩格斯文集》第 2 卷，人民出版社 2009 年版第66 页。

务，是非常必要的。”① 特别是对于无产阶级革命来讲，这一点显得更加具有特殊意义，因为无产阶级的运动是群众的运动。恩格斯在《论早期基督教的历史》中就明确指出：“对起初极其强大的世界做斗争，同时又在革新者自己之间做斗争，这既是最早的基督徒的特点，也是社会主义者的特点。这两个伟大的运动都不是由领袖们和先知们创造出来的（虽然两者都拥有相当多的先知），两者都是群众运动。”② 所以，马克思、恩格斯把不同阶级的联合看作“总是一切革命的必要条件”③，在不能不以这样或那样形式实行阶级联合而进行的革命中，政权的最后归宿将直接决定整个革命的性质、进程和结局。在 1848 至 1849 年的欧洲革命中，工人阶级是这场革命的主体，但由于主客观条件的限制，当时的欧洲工人阶级还不成熟，工人阶级进行社会主义革命的条件还不具备。因此，工人从参加革命的一开始就只限于帮助资产阶级取得政权。工人阶级的这种行为不仅决定了这场革命不是社会主义革命，而且决定了工人阶级将成为这场革命牺牲品的最终命运。

马克思、恩格斯始终强调，只有把无产阶级和农民都包括进来的革命，才能成为真正把大多数吸引到运动中来的“人民”革命。马克思在《1848 年至 1850 年的法兰西阶级斗争》中就指出：“在联合的反革命资产阶级面前，小资产阶级和农民阶级中一切已经革命化的成分，自然必定要与享有盛誉的革命利益代表者，即与革命无产阶级联合起来。”④ 马克思、恩格斯在写于 1850 年 3 月的《中央委员会告共产主义者同盟书》也指出：“革命的工人政党对于小资产阶级民主派的态度是这样的：同小资产阶级民主派一起去反对工人政党所要推翻的派别；小资产阶级民主派想要巩固本身地位来谋私利的时候，就要加以反对。”⑤

第四，利用旧世界自身所具有的一切强大手段来推翻旧世界。马克思详细

---

① 马克思、恩格斯：《德意志意识形态》，《马克思恩格斯全集》第 3 卷，人民出版社 1960 年版第 327 页。

② 恩格斯：《论早期基督教的历史》，《马克思恩格斯全集》第 22 卷，人民出版社 1965 年版第 537 页。

③ 恩格斯：《德国的革命和反革命》，《马克思恩格斯全集》第 8 卷，人民出版社 1961 年版第 38 页。

④ 马克思：《1848 年至 1850 年的法兰西阶级斗争》，《马克思恩格斯文集》第 2 卷，人民出版社 2009 年版第 134 页。

⑤ 马克思、恩格斯：《中央委员会告共产主义者同盟书（1850 年 3 月）》，《马克思恩格斯全集》第 7 卷，人民出版社 1959 年版第 291 页。

分析巴黎革命的形势，在总结失败教训时指出："无产阶级中有一部分人醉心于**教条的实验**，醉心于**成立交换银行和工人团体，换句话说**，醉心于**这样一些形式的运动，即放弃利用旧世界本身内的一切强大手段来变革旧世界的思想，却企图躲在社会背后，用私人的办法，在自身生存的有限条件的范围内实现自身的解救，因此必然是要失败的**。"①

在马克思去世以后，特别是恩格斯的后期，从当时的斗争形势来看，议会斗争成为一个重要的政治行动。恩格斯就特别重视这一个方面，恩格斯还用战争的模式进行了形象的比喻。恩格斯写道："现在突然有这么多人完全出人意料地不相信'议会活动'了，这也是一件大好事。选票经常地日益加速地猛增，这是主要事实。我们的斗争是一种围攻战，只要战壕在不断地向前推进，情况就很好。现在我们已经接近第二道防线，到那里以后我们就可以安置破坏炮队，迫使敌方的大炮沉默下去；一旦我们做到了这一点（只要没有世界大战使被围攻者得到暂时的解围），我们就能确定时机在城堡外的斜堤上安置围攻炮队，打开缺口，发起冲锋。在此以前，缓慢而镇静地继续做好包围工作，是避免过早的攻击和不必要的牺牲的最可靠保证。而最妙不过的是，被围攻者宣布我们这些围攻者处在被围状态！"②

第五，在革命中善于科学计划和决策把事情做正确。也就是搞好革命的精心筹划和谋划。这是革命成功的基本前提和基础，也是马克思、恩格斯在强调任何行动时始终坚持的思想。恩格斯在 1874 年 5 月中旬至 1875 年 4 月，通过对巴黎公社经验的回顾，撰写了《流亡者文献》，在阐述无产阶级斗争的战略和策略时指出："在任何一次革命中，就像其他任何时候一样，难免做出许多蠢事；当人们最后平静下来，能够重新进行批评的时候，必然会得出这样的结论：我们做了许多最好不做的事，而没有做许多应该做的事，因此事情搞糟了。"③ 从这里可以得出，任何的革命行动，需要精心策略，严密组织，只有这样，才能把应该做的事情做好，取得革命的真正胜利。

---

① 马克思：《路易·波拿巴的雾月十八日》，《马克思恩格斯全集》第 8 卷，人民出版社 1961 年版第 129 页。

② 恩格斯：《致海尔曼·施留特尔（1887 年 3 月 19 日于伦敦）》，《马克思恩格斯全集》第 36 卷，人民出版社 1974 年版第 618 页。

③ 恩格斯：《流亡者文献》，《马克思恩格斯文集》第 3 卷，人民出版社 2009 年版第 364 页。

（三）一个一旦奋起反抗便集中体现社会的革命利益的阶级，会直接在自己的处境中找到自己革命活动的内容和材料

这是马克思在其撰写的《1848年至1850年的法兰西阶级斗争》中提出的重要思想，并且强调："打倒敌人，采取适合斗争需要的办法，它自身行动的结果就推动它继续前进。它并不从理论上研究本身的任务。法国工人阶级不是站在这样的立足点上，它还没有能力实现自己的革命。"① 他还指出："真正的无产阶级革命一旦爆发，革命的直接的下一步的行动方式的种种条件（虽然决不会是田园诗式的）也就具备了。"② 这实际上强调的是无产阶级革命需要实际的斗争，需要实际的行动，没有实际的革命行动，光在那里研究和筹划是没有用的，这是革命胜利的根本保证。

一方面，革命必须现在就干。马克思、恩格斯作为无产阶级的革命家，不仅在理论上给无产阶级政党以指导和领导，更强调实干的精神。他们不仅自己带头做好，而且对讲空话的人严厉批判，严格要求其他革命者从现在做起，不允许有任何耽误，任何延宕。恩格斯在其《流亡者文献》中，对空洞说教的人进行了严厉批评，批评他们不仅只是在空洞的说教，而且还指责别的革命者的革命行为，对于这样的言行，"只要一个简单的回答就可以终止所有这些幼稚言行：如果你们的人民时刻准备着发动革命，如果你们认为自己有权随时号召人民起来革命，如果你们已经再也不能等待了，那你们干吗还用废话来烦扰我们，鬼知道你们为什么不干起来呢？"③ 在对这样的言行进行严厉批评的同时，恩格斯还特别强调："要知道，革命拖延每一小时，每一分钟，都使人民付出成千上万的牺牲！"④ 因此当前需要做的事情，不是仅仅进行文字的宣传，而是要做到，"革命必须现在就干，不然也许是永远不干"。作为每一个真正的革命者，"我们不允许有任何耽误，任何延宕"。⑤ 从这里可以很明显地看出，马克思、恩格斯一方面对空洞说教者的批评厌恶态度，另一方面也可体会出他们对革命

① 马克思：《1848年至1850年的法兰西阶级斗争》，《马克思恩格斯文集》第2卷，人民出版社2009年版第88页。

② 马克思：《马克思致斐迪南·多梅拉·纽文胡斯（1882年2月22日）》，《马克思恩格斯文集》第10卷，人民出版社2009年版第459页。

③ 恩格斯：《流亡者文献》，《马克思恩格斯文集》第3卷，人民出版社2009年版第373页。

④ 恩格斯：《流亡者文献》，《马克思恩格斯文集》第3卷，人民出版社2009年版第385页。

⑤ 恩格斯：《流亡者文献》，《马克思恩格斯文集》第3卷，人民出版社2009年版第385页。

工作的急切心情。

另一方面，到那时，首先需要的将是哪些措施，这要看当时当地的条件而定。马克思、恩格斯坚持历史唯物主义的基本立场和观点，对于革命的具体措施，不是硬性地规定，而是具体情况具体分析。恩格斯在 1891 年 3 月，也就是晚年的时候，对于无产阶级的社会革命提出了许多重要思想，其中把握的一个重要原则，就是具体情况具体分析。他在给奥本海姆的信中明确指出："这种经济变革进行得愈迅速、愈彻底，一些措施也就愈快地成为必不可免，这些措施从表面看来只是为了缓和突然发展到深重的和难以忍受的程度的灾难，但事实上将导致现有生产方式自身基础的破坏；而工人群众将通过普选权迫使人们倾听他们的意见。到那时，首先需要的将是**哪些**措施，这要看当时当地的条件而定，——关于这一点，事前是无法概括地讲什么的。"①

四、没有暴力，没有坚定不移的无情手段，历史上任何事情都是不会成功的

恩格斯在写于 1849 年 2 月 14—15 日的《民主的泛斯拉夫主义》中指出："没有暴力，没有坚定不移的无情手段，历史上任何事情都是不会成功的。"② 这是恩格斯从社会发展的基本规律角度，阐述自己对暴力问题的基本看法。马克思也在 1848 年 11 月 16 日撰写的《良心的忏悔》中指出："一切所谓三月的成果，**只有在能够得到最粗野的暴力的保护的时候，才能被认为是有约束力的。拳头产生了它们，拳头也将消灭它们。**"③ 为了更深入说明暴力在社会发展中的作用，马克思、恩格斯还系统研究了社会发展史，从社会发展的资料中进一步找到了证明暴力是社会形式转换的重要力量的例证。这集中体现在《反杜林论》的"暴力论"和《暴力在历史中的作用》等著述中。恩格斯撰写的《德国的革命和反革命》《国家的起源》，也从历史和现实的角度对这一理论进行了详细阐述。

---

① 恩格斯：《致麦克斯·奥本海姆（1891 年 3 月 24 日）》，《马克思恩格斯全集》第 38 卷，人民出版社 1972 年版第59 页。

② 恩格斯：《民主的泛斯拉夫主义》，《马克思恩格斯全集》第 6 卷，人民出版社 1961 年版第333 页。

③ 马克思：《良心的忏悔》，《马克思恩格斯全集》第 6 卷，人民出版社 1961 年版第34 页。

（一）暴力本身就是一种经济力

这是暴力对社会历史发展的基本作用。马克思在《资本论》中分析指出："原始积累的不同因素，多少是按时间顺序特别分配在西班牙、葡萄牙、荷兰、法国和英国。在英国，这些因素在 17 世纪末系统地综合为殖民制度、国债制度、现代税收制度和保护关税制度。这些方法一部分是以最残酷的暴力为基础，例如殖民制度就是这样。但所有这些方法都利用国家权力，也就是利用集中的、有组织的社会暴力，来大力促进从封建生产方式向资本主义生产方式的转化过程，缩短过渡时间。暴力是每一个孕育着新社会的旧社会的助产婆。暴力本身就是一种经济力。"① 对于这一基本原理，可以从两个方面来理解。

一方面，也就是恩格斯所分析阐明的："暴力仅仅是手段，相反地，经济利益是目的。目的比用来达到目的的手段要'基础性'得多；在历史上，关系的经济方面也比政治方面同样基础性得多。"② 恩格斯还指出："当某一个国家内部的国家政权同它的经济发展处于对立地位的时候——直到现在，几乎一切政治权力在一定的发展阶段上都是这样，——斗争每次总是以政治权力被推翻而告终。经济发展总是毫无例外地和无情地为自己开辟道路。"③ 恩格斯曾以奥地利为例展现了暴力在革命中的作用："工业中采用机器和蒸汽，使奥地利（也像所有别的地方一样）社会各阶级的一切旧有关系和生活条件发生了变革；它把农奴变成了自由民，把小土地占有者变成了工业工人；它摧毁了旧有的封建手工业行会，摧毁了许多这种行会的生存手段。"④

另一方面，无产阶级夺取政权后，在社会革命中也需要采取暴力行动，才能顺利推进生产力发展。马克思曾就这个问题进行了充分论证，以此证明这个基本问题的必然性。马克思指出："只要其他阶级特别是资本家阶级还存在，只要无产阶级还在同它们进行斗争（因为在无产阶级掌握政权后无产阶级的敌人和旧的社会组织还没有消失），无产阶级就必须采用**暴力**措施，也就是政府的措施；如果无产阶级本身还是一个阶级，如果作为阶级斗争和阶级存在的基础的

---

① 马克思：《资本论》，《马克思恩格斯文集》第 5 卷，人民出版社 2009 年版第 861 页。

② 恩格斯：《反杜林论》，《马克思恩格斯全集》第 20 卷，人民出版社 1973 年版第 175 页。

③ 恩格斯：《反杜林论》，《马克思恩格斯全集》第 20 卷，人民出版社 1973 年版第 199 页。

④ 恩格斯：《德国的革命和反革命》，《马克思恩格斯全集》第 8 卷，人民出版社 1961 年版第 33—34 页。

经济条件还没有消失，那么就必须用暴力来消灭或改造这种经济条件，并且必须用暴力来加速这一改造的过程。”①

（二）无产阶级不通过暴力革命就不可能夺取自己的政治统治，即通往新社会的唯一大门

恩格斯在《反杜林论》中指出：“暴力在历史中还起着另一种作用，革命的作用；暴力，用马克思的话说，是每一个孕育着新社会的旧社会的助产婆；它是社会运动借以为自己开辟道路并摧毁僵化的垂死的政治形式的工具。”② 这是恩格斯从实行政治革命、夺取政治统治的角度，阐述的暴力在社会发展中的重要作用。马克思、恩格斯早在《共产党宣言》中就明确提出，暴力革命在无产阶级推翻资产阶级而建立自己的统治中的重要性。之所以把暴力革命作为实现无产阶级革命的基本方式，既是他们理论研究得出的成果，更是他们在革命实践中总结提炼出的经验和教训。即使到了人生的最后时刻，也就是 1889 年 12 月的时候，恩格斯总结他们两人一生的研究成果时，提出“无产阶级不通过暴力革命就不可能夺取自己的政治统治，即通往新社会的唯一大门，在这一点上，我们的意见是一致的”。③ 可见，暴力理论是他们始终坚持的一个重要思想，一生都没有改变过。

首先，一切社会形式为了保存自己都需要暴力，甚至有一部分是通过暴力建立的。这种具有组织形式的暴力叫作国家。马克思、恩格斯认为，作为国家的另一个本质特征，就是国家是有组织的暴力。恩格斯指出：“总之，在全部暴力论中，正确的仅有：到目前为止，一切社会形式为了保存自己都需要**暴力**，甚至有一部分是通过暴力建立的。这种具有组织形式的暴力叫做**国家**。”④

有产阶级的政治统治靠的就是有组织的暴力。恩格斯指出：“有产阶级，即土地贵族和资产者，使劳动人民处于被奴役的地位，这不仅靠他们的财富的力量，不仅靠资本对劳动的剥削，而且还靠国家的力量，靠军队、官僚和

① 马克思：《巴枯宁〈国家制度和无政府状态〉一书摘要（摘录）》，《马克思恩格斯文集》第 3 卷，人民出版社 2009 年版第 403 页。

② 恩格斯：《反杜林论》，《马克思恩格斯全集》第 20 卷，人民出版社 1973 年版第 200 页。

③ 恩格斯：《恩格斯致格尔松·特里尔（1889 年 12 月 18 日）》，《马克思恩格斯文集》第 10 卷，人民出版社 2009 年版第 578 页。

④ 恩格斯：《〈反杜林论〉的准备材料》，《马克思恩格斯全集》第 20 卷，人民出版社 1973 年版第 681 页。

法庭。”[①] 也就是说，从无产阶级要推翻的资产阶级统治来看，它的两大支柱是军队和官僚，因此统治的手段和靠山就是反革命暴力。这就客观上要求无产阶级，要用自己的暴力革命去对抗资产阶级的反革命暴力。从革命斗争的历史发展来看，也证明了这一点。在马克思、恩格斯时期所进行的欧洲革命和法国巴黎公社革命，都是在敌人的反革命暴力下失败的。资产阶级也宣扬“自由、平等、博爱”，但这样的“自由”，不可能是真正的自由，因为连最基本的食物都没有，连最基本的生活所需都不能解决，还能有什么样的自由？这样的“平等”，也不可能是真正的平等，资产阶级和无产阶级从一出生的那一天起，就是一对天然的“死敌”，作为资产阶级统治下的无产阶级，也不可能获得真正的平等，而只能是雇佣与被雇佣，劳动与被劳动的“平等”。而所谓的“博爱”，也只是建立在资本家们获得了他们想要的利益后的一点点“施舍”。正如马克思鲜明指出的，资产阶级的“自由，平等，博爱”，实质上就是“步兵，骑兵，炮兵！”[②]

其次，历史上任何统治阶级都不会自愿让出政权。在阶级社会，掌握政权的统治阶级是通过国家这一暴力机器实现政治统治的。当生产力与生产关系的矛盾、经济基础与上层建筑的矛盾使这种政治统治面临全面危机时，历史上的任何统治阶级都不会因统治危机而自愿让出政权；相反，他们将会变本加厉地利用手中的权力和国家的暴力机器维持那摇摇欲坠的政权，实行更残酷、更严厉的政治统治。历史上的每一次革命都是在这种情况下发生的。统治阶级政治统治的特征和在其统治的最近阶段所表现出来的残酷暴力压制，决定了以夺取政权、确立新的国家制度为中心任务的革命具有三个方面的特征：(1) 革命不是定做的，革命是人民群众的不满情绪爆发的结果，即只有当千千万万的人认为不能再这样生活下去的时候，革命才会爆发；(2) 革命是天下最权威的东西。具体来讲，就是一部分人用枪杆、刺刀、大炮，即暴力的手段强迫另一部分人接受自己的意志；(3) 革命是一种暴力反对另一种暴力的政治行动。总结这些特征，可以得出这样的结论：旨在推翻旧的政治统治、夺取政权的革命，是一

---

① 恩格斯：《致国际工人协会西班牙联合会委员会》，《马克思恩格斯全集》第 17 卷，人民出版社 1963 年版第 304 页。

② 马克思：《路易・波拿巴的雾月十八日》，《马克思恩格斯全集》第 8 卷，人民出版社 1961 年版第 160 页。

种暴力的行动，暴力是革命的基本方式。因此，马克思、恩格斯认为，暴力是每一个孕育着新社会的旧社会的助产婆，是社会运动借以为自己开辟道路并摧毁僵化的垂死的政治形式的工具。

作为新社会诞生的助产婆，暴力无疑是革命取得胜利的关键所在。恩格斯说："没有暴力，没有坚定不移的无情手段，历史上任何事情都是不会成功的。"① 革命也同样如此，没有把查理一世送上断头台，没有巴黎民众对巴士底狱的强行攻占，英国和法国的资产阶级革命的历史也许就不是这样。不管进行革命的阶级的性质如何，革命的热情如何，但只要它想夺取政权，并成为统治阶级，它就不能不采取革命的暴力行动。马克思在《路易·波拿巴的雾月十八日》中说得非常精彩："不管资产阶级社会怎样缺少英雄气概，它的诞生却是需要英雄行为、自我牺牲、恐怖、内战和民族战斗的。"②

第三，马克思、恩格斯的整个革命历程始终坚持暴力革命的基本思想。早在 1846 年 10 月 23 日，恩格斯在给布鲁塞尔通讯委员会的信中，在谈到与蒲鲁东主义的斗争时就提出："我所要做的主要就是证明暴力革命的必要性。"③ 随后马克思、恩格斯在《共产党宣言》中写道："共产党人不屑于隐瞒自己的观点和意图。他们公开宣布：他们的目的只有用暴力推翻全部现存的社会制度才能达到。"④ 在这里提出了用暴力推翻资产阶级统治，建立无产阶级的政治统治的重要思想。随即 1848 年发生的欧洲革命，就以实际行动证明了他们的这一论断的科学性。马克思、恩格斯不仅亲自参加和帮助指导这次革命，而且通过对这一革命的总结，更进一步认识到了资本主义社会的真面目，更加坚定了无产阶级要用革命的暴力来反抗资产阶级的暴力统治的思想。

在马克思、恩格斯后来的革命生涯中，又经历了 1871 年的法国巴黎公社革命，更是让他们深刻认识到了暴力革命的重要性和必要性。马克思在《路易·波拿巴的雾月十八日》中，警告当时的革命党人，只是醉心于教条的实验，只想利用私人的办法去力图"实现自身的解救"，而不去利用一切强大的手段去推

---

① 恩格斯：《民主的泛斯拉夫主义》，《马克思恩格斯全集》第 6 卷，人民出版社 1961 年版第 333 页。

② 马克思：《路易·波拿巴的雾月十八日》，《马克思恩格斯全集》第 8 卷，人民出版社 1961 年版第 122 页。

③ 恩格斯：《恩格斯致布鲁塞尔共产主义通讯委员会（1846 年 10 月 23 日）》，《马克思恩格斯文集》第 10 卷，人民出版社 2009 年版第 39 页。

④ 马克思、恩格斯：《共产党宣言》，《马克思恩格斯文集》第 2 卷，人民出版社 2009 年版第 66 页。

翻旧世界，这样“必然是要失败的”。① 恩格斯也在1874年给布洛斯的信中，通过对雅科比的批判进一步指出：“雅科比使自己的威望因此一扫而光；这个人**太自作聪明了**。而且还拿出这样一些肤浅的、庸俗的民主主义的理由来！他激烈攻击**暴力**，把它说成是某种根本不能接受的东西，可是我们都知道，归根到底，没有暴力是什么也达不到的！”② 恩格斯还在1884年11月18日给倍倍尔的信中，指出任何一个政党，都不能放弃有进行武装反抗的权利，而且也“从来没有一个政党会放弃这种非常的权利”。③ 1889年12月18日，恩格斯在给格尔松·特里尔的信中，还把暴力革命称为是“通往新社会的唯一大门”④。即使在恩格斯生命的最后的1895年3月8日，他还坚持强调：“我认为，如果你们宣扬绝对放弃暴力行为，是决捞不到一点好处的。没有人会相信这一点，也没有一个国家的**任何一个**政党会走得这么远，竟然放弃拿起武器对抗不法行为这一权利。”⑤

（三）工人可能用和平手段达到自己的目的，但暴力应当是我们革命的杠杆，为了最终地建立劳动的统治，总有一天正是必须采取暴力

恩格斯指出：“我们知道，必须考虑到各国的制度、风俗和传统；我们也不否认，有些国家，像美国、英国，——如果我对你们的制度有更好的了解，也许还可以加上荷兰，——工人可能用和平手段达到自己的目的。但是，即使如此，我们也必须承认，在大陆上的大多数国家中，暴力应当是我们革命的杠杆；为了最终地建立劳动的统治，总有一天正是必须采取暴力。”⑥ 这里所强调的，就是和平与暴力的辩证关系问题。

---

① 马克思：《路易·波拿巴的雾月十八日》，《马克思恩格斯全集》第8卷，人民出版社1961年版第129页。

② 恩格斯：《恩格斯致威廉·布洛斯（1874年2月21日）》，《马克思恩格斯全集》第33卷，人民出版社1973年版第620—621页。

③ 恩格斯：《恩格斯致奥古斯特·倍倍尔（1884年11月18日）》，《马克思恩格斯文集》第10卷，人民出版社2009年版第528页。

④ 恩格斯：《恩格斯致格尔松·特里尔（1889年12月18日）》，《马克思恩格斯文集》第10卷，人民出版社2009年版第578页。

⑤ 恩格斯：《恩格斯致理查·费舍（1895年3月8日）》，《马克思恩格斯文集》第10卷，人民出版社2009年版第686页。

⑥ 马克思：《关于海牙代表大会（1872年9月8日在阿姆斯特丹群众大会上的演说的通讯记录稿）》，《马克思恩格斯全集》第18卷，人民出版社1964年版第179页。

首先，在马克思、恩格斯看来，和平与暴力的辩证关系实质上是手段与目的的关系。这个重要思想，在马克思撰写于1878年9月下半月的《帝国国会关于反社会党人法的辩论》中有重要体现。这篇文章的草稿具有重要的理论意义。马克思在这份草稿里论述了无产阶级斗争的和平方式与暴力方式的关系。他认为，斗争采取和平方式还是暴力方式不决定于无产阶级的愿望，而决定于客观的历史条件。只有在统治阶级不使用暴力阻碍历史发展的情况下，和平方式才是可能的。“但是‘和平的’运动一遇到同旧秩序利害相关的人的反抗，仍然会变成‘暴力的’。”当时的俾斯麦政府正是“企图以**暴力**镇压它所不喜欢的、而从**法律**观点是无懈可击的发展。这就必然要产生暴力革命”①。

有的研究认为，马克思、恩格斯曾经讲过“和平长入社会主义”的问题，特别是恩格斯在晚年曾经讲过。其实，研究恩格斯的思想，特别是他最后几年的思想，可以得出，他所阐述的和平手段，只是一个手段，而不是最后的目的。在马克思、恩格斯的语境里，革命是分两个阶段的，一个阶段是准备阶段，也可以说是政治行动阶段，这个阶段既可以采取和平的手段，也可以采取暴力的手段，而在最后的“决胜关头”，是必须采取暴力的。这里的暴力不仅是指采取暴力的手段把资产阶级政治统治推翻，而且指采取暴力的手段把资产阶级现存的“国家”打碎，从而建立一个新世界。因此，恩格斯在《1891年社会民主党纲领草案批判》中，对“现代社会正在长入社会主义”这一思想进行了批判，明确指出：“这样的政策长此以往只能把党引入迷途。”②

之所以说和平长入社会主义是不可能的，恩格斯曾给出两点理由。第一，因为反正没有一个敌人会相信你的话。即使我们的敌人，都不会相信无产阶级革命者会彻底放弃暴力革命，况且是我们革命者自己。第二，马克思、恩格斯自始至终都是暴力革命的坚定支持者。正如恩格斯指出的，因为“我们从来也没有打算像善良的贵格会会士那样”，并且用打脸来形象地比喻这一思想。最后还进一步批评李卜克内西，“无疑，这一次你做得有点过头了”③。再后来，也

---

① 马克思：《帝国国会关于反社会党人法的辩论（文章草稿）》，《马克思恩格斯全集》第45卷，人民出版社1985年版第195页。

② 恩格斯：《1891年社会民主党纲领草案批判》，《马克思恩格斯文集》第4卷，人民出版社2009年版第414页。

③ 恩格斯：《恩格斯致威廉·李卜克内西（1890年3月9日）》，《马克思恩格斯文集》第10卷，人民出版社2009年版第582页。

就是1892年2月6日，恩格斯在《答可尊敬的乔万尼·博维奥》中再次强调："我没有说过'社会将取得多数，然后就将取得政权'"的思想，而且正相反，强调过"从议会斗争的舞台转到革命的舞台"。① 并且在1895年4月3日给拉法格的信中再次指出，他所讲的关于和平的和反对使用暴力的策略，"仅仅是针对**今天的德国**，而且**还有重要的附带条件**"②。

其次，暴力既是手段也是目的，因此从手段的角度来讲，在实现革命的过程中，任何手段都是可以实行的。马克思在这里肯定了革命方式选择的自主性的同时，也肯定了革命方式的多样性。马克思、恩格斯指出，在实际的革命斗争中，可以根据形势发展科学实施不同的革命手段和方法，"不论是最强硬的，还是看起来最温和的"。恩格斯在1889年12月18日给格尔松·特里尔的信中，对丹麦的农民党进行革命手段的具体指导时指出，革命要想取得成功，就要进行深思熟虑的思考和筹划，"一切达到目的的手段都是可以使用的"。③ 从这里可以看出，马克思、恩格斯在强调暴力革命的同时，也并不排除其他手段的重要性。也就是说，对于革命者来说，任何手段都是可以采取的，只要是能够实现确定的革命目标。这一思想，是恩格斯在总结他与马克思的理论研究和斗争实践的基础上，得出的科学结论。

第三，马克思、恩格斯也反对任何形式的和任何情况下的暴力，也就是说，采取和平方式还是暴力方式不决定于无产阶级的愿望，而决定于客观的历史条件。如果不顾客观条件而僵化地采取暴力行动，"毫无疑问，——我认为是不恰当的"。恩格斯在1891年3月24日回答奥本海姆的问题的信中写道："到那时，首先要采取哪些措施，这要看当时当地的条件而定，关于这一点，事前是无法概括地讲什么的。"④

那么，为什么会认为"反对任何形式的和任何情况下的暴力"是不恰当的

---

① 恩格斯：《答可尊敬的乔万尼·博维奥》，《马克思恩格斯文集》第4卷，人民出版社2009年版第443页。

② 恩格斯：《恩格斯致保尔·拉法格（1895年4月3日）》，《马克思恩格斯文集》第10卷，人民出版社2009年版第700页。

③ 恩格斯：《恩格斯致格尔松·特里尔（1889年12月18日）》，《马克思恩格斯文集》第10卷，人民出版社2009年版第579页。

④ 恩格斯：《恩格斯致麦克斯·奥本海姆（1891年3月24日）》，《马克思恩格斯文集》第10卷，人民出版社2009年版第607页。

呢？主要是因为，到底采取何种手段，首先应该考虑主客观的条件，特别是“必须考虑到各国的制度、风俗和传统”，这是制约革命手段的外在因素。也就是说，应该采取和平手段的时候就采取和平手段，而必须采取暴力手段的时候就要采取暴力手段，什么手段适用就采用什么手段。正如恩格斯在批判汉·弥勒的《德国社会民主党内的阶级斗争》时指出的：“他竟断言，暴力在任何情况下都是革命的，从来都不是反动的；这头蠢驴不懂得，如果没有必须加以反对的反动的暴力，也就谈不上什么革命的暴力；要知道，对那些根本无须推翻的东西是不能进行革命的。”① 并且恩格斯在 1895 年 4 月 3 日在给拉法格的信中，也就是在他的最后几个月里，通过对李卜克内西的批判，对这个问题进行了总结性的科学阐述：“……李卜克内西刚刚和我开了一个很妙的玩笑。他从我给马克思关于 1848—1850 年的法国的几篇文章写的导言中，摘引了所有能为他的、无论如何是和平的和反对使用暴力的策略进行辩护的东西。近来，特别是目前柏林正在准备非常法的时候，他喜欢宣传这个策略。但我谈的这个策略仅仅是针对**今天的德国**，而且**还有重要的附带条件**。对法国、比利时、意大利、奥地利来说，这个策略就不能整个采用。就是对德国，明天它也可能就不适用了。……可惜李卜克内西看到的只是白或黑，色调的差别对他来说是不存在的……”②

(四) 暴力还是由经济状况来决定，经济状况给暴力提供配备和保持暴力工具的手段

恩格斯在《反杜林论》中的“暴力论”中讲道：“暴力不是单纯的意志行为，它要求促使意志行为实现的非常现实的前提，特别是**工具**，其中，较完善的战胜较不完善的；其次，这些工具必然是生产出来的，同时也可以说，较完善的暴力工具即一般所说的武器的生产者，战胜较不完善的暴力工具的生产者；一句话，暴力的胜利是以武器的生产为基础的，而武器的生产又是以整个生产为基础，因而是以‘经济力量’，以‘经济情况’，以暴力所拥有的**物质**资料为

---

① 恩格斯：《致奥古斯特·倍倍尔（1892 年 10 月 7 日）》，《马克思恩格斯全集》第 38 卷，人民出版社 1972 年版第 490 页。

② 恩格斯：《恩格斯致保尔·拉法格（1895 年 4 月 3 日）》，《马克思恩格斯文集》第 10 卷，人民出版社 2009 年版第 700 页。

基础的。”①

也正是基于此，恩格斯才下定论说：“归根到底，金钱还必须通过经济的生产才能取得；就是说，暴力还是由经济情况来决定，经济情况供给暴力以配备和保持暴力工具的手段。”② 从这里可以理解，暴力的主要成分是军队及其物质设施——武器。维护军队、装备军队需要“巨额的金钱”。因此，暴力的胜利是以武器生产为基础的。但是，暴力不能铸造金钱，最多只能夺取它。武器的采用“决不是一种暴力行为，而是一种工业的，也就是经济的进步”。③ 恩格斯通过对武器的发展史的考察，对军事战术沿革史和兵役制度变迁史的分析，说明军队的全部组织和作战方式以及与此有关的胜负输赢，取决于物质的即经济的条件，而不取决于暴力本身。所以，恩格斯最后指出：“暴力本身的‘本原的东西’是什么呢？是经济力量，是占有大工业这一强大的手段。”④

第三节　无产阶级政党总是把无产阶级专政当作斗争的最近目的

恩格斯在《论住宅问题》中讲道：“德国社会民主工党，正**因为**它是**工人政党**，所以必然实行‘阶级政策’，即工人阶级的政策。既然每个政党都力求取得在国家中的统治，所以德国社会民主工党就必然力求争得**自己的**统治，工人阶级的统治，即‘阶级统治’。而且，**每个**真正的无产阶级政党，从英国宪章派起，总是把阶级政策，把无产阶级组织成为独立政党作为首要条件，把无产阶级专政作为斗争的最近目的。”⑤ 这里不仅为无产阶级政党提出了实行“阶级政策”的政策原则，而且还明确了无产阶级专政这个“阶级统治”的最近目的。这充分说明，无产阶级政党既要着眼长远履行历史使命，也必须立足现实完成“最近的目的”。对于无产阶级专政问题，在马克思和恩格斯的理论体系里，既

① 恩格斯：《反杜林论》，《马克思恩格斯全集》第 20 卷，人民出版社 1973 年版第 181 页。
② 恩格斯：《反杜林论》，《马克思恩格斯全集》第 20 卷，人民出版社 1973 年版第 182 页。
③ 恩格斯：《反杜林论》，《马克思恩格斯全集》第 20 卷，人民出版社 1973 年版第 182 页。
④ 恩格斯：《反杜林论》，《马克思恩格斯全集》第 20 卷，人民出版社 1973 年版第 189 页。
⑤ 恩格斯：《论住宅问题》，《马克思恩格斯全集》第 18 卷，人民出版社 1964 年版第 299 页。

有如何推翻资产阶级建立无产阶级政治统治的问题，也有建立无产阶级政治统治后，如何加强无产阶级专政的建设问题。那么，到底无产阶级专政是什么样子呢？恩格斯 1891 年 3 月 18 日巴黎公社 20 周年纪念日时，在为《法兰西内战》写的导言中指出："近来，社会民主党的庸人又是一听无产阶级专政这个词就吓出一身冷汗。好吧，先生们，你们想知道无产阶级专政是什么样子吗？请看巴黎公社。这就是无产阶级专政。"① 从这里可以理解，马克思、恩格斯是通过对"巴黎公社"等革命实践的系统总结，来阐明无产阶级专政的基本理论和观点的。全面深刻领悟和把握他们关于无产阶级专政的基础理论和基本原理，考察梳理这一理论的历史演变脉络，剔除附加在马克思、恩格斯名义下的理解偏差，对于当代无产阶级政党特别是中国共产党转变执政理念，改革领导方式和执政方式，巩固社会主义国家政权，都有着十分重要的理论价值和现实意义。

一、无产阶级专政理论是不断演进而来的

提炼概括《马克思恩格斯全集》中文 1 版的 50 卷，可以发现，一方面，马克思、恩格斯在他们不同的历史阶段所研究问题的侧重点是不一样的，他们是根据无产阶级革命斗争形势的不断变化而不断转移的，这从论述的频率及所占篇幅就可以看出。比如，集中而全面的总体思想体现是在《共产党宣言》中，而对于无产阶级专政的问题在第 39 卷，也就是恩格斯 1893 年 1 月至 1895 年 7 月期间的书信中，涉及这方面的内容相对多一些。这也在一定程度上说明，恩格斯在这期间对这个问题的思考要相对多一些，也更深更全面一些。也就是说，在恩格斯的晚年特别是临近去世的前期，针对当时无产阶级革命斗争的形势已经取得较大成就，也已经预示着有可能实现推翻资产阶级政治统治建立无产阶级的政治统治的时候，他就把主要精力转到了如何建设无产阶级政治统治，也就是无产阶级专政的问题上来。另一方面，马克思、恩格斯共计 21 次提到涉及"无产阶级专政"的专用词，曾先后用到"工人阶级专政""无产阶级的阶级专政""无产阶级的革命专政"和"无产阶级专政"等词汇。这说明他们对这个问题的研究是一个从萌芽到成形再到不断深化的过程。

---

① 恩格斯：《法兰西内战（恩格斯写的 1891 年版导言）》，《马克思恩格斯文集》第 3 卷，人民出版社 2009 年版第 111—112 页。

(一) 无产阶级专政理论的萌芽和提出

初步考察马克思、恩格斯创立和发展无产阶级专政这一学说的过程来看，1845 年由他们共同协作完成的《德意志意识形态》，作为详尽阐述他们新世界观的综合性著述，第一次提出了无产阶级夺取政权的任务。他们首次提出："每一个力图取得统治的阶级，如果它的统治就像无产阶级的统治那样，预定要消灭整个旧的社会形态和一切统治，都必须首先夺取政权，以便把自己的利益说成是普遍的利益，而这是它在初期不得不如此做的。"① 在这一论述中，已经包含着无产阶级专政理论的萌芽。

1848 年 2 月的《共产党宣言》正式提出这一理论。在《共产党宣言》中，马克思和恩格斯科学地证明了资本主义必定崩溃和无产阶级革命必定胜利的历史必然性，他们以此理论为指导武装无产阶级，规定无产阶级革命运动的基本任务和目的。无产阶级专政的思想像一条红线贯穿了整个"宣言"。虽然马克思、恩格斯此时还没有使用"无产阶级专政"这一术语，却清楚地表述了这一基本理论的实质。他们指出："共产党人的最近目的是和其他一切无产阶级政党的最近目的一样的：使无产阶级形成为阶级，推翻资产阶级的统治，由无产阶级夺取政权。"② 并且他们强调："无产阶级将利用自己的政治统治，一步一步地夺取资产阶级的全部资本，把一切生产工具集中在国家即组织成为统治阶级的无产阶级手里，并且尽可能快地增加生产力的总量。"③

"专政"概念的正式提出。中文 1 版的《马克思恩格斯全集》第 5 卷，收集了他们在 1848 年 3 月至 11 月这一时期的著作。在几篇阐述普鲁士国民议会的辩论以及分析康普豪森和汉泽曼内阁的政策的文章中，马克思和恩格斯强烈反对"妥协论"。这个"妥协论"是普鲁士自由资产阶级的领袖们提出的，目的是证明他们和封建君主势力妥协是正当的。为了与这种叛卖性的理论相对抗，马克思、恩格斯在《法兰克福议会》《法兰克福激进民主党和法兰克福左派的纲领》等文章中，坚持人民政权和革命人民的主权的思想。他们认为人民的革命专政是胜利完成革命的必要条件。马克思在写于 1848 年 9 月中旬的《危机和反

---

① 马克思、恩格斯：《德意志意识形态》，《马克思恩格斯全集》第 3 卷，人民出版社 1960 年版第 38 页。

② 马克思、恩格斯：《共产党宣言》，《马克思恩格斯文集》第 2 卷，人民出版社 2009 年版第 44 页。

③ 马克思、恩格斯：《共产党宣言》，《马克思恩格斯文集》第 2 卷，人民出版社 2009 年版第 52 页。

革命》中明确指出："在革命之后，任何临时性的国家机构都需要专政，并且需要强有力的专政。我们一开始就指责康普豪森没有实行专政，指责他没有马上粉碎和清除旧制度的残余。正当康普豪森先生陶醉于立宪的幻想时，被打垮的政党就在官僚机构中和军队中巩固他们的阵地，甚至敢于在各处展开公开的斗争。"① 从这些重要论述和基本原理的基本内涵来看，这里面含有革命民主专政的概念。这也是马克思第一次正式提出"专政"这一词汇。

（二）无产阶级专政理论的第一次系统阐述和发展

1848年发生了欧洲革命，马克思根据革命斗争的实践经验，在《1848年至1849年的法兰西阶级斗争》这一著述中发展了无产阶级专政的理论。他不仅提出"革命是历史的火车头"的基本原理，而且还指出19世纪革命中具有决定意义的力量是无产阶级。马克思通过总结分析巴黎公社的失败教训，提出工人阶级必须夺取政权的问题，指出："资产阶级逼迫巴黎无产阶级发动了六月起义。单是这一点已注定无产阶级要失败。并不是直接的已被意识到的要求驱使无产阶级去这样企图用武力推翻资产阶级，而且无产阶级也还没有能力解决这个任务。'通报'只得正式向无产阶级声明说，共和国对它的幻想不得不予以尊重的时代已经过去了。唯有它的失败才使它认识了这样一条真理：它要在资产阶级共和国**范围内**稍许改善一下自己的处境都只是一种**空想**，这种空想在一开始企图实现的时候就会成为罪行。于是，原先无产阶级想要强迫二月共和国予以满足的那些要求，那些形式上过分而实质上琐碎无聊甚至是资产阶级性的要求，就由一个大胆的革命战斗口号取而代之，这个口号就是：**推翻资产阶级！工人阶级专政！**"② 这是第一次使用"工人阶级专政"这个重要政治术语，阐明了这种专政在政治、经济和思想等方面的基本任务。

马克思还在这里谈到，革命社会主义、共产主义是根本不同于在革命进程中破产的小资产阶级空想理论的，提出了"不断革命"和"把这种专政作为必经的过渡阶段"等重要思想。马克思这样描写了它们的基本特点："当无产阶级把这种社会主义让给小资产阶级，而各种社会主义首领间的斗争又表明每个所谓体系都是特意强制社会变革中一个过渡段落以与其他各个段落相对抗时，**无**

---

① 马克思：《危机和反革命》，《马克思恩格斯全集》第5卷，人民出版社1958年版第475页。

② 马克思：《1848年至1850年的法兰西阶级斗争》，《马克思恩格斯全集》第7卷，人民出版社1959年版第36—37页。

产阶级就愈益团结在**革命社会主义**周围，团结在被资产阶级叫作**布朗基思想的共产主义**周围。这种社会主义就是**宣布不间断革命**，就是实现无产阶级的**阶级专政**，把这种专政作为必经的过渡阶段，以求达到**根本消灭阶级差别**，消灭一切产生这些差别的生产关系，消灭一切和这些生产关系相适应的社会关系，改变一切由这些社会关系产生出来的观念。”① 马克思的这个经典定义被当作科学共产主义的基本原理之一而列入了人类思想宝库。

1850 年 4 月中旬，由马克思、恩格斯共同撰写的《世界革命共产主义者协会》，也算是这个协会的“章程”中，正式使用了“无产阶级专政”这一概念。这份“协议”在第一条中明确规定：“协会的宗旨是推翻一切特权阶级，使这些阶级受无产阶级专政的统治，为此采取的方法是支持不断的革命，直到人类社会制度的最后形式——共产主义得到实现为止。”②

（三）无产阶级专政理论的丰富和发展

1851 年 12 月 19 日前后至 1852 年 3 月 25 日前后，马克思写的《路易·波拿巴的雾月十八日》一书，深刻总结了 1848—1849 年各国革命的历史经验，在发展无产阶级革命学说方面作出了新贡献。马克思发展了无产阶级革命和无产阶级专政的理论，第一次阐述了工人阶级必须粉碎资产阶级国家机器这个重要原理。马克思在《路易·波拿巴的雾月十八日》中所提出的关于无产阶级革命同资产阶级国家的关系的原理，具有特别重大的理论意义和政治意义。在这里，马克思根据革命的经验和教训作出了非常重要的结论，丰富了他关于国家、关于无产阶级专政的学说。马克思以法国的历史为例揭示了资产阶级国家的本质、它的特征、它的各种不同的形式，并且得出结论说：一切资产阶级革命都没有动摇还在君主专制时期就已形成的集中的军事官僚国家机器，而是使它更适合于镇压被剥削阶级，“一切变革都是使这个机器更加完备，而不是把它毁坏”。③ 无产阶级革命所需要的是完全不同类型的政权和国家的集中，决不能原封不动地保留这种寄生性和剥削性的镇压群众的工具。马克思认为，无产阶级

---

① 马克思：《1848 年至 1850 年的法兰西阶级斗争》，《马克思恩格斯全集》第 7 卷，人民出版社 1959 年版第 104 页。

② 马克思：《世界革命共产主义者协会》，《马克思恩格斯全集》第 7 卷，人民出版社 1959 年版第 605 页。

③ 马克思：《路易·波拿巴的雾月十八日》，《马克思恩格斯全集》第 8 卷，人民出版社 1961 年版第 216 页。

革命在对付旧的国家机器方面的任务，就是要“集中自己的全部破坏力量”来对付旧的国家机器并加以摧毁。列宁对这个问题分析道：“马克思主义在这一段精彩的论述里，与《共产党宣言》相比，向前迈进了一大步。在那里，国家问题还提得非常抽象，只用了最一般的概念和表述。在这里，问题提得具体了，并且作出了非常准确、明确、实际而具体的结论：过去一切革命都是使国家机器更加完备，而这个机器是必须打碎，必须摧毁的。这个结论是马克思主义国家学说中主要的基本的东西。”①

在阐述这个基本理论的基础上，1852 年 3 月 5 日，马克思在给约瑟夫·魏德迈的信中写道：“（1）**阶级的存在**仅仅同**生产发展的一定历史阶段**相联系；（2）阶级斗争必然要导致**无产阶级专政**；（3）这个专政不过是达到**消灭一切阶级**和进入**无阶级社会**的过渡……”② 这段论述，把无产阶级专政与阶级及阶级斗争的联系进行了阐述，纲领性地总结阐明了无产阶级专政的根本性问题。

（四）无产阶级专政理论发展的新阶段

中文 1 版的《马克思恩格斯全集》第 17 卷，汇集了马克思和恩格斯在 1870 年 7 月到 1872 年 2 月这一时期的著作，这一时期是无产阶级专政理论发展的新阶段。主要体现在马克思撰写的《法兰西内战》《纪念国际成立七周年》《政治冷淡主义》以及恩格斯撰写的《论住宅问题》等文献中。另外还体现在他们领导国际工人协会时所拟定的一些纲领性文件中。

马克思、恩格斯对无产阶级专政形式的最初设想，是通过对人类历史上第一个无产阶级专政的政权，也就是巴黎公社的描述而确立的。这个巴黎公社的“无产阶级专政”是个什么样子呢？巴黎公社又是怎样打碎旧的国家机器并以新的民主国家来代替它的呢？马克思在《法兰西内战》中进行的总结性分析阐述，标志着马克思、恩格斯无产阶级专政理论发展中的一个新的阶段。马克思在这本著作中，根据巴黎公社的经验，得出结论说：“工人阶级不能简单地掌握现成的国家机器，并运用它来达到自己的目的”③，必须把它打碎，而代以自己的无产阶级国家。马克思和恩格斯认为这一点具有非常重大的意义，在《共产党宣

① 列宁：《国家与革命》，《列宁选集》第 3 卷，人民出版社 2012 年版第133—134 页。

② 马克思：《马克思致约瑟夫·魏德迈（1852 年 3 月 5 日）》，《马克思恩格斯文集》第 10 卷，人民出版社 2009 年版第106 页。

③ 马克思：《法兰西内战》，《马克思恩格斯全集》第 17 卷，人民出版社 1963 年版第355 页。

言》1872年德文版的序言中特别说明，这一点可作为对《共产党宣言》的重要修改。马克思还指出，公社的一些基本特征表明，它正是新型的无产阶级国家，可以用来代替被打碎了的旧国家。他说，“公社就是帝国的直接对立物”，它是这样一种“共和国的一定的形式”，这种共和国“不仅应该消灭阶级统治的君主制形式，而且应该消灭阶级统治本身”。马克思又说：“它实质上是工人阶级的政府，是生产者阶级同占有者阶级斗争的结果，是终于发现的、可以使劳动在经济上获得解放的政治形式。”[①] 马克思还在《纪念国际成立七周年》中，对巴黎公社的历史贡献进行总结，指出“在过去发生的一切运动当中，最近的和最伟大的运动是巴黎公社”，强调“必须先实行无产阶级专政”[②]，才可能实现社会的根本性变革。

1872年11—12月马克思审阅《资本论》第一卷法译文的校样时，应比尼亚米的请求，写了《政治冷淡主义》一文，向意大利工人揭露了放弃政治斗争的无政府主义学说的含义，论证了建立无产阶级专政的历史规律性。文章于1873年12月发表在社会主义杂志《1874年共和国年鉴》上。1872年5月下半月至1873年1月，恩格斯写《论住宅问题》这一组文章，这组文章从1872年6月至1873年2月陆续发表在《人民国家报》上。在这些反对小资产阶级和资产阶级改良主义的文章中，恩格斯对整个资本主义制度作了毁灭性的批判，阐述了无产阶级专政的历史规律性，集中阐明了只有在无产阶级专政的条件下，工人阶级的一切社会经济要求才可能得到满足。恩格斯指出：“所谓布朗基主义者情况也是一样，只要他们企图由纯政治革命家转变为具有一定纲领的社会主义工人派别——如那些流亡到伦敦的布朗基主义者在‘国际和革命’那篇宣言中表明的那样，——他们就不是宣告蒲鲁东的拯救社会计划的‘原则’，而是宣告（并且几乎是逐字逐句地）德国科学社会主义的观点，即关于无产阶级必须采取政治行动，必须实行专政以过渡到废除阶级并和阶级一起废除国家的观点，这种观点在‘共产主义宣言’中已经申述过并且以后又重述过无数次。”“而德国社会民主工党，正**因为**它是**工人政党**，所以必然实行‘阶级政策’，即工人阶级的政策。既然每个政党都力求取得在国家中的统治，所以德国社会民主工党就

① 马克思：《法兰西内战》，《马克思恩格斯全集》第17卷，人民出版社1963年版第358、361页。

② 马克思：《纪念国际成立七周年（1871年9月25日在伦敦庆祝大会上的讲话的报道）》，《马克思恩格斯全集》第17卷，人民出版社1963年版第468页。

必然力求争得**自己的**统治，工人阶级的统治，即‘阶级统治’。而且，**每个**真正的无产阶级政党，从英国宪章派起，总是把阶级政策，把无产阶级组织成为独立政党作为首要条件，把无产阶级专政作为斗争的最近目的。”①

（五）无产阶级专政理论的进一步发展

这一阶段，主要体现在马克思撰写的《巴枯宁“国家制度和无政府状态”一书摘要》、1875 年的《哥达纲领批判》等重要著述中。

马克思写于 1874 年至 1875 年初的《巴枯宁“国家制度和无政府状态”一书摘要》，是同马克思和恩格斯的拥护者反对无政府主义的思想政治斗争紧密地联系着的。在海牙代表大会从思想上和组织上粉碎了巴枯宁主义者以后，这一斗争仍在继续进行。马克思的这一摘要是一部独特的批判性和论战性著作，这一著作在揭露当时马克思主义的主要敌人、无政府主义思想家巴枯宁的观点的同时，也深刻批判了各种无政府主义的学说并且发展了与之相对立的科学共产主义的许多极其重要的原理，即关于国家、无产阶级专政和工农联盟的原理。特别是其中论证了关于无产阶级专政的历史必然性的原理。

1875 年马克思撰写了《哥达纲领批判》，这本著作不仅给拉萨尔主义以毁灭性的打击，并且最完备地阐述了关于无产阶级专政和向共产主义过渡的观点，第一次提出了关于从资本主义到共产主义的过渡时期、关于过渡时期的国家制度的重要原理，进一步发展了无产阶级专政理论，他指出：“在资本主义社会和共产主义社会之间，有一个从前者变为后者的革命转变时期。同这个时期相适应的也有一个政治上的过渡时期，这个时期的国家只能是**无产阶级的革命专政**。”② 列宁称马克思的这本著作用“最彻底、最完整、最周密、内容最丰富的发展论”考察了共产主义的发展道路，第一次概括地指出共产主义社会两个阶段的基本特征。

（六）无产阶级专政理论在新形势下的新发展

马克思逝世之后，恩格斯独自领导无产阶级革命斗争。此时的恩格斯，在坚持和维护马克思的理论观点的基础上，结合当时的斗争形势和任务，对无产阶级专政理论进行了进一步的丰富和发展。特别是在 1891 年至 1893 年期间，

---

① 恩格斯：《论住宅问题》，《马克思恩格斯全集》第 18 卷，人民出版社 1964 年版第 297、299 页。

② 马克思：《哥达纲领批判》，《马克思恩格斯全集》第 19 卷，人民出版社 1963 年版第 31 页。

恩格斯通过书信对当时的无产阶级政党进行革命指导，提出了通过议会等合法斗争，为无产阶级夺取政权争取有利条件；无产阶级专政需要加强人才培养特别是科技人才的培养等重要思想。

二、阶级斗争必然要导致无产阶级专政

马克思 1852 年 3 月 5 日，在给约瑟夫·魏德迈的信中指出："在我以前很久，资产阶级的历史学家就已叙述过阶级斗争的历史发展，资产阶级的经济学家也已对各个阶级作过经济上的分析。我的新贡献就是证明了下列几点：(1) **阶级的存在**仅仅同**生产发展的一定历史阶段相联系**；(2) 阶级斗争必然要导致**无产阶级专政**；(3) 这个专政不过是达到**消灭一切阶级**和进入**无阶级社会**的过渡。"① 这一经典论述，既是对过往历史学家研究成果的提炼，也是对无产阶级专政的核心思想的精炼阐明。这其中的第 2 条，也就是"阶级斗争必然要导致无产阶级专政"，阐明了无产阶级专政的必然性，也就是为什么需要无产阶级专政的问题。系统研究马克思和恩格斯的这一思想，可以看到，对于无产阶级专政问题，马克思、恩格斯认为，并不仅仅是无产阶级进行政治统治需要专政，而且这是阶级社会发展的最基本的规律和要求。

(一) 在革命之后，任何临时性的国家机构都需要专政，并且需要强有力的专政

马克思在 1872 年撰写的《危机和反革命》中，通过对当时普鲁士的资产阶级革命各派斗争的分析和阐述，提出："在革命之后，任何临时性的国家机构都需要专政，并且需要强有力的专政。"② 分析这一基本原理可以看到，在阶级社会中，任何一个取得政治统治的阶级，要想维护和巩固好自己的政治统治都需要强有力的专政，这是阶级社会发展的必然规律。在马克思、恩格斯的理论体系里，专政首先是一个普遍的概念。他们根据历史唯物主义的基本原理，分析社会发展的基本规律后认为，不管是封建社会推翻奴隶社会，还是资产阶级革命实现政治统治，在刚刚取得政权时，都需要强有力的专政。恩格斯在《反杜林论》中以国家的产生过程为主线，就这个问题进行了阐述："到目前为止还在

① 马克思：《马克思致约瑟夫·魏德迈（1852 年 3 月 5 日）》，《马克思恩格斯全集》第 28 卷（下），人民出版社 1973 年版第 509 页。

② 马克思：《危机和反革命》，《马克思恩格斯全集》第 5 卷，人民出版社 1958 年版第 475 页。

阶级对立中运动着的社会，都需要有国家，即需要一个剥削阶级的组织，以便维持它的外部的生产条件，特别是用暴力把被剥削阶级控制在当时的生产方式所决定的那些压迫条件下。”①

特别是从马克思、恩格斯当时所处的资产阶级国家来看，虽然取得政治统治的形式是多种多样的，但本质是一样的。所有的这些国家，不管怎样，归根到底一定都是资产阶级的专政。列宁就在阐述马克思的这一基本原理时写道："只有懂得**一个**阶级的专政不仅对一般阶级社会是必要的，不仅对推翻了资产阶级的**无产阶级**是必要的，而且对介于资本主义和'无阶级社会'即共产主义之间的整整一个**历史时期**都是必要的，——只有懂得这一点的人，才算掌握了马克思国家学说的实质。资产阶级国家的形式虽然多种多样，但本质是一样的：所有这些国家，不管怎样，归根到底一定都是**资产阶级专政**。从资本主义向共产主义过渡，当然不能不产生非常丰富和多样的政治形式，但本质必然是一样的：都是**无产阶级专政**。”②

（二）无产阶级专政是无产阶级和资产阶级之间斗争的必然产物

马克思、恩格斯曾对资产阶级社会的基本特征进行过形象概括，也就是"它使阶级对立简单化了"，简单到什么程度呢？就是"整个社会日益分裂为两大敌对的阵营，分裂为两大相互直接对立的阶级：资产阶级和无产阶级"。③ 为什么会简单化？马克思、恩格斯是从现代社会的经济运动规律得出的，就是资本主义社会的大生产与财产私有之间的根本矛盾。恩格斯分析道："资本主义生产方式日益把大多数居民变为无产者，同时就造成一种在死亡的威胁下不得不去完成这个变革的力量。这种生产方式迫使人们日益把巨大的社会化的生产资料变为国家财产，同时它本身就指明完成这个变革的道路。**无产阶级将取得国家政权，并且首先把生产资料变为国家财产**。”④ 这就造成两个相互直接对立的阶级越来越直接，越来越简单明了的最根本的经济规律性原因。社会中的阶级的这种简单化，才使得无产阶级革命斗争的简单化，也才能使我们弄明白资产阶级剥削的奥秘。这种资产阶级的大生产，既为无产阶级夺取政权奠定了主要

① 恩格斯：《反杜林论》，《马克思恩格斯全集》第20卷，人民出版社1973年版第305页。
② 列宁：《国家与革命》，《列宁选集》第3卷，人民出版社2012年版第140页。
③ 马克思、恩格斯：《共产党宣言》，《马克思恩格斯文集》第2卷，人民出版社2009年版第32页。
④ 恩格斯：《反杜林论》，《马克思恩格斯全集》第20卷，人民出版社1973年版第305页。

的物质基础，也为无产阶级夺取政权培养了阶级力量。正如马克思在《资本论》中指出的："生产资料的集中和劳动的社会化，达到了同它们的资本主义外壳不能相容的地步，这个外壳就要炸毁了。资本主义私有制的丧钟就要响了。剥夺者就要被剥夺了。"① 恩格斯基于这个基本原理又进一步指出，资本主义必然要转变为社会主义社会这个结论，我们眼中的社会主义，才是"无产阶级和资产阶级间斗争的必然产物"。② 这里所指出的"必然产物"，既是历史的必然性，更是无产阶级与资产阶级相斗争的结果。也就是把资产阶级推翻后，只能是无产阶级进行政治统治，而无产阶级要实现政治统治，正如资产阶级的政治统治一样，必然需要强有力的专政。这既是历史发展的内在规律性要求，也是无产阶级革命的基本特性所决定的。

（三）为了最终彻底消灭阶级，必须有无产阶级的专政

恩格斯1871年7月在给卡洛·卡菲埃罗的信中写道："在总委员会中没有一个人不主张彻底消灭**社会阶级**，总委员会没有一个文件是不完全符合这一点的。我们必须摆脱土地所有者和资本家，使掌握了一切生产资料如土地、工具、机器、原料和在生产所需的时间内为维持生活所必需的一切资料的农业工人和工业工人的联合阶级来代替他们的地位，并且促进这个阶级的发展。其结果，不平等必将消灭。而为了彻底做到这一点，必须有无产阶级的政治统治。"③ 马克思也在《纪念国际成立七周年》的文章中，通过对"巴黎公社"的总结分析，指出实行无产阶级专政的重要意义："在过去发生的一切运动当中，最近的和最伟大的运动是巴黎公社。巴黎公社就是工人阶级夺取政权——关于这一点不可能有任何异议。对巴黎公社有过很多不正确的理解。公社未能建立起阶级统治的新形式。通过把一切劳动资料转交给生产者的办法消灭现存的压迫条件，从而迫使每一个体力适合于工作的人为保证自己的生存而工作，这样，我们就会消灭阶级统治和阶级压迫的唯一的基础。但是，必须先实行无产阶级专政，才可能实现这种变革，而无产阶级专政的首要条件就是无产阶级的军队。工人阶

① 马克思：《资本论》，《马克思恩格斯文集》第5卷，人民出版社2009年版第874页。

② 恩格斯：《社会主义从空想到科学的发展》，《马克思恩格斯全集》第19卷，人民出版社1963年版第226页。

③ 恩格斯：《恩格斯致卡洛·卡菲埃罗（1871年7月28日）》，《马克思恩格斯全集》第33卷，人民出版社1973年版第267页。

级必须在战场上争得自身解放的权利。国际的任务就是把工人阶级的力量组织起来、团结起来，以迎接即将到来的斗争。”①

三、这个专政是整个革命阶级即无产阶级的专政

无产阶级的专政是无产阶级这个阶级，为实现自己的政治统治而进行的专政，而不是其他什么阶级所进行的专政。也正因为这一点，无产阶级专政也就具备了与其他阶级专政不一样的基本特征和要求。

（一）无产阶级专政是为无产阶级服务的专政

这是无产阶级专政的应有之义。在阶级对立的社会中，国家政权始终都是掌握在经济上占统治地位的那个阶级手中，政治形式是掌握政权的统治阶级为了自身利益和统治需要所构建起来的政权形式。因此，不管政治形式最终以怎样的形态呈现出来，它都不可能是超阶级的，它都是依一定的阶级而存在的，并以自身特定的功能为一定的阶级服务。从这个基本的内在要求来讲，无产阶级专政是无产阶级这个阶级的专政，因此它本质上还是为以无产阶级为主体的阶级服务的。

（二）无产阶级专政不是少数革命家进行的专政，更不是服从一个人或某几个人的专政

恩格斯在批判布朗基主义者时指出：“由于布朗基把一切革命想象成由少数革命家所进行的突袭，自然也就产生了起义成功以后实行专政的必要性，当然，这种专政不是整个革命阶级即无产阶级的专政，而是那些进行突袭的少数人的专政，而这些人事先又被组织起来，服从一个人或某几个人的专政。”② 特别是针对魏特林提出的“个人专政”的个人独裁政权，马克思、恩格斯与他们进行了激烈的斗争。马克思和魏特林两人的立场的根本区别，表现在由于革命胜利而要建立的政权形式问题上。马克思坚决谴责个人独裁政权的思想，证明必须建立以实现革命的各阶级即无产阶级、农民和小资产阶级的联盟为基础的革命民主专政。“魏特林作为最理想的国家形式提出的那种专政，基于同样的理由被马克思认为是不实际的，而且是完全行不通的，因为政权不能单由一个阶级取

---

① 马克思：《纪念国际成立七周年（1871年9月25日在伦敦庆祝大会上的讲话的报道）》，《马克思恩格斯全集》第17卷，人民出版社1963年版第468页。

② 恩格斯：《流亡者文献》，《马克思恩格斯文集》第3卷，人民出版社2009年版第358页。

得；要想实行个人专政的制度，只配称为痴人说梦；相反地，象巴黎临时政府那样的政权，必须由各种不同的分子组成，他们要通过交换意见，就最适当的管理方式取得一致看法。”①

（三）工人革命的第一步就是使无产阶级上升为统治阶级，争得民主

这是马克思、恩格斯在《共产党宣言》中提出的重要思想。也就是说，推翻资产阶级政治统治实现无产阶级的政治统治，在进行无产阶级专政的建设中，争得民主是首要的问题。在这里，马克思、恩格斯对“民主”的内涵进行了科学阐明。

其一，在马克思、恩格斯的理论体系里，民主首先是与阶级统治相联系的，因此具有突出的阶级性。1847 年恩格斯谈到无产阶级革命的进程时指出：“首先无产阶级革命将建立**民主制度**，从而直接或间接地建立无产阶级的政治统治。”② 这表明，在资本主义社会和社会主义社会，民主的形式和程度会有所差别，但本质上不会变的，都是阶级统治。因此，马克思、恩格斯认为，世上没有所谓“纯粹民主”或“绝对民主”或“全体人的民主”，在阶级社会，民主都是同一定的阶级统治相联系的，都具有浓厚的阶级性。

其二，这里的民主，是在真正的国家之中，要把国家的权力回归于人民，让人民真正成为国家和社会的主人，只有这样才是真正实现了民主。这是马克思在《黑格尔法哲学批判》中提出的基本问题。随后在《法兰西内战》中，马克思在总结巴黎公社的伟大贡献时，又强调公社本身的存在和工作就是它的伟大之处，并且强调公社显示出走向属于人民、由人民掌权的政府的趋势。这也是巴黎公社之所以成为无产阶级专政的典范的原因之一。在这方面，巴黎公社共采取了两个方面的措施，其中之一就是人民群众可以随时罢免自己所选出的国家机关人员。这虽然只是一个举措，但在马克思看来，这就是把国家权力收回后，无产阶级的实际行动。总之，把国家所夺去的一切力量，都归还给社会和人民，这是无产阶级专政应坚持的核心原则。

其三，马克思指出：“在真正的民主制中**政治国家就消失了**。这可以说是正确的，因为在民主制中，政治国家作为政治国家，作为国家制度，已经不再被

---

① 《关于马克思和恩格斯 1848 年 8 月 4 日在科伦民主协会全体会议上讲话的报道》，《马克思恩格斯全集》第 43 卷，人民出版社 1982 年版第500—501 页。

② 恩格斯：《共产主义原理》，《马克思恩格斯全集》第 4 卷，人民出版社 1958 年版第367 页。

认为是一个整体了。”这是马克思在《黑格尔法哲学批判》中提出的重要思想。同时，马克思还进一步指出：“一切国家形式都以民主为自己的真实性，正因为这样，它们有几分不民主，就有几分不真实。”① 国家不是自由的国家，没有多少民主，但要实现真正的民主，就必然利用国家这种形式来向真正的民主过渡。所以说，无产阶级的专政是新型的民主和专政，是相对于资产阶级国家的专政和民主而言的。从更广泛的意义上讲，是相对于一切剥削阶级国家而言的。在剥削阶级统治的国家里，是一个阶级镇压另一个阶级，少数人镇压多数人的国家，在这种国家里，民主仅仅是少数统治阶级的民主。以推翻一切剥削和阶级统治为使命的无产阶级，经过革命后所确立的国家，与剥削阶级统治下的原来意义上的国家有本质不同。因此，恩格斯在 1875 年 3 月给倍倍尔的信中，在批判哥达纲领在国家问题上的错误观点时指出：“应当抛弃这一切关于国家的废话。特别是出现了已经不是原来意义上的国家的巴黎公社以后。”所以说，“既然国家只是在斗争中、在革命中用来对敌人实行暴力镇压的一种暂时的设施，那么，说自由的人民国家，就纯粹是无稽之谈了：当无产阶级还**需要**国家的时候，它需要国家不是为了自由，而是为了镇压自己的敌人，一到有可能谈自由的时候，国家本身就不再存在了。因此，我们建议把‘**国家**’一词全部改成‘共同体’[Gemeinwesen]，这是一个很好的古德文词，相当于法文的‘公社’”。②

四、这个专政不过是达到消灭一切阶级和进入无阶级社会的过渡

马克思在《哥达纲领批判》中指出：“在资本主义社会和共产主义社会之间，有一个从前者变为后者的革命转变时期。同这个时期相适应的也有一个政治上的过渡时期，这个时期的国家只能是**无产阶级的革命专政**。”③ 这就是马克思提出的重要的无产阶级专政的“过渡”理论。这一理论的提出，既是马克思、恩格斯系统研究的成果，也是他们长期的革命生涯实践总结的结晶，包含着深刻的内涵和内容。

(一)“过渡”是社会发展的必然规律

马克思在《1848 年至 1850 年的法兰西阶级斗争》中指出：“当无产阶级把

---

① 马克思：《黑格尔法哲学批判》，《马克思恩格斯全集》第 3 卷，人民出版社 2002 年版第 41 页。
② 恩格斯：《给奥·倍倍尔的信》，《马克思恩格斯文集》第 3 卷，人民出版社 2009 年版第 414 页。
③ 马克思：《哥达纲领批判》，《马克思恩格斯全集》第 19 卷，人民出版社 1963 年版第 31 页。

这种社会主义让给小资产阶级，而各种社会主义首领间的斗争又表明每个所谓体系都是特意强制社会变革中一个过渡段落以与其他各个段落相对抗时，**无产阶级**就愈益团结在**革命社会主义**周围，团结在被资产阶级叫作**布朗基思想的共产主义**周围。这种社会主义就是**宣布不间断革命**，就是实现无产阶级的**阶级专政**，把这种专政作为必经的过渡阶段，以求达到**根本消灭阶级差别**，消灭一切产生这些差别的生产关系，消灭一切和这些生产关系相适应的社会关系，改变一切由这些社会关系产生出来的观念。"① 在这里可以看出，这个"过渡"理论，是从社会发展的普遍规律中得出的规律性结论。在马克思的理论视域里，这个"过渡"理论，既有大的发展阶段的过渡，也有每个具体社会形态之间的过渡，还有每个社会形态中每个具体发展阶段之间的过渡。这是唯物主义历史观的具体体现。

（二）资产阶级革命本身就是向无产阶级革命的一个"过渡阶段"

恩格斯在其撰写的《最近的科伦案件》中指出："1848—1849 年的实际革命经验证实了一种理论观点，从这种观点得出的结论是：共产主义的工人阶级首先必须让小资产阶级民主派去当政，然后它才能指望在不断的斗争中建立自己的政权并消灭使它处于资产阶级压迫之下的雇佣奴隶制。"② 从这一论述可以看出，在马克思、恩格斯为无产阶级革命所设想的革命进程中，资产阶级民主革命和社会主义革命是一个链条上的两个环节，他们把资产阶级民主革命的胜利看作是无产阶级革命的序幕，这也表明这两种革命之间存在着密切联系。无产阶级只有不间断地从资产阶级革命跨到社会主义革命，才能取得最后胜利并夺取政权，实现无产阶级专政。因此，马克思、恩格斯极力要求无产阶级积极参加资产阶级革命，以实现资产阶级的政治统治，并且还提出了一系列的过渡措施。这也是他们提出"不断革命"的理论来源之一。也正是基于这一点，恩格斯才明确指出，资产阶级"革命的第一个直接结果，按其**形式**来说，同样只能是而且**必然**是一个**资产阶级**共和国。但是，它在这里只是一个短暂的过渡阶段"，"我们可以利用它首先来**为革命的社会主义争取广大的工人群众**"，"只有

① 马克思：《1848 年至 1850 年的法兰西阶级斗争》，《马克思恩格斯全集》第 7 卷，人民出版社 1959 年版第 104 页。

② 恩格斯：《最近的科伦案件》，《马克思恩格斯全集》第 8 卷，人民出版社 1961 年版第 450—451 页。

到那个时候，我们才能胜利地取得政权”。①

（三）无产阶级的政治革命向社会革命的过渡

恩格斯指出：“工人阶级参加了这次起义，正像他们也会参加其他起义一样，——只要这种起义能清除他们在取得政治统治和实行社会革命道路上的一些障碍，或至少可以迫使那些势力较大而勇气较小的社会阶级采取一种比他们以前所采取的更坚决更革命的方针。”② 恩格斯在这里虽然主要是针对“起义”的作用而进行的阐述，但从其具体论述的内容来看，我们也能够得出更深一些的理解。这就是，恩格斯把“取得政治统治和实行社会革命”放在一起进行阐述，并且把政治统治放在社会革命的前列。从这里可以理解，一方面，取得政治统治是实行社会革命的前提，也就是实行无产阶级专政，而在实现无产阶级专政之后，就要实行社会革命。也就是说，无产阶级专政的根本任务是社会革命。而社会革命的使命任务，就是将生产力从各种桎梏中解放出来，大力发展生产力。

（四）必须实行专政以过渡到废除阶级并和阶级一起废除国家

这是无产阶级专政的最终目的，或者说担负的历史使命，也是无产阶级过渡理论的核心要义。马克思根据革命斗争的实践经验，在《1848 年至 1850 年的法兰西阶级斗争》中发展了他的无产阶级专政理论。马克思在这里谈道：“这种社会主义就是**宣布不间断革命**，就是实现无产阶级的**阶级专政**，把这种专政作为必经的过渡阶段，以求达到**根本消灭阶级差别**，消灭一切产生这些差别的生产关系，消灭一切和这些生产关系相适应的社会关系，改变一切由这些社会关系产生出来的观念。”③ 恩格斯谈到布朗基主义者在公社以后因受到公社经验的影响而转到马克思主义的原则立场上的时候，曾顺便把这个立场表述如下：“所谓布朗基主义者情况也是一样，只要他们企图由纯政治革命家转变为具有一定纲领的社会主义工人派别——如那些流亡到伦敦的布朗基主义者在‘国际和革命’那篇宣言中表明的那样，——他们就不是宣告蒲鲁东的拯救社会计划的

① 恩格斯：《恩格斯致爱德华·伯恩施坦（1883 年 8 月 27 日）》，《马克思恩格斯文集》第 10 卷，人民出版社 2009 年版第 510 页。

② 恩格斯：《德国的革命和反革命》，《马克思恩格斯全集》第 8 卷，人民出版社 1961 年版第 105 页。

③ 马克思：《1848 年至 1850 年的法兰西阶级斗争》，《马克思恩格斯全集》第 7 卷，人民出版社 1959 年版第 104 页。

'原则'，而是宣告（并且几乎是逐字逐句地）德国科学社会主义的观点，即关于无产阶级必须采取政治行动，必须实行专政以过渡到废除阶级并和阶级一起废除国家的观点，这种观点在'共产主义宣言'中已经申述过并且以后又重述过无数次。"① 在马克思、恩格斯所有阐述无产阶级专政的过渡理论中，都是立足于这个理论基点而去论述的。考察马克思、恩格斯阐述无产阶级专政理论的过程，可以看出，不管是《共产党宣言》中指出，不能立即进入共产主义社会，而是要夺取资产阶级的全部资本，集中在成为统治阶级的无产阶级手里这个思想的初步提出，还是总结 1848 年欧洲革命经验时，"过渡"思想的最终确立，进而在他们之后的理论研究和革命斗争实践中进一步对这一思想进行深化，都可以确切地得出这样的结论。因此，无产阶级专政的历史任务和全面建设发展，就要着眼于这个根本特性去设置去规定。这是搞好无产阶级专政的根本着眼点和立足点，也是实行一切共产主义措施的首要前提。正如恩格斯在 1847 年 9 月所指出的，无产阶级专政是"实行一切共产主义措施的首要前提"。②

（五）"过渡"意味着"转变"和"适应"，意味着把社会主义社会看成是经常变化和改革的社会

马克思指出："在资本主义社会和共产主义社会之间，有一个从前者变为后者的革命转变时期。同这个时期相适应的也有一个政治上的过渡时期，这个时期的国家只能是**无产阶级的革命专政**。"③ 进一步分析这一经典论述的关键点可以看出，里面的关键词汇第一个是"过渡"，在这个词汇的下面就是"转变"和"适应"。这三个词汇共同组成了这一经典论断的核心思想。这就是说，要实现"过渡"，最根本的要求就是不断地转变，以适应这个政治过渡时期的发展需要，要适应转变就需要不断地进行革命和变革。这是一个内在的严密的逻辑关系。正是基于这一思想，恩格斯在谈到社会主义社会的形式时指出："我认为，所谓'社会主义社会'不是一种一成不变的东西，而应当和任何其他社会制度一样，把它看成是经常变化和改革的社会。它同现存制度

---

① 恩格斯：《住宅问题》，《马克思恩格斯全集》第 18 卷，人民出版社 1964 年版第 297 页。

② 恩格斯：《共产主义者和卡尔·海因岑》，《马克思恩格斯文集》第 1 卷，人民出版社 2009 年版第 666 页。

③ 马克思：《哥达纲领批判》，《马克思恩格斯全集》第 19 卷，人民出版社 1963 年版第 31 页。

的具有决定意义的差别当然在于，在实行全部生产资料公有制（先是国家的）基础上组织生产。”①

之所以强调“过渡”就要转变和适应。首先，马克思、恩格斯“把这种专政作为必经的过渡阶段”，就是把无产阶级专政认作是一个桥梁，是架在资本主义和共产主义之间的一个桥梁。因此，从宏观的视角来讲，社会主义的这个过渡就有两个方面的作用。一方面，完成从资本主义向无产阶级专政的过渡。另一方面，无产阶级专政是资本主义社会向共产主义社会过渡的政治形式。这种过渡是全面的过渡，涉及经济、政治、文化等各个方面，其中经济发展是实现这种过渡的关键因素。因此，作为过渡政治形式的无产阶级专政，就应该为经济建设服务，极大地推动经济发展。只有这样，无产阶级专政才能最终完成自己的历史使命，也就是消灭一切阶级和阶级差别，实现共产主义。而在这里面的过渡中，还需要进行一些微观的过渡。刚刚争得无产阶级政治统治的无产阶级专政，它所采取的专政形式，大多是原来的资产阶级遗留下来的，都是剥削阶级的产物，虽然政治内容不一样，但它的“外壳”也就是政治形式是一样的。而共产主义所追求的人类解放，是全面而自由的，是没有国家的。所以，当前的“共和国”也只是一个“过渡”的政治形式，我们是在利用它，但最终是要消灭它的。其次，这个基本原理的提出，最根本的理论来源，还是历史唯物主义的历史观。马克思在《巴枯宁“国家制度和无政府状态”一书摘要》中进行了论述。马克思提出：“彻底的社会革命是同经济发展的一定历史条件联系着的，这些条件是社会革命的前提。”② 这为搞好无产阶级专政提供了基本理论原理的支撑。也正因如此，无产阶级的专政不仅要在大的工作方针上转变和适应，而且在制定和实施具体的政策举措时，也要学会“变通”。这也在马克思的这个“摘要”中进行了表述。马克思指出：“只有在工业无产阶级随着资本主义生产的发展，在人民群众中至少占有重要地位的地方，社会革命才有可能。无产阶级要想有任何胜利的可能性，就应当能够 mutatis mutandis〔变通地〕直接为农民做很多的事情，至少要像法国资产阶级在自己革命时为当时法国农民所做的

---

① 恩格斯：《恩格斯致奥托·冯·伯尼克（1890 年 8 月 21 日）》，《马克思恩格斯文集》第 10 卷，人民出版社 2009 年版第588 页。

② 马克思：《巴枯宁“国家制度和无政府状态”一书摘要》，《马克思恩格斯全集》第 18 卷，人民出版社 1964 年版第695 页。

事情那样多。”①

至于在这个过渡中采取什么样的具体措施，以求得转变和适应，恩格斯在其撰写的《共产主义原理》手稿中，既从理论上论证了无产阶级政党的某些极其重要的纲领性和策略性的原则，也具体拟定了取得政权的无产阶级从资本主义过渡到社会主义时应实行的措施。特别是在实践中，马克思、恩格斯也是自觉按照这一基本原理来做的。正如列宁在总结这个问题时所写："在这方面特别值得注意的是马克思着重指出的公社所采取的一项措施：取消支付给官员的一切公务津贴和一切金钱上的特权，把国家**所有**公职人员的报酬减到**'工人工资'**的水平。这里恰巧最明显地表现出一种**转变**：从资产阶级的民主转变为无产阶级的民主，从压迫者的民主转变为被压迫阶级的民主，从国家这个对一定阶级实行镇压的**'特殊力量'**转变为由大多数人——工人和农民用**共同的力量**来镇压压迫者。"②

五、一切政府归根到底都不过是本国状况的经济必然性的执行者

这是恩格斯 1892 年 6 月 18 日在给尼古拉·弗兰策维奇·丹尼尔逊的信中提出的重要思想。恩格斯在这里指出："一切政府，甚至最专制的政府，**归根到底**都不过是本国状况的经济必然性的执行者。它们可以通过各种方式——好的、坏的或不好不坏的——来执行这一任务；它们可以加速或延缓经济发展及其政治和法律的结果，可是最终它们还是要遵循这种发展。"③ 这是他与马克思一生研究结果的呈现。无产阶级专政作为无产阶级所进行的政治统治的"本国状况的经济必然性的执行者"，在与其他政府相同的基本任务的基础上，还具有无产阶级专政本身的任务特征。早在 1848 年马克思、恩格斯共同撰写的《共产党宣言》中，他们就对无产阶级专政的根本任务给出了初步答案，这就是"无产阶级将利用自己的政治统治，一步一步地夺取资产阶级的全部资本，把一切生产工具集中在国家即组织成为统治阶级的无产阶级手里，并且尽可能快地增加生

① 马克思：《巴枯宁"国家制度和无政府状态"一书摘要》，《马克思恩格斯全集》第 18 卷，人民出版社 1964 年版第 695 页。

② 列宁：《国家与革命》，《列宁选集》第 3 卷，人民出版社 2012 年版第 148 页。

③ 恩格斯：《恩格斯致尼古拉·弗兰策维奇·丹尼尔逊（1892 年 6 月 18 日）》，《马克思恩格斯文集》第 10 卷，人民出版社 2009 年版第 626 页。

产力的总量”。① 从这段经典论述中，我们应该明确无产阶级专政下不断革命的历史任务，就是说无产阶级专政不仅要用暴力推翻资产阶级的政治统治，而且更重要的还有组织和发展经济建设的一面，这是无产阶级专政的根本任务。为了实现这个任务，马克思、恩格斯又从实践操作层面提出了三个方面的具体任务。

(一) 无产阶级取得国家政权后，首要的是把生产资料变为国家财产

恩格斯在谈到社会主义社会的形式时指出：“我认为，所谓‘社会主义社会’不是一种一成不变的东西，而应当和任何其他社会制度一样，把它看成是经常变化和改革的社会。它同现存制度的具有决定意义的差别当然在于，在实行全部生产资料公有制（先是国家的）基础上组织生产。”② 因此，要实行“全部生产资料公有制（先是国家的）基础上组织生产”，第一个行动也是作为国家所采取的最后一个独立行动，即以社会的名义占有生产资料。

之所以首先做到这一点，马克思、恩格斯进行了深刻而系统的阐述。马克思在《1848年至1850年的法兰西阶级斗争》中，简明地表述了无产阶级在社会的经济改造方面的历史任务：“占有生产资料，使其受联合的工人阶级支配，从而消灭雇佣劳动、资本及其相互间的关系。”③ 正如恩格斯所分析的：“无产阶级将取得社会权力，并且利用这个权力把脱离资产阶级掌握的社会化生产资料变为公共财产。通过这个行动，无产阶级使生产资料摆脱了它们迄今具有的资本属性，给它们的社会性以充分发展的自由。从此按照预定计划进行的社会生产就成为可能的了。生产的发展使不同社会阶级的继续存在成为时代的错误。随着社会生产的无政府状态的消失，国家的政治权威也将消失。人终于成为自己的社会结合的主人，从而也就成为自然界的主人，成为自己本身的主人——自由的人。”④ 这也是恩格斯在《社会主义从空想到科学的发展》中所阐述的基本原理。恩格斯通过系统阐述国家的起源、功能作用等，提出了“国家真正作为整个社会的代表所采取的第一个行动，即以社会的名义占有生产资料，同时

① 马克思、恩格斯：《共产党宣言》，《马克思恩格斯文集》第2卷，人民出版社2009年版第52页。

② 恩格斯：《恩格斯致奥托·冯·伯尼克（1890年8月21日）》，《马克思恩格斯文集》第10卷，人民出版社2009年版第588页。

③ 马克思：《1848年至1850年的法兰西阶级斗争》，《马克思恩格斯全集》第7卷，人民出版社1959年版第47页。

④ 恩格斯：《社会主义从空想到科学的发展》，《马克思恩格斯全集》第19卷，人民出版社1963年版第247页。

也是它作为国家所采取的最后一个独立行动”。①

如果再进一步具体到实践层面，就是实行社会的大生产。马克思指出：“统治阶级中那些颇为聪明而能领悟到现存制度不能长存下去的人们（这种人并不少），已在令人厌恶地、大声疾呼地鼓吹合作制生产。如果合作制生产不是作为一句空话或一种骗局，如果它要排除资本主义制度，如果联合起来的合作社按照总的计划组织全国生产，从而控制全国生产，制止资本主义生产下不可避免的经常的无政府状态和周期的痉挛现象，那末，请问诸位先生，这不就是共产主义，‘可能的’共产主义吗?”② 马克思还在《“法兰西内战”草稿》中指出：“大规模的有组织的劳动，生产资料的集中，这是无产阶级追求的希望，也是无产阶级运动的物质基础，尽管目前劳动的组织是专制式的，生产资料不仅作为生产手段，而且作为剥削和奴役生产者的手段集中在垄断者的手中。无产阶级要做的事就是改变这种有组织的劳动和这些集中的劳动资料目前所具有的资本主义性质，把它们从阶级统治和阶级剥削的手段改变为自由联合的劳动形式和社会的生产资料。”③

（二）胜利了的无产阶级在能够利用旧的官僚的、行政集中的国家机构来达到自己的目的之前，必须把它加以改造④

这是恩格斯在1884年1月1日给伯恩施坦的信中提出的重要思想。这也是关于“打碎”国家机器的重要思想的内容，是革命特别是社会革命的重要要求。这个内容在第二节无产阶级革命中曾进行过梳理和研究。马克思在《法兰西内战》这本著作中，根据巴黎公社的经验，得出结论说：“工人阶级不能简单地掌握现成的国家机器，并运用它来达到自己的目的。”⑤

之所以提出对以前的国家机构加以改造的重要思想，一方面，从历史唯物主义的基本原理来看，虽然政治形式也就是国家这个政治形式在一定程度上是一样的，但其具体的政治内容必然要随着政治统治主体的变化而变化。作为无

① 恩格斯：《社会主义从空想到科学的发展》，《马克思恩格斯全集》第19卷，人民出版社1963年版第242页。

② 马克思：《法兰西内战》，《马克思恩格斯全集》第17卷，人民出版社1963年版第362页。

③ 马克思：《“法兰西内战”草稿》，《马克思恩格斯全集》第17卷，人民出版社1963年版第597页。

④ 恩格斯：《致爱德华·伯恩施坦（1884年1月1日）》，《马克思恩格斯全集》第36卷，人民出版社1974年版第81页。

⑤ 马克思：《法兰西内战》，《马克思恩格斯全集》第17卷，人民出版社1963年版第355页。

产阶级的政治统治，不管是从统治目的还是从统治力量来看，都与资产阶级有根本性的区别，所以当推翻资产阶级政治统治，实现无产阶级专政后，必然要求对国家机器进行改造。另一方面，马克思、恩格斯对这一思想的深刻阐述，是建立在对巴黎公社的经验教训进行全面总结的基础之上的。正是通过对巴黎公社时期，所采取的运用暴力革命打碎旧的国家机器等一系列措施的系统总结，马克思、恩格斯才把这一思想概括为巴黎公社的革命原则。后来，他们又把这一基本经验，补充到了 1872 年的《共产党宣言》德文版序言之中，使无产阶级专政理论得到进一步丰富和发展。恩格斯在巴黎公社之后 20 年的 1891 年，在为《法兰西内战》写的导言中总结巴黎公社失败的教训时，就分析指出："公社一开始想必就认识到，工人阶级一旦取得统治权，就不能继续运用旧的国家机器来进行管理；工人阶级为了不致失去刚刚争得的统治，一方面应当铲除全部旧的、一直被利用来反对工人阶级的压迫机器，另一方面还应当保证本身能够防范自己的代表和官吏，即宣布他们毫无例外地可以随时撤换。"①

对于无产阶级在改造国家机构中所坚持的原则和措施。马克思、恩格斯在《法兰西内战》等著述中进行了科学研究。《政治的逻辑——马克思主义政治学原理》一书不仅对马克思、恩格斯对未来社会政治的规定进行系统梳理②，而且也对未来社会政治发展的指标体系进行了归纳提炼③。

---

① 马克思：《法兰西内战（恩格斯写的 1891 年版导言）》，《马克思恩格斯文集》第 3 卷，人民出版社 2009 年版第 110 页。

② 王沪宁主编的《政治的逻辑——马克思主义政治学原理》（上海人民出版社 2004 年版第 490 页），集中阐述了马克思对未来社会主义政治的规定构想，并提炼归纳了 9 大原则：1. 社会原则；2. 民主原则；3. 议行合一原则；4. 经济原则；5. 公仆原则；6. 自治原则；7. 代表原则；8. 相对集中原则；9. 统一原则。

③ 王沪宁主编的《政治的逻辑——马克思主义政治学原理》（上海人民出版社 2004 年版第 489—490 页），对《法兰西内战》集中分析未来社会的政治形式问题进行了分析阐述，并把马克思对社会政治发展的指标体系归纳成了 11 条：1. 废除保护旧国家统治阶级利益的常备军，由武装的人民取而代之；2. 社会的代表应当由普选产生，代表应对选民负责，并且随时可以撤换；3. 实行议行合一的原则，决策机构不应当是议会制，而应当是同时兼管行政和立法的工作机关；4. 作为政府的工具的警察失去一切政治职能，变为可以随时撤换的负责机关；5. 自上至下一切公职人员只应领取相当于工人工资的薪金，取消国家高级官吏所享有一切特权以及支付给他们的办公费；6. 在废除常备军和警察这两种旧政府"物质权力的工具"时，摧毁"精神压迫的工具"，即僧侣势力，宣布教会与国家分离，一切学校对人民免费开放；7. 法官像其他社会公务员一样由选举产生，对选民负责，并且可以撤换；8. 旧的中央集权政府在外省让位给生产者的自治机关，"公社应该成为甚至最小村落的政治形式"；9. 地主成立代表会议，主管本地区所有一切农村公社的公共事务，代表会议派代表参加巴黎的全国代表会议，代表必须严格遵守选民的确切训令，并且随时可以撤换；10. 中央政府还有为数不多然而非常重要的职能，应该交给严格负责的公社官吏；11. 通过公社制度组织实现民族的统一。

（三）马上粉碎和清除旧制度的残余

这是马克思在1848年9月撰写的《危机和反革命》中提出的重要思想。马克思指出："在革命之后，任何临时性的政局下都需要专政，并且是强有力的专政。我们一开始就指责康普豪森没有实行专政，指责他没有马上粉碎和清除旧制度的残余。"① 马克思通过对欧洲革命的经验教训总结，突出强调在取得革命胜利之后，就要进行强有力的专政。那么实行专政后，做的第一件事应该是什么呢？就应该是"马上粉碎和清除旧制度的残余"。这是首要任务，也是最紧要的工作。对于这个思想，马克思在《巴枯宁"国家制度和无政府状态"一书摘要》中又进一步进行了强调："这就是说，只要其他阶级特别是资本家阶级还存在，只要无产阶级还在同它们进行斗争（因为在无产阶级掌握政权后无产阶级的敌人还没有消失，旧的社会组织还没有消失），无产阶级就必须采用**暴力**措施，也就是政府的措施；如果无产阶级本身还是一个阶级，如果作为阶级斗争和阶级存在的基础的经济条件还没有消失，那末就必须用暴力来消灭或改造这种经济条件，并且必须用暴力来加速这一改造的过程。"②

之所以把组织对反革命的坚决回击和消灭旧制度的残余，作为无产阶级专政的重要任务，这主要是由于过渡时期的阶级斗争形势所决定的。首先，在这一时期，是无产阶级刚刚从资产阶级手中夺取政权的时期，被夺取了统治地位的资产阶级，不可能甘心他们的失败，必将会采取各种手段去收复他们失去的权力和地位，这种复辟与反复辟斗争的严峻性，要求无产阶级专政对反革命进行坚决的回击。其次，从马克思、恩格斯当时所处的社会发展情况来看，小生产者主要是农民的自发势力会经常产生资本主义和资产阶级，这些人员需要进行改造才能真正成为无产阶级专政的建设力量。再次，在刚刚建立的无产阶级统治中，不可避免地会遗留着资本主义社会的"遗毒"，而且这种"遗毒"不会随着无产阶级政权的建立而自动消失，有时不仅得不到消除，反而会慢慢增长，必将会使无产阶级队伍里面出现变质分子，特别是那些在资本主义社会中得到好处的人，会时不时地怀念当时的"优厚生活"，这也必将会产生腐化蜕化等现象，对这些人员需要引起警惕和剔除。这就是马克思指出的："我们这里所说的

① 马克思：《危机和反革命》，《马克思恩格斯文集》第2卷，人民出版社2009年版第69页。

② 马克思：《巴枯宁"国家制度和无政府状态"一书摘要》，《马克思恩格斯全集》第18卷，人民出版社1964年版第694页。

是这样的共产主义社会，它不是在它自身基础上已经**发展了的**，恰好相反，是刚刚从资本主义社会中**产生出来的**，因此它在各方面，在经济、道德和精神方面都还带着它脱胎出来的那个旧社会的痕迹。”① 还有就是，从无产阶级所处形势看，还是处在敌对势力的包围之中，不可避免受到国际上的敌对势力的侵略和颠覆，这也需要无产阶级用专政的手段来捍卫胜利果实。这是马克思、恩格斯根据当时实际情况所进行的分析，现在已经过去 100 多年了，从这 100 多年的发展来看，越来越体现了他们分析判断的科学真理性。因此，不管是当初的分析还是当前的社会主义建设，都必须把镇压敌人的反抗和破坏活动，防御资产阶级的侵略和颠覆作为重要任务。只有这样，才能保卫无产阶级革命的胜利成果，也才能为实现向共产主义的过渡奠定坚实的组织基础。

六、无产阶级为了解放自己，还要使用一些在它获得解放以后将会失去意义的手段

这是马克思在《巴枯宁“国家制度和无政府状态”一书摘要》中提出的重要思想。马克思在这里指出：“由于无产阶级在为摧毁旧社会而斗争的时期还是在旧社会的基础上进行活动的，因此还使自己的运动采取多少同旧社会相适应的政治形式，——所以，在这一斗争时期，无产阶级还没有建立起自己的最终的组织，为了解放自己，它还要使用一些在它获得解放以后将会失去意义的手段。”② 对于这个重要思想的深化和贯彻落实，马克思、恩格斯从以下几个方面进行了论证。

（一）到那时，首先要采取哪些措施，这要看当时当地的条件而定，关于这一点，事前是无法概括地讲什么的

这是无产阶级专政所要采取的手段选择的总的指导原则。恩格斯在 1891 年 3 月 24 日给麦克斯·奥本海姆的信中写道：“这种经济变革进行得越迅速、越彻底，也就越有必要采取某些措施，这些措施从表面看来只是为了消除突然变得极其严重而难以忍受的弊端，但事实上是要破坏现有生产方式的基础；而工人群众将通过普选权迫使人们倾听他们的意见。到那时，首先要采取**哪些**措施，

① 马克思：《哥达纲领批判》，《马克思恩格斯全集》第 19 卷，人民出版社 1963 年版第 21 页。

② 马克思：《巴枯宁“国家制度和无政府状态”一书摘要》，《马克思恩格斯全集》第 18 卷，人民出版社 1964 年版第 701 页。

这要看当时当地的条件而定，关于这一点，事前是无法概括地讲什么的。”①

之所以提出这一基本原理，根据历史唯物主义的基本观点，社会政治、法律和文化等上层建筑受制约于社会经济运动的发展，要适应社会经济运动的要求，因此在没有确定未来社会经济发展的水平和规模时，具体构思社会的上层建筑是不合乎历史唯物主义的理性的。但这并不是说，恩格斯就没有关于社会主义社会政治发展的观念，我们大致可以从两个方面来得到启示：一是历史唯物主义关于社会运动一般规律的论述；二是他们在各类著作中表述的有关未来政治格局和政治形式的构想。对于建立起社会主义制度之后的政治发展，马克思、恩格斯并没有做过集中的论述，实际上他们也避免做这种超前的详细描述，论断都是基本原理式的。恩格斯在批评空想社会主义的未来方案时曾经说过：“这种新的社会制度是一开始就注定要成为空想的，它愈是制定得详尽周密，就愈是要陷入纯粹的幻想。”②

（二）共和国是无产阶级政治统治的政治形式

列宁的《国家与革命》对无产阶级专政的制度形式，特别是马克思主义的国家学说，进行了系统而权威的论述。这是学习研究的基本文本。在这基础上，还需要根据形势发展的变化不断进行深化理解。但从总体来讲，马克思、恩格斯提出实现无产阶级专政，无产阶级需要建立自己的政治统治，这个统治形式，应该是与资产阶级政治统治有所不同的“共和国”。恩格斯 1892 年 9 月 28 日在给弗兰茨·梅林的信中说：“不管怎么说，这还意味着，国家形式必然产生于经济形态及其**适当的运用**，正象婴儿诞生于男女婚配一样。”③ 共和国理论的提出，为无产阶级解决这个根本问题指明了方向。那么，无产阶级专政需要什么样的政治形式也就是什么样的国家呢？恩格斯在《1891 年社会民主党纲领草案批判》中指出，民主共和国是无产阶级专政的特殊形式。并且他对这一民主共和国的具体形式也进行了具体明确，强调无产阶级的这个共和国的形式“只能

① 恩格斯：《恩格斯致麦克斯·奥本海姆（1891 年 3 月 24 日）》，《马克思恩格斯文集》第 10 卷，人民出版社 2009 年版第 607 页。

② 恩格斯：《社会主义从空想到科学的发展》，《马克思恩格斯全集》第 19 卷，人民出版社 1963 年版第 210 页。

③ 恩格斯：《致弗兰茨·梅林（1892 年 9 月 28 日）》，《马克思恩格斯全集》第 38 卷，人民出版社 1972 年版第 481 页。

采取单一而不可分的共和国的形式”。① 恩格斯还在1894年3月6日给保·拉法格的信中，又进一步进行了阐述：“对无产阶级来说，共和国和君主国不同的地方仅仅在于：共和国是无产阶级将来进行统治的**现成的**政治形式。你们比我们优越的地方就是，你们已经有了它；而我们则需要花费二十四小时去建立它。但是，象其他任何政体一样，共和国取决于它的内容；当它还是**资产阶级**统治的形式时，它就和任何君主国一样地敌视我们（撇开敌视的**方式**不谈）。因此，把它看成本质上是社会主义的形式，或者当它还为资产阶级所掌握时，就把社会主义的使命委托给它，都是毫无根据的幻想。我们可以迫使它作某些让步，但是永远不能把我们自己的工作委托它去完成；即使我们能够通过一个强大得一天之内就能使自己变为多数派的少数派去监督它，也不能那样做。”② 这是马克思、恩格斯对无产阶级统治形式的基本思想和观点。之所以提出这个基本思想，从深层分析来看，应该主要基于三个方面的因素。

首先，历史唯物主义国家观的发现。恩格斯认为：“迄今在阶级对立中运动着的社会需要有国家，即需要一个剥削阶级的组织，以便维持它的外部的生产条件，特别是用强力把被剥削阶级控制在当时的生产方式所决定的那些压迫条件下（奴隶制、农奴制或依附农制、雇佣劳动制）”，虽然从表面上看，“国家是整个社会的正式代表，是社会在一个有形的组织中的集中表现，但是，说国家是这样的，这仅仅是说，它是当时独自代表整个社会的那个阶级的国家”③。从这可以理解，任何国家都是在经济上和政治上占统治地位的统治阶级国家，是统治阶级的组织。因此，“国家是文明社会的概括，它在一切典型的时期毫无例外地都是统治阶级的国家，并且在一切场合在本质上都是镇压被压迫被剥削阶级的机器”。④

在人类政治发展史上，任何统治阶级都与资产阶级一样，都是基于如何更

---

① 恩格斯：《1891年社会民主党纲领草案批判》，《马克思恩格斯文集》第4卷，人民出版社2009年版第415页。

② 恩格斯：《致保尔·拉法格（1894年3月6日）》，《马克思恩格斯全集》第39卷（上），人民出版社1974年版第209—210页。

③ 恩格斯：《社会主义从空想到科学的发展》，《马克思恩格斯全集》第19卷，人民出版社1963年版第242页。

④ 恩格斯：《家庭、私有制和国家的起源》，《马克思恩格斯全集》第21卷，人民出版社1965年版第200页。

好地实现自身的政治统治和经济利益，来选择自身的“政治外壳”的。资产阶级在为自己找到“最好的政治外壳”的同时，却也为生产“它自身的掘墓人”提供了最好的政治形式。因而，这种“最好的政治外壳”将必然成为资产阶级统治的“最彻底的”，也是“最后”的政治形式。无产阶级是资产阶级的对立阶级，其历史使命是推翻资产阶级统治，建立无产阶级统治的政权，从而彻底消灭阶级和阶级差别，实现共产主义。因而，对资产阶级来说是“最彻底的”，也是“最后”的政治形式；对无产阶级来说，自然是争取统治，实现无产阶级专政的唯一的政治形式。恩格斯指出：“马克思和我在 40 年间反复不断地说过，在我们看来，民主共和国是唯一的这样的政治形式，在这种政治形式下，工人阶级和资本家阶级之间的斗争能够先具有普遍的性质，然后以无产阶级的决定性胜利告终。”① 所以，“如果说有什么是毋庸置疑的，那就是，我们的党和工人阶级只有在民主共和国这种形式下，才能取得统治。民主共和国甚至是无产阶级专政的特殊形式，法国大革命已经证明了这一点”。②

正如列宁所分析指出的：“恩格斯在这里特别明确地重申了贯穿在马克思的一切著作中的基本思想，这就是：民主共和国是走向无产阶级专政的捷径。因为这样的共和国虽然丝毫没有消除资本的统治，因而也丝毫没有消除对群众的压迫和阶级斗争，但是，它必然会使这个斗争扩大、展开、明朗化和尖锐化，以致一旦出现满足被压迫群众的根本利益的可能性，这种可能性就必然通过而且只有通过无产阶级专政即无产阶级对这些群众的领导得到实现。”③

虽然马克思、恩格斯很明确地指明民主共和国甚至是无产阶级专政的特殊形式，但他们也同时认为，资产阶级的“共和国”与无产阶级的“共和国”不仅有本质差异，而且因阶级对立关系的不同，这两种类型的民主共和国的具体表现形式也应不同。在马克思、恩格斯看来，对于统治阶级的阶级统治来说，统治的政治形式的选择主要取决于两方面因素，也就是统治的目的和阶级的状况。无产阶级国家是广大劳动人民当家作主的国家，无产阶级的性质和任务决

① 恩格斯：《答可尊敬的乔万尼·博维奥》，《马克思恩格斯文集》第 4 卷，人民出版社 2009 年版第 443 页。

② 恩格斯：《1891 年社会民主党纲领草案批判》，《马克思恩格斯文集》第 4 卷，人民出版社 2009 年版第 415 页。

③ 列宁：《国家与革命》，《列宁选集》第 3 卷，人民出版社 2012 年版第 173—174 页。

定了无产阶级只能选择无产阶级自己的民主共和制。

至于这种政治形式在各个国家将以什么样具体的形式表现出来，各国无产阶级可以根据各国的特点自行确定。这就是政治形式的多样性和政治形式本质的统一性之间的对立统一关系的体现。这主要是由于民族特点导致的政治形式多样所决定的。也就是说，马克思主义不承认有唯一的政治形式存在，认为每一民族、每一社会都应按自己民族与社会的特点选择政治形式。只有与特定的民族和社会相适应的形式，才是最有效的形式。

其次，受马克思、恩格斯之前的空想共产主义者的思想启发。在马克思、恩格斯之前，一些空想共产主义者，由于深受专制政体和官僚的压迫，所以他们的思想和斗争实践，都是为了争取实现共和制，在经过更进一步的深入研究和实践的发展之后，他们才逐渐意识到，需要用无产阶级自己的共和制的国家去代替旧的资产阶级的国家。马克思、恩格斯正是受这些思想的启发，才形成和创立了自己的国家理论。

第三，法国巴黎革命的实践，也为马克思、恩格斯提供了实践和研究的范例。在 1848 年爆发的法国革命中，起义者是把成立共和国作为首要政治要求提出来的。经过不懈奋斗，无产阶级争得了共和国。但实践证明，工人阶级当时所争得的共和国只是资产阶级的共和国。无产阶级在这种共和国形式中不可能实现自己的目标。正是在深入全面总结巴黎工人的伟大革命实践之后，结合空想共产主义者的思想，才提出了无产阶级在打碎资产阶级国家机器以后，要建立与资产阶级国家不同的自己的“社会共和国”“红色共和国”的思想。

（三）暴力本身就是一种经济力

马克思指出：“暴力是每一个孕育着新社会的旧社会的助产婆。暴力本身就是一种经济力。”① 关于暴力的问题，在第二节已经进行了研究和梳理。对于无产阶级专政来讲，暴力是一个不可回避的问题，并且也是需要始终坚持的基本问题。这不仅是由暴力的内在要求所规定的，也是由无产阶级专政所处的“过渡”阶段面临的任务所要求的。马克思指出：“只要其他阶级特别是资本家阶级还存在，只要无产阶级还在同它们进行斗争（因为在无产阶级掌握政权后无产阶级的敌人还没有消失，旧的社会组织还没有消失），无产阶级就必须采用**暴力**

① 马克思：《资本论》，《马克思恩格斯文集》第 5 卷，人民出版社 2009 年版第 861 页。

措施，也就是政府的措施；如果无产阶级本身还是一个阶级，如果作为阶级斗争和阶级存在的基础的经济条件还没有消失，那末就必须用暴力来消灭或改造这种经济条件，并且必须用暴力来加速这一改造的过程。”① 由此可以理解：任何获得胜利的政党如果不愿意失去自己努力争得的成果，就必须凭借暴力来维持自己的统治。特别是对于无产阶段政党来说，为了达到未来社会革命的这一目的，必须首先掌握有组织的国家政权并依靠这个政权镇压资产阶级的反抗和按新的方式组织社会。

（四）对人的统治应当变成对物的管理和对生产过程的领导

这是对将来的总的管理方式方法的设想，或者说是追求的目标。恩格斯在阐述国家问题时指出：“国家真正作为整个社会的代表所采取的第一个行动，即以社会的名义占有生产资料，同时也是它作为国家所采取的最后一个独立行动。那时，国家政权对社会关系的干预将先后在各个领域中成为多余的事情而自行停止下来。那时，对人的统治将由对物的管理和对生产过程的领导所代替。国家不是‘被废除’的，**它是自行消亡的**。”② 这里所强调的由对人的统治转变到对物的管理和对生产过程的领导，这个根本的转变，是与将来的人类解放相一致的。人类解放之后，每个人都成为自由而全面发展的人，就不需要对人进行统治和管理了，每个人都是高度自觉的、都是高度自由的人，只要从面上对人所需要的物质资料生产进行总体管控，从面上进行总体协调，那么就能够使将来的那个“自由人的联合体”正常有序地运转。当然，这种运行模式是建立在社会生产力高度发达，人们的思想水平高度自觉，人已经实现全面而自由发展的基础之上的。这也是马克思、恩格斯对人类解放之后，也就是共产主义社会运行模式的一个探索。

第四节　共产党人到处都努力争取全世界民主政党之间的团结和协调

马克思、恩格斯在《共产党宣言》中指出：“共产党人到处都努力争取全世

① 马克思：《巴枯宁“国家制度和无政府状态”一书摘要》，《马克思恩格斯全集》第18卷，人民出版社1964年版第694页。

② 恩格斯：《反杜林论》，《马克思恩格斯全集》第20卷，人民出版社1973年版第305—306页。

界民主政党之间的团结和协调。"[①] 这是马克思、恩格斯为无产阶级政党所确立的重要组织原则和活动基础。这个重要思想，既体现了无产阶级国际主义原则的基本精神和立场，更是一个"按伟大历史意义上来讲的党"[②] 的建设的题中应有之义。从一般意义上来讲，国际主义是倡导和支持国家间为共同利益而开展更广泛的经济和政治合作的政治运动。而从无产阶级政党的角度来看，它是各国无产阶级在共同利益和共同奋斗目标的基础上，坚持国际团结的基本观点和主张，是各国无产阶级、不同民族、无产阶级政党之间以及社会主义国家之间相互关系的基本原则。从马克思、恩格斯所阐述这一基本思想的本意来讲，作为无产阶级政党坚持国际主义原则，就是坚持"到处都努力争取全世界民主政党之间的团结和协调"。

一、无产阶级的解放只能是国际的事业

"全世界无产者，联合起来！"[③] 这是马克思、恩格斯对无产阶级政党提出的战斗口号。这个口号，清楚表明了无产阶级国际主义的基本原则，也就是国际无产阶级团结一致的原则。对于无产阶级特别是无产阶级政党坚持国际主义原则，并且如何坚持国际主义原则的问题，马克思、恩格斯不仅在拟定和修改共产主义者同盟与国际工人协会（特别是国际工人协会）的历次章程的过程中反复强调，而且在实际的革命斗争中多次阐明。作为马克思、恩格斯一生革命生涯中"即使别的什么也没有做，也可以拿这一成果引以自豪"[④] 的 1864 年创立的国际工人协会来讲，成立的目的并且之所以定名为"国际工人协会"，就是坚持国际主义原则，"是要成为追求共同目标即追求工人阶级的保护、发展和彻底解放的各国工人团体进行联络和合作的中心。"[⑤] 所以，"国际的任务就是把

① 马克思、恩格斯：《共产党宣言》，《马克思恩格斯文集》第 2 卷，人民出版社 2009 年版第 66 页。

② 马克思：《马克思致斐迪南·弗莱里格拉特（1860 年 2 月 29 日）》，《马克思恩格斯全集》第 30 卷（下），人民出版社 1974 年版第 488 页。

③ 马克思、恩格斯：《共产党宣言》，《马克思恩格斯文集》第 2 卷，人民出版社 2009 年版第 66 页。

④ 恩格斯：《卡尔·马克思的葬仪》，《马克思恩格斯全集》第 19 卷，人民出版社 1963 年版第 376 页。

⑤ 马克思：《国际工人协会的共同章程和组织条例》，《马克思恩格斯全集》第 17 卷，人民出版社 1963 年版第 476 页。

工人阶级的力量组织起来、团结起来，以迎接即将到来的斗争。”①

一方面，只有工人阶级的国际性的联盟才能保证工人阶级的最终胜利。在《国际工人协会的共同章程和组织条例》中，对于坚持国际主义的理由，马克思以逻辑推理的方式进行了阐明，指出坚持国际主义并不是某一个宗派或某一种理论的人为的产物，它是无产阶级运动自然发展的结果，而无产阶级运动又是由现代社会自然的和不可抗拒的趋势所产生的。这既是成立国际工人协会的基本理由，也是理解为什么无产阶级政党必须坚持国际主义原则的基本立足点。

第一，工人阶级就其本性来说是国际主义的。这是从无产阶级的内在本质方面给出的首要理由。马克思指出，“工人阶级的解放应该由工人阶级自己去争取；工人阶级的解放斗争不是要争取阶级特权和垄断权，而是要争取平等的权利和义务，并消灭任何阶级统治”②。恩格斯对这个问题进行了进一步阐明，他在 1893 年 4 月 8 日的《五一节致捷克同志们（1848 年回忆片断）》中指出：“两个民族的波希米亚工人在当时只是**感觉到**的事情，现在他们**理解到了**；他们理解到：所有这些民族纠纷只是在大封建主和大资本家统治时期才有的，民族纠纷只是为永远保持这种统治服务的，捷克工人和德意志工人有着共同一致的利益，当工人阶级一取得政治统治地位，一切引起民族不和的借口就会消灭。因为工人阶级就其本性来说是国际主义的，**它将在即将来临的五一节这一天再一次证实这一点**。”③ 无产阶级的历史使命是消灭任何阶级统治，并最终消灭阶级。因此在这个进程中，必须打倒一切封建压迫，打倒一切民族压迫，打倒某一民族或某一语言的一切特权，这是无产阶级这个民主力量的绝对职责，符合受民族纷争蒙蔽和阻碍的无产阶级阶级斗争的绝对利益。也正因每个国家的根本利益的一致、历史使命的统一等基本因素的影响，才造成了“工人阶级就其本性来说是国际主义的”。

第二，“劳动者在经济上受劳动资料即生活源泉的垄断者的支配，是一切形

---

① 马克思：《纪念国际成立七周年（1871 年 9 月 25 日在伦敦庆祝大会上的讲话的报道）》，《马克思恩格斯全集》第 17 卷，人民出版社 1963 年版第 468 页。

② 马克思：《国际工人协会的共同章程和组织条例》，《马克思恩格斯全集》第 17 卷，人民出版社 1963 年版第 475 页。

③ 恩格斯：《五一节致捷克同志们（1848 年回忆片断）》，《马克思恩格斯全集》第 22 卷，人民出版社 1965 年版第 472 页。

式的奴役即一切社会贫困、精神屈辱和政治依附的基础；因而工人阶级的经济解放是一切政治运动都应该作为手段服从于它的伟大目标；为达到这个伟大目标所做的一切努力至今没有收到效果，是由于每个国家里各个不同劳动部门的工人彼此间不够团结，由于各国工人阶级彼此间缺乏亲密的联合”①。这里主要是从劳动解放的角度，对坚持国际主义的理由进行了阐明。马克思在写于1870年7月19—23日的《国际工人协会总委员会关于普法战争的第一篇宣言》中对这个问题进行了进一步阐明：“同那个经济贫困和政治昏暗的旧社会相对立，正在诞生一个新社会，而这个新社会的国际原则将是**和平**，因为每一个民族都将有同一个统治者——**劳动**！”②

第三，“劳动的解放既不是一个地方的问题，也不是一个民族的问题，而是涉及存在有现代社会的一切国家的社会问题，它的解决有赖于最先进各国在实践上和理论上的合作”③。对于这个问题，马克思曾在《“法兰西内战”初稿》中进行过论述：“工人阶级知道，他们必须经历阶级斗争的几个不同阶段。他们知道，以自由的联合的劳动条件去代替劳动受奴役的经济条件，需要相当一段时间才能逐步完成（这是经济改造）；这里不仅需要改变分配方法，而且需要一种新的生产组织，或者勿宁说是使目前（现代工业所造成的）有组织的劳动中存在着的各种生产社会形式摆脱掉（解除掉）奴役的锁链和它们的目前的阶级性质，还需要在全国范围内和国际范围内进行协调的合作。”④ 马克思在1868年9月1日的《国际工人协会总委员会第四年度报告》中指出：“即使在最有利的政治条件下，工人阶级要取得任何重大的胜利，都有赖于培养和集中工人阶级力量的那个组织的成熟程度。一国范围内的工人阶级的组织甚至也可能由于其他国家工人阶级的组织性不强而遭到挫败，因为所有的国家都在世界市场上进行竞争，从而彼此互相影响。只有工人阶级的国际性的联盟才能保证工人阶

---

① 马克思：《国际工人协会的共同章程和组织条例》，《马克思恩格斯全集》第17卷，人民出版社1963年版第475页。

② 马克思：《国际工人协会总委员会关于普法战争的第一篇宣言》，《马克思恩格斯全集》第17卷，人民出版社1963年版第7—8页。

③ 马克思：《国际工人协会的共同章程和组织条例》，《马克思恩格斯全集》第17卷，人民出版社1963年版第475页。

④ 马克思：《“法兰西内战”初稿》，《马克思恩格斯全集》第17卷，人民出版社1963年版第594页。

级的最终胜利。”① 1875年5月5日，马克思在《哥达纲领批判》中也讲：“为了能够进行斗争，工人阶级必须在国内组成为**一个阶级**，而且它的直接的斗争舞台就是本国，这是不言而喻的。所以，它的阶级斗争不是就内容来说，而是像‘共产党宣言’所指出‘就形式来说’是本国范围内的斗争。但是，‘现代民族国家的范围’，例如德意志帝国，本身在经济上又处在‘世界市场的范围内’，而在政治上则处在‘国家体系的范围内’。任何一个商人都知道，德国的贸易同时就是对外贸易，而俾斯麦先生的伟大恰好在于他实行一种**国际的**政策。”②

另一方面，单是这一件史无前例的伟大事实，就使人们可以展望更加光明的未来。这是马克思在1870年7月19—23日拟定的《国际工人协会总委员会关于普法战争的第一篇宣言》中提出的思想。马克思在这里指出：“英国工人阶级向法国工人和德国工人伸出了友谊的手。他们深信，不管当前这场可恶的战争怎样结束，全世界工人的联合终究会根绝一切战争。官方的法国和官方的德国彼此进行同室操戈的斗争，而法国的工人和德国的工人却互通和平与友谊的音讯。单是这一件史无前例的伟大事实，就使人们可以展望更加光明的未来。”③ 对这个“更加光明的未来”，马克思、恩格斯不仅充分展示了信心，而且还在他们整个的革命实践中始终坚持。

《莱茵报》是马克思、恩格斯早期革命斗争的重要舞台，充满了无产阶级国际主义的战斗精神。马克思和恩格斯在1848年对巴黎工人六月起义的态度，对被压迫人民争取自由和独立的斗争的支持，与英国宪章派的团结，都表现出了无产阶级国际主义的战斗精神。他们所主持编辑的《新莱茵报》维护宪章派，反对德国反动报纸《新柏林报》所刊登的《论宪章派》一文对它的攻击，并且表示支持宪章派的革命的机关报《北极星报》。1849年5月莱茵省零散的起义失败后，普鲁士当局借口马克思没有普鲁士国籍而下令把他驱逐出普鲁士。当局对马克思及该报其他编辑的迫害，使《新莱茵报》在1849年5月19日停刊。在用红色油墨印的最后一号上，马克思和恩格斯总结了该报为革命事业而进行

---

① 马克思：《国际工人协会总委员会第四年度报告》，《马克思恩格斯全集》第16卷，人民出版社1964年版第365页。

② 马克思：《哥达纲领批判》，《马克思恩格斯全集》第19卷，人民出版社1963年版第25页。

③ 马克思：《国际工人协会总委员会关于普法战争的第一篇宣言》，《马克思恩格斯全集》第17卷，人民出版社1963年版第7页。

的光荣斗争，他们着力指出该报所特有的无产阶级国际主义，并最后指出：“**难道六月革命的灵魂不就是我们报纸的灵魂吗?**”①

1872年的海牙国际工人协会代表大会，应该是整个国际工人协会时期非常重要的一次大会，同时也是召开比较成功的一次代表大会。之所以比较成功，不仅在于这次大会上通过了几个比较重要的文件，促使国际工人运动有了大的发展，而且更重要的是这次代表大会很好地体现了国际主义原则。恩格斯在写于1872年12月20日左右的《曼彻斯特外国人支部致不列颠联合会所有支部和全体会员》中，针对有人质疑这次代表大会是不是坚持国际主义的基本原则进行了阐述，明确指出：“签署通告的人声称，海牙代表大会是不合法的，它绝不代表协会的大多数会员。代表大会是由总委员会按照共同章程第四条的规定通过合法手续召开的。出席大会的有64名代表，他们共代表15个国家，而且代表本人也分别属于12个不同的民族。大会代表的这种真正国际性是过去任何一次代表大会都不可比拟的。大会所通过的决议都贯穿着真正的国际主义精神，关于这一点下述事实可以作证：几乎全部决议都是以四分之三的多数票通过的，而且不久前被卷入骨肉相残的战争的两个民族的代表——法国人和德国人——几乎在所有的场合都一致投票赞成这些决议。如果英国由于它本身的过错而没有派一个人数众多的代表团出席代表大会，难道这能成为宣布代表大会是不合法的理由吗?”②

1875年3月18—28日，由于社会民主工党（爱森纳赫派）和全德工人联合会（拉萨尔派）这两个德国工人组织准备合并，恩格斯在给德国社会民主工党领导人奥古斯特·倍倍尔的信中，以他个人和马克思的名义，尖锐地批判了妥协性的纲领草案，批判了纲领草案中拉萨尔派教义的整个体系、关于国家问题的机会主义论点和放弃无产阶级国际主义原则的观点。恩格斯指出“第四，纲领把拉萨尔从毕舍那里剽窃来的国家帮助原封不动地提出来作为**唯一的社会的**要求。而这是在白拉克非常出色地揭露出这个要求毫无用处之后，在我们党的几乎所有的、甚至全部的发言者在同拉萨尔分子的斗争中不得不起来反对这

---

① 马克思：《“新莱茵报”被勒令停刊》，《马克思恩格斯全集》第6卷，人民出版社1961年版第602页。

② 恩格斯：《曼彻斯特外国人支部致不列颠联合会所有支部和全体会员》，《马克思恩格斯全集》第18卷，人民出版社1964年版第221页。

种‘国家帮助’之后提出来的！我们党是不能比这更自卑自贱了。国际主义竟降低到阿曼特·戈克的水平”①。

1890年12月3日，恩格斯在《致“工人纪事周报”和“人民言论”编辑部》这一信件中，赞扬匈牙利社会民主工党，指出：“在匈牙利，如我从你们盛情寄给我的‘工人纪事周报’上看到的，这个工人政党也在日益发展壮大；而且它具有这样一个优点，即从一开始它就是国际主义的政党，在它的队伍里联合着马扎尔人、德意志人、罗马尼亚人、塞尔维亚人和斯洛伐克人。”②

1891年6月26日，恩格斯写信祝贺6月28—30日在维也纳举行的奥地利社会民主工党第二次代表大会，他赞扬奥地利社会主义运动的巨大成就和无产阶级国际主义的增长。贺信发表在7月3日的《工人报》上。恩格斯指出：“我们党具有多么不可摧毁的内在力量，它用来证明这点的，不仅是它迅速取得一个接一个的胜利，不仅是它今年在奥地利就像去年在德国那样彻底结束了非常状态。它用来证明它的这种力量的，尤其还有这样一点，即它在所有国家内都在克服所有从有产阶级中补充自己队伍的其他政党所无法应付的困难，完成它们所无能为力的事业。当法国和德国的有产阶级彼此怀恨在心，相互间存在着不可调和的敌意时，法国和德国的无产者却手携手地一致行动。而在你们奥地利，当各个省的有产阶级由于盲目的民族仇恨而丧失最后一点点统治能力时，你们的第二次党代表大会将向它们显示出一个没有任何民族纠纷的奥地利的面貌，一个工人的奥地利的面貌。”③ 同时，恩格斯在1891年6月26日给维克多·阿德勒的信④中，对坚持国际主义问题也进行了阐述。

二、努力做到使私人关系间应该遵循的那种简单的道德和正义的准则，成为国际关系中的至高无上的准则

马克思在《国际工人协会总委员会关于普法战争的第一篇宣言》中指出：

---

① 恩格斯：《给奥古斯特·倍倍尔的信》，《马克思恩格斯全集》第34卷，人民出版社1972年版第122页。

② 恩格斯：《致“工人纪事周报”和“人民言论”编辑部》，《马克思恩格斯全集》第22卷，人民出版社1965年版第104页。

③ 恩格斯：《给奥地利党第二次代表大会的贺信》，《马克思恩格斯全集》第22卷，人民出版社1965年版第260—261页。

④ 恩格斯：《致维克多·阿德勒（1891年6月26日）》，《马克思恩格斯全集》第38卷，人民出版社1972年版第116页。

“在 1864 年 11 月的‘国际工人协会成立宣言’中，我们已经说过：‘工人阶级的解放既然要求工人们兄弟般的合作，那末当存在着那种为追求罪恶目的而利用民族偏见并在掠夺战争中洒流人民鲜血和浪费人民财富的对外政策时，他们又怎么能完成这个伟大任务呢？’我们当时用这样的话描述了国际所要求的对外政策：‘……努力做到使私人关系间应该遵循的那种简单的道德和正义的准则，成为各民族之间的关系中的至高无上的准则。’”[①] 这也是对《国际工人协会的共同章程和组织条例》中提出的“加入协会的一切团体和个人，承认真理、正义和道德是他们彼此间和对一切人的关系的基础，而不分肤色、信仰或民族”[②]，这一基本准则的进一步阐释。也就是说，在坚持国际主义原则，处理各国工人阶级之间以及各国无产阶级政党之间的关系时，需要有一个基本的标准和原则，这个基本的标准和原则就是“简单的道德和正义”。马克思、恩格斯不仅提出而且在实际的革命斗争中始终强调和坚持这个基本的标准和原则。

（一）它的世界观中的国际主义比任何别的国家都要多些，它的无神论比任何别的国家要鲜明些。它普遍同情法国

这是马克思在 1869 年 6 月 2 日给保尔·拉法格的信中所写的内容。马克思在这里对法国工人政党在坚持国际主义原则方面的问题提出了批评，指出：“至于说到德国工人阶级，那末在我看来它要比法国工人阶级组织得好些。它的世界观中的**国际主义**比任何别的国家都要多些，它的**无神论**比任何别的国家要鲜明些。它普遍同情法国。”[③] 恩格斯在《支持波兰》中也讲：“马克思的讲话大致如下：欧洲的工人政党同波兰的解放是休戚相关的，国际工人协会的第一个纲领就说恢复波兰是工人政策的目的之一。是什么原因使工人政党这样特别同情波兰的命运呢？首先，当然是由于对一个被奴役的民族的同情，这个民族对奴役他们的人进行了不断的英勇斗争，从而证明了它具有民族独立和民族自决的历史权利。”[④]另外，在 1869 年 12 月 10 日，马克思在给恩格斯的信中说：

① 马克思：《国际工人协会总委员会关于普法战争的第一篇宣言》，《马克思恩格斯全集》第 17 卷，人民出版社 1963 年版第 3 页。

② 马克思：《国际工人协会的共同章程和组织条例》，《马克思恩格斯全集》第 17 卷，人民出版社 1963 年版第 476 页。

③ 马克思：《马克思致保尔·拉法格（1869 年 6 月 2 日）》，《马克思恩格斯全集》第 32 卷，人民出版社 1974 年版第 598 页。

④ 恩格斯：《支持波兰》，《马克思恩格斯全集》第 18 卷，人民出版社 1964 年版第 630 页。

“下星期二我将把这个问题用下列形式提出来：**英国工人阶级的直接的绝对的利益，是要它断绝现在同爱尔兰的关系**，完全不顾所谓**替爱尔兰主持公道**的各种‘国际主义的’和‘人道主义的’词句，因为替爱尔兰主持公道这一点在**国际委员会**里是不言而喻的。这是我的极深刻的信念，而这种信念所根据的理由有一部分我是**不能**向英国工人说明的。”① 恩格斯还在《关于共产主义者同盟的历史》中指出：“我不相信当时在整个同盟里有一个人是读过一本经济学书籍的。但这没有多大关系；‘平等’、‘博爱’和‘正义’暂时还有助于克服一切理论上的困难。”②

关于这方面的论述还有很多。在这些论述中，马克思、恩格斯着重强调了“同情”“主持公道”“平等”“博爱”和“正义”等词汇。从这里可以看出，对于如何理解“那种简单的道德和正义”，马克思、恩格斯所强调的“至高无上的准则”，就是遵循最基本的处理私人间关系应该遵循的“同情”“主持公道”等一些最“简单的道德和正义”。这既是基本的标准和原则，也是“至高无上的”标准和原则。这就是国际主义的核心精神——“尊崇道德、维护正义”的基本体现。

（二）任何民族当它还在压迫别的民族时，不能成为自由的民族

从国际观来看，这种“简单的道德和正义”，体现在国际关系中或者说是无产阶级革命斗争的进程中，就是要支持各个国家的民族独立。这是马克思、恩格斯在《共产党宣言》中提出的基本原理，也就是“每一个国家的无产阶级当然首先应该打倒本国的资产阶级”③。

在马克思和恩格斯 1847 年 11 月 29 日关于波兰的演说和他们 1848 年 2 月 22 日关于波兰问题的发言里，恩格斯的《奥地利末日的开端》《菲格斯·奥康瑙尔和爱尔兰人民》以及其他一些著作里，马克思、恩格斯提出了一系列关于民族问题的重要思想，宣布了无产阶级国际主义的原则。他们赞同工人阶级坚决援助波兰、意大利、爱尔兰和其他国家的民族解放运动的做法，表述了著名

① 马克思：《马克思致恩格斯（1869 年 12 月 10 日）》，《马克思恩格斯全集》第 32 卷，人民出版社 1974 年版第 398 页。

② 恩格斯：《关于共产主义者同盟的历史》，《马克思恩格斯全集》第 21 卷，人民出版社 1965 年版第 247 页。

③ 马克思、恩格斯：《共产党宣言》，《马克思恩格斯文集》第 2 卷，人民出版社 2009 年版第 43 页。

的原理："任何民族当它还在压迫别的民族时，不能成为自由的民族。"① 1848年7月2日恩格斯写了《德国的对外政策》一文，揭露德国资产阶级继续执行霍亨索伦王朝和哈布斯堡王朝的压迫政策，并拟定无产阶级国际主义政策的原则，该文发表在7月3日的《新莱茵报》上。恩格斯指出："为了使德国人不再违反德国本身的利益，为压迫其他民族而流血牺牲和浪费金钱，我们就应当争取建立真正的人民政府，彻底摧毁旧的建筑。只有到那时，重新恢复起来的旧制度的血腥而又怯懦的政策才会被国际主义的民主政策所代替。当国内民主备受压制的时候，怎么能对外实行民主政策呢?"② 特别是对波兰的民族解放运动，马克思、恩格斯特别关注，强调帮助波兰实现民族独立，不仅仅是因为波兰在整个欧洲的民族解放运动中起到重要的支点作用，而且因为波兰发扬国际主义帮助了其他国家，所以其他国家也要帮助波兰。也就是说，坚持国际主义的基本原则，相互帮助是基本的原则要求。恩格斯在载于1875年3月24日的《人民国家报》第34号的《支持波兰》③ 这篇文章中对这个问题进行了详细阐述。

（三）把无产阶级国际主义原则看作是能够积极抵制统治阶级的沙文主义政策和侵略政策的力量

沙文主义是资产阶级侵略性的民族主义。18世纪末、19世纪初产生于法国，因法国士兵沙文狂热拥护拿破仑一世的侵略扩张政策，主张用暴力建立法兰西帝国而得名。沙文主义者一般都是过于对自己所在国家、团体、民族感到骄傲，因此看不起其他的国家、民族和团体，心中存在一种有偏见的情绪。这正好与马克思、恩格斯所坚持的"努力做到使私人关系间应该遵循的那种简单的道德和正义的准则，成为各民族之间的关系中的至高无上的准则"的国际主义相反。

马克思、恩格斯在看待和处理当时的资本主义国家间的关系时，都始终坚持把无产阶级的国际主义原则看作是能够积极抵制统治阶级的沙文主义政策和侵略政策的力量。马克思在《"法兰西内战"初稿》中指出："资产阶级的沙文

① 马克思、恩格斯：《论波兰》，《马克思恩格斯全集》第4卷，人民出版社1958年版第410页。
② 恩格斯：《德国的对外政策》，《马克思恩格斯全集》第5卷，人民出版社1958年版第179页。
③ 恩格斯：《支持波兰》，《马克思恩格斯全集》第18卷，人民出版社1964年版第631页。

主义只不过是一种虚假的装饰，它给资产阶级的种种无理要求罩上一件民族的外衣。沙文主义是借助常备军来延续国际斗争的手段，是用挑拨本国的生产者反对另一国生产者弟兄的办法以压服本国生产者的手段，是防止工人阶级的国际合作的手段，而这种合作是工人阶级解放的首要条件。”① 马克思还在《福格特先生》这一著作中，用国际主义立场阐明各种国际问题，坚决谴责掠夺和吞并的政策，揭露统治阶级外交所采用的恫吓、讹诈、粗暴干涉小国内政、唆使一些民族反对另一些民族的手法。

实际革命斗争中，马克思、恩格斯在观察和分析世界问题时，首先用国际主义的立场来分析和把握，他们支持民族的独立要求，主张和坚定支持民族解放运动。比如，恩格斯在《德国的革命和反革命》这一著作中，非常注意德国革命中的民族问题。他坚持无产阶级国际主义的原则，抨击了奥地利和普鲁士统治阶级所执行的民族压迫和挑拨各民族关系的政策。恩格斯坚决斥责了德国资产阶级对波兰人、匈牙利人和意大利人的民族解放运动所采取的叛变立场，并论证了德国民主派中的无产阶级派的彻底的国际主义立场——支持这些民族对独立的诉求。再比如，马克思和恩格斯在阐述各被压迫民族反对英国统治的斗争时，以无产阶级国际主义原则教育欧洲的工人阶级，主张坚决支持波斯(伊朗)、中国、印度、爱尔兰的民族解放运动。他们关于 1856—1857 年的英国—波斯战争、1839—1842 年和 1856—1858 年的两次对华鸦片战争、1857—1859 年的印度民族解放起义等的文章，是对英国殖民主义者的鲜明的揭露性文件。马克思和恩格斯在这些文章中愤怒地抨击英国在亚洲的殖民扩张，揭露英国在印度和中国推行殖民政策的方法。还比如，马克思和恩格斯在 1860 年 1 月至 1864 年 9 月这一时期所写的关于美国问题的论文中，国际主义原则获得进一步发展。他们把反对奴隶制的斗争看作劳动者阶级的切身事业，指出只要黑人的劳动还带着可耻的奴隶制烙印，白人的劳动也不可能自由，因为让一部分劳动者和另一部分劳动者对立，美国资产阶级就能使美国任何独立的工人运动瘫痪。特别是在欧洲的革命斗争中，马克思、恩格斯高度重视波兰和爱尔兰的解放运动。马克思在写于 1865 年 4 月 13 日的《更正》中明确强调：“国际工人协

① 马克思：《“法兰西内战”初稿》，《马克思恩格斯全集》第 17 卷，人民出版社 1963 年版第605 页。

会的口号是：自由欧洲的基石是自由和独立的波兰。"[①] 对于爱尔兰问题，马克思在1869年12月10日给恩格斯的信中说：**"英国工人阶级的直接的绝对的利益，是要它断绝现在同爱尔兰的关系**，完全不顾所谓**替爱尔兰主持公道**的各种'国际主义的'和'人道主义的'词句，因为替爱尔兰主持公道这一点在**国际委员会**里是不言而喻的。……只要英国工人阶级没有摆脱爱尔兰，那**就毫无办法**。杠杆一定要安放在爱尔兰。因此，爱尔兰问题才对整个社会运动有这样重大的意义。"[②]

三、没有无义务的权利，也没有无权利的义务

马克思在《国际工人协会的共同章程和组织条例》中写道："协会认为：**没有无义务的权利，也没有无权利的义务**。"[③] 并且特别说明"根据这种精神，定出章程如下"。也就是说，坚持国际主义的精神，就是坚持"没有无义务的权利，也没有无权利的义务"这一基本原则。这是国际内部的各工人团体、各政党等之间，处理相互关系的基本准则。恩格斯在1872年5月7—8日给泰奥多尔·库诺的信中就指出："德国工人党同国际的关系始终是不明确的。这种关系纯粹是柏拉图式的，甚至个人（极少数例外）也没有正式会籍，而建立支部又为法律所禁止。结果，在德国造成了这样一种局面，只要求享受国际会员的**权利**，但不肯履行**义务**，只是在伦敦代表会议之后，我们这里才坚持要他们也履行义务。"[④] 对于如何坚持"这种精神"，马克思、恩格斯结合革命斗争实践进行了进一步阐明。

(一) 尽力使各国工人在争取自身解放的统一大军中不仅有兄弟和同志那样的感情，而且像兄弟和同志那样地行动

这是马克思写于1866年8月底的《临时中央委员会就若干问题给代表的指示》中所涉及内容的其中一条。马克思在"在协会帮助下实现劳资斗争中的国

---

① 马克思：《更正》，《马克思恩格斯全集》第16卷，人民出版社1964年版第106页。

② 马克思：《马克思致恩格斯（1869年12月10日）》，《马克思恩格斯全集》第32卷，人民出版社1974年版第398页。

③ 马克思：《国际工人协会的共同章程和组织条例》，《马克思恩格斯全集》第17卷，人民出版社1963年版第476页。

④ 恩格斯：《恩格斯致泰奥多尔·库诺（1872年5月7—8日）》，《马克思恩格斯全集》第33卷，人民出版社1973年版第463页。

际联合行动”这一部分中写道：“(a) 一般说来，这一问题包括国际协会的全部活动，因为协会的目的就在于把至今仍然分散的各国工人阶级争取自身解放的斗争联合起来，把它纳入共同的轨道。(b) 我们协会至今成功地执行着的一个特殊职能，就是反对资本家在工人罢工和同盟歇业时随时准备利用外国工人作为工具来对付本国工人的阴谋。协会的伟大目的之一就是要尽力使各国工人在争取自身解放的统一大军中不仅有兄弟和同志那样的感情，而且像兄弟和同志那样地**行动**。”① 这是对坚持国际主义提出的重要思想。

马克思、恩格斯还在革命实践中坚持这一重要思想。这其中的重要体现就是对哥达纲领的批判。1875 年 3 月 18—28 日，恩格斯在就哥达纲领给倍倍尔的信中，首先指出这个纲领中“工人运动的国际主义原则在目前实际上已经完全被抛弃，而且是被五年来在最困难的情况下一直极其光荣地实行这一原则的人们所抛弃。德国工人之所以处于欧洲运动的先导地位，**主要**是由于他们在战争期间采取了真正国际主义的态度；任何其他国家的无产阶级都没有能做得这样好。”并且突出强调：“大体上应当这样说：**虽然**德国工人党**首先**是在它所处的国境之内进行活动（它没有权利代表欧洲无产阶级讲话，特别是没有权利讲错误的话），但是它意识到自己和各国工人的团结一致，并且经常准备着，象过去一样地继续履行由这种团结一致所带来的义务。即使不直接宣布或者认为自己是国际的一部分，这种义务也是存在着的，例如，在罢工时进行援助并阻止工贼活动，设法使德国工人通过党的机关报刊了解国外的运动的情况，进行反对日益迫近的或正在爆发的王朝战争的宣传，在这种战争期间实行 1870 年至 1871 年所模范地实行过的策略等等。”②

在这之后的 5 月 5 日，马克思在其撰写的《哥达纲领批判》中又对这个问题进行了进一步阐明：“而德国工人党把自己的国际主义归结为什么呢？就是意识到它的意图所导致的结果将是‘**各民族的国际的兄弟联合**’。这句话是从资产阶级的和平和自由同盟那里抄来的，它应当被当做各国工人阶级在反对各国统治阶级及其政府的共同斗争中的国际兄弟联合的等价物。这样，关于德国工人

---

① 马克思：《临时中央委员会就若干问题给代表的指示》，《马克思恩格斯全集》第 16 卷，人民出版社 1964 年版第 214 页。

② 恩格斯：《给奥古斯特·倍倍尔的信（1875 年 3 月 18—28 日）》，《马克思恩格斯全集》第 34 卷，人民出版社 1972 年版第 120—121 页。

阶级的**国际职责**连一个字也没有提到！德国工人阶级就应当这样对付本国的、为反对工人阶级而已经同其他一切国家的资产者紧密联合起来的资产阶级和俾斯麦先生的国际阴谋政策！”①

（二）工人阶级在实现具有世界历史意义的伟大任务的事业中有计划地进行国际合作

马克思1868年8月18日在《致全德工人联合会主席和理事会》这一信件中指出：“我满意地看到，你们的代表大会的议程列入了那些确实应当成为任何严肃的工人运动的出发点的问题：展开争取完全的政治自由的鼓动；规定标准工作日；工人阶级在实现具有世界历史意义的伟大任务（工人阶级应该为整个社会解决这一任务）的事业中有计划地进行国际合作。”② 1894年1月3日，恩格斯在给拉法格的信中，对法国工人党在坚持国际主义方面存在的问题进行批判时强调了这一重要思想，明确提出：“任何一次国际行动，都必须就其实质和形式事先进行协商。”③

（三）如果你们帮助我们反对我们的君主主义资产者，我们就帮助你们反对你们的共和主义资产者

这是恩格斯在1893年6月27日给拉法格的信中写的内容，恩格斯写道：“今后你们不能再把你们的资产阶级共和国看作别国人民应为之努力的东西来同君主制相对立。你们的共和国也好，我们的君主国也好，同样都是同无产阶级相对立的；如果你们帮助我们反对**我们的**君主主义资产者，我们就帮助你们反对你们的共和主义资产者。**这是一个相互的问题，绝不是慷慨的法国共和主义者解救君主国的不幸臣民**。这不符合国际主义的思想，更不符合你们的共和国倒在沙皇脚下这样一个历史情况。不要忘记，如果法国为了沙皇的利益并在沙皇的援助之下同德国打起仗来，正是德国将成为革命的中心。”④

在马克思、恩格斯的革命斗争历程中，他们始终坚持这个互相支持和相互

---

① 马克思：《哥达纲领批判》，《马克思恩格斯全集》第19卷，人民出版社1963年版第25—26页。

② 马克思：《致全德工人联合会主席和理事会》，《马克思恩格斯全集》第16卷，人民出版社1964年版第358页。

③ 恩格斯：《致保尔·拉法格（1894年1月3日）》，《马克思恩格斯全集》第39卷（上），人民出版社1974年版第185页。

④ 恩格斯：《致保尔·拉法格（1893年6月27日）》，《马克思恩格斯全集》第39卷（上），人民出版社1974年版第88页。

帮助的重要思想。早在1852年12月7日，马克思在给阿道夫·克路斯的信中写道："寄上关于给科伦被监禁的人及其家属以经济救济的呼吁书。请你们把它登在各种报纸上。如果你们在那里也建立起委员会，那是很好的。这关系到党的示威。你看，厄内斯特·琼斯干脆以党员身分讲话。也许你们应该在你们署名的前言里专门强调一下，这里不是象金克尔之流那样用革命的名义进行乞讨，而是执行党的**一定**的任务，完成这项任务是每个工人政党应尽的光荣职责。"① 恩格斯在1889年6月15日给拉法格的信中讲："我写信给倍倍尔，说你们的捐款筹集得很慢，您正在为代表大会所需要的经费发愁，等等。我向他解释了一下原因（在巴黎，你们人数很少；外省的人还得抽出一笔经费给他们的代表团；法国人交纳捐款习惯于拖拉，等等），我还示意他及时地从德国党拨出一笔款子作为很好的国际投资。您最好也为这笔款子向李卜克内西做点工作，您可以比我更清楚地向他叙述你们的处境，并告诉他是我叫您给他写信谈这件事的。"② 后来的1890年1月23日，恩格斯在给倍倍尔的信中强调："法国人在为你们的竞选筹款。我怀疑是否能筹募很多；但主要的是国际上的示威。"③

四、必须维护真正的国际主义

马克思、恩格斯在《共产党宣言》中提出"工人没有祖国"的著名论断。这里面最根本的问题就是正确认识爱国主义与国际主义的问题。对于这个问题，马克思、恩格斯在其革命斗争实践中进行过深刻阐明。恩格斯就在1874年7月1日写的《"德国农民战争"一八七〇年版序言的补充》中，对德国工人政党领导的德国农民革命斗争进行指导时指出："首先必须维护真正的国际主义精神，这种精神不容许产生任何爱国沙文主义，并且欢迎无产阶级运动中任何民族的新进展。"④ 这里通过对爱国沙文主义的批判，阐明真正的国际主义与爱国主义

① 马克思：《马克思致阿道夫·克路斯（1852年12月7日）》，《马克思恩格斯全集》第28卷（下），人民出版社1973年版第564页。

② 恩格斯：《致保尔·拉法格（1889年6月15日于伦敦）》，《马克思恩格斯全集》第37卷，人民出版社1971年版第229页。

③ 恩格斯：《致奥古斯特·倍倍尔（1890年1月23日）》，《马克思恩格斯全集》第37卷，人民出版社1971年版第346页。

④ 恩格斯：《"德国农民战争"一八七〇年版序言的补充》，《马克思恩格斯全集》第18卷，人民出版社1964年版第567页。

的辩证关系。对于这个问题的理解，马克思、恩格斯在其革命斗争中有着明确的论述。

（一）无产阶级的国际运动，无论如何只有在独立民族的范围内才有可能

这是恩格斯在1882年2月7日给考茨基的信中提出的重要思想。恩格斯在这里针对波兰的民族解放运动，明确指出："无产阶级的国际运动，无论如何只有在独立民族的范围内才有可能。"并且强调："只要波兰还被分割，还受压迫，那末不论是国内的强大的社会主义政党的发展，还是德国和其他国家的无产阶级政党同**除流亡者以外的任何波兰人**的真正的国际交往的发展，都不可能。每一个波兰的农民和工人，一旦从自己的闭塞状态中觉醒起来参加为共同利益进行的斗争，首先就会碰到存在民族压迫的事实，它到处都是他们前进道路上的第一个障碍。排除民族压迫是一切健康和自由的发展的基本条件。那些不把解放国家提到自己纲领的首要地位的波兰社会主义者，我比之为不愿意要求首先废除反社会党人法，实行出版、结社和集会自由的德国社会主义者。要有斗争的可能，首先需要有土壤、空气、光线和场地。否则，一切都是空话。"①

恩格斯还进一步明确指出："**我们**根本无意阻止波兰人去努力争取为自己进一步发展所极其必需的条件，或者要他们相信，从国际观点来看，民族独立是很次要的事情，而事实上则相反，民族独立是一切国际合作的基础。"并且突出强调："我坚持这样的意见：欧洲有**两个**民族不仅有权利，而且有义务在成为国际的民族以前先成为国家的民族：这就是爱尔兰人和波兰人。他们只有真正成为国家的民族时，才更能成为国际的民族。波兰人在一切危急关头懂得了这一点，并且在革命战争的一切战场上证明了这一点。只要使他们失去恢复波兰的期望，或者使他们深信一个新波兰不久就会从天上掉下来给他们，他们就会对欧洲革命失去任何兴趣。"②

（二）爱国主义和国际主义不仅不互相排斥，而且是人类之爱的两个相辅相成的形式

这是法国工人党的领袖拉法格阐述的基本观点，这个观点是在恩格斯的指

① 恩格斯：《恩格斯致卡尔·考茨基（1882年2月7日）》，《马克思恩格斯全集》第35卷，人民出版社1971年版第261—262页。

② 恩格斯：《恩格斯致卡尔·考茨基（1882年2月7日）》，《马克思恩格斯全集》第35卷，人民出版社1971年版第262页。

导下撰写的。恩格斯在阐述这个基本问题时，以辩证唯物主义为指导进行了深刻而简明的论述。恩格斯指出："我希望你们的宣言在法国产生影响，但我同样希望它在德国不为人所注意。理由如下（这并没有什么严重的，但我认为有责任提醒你们注意，以便你们下次能够避免）：关于爱国主义者一词的使用，关于你们自称为唯一'真正的'爱国主义者，这些我不想谈了。这个词的涵义片面——或者说词义含糊，依情况而定——所以我从来不敢把这一称号加于自己。我对非德国人讲话时是一个德国人，正象我对德国人讲话时又纯粹是一个国际主义者一样。我认为，要是你们只称自己是**法国人**，倒会取得更大的效果；因为这反映了**事实**，其中也包含了由此而得出的逻辑结论。但是我们先不管它，这是个风格问题。"①

对这个问题的理解，恩格斯还提出另一个重要思想。他在1872年4月16日给詹纳罗·博维奥的信中写道："毫无疑问，如果意大利各工人团体在1864年支持了您的主张，从而奠定了符合本国社会条件的意大利工人运动的基础，那末现在在意大利，持宗派主义空谈（何况这些空谈根本不是意大利的，而是法国的和俄国的）的工人团体就会少些。我认为，在工人运动中，**真正**民族的思想，即符合在该国占统治地位的工业和农业方面的经济因素的思想，同时也总是真正**国际主义的**思想。意大利农民的解放不会经过英国工厂工人将要实现的那种解放形式，但是，两者对本身的、符合本国条件的形式理解得越深刻，他们对这种解放的实质的理解的分歧就会越小。"②

恩格斯还在1893年6月20日给拉法格的信中进一步讲道："工人党对'爱国主义'采取的新立场就其本身而言是很有道理的。国际联合只能存在于**国家**之间，因而这些国家的存在、它们在内部事务上的自主和独立也就包括在国际主义这一概念本身之中。"③ 马克思在《"法兰西内战"初稿》中也指出："工人阶级的政府首先是为拯救法国，使它免于统治阶级强加于它的毁灭和腐化所必需的；夺去这些阶级（已经丧失了治理法国能力的阶级）的政权是**拯救民族的**

---

① 恩格斯：《致保尔·拉法格（1893年6月27日）》，《马克思恩格斯全集》第39卷（上），人民出版社1974年版第86页。

② 恩格斯：《恩格斯致詹纳罗·博维奥（1872年4月16日）》，《马克思恩格斯全集》第33卷，人民出版社1973年版第444页脚注①。

③ 恩格斯：《致劳拉·拉法格（1893年6月20日）》，《马克思恩格斯全集》第39卷（上），人民出版社1974年版第84页。

必要条件。但是，这里也说得很明白：工人阶级的政府只有致力于**工人阶级自身的解放**才能拯救法国，完成民族事业，因为工人阶级解放的条件同时也就是法国复兴的条件。”①

（三）不要把这个混乱的、庸俗的、本质上是沙文主义的布朗热运动，当做真正的人民运动

这是恩格斯在 1888 年 6 月 3 日给劳拉·拉法格的信中提出的重要思想。这里面突出强调的重要思想，就是不能把国际主义与所谓的爱国的沙文主义相等同。恩格斯指出，“不要把这个混乱的、庸俗的、本质上是沙文主义的布朗热运动，当做真正的人民运动。按照沙文主义的要求，整个世界史的结局只能是法国收复亚尔萨斯，在此以前任何事情都不得发生。这种要求得到我们在法国的朋友的过分赞赏，实际上得到他们每一个人的赞赏，这就是结果。因为布朗热把这个被一切党派所默认的要求列入了自己的纲领，所以他是强有力的。他的对手克列孟梭及其同伙，不反对也不敢反对这个要求，但是他们又懦怯到不敢公开声明这一点，所以他们是软弱的。这个运动本质上是沙文主义的，仅此而已”②。

在当时实际的国际工人运动中，这种错误的爱国的沙文主义的具体体现就是，认为自己的国家在无产阶级革命中不仅是首倡者的作用，而且是领导者的作用。这主要体现在当时的法国工人政党之中。马克思、恩格斯对法国工人政党的这种错误思想进行了严厉批判。恩格斯在 1893 年给拉法格的信中写道：“你们以法国革命的过去自豪，并认为它的革命的过去将保证它的社会主义的未来，这也是完全正确的。但是我觉得，你们在这样做的时候，似乎太接近布朗基主义了，也就是说，太接近于这样一种理论：法国注定应该在无产阶级革命中起它在 1789—1798 年资产阶级革命中所起的那种作用（不仅是**首倡者的**作用，而且是**领导者的**作用）。这是同今天的经济和政治的实际情况相矛盾的。”对于之所以提出这一重要思想的原因，恩格斯还进一步阐明，他指出，“无产阶级的解放只能是国际的事业。如果你们想把它变成只是法国人的事业，那你们就会使它成为做不到的事了。法国单独领导过资产阶级革命，——虽然由于其

---

① 马克思：《“法兰西内战”初稿》，《马克思恩格斯全集》第 17 卷，人民出版社 1963 年版第605 页。

② 恩格斯：《致劳拉·拉法格（1888 年 6 月 3 日）》，《马克思恩格斯全集》第 37 卷，人民出版社 1971 年版第63 页。

他各国的糊涂与怯懦，这是不可避免的，——你们知道这导致了什么后果？导致了拿破仑的出现，导致了东侵西夺，导致了神圣同盟的入侵。希望法国在将来也一定要起这样的作用，那就是歪曲国际无产阶级运动"①。恩格斯还进一步强调："简言之，加深些互相了解并无害处——国与国之间的平等同个人之间的平等一样是必要的。"② 1894 年 1 月 3 日，恩格斯又在给拉法格的信中，针对提出裁军会议的提案时，法国由于没有与其他国家的工人政党进行提前商议而自行做出了不利于国际工人运动的做法，恩格斯明确指出："任何一次国际行动，都必须就其实质和形式事先进行协商。我认为，如果某一个国家公开提出倡议，然后要别的国家跟着它走，这种作法是不能容忍的。"③

对于如何避免这种错误的爱国的沙文主义，恩格斯在 1892 年 11 月 6 日给倍倍尔的信中，针对当时英国大众的问题提出了个人的意见。恩格斯在这里指出："英国大众由于对外国事物的极端无知和天生的高傲，所以把外国人都看作是次等人，而把外国的一切事件几乎全看作是没有意义的，因此对外国的事物隐瞒不提是很容易做到的。"对于如何克服"那种愚蠢的不列颠的高傲"，恩格斯还明确指出："如果我们有一家报纸，哪怕仅仅出版一年，只是发表一些关于德国运动的报道，那么这种情况就可以结束了；况且，还有不少潜在的国际主义精神，只需给以营养，就可以克服那种愚蠢的不列颠的高傲，至少在相当多的人当中可以做到这一点。这有什么办法！"④

（四）如果属于统治民族的国际会员号召被征服的和继续受压迫的民族忘掉自己的民族性和处境，"抛开民族分歧"等等，这就不是国际主义

1872 年 5 月 14 日左右，恩格斯在总委员会会议上参加讨论关于英国的爱尔兰支部同不列颠联合会委员会的相互关系问题，他发言捍卫无产阶级国际主义原则，并揭露总委员会中某些英国委员的沙文主义观点。恩格斯在总委员会

---

① 恩格斯：《致保尔·拉法格（1893 年 6 月 27 日）》，《马克思恩格斯全集》第 39 卷（上），人民出版社 1974 年版第 86—87 页。

② 恩格斯：《致保尔·拉法格（1893 年 6 月 27 日）》，《马克思恩格斯全集》第 39 卷（上），人民出版社 1974 年版第 89 页。

③ 恩格斯：《致保尔·拉法格（1894 年 1 月 3 日）》，《马克思恩格斯全集》第 39 卷（上），人民出版社 1974 年版第 185—186 页。

④ 恩格斯：《致奥古斯特·倍倍尔（1892 年 11 月 6 日）》，《马克思恩格斯全集》第 38 卷，人民出版社 1972 年版第 511 页。

1872 年 5 月 14 日会议上的发言稿，也就是恩格斯的《关于各爱尔兰支部和不列颠联合会委员会的相互关系》中讲：“如果属于统治民族的国际会员号召被征服的和继续受压迫的民族忘掉自己的民族性和处境，‘抛开民族分歧’等等，这就不是国际主义，而只不过宣扬向压迫屈服，是企图在国际主义的掩盖下替征服者的统治辩护，并使这种统治永世长存。这只会加深在英国工人中间流行很广的一种观念：他们比爱尔兰人高一等，对爱尔兰人说来他们是贵族，正如蓄奴州的最堕落的白人认为自己对黑人说来是贵族一样。”恩格斯还进一步指出：“在像爱尔兰这样的情况下，真正的国际主义无疑应当以独立的民族组织为基础。爱尔兰人也和其他被压迫民族一样，只有在和统治民族的代表享有平等权利并反对奴役的情况下才能加入协会。所以，各爱尔兰支部的存在不仅是正当的，而且，他们甚至必须在自己章程的导言中宣布，作为爱尔兰人，他们的首要的和最迫切的职责是争取自己的民族独立。”①

第五节　正确的策略是实现无产阶级政党崇高理想的重要保证

列宁在 1914 年 11 月撰写的《卡尔·马克思》中写道：“早在 1844—1845 年，马克思就判明了旧唯物主义的根本缺陷之一，就是未能理解革命实践活动的情况和正确评价这一活动的意义，所以，马克思后来在从事理论写作的同时，毕生都十分注意无产阶级阶级斗争的策略问题。”② 虽然在这里只是提到了马克思一个人，但作为与马克思共同奋斗一生的恩格斯，这其实是对他们两个人的思想的阐述。纵观马克思、恩格斯的革命生涯，他们在不同的革命阶段，根据不同的斗争形势和条件，科学制定了不同的革命策略，指导无产阶级革命斗争不断前行。马克思、恩格斯的革命策略是科学而严谨的，更是宏大而丰富的，认识和把握他们的策略理论，对于无产阶级政党的建设发展具有重大而现实的意义。

① 恩格斯：《关于各爱尔兰支部和不列颠联合会委员会的相互关系》，《马克思恩格斯全集》第 18 卷，人民出版社 1964 年版第 87 页。

② 列宁：《卡尔·马克思（1914 年 11 月）》，《列宁专题文集·论马克思主义》，人民出版社 2009 年版第 33 页。

一、能最快、最有把握地实现目标的策略，就是最好的策略

这是恩格斯在1893年3月14日给维森的信中提出的思想。恩格斯在这里明确指出："要知道，工人运动的最近目标就是由工人阶级自己为工人阶级夺取政权。如果在这一点上我们是一致的，那么，在为实现这一目标所应采取的斗争手段和斗争方法上的不同意见，就不大可能使诚实的人们之间发生原则上的分歧，只要他们都有理智的话。依我看，对每一个国家说来，能最快、最有把握地实现目标的策略，就是最好的策略。"① 这一重要论述，从辩证唯物主义和历史唯物主义的角度，对什么是科学而有效的策略进行了总体上的阐明。要具体实现这个最快、最有把握的最好的策略，需要具备什么样的条件呢？从马克思、恩格斯对这个问题的研究来看，他们曾对策略的理论指导、策略原理、策略立场、策略路线、策略原则等进行过论述，提出了一系列的思想和观点。

（一）马克思的历史理论是任何坚定不移和始终一贯的革命策略的基本条件

这是恩格斯在1885年4月23日给维拉·伊万诺夫娜·查苏利奇的信中提出的，恩格斯指出，"在我看来，马克思的历史理论是任何**坚定不移和始终一贯的**革命策略的基本条件；为了找到这种策略，需要的只是把这一理论应用于本国的经济条件和政治条件。但是，要做到这一点，就必须了解这些条件"②。这里所强调的，其实是制定革命策略的理论指导或者说理论基础问题。革命策略问题是一个实践问题，而实践只有以科学的理论为指导，才能更加科学、更加符合革命实际。正是基于这一点，恩格斯才在这里把是否坚持由他们所创造的唯物史观作为最快、最有把握、最好的策略的基本条件。

列宁也曾在阐述马克思和恩格斯的革命策略时，进行过经典的论述："把唯物主义辩证法运用于历史、自然科学、哲学以及工人阶级的政治和策略——这就是马克思和恩格斯最为关注的事情，这就是他们作出最重要、最新的贡献的领域，这就是他们在革命思想史上迈出的天才的一步。"③ 这也给认识马克思、

---

① 恩格斯：《恩格斯致弗·维森（1893年3月14日）》，《马克思恩格斯文集》第10卷，人民出版社2009年版第652页。

② 恩格斯：《恩格斯致维拉·伊万诺夫娜·查苏利奇（1885年4月23日）》，《马克思恩格斯文集》第10卷，人民出版社2009年版第532页。

③ 列宁：《马克思和恩格斯通信集》，《列宁专题文集·论马克思主义》，人民出版社2009年版第75页。

恩格斯的革命策略是如何把握这个“基本条件”，从而科学地谋划和考察无产阶级斗争的革命策略，提供了根本的方法论的指引。比如，马克思、恩格斯从运动规律出发，把各个阶级和各个国家看成动态的而不是静态的，因此考察革命运动中的策略就应当将其看成处于运动之中的，只有客观地考虑到某个社会中一切阶级相互关系的全部总和，因而也考虑到该社会发展的客观阶段，考虑到该社会和其他社会之间的相互关系，才能据此制定正确的策略。还比如，马克思、恩格斯的策略同任何抽象公式、任何学理主义方法是绝对不相容的。他们不拒绝任何斗争形式，决不局限于只是在当前可能的和已有的斗争形式。他们认为，随着社会局势的变化，必然会出现新的、为当前的活动家所不知道的斗争形式。再比如，马克思、恩格斯还注重历史地考察斗争形式的问题。他们明确指出，脱离历史的具体环境来谈这个问题，就是不懂得辩证唯物主义的起码常识。在历史演进的各个不同时期，由于政治、经济、民族文化、风俗习惯等条件各不相同，也就有各种不同的斗争形式提到首位，成为主要的斗争形式，而各种次要的附带的斗争形式，也就随之发生变化。不详细考察某个运动在它的某一发展阶段的具体环境，就想对这一定的斗争手段问题作肯定或否定的回答，就等于完全抛弃马克思主义的立足点。这些思想和观点，为进一步研究马克思恩格斯无产阶级革命斗争的策略理论原理提供了方向性指引。

（二）从来没有一个策略纲领像《共产党宣言》中确立的策略纲领一样得到证实

对于无产阶级政党的纲领问题，我们在第一节中进行了梳理和阐述。每一个成熟的政党都需要有自己的政党纲领，而把这个政党纲领具体落实到无产阶级革命斗争的策略问题上，也就有个策略纲领问题。对于无产阶级革命斗争的策略纲领，恩格斯曾在《马克思和“新莱茵报”（1848—1849 年）》和《美国工人运动》等著述中进行过多次系统阐明和强调。恩格斯在《马克思和“新莱茵报”（1848—1849 年）》中，在论述“二月革命”斗争的过程时，阐述了当时“所称的德国‘共产党’”的基本情况，从而提出“这个不大的战斗队，却拥有一个大家都乐于服从的第一流领袖**马克思**，并且赖有他才具备了一个至今还保留其全部意义的原则性的和策略的纲领——**‘共产党宣言’**。”并且明确提出：

这里应该谈到的首先是纲领的策略部分。这一部分一般指出：

“共产党人不是同其他工人政党相对立的特殊政党。

他们没有任何同整个无产阶级的利益不同的利益。

他们不提出任何特殊的原则，用以塑造无产阶级的运动。

共产党人同其他无产阶级政党不同的地方只是：一方面，在各国无产者的斗争中，共产党人强调和坚持整个无产阶级的**不分民族的共同利益**；另一方面，在无产阶级和资产阶级斗争所经历的各个发展阶段上，共产党人始终代表**整个运动的利益**。

因此，**在实践方面**，共产党人是各国工人政党中最坚决的、始终推动运动前进的部分；**在理论方面**，他们比其余的无产阶级群众优越的地方在于他们了解无产阶级运动的条件、进程和一般结果。”①

恩格斯还对“德国党”的具体策略进行了“特别指出”。恩格斯在原文引用了这个策略纲领之后，还特别强调：“从来没有一个策略纲领是像这个策略纲领一样得到证实的。它在革命前夜被提出后，已经受住了这次革命的考验；并且从那时起，任何一个工人政党要是背离了这个策略纲领，都因此而受到了惩罚。而现在，差不多过了四十年以后，它已成为欧洲——从马德里到彼得堡所有一切坚决而有觉悟的工人政党的准则。”②

恩格斯在《美国工人运动》中，在原文引用了“这个策略在1847年‘共产党宣言’中第一次”陈述的内容后，特别强调：“这就是现代社会主义的伟大创始人卡尔·马克思、还有我以及同我们一起工作的各国社会主义者四十多年来所遵循的策略；结果，这个策略到处都引向胜利，目前欧洲所有的广大的社会主义者，在德国和法国，在比利时、荷兰和瑞士，在丹麦和瑞典，以及在西班牙和葡萄牙，就像一支在同一旗帜下的统一的军队一样在战斗着。”③

（三）应当站到革命的一边，不管代表革命的是谁

这里所强调的是制定无产阶级政党的革命策略的基本立场问题。中文第1

---

① 恩格斯：《马克思和“新莱茵报”（1848—1849年）》，《马克思恩格斯全集》第21卷，人民出版社1965年版第17—18页。

② 恩格斯：《马克思和“新莱茵报”（1848—1849年）》，《马克思恩格斯全集》第21卷，人民出版社1965年版第18页。

③ 恩格斯：《美国工人运动（“英国工人阶级状况”美国版序言）》，《马克思恩格斯全集》第21卷，人民出版社1965年版第392页。

版《马克思恩格斯全集》第7卷收集了马克思和恩格斯的许多书报评论和短评，其中就批评了德国小资产阶级民主派的领袖和思想家，如路德维希·西蒙、哥特弗利德·金克尔等。马克思和恩格斯根据具体事例指出了德国小资产阶级民主派的软弱性，阐明了巩固革命党的手段即批评的意义。特别是在写于1850年4月中旬的《哥特弗利德·金克尔》一文中，马克思、恩格斯坚持了这样一个思想：在革命和反革命发生决定性的搏斗时，人民应“无条件地站在革命一边，不管代表革命的是谁，是法国人也好是中国人也好”①。这是马克思和恩格斯从革命利益的角度来观察各民族间的相互关系，从而制定的这个革命策略的基本原理。这也应该是理解和把握无产阶级革命策略的立场的基本立足点。

对于如何在具体策略中把握这个基本的策略立场，恩格斯还进一步进行了论证。恩格斯在《论住宅问题》中讲道：“德国社会民主工党，正**因为**它是**工人政党**，所以必然实行‘阶级政策’，即工人阶级的政策。既然每个政党都力求取得在国家中的统治，所以德国社会民主工党就必然力求争得**自己的**统治，工人阶级的统治，即‘阶级统治’。而且，**每个**真正的无产阶级政党，从英国宪章派起，总是把阶级政策，把无产阶级组织成为独立政党作为首要条件，把无产阶级专政作为斗争的最近目的。”② 这里恩格斯提出了无产阶级政党要实行“阶级政策”的问题。这应该是制定无产阶级革命策略的基本原则。

马克思、恩格斯不仅提出了无产阶级革命策略的基本立场和原则，而且在无产阶级革命斗争的理论和实践中，坚决维护和坚持了这个基本的策略立场和原则。比如，在马克思和恩格斯合写的《流亡中的大人物》这部著作中，他们揭露各种小资产阶级流派的思想和策略。他们这样做的主要目的，就是捍卫无产阶级的思想立场和策略立场的独立性和纯洁性，使它们不受小资产阶级的幻想和整个小资产阶级思想的毒害。还比如，1877—1878年，马克思在反社会党人非常法颁布以后，不仅严厉地斥责了莫斯特的“革命空谈”，而且同样严厉甚至更为严厉地痛斥了当时在社会民主党中一时占上风的机会主义。之所以这样，就是因为这个党没有立刻表现出坚定性、坚决性、革命性和为对付非常法而转向不合法斗争的决心。

① 马克思、恩格斯：《哥特弗利德·金克尔》，《马克思恩格斯全集》第7卷，人民出版社1959年版第352页。

② 恩格斯：《论住宅问题》，《马克思恩格斯全集》第18卷，人民出版社1964年版第299页。

(四) 把首先纯属策略的问题提高到原则问题，这是不正确的

这是如何正确处理无产阶级革命斗争的策略与原则的关系问题，是制定和实施正确革命策略的基础和前提。恩格斯在 1889 年 12 月 18 日给格尔松·特里尔的信中，在对丹麦农民党进行指导时指出："在我看来，您把首先纯属策略的问题提高到原则问题，这是不正确的。我认为这里原本只是策略问题。但是策略上的错误在一定情况下也能够导致破坏原则。"① 从恩格斯这段话可以理解，作为无产阶级政党，必须要分清什么是策略问题，什么是原则问题。马克思、恩格斯在《共产党宣言》里，为无产阶级政党规定了革命斗争的策略纲领②。这里实际上已经阐明了理论原则和策略纲领的相互关系。策略通常被理解为，仅仅服务于一项眼前任务或阶级斗争的一个方面的措施的体系策略，是根据形势发展而制定的行动方针和斗争方式，而斗争原则包括一个综合行动的体系，是说话或行事所依据的法则或标准。它们两个是宏观与具体，指导与实践的关系。马克思、恩格斯正是从这一基本原理出发，明确了共产党人对各种反对党派的基本态度，为制定之后的革命实践所需的具体而科学的革命斗争策略提供了基本依据和指导。

正确理解和把握策略和原则的辩证关系，对于无产阶级革命斗争具有重要而深远的影响。恩格斯在《1891 年社会民主党纲领草案批判》中，就对不能把握策略与原则的问题进行了批判，明确指出："这样的政策长此以往只能把党引入迷途。人们把一般的抽象的政治问题提到首要地位，从而把那些在重大事件一旦发生，政治危机一旦来临就会自行提到日程上来的紧迫的具体问题掩盖起来。其结果就是使党在决定性的时刻突然不知所措，使党在具有决定意义的问题上由于从未进行过讨论而认识模糊和意见不一。""为了眼前暂时的利益而忘记根本大计，只图一时的成就而不顾后果，为了运动的现在而牺牲运动的未来，这种做法可能也是出于'真诚的'动机。但这是机会主义，始终是机会主义，而且'真诚的'机会主义也许比其他一切机会主义更危险。"③

---

① 恩格斯：《恩格斯致格尔松·特里尔（1889 年 12 月 18 日）》，《马克思恩格斯文集》第 10 卷，人民出版社 2009 年版第 579 页。

② 马克思、恩格斯：《共产党宣言》，《马克思恩格斯文集》第 2 卷，人民出版社 2009 年版第 44 页。

③ 恩格斯：《1891 年社会民主党纲领草案批判》，《马克思恩格斯文集》第 4 卷，人民出版社 2009 年版第 414—415 页。

马克思、恩格斯不仅提出要正确把握策略和原则，而且强调，如果把纯策略性的问题只是照一般原则办事也是不行的。这个思想是在恩格斯 1884 年 7 月 21 日给伯恩施坦的信中提出的。恩格斯在这里强调指出："至于选区的分配，我也常常为这事生气；但是之所以这样，是因为人们想在纯策略性的问题上只照一般原则办事，这种情形在各次代表大会上总是有的，——而这在代表大会上是如此地简单和明了！"①

二、我们的策略不是凭空臆造的，而是根据经常变化的条件制定的

这是制定科学而有效的革命策略的基本保证。辩证唯物主义告诉我们，世界是物质的，而物质是相互联系、互相作用的，任何事物都不能离开其他事物而单独存在。作为指导革命斗争实践的策略，也不是简单地从人的头脑里凭空想象出来的，而是根据外在的环境条件，特别是经常变化的外在环境条件而经常变化的，只有这样才能积极适应外在环境条件的变化，才能制定出科学而有效的革命策略。这就是恩格斯在 1892 年 8 月 30 日给阿德勒的信中，对策略问题阐述时的原理来源。恩格斯在这里指出："你对策略问题的议论是很对的。但遗憾的是，许多人为了图省事，为了不费脑筋，想永久地采用一种只适宜于某一个时期的策略。其实，我们的策略不是凭空臆造的，而是根据经常变化的条件制定的；在目前我们所处的环境下，我们往往不得不采用敌人强加于我们的策略。"② 对于如何才能制定适应外在环境变化的科学而有效的革命策略，马克思、恩格斯也进行了科学论证。

（一）要有斗争的可能，首先需要土壤、空气、光线和场地

这是恩格斯在 1882 年 2 月给考茨基的信中提出的重要思想。恩格斯在这里指出："要有斗争的可能，首先需要有土壤、空气、光线和场地。否则，一切都是空话。"③ 这里所强调的"土壤、空气、光线和场地"，指的就是制定革命斗争策略的环境和条件。马克思、恩格斯始终认为，外在的环境和条件是现实运

---

① 恩格斯：《致爱德华·伯恩施坦（1884 年 7 月 21 日以后于伦敦）》，《马克思恩格斯全集》第 36 卷，人民出版社 1974 年版第 180 页。

② 恩格斯：《恩格斯致维克多·阿德勒（1892 年 8 月 30 日）》，《马克思恩格斯文集》第 10 卷，人民出版社 2009 年版第 630 页。

③ 恩格斯：《恩格斯致卡·考茨基（1882 年 2 月 7 日）》，《马克思恩格斯全集》第 35 卷，人民出版社 1971 年版第 261—262 页。

动的客观因素，制定科学而有效的策略，必须把现实的某一时期的各种阶级关系以及这些关系与其他关系的总和，都详尽了解清楚，并且要用运动的而不是静止的、辩证的而不是单一的视角和观点，来看待外界环境条件的发展变化。只有这样，才能根据运动发展的实际状况，制定出符合无产阶级运动实际需要的正确策略。也正因如此，马克思才在 1881 年 2 月 22 日给纽文胡斯的信中指出，将来应该怎么做或做些什么，“完全取决于人们将不得不在其中活动的那个既定的历史环境”①。之所以提出这个基本原理，主要基于以下几个方面的原因。

首先，这是建立在马克思、恩格斯对“人创造环境，同样，环境也创造人”这一基本规律的认识之上的。马克思、恩格斯在《德意志意识形态》中指出：“人创造环境，同样环境也创造人。”② 也就是说，客观环境对人具有很大影响力。这是普遍的和一般的道理。不管是阶级斗争还是人的正常活动，都要受到这一基本规律的制约。恩格斯对客观环境对人的影响的问题，有比较经典和详细的阐述。这主要是在 1882 年 1 月给伯恩施坦的信中阐述的，恩格斯是通过对日常关系和政治关系的“狭隘琐碎”的关系为逻辑起点进行论述的，他在指出“在大城市中也存在的小城市风气，在同警察和官僚进行斗争时总要遇到的小小的但是层出不穷的刁难”后，进一步指出“这一切把人弄得精疲力竭，而不是激发人起来反抗”，于是，在这个恩格斯称为“大幼儿园”的大环境里，“许多人自己也变得很幼稚了”。从这一点出发，恩格斯又接着指出了，外界环境的改变对我们的主观思想是具有重要影响的，所以我们“必须对它进行坚决的斗争”。③

其次，这是运用辩证唯物主义原理指导革命斗争实践的经验总结。马克思、恩格斯根据辩证唯物主义的理论原理指导无产阶级斗争，始终强调联系实际制定符合革命斗争实际的策略。比如，马克思撰写的《1848 年到 1850 年的法兰西阶级斗争》就指出，一个集中体现社会革命利益的阶级，一旦奋起反抗，就会“直接在自己的处境中找到自己革命活动的内容和材料”，并且强调“它并不

① 马克思：《马克思致斐迪南·多梅拉·纽文胡斯（1881 年 2 月 22 日）》，《马克思恩格斯文集》第 10 卷，人民出版社 2009 年版第 458 页。

② 马克思、恩格斯：《德意志意识形态》，《马克思恩格斯全集》第 3 卷，人民出版社 1960 年版第 43 页。

③ 恩格斯：《恩格斯致爱德华·伯恩施坦（1882 年 1 月 25—31 日）》，《马克思恩格斯文集》第 10 卷，人民出版社 2009 年版第 469—470 页。

从理论上研究本身的任务”[①]。之所以强调这一点，是因为实际运动必然以十分不同的理论形式反映出来。还比如，恩格斯在 1884 年 2 月给约翰·菲力浦·贝克尔的信中，针对贝克尔要他们对新的群众鼓动工作给予策略方面的指示时，明确指出：“我认为，我们在国外根本不能决定新的群众鼓动工作的尝试现在是否合适以及它的时间和内容等问题，这应该完全交给我们在德国的同志们去做，他们亲身受到压迫，比谁都知道什么可行，什么不可行。所以，如果你去问倍倍尔和李卜克内西，如果他们能在那里讨论一下这个问题，那我认为他们应该决定是行还是不行，而我们应该服从他们的决定。”[②] 再比如，马克思在为《论坛报》写的文章中，对大陆上发生的一系列事件作了阐明，其中对 1853 年 2 月反抗奥地利统治的米兰起义所作的评价，是值得注意的。马克思从这次起义中看到即将来临的新的革命危机的征兆，在对参加起义的无产者的英雄主义给予应有评价同时，也斥责了这次“即兴的革命”的鼓动者马志尼及其一伙人的密谋性策略。马克思在 1853 年 2 月 22 日撰写的《弗兰茨—约瑟夫遇刺。——米兰起义。——不列颠的政策。——迪斯累里的演说。——拿破仑的遗嘱》中着重指出：“任何时候革命都不能按照命令制造出来。”[③] 这充分说明了马克思在制定科学而有效的革命策略时对外在环境条件的重视。

（二）不经过冷静思考，不了解也不顾及实际情况，就声嘶力竭地向全世界发出革命号召，这岂不是太可笑了吗？

这主要是如何根据外在的环境变化而制定革命策略的问题。这是恩格斯在《共产主义者和卡尔·海因岑》中提出的思想。恩格斯在这里主要是批判海因岑不根据实际情况而盲目发动起义。恩格斯明确指出：“试问：不经过冷静思考，不了解也不顾及实际情况，就声嘶力竭地向全世界发出革命号召，这岂不是太可笑了吗？”[④] 恩格斯还用十分焦急的心情告诫我们，制定科学而有效的斗争策

---

① 马克思：《1848 年至 1850 年的法兰西阶级斗争》，《马克思恩格斯文集》第 2 卷，人民出版社 2009 年版第 88 页。

② 恩格斯：《致约翰·菲力浦·贝克尔（1884 年 2 月 14 日）》，《马克思恩格斯全集》第 36 卷，人民出版社 1974 年版第 108 页。

③ 马克思：《弗兰茨-约瑟夫遇刺。——米兰起义。——不列颠的政策。——迪斯累里的演说。——拿破仑的遗嘱》，《马克思恩格斯全集》第 8 卷，人民出版社 1961 年版第 601 页。

④ 恩格斯：《共产主义者和卡尔·海因岑》，《马克思恩格斯文集》第 1 卷，人民出版社 2009 年版第 660 页。

略，需要经过认真思考，并且要顾及斗争的实际情况，这是深入分析和研究制定正确革命策略的基本条件。

第一，制定革命策略需要把历史状况分析透。这是制定革命策略的基本前提。恩格斯在 1888 年 4 月 12 日给倍倍尔的信中，对德国社会民主党的革命策略进行指导时指出："接到了你 3 月 8 日的来信后，我想先稍微仔细地观察一下事件的进程，现在情况看来已经明朗到可以逐渐作出判断了。你们说一切照旧，这种政策就策略方面和对群众的鼓动方面来说是完全正确的，但是依我看，这并没有把历史状况分析透。"①

第二，使自己的策略适应发展进程，而不是十分任性地要求发展适应自己。恩格斯在《共产主义者和卡尔·海因岑》中，针对海因岑的革命斗争策略进行了有力批判，指出海因岑"他不是研究德国的情况，从而对德国有个总的了解并由此找出：什么样的进步措施、什么样的发展和什么具体办法是必要而又切实可行的，他不是探讨德国各个阶级之间的复杂关系以及它们与政府的关系，由此制定出应当遵循的政策的基础，总之，他不是使自己的策略适应德国的发展进程，而是十分任性地要求德国的发展适应自己。"②

第三，制定革命策略需要善于因地制宜地作出决定。恩格斯在写于 1894 年 1 月 26 日的《未来的意大利革命和社会党》中提出："至于我所强调的一般的策略，长期以来，我已经确信它的有效性；它从未丧失过这种有效性。但是说到怎样把它运用到意大利目前的状况，那就是另一回事；必须因地制宜地作出决定，而且必须由处于事变中的人来作出决定。"③ 对于这一重要思想，马克思、恩格斯在他们的革命斗争实践中进行过系统阐明。比如，马克思在写于 1842 年 11 月 15 日的《关于报刊的内阁指令》一文中，现实地估量各种社会力量，力图在现行法律许可的范围内，联系具体的实际情况来进行宗教批判和政治批判。这种策略遭到了以布鲁诺·鲍威尔为核心的柏林"自由人"的指责。这些"自由人"企图用抽象地否定一切的绝对的批判来改变现存的政治制度，

① 恩格斯：《致奥古斯特·倍倍尔（1888 年 4 月 12 日）》，《马克思恩格斯全集》第 37 卷，人民出版社 1971 年版第 48 页。

② 恩格斯：《共产主义者和卡尔·海因岑》，《马克思恩格斯全集》第 4 卷，人民出版社 1958 年版第 299 页。

③ 恩格斯：《未来的意大利革命和社会党》，《马克思恩格斯文集》第 4 卷，人民出版社 2009 年版第 472 页。

他们沉湎于激进的空谈，脱离现实的社会政治条件，完全无视政治斗争的现实可能性，因而在政治上陷于孤立。还比如，恩格斯 1890 年 9 月 7 日在《给〈萨克森工人报〉编辑部的答复》中，从理论和实践两个方面批判了德国社会民主党内“青年派”的错误，特别是在实践方面所奉行的完全不顾党的实际斗争条件的冒险主义。恩格斯在这里突出强调，“在实践方面，我在这家报纸上看到的，是完全不顾党进行斗争的一切现实条件，而幻想置生死于不顾地‘拿下障碍物’；这也许会给作者们的不屈不挠的年轻人的勇气带来荣誉，但是，如果把这种幻想搬到现实中去，则可能把一个甚至最强大的、拥有数百万成员的党，在所有敌视它的人的完全合情合理的嘲笑中毁灭掉。可是，甚至一个小宗派贸然实行这种只有中学生水平的政策也不会不受到惩罚”①。也就是说，应当正确理解马克思主义的世界观，把握在每一特定时刻起决定作用的历史事实。

（三）因为党正进入另一种斗争环境，因而它需要另一种武器，另一种战略和策略

这句话主要是要求革命策略要跟着环境条件的变化而改变。之所以提出这个基本思想，主要是基于辩证唯物主义的运动规律。任何事物都是运动的，运动是绝对的，静止是相对的。当一个事物进入另一个状态，外在环境条件等因素也必将会跟着改变。因此，科学而有效的革命策略需要适应这一基本规律，把握这一基本原理。恩格斯在写于 1890 年 9 月 12—18 日的《给〈社会民主党人报〉读者的告别信》中写道：“我们大家还同样一致认为，由于本报停刊不能不留下一个缺口。在德国出版的任何一个机关报，不论是正式的还是非正式的，都不能代替它。对党来说这只是一个相对的损失，因为党正进入另一种斗争环境，因而它需要另一种武器，另一种战略和策略。”② 对于这个策略的运用，马克思、恩格斯还有许多阐述。比如，马克思在《共产党宣言》的 1872 年德文版序言中，对《共产党宣言》所阐述的一般原理始终持肯定态度，但要“随时随地都要以当时的历史条件为转移”③，并且强调，历史环境决定应该做些什么。

---

① 恩格斯：《给〈萨克森工人报〉编辑部的答复》，《马克思恩格斯文集》第 4 卷，人民出版社 2009 年版第 396 页。

② 恩格斯：《给〈社会民主党人报〉读者的告别信》，《马克思恩格斯文集》第 4 卷，人民出版社 2009 年版第 398 页。

③ 马克思、恩格斯：《共产党宣言》，《马克思恩格斯文集》第 2 卷，人民出版社 2009 年版第 5 页。

在实际的革命斗争中，马克思、恩格斯也始终坚持和维护这一策略原理的科学性。这突出地表现在1850年夏，共产主义者同盟中央委员会内部在策略问题上发生的原则性分歧。1850年9月17日，马克思、恩格斯在英国的伦敦发表了《退出伦敦德意志工人教育协会的声明》[①]。这个文件是在马克思和恩格斯为建立无产阶级政党而斗争的历史中一个重要关头写的。撰写这个文件的背景就是在共产主义者同盟时期，马克思、恩格斯与以维利希和沙佩尔为代表的教条主义的斗争。1850年8月，马克思、恩格斯得出结论说，1847年的经济危机已经过去，因而在经济开始普遍繁荣的情况下，新的革命在最近一个时期是不可能产生的。马克思和恩格斯由此推论说，在新的条件下，首先要注意宣传科学共产主义思想，在思想上和组织上巩固摆脱小资产阶级民主主义的无产阶级政党。共产主义者同盟中央委员会委员维利希和沙佩尔反对这种冷静的分析和依据科学的结论所制定的策略。维利希、沙佩尔和他们的拥护者们用"革命的"词句代替了对客观现实的唯物主义分析，企图采用革命的宗派主义的冒险策略和联合小资产阶级民主派，在德国发动新的起义。同盟中央委员会内部在这个基础上发生的分歧，早在8月和9月上半月召开的会议上就明显地暴露出来，而在1850年9月15日的会议上达到了最尖锐的程度，在这次会议上同盟发生了分裂。马克思、恩格斯共同撰写了《流亡中的大人物》《关于最近的科伦案件的最后声明》，马克思撰写了《高尚意识的骑士》和《揭露科伦共产党人案件》，恩格斯撰写了《最近的科伦案件》等著作，严厉谴责了密谋性策略的拥护者的通病：唯意志论和主观主义，不善于冷静地估计形势，政治上极不坚定。这些作品揭露小资产阶级的假革命和夸夸其谈的作风，揭露小资产阶级流亡者首领们醉心于在革命中玩弄煽惑性的把戏，醉心于密谋手段，以尖锐讽刺的笔法勾画了这些典型的小资产阶级空谈家、冒险主义策略的卫士的面貌。马克思指出，与政治上的冒险主义和宗派主义相适应的，就是用唯意志论和主观唯心主义偷换唯物主义世界观，把自己希望、想像的条件当作革命斗争的现实条件，通过这种批判，马克思坚决捍卫了无产阶级政党的思想原则，论证了无产阶级政党在已经到来的反动时期应采取的策略。

① 马克思、恩格斯：《退出伦敦德意志工人教育协会的声明》，《马克思恩格斯全集》第7卷，人民出版社1959年版第484页。

另外，从无产阶级政党革命斗争的策略角度看，马克思、恩格斯还针对不同国家的民族工人运动所处的不同阶段给战斗的无产阶级确定战斗任务。比如，恩格斯在 1895 年 3 月 8 日给费舍的信中指出："你们想去掉'**现在**'一词，也就是把暂时的变成永久的，把相对的变成具有绝对意义的策略。我不会这样做，也不能这样做，以免使自己永世蒙受耻辱。因此我拒绝写什么相反的东西，我说：'正是现在遵守法律对社会民主党的变革**十分有利**。'"① 恩格斯强烈反对去掉"现在"这个词，就充分反映了辩证唯物主义的运动观点在革命策略中的应用。还比如，恩格斯在 1895 年 4 月 3 日给拉法格的信中强调："李卜克内西刚刚和我开了一个很妙的玩笑。他从我给马克思关于 1848—1850 年的法国的几篇文章写的导言中，摘引了所有能为他的、无论如何是和平的和反暴力的策略进行辩护的东西。近来，特别是目前柏林正在准备非常法的时候，他喜欢宣传这个策略。但我谈的这个策略仅仅是针对**今天的德国**，而且**还有重大的附带条件**。对法国、比利时、意大利、奥地利来说，这个策略就不能整个采用。就是对德国，明天它也可能就不适用了。"②

三、每一个行动单独来看，有的是进攻性的，有的是防御性的

这是对革命策略所作的基本分类。马克思在《"莱茵观察家"的共产主义》中，针对当时德国议会对无产阶级参加运动的态度，进行批判时指出："无产阶级谴责议会，是因为它执行防御策略，没有转入进攻，没有大踏步地前进。"③ 从这一论述中，我们可以理解，马克思、恩格斯在制定策略的问题上，从单个策略的实际应用和制定来讲，总体上可分为防御性和进攻性的两大类。列宁对马克思、恩格斯这个革命策略的大体分类也持肯定态度。他在阐述马克思、恩格斯的策略时写道："马克思主义的策略，就在于把**各种不同的**斗争方法结合起来，巧妙地从一种方法过渡到另一种方法，不断提高群众的觉悟，扩大群众的集体行动的广度，其中每一个行动单独来看，有的是进攻性的，有的是

---

① 恩格斯：《致理查·费舍（1895 年 3 月 8 日）》，《马克思恩格斯全集》第 39 卷（上），人民出版社 1974 年版第 402 页。

② 恩格斯：《致保尔·拉法格（1895 年 4 月 3 日）》，《马克思恩格斯全集》第 39 卷（上），人民出版社 1974 年版第 436 页。

③ 马克思：《"莱茵观察家"的共产主义》，《马克思恩格斯全集》第 4 卷，人民出版社 1958 年版第 215 页。

防御性的，但是总的说来，它们将导向愈来愈深刻、愈来愈坚决的冲突。”①

一方面，在革命中，也像在战争中一样，永远需要勇敢地面对敌人，而进攻者总是处于有利地位。这是恩格斯在《德国的革命和反革命》中提出的重要思想。在对革命斗争的研究上，马克思和恩格斯是有分工的。马克思侧重于理论和政治经济学的研究，而恩格斯侧重于军事和从理论走向实践的应用方面的研究。恩格斯在军事研究中，非常赞同对进攻方式的应用。他在《德国的革命和反革命》中，对起义问题的研究，就始终强调进攻的问题，指出：“起义一旦开始，就必须以最大的决心行动起来并采取进攻。防御是任何武装起义的死路，它将使起义在和敌人较量以前就遭到毁灭。必须在敌军还分散的时候，出其不意地袭击他们；每天都必须力求获得新的胜利，即令是不大的胜利；必须保持起义者第一次胜利的行动所造成的精神上的优势；必须把那些总是尾随强者而且总是站在较安全的一边的动摇分子争取过来；必须在敌人还没有能集中自己的军队来攻击你以前就迫使他们退却；总之，要按照至今人们所知道的一位最伟大的革命策略家丹东的 del’audace，del’audace，encore del’audace！（勇敢，勇敢，再勇敢！）这句话去行动。”② 恩格斯把这一思想应用于革命斗争的策略具有特别重要的意义，他写道：“在革命中，也像在战争中一样，永远需要勇敢地面对敌人，而进攻者总是处于有利地位。”③ 马克思在 1851 年 9 月 23 日给恩格斯的信中也强调了进攻的问题，马克思写道：“街垒战只是居民反抗的信号，并使政府的力量受到考验，即考验军队对于这种反抗的情绪，此外，没有任何其他意义。不管这种考验的结果如何，组织作战，建立有纪律的军队，永远是革命的第一个最重要的手段。因为只有依靠这个才有可能发动进攻，而只有发动进攻才能取得胜利。”④

马克思、恩格斯在科学制定革命策略的同时，还十分强调斗争策略的基本态度和实施问题。早在 1843 年 9 月，马克思在给阿尔诺德·卢格的信中，就对坚持新世界观的基本态度进行阐明，马克思讲：“如果我们的任务不是构想未来

---

① 列宁：《重要论述摘编》，《列宁专题文集·论马克思主义》，人民出版社 2009 年版第 302 页。

② 恩格斯：《德国的革命和反革命》，《马克思恩格斯全集》第 8 卷，人民出版社 1961 年版第 102 页。

③ 恩格斯：《德国和革命和反革命》，《马克思恩格斯全集》第 8 卷，人民出版社 1961 年版第 82 页。

④ 马克思：《马克思致恩格斯（1851 年 9 月 23 日）》，《马克思恩格斯全集》第 27 卷，人民出版社 1972 年版第 366 页。

并使它适合于任何时候，我们便会更明确地知道，我们现在应该做些什么，我指的就是**要对现存的一切进行无情的批判**，所谓无情，就是说，这种批判既不怕自己所作的结论，也不怕同现有各种势力发生冲突。"[①] 因此，无产阶级政党虽然有千万条策略，但最根本的还是勇于实施，敢于战斗。这是根本保证。还比如，1864—1870 年间，在德国完成资产阶级民主革命的时期，即普鲁士和奥地利的剥削阶级为以这种或那种方式从上面完成这个革命而斗争的时期即将结束时，马克思不仅斥责过同俾斯麦勾搭的拉萨尔，而且纠正过陷入"亲奥主义"和拥护分立主义的李卜克内西。马克思当时要求实行的革命策略，就是对俾斯麦和亲奥派同样地进行无情的斗争，不迁就"胜利者"普鲁士容克，不顾普鲁士军事胜利所造成的状况，立刻恢复反对容克的革命斗争。还比如，恩格斯在 1883 年 1 月 18 日给伯恩施坦的信中，要求伯恩施坦不能对敌人哀号和呜咽，也不要低声下气地求饶。这不是革命党人所要采取的态度，革命党人对待敌人，应该是以牙还牙，并且强调，"我们的策略从来就是这样"[②]。他们既是这样说的也是这样做的，更是在指导无产阶级政党进行革命斗争时始终这样强调和坚持的。他们一方面强调坚持斗争的持续性。恩格斯在 1884 年 6 月 5 日给伯恩施坦的信中指出："你同他们谈判越久，他们向你提供的可用来指责他们自己的材料就会越多！"[③] 另一方面，强调无产阶级政党要进行顽强反抗。恩格斯在 1884 年 11 月 18 日给倍倍尔的信中，强调对敌对者采取顺从和让步的办法，无产阶级将什么也得不到。无产阶级政党要采取的策略，永远是要通过顽强反抗，来赢得人们的尊重，成为一支真正的力量。他还以让人透过丝绒手套感觉到钢手铁腕，但必须让人感觉到它，来进行形象而直观的比喻。[④] 恩格斯还在 1884—1885 年写的《马克思和〈新莱茵报〉（1848—1849）》中特别指出，对资产阶级来讲，我们"越是激烈和坚持地反对它，它就越容易屈服，就越是对工人政

---

① 马克思：《马克思致阿尔诺德・卢格（1843 年 9 月）》，《马克思恩格斯文集》第 10 卷，人民出版社 2009 年版第 7 页。

② 恩格斯：《恩格斯致爱德华・伯恩施坦（1883 年 1 月 18 日）》，《马克思恩格斯文集》第 10 卷，人民出版社 2009 年版第 495 页。

③ 恩格斯：《恩格斯致爱德华・伯恩施坦（1884 年 6 月 5 日）》，《马克思恩格斯文集》第 10 卷，人民出版社 2009 年版第 521 页。

④ 恩格斯：《恩格斯致奥古斯特・倍倍尔（1884 年 11 月 18 日）》，《马克思恩格斯文集》第 10 卷，人民出版社 2009 年版第 529 页。

党作更多的让步。这一点我们已经体会到了。”①

从以上论述可以深入理解，马克思、恩格斯之所以把“进攻”作为策略的主要方面进行强调，这既是策略原理的基本要求，也是基于无产阶级革命斗争的整个态势，因为无产阶级革命本身就是要推翻资产阶级的政治统治，这本身就是一个“进攻”的问题，只有不断地进攻才能取得一个又一个胜利，也才能最终实现无产阶级的革命胜利。

另一方面，善于在各种形势下通过曲折道路和妥协来追求这些目的。列宁在《反对抵制》中指出：“历史通常都是循着曲折的道路发展的，马克思主义者必须善于重视历史的极其复杂奇特的曲折道路，这是无可争辩的。”② 列宁在这里所阐述的，就是马克思、恩格斯根据革命斗争形势和条件所采取的妥协的策略，也就是防御的策略。妥协或者说防御的策略，这是历史唯物主义在策略理论中的应用。历史唯物主义告诉我们，历史的发展并不是一帆风顺的，而是在螺旋式上升中曲折发展的，既有前进也有前进中的后退。历史的任何曲折转变都是妥协，是已经没有足够的力量彻底否定新事物的旧事物，同还没有足够的力量彻底推翻旧事物的新事物之间的妥协。这是历史发展的必然。同样，对革命策略的制定也需要适应历史发展的这一规律，该进攻的时候必须进攻，但当革命处于不利形势或者低潮的时候，就需要采取妥协也就是防御的策略。

马克思、恩格斯并不拒绝妥协，他们认为必须善于利用妥协，但这一方面并不意味着放弃进攻，无产阶级革命的总的趋势和原则是进攻，妥协或者说防御只是进攻中的妥协，是“权宜之计”；另一方面决不排斥活跃的、经常起作用的历史力量去合力进行反对妥协的斗争。这是马克思、恩格斯对妥协策略的内在要求。恩格斯就在《流亡者文献》中，通过对公社布朗基派流亡者的宣言的批判，清楚生动、简明扼要地表明了他们对妥协的态度。恩格斯嘲笑他们的宣言，并明确指出：“德国共产主义者所以是共产主义者，是因为他们通过一切不是由他们而是由历史发展进程造成的中间站和妥协，清楚地看到并始终不懈地追求最后目的：消灭阶级和建立不再有土地私有制和生产资料私有制的社会制

---

① 恩格斯：《马克思和〈新莱茵报〉（1848—1849 年）》，《马克思恩格斯文集》第 4 卷，人民出版社 2009 年版第 9 页。

② 列宁：《反对抵制》，《列宁专题文集 · 论马克思主义》，人民出版社 2009 年版第 138 页。

度。三十三个布朗基主义者所以是共产主义者，是因为他们以为，只要**他们**愿意跳过各个中间站和各种妥协，那就万事大吉了，只要——他们确信如此——日内‘干起来’，政权落到他们手中，那末后天‘就会实行共产主义’。”①

四、坚持原则坚定性和策略灵活性的统一

原则性和灵活性的统一，是马克思、恩格斯策略原理的根本法则，贯穿于马克思、恩格斯的策略理论的各方面、全过程。列宁在阐述马克思、恩格斯的策略思想时就指出：“马克思主义的策略，就在于把**各种不同的**斗争方法结合起来，巧妙地从一种方法过渡到另一种方法。”② 这是贯彻辩证唯物主义的内在要求，也是马克思、恩格斯策略原理的精髓。马克思、恩格斯创立自己的世界观，并且在实践过程中更是科学而灵活地运用这一理论原则。特别是在实际的革命斗争中，他们始终坚持和贯彻原则坚定性和策略灵活性的辩证统一。也正是通过坚持这一策略，才指导无产阶级政党取得一个又一个革命斗争的胜利。正如毛泽东指出的：“原则性和灵活性的统一，是马克思列宁主义的原则，这是一种对立面的统一。”③

（一）决不会拿原则来做买卖

这里讲的是如何坚持原则的问题。所谓策略的原则，就是无产阶级政党在某一整个阶段内提出的革命或建设的总路线和总任务。坚持革命的战略目标必须坚定和严肃，不能随意变动，并且在贯彻落实这个策略的过程中，要坚定革命策略的立场，坚持“阶级政策”，维护最广大人民的最根本利益，绝不能丧失革命原则。这是无产阶级政党斗争策略的根本点，也是贯彻和落实其他斗争策略的根本要求。

马克思、恩格斯在指导无产阶级政党进行革命斗争的过程中，始终强调这一点。1875 年 5 月 5 日，马克思在关于哥达纲领问题给威廉·白拉克的信中明确强调“决不会拿原则来做买卖”④。他们既是这样讲的，更是这样做的。从马

---

① 恩格斯：《流亡者文献》，《马克思恩格斯全集》第 18 卷，人民出版社 1964 年版第 585 页。

② 列宁：《重要论述摘编》，《列宁专题文集·论马克思主义》，人民出版社 2009 年版第 302 页。

③ 毛泽东：《党内团结的辩证方法（一九五七年十月十三日）》，《毛泽东选集（第五卷）》，人民出版社 1977 年版第 498 页。

④ 马克思：《哥达纲领批判》，《马克思恩格斯全集》第 19 卷，人民出版社 1963 年版第 14 页。

克思与卢格共同创办《莱茵报》，因为理念问题而分裂，到与杜林等的斗争，再到批判德国社会民主党的纲领，进而对“三星”集团①进行批判，都始终体现了马克思、恩格斯这个一贯的思想。比如，当《社会民主党人报》的宣传路线出现问题时，他们就“公开声明同《社会民主党人报》断绝关系”②，对待“三星”集团时，更是毫不妥协。恩格斯在1879年12月16日给倍倍尔的信中指出：“只要这些人声称他们和我们同属于一个党，我们就不能同他们进行任何谈判。”因为，“这里涉及的是任何一个无产阶级政党内都根本不容讨论的问题”③。所以，我们决不能而且也永远不会和小资产阶级的社会主义一道走。从这一段话中，可以充分感受到马克思和恩格斯对原则性问题的坚定性和永不妥协性。

（二）必须依据情况改变策略

恩格斯在指导无产阶级政党进行革命斗争时，明确指出应当善于根据当时形势的特点提出自己的策略和当前的任务，也就是“必须依据情况改变策略”④。这充分体现了马克思、恩格斯策略原则的灵活性特征。无产阶级政党要实现自己的政治目的和任务，需要根据革命形势和条件的急速变化以及敌我力量的对比，针对敌对力量对付革命群众的种种伎俩和手段方法，灵活制定自己的革命策略，机动运用和变换各种各样的斗争形式和手段。

但坚持策略的灵活性需要具备两个基本前提。一个是必须坚持无产阶级政党的策略原则，也就是坚守住策略的“底线”，不能突破大的宏观的策略方向和立场。另一个就是手段服从目的，形式服从内容，二者的关系必须弄清。马克思曾生动地说：“在政治上为了一定的目的，甚至可以同魔鬼结成联盟，只是必须肯定，是你领着魔鬼走而不是魔鬼领着你走。”⑤

（三）实质上坚决，形式上温和

马克思在制定国际工人协会章程时，根据当时无产阶级革命运动的实际情

① 指卡尔·赫希伯格、爱德华·伯恩施坦、卡尔·奥古斯特·施拉姆这三人。

② 马克思：《马克思致路德维希·库格曼（1865年2月23日）》，《马克思恩格斯文集》第10卷，人民出版社2009年版第223页。

③ 恩格斯：《恩格斯致奥古斯特·倍倍尔（1879年12月16日）》，《马克思恩格斯文集》第10卷，人民出版社2009年版第444页。

④ 恩格斯：《致弗里德里希·阿道夫·左尔格（1885年6月3日）》，《马克思恩格斯全集》第36卷，人民出版社1974年版第323页。

⑤ 马克思：《科苏特、马志尼和路易-拿破仑——致“纽约论坛报”编辑》，《马克思恩格斯全集》第8卷，人民出版社1961年版第443页。

况，在阐述协会的纲领时坚持采取了“实质上坚决，形式上温和”[①] 的原则，这实际上就是原则上的坚定性和策略上的灵活性相结合的体现。马克思、恩格斯的这个策略，既是在辩证唯物主义和历史唯物主义基本原理基础上提出的，更是在实践中不断丰富和发展的。

在马克思、恩格斯的整个革命生涯中，他们始终强调根据革命形势的发展和无产阶级政党的实际状况，制定符合实际的策略。任《莱茵报》编辑，是马克思走出学校后的第一份工作，也是其走向革命斗争的第一站。在此期间，马克思清醒地认识到，普鲁士政府的反动政策同《莱茵报》的方针之间的对立是不可调和的，他对《莱茵报》继续存在的可能性作了非常现实的估计。但是，这并不妨碍他利用一切机会对政府的迫害进行毫不妥协的斗争。《评奥格斯堡〈总汇报〉第 335 号和第 336 号论普鲁士等级委员会的文章》，是马克思针对 1842 年 12 月 1 日和 12 月 2 日奥格斯堡《总汇报》第 335 号和第 336 号刊登的《论普鲁士的等级委员会的组成》一文而写的。1842 年 6 月，根据普鲁士国王的命令，等级委员会在各省相继成立，并于 10 月和 11 月第一次在柏林召开会议。等级委员会的成立和会议的召开导致了人们更加尖锐地批评历史上已经过时的普鲁士封建等级代表制。资产阶级反对派认为，等级委员会不能成为全国性的代表机构，扩大等级机构的权力就意味着加强贵族统治。他们要求在整个普鲁士实行立宪代表制，而资产阶级激进人士和资产阶级知识分子则要求实行以全体公民的政治平等为基础的人民代表制。公众的批评促使政界人士在《总汇报》上撰文为等级委员会的组成和使命辩护。马克思在当时严格的书报检查制度下，出于策略上的考量，说《莱茵报》只是反对保守报刊关于普鲁士国家制度的观点，而不是反对这种制度本身。实际上，马克思对普鲁士封建等级制度进行了尖锐的批评。在《评部颁指令的指控》一文中，马克思逐条驳斥了政府当局为查封《莱茵报》而提出的种种论据，巧妙地利用现行的法律条文来维护《莱茵报》的正确立场。另外，在中文第 1 版《马克思恩格斯全集》第 40 卷中，收录了马克思为反对反动统治集团对《莱茵报》的迫害而撰写的文件（《雷纳德致总督冯・沙培尔的信》《评内阁训令的指控》以及《勒・勒瓦瑟尔回忆录》的摘要等）。这些政论文

① 马克思：《马克思致恩格斯（1864 年 11 月 4 日）》，《马克思恩格斯文集》第 10 卷，人民出版社 2009 年版第 216 页。

章，也清楚表明马克思在严格的书报检查制度下十分注意斗争策略，善于利用表面守法的形式来表达自己的激进的观点，善于利用敌人的论据来打击敌人。

特别是在国际工人协会的后期，马克思、恩格斯在党内的威信和地位更加突出后，更是把这一策略贯穿于指导国际斗争的整个实践。马克思在 1865 年 2 月 23 日给库格曼的信中，针对拉萨尔向俾斯麦谄媚的问题，为了暂时与《社会民主党人报》保持正式联系，“以防止哈茨费尔特这个老太婆的阴谋，使工人党不致声誉扫地。因此，我们采取了心里不高兴、表面上和颜悦色的态度，但是私下经常给《社会民主党人报》写信，要他们就像对进步党人一样地对俾斯麦进行斗争。我们甚至容忍了妄自尊大的公子哥儿伯恩哈德·贝克尔**反对国际工人协会**的阴谋”[①]。1889 年 12 月 18 日，恩格斯写信给丹麦社会主义者格尔松·特里尔，阐述了自己对无产阶级政党的策略的观点。他明确指出，在个别情况下，只要不作原则性的让步，可以同其他政党结成暂时的联盟，以便共同为实现某些对无产阶级有利害关系的进步措施而斗争。1891 年 1 月 31 日和 4 月 22 日之间，恩格斯不断收到拉法格夫妇关于法国社会主义运动情况的详细报告。他在给拉法格夫妇的信中，赞成工人党对可能派所采取的策略，也就是不为表面上的统一作任何原则性的让步，但是也不拒绝在必要的时候进行实际的合作。

五、在当前的运动中同时代表运动的未来

马克思、恩格斯在《共产党宣言》中指出：“共产党人为工人阶级的最近的目的和利益而斗争，但是他们在当前的运动中同时代表运动的未来。”[②] 恩格斯后来在 1894 年 1 月 26 日撰写的《未来的意大利革命和社会党》中又进一步提出：“自从 1848 年以来，时常为社会党人带来极大成就的策略就是《**共产主义宣言**》的策略。‘在无产阶级和资产阶级的斗争所经历的各个发展阶段上，社会党人始终代表整个运动的利益……社会党人为工人阶级的最近的目的和利益而斗争，但是他们在当前的运动中同时代表运动的未来。’”[③] 这是对这一重要策

① 马克思：《马克思致路德维希·库格曼（1865 年 2 月 23 日）》，《马克思恩格斯文集》第 10 卷，人民出版社 2009 年版第 222 页。

② 马克思、恩格斯：《共产党宣言》，《马克思恩格斯文集》第 2 卷，人民出版社 2009 年版第 65 页。

③ 恩格斯：《未来的意大利革命和社会党》，《马克思恩格斯文集》第 4 卷，人民出版社 2009 年版第 469 页。

略原理权威而深刻的阐明。这既是马克思、恩格斯对策略理论研究的成果，更是对他们革命斗争实践的科学总结，体现了战略与策略的辩证统一，是马克思、恩格斯提出的关于革命斗争策略的一个基本原理。

（一）最近目标与长远目标、眼前利益与根本利益有机统一起来

无产阶级政党永远不能忽视伟大目标，只有确立了伟大目标并沿着这个道路前进，才能避免失去前进方向而走错路，但在坚持伟大目标同时，也要重视阶段性目标的制定和实践。这里面包含着两个方面的基本思想。一个是无产阶级政党在为远大目标而奋斗时，必须高度重视和积极参加当前一切有利于无产阶级的革命斗争，也就是说，凡是党的现有力量能够采取并且在现有条件下能够使党得到最大成绩的一切斗争手段，党都是可以采用的。另一个是无产阶级政党在参加当前斗争时，决不能忘记革命的远大目标，决不可只看到眼前的片面的福利而忘记了无产阶级的远大利益。如果不参加当前的斗争，实现远大目标就是一句空话；反之，放弃远大目标，当前的斗争就会迷失方向。这两个基本思想集中到一点，就是无产阶级政党既胸怀革命大目标，又脚踏实地搞好当前的工作和斗争，把当前的任务和远大目标结合起来，只有把这两方面有机统一起来的策略，才是科学而正确的策略。

（二）永远不忽视伟大目标的策略

目标就是方向，目标就是力量。无产阶级政党只有确立了伟大目标，才能找到前进的方向，也才能凝聚起革命的力量。这既是无产阶级政党革命斗争的需要，也是马克思、恩格斯始终坚持和强调的思想。在这方面，负责研究实际斗争策略的恩格斯，对于这方面的阐述相对多一些。恩格斯对这个基本原理的经典论述，主要体现在他撰写的《未来的意大利革命和社会党》这部著作中。恩格斯指出：“社会党人总是积极参加无产阶级和资产阶级斗争经历的每个发展阶段，而且，一时一刻也不忘记，这些阶段只不过是达到首要的伟大目标的阶梯。这个目标就是：由无产阶级夺取政权作为改造社会的手段。他们的位置是在为每一个有利于工人阶级的直接利益而斗争的战士的行列中；但是，他们只是把所有这些政治的或经济的利益看做**分期偿付的债款**。因此他们把每一个进步的或者革命的运动看做是沿着自己道路上前进的一步；他们的特殊任务是推动其他革命政党前进，如果其中的某一个政党获得胜利，他们就要去捍卫无产阶级的利益。这种永远不忽视伟大目标的策略，能够防止社会党人产生失望情

绪，而这种情绪却是其他缺少远大目光的政党——不论是纯粹的共和主义者或感情上的社会主义者——无法避免的，因为他们把前进中的一个普通阶段看做是最终目的。”① 恩格斯在《美国工人运动》中又进一步强调：“最终目的的一致性终究会战胜一切小风波。”②

马克思、恩格斯不仅是这样讲的，也是这样做的。比如，马克思在1848年支持了波兰主张“土地革命”的政党，也就是“发动过1846年克拉科夫起义的政党”③。马克思在1848—1849年支持了德国的革命民主派，而且以后也从没有收回他当时关于策略问题所说的话。马克思认为德国资产阶级“一开始就蓄意背叛人民，而与旧社会的戴皇冠的代表人物妥协，因为它本身已是属于旧社会的了”④。还比如，在国际工人协会1870年9月9日的《国际工人协会总委员会关于普法战争的第二篇宣言》⑤ 中，马克思曾事先提醒法国无产阶级不要发动不合时宜的起义，但当起义于1871年发生了的时候，马克思却以欢欣鼓舞的心情欢呼“冲天”的群众的革命首创精神⑥。从辩证唯物主义观点来看，在这种形势下，也同在许多其他形势下一样，革命行动的失败对无产阶级斗争的整个进程和结局的危害，要比放弃阵地、不战而降小，因为不战而降会使无产阶级士气低下，削弱无产阶级的战斗力。⑦ 再比如，恩格斯在1879年6月17日给伯恩施坦的信中，批判英国工人运动中的错误策略时指出：“英国的工人运动多年来一直在为增加工资和缩短工作时间而罢工的狭小圈子里毫无出路地打转转，而且这些罢工不是被当做权宜之计和宣传、组织的手段，而是被当做最终的目的。”⑧ 并

---

① 恩格斯：《未来的意大利革命和社会党》，《马克思恩格斯文集》第4卷，人民出版社2009年版第470页。

② 恩格斯：《美国工人运动（“英国工人阶级状况”美国版序言）》，《马克思恩格斯全集》第21卷，人民出版社1965年版第391页。

③ 马克思、恩格斯：《共产党宣言》，《马克思恩格斯文集》第2卷，人民出版社2009年版第65页。

④ 马克思：《资产阶级和反革命》，《马克思恩格斯全集》第6卷，人民出版社1961年版第126页。

⑤ 马克思：《国际工人协会总委员会关于普法战争的第二篇宣言》，《马克思恩格斯全集》第17卷，人民出版社1963年版第285—294页。

⑥ 马克思：《马克思致路德维希·库格曼（1871年4月12日）》，《马克思恩格斯全集》第33卷，人民出版社1973年版第207页。

⑦ 列宁：《卡尔·马克思（1914年11月）》，《列宁专题文集·论马克思主义》，人民出版社2009年版第37—38页。

⑧ 恩格斯：《恩格斯致爱德华·伯恩施坦（1879年6月17日）》，《马克思恩格斯文集》第10卷，人民出版社2009年版第437页。

且强调，把这样的罢工吹嘘为具有世界历史意义的斗争，只能是像诸如《自由》所做的那样，“在我看来只有害处”①。特别是马克思、恩格斯在指导无产阶级政党制定党的纲领时，始终把这一思想贯穿其中。恩格斯在《1891 年社会民主党纲领草案批判》中，针对社会民主党人当时的政策，批判他们只是把一般的政治问题提到了首要地位，而把那些重大事件放到一边，长此以往只能把党引入迷途。最后恩格斯强调指出，这种只顾眼前，而忘记了根本大计的行为，只能是“机会主义，始终是机会主义”②。

马克思还针对这一重要策略，提出过一个重要策略原理，也就是“在这种伟大的发展中，二十年比一天长”③，不忘伟大目的的策略。这是 1863 年 4 月 9 日，马克思在给恩格斯的信中提出的。从这段话可以理解，“这种伟大的发展”，就是指无产阶级革命运动，而在这个伟大运动中“二十年比一天长”，就是指要着眼于无产阶级的伟大目标去努力奋斗，把长远的目标和任务引向阶段性工作，从而促使伟大时刻的到来。特别是在制定革命策略时，不仅从过去的观点来看，而且从将来的观点来看，并且不是像“进化论者”那样庸俗地理解，只看到缓慢的变化，而是辩证地理解。在每个发展阶段，在每一时刻，无产阶级的策略都考虑到人类历史的这一客观必然的辩证法，一方面利用政治消沉或龟行发展即所谓“和平”发展的时代来发展先进阶级的意识、力量和战斗力；另一方面把这种利用工作全部引向这个阶级的运动的“最终目的”，并使这个阶级在“一天等于二十年”的伟大日子到来时有能力完成伟大的任务。

在这方面，体现得最为鲜明的，就是马克思、恩格斯制定的无产阶级革命要与工人运动的整个进程和结局相联系的经济斗争的策略。马克思在《哲学的贫困》中指出：“大工业把大批互不相识的人们聚集起来。竞争把他们的利害关系分开。但是维护工资这一对付老板的共同利益，使他们在一个共同的思想（反抗、组织**同盟**）下联合起来。”“原来孤立的同盟就组成为集团，工人们为抵

① 恩格斯：《恩格斯致爱德华·伯恩施坦（1879 年 6 月 17 日）》，《马克思恩格斯文集》第 10 卷，人民出版社 2009 年版第 437 页。

② 恩格斯：《1891 年社会民主党纲领草案批判》，《马克思恩格斯文集》第 4 卷，人民出版社 2009 年版第 414 页。

③ 马克思：《马克思致恩格斯（1863 年 4 月 9 日）》，《马克思恩格斯文集》第 10 卷，人民出版社 2009 年版第 203 页。

制经常联合的资本而维护自己的联盟，就比维护工资更为必要。”“在这一斗争（真正的内战）中，未来战斗的一切要素在聚集和发展着。达到这一点，同盟就具有政治性质。”① 这一重要论述，阐明的就是经济斗争和工会运动在以后几十年内，在准备无产阶级的力量去进行“未来战斗”的整个长时期内的纲领和策略。对于这个策略的具体应用，马克思和恩格斯还有许多论述。比如，马克思、恩格斯用英国工人运动的实例说明，工业的“繁荣”怎样引起“收买无产阶级”②，使无产阶级放弃斗争的尝试，这种“繁荣”怎样起了败坏无产阶级的作用，怎样必须在一个较长的时期内等待英国工人摆脱资产阶级对他们的明显的腐蚀，等等。正如列宁指出：“与工人运动的整个进程（**和结局**）相联系的经济斗争的策略，在这里是以极其广阔的、全面的、辩证的、真正革命的观点来加以考察的。”③

（三）视决定性作用的发挥而采取行动

1882 年 2 月 10 日，恩格斯在给贝克尔的信中指出：“在这种行动能够起决定性作用之前，即当欧洲的事变促使它诞生之前，应当暂不采取这种行动。否则就会损害它将来的效果，就只能是徒劳无益的。”④ 这里恩格斯所强调的，就是想让党的领导人明白，确立伟大目标是前提，而在实际斗争过程中，既要分清什么是实现最终目标的手段和行动，而什么又是实现阶段性目标的手段和行动。特别是在斗争实践中，要注意保持冷静沉着，善于忍耐，抓住决定性问题进行坚决斗争，以确保全局的胜利。

马克思始终强调和实践着这个策略。比如，在对资产阶级的斗争中，马克思把解决爱尔兰问题作为对资产阶级的决定性的打击，进行重点关注。这就是通过突破一个关键点而去带动全局。正如马克思 1870 年 4 月 9 日，在给迈耶尔和福格特的信中，通过自己对爱尔兰问题的多年研究，从而得出了这样的结论，也就是“**只有在爱尔兰**才能给英国统治阶级以决定性的打击”，并且用括号进行

---

① 马克思：《哲学的贫困》，《马克思恩格斯全集》第 4 卷，人民出版社 1958 年版第 196 页。

② 恩格斯：《恩格斯致马克思（1851 年 2 月 5 日）》，《马克思恩格斯全集》第 27 卷，人民出版社 1972 年版第 201 页。

③ 列宁：《卡尔·马克思（1914 年 11 月）》，《列宁专题文集·论马克思主义》，人民出版社 2009 年版第 35 页。

④ 恩格斯：《恩格斯致约翰·菲力浦·贝克尔（1882 年 2 月 10 日）》，《马克思恩格斯文集》第 10 卷，人民出版社 2009 年版第 477 页。

了重点阐述："而这对全世界的工人运动来说是有决定意义的。"① 那么，为什么爱尔兰问题又对全世界的工人运动具有决定意义呢？马克思在随后的论述中，又用深入浅出而富有哲理性的语言进行了分析。从以上马克思、恩格斯的论述来看，视决定性作用的发挥而采取行动，是他们始终强调的革命策略，并在实践斗争中不断得到丰富和发展。

（四）需要有勇气为了更重要的事情而牺牲一时的成功

如果再通俗一点讲的话，就是善于舍小利而求大道。也就是，不能只看到眼前的利益和小事，而不顾革命的长远和大局。这是坚持当前斗争和长远利益结合起来的策略的内在要求。恩格斯在1873年6月20日给倍倍尔的信中指出，要想得到长久的胜利，"需要有勇气为了更重要的事情而牺牲**一时**的成功"。并且突出强调特别是像无产阶级政党这样的党，它能够实现最终目标是绝对不成问题的，"所以它决不是始终无条件地需要一时的成功"②。

恩格斯在1884年6月29日给伯恩施坦的信中，还引用了德国无产阶级诗人、政论家、共产主义者同盟盟员格奥尔格·维尔特（1822—1856）的诗《从来没有这样快活过》进行了讽刺性的批判。恩格斯写道：

对小小的刺激，根本用不着管它。这是斗争的第一条规则，并且要记住：

"从来没有这样快活过，
刺痛敌人乐呵呵，
单拿蠢货来开心，
单拿傻瓜来奚落。"③

六、联合一切可以联合的力量

也就是无产阶级政党在革命斗争中要善于正确使用力量，联合一切可以联合的力量，结成最广泛的统一战线，以孤立和打击敌人。马克思、恩格斯早就

① 马克思：《马克思致齐格弗里德·迈耶尔和奥古斯特·福格特（1870年4月9日）》，《马克思恩格斯文集》第10卷，人民出版社2009年版第327页。

② 恩格斯：《恩格斯致奥古斯特·倍倍尔（1873年6月20日）》，《马克思恩格斯文集》第10卷，人民出版社2009年版第391页。

③ 恩格斯：《致爱德华·伯恩施坦（1884年6月29日）》，《马克思恩格斯全集》第36卷，人民出版社1974年版第174—175页。

注意到了无产阶级解放运动中的自身团结统一和同盟军的问题。在《共产党宣言》中，他们就提出“共产党人到处都支持一切反对现存的社会制度和政治制度的革命运动”① 的观点。马克思和恩格斯的策略旨在依靠奋起斗争的广大人民群众的力量，用彻底革命的办法来解决资产阶级民主革命的任务，为此他们用这个策略对抗不了解无产阶级在资产阶级革命中的任务和反对同民主派结成联盟的哥特沙克的宗派主义，斥责波尔恩把工人阶级的斗争局限于狭隘的行会和工会的利益，并使无产阶级脱离摆在德国人民面前的总的政治任务的机会主义的错误策略。马克思、恩格斯在提出这个重要策略原理之后，还就如何应用这个策略，结合革命斗争的实践进行了研究和阐述。

（一）历史活动是群众的事业

这是马克思、恩格斯所创立的唯物史观的基本内容，也是进行革命斗争的基本策略，也就是要依靠广大人民群众去进行革命。马克思、恩格斯明确指出：“历史活动是群众的事业，随着历史活动的深入，必将是群众队伍的扩大。”② 马克思还进一步指出：“在市民社会，任何一个阶级要能够扮演这个角色，就必须在自身和群众中激起瞬间的狂热。在这瞬间，这个阶级与整个社会亲如兄弟，汇合起来，与整个社会混为一体并且被看做和被认为是社会的**总代表**；在这瞬间，这个阶级的要求和权利真正成了社会本身的权利和要求，它真正是社会的头脑和社会的心脏。只有为了社会的普遍权利，特殊阶级才能要求普遍统治。要夺取这种解放者的地位，从而在政治上利用一切社会领域来为自己的领域服务，光凭革命精力和精神上的自信是不够的。要使**人民革命**同市民社会**特殊阶级的解放**完全一致，要使一个等级被承认为整个社会的等级，社会的一切缺陷就必定相反地集中于另一个阶级，一定的等级就必定成为引起普遍不满的等级，成为普遍障碍的体现；一种特殊的社会领域就必定被看做是整个社会中**昭彰的罪恶**，因此，从这个领域解放出来就表现为普遍的自我解放。要使**一个**等级真正（par excellence）成为解放者等级，另一个等级就必定相反地

---

① 马克思、恩格斯：《共产党宣言》，《马克思恩格斯文集》第 2 卷，人民出版社 2009 年版第66 页。

② 马克思、恩格斯：《神圣家族，或对批判的批判所做的批判》，《马克思恩格斯全集》第 2 卷，人民出版社 1957 年版第104 页。

成为公开的奴役者等级。”[①] 马克思所指的“这个角色”，就是担负起革命领导任务的角色，而这个革命者的角色所要做的最重要工作，就是联合全体群众进行革命。

（二）农民是强大的和不可缺少的同盟者

马克思、恩格斯始终认为，在一切农民占人口多数的国家中，农民是无产阶级最可靠的同盟者，无产阶级政党首先要争取农民的支持，如果没有农民的“合唱”，无产阶级革命就会变成“孤鸿哀鸣”。1851 年 9 月 11 日，马克思就在给魏德迈的信中，批评了意大利资产阶级革命家马志尼的政纲和策略，指出马志尼不了解从农民的利益出发解决土地问题对于胜利地进行意大利民族解放斗争的意义。

马克思、恩格斯在这里讲的农民这个强大的同盟者，是以小农为主要群体的农民。恩格斯在《法德农民问题》中指出：“我们这里所说的小农，是指小块土地的所有者或租佃者——尤其是所有者，这块土地既不大于他以自己全家的力量通常所能耕种的限度，也不小于足以让他养家糊口的限度。”[②] 这就是马克思、恩格斯眼中的小农。对于小农所应采取的策略，他们通过全面分析当时农民阶级的本质和特性后，认为农民阶级是无产阶级革命强大而不可缺少的同盟者，只有得到他们的支持，无产阶级革命才能取得胜利。马克思在 1856 年给恩格斯的信中，就提出这个思想，并且衷心感叹，如果能够出现这种状况，“那样就太好了”[③]。恩格斯同样在《未来的意大利革命和社会党》中，对农民作为同盟者提出了很高期望，指出农民虽然有缺点，但“毕竟是强大的和不可缺少的同盟者”[④]。

之所以把农民看成无产阶级革命强大的和不可缺少的同盟者，主要是由农民的本质特征所决定的。马克思在《路易·波拿巴的雾月十八日》中，对这个问题进行了详细而深刻的分析阐述，指出农民既是一个阶级而又不是一个真正

---

① 马克思：《〈黑格尔法哲学批判〉导言》，《马克思恩格斯文集》第 1 卷，人民出版社 2009 年版第 14—15 页。

② 恩格斯：《法德农民问题》，《马克思恩格斯文集》第 4 卷，人民出版社 2009 年版第 512 页。

③ 马克思：《马克思致恩格斯（1856 年 4 月 16 日）》，《马克思恩格斯文集》第 10 卷，人民出版社 2009 年版第 131 页。

④ 恩格斯：《未来的意大利革命和社会党》，《马克思恩格斯文集》第 4 卷，人民出版社 2009 年版第 469 页。

的阶级。说是一个阶级，是因为他们的基本条件、生活方式等与其他阶级是不同的，有的甚至是对立的，从这一点看来它们是一个阶级。而从另一方面来看，他们只是利益上基本相同，却没有全国性的联系，并没有形成组织，所以又不是一个阶级。这一本质特征，就决定了农民不能代表自己的利益去奋斗、去努力，而只能让别人来代表他们。正是基于这一点，马克思才在《1848 年至 1850 年的法兰西阶级斗争》中指出，只有无产阶级才能真正代表农民的利益，因此在共同反对资产阶级的统治过程中，农民也只有与无产阶级结为同盟才有真正出路。

既然无产阶级与农民是同盟关系，那么正如恩格斯在《法德农民问题》中指出："我们对待小农的态度究竟是怎样的呢？在我们夺得国家政权的那一天，我们应该怎样对待他们呢？"① 恩格斯在进行全面深入论述的基础上，还在 1871 年 7 月 1 日给卡菲埃罗的信中，提出了对待农民阶级的"两个凡是"政策，也就是"凡是有大地产的地方，租佃者对于农业工人来说就是资本家，我们就应当采取维护农业工人利益的行动；凡是地产不大的地方，租佃者虽然名义上也是小资本家或小私有者（像法国和德国部分地区那样），但是实际上，他们通常也落到和无产者一样贫困的地步，在这种情况下，我们就应当采取维护他们的利益的行动"②。这是需要无产阶级政党在与农民进行合作时，或者说在制定对农民的政策时，需要把握的基本理论原则。不管是从当时的实际情况来看，还是从当前的我国的实际状况来讲，这个基本理论原则都始终是正确的，也是符合农民的基本内在本质要求的。

（三）对待小资产阶级民主派既要联合又要反对

马克思在《共产主义者同盟中央委员会告同盟书》中指出："革命的工人政党同小资产阶级民主派的关系是：同小资产阶级民主派一起去反对工人政党所要推翻的派别；而在小资产阶级民主派企图为自己而巩固本身地位的一切场合，工人政党都对他们采取反对的态度。"③ 这里明确提出了如何对待小资产阶级民

---

① 恩格斯：《法德农民问题》，《马克思恩格斯文集》第 4 卷，人民出版社 2009 年版第 524 页。

② 恩格斯：《恩格斯致卡洛·卡菲埃罗（1871 年 7 月 1—3 日）》，《马克思恩格斯文集》第 10 卷，人民出版社 2009 年版第 365 页。

③ 马克思：《共产主义者同盟中央委员会告同盟书》，《马克思恩格斯文集》第 2 卷，人民出版社 2009 年版第 191 页。

主派的策略问题。无产阶级政党对小资产阶级民主派，就是采取既联合又反对的两手策略，也就是一方面并肩战斗，联合他们与无产阶级政党一起去反对所要推翻的派别。另一方面，采取反对态度，在他们企图为自己而巩固本身地位的时候，就去反对他们。

之所以提出这一策略，主要是由小资产阶级左右摇摆的本性所决定的。恩格斯在《“德国农民战争”一八七〇年版序言的补充》和《德国的革命和反革命》中，对这一问题进行了深入研究和剖析。恩格斯认为，小资产阶级一般是由工厂主、手工业师傅和小店主等组成的，他们的思想具有两面性。一方面，这也是他们的主要思想，就是想方设法扩大他们的财富，一心进入大资本家的行列。另一方面，又害怕在与大资本家的竞争中失去自己的财富和地位，从而进入无产者的行列。他们总是处于心理的矛盾和惊恐不安之中，既想去斗争，又不想失去已有的地位，而不斗争就更会失去地位。所以，他们有时也会参加斗争，但不可能态度坚定，只会投靠胜利者，而不会有什么根本的立场和原则。这就是他们的本性，并且这种本性是永远不变的。他们的本性决定了，“长于吹牛的小资产阶级，在行动上十分无能，而且不敢作任何冒险。商业交易和信贷业务的细小规模，深深地影响到这个阶级的性格，使它缺乏魄力和进取心，所以它的政治活动也自然具有这些特点”①。因此，无产阶级政党对待小资产者的态度，恩格斯在 1886 年 10 月 2 日给劳拉·拉法格的信中进行了明确，就是在关键时候，他们只会跟平常一样任人摆布，因此只能是“如此而已”②。从“如此而已”这四个字中，可以真切体会到恩格斯对小资产者是不抱什么期望的，也并不指望他们能够在革命中给予支持和帮助，只要不强烈反对无产阶级的革命就已经是很不错的了。

（四）学会暂时利用其他政党来达到自己的目的

这是无产阶级政党与其他政党的关系问题。这个基本思想，马克思、恩格斯在《共产党宣言》中就已提出。他们认为，共产党人应当根据不同国家的情况，有效地利用资产阶级同封建势力以及资产阶级各派别之间的矛盾，反对共同的敌人。他们在考察封建专制的德国革命时，认为“只要资产阶级采取革命

---

① 恩格斯：《德国的革命和反革命》，《马克思恩格斯全集》第 8 卷，人民出版社 1961 年版第 107 页。

② 恩格斯：《恩格斯致劳拉·拉法格（1886 年 10 月 2 日）》，《马克思恩格斯文集》第 10 卷，人民出版社 2009 年版第 553 页。

的行动，共产党就同它一起去反对专制君主制、封建土地所有制和小资产阶级”①。恩格斯在1889年12月18日给格尔松·特里尔的信中，在对丹麦农民党进行指导时，又对这个问题进行了详细阐明。恩格斯指出，无产阶级要在决定关头强大到足以取得胜利，就必须组成一个自觉的阶级政党，并且用括号对这个思想进行了进一步强调，指出马克思和恩格斯从1847年以来就坚持这种立场。在讲到这里后，话锋一转，指出这并不是说，“不能暂时利用其他政党来达到自己的目的”，接着更进一步指出，同样也不是说，“不能暂时支持其他政党”，② 并且通过实际分析德国当时的实际情况，提出了自己支持和反对的基本立场和态度。

马克思、恩格斯在他们的革命实践中始终坚持和运用这一革命策略指导和领导无产阶级革命斗争。比如，马克思和恩格斯创办的《新莱茵报》是以民主派机关报的名义出现的，但是这个民主派随时随地都显示出它的独特的无产阶级性质。报纸的这个方针是由德国革命的历史特点、革命中阶级力量的配置和德国无产阶级的发展水平决定的。由于当时德国经济上的落后，由于当时德国工人的软弱性和无组织性，马克思和恩格斯在回到祖国之后，不能立即着手建立群众性的无产阶级政党，而且分散在全国各地的二三百个共产主义者同盟盟员对于广大人民群众是起不了什么显著作用的。因此，敌视任何宗派主义的马克思和恩格斯认为有必要参加民主运动的极左翼。所以，马克思、恩格斯加入了科伦民主协会，并建议拥护他们的人也采取这种策略。马克思和恩格斯认为，同民主派结成联盟绝对不是对小资产阶级民主派领袖们的错误和幻想放弃批评，相反地，必须以对他们的错误和幻想进行批评为前提。马克思和恩格斯竭力推动小资产阶级民主派更坚决地行动，竭力把人民群众争取过来。同时，他们要自己的拥护者注意工人协会的组织，注意无产阶级的政治教育，注意为建立群众性的无产阶级政党创造先决条件。

（五）不使无产阶级性质发生问题是联合一切力量的绝对界限

这里讲的是无产阶级政党与其他力量进行联合时的基本原则和底线问题。

---

① 马克思、恩格斯：《共产党宣言》，《马克思恩格斯文集》第2卷，人民出版社2009年版第66页。

② 恩格斯：《恩格斯致格尔松·特里尔（1889年12月18日）》，《马克思恩格斯文集》第10卷，人民出版社2009年版第578页。

恩格斯在1889年12月18日给格尔松·特里尔的信中，对丹麦的农民党进行指导时，强调了无产阶级政党与其他阶级或政党进行联合，是有条件和前提的。这个基础条件和前提有两个方面：一个是对无产阶级政党有直接的好处，另一个是对国家的发展也有好处，也就是能促使国家朝着经济革命和政治革命的方向前进，并且这个好处对于历史发展是无可争辩的、值得争取的。但是光这两个基本条件还不够，而要实现所有这一切，“又必须以党的无产阶级性质不致因此发生问题为前提”，并且强调：“对我来说，这是绝对的界限。”① 也就是说，是永远不能碰的，也是不能去讲价钱的。恩格斯在对这个问题进一步分析时指出：“各阶级的联合虽然在某种程度上说总是一切革命的必要条件，这种联合却不能持久，——一切革命的命运都是如此。一当战胜共同的敌人之后，战胜者之间就要分成不同的营垒，彼此动起武来。正是旧的复杂的社会机构中的这种迅速而剧烈的阶级对抗的发展，使革命成为社会进步和政治进步的强大发动机；正是新的党派的这种不断的产生和迅速的成长，它们一个接替一个掌握政权，使一个民族在这种剧烈的震动时期五年就走完在普遍环境下一百年还走不完的途程。”②

七、我们的党是唯一能够而且一定会按照实际需要行动的党

这一重要思想是1893年8月21日，恩格斯在给劳拉·拉法格的信中提出的。恩格斯在这封信中，通过阐述倍倍尔在领导德国无产阶级革命斗争时所起的重要作用，提出无产阶级政党在同资产阶级的革命中，“在这种场合下，也象在别的任何场合下一样，看来我们的党是唯一能够而且一定会按照实际需要行动的党”③。显然，恩格斯在这里强调的，就是无产阶级政党对革命斗争的策略如何进行贯彻落实的问题。再好的策略，不去落实和执行，最终还是等于零，马克思、恩格斯始终强调自己是革命的行动派。

---

① 恩格斯：《恩格斯致格尔松·特里尔（1889年12月18日）》，《马克思恩格斯文集》第10卷，人民出版社2009年版第578页。

② 恩格斯：《德国的革命和反革命》，《马克思恩格斯全集》第8卷，人民出版社1961年版第38页。

③ 恩格斯：《致劳拉·拉法格（1893年8月21日）》，《马克思恩格斯全集》第39卷（上），人民出版社1974年版第113页。

（一）不要把精力浪费在琐碎事务和个人争执上，要抓住有利的斗争时机赶快去做

马克思在1871年5月13日指导巴黎公社领导人时，明确指出，他们“浪费在琐碎事务和个人争执上的时间太多了”，这种行为除了工人的影响之外，还有其他各种影响存在，并且急切地呼吁公社领导人，完全有必要在巴黎以外，“赶快做你们认为需要做的一切事情”。① 他还强调，如果能够抓住时机赶快去做，还来得及弥补已失去的时间，那么这一切就不会造成什么损害。但由于公社领导没有采纳马克思的意见，最终导致了公社的失败。不仅在指导巴黎公社时这样要求，而且在其他斗争实践中，马克思、恩格斯也始终强调和坚持了“马上去做”这一作风。

（二）高度重视偶然性对斗争发展的重大意义

这是马克思、恩格斯运用辩证唯物主义原理提出的重要思想。1871年4月17日，马克思在给库格曼的信中，针对库格曼把1849年6月13日之前的资产阶级示威游行，同当时的巴黎无产阶级斗争相提并论的问题，他指出了“偶然性”对于革命运动发展的重要性，强调把这些偶然性纳入无产阶级革命斗争的总过程中。他还指出，社会发展的快慢有时也取决于“偶然性”。比如伟大人物，他们的性格有时就是一种“偶然情况”②。

对这一基本策略的深刻理解和把握，恩格斯在1894年1月25日的信中，进行了进一步阐明：“人们自己创造自己的历史，但是到现在为止，他们并不是按照共同的意志，根据一个共同的计划，甚至不是在一个有明确界限的既定社会内来创造自己的历史。他们的意向是相互交错的，正因为如此，在所有这样的社会里，都是那种以**偶然性**为其补充和表现形式的**必然性**占统治地位。在这里通过各种偶然性来为自己开辟道路的必然性，归根到底仍然是经济的必然性。这里我们就来谈谈所谓伟大人物问题。恰巧某个伟大人物在一定时间出现于某一国家，这当然纯粹是一种偶然现象。但是，如果我们把这个人去掉，那时就会需要有另外一个人来代替他，并且这个代替者是会出现的，不论好一些或差

---

① 马克思：《马克思致莱奥·弗兰克尔和路易·欧仁·瓦尔兰（1871年5月13日）》，《马克思恩格斯文集》第10卷，人民出版社2009年版第356页。

② 马克思：《马克思致路德维希·库格曼（1871年4月17日）》，《马克思恩格斯文集》第10卷，人民出版社2009第354页。

一些，但是最终总是会出现的”“每当需要有这样一个人的时候，他就会出现”“历史上所有其他的偶然现象和表面的偶然现象都是如此”。① 从这里可以得出，在制定无产阶级政党的策略时，需要注重各种情况的分析和综合，既看到显性的也看到隐性的，既看出必然的也看到偶然的。这是基本的要求，也是正确策略的基本保证。

（三）搞好各项具体的预防措施

这就是说，对于任何问题特别是革命斗争这样严肃的问题，必须提前进行精密筹划和准备，不能想起什么就做什么，而无任何准备。这是马克思、恩格斯始终强调的一点，无论是他们自己新世界观的制定，无产阶级政党的创立和发展，还是与资产阶级的斗争实践，他们做的任何事都是深思熟虑的结果。这既是他们理论研究的成果，更是他们实际斗争经验的总结。正是基于这一点，马克思、恩格斯才在指导无产阶级政党的斗争时，同样要求党的其他领导人也要做到这一点。1871 年 5 月 13 日，马克思在给弗兰克尔和瓦尔兰的信中，对巴黎公社领导人提出个人的建议，不仅从策略上进行谋划，而且也制定了具体方法。比如，对那些能使凡尔赛的恶棍们声名狼藉的案卷，提醒公社领导人要放到安全的地方去，并且强调“这类预防措施是决不会有什么害处的”②。恩格斯在对社会民主党人进行具体指导时，也用焦急的心情指出：“在普遍不安定的情况下，这些问题一夜之间就可能变成燃眉之急的问题，如果我们对这些问题没有讨论过，没有事先取得一致意见，到那时该怎么办呢？”③

（四）实行革命斗争和措施要以小的代价取得最佳的效果

这是制定和采取革命策略的基本要求。也就是说，要讲求工作的效益。1875 年 10 月 12 日，恩格斯在批判哥达纲领的同时，也在给倍倍尔的信中，对他们的纲领也进行了一定的肯定。恩格斯指出，制定哥达纲领这个事件是一次富有教育意义的试验，它即使在比较坏的情况下，也还有希望取得极其有利的结果，并且肯定倍倍尔“在这一点上，您是完全正确的”，指出“这样的合并只

① 恩格斯：《恩格斯致瓦尔特·博尔吉乌斯（1894 年 1 月 25 日）》，《马克思恩格斯文集》第 10 卷，人民出版社 2009 年版第669 页。

② 马克思：《马克思致莱奥·弗兰克尔和路易·欧仁·瓦尔兰（1871 年 5 月 13 日）》，《马克思恩格斯文集》第 10 卷，人民出版社 2009 年版第355 页。

③ 恩格斯：《1891 年社会民主党纲领草案批判》，《马克思恩格斯文集》第 4 卷，人民出版社 2009 年版第417 页。

要能维持两年，就是一个很大的成功”。当然，在肯定的基础上，恩格斯接着又进一步指出，这一点点的成绩，“它无疑是可以用小得多的代价取得的”。[①] 这充分体现了恩格斯科学的斗争策略以及精益求精的精神。

① 恩格斯：《恩格斯致奥古斯特·倍倍尔（1875 年 10 月 12 日）》，《马克思恩格斯文集》第 10 卷，人民出版社 2009 年版第 406 页。

第四章

无产阶级政党的使命、任务与自身建设

马克思、恩格斯不仅是理论家更是革命家，在他们革命斗争的进程中创立、领导和参加的各类组织，大体可分为三大类。第一类是无产阶级政党性质的组织，主要有：共产主义通讯委员会、共产主义者同盟、国际工人协会、第二国际以及当时的德国社会民主党、法国社会民主党等各国独立的无产阶级政党。第二类是群众性的社会组织，主要有：青年作家协会、博士俱乐部、“青年德意志”文学团体、布鲁塞尔德意志工人教育协会、布鲁塞尔民主协会、德国工人俱乐部、科伦民主协会、曼彻斯特席勒协会、德意志工人教育协会，等等。第三类是报刊杂志等，主要有：《莱茵报》《德法年鉴》《新莱茵报》《新莱茵报：政治经济评论》《德意志—布鲁塞尔报》《工人辩护士报》，等等。另外，恩格斯还于1844年在柏林的兵营中当了一年的炮手，1849年参加法国巴黎革命，“做了维利希志愿军团中的副官”①。

正是对以上这些组织的领导和参与的工作实践，为马克思、恩格斯创立和发展无产阶级政党提供了实践经验，从而创立和不断丰富发展了无产阶级政党理论。研究和把握马克思、恩格斯关于无产阶级政党的建设理论，从面上来讲，首先需要把握两个方面的情况。一方面，从马克思、恩格斯所创立和发展的政党或各类组织来讲，还只是具有国际性质的“国际型”组织。特别是国际工人协会，只是各国工人组织联合的中心，一定意义上还不是某一个大国的独立的无产阶级政党。相对来讲，马克思、恩格斯在为无产阶级政党提出历史使命并阐述完成历史使命所需要的纲领策略等问题上是系统而全面的，与之相比，对于如何加强党的自身建设问题，只是到了马克思去世之后的恩格斯革命生涯后期，随着国际工人运动在各个国家的不断发展，恩格斯才更多从各国独立的无产阶级政党的角度，去分析思考和总结研究各个国家的无产阶级政党建设问题。因此，马克思、恩格斯所创立和发展的无产阶级政党理论，有很大一部分与各个国家的独立的无产阶级政党理论有所区别。虽然如此，但他们在创立和发展

① 恩格斯：《马克思和〈新莱茵报〉（1848—1849年）》，《马克思恩格斯文集》第4卷，人民出版社2009年版第12页。

共产主义者同盟、国际工人协会等组织时，所提出的基本理论和原理是完全正确的，也是符合各国独立的无产阶级政党建设实践的。另一方面，从 1846 年 2 月创立共产主义通讯委员会到恩格斯创立和领导第二国际，直至 1895 年 8 月去世的近 50 年的革命斗争进程来看，由于马克思和恩格斯是处于创立和初步发展无产阶级政党的阶段，因此他们对于加强党的建设问题，具有初创的特点和意义。作为创立和发展阶段的无产阶级政党建设理论，主要解决的是理论指导、人员组成、组织架构、纪律保证以及发展建设的基本规律等问题，从而使党实现了从无到有，进而从有到不断完善的发展过程。这个理论体系，是马克思、恩格斯在实践中不断总结和发展的，是无产阶级政党建设的基本理论原理，是需要认真研究和继承的。这是研究马克思恩格斯无产阶级政党理论的基本着眼点和立足点。因此，学习研究马克思恩格斯无产阶级政党理论，既要着眼现实的需要，更要立足当时的背景，只有这样才能真正把握他们的思想真谛，领悟他们的理论要义。这也符合唯物史观的基本原理要求。

第一节　党从一开始就是以马克思主义为依据而发展起来的

1879 年 11 月 14 日，恩格斯在给倍倍尔的信中写道："不言而喻，在德国获得的每一个胜利，如同在任何其他国家所获得的胜利一样，都使我们高兴，甚至使我们更高兴，因为德国党从一开始就是以我们的理论为依据而发展起来的。但是，正因为这个缘故，所以我们认为特别重要的是，德国党的实践，特别是党的领导所发表的公开言论要符合总的理论。"① 恩格斯在这里所讲"我们的理论"，就是马克思、恩格斯创立的马克思主义。作为马克思、恩格斯创立和发展的无产阶级政党，理所当然以马克思、恩格斯他们自己创立的马克思主义为理论依据，这既是无产阶级政党建设的基本指导原则，也是加强党的建设的题中应有之义。

---

① 恩格斯：《恩格斯致奥古斯特·倍倍尔（1879 年 11 月 14 日）》，《马克思恩格斯全集》第 34 卷，人民出版社 1972 年版第 398—399 页。

一、我们党有个很大的优点，就是有一个新的科学的世界观作为理论的基础

这是恩格斯在为马克思的《资本论》所写的评论中阐述的思想。恩格斯在这里指出："我们党有个很大的优点，就是有一个新的科学的世界观作为理论的基础。"① 列宁在对这个"新的科学的世界观"进行阐释时写道："严格的无产阶级世界观只有一个，这就是**马克思主义**。"② 这是无产阶级政党区别于其他政党的根本之处，也是无产阶级政党的最大理论优势和政治优势，更是无产阶级政党的取胜之根本。无产阶级政党之所以是先进的政党，很重要的原因就是因为它有这个科学的世界观作为行动指南。

（一）我深信，我的理论工作比参加大陆上已经过了时的组织对工人阶级更有好处

这是马克思1860年2月29日在给斐迪南·弗莱里格拉特的信中阐述的思想。马克思在这封信中说："从1852年起我和**任何**组织都再也**没有**联系，而且我深信，我的理论工作比参加大陆上已经过了时的组织对工人阶级更有好处。"③ 这充分体现了理论问题在党的建设中的重要地位和作用，体现了马克思、恩格斯对党的理论问题的重视。马克思还在1866年9月25日、1866年11月6日和1867年9月24日撰写，后由国际工人协会总委员会会议通过的《关于总委员会成员的决议》中写道："马克思提议奥哲尔为（总委员会主席的）候选人。**马克思认为自己不适于担任此项职务，因为他是脑力劳动者，而不是体力劳动者**。"④ 这说明，马克思把从事理论研究作为自己终生的并且最重要的任务，并以此为荣。恩格斯也说过同样意思的话。他在1883年4月30日给倍倍尔的信中讲："只有在这里才能安安静静地继续从事理论工作。在任何其他地方，都得参加实际鼓动工作，花去很多时间。在实际鼓动工作方面，我不会比

---

① 恩格斯：《卡尔·马克思"政治经济学批判"（1859年柏林弗兰茨·敦克尔出版社版，第一分册）》，《马克思恩格斯全集》第13卷，人民出版社1962年版第528页。

② 列宁：《重要论述摘编》，《列宁专题文集·论马克思主义》，人民出版社2009年版第297页。

③ 马克思：《马克思致斐迪南·弗莱里格拉特（1860年2月29日）》，《马克思恩格斯全集》第30卷（下），人民出版社1974年版第481页。

④ 马克思：《关于总委员会成员的决议》，《马克思恩格斯全集》第44卷，人民出版社1982年版第511页。

别的任何人做得更多，然而在理论工作方面，直到现在我还没有看到有谁能够代替我和马克思。”① 马克思、恩格斯之所以那么重视理论工作，并且以研究理论为自己的终生工作，这并不仅仅是他们的个人兴趣所致，而是由理论在革命斗争中所起的重要作用决定的，是他们的使命感和责任感的体现。

第一，“一个民族想要站在科学的最高峰，就一刻也不能没有理论思维”②。这是恩格斯在《自然辩证法》中提出的思想。这是从理论的普遍意义上来认识理论的重要作用。从这个论述可以看到，不管是一个人、一个国家或一个民族，都需要用理论来引领前进的方向，这是胜利前行的基础和前提。特别是对于先进的科学理论，它还能以自身所展现的新价值、新理想和新观念，对社会和政治发展起到重要的引导和促进作用。

马克思、恩格斯还从无产阶级的革命斗争和发展角度，系统论述了理论的指导作用。马克思在《论犹太人问题》中强调指出，实践只是例外，理论才是通则。在《〈黑格尔法哲学批判〉导言》中，也强调了无产阶级的革命将从哲学家的头脑开始。恩格斯对理论作用的阐释，则是在1845年的《英国工人阶级状况》中就提出了，他指出，只要人民在心中有了明确的目标，他们就会显示出足够的勇气。恩格斯在《在马克思墓前的讲话》中，评价马克思一生的贡献时，突出强调的就是马克思对无产阶级革命的理论创造和精神领袖的作用，指出科学是一种在历史上起推动作用的、革命的力量。在指导各国无产阶级政党建设时，马克思、恩格斯也始终强调理论是行动的指南。恩格斯在1886年11月29日给左尔格的信中，针对个别党的领导人缺乏理论头脑的问题，要求他们要多学习党的理论，真正弄清楚无产阶级运动的最终目标，只有这样才能使“许多蠢事都可以避免，整个过程也将大大地缩短”③。1886年12月28日，他在给弗洛伦斯·凯利-威士涅威茨基的信中，又进一步强调，“德国人所应当做的事情是，根据自己的理论去行动”④。即使在恩格斯最后的几年里，他还不忘对党的

① 恩格斯：《致奥古斯特·倍倍尔（1883年4月30日）》，《马克思恩格斯全集》第36卷，人民出版社1974年版第19页。

② 恩格斯：《自然辩证法》，《马克思恩格斯全集》第20卷，人民出版社1973年版第384页。

③ 恩格斯：《恩格斯致弗里德里希·阿道夫·左尔格（1886年11月29日）》，《马克思恩格斯文集》第10卷，人民出版社2009年版第559页。

④ 恩格斯：《恩格斯致弗洛伦斯·凯利-威士涅威茨基（1886年12月28日）》，《马克思恩格斯文集》第10卷，人民出版社2009年版第560页。

领导人进行理论上的指导。他在1890年8月5日给施米特的信中对德国的青年进行指导时，指出他们创立的历史唯物主义不“只是一个套语”，而是“进行研究工作的指南”。

正是对理论的指导和推动作用的认识，早在1844年10月初，恩格斯写信给马克思，讲到社会主义宣传工作在德国进行的情况，并且谈到迫切需要写两三本书去阐述唯物主义和共产主义的原理，以便为社会主义运动奠定理论的基础。恩格斯在信中写道：“我在科隆逗留了三天，对我们在那里所开展的非凡的宣传工作感到很惊奇。那里的人非常活跃，但也非常明显地表现出缺少必要的支持。只要我们的原则还没有从以往的世界观和以往的历史中逻辑地和历史地作为二者的必然继续用几部著作阐发出来，那就一切都还会处于半睡半醒状态，大多数人还得盲目地摸索。”① 从这里可以看出，恩格斯与马克思共同探讨他们自己创立的新世界观，最初的指导思想就是为无产阶级的革命提供理论支持和指导。这一思想也贯穿他们革命斗争的始终。恩格斯在1845年1月20日给马克思的信中就写道：“目前首先需要我们做的，就是写出几部较大的著作，以便向许许多多非常愿意干但只靠自己又干不好的一知半解的人提供必要的依据。”②

第二，理论对于革命的首要意义在于它一旦被群众所掌握，就将成为一种物质的力量。这是从无产阶级革命的角度来认识革命理论的重要意义和作用的。马克思说过：“批判的武器当然不能代替武器的批判，物质力量只能用物质力量来摧毁；但是理论一经掌握群众，也会变成物质力量。”③ 马克思还把理论形象地比喻为“思想的闪电”，指出：“思想的闪电一旦彻底击中这块素朴的人民园地，**德国人**就会解放成为人。”④ 因此，恩格斯提出：“如果工人没有理论感，那末这个科学社会主义就决不可能像现在这样深入他们的血肉。”⑤ 恩格斯强调

---

① 恩格斯：《恩格斯致马克思（1844年10月初）》，《马克思恩格斯文集》第10卷，人民出版社2009年版第17—18页。

② 恩格斯：《恩格斯致马克思（大约1845年1月20日于巴门）》，《马克思恩格斯文集》第10卷，人民出版社2009年版第28页。

③ 马克思：《〈黑格尔法哲学批判〉导言》，《马克思恩格斯文集》第1卷，人民出版社2009年版第11页。

④ 马克思：《〈黑格尔法哲学批判〉导言》，《马克思恩格斯文集》第1卷，人民出版社2009年版第17—18页。

⑤ 恩格斯：《“德国农民战争”一八七〇年版序言的补充》，《马克思恩格斯全集》第18卷，人民出版社1964年版第565—566页。

这个重要思想，主要是通过比较德国工人和欧洲其他各国工人并进行分析，提出的两大优越之处之一，也是首要的优越之处，就是德国工人“属于欧洲最有理论修养的民族，他们保持了德国那些所谓‘有教养的人’几乎完全丧失了的理论感”，并且强调：“如果不是先有德国哲学，特别是黑格尔哲学，那末德国科学社会主义，即过去从来没有过的唯一的科学社会主义，就决不可能创立。”① 恩格斯 1886 年 4 月 29 日在给左尔格的信中还指出：“理论上的无知是一切年轻民族的特色，然而在实践中发展的迅速也是一个特色。在美国也象在英国一样，在没有实际需要的时候，一切说教都是没有用处的。现在美国存在着实际需要，并为人们所认识。我认为，土生土长的美国工人群众参加运动，是 1886 年最重大的事件之一。至于那里的德国人，虽然现在得势的那一帮人正逐渐同美国人结合在一起，但是他们仍会多少走在美国人的前面；而且在那里的德国人中间终究还是有一个核心，它从理论上理解整个运动的性质和发展，并使奋起斗争的过程持续下去，最后它又会取得优势。”②

第三，“单靠那种认识到阶级地位的共同性为基础的团结感，就足以使一切国家和操各种语言的工人建立同样的伟大无产阶级政党并使它保持团结”③。这是恩格斯在《关于共产主义者同盟的历史》中，在阐述共产主义者同盟的历史地位和贡献时，提出的重要思想。这也从一个侧面强调了理论具有凝聚力量的重要作用。恩格斯 1888 年 1 月 4 日在给若昂·纳杰日杰的信中写道：“使我非常满意的是，我可以深信，贵国的社会党人在自己的纲领中接受了我的已故的朋友卡尔·马克思所创立的理论的基本原则，这个理论已经成功地把欧美绝大多数社会主义者团结在统一的战士队伍中。当这位伟大的思想家逝世的时候，我们党在所有文明国家中的社会地位、政治地位以及所取得的成绩，使他可以瞑目，因为他可以深信，他为把两半球的无产者在一面旗帜下团结成一支大军所做的努力，定将取得彻底胜利。但是，如果他能够看到，从那时以后我们在美洲和欧洲所取得的巨大成绩，那该是多么好呵！这些成绩是这样大，以致有

① 恩格斯：《“德国农民战争”一八七〇年版序言的补充》，《马克思恩格斯全集》第 18 卷，人民出版社 1964 年版第 565 页。

② 恩格斯：《致弗里德里希·阿道夫·左尔格（1886 年 4 月 29 日）》，《马克思恩格斯全集》第 36 卷，人民出版社 1974 年版第 470 页。

③ 恩格斯：《关于共产主义者同盟的历史》，《马克思恩格斯全集》第 21 卷，人民出版社 1965 年版第 261 页。

必要制定共同的国际政策，至少对于欧洲的党是这样。”① 恩格斯还在《关于共产主义者同盟的历史》中通过回顾共产主义者同盟的历史，强调了理论所具有的团结凝聚力量的重要作用，指出：“共产主义者同盟于 1847 年在‘共产主义宣言’中写在旗帜上的理论原则，则是目前欧洲和美洲整个无产阶级运动的最牢固的国际纽带。”②

（二）马克思的理论，是一个得到大家公认的、透彻明了的、明确地表述了斗争的最终目标的理论

这是恩格斯在 1895 年 3 月撰写的《卡·马克思〈1848 年至 1850 年的法兰西阶级斗争〉一书导言》中提出的思想。恩格斯在这里指出：“马克思的理论，是一个得到大家公认的、透彻明了的、明确地表述了斗争的最终目标的理论。”③ 列宁在阐述马克思主义时，提出了“两个凡是”的思想：“凡是人类社会所创造的一切，他都有批判地重新加以探讨，任何一点也没有忽略过去。凡是人类思想所建树的一切，他都放在工人运动中检验过，重新加以探讨，加以批判，从而得出了那些被资产阶级狭隘性所限制或被资产阶级偏见束缚住的人所不能得出的结论。”④ 这是对马克思、恩格斯创立的新世界观的深刻阐明。无产阶级政党之所以以马克思主义为依据加强建设，也正是由马克思主义的特质决定的。这也正如马克思、恩格斯在《共产党宣言》中所阐明的：“在实践方面，共产党人是各国工人政党中最坚决的、始终起推动作用的部分；在理论方面，他们胜过其余无产阶级群众的地方在于他们了解无产阶级运动的条件、进程和一般结果。”⑤ 也就是说，马克思主义在理论和实践方面都具有其他理论所不具有的特有优势。

第一，“只要进一步发挥我们的唯物主义论点，并且把它应用于现时代，一

---

① 恩格斯：《致若昂·纳杰日杰（1888 年 1 月 4 日）》，《马克思恩格斯全集》第 37 卷，人民出版社 1971 年版第 4 页。

② 恩格斯：《关于共产主义者同盟的历史》，《马克思恩格斯全集》第 21 卷，人民出版社 1965 年版第 241 页。

③ 恩格斯《卡·马克思〈1848 年至 1850 年的法兰西阶级斗争〉一书导言》，《马克思恩格斯文集》第 4 卷，人民出版社 2009 年版第 541 页。

④ 列宁：《青年团的任务（在俄国共产主义青年团第三次代表大会上的讲话）（1920 年 10 月 2 日）》，《列宁全集》第 39 卷，人民出版社 2017 年版第 334 页。

⑤ 马克思、恩格斯：《共产党宣言》，《马克思恩格斯文集》第 2 卷，人民出版社 2009 年版第 44 页。

个伟大的、一切时代中最伟大的革命远景就会立即展现在我们面前”①。这是恩格斯在总结他们创立的历史唯物主义应用于无产阶级革命运动所展现的革命前景时所说的。这也正如马克思指出的：“在这些革命中，使死人复生是为了赞美新的斗争，而不是为了勉强模仿旧的斗争；是为了提高想像中的某一任务的意义，而不是为了回避在现实中解决这个任务；是为了再度找到革命的精神，而不是为了让革命的幽灵重行（新）游荡起来。”② 列宁在评价马克思、恩格斯的唯物史观时指出：“马克思万分明确地表述了自己的观点，这些观点对从前的社会主义者来说完全是**新东西**。新就新在从前的社会主义者为了论证自己的观点，认为只要指明群众在现代制度下受压迫的事实，只要指明使每个人都可获得自己生产成果的那种制度的优越性，只要指明这个理想制度适合‘人的本性’、适合理性道德生活概念等等就足够了。马克思认为不能以这种社会主义为满足。他并不限于评论现代制度，评价和斥责这个制度，他还对这个制度作了科学的解释，把这个在欧洲和非欧洲各个国家表现得不同的现代制度归结为一个共同基础，即资本主义社会形态，并对这个社会形态的活动规律和发展规律作了客观分析（他指明这个制度下的剥削的**必然性**）。同样，他认为不能满足于伟大的空想社会主义者及其渺小的模仿者即主观社会学家所说的只有社会主义制度才适合人的本性的断语。他以对资本主义制度的这种**客观**分析，证明了资本主义制度变为社会主义制度的**必然性**。”③

第二，马克思主义教会了工人阶级自我认识和自我意识，用科学代替了幻想。列宁指出，马克思、恩格斯对无产阶级的贡献，如果进行简单表述的话，可以用一句话来阐明，那就是：“他们教会了工人阶级自我认识和自我意识，用科学代替了幻想。”④ 正如恩格斯指出的：“马克思的唯物史观帮助了工人阶级，他证明：人们的一切法律、政治、哲学、宗教等等观念归根结蒂都是从他们的经济生活条件、从他们的生产方式和产品交换方式中引导出来的。由此便产生

① 恩格斯：《卡尔·马克思“政治经济学批判”（1859 年柏林弗兰茨·敦克尔出版社版，第一分册）》，《马克思恩格斯全集》第 13 卷，人民出版社 1962 年版第 526—527 页。

② 马克思：《路易·波拿巴的雾月十八日》，《马克思恩格斯全集》第 8 卷，人民出版社 1961 年版第 123 页。

③ 列宁：《什么是“人民之友”以及他们如何攻击社会民主党人?》，《列宁选集》第 1 卷，人民出版社 2012 年版第 24—25 页。

④ 列宁：《弗里德里希·恩格斯》，《列宁专题文集·论马克思主义》，人民出版社 2009 年版第53 页。

了适合于无产阶级的生活条件和斗争条件的世界观；和工人无财产相适应的只能是他们头脑中无幻想。”①

第三，马克思已经从理论上总结了英国和法国的实践和理论发展史的成果，揭示了资本主义生产的全部本质，从而也揭示了它的最终历史命运。1884 年 11 月 8 日，恩格斯在给卡尔·考茨基的信中分析指出，德国工人运动之所以能形成势不可挡的发展，之所以能进行比英国和法国更彻底的革命，重要的原因是德国工人运动有马克思理论的直接指导，“马克思已经从理论上总结了英国和法国的实践和理论发展史的成果，揭示了资本主义生产的全部本质，从而也揭示了它的最终历史命运。这就给德国无产阶级提供了它的先驱者英国人和法国人从来没有过的纲领。一方面是更加深刻的社会变革，另一方面是人们更加心明眼亮，——这就是德国工人运动势不可挡地发展的奥秘”②。恩格斯在这里还特别提出了“更加心明眼亮”的观点。也就是说，在马克思、恩格斯看来，科学的理论能让人们心里更加明亮，看清楚事物发展的方向，明白其内在发展的规律。在《关于费尔巴哈的提纲》中，马克思揭露了费尔巴哈的唯物主义以及所有以前的唯物主义的根本缺点，即它们的消极直观的性质，对人的革命的、“实践批判的”活动的意义不了解，并且突出强调了，革命的实践活动在认识和改造世界中的决定作用。这主要体现在第十一条，也就是：“哲学家们只是用不同的方式解释世界，而问题在于改变世界。”③ 在这里，马克思扼要地说明了马克思主义哲学和包括马克思以前的唯物主义在内的所有过去的哲学的根本区别，鲜明地表明了马克思和恩格斯创立的理论体系的能动的、改造的性质以及它同革命实践的不可分割的联系。正如恩格斯所说：“社会主义现在已经不再被看做某个天才头脑的偶然发现，而被看做两个历史地产生的阶级无产阶级和资产阶级间斗争的必然产物。”④ 这就是马克思主义理论的基本作用。

第四，马克思的历史理论是任何坚定不移和始终一贯的革命策略的基本条件。恩格斯 1885 年 4 月 23 日在给查苏利奇的信中写道：“马克思的历史理论是

① 恩格斯：《法学家的社会主义》，《马克思恩格斯全集》第 21 卷，人民出版社 1965 年版第 548 页。

② 恩格斯：《恩格斯致卡尔·考茨基（1884 年 11 月 8 日）》，《马克思恩格斯文集》第 10 卷，人民出版社 2009 年版第 526—527 页。

③ 马克思：《关于费尔巴哈的提纲》，《马克思恩格斯全集》第 3 卷，人民出版社 1960 年版第 6 页。

④ 恩格斯：《社会主义从空想到科学的发展》，《马克思恩格斯全集》第 19 卷，人民出版社 1963 年版第 226 页。

任何**坚定不移**和**始终一贯**的革命策略的基本条件；为了找到这种策略，需要的只是把这一理论应用于本国的经济条件和政治条件。”① 这也体现在他对黑格尔的唯物主义观点的客观评价上，黑格尔哲学作为马克思主义的理论来源之一，马克思、恩格斯对他们始终有着客观而公正的评价。恩格斯在《卡尔·马克思“政治经济学批判”（1859年柏林弗兰茨·敦克尔出版社版，第一分册）》中就指出，黑格尔“这个划时代的历史观是新的唯物主义观点的直接的理论前提，单单由于这种历史观，也就为逻辑方法提供了一个出发点”②。这其实也是对马克思、恩格斯自己的新的世界观的阐明。恩格斯还在1886年10月23日给拉法格的信中写道：“我在《人民呼声报》上看到了关于里昂代表大会顺利进行的消息，但是尽管如此，我还是很想得到保尔的评论和他提供的详细情况。看来，事情到处都达到了我们所需要的成熟程度，我们只要去收获果实就行了；一切陈旧形式的社会主义都已过时，而我们的理论却是任何东西都不能动摇的。工人只需要推动一下就行了，而当他们——不管采取什么方式——行动起来的时候，他们肯定会靠拢我们。”③ 这里所阐述的思想，就是马克思主义对革命斗争所起的引领作用。

列宁曾对为什么必须以马克思主义为依据建设无产阶级政党进行过总结性阐明，指出：“我们完全以马克思的理论为依据，因为它第一次把社会主义从空想变成科学，给这个科学奠定了巩固的基础，指出了继续发展和详细研究这个科学所应遵循的道路。它揭示了现代资本主义经济的实质，说明了雇用工人、购买劳动力怎样掩盖着一小撮资本家、土地占有者、厂主、矿山主等等对千百万贫苦人民的奴役。它表明了现代资本主义发展的整个过程怎样使小生产逐渐受大生产的排挤，怎样创造条件，使社会主义社会制度成为可能和必然。它教导我们透过那些积习、政治手腕、奥妙的法律和诡辩的学说看出**阶级斗争**，看出形形色色的有产阶级同广大的贫苦人民、**同**领导一切贫苦人民的**无产阶级**的斗争。它说明了革命的社会党的真正任务不是臆造种种改造社会的计划，不是

---

① 恩格斯：《致维拉·伊万诺夫娜·查苏利奇（1885年4月23日）》，《马克思恩格斯全集》第36卷，人民出版社1974年版第301页。

② 恩格斯：《卡尔·马克思“政治经济学批判”（1859年柏林弗兰茨·敦克尔出版社版，第一分册）》，《马克思恩格斯全集》第13卷，人民出版社1962年版第531页。

③ 恩格斯：《致劳拉·拉法格（1886年10月23日）》，《马克思恩格斯全集》第36卷，人民出版社1974年版第539—540页。

劝导资本家及其走狗改善工人的处境，不是策划密谋，**而是组织无产阶级的阶级斗争，领导这一斗争，而斗争的最终目的是由无产阶级夺取政权并组织社会主义社会。**”①

（三）英国工人运动虽然单个行业有很好的组织，但是前进得非常缓慢，其主要原因之一就是对于一切理论的漠视

恩格斯在其撰写的《“德国农民战争”一八七〇年版序言的补充》中指出：“从以下的事实就可以看出：一方面，英国工人运动虽然单个行业有很好的组织，但是前进得非常缓慢，其主要原因之一就是对于一切理论的漠视；另一方面，法国人和比利时人由于原有形式的蒲鲁东主义的传播而发生混乱和动摇，西班牙人和意大利人则由于被巴枯宁滑稽化了的蒲鲁东主义的传播而发生混乱和动摇。”② 这是从反面进一步强调了理论对无产阶级革命的实践指导意义。恩格斯也在1878年1月1日给贝克尔的信中指出：“现在完全可以预期，工人们在不久的将来就能争取到出版自由、结社和集会的权利以及进行组织和斗争的其他手段，而这些就是他们目前所需要的一切。他们现在可以弄清楚理论问题，这很重要，一旦时机到来，他们就会作为一个组织严密的政党并且具有明确的纲领而投入革命。”③

从这一角度来强调理论的作用，恩格斯还有许多论述。比如，恩格斯在《自然辩证法》中指出：“蔑视辩证法是不能不受惩罚的。无论对一切理论思维多么轻视，可是没有理论思维，就会连两件自然的事实也联系不起来，或者连二者之间所存在的联系都无法了解。在这里，唯一的问题是思维得正确或不正确，而轻视理论显然是自然主义地、因而是不正确地思维的最确实的道路。但是，根据一个老早就为大家所熟知的辩证法规律，错误的思维一旦贯彻到底，就必然要走到和它的出发点恰恰相反的地方去。所以，经验主义轻视辩证法便受到这样的惩罚：连某些最清醒的经验主义者也陷入最荒唐的迷信中，陷入现代降神术中去了。”④ 还比如，恩格斯在1886年11月29日给左尔格的信中，

---

① 列宁：《我们的纲领》，《列宁专题文集·论马克思主义》，人民出版社2009年版第94—95页。

② 恩格斯：《“德国农民战争”一八七〇年版序言的补充》，《马克思恩格斯全集》第18卷，人民出版社1964年版第566页。

③ 恩格斯：《恩格斯致约翰·菲力浦·贝克尔（1878年1月11日）》，《马克思恩格斯全集》第34卷，人民出版社1972年版第293页。

④ 恩格斯：《自然辩证法》，《马克思恩格斯全集》第20卷，人民出版社1973年版第399页。

对美国的工人运动进行指导时强调："如果那里有几个理论头脑清醒的人，能预先告诉他们，他们自己的错误会造成什么后果，能使他们弄清楚，任何一个运动，要是不始终把消灭雇佣劳动制作为最终目标，它就一定要走上歧途，遭到失败，那么，许多蠢事都可以避免，整个过程也将大大地缩短。"① 恩格斯还在1886年4月29日给左尔格的信中，阐明了理论上的领导人对革命发展的重要作用，指出："总之，在法国，一个了不起的运动又在飞速发展着，而最好不过的是，我们的人——盖得、拉法格、杰维尔——是这一运动的理论上的领导人。"② 再比如，恩格斯1887年8月8日在给左尔格的信中写道："如果我没有看错美国人，那他们肯定是会不仅以他们运动的宏伟而且还以他们所犯错误的严重而使我们大家非常惊异，他们也终究会从这些错误中吸取教训而头脑清楚起来。在实践上走在所有人的前面，在理论上还在襁褓之中，情况就是这样，而且不能不是这样。"③

二、共产主义不是学说，而是运动。它不是从原则出发，而是从事实出发

恩格斯在1847年9月的《共产主义者和卡尔·海因岑》这篇文章中指出："共产主义不是学说，而是**运动**。它不是从原则出发，而是从**事实**出发。被共产主义者做为自己前提的不是某种哲学，而是过去历史的整个过程，特别是这个过程目前在文明各国的实际结果。"④ 这一段论述，系统而深刻地阐明了马克思主义的深刻内涵和基本原理。马克思、恩格斯创立的世界观，正是把实际斗争作为出发点，才具备了真正的科学意义。马克思早在1843年9月向卢格初步阐述自己的新世界观的基本思想时就写道："什么也阻碍不了我们把政治的批判，把明确的政治立场，因而把实际斗争作为我们的批判的出发点，并把批判和实

① 恩格斯：《恩格斯致弗里德里希·阿道夫·左尔格（1886年11月29日）》，《马克思恩格斯文集》第10卷，人民出版社2009年版第559页。

② 恩格斯：《致弗里德里希·阿道夫·左尔格（1886年4月29日）》，《马克思恩格斯全集》第36卷，人民出版社1974年版第471页。

③ 恩格斯：《致弗里德里希·阿道夫·左尔格（1887年8月8日）》，《马克思恩格斯全集》第36卷，人民出版社1974年版第668页。

④ 恩格斯：《共产主义者和卡尔·海因岑》，《马克思恩格斯全集》第4卷，人民出版社1958年版第311—312页。

际斗争看做同一件事情。在这种情况下，我们不是教条地以新原理面向世界：真理在这里，下跪吧！我们是从世界的原理中为世界阐发新原理。我们并不向世界说：停止你那些斗争吧，它们都是愚蠢之举；我们要向世界喊出真正的斗争口号。我们只向世界指明它究竟为什么而斗争，而意识则是世界必须具备的东西，不管世界愿意与否。”① 在实际斗争中，马克思、恩格斯也注重运用这一思想去指导工人运动。他们始终强调，由于一个国家内和不同国家间的工人发展水平极不相同，所以在组织工人运动时，绝对不能只是想根据某种教条式的处方来规定共产主义运动的进程，而要从阶级运动的实际因素中去寻找自己的鼓动的现实基础。

（一）一切理论观点，只有理解了每一个与之相应的时代的物质生活条件，并且从这些物质条件中被引申出来的时候，才能理解

这是恩格斯在表述马克思的基本思想时所阐明的基本内容，恩格斯指出：“在历史上出现的一切社会关系和国家关系，一切宗教制度和法律制度，一切理论观点，只有理解了每一个与之相应的时代的物质生活条件，并且从这些物质条件中被引伸②出来的时候，才能理解。”③ 这里所阐明的思想实质是，人的思想是从人们的现实社会的物质生产和生活的要求中提炼而来的，也就是说，马克思主义的理论是实践的理论，需要结合社会实践来理解，才能真正把握其实质和内容。

第一，哲学家们只是用不同的方式解释世界，而问题在于改变世界。马克思在《1844年经济学哲学手稿》中指出：“**理论的**对立本身的解决，**只有**通过**实践**方式，只有借助于人的实践力量，才是可能的；因此，这种对立的解决绝对不只是认识的任务，而是**现实**生活的任务，而**哲学**未能解决这个任务，正是因为哲学把这**仅仅**看做理论的任务。”④ 马克思的《神圣家族，或对批判的批判所做的批判》对这一基本原理进行了进一步阐明，提出：“‘**思想**’一旦离开

① 马克思：《马克思致阿尔诺德·卢格（1843年9月于克罗伊茨纳赫）》，《马克思恩格斯文集》第10卷，人民出版社2009年版第9页。

② 这里的“引伸”为原著表述，应为“引申”。

③ 恩格斯：《卡尔·马克思“政治经济学批判”（1859年柏林弗兰茨·敦克尔出版社版，第一分册）》，《马克思恩格斯全集》第13卷，人民出版社1962年版第526页。

④ 马克思：《1844年经济学哲学手稿》，《马克思恩格斯文集》第1卷，人民出版社2009年版第192页。

‘利益’，就一定会使自己出丑。”[①] 这里所提出的思想，就是指思想是物质利益的基本反映，不强调利益而去单纯强调思想或者说精神方面，那只能是空中楼阁。早在1842年马克思给卢格的信中，针对《莱茵报》的风格问题，他要求那些撰稿者，要少发些不着边际的空论，多说些明确的意见，多注意一些具体的事实。从这可以看出，马克思和恩格斯追求的理论，是讲求实际的理论，这正是他们的新世界观的根本体现。理论要与现实相结合，要与每个人的具体利益相切合，更要与具体事实相贴近，只有这样才是真正的理论，也才能真正使理论具有生命力。列宁在阐述马克思主义的理论精髓时指出：“马克思主义的全部精神，它的整个体系，要求人们对每一个原理都要（α）历史地，（β）都要同其他原理联系起来，（γ）都要同具体的历史经验联系起来加以考察。”[②]

第二，“人们的观念、观点和概念，一句话，人们的意识，随着人们的生活条件、人们的社会关系、人们的社会存在的改变而改变”。这是马克思、恩格斯在《共产党宣言》中提出的思想，并且在提出这一思想后，进一步强调：“这难道需要经过深思才能了解吗?”马克思、恩格斯还在这里接着指出：“思想的历史除了证明精神生产随着物质生产的改造而改造，还证明了什么呢？任何一个时代的统治思想始终都不过是统治阶级的思想。”[③] 因此，“共产党人的理论原理，决不是以这个或那个世界改革家所发明或发现的思想、原则为根据的。这些原理不过是现存的阶级斗争、我们眼前的历史运动的真实关系的一般表述。”[④]

在这之前，马克思还在写于1842年12月底至1843年1月中旬的《摩泽尔记者的辩护》一文中指出：“人们在研究**国家**状况时很容易走入歧途，即忽视**各种关系的客观本性**，而用当事人的**意志**来解释一切。”[⑤] 随后，马克思在对社会现实的进一步研究中，特别是在对黑格尔法哲学做全面清算后，形成了更为明

① 马克思、恩格斯：《神圣家族，或对批判的批判所做的批判》，《马克思恩格斯文集》第1卷，人民出版社2009年版第286页。

② 列宁：《致伊·费·阿尔曼德（1916年11月30日）》，《列宁专题文集·论马克思主义》，人民出版社2009年版第163页。

③ 马克思、恩格斯：《共产党宣言》，《马克思恩格斯文集》第2卷，人民出版社2009年版第50—51页。

④ 马克思、恩格斯：《共产党宣言》，《马克思恩格斯文集》第2卷，人民出版社2009年版第44—45页。

⑤ 马克思：《摩泽尔记者的辩护》，《马克思恩格斯全集》第1卷（上），人民出版社1995年版第363页。

确的思想："我的研究得出这样一个结果：法的关系正像国家的形式一样，既不能从它们本身来理解，也不能从所谓人类精神的一般发展来理解，相反，它们根源于物质的生活关系，这种物质的生活关系的总和，黑格尔按照十八世纪的英国人和法国人的先例，称之为'市民社会'，而对市民社会的解剖应该到政治经济学中去寻求。"① 恩格斯在《卡尔·马克思"政治经济学批判"（1859年柏林弗兰茨·敦克尔出版社版，第一分册）》中总结性指出："'不是人们的意识决定人们的存在，相反，是人们的社会存在决定人们的意识。'这个原理非常简单，它对于没有被唯心主义的欺骗而缚住的人来说是不言自明的。但是，这个事实不仅对于理论，而且对于实践都是最革命的结论。"②

第三，"人们自己创造自己的历史，但是他们并不是随心所欲地创造，并不是在他们自己选定的条件下创造，而是在直接碰到的、既定的、从过去承继下来的条件下创造"③。这是马克思在《路易·波拿巴的雾月十八日》这篇经典文献中提出的思想。人们的社会存在就是他们的实际生活过程，就是社会物质生活条件，主要是物质资料的生产方式，以及必然由此产生的人们的社会联系和社会关系，它是不依赖于人们的社会意识的客观存在。马克思、恩格斯指出："这些个人所产生的观念，是关于他们同自然界的关系，或者是关于他们之间的关系，或者是关于他们自己的肉体组织的观念。显然，在这几种情况下，这些观念都是他们的现实关系和活动、他们的生产、他们的交往、他们的社会政治组织的有意识的表现（不管这种表现是真实的还是虚幻的）。"④ 因此，任何政治理论的性质、内容及其观念取向，都不是源于思想家的理论与设想或人们的主观情感与想象，而是直接根源于现实的社会生活，是由人们的社会存在状况决定的。

马克思还明确提出，以一定的方式进行生产活动的一定的个人，会发生一定的社会关系和政治关系。经验的观察在任何情况下都应当根据经验来揭示社

① 马克思：《政治经济学批判》，《马克思恩格斯全集》第13卷，人民出版社1962年版第8页。

② 恩格斯：《卡尔·马克思"政治经济学批判"（1859年柏林弗兰茨·敦克尔出版社版，第一分册）》，《马克思恩格斯全集》第13卷，人民出版社1962年版第526页。

③ 马克思：《路易·波拿巴的雾月十八日》，《马克思恩格斯全集》第8卷，人民出版社1961年版第121页。

④ 马克思、恩格斯：《德意志意识形态》，《马克思恩格斯全集》第3卷，人民出版社1960年版第29页脚注①。

会结构和政治结构同生产的联系，而不应带有任何神秘和思辨的色彩。因此，恩格斯说："一切社会变迁和政治变革的终极原因，不应当在人们的头脑中，在人们对永恒的真理和正义的日益增进的认识中去寻找，而应当在生产方式相交换方式的变更中去寻找；不应当在有关的时代的**哲学**中去寻找，而应当在有关的时代的**经济学**中去寻找。"① 这里讲的客观的条件就是人们生产物质生活资料的基本方式以及在这个过程中起决定作用的经济利益。恩格斯进一步把这层关系表述为："我们视为社会历史的决定性基础的经济关系，是指一定社会的人们用以生产生活资料和彼此交换产品（在有分工的条件下）的方式说的。因此，这里面也包括生产和运输的**全部技术装备**。这种技术装备，照我们的观点看来，同时决定着产品的交换方式，以及分配方式，从而在氏族社会解体后也决定着阶级的划分，决定着统治和从属的关系，决定着国家、政治、法律等等。"②

第四，"他们的思想不能越出小资产者的生活所越不出的界限，因此他们在理论上得出的任务和作出的决定，也就是他们的物质利益和社会地位在实际生活上引导他们得出的任务和作出的决定。一般说来，一个阶级的**政治代表**和**著作方面的代表人物**同他们所代表的阶级间的关系，都是这样"③。这是马克思在《路易·波拿巴的雾月十八日》中，通过对小资产者的代表的分析，所得出的基本结论。这充分说明，政治理论主体的阶级性决定了政治理论也具有阶级性，都是一定阶级的思想、观念、理论、价值观和情感的综合体现。在阶级社会里，每一阶级都有自己的政治要求、政治理想和政治观点等，这些就构成了每一阶级的政治理论。每一阶级的政治理论都是在决定他们阶级地位的生产和交换活动中形成的。恩格斯在分析不同阶级道德观念的形成时指出："如果我们看到，现代社会的三个阶级即封建贵族、资产阶级和无产阶级都各有自己的特殊的道德，那末我们由此只能得出这样的结论：人们自觉地或不自觉地，归根到底总是从他们阶级地位所依据的实际关系中——从他们进行生产和交换的经济关系

---

① 恩格斯：《社会主义从空想到科学的发展》，《马克思恩格斯全集》第 19 卷，人民出版社 1963 年版第 228 页。

② 恩格斯：《致瓦·博尔吉乌斯（1894 年 1 月 25 日）》，《马克思恩格斯全集》第 39 卷（上），人民出版社 1974 年版第 198 页。

③ 马克思：《路易·波拿巴的雾月十八日》，《马克思恩格斯全集》第 8 卷，人民出版社 1961 年版第 152 页。

中，吸取自己的道德观念。”① 简单讲，每一阶级在生产关系体系中进行的活动的性质和内容，构成该阶级政治理论的基础。马克思、恩格斯创立的理论，是无产阶级的理论，他们的理论的主体是工人阶级中的每个工人或其他无产者，他们是马克思、恩格斯的政治理论的生产者和承受者。

（二）为了使社会主义变为科学，就必须首先把它置于现实的基础之上②

这是恩格斯在《社会主义从空想到科学的发展》中提出的一个思想。马克思、恩格斯在《共产党宣言》中也指出：

> 共产党人的理论原理，决不是以这个或那个世界改革家所发明或发现的思想、原则为根据的。
>
> 这些原理不过是现存的阶级斗争、我们眼前的历史运动的真实关系的一般表述。③

马克思、恩格斯在他们创立和发展马克思主义的过程中，始终坚持这一基本思想。恩格斯在1845年3月15日于巴门撰写的《英国工人阶级状况》序言中指出：“为了给社会主义理论，同时给那些认为社会主义理论有权存在的见解提供坚实的基础，为了肃清pro et contra（赞成和反对）社会主义理论的一切空想和臆造，研究无产阶级的境况是十分必要的。”④ 马克思在《1844年经济学哲学手稿》中也讲：“不难看到，整个革命运动必然在**私有财产**的运动中，即在经济的运动中，为自己既找到经验的基础，也找到理论的基础。”⑤ 恩格斯还在为马克思撰写的《卡·马克思“资本论”第一卷书评——为“维尔腾堡工商业报”作》中指出：“他没有一个地方以事实去迁就自己的理论，相反地，他力图把自己的理论表现为事实的结果。”⑥

---

① 恩格斯：《反杜林论》，《马克思恩格斯全集》第20卷，人民出版社1973年版第102页。

② 恩格斯：《社会主义从空想到科学的发展》，《马克思恩格斯全集》第19卷，人民出版社1963年版第218页。

③ 马克思、恩格斯：《共产党宣言》，《马克思恩格斯文集》第2卷，人民出版社2009年版第44—45页。

④ 恩格斯：《英国工人阶级状况（根据亲身观察和可靠材料）》，《马克思恩格斯全集》第2卷，人民出版社1957年版第278页。

⑤ 马克思：《1844年经济学哲学手稿》，《马克思恩格斯文集》第1卷，人民出版社2009年版第186页。

⑥ 恩格斯：《卡·马克思“资本论”第一卷书评——为“维尔腾堡工商业报”作》，《马克思恩格斯全集》第16卷，人民出版社1964年版第257页。

（三）在共产主义作为理论的时候，那么它就是无产阶级立场在这个斗争中的理论表现，是无产阶级解放的条件的理论概括

这是恩格斯在《共产主义者和卡尔·海因岑》中对共产主义的内涵要义所作的阐述。恩格斯在这里指出："共产主义的产生是由于大工业以及和大工业相伴而生的一些现象：世界市场的形成和随之而来的无法控制的竞争；具有日趋严重的破坏性和普遍性的商业危机，这种危机现在已经完全成了世界市场的危机；无产阶级的形成和资本的积聚以及由此产生的无产阶级和资产阶级之间的阶级斗争。在共产主义作为理论的时候，那么它就是无产阶级立场在这个斗争中的理论表现，是无产阶级解放的条件的理论概括。"① 恩格斯在这里阐释的共产主义的基本内涵要义，是理解把握共产主义的理论立足点和切入点。对这一基本原理的阐述，恩格斯在1880年撰写的《社会主义从空想到科学的发展》中又进一步提出："完成这一解放世界的事业，是现代无产阶级的历史使命。考察这一事业的历史条件以及这一事业的性质本身，从而使负有使命完成这一事业的今天受压迫的阶级认识到自己行动的条件和性质，这就是无产阶级运动的理论表现即科学社会主义的任务。"②

因此作为无产阶级政党，正如马克思、恩格斯在《共产党宣言》中提出的："在理论方面，他们胜过其余无产阶级群众的地方在于他们了解无产阶级运动的条件、进程和一般结果。"③ 恩格斯也在《"德国农民战争"一八七〇年版序言的补充》中总结性提出："第二个优越之处，就是德国人参加工人运动，差不多比各国人都迟。德国的理论上的社会主义永远不会忘记，它是依靠圣西门、傅立叶和欧文这三位思想家而确立起来的。虽然这三位思想家的学说含有十分虚幻和空想的性质，但他们终究是属于一切时代最伟大的智士之列的，他们天才地预示了我们现在已经科学地证明了其正确性的无数真理。同理论上的社会主义一样，德国的实践的工人运动也永远不应当忘记，它是依靠英国和法国的运动而发展起来的，它能够直接利用英国和法国的运动用很高的代价换来的经验，

---

① 恩格斯：《共产主义者和卡尔·海因岑》，《马克思恩格斯全集》第4卷，人民出版社1958年版第312页。

② 恩格斯：《社会主义从空想到科学的发展》，《马克思恩格斯全集》第19卷，人民出版社1963年版第247页。

③ 马克思、恩格斯：《共产党宣言》，《马克思恩格斯文集》第2卷，人民出版社2009年版第44页。

而在现在避免它们当时往往无法避免的那些错误。如果没有英国工联运动和法国工人政治斗争的榜样，如果没有特别是巴黎公社所给予的那种巨大的推动，我们现在会处在什么境地呢？”①

（四）理论在一个国家实现的程度，总是取决于理论满足这个国家的需要的程度

也就是说，科学的理论并不是靠超前的理论本身能实现的，首先这种科学理论要成为现实社会发展的真正需要。马克思在《〈黑格尔法哲学批判〉导言》中指出：“理论在一个国家实现的程度，总是取决于理论满足这个国家的需要的程度。”② 但这并不意味着理论和思想应屈于现实。理论要成为现实的需要，除了理论和思想本身能准确反映社会发展的规律与趋势并努力指导现实外，现实本身也应按理论与思想的要求去适应理论和思想。

第一，“光是思想力求成为现实是不够的，现实本身应当力求趋向思想”③。这是马克思在《〈黑格尔法哲学批判〉导言》中提出的重要思想。也就是说，理论不是凭空产生的，而是需要一定的经济条件和物质基础，只有从事实出发，从斗争实际出发，才能真正具有生命力。所以，马克思在《政治经济学批判》中，强调搞好理论研究，只说空话是无济于事的，只有靠大量的、批判地审查过的、充分地掌握了的历史资料，才能解决这样的任务。恩格斯 1886 年 4 月 29 日在给左尔格的信中也指出：“理论上的无知是一切年轻民族的特色，然而在实践中发展的迅速也是一个特色。在美国也象在英国一样，在没有实际需要的时候，一切说教都是没有用处的。现在美国存在着实际需要，并为人们所认识。我认为，土生土长的美国工人群众参加运动，是 1886 年最重大的事件之一。”④

第二，“因为同一个国家各行各业的工人的发展水平和不同国家的工人阶级

① 恩格斯：《“德国农民战争”一八七〇年版序言的补充》，《马克思恩格斯全集》第 18 卷，人民出版社 1964 年版第566 页。

② 马克思：《〈黑格尔法哲学批判〉导言》，《马克思恩格斯文集》第 1 卷，人民出版社 2009 年版第 12 页。

③ 马克思：《〈黑格尔法哲学批判〉导言》，《马克思恩格斯文集》第 1 卷，人民出版社 2009 年版第 13 页。

④ 恩格斯：《致弗里德里希·阿道夫·左尔格（1886 年 4 月 29 日）》，《马克思恩格斯全集》第 36 卷，人民出版社 1974 年版第470 页。

的发展水平都必然是极不相同的，所以，实际运动也必然以十分不同的理论形式反映出来”。这是马克思 1869 年 3 月 5 日在给恩格斯的信中提出的思想，并且在提出这一基本思想后，还针对国际工人协会的实际情况，进一步指出：“国际工人协会所确定的行动一致，通过各国支部的各种机关报刊所进行的思想交流，以及在全协会代表大会上所进行的直接讨论，也将逐步为整个工人运动创造出共同的理论纲领。”① 恩格斯在《卡·马克思“1848 年至 1850 年的法兰西阶级斗争”一书导言》中也写道：“目前再版的这部著作，是马克思用他的唯物主义观点从一定经济状况出发来说明一段现代历史的初次尝试。在‘共产党宣言’中，这个理论曾被大体地应用于全部近代历史；在马克思和我在‘新莱茵报’上发表的文章中，这个理论曾被经常用来解释当时发生的政治事件。”②

第三，“问题并不在于实现某种空想的体系，而在于要自觉地参加我们眼前发生的革命地改造社会的历史过程”③。这是马克思在《福格特先生——四、泰霍夫的信》中提出的基本原理。一种新理论体系要取代旧的思想、理论、观念，除了取决于自身具有的生命力外，还取决于这些新思想、新理论、新观念被社会接受和认同的程度。如果这些新的东西被社会大多数人或主要的阶级接受，那它们就会成为强大的力量。正如马克思所说：“批判的武器当然不能代替武器的批判，物质力量只能用物质力量来摧毁；但是理论一经掌握群众，也会变成物质力量。理论只要说服人［ad hominem］，就能掌握群众；而理论只要彻底，就能说服人［ad hominem］。所谓彻底，就是抓住事物的根本。而人的根本就是人本身。”④ 但是，如果这“抓住事物的根本”的理论，由于各种原因，尤其是接受者本身的原因，缺乏对理论本身的高度认同，那么这种理论也就无法完全化为推动社会和政治发展的力量。恩格斯在解释为什么德国工人运动与欧洲其他国家相比，显得那么强大有力和不可战胜时认为，其中的一个重要原因是科学社会主义在欧洲其他国家无法像在德国那样深入工人的血肉。“英国工人运

① 马克思：《马克思致恩格斯（1869 年 3 月 5 日）》，《马克思恩格斯文集》第 10 卷，人民出版社 2009 年版第301 页。

② 恩格斯：《卡·马克思“1848 年至 1850 年的法兰西阶级斗争”一书导言》，《马克思恩格斯全集》第 22 卷，人民出版社 1965 年版第591 页。

③ 马克思：《福格特先生》，《马克思恩格斯全集》第 14 卷（上），人民出版社 1964 年版第465 页。

④ 马克思：《〈黑格尔法哲学批判〉导言》，《马克思恩格斯文集》第 1 卷，人民出版社 2009 年版第 11 页。

动虽然单个行业有很好的组织，但是前进得非常缓慢，其主要原因之一就是对于一切理论的漠视；另一方面，法国人和比利时人由于原有形式的蒲鲁东主义的传播而发生混乱和动摇，西班牙人和意大利人则由于被巴枯宁滑稽化了的蒲鲁东主义的传播而发生混乱和动摇。"① 恩格斯在此所反映的事实已说明了这个问题。

三、马克思的整个世界观不是教义，而是方法

这是马克思、恩格斯所强调的如何理解和应用马克思主义的问题。恩格斯在 1895 年 3 月 1 日给桑巴特的信中强调指出："马克思的整个世界观不是教义，而是方法。它提供的不是现成的教条，而是进一步研究的出发点和**供**这种研究**使用**的方法。"② 在恩格斯进一步强调这个问题时，距离他 1895 年 8 月 5 日逝世也就仅仅还有 5 个多月的时间了。早在 1843 年，马克思在给阿尔诺德·卢格的信中阐述自己对新世界观的初步考虑时就写道："新思潮的优点又恰恰在于我们不想教条地预期未来，而只是想通过批判旧世界发现新世界。""所以我不主张我们树起任何教条主义的旗帜，而是相反。我们应当设法帮助教条主义者认清他们自己的原理。"③ 这两个相距 52 年的历史时刻的重要论述充分说明，这是马克思、恩格斯始终关注的问题，这既是他们创立自己的世界观的出发点，也是他们发展自己的世界观的落脚点，也可以说是学习理解和贯彻落实马克思主义的最终结论。在马克思、恩格斯的革命生涯中，他们一再申明，他们的理论不是包治百病的灵丹妙药，不是教条，而是在实践中发展着的理论，是无产阶级行动的指南。这是马克思、恩格斯在阐述他们的理论时强调最多的，也是对无产阶级政党领导人在贯彻落实时提出批评最多的一个方面。特别是在马克思去世以后，恩格斯的晚年时期，随着马克思主义在世界各地的广泛传播，虽然马克思主义已在世界无产阶级运动中扎下根，成为无产阶级政党建设的理论指南，但在实践过程中存在的教条主义问题却越来越严重，恩格斯对这一问题

---

① 恩格斯：《"德国农民战争"一八七〇年版序言的补充》，《马克思恩格斯全集》第 18 卷，人民出版社 1964 年版第566 页。

② 恩格斯：《恩格斯致韦尔纳·桑巴特（1895 年 3 月 11 日）》，《马克思恩格斯文集》第 10 卷，人民出版社 2009 年版第691 页。

③ 马克思：《马克思致阿尔诺德·卢格（1843 年 9 月）》，《马克思恩格斯文集》第 10 卷，人民出版社 2009 年版第7 页。

进行了严厉批判。

(一)所有这些先生们都在搞马克思主义，然而是10年前你在法国就很熟悉的那一种马克思主义，关于这种马克思主义，马克思曾经说过：“我只知道我自己不是马克思主义者。”马克思大概会把海涅对自己的模仿者说的话转送给这些先生们：“我播下的是龙种，而收获的却是跳蚤。”①

这是恩格斯在1890年8月27日，针对德国社会民主党内在学习研究马克思主义中存在的不真学问题所进行的批判。在这之前，恩格斯曾三番五次对这种教条主义进行批判。比如，1882年11月2日至3日期间，恩格斯在给伯恩施坦的信中指出：“您屡次硬说‘马克思主义’在法国威信扫地，所根据的也就是这个唯一的来源，即**马隆的陈词滥调**。诚然，法国的所谓‘马克思主义’完全是这样一种特殊的产物，以致有一次马克思对拉法格说：‘有一点可以肯定，我不是马克思主义者’。”②（从作者个人学习研究中文第1版的《马克思恩格斯全集》来看，好像这里是恩格斯自己第一次提出“马克思主义”这个概念。）还比如，恩格斯1890年6月5日在给恩斯特的信中指出，若是不把唯物主义当作方法来运用，而只是当作公式去教条地、不加分析和判断地应用，这个理论就会转变为自己的对立物。再比如，恩格斯1890年9月7日在《给“萨克森工人报”编辑部的答复》中，批判德国社会民主党内“青年派”的错误，指出他们在理论上宣扬的是被歪曲得面目全非的“马克思主义”，明确指出：“在理论方面，我在这家报纸上看到了（一般来说在‘反对派’的所有其他报刊上也是这样）被歪曲得面目全非的‘马克思主义’，其特点是：第一，显然不懂他们宣称自己在维护的那个世界观；第二，对于在每一特定时刻起决定作用的历史事实一无所知；第三，明显地表现出德国文学家所特具的无限优越感。马克思在谈到七十年代末曾在一些法国人中间广泛传播的‘马克思主义’时也预见到会有这样的学生，当时他说：《tout ce que je sais，c'est que moi，je ne suis pas marxiste》——‘我只知道**我自己**不是“马克思主义者”’。”③

① 恩格斯：《恩格斯致保尔·拉法格（1890年8月27日）》，《马克思恩格斯文集》第10卷，人民出版社2009年版第590页。

② 恩格斯：《恩格斯致爱德华·伯恩施坦（1882年11月2—3日）》，《马克思恩格斯全集》第35卷，人民出版社1971年版第385页。

③ 恩格斯：《给“萨克森工人报”编辑部的答复》，《马克思恩格斯全集》第22卷，人民出版社1965年版第81页。

（二）只是把马克思的发展学说变成死板教条的党派仍然只是宗派集团

这是 1894 年 5 月 12 日，恩格斯在给左尔格的信中提出的思想。恩格斯在这里指出："这里的社会民主联盟同你们在美国的德国社会主义者一样著名，都只是把马克思的发展学说变成死板教条的党派，这些教条，工人不是根据他们自身的阶级感情得来，而是必须当作信条不加思考地囫囵吞下。因此，两个政党仍然只是宗派集团，并且象黑格尔所说，它们从无通过无到无。"① 这是从无产阶级政党如何应用马克思主义的角度来讲的。这充分说明了，如果不能够充分理解和应用马克思主义，这个党是不成熟的党，甚至不能称其为政党，而只能是一个"宗派集团"。

这个思想，恩格斯在他的晚年也曾提过多次。比如，1891 年 5 月 4 日，恩格斯在给拉法格的信中讲："人们让他们感觉到了他们所处的实际地位，是德国人在美国社会主义工人党中的那种地位，即一个**宗派**的地位。他们的地位就是这样，尽管他们是本地英国人。对盎格鲁撒克逊民族及其独特的发展方式来说，非常突出的是，在这里和美国，凡是或多或少懂得一些正确的理论——**这是就其条文而言**——的人，都只能成为一个宗派，因为他们不能理解活的行动理论，即同工人阶级在其每个可能的发展阶段一道工作的理论，而只把理论当作一堆应当熟记和背诵的教条，象魔术师的咒语或天主教的祷词一样。因此，真正的运动是在这个宗派之外进行的，而且离它越来越远。"② 还比如，恩格斯 1891 年 6 月 10 日在给左尔格的信中说："这里运动的进展情况很好。煤气工人和杂工工会日益占首要地位，这要特别归功于杜西。运动正在以英国的方式——持续地、一步一步地、然而是坚定地进行着。有一种可笑的现象，就是在这里，也象在美国一样，有些自命为正统的马克思主义者的人，把我们运动的思想变成必须背熟的僵死教条，——这些人不论在我们这里，还是在你们那里都是一个**纯粹的宗派**，这很值得注意。但尤其值得注意的是，这种人在你们那里是外国人，即德国人，而在这里却是本地英国人，是海德门之流。"③再比如，恩格

---

① 恩格斯：《致弗里德里希·阿道夫·左尔格（1894 年 5 月 12 日）》，《马克思恩格斯全集》第 39 卷（上），人民出版社 1974 年版第236—237 页。

② 恩格斯：《致劳拉·拉法格（1891 年 5 月 4 日）》，《马克思恩格斯全集》第 38 卷，人民出版社 1972 年版第93—94 页。

③ 恩格斯：《致弗里德里希·阿道夫·左尔格（1891 年 6 月 10 日）》，《马克思恩格斯全集》第 38 卷，人民出版社 1972 年版第106 页。

斯在1892年8月12日给考茨基的信中讲："社会民主联盟是地地道道的宗派。它把马克思主义变成了僵死的教条，而且，由于它摒弃一切非正统马克思主义（它本身对马克思主义的认识又错误百出）的工人运动，就是说，它执行的是与《共产党宣言》推荐的完全相反的政策，所以，它就只能成为一个宗派，而绝不能成为别的东西。"①

（三）他们对我们的理论和实践的完全无知，只能同他们的过分自信相媲美

这是恩格斯在1883年4月17日给詹姆斯·托马斯·诺尔兹的信中提出的观点。恩格斯在这里指出："我们同英国新闻界交往的经验，并不十分令人鼓舞。除某些英国教会的代表外，他们始终在曲解我们的观点，歪曲我们的行动。他们对我们的理论和实践的完全无知，只能同他们的过分自信相媲美。"② 从这一段论述可以看出，造成教条主义的首要原因是对马克思主义的无知，也就是不真学，造成了不真懂，也就更谈不上真正应用。恩格斯在1886年11月29日给左尔格的信中，谈到德国社会民主党如何学习应用马克思主义的问题时，明确指出："德国人一点不懂得把他们的理论变成能推动美国群众的杠杆；他们大部分连自己也不懂得这种理论，而用学理主义和教条主义的态度去对待它，认为只要把它背得烂熟，就足以应付一切。对他们来说，这是教条，而不是行动的指南。"③ 恩格斯还在1890年8月5日给康拉德·施米特的信中讲："我已经说过，这全是第二手的东西，而摩里茨这家伙是一个危险的朋友。唯物史观现在也有许多朋友，而这些朋友是把它当作不研究历史的借口的。正象马克思关于七十年代末的法国'马克思主义者'所曾经说过的：'我只知道我自己不是马克思主义者。'"④ 也就是说，许多所谓的"马克思主义者"学习的基本内容，都是"第二手的东西"，本身就是歪曲马克思主义的东西，如果再重复学习，只能是学习得越多，偏离真正马克思主义的程度也就越严重。

---

① 恩格斯：《致卡尔·考茨基（1892年8月12日）》，《马克思恩格斯全集》第38卷，人民出版社1972年版第419页。

② 恩格斯：《致詹姆斯·托马斯·诺尔兹（1883年4月17日）》，《马克思恩格斯全集》第36卷，人民出版社1974年版第8—9页。

③ 恩格斯：《致弗里德里希·阿道夫·左尔格（1886年11月29日）》，《马克思恩格斯全集》第36卷，人民出版社1974年版第566页。

④ 恩格斯：《致康拉德·施米特（1890年8月5日）》，《马克思恩格斯全集》第37卷，人民出版社1971年版第432页。

(四) 正确的理论必须结合具体情况并根据现存条件加以阐明和发挥①

这是马克思在 1842 年 8 月 25 日给达哥贝尔特·奥本海姆的信中提出的思想，也是贯彻落实马克思主义的精髓所在。马克思还在 1868 年 10 月 10 日给恩格斯的信中，又进一步强调了这个观点。马克思在这里写道："只有抛开互相矛盾的教条，而去观察构成这些教条的隐蔽背景的各种互相矛盾的事实和实际的对立，才能把政治经济学变成一种实证科学。"② 虽然这里讲的是"政治经济学"的问题，但这就是马克思对理论的理解和应用这一问题的最好回答，也就是要讲"实证"，讲实际，讲应用。

恩格斯也始终坚持这一学习应用马克思主义的基本观点，在许多场合和时机进行了多次强调和阐明。比如，在 1879 年 11 月 14 日给倍倍尔的信中，对德国社会民主党的革命斗争进行指导时，提出："德国党的实践，特别是党的领导所发表的公开言论要符合总的理论。我们的批判无疑会使许多人感到不愉快；可是，如果党有一些人住在国外，他们不受当地斗争的复杂情况和琐碎事情的影响，时常根据适用于各国现代无产阶级运动的理论原则来衡量事态和言论，并向党反映党的所作所为在国外所产生的印象，这对于党来说，一定要比任何无批判的恭维更有益处。"③ 还比如，1890 年 8 月 5 日、9 月 21—22 日和 10 月 27 日，恩格斯写信给德国的社会民主党人、哲学家和经济学家康拉德·施米特和德国大学生约瑟夫·布洛赫，他们二人曾请求他阐明历史唯物主义的几个原理。恩格斯在信中批评那些把马克思主义庸俗化的人，这些人硬说马克思主义认为经济因素是历史过程的唯一动力。恩格斯在这里解释说，经济基础归根到底是历史发展的决定性因素，但是上层建筑也影响历史的进程和经济本身的发展，并且强调："无论马克思或我都从来没有肯定过比这更多的东西。如果有人在这里加以歪曲，说经济因素是**唯一**决定性的因素，那末他就是把这个命题变成毫无内容的、抽象的、荒诞无稽的空话。"还进一步指出："这里表现出这一

---

① 马克思：《马克思致达哥贝尔特·奥本海姆（1842 年 8 月 25 日）》，《马克思恩格斯全集》第 27 卷，人民出版社 1972 年版第433 页。

② 马克思：《马克思致恩格斯（1868 年 10 月 10 日）》，《马克思恩格斯文集》第 10 卷，人民出版社 2009 年版第292 页。

③ 恩格斯：《恩格斯致奥古斯特·倍倍尔（1879 年 11 月 14 日）》，《马克思恩格斯全集》第 34 卷，人民出版社 1972 年版第398—399 页。

切因素间的交互作用，而在这种交互作用中归根到底是经济运动作为必然的东西通过无穷无尽的偶然事件（即这样一些事物，它们的内部联系是如此疏远或者是如此难于确定，以致我们可以忘掉这种联系，认为这种联系并不存在）向前发展。否则把理论应用于任何历史时期，就会比解一个最简单的一次方程式更容易了。"① 再比如，恩格斯在1893年6月6日给菲力浦·屠拉梯的信中强调："至于杰维尔的《简述》②，我看完了第一部分，可是后一半不能看了，出版者催得很急。杰维尔在许多地方把马克思的个别论点**绝对**化了，而马克思提出这些论点时，只是把它们看作**相对的**，只有在一定的条件下和一定的范围内才是正确的。但这是我发现的杰维尔的唯一缺点。"③

（五）如果不把唯物主义方法当作研究历史的指南，而把它当作现成的公式，按照它来剪裁各种历史事实，那它就会转变为自己的对立物④

这是恩格斯在1890年6月5日给保尔·恩斯特的信中提出的思想。这里虽然讲的是如何运用唯物主义方法去研究历史的问题，但这也为我们如何去正确理解理论、应用理论提供了方法论的指导，特别适用于如何摆脱传统思想、外国经验、权威思想等的束缚，去创造性搞好工作这一问题。对于这个问题，马克思、恩格斯又进一步提出许多的思想和观点。

其一，科学越是毫无顾忌和大公无私，它就越符合工人的利益和愿望。这是恩格斯在写于1886年初的《路德维希·费尔巴哈和德国古典哲学的终结》中提出的思想。恩格斯在这里指出："德国人的理论兴趣，现在只是在工人阶级中还没有衰退，继续存在着。在这里，它是根除不了的。在这里，没有对地位、利益的任何顾虑，没有乞求上司庇护的念头。反之，科学愈是毫无顾忌和大公无私，它就愈加符合于工人的利益和愿望。在劳动发展史中找到了理解全部社会史的锁钥的新派别，一开始就主要是面向工人阶级的，并且得到了工人阶级的同情，这种同情，它在官方科学那里是既寻找不到也期望不到的。德国的工

① 恩格斯：《致约瑟夫·布洛赫（1890年9月21—22日）》，《马克思恩格斯全集》第37卷，人民出版社1971年版第460—461页。

② 加布里埃尔·杰维尔：《卡尔·马克思的〈资本论〉》。——文献编者注。

③ 恩格斯：《致菲力浦·屠拉梯（1893年6月6日）》，《马克思恩格斯全集》第39卷（上），人民出版社1974年版第79—80页。

④ 恩格斯：《恩格斯致保尔·恩斯特（1890年6月5日）》，《马克思恩格斯文集》第10卷，人民出版社2009年版第583页。

人运动是德国古典哲学的继承者。”①

其二，马克思在《资本论》的第一版序言中有句名言：“不仅活人使我们受苦，而且死人也使我们受苦。死人抓住活人！”在讲这句话之前，马克思讲了一个前提，也就是“除了现代的灾难而外，压迫着我们的还有许多遗留下来的灾难，这些灾难的产生，是由于古老的、陈旧的生产方式以及伴随着它们的过时的社会关系和政治关系还在苟延残喘”②。这对如何摆脱旧的思想和观念，实现改造新的世界观的问题起到了思想引领的作用。

其三，恩格斯在《自然辩证法》中提出一个思想观点，也就是“每一时代的理论思维，从而我们时代的理论思维，都是一种历史的产物，在不同的时代具有非常不同的形式，并因而具有非常不同的内容”③。马克思在批判蒲鲁东的形而上学的政治经济学时，对这个问题作出过生动阐述，马克思说：“每个原理都有其出现的世纪。例如，与权威原理相适应的是 11 世纪，与个人主义原理相适应的是 18 世纪，推其因果，我们应当说，不是原理属于世纪，而是世纪属于原理。换句话说，不是历史创造原理，而是原理创造历史。但是，如果为了顾全原理和历史我们再进一步自问一下，为什么该原理出现在 11 世纪或者 18 世纪，而不出现在其他某一世纪，我们就必然要仔细研究一下：11 世纪的人们是怎样的，18 世纪的人们是怎样的，在每个世纪中，人们的需求、生产力、生产方式以及生产中使用的原料是怎样的；最后，由这一切生存条件所产生的人与人之间的关系是怎样的。”④ 马克思在这里所表达的意思十分明确，权威原理和个人主义原理之所以分别在 11 世纪、18 世纪出现，主要是因为这两个原理只不过是这两个世纪人们的现实社会的物质生产和生活的要求在社会意识领域的必然反映。因此，恩格斯在表述马克思这一基本思想时说：“在历史上出现的一切社会关系和国家关系，一切宗教制度和法律制度，一切理论观点，只有理解了每一个与之相应的时代的物质生活条件，并且从这些物质条件中被引伸出来

---

① 恩格斯：《路德维希·费尔巴哈和德国古典哲学的终结》，《马克思恩格斯全集》第 21 卷，人民出版社 1965 年版第353 页。

② 马克思：《资本论》，《马克思恩格斯文集》第 5 卷，人民出版社 2009 年版第9 页。

③ 恩格斯：《自然辩证法》，《马克思恩格斯全集》第 20 卷，人民出版社 1973 年版第382 页。

④ 马克思：《哲学的贫困》，《马克思恩格斯全集》第 4 卷，人民出版社 1958 年版第148—149 页。

的时候，才能理解。”①

其四，学习别国的经验也需要结合实际来进行。马克思在《资本论》第二版跋中就讲：“别国的现实在理论上的表现，在他们手中变成了教条集成，被他们用包围着他们的小资产阶级世界的精神去解释，就是说，被曲解了。”② 他还在 1869 年 3 月 9 日写于伦敦的《国际工人协会总委员会致社会主义民主同盟中央局》中写道：“由于每个国家工人阶级的各种队伍和不同国家的工人阶级所处的发展条件极不相同，它们目前所达到的发展阶段也不一样，因此它们反映实际运动的理论观点也必然各不相同。”③

四、我们有义务科学地论证我们的观点，但对我们来说同样重要的是使无产阶级相信我们的信念是正确的

这里强调的是作为无产阶级政党，如何加强理论的宣传和教育的问题。马克思在 1882 年 12 月 14 日给劳拉·拉法格的信中讲：“有几本在神圣的俄罗斯而不是在国外印刷的**新出版的俄文著作**证明，我的理论正在那个国家迅速传播。不论在什么地方我所取得的成就都不会比这更使我愉快的了。我感到满意的是，我正在打击那个与英国一起构成旧社会的真正堡垒的强国。”④ 恩格斯在马克思的葬礼上的讲话中，在评价马克思时说：“在马克思看来，科学是一种在历史上起推动作用的、革命的力量。任何一门理论科学中的每一个新发现，即使它的实际应用甚至还无法预见，都使马克思感到衷心喜悦，但是当有了立即会对工业、对一般历史发展产生革命影响的发现的时候，他的喜悦就完全不同了。”⑤ 1885 年 4 月 23 日，恩格斯写信给查苏利奇，对俄国出现马克思主义的拥护者一事深表满意，认为这个事实是一个巨大的进步，对革命运动的进一步

---

① 恩格斯：《卡尔·马克思“政治经济学批判”（1859 年柏林弗兰茨·敦克尔出版社版，第一分册）》，《马克思恩格斯全集》第 13 卷，人民出版社 1962 年版第526 页。

② 马克思：《资本论》第二版跋，《马克思恩格斯全集》第 23 卷，人民出版社 1972 年版第15 页。

③ 马克思：《国际工人协会总委员会致社会主义民主同盟中央局（1869 年 3 月 9 日）》，《马克思恩格斯全集》第 16 卷，人民出版社 1964 年版第393 页。

④ 马克思：《马克思致劳拉·拉法格（1882 年 12 月 14 日）》，《马克思恩格斯全集》第 35 卷，人民出版社 1971 年版第407 页。

⑤ 恩格斯：《卡尔·马克思的葬仪》，《马克思恩格斯全集》第 19 卷，人民出版社 1963 年版第 375 页。

发展将具有伟大的意义；同时他还指出，俄国革命危机的因素正在增长，真正的人民革命必然来临。对于如何搞好理论的宣传和教育，马克思、恩格斯在传播和宣传自己的理论过程中，提出了许多思想和观点。

（一）我们决不想把新的科学成就写成厚厚的书，只向“学术”界吐露

这里强调的是搞好理论宣传的重要意义。恩格斯在《关于共产主义者同盟的历史》中写道：“我们决不想把新的科学成就写成厚厚的书，只向‘学术’界吐露。正相反，我们两人已经深入到政治运动中；我们已经在知识分子中间，特别在德国西部的知识分子中间获得一些人的拥护，并且同有组织的无产阶级建立了广泛联系。我们有义务科学地论证我们的观点，但是，对我们来说同样重要的是：使欧洲无产阶级，首先是使德国无产阶级相信我们的信念是正确的。我们明确了这一点以后，就立即着手工作了。”① 马克思在1842年给卢格的信中，也强调不要只是“炫耀‘无神论’招牌，而多向人民宣传哲学的内容”。恩格斯在《社会主义从空想到科学的发展》1882年德文第一版序言中，也针对有的无产阶级政党领导人，在撰写著作时，“根本不是为了直接在群众中进行宣传而写的”，只是进行纯学术性的研究，要求他们在形式和内容上都要认真地修改。恩格斯在1890年2月8日给左尔格的信中明确指出：“运动（我认为现在已经压不下去了）是从码头工人罢工开始的，而且纯粹是由绝对必要的自卫引起的。但就是在这里，近八年来各种各样的宣传已经打下了很深的基础，以致工人们虽不是社会主义者，但只希望社会主义者当自己的领袖。现在他们不知不觉地走上了从理论上说是正确的道路，他们被吸引到这条道路上来了。”② 马克思在谈到自己的《资本论》在各个国家得到学习和应用时，在《资本论》德文第二版的跋中曾经欣慰地讲：“《资本论》在德国工人阶级广大范围内迅速得到理解，是对我的劳动的最好的报酬。”③

从以上论述可以看出，在马克思、恩格斯的革命生涯中，他们在制定好自己的新的世界观后就明确提出，制定科学的理论体系并阐述理论观点只是完成

① 恩格斯：《关于共产主义者同盟的历史》，《马克思恩格斯全集》第21卷，人民出版社1965年版第248页。

② 恩格斯：《致弗里德里希·阿道夫·左尔格（1890年2月8日）》，《马克思恩格斯全集》第37卷，人民出版社1971年版第348页。

③ 马克思：《资本论》德文第二版跋，《马克思恩格斯全集》第23卷，人民出版社1972年版第15页。

了工作的前一半，更重要的是无产阶级拥护他们的理论和信念，因此只有采取多种方式方法进行广泛宣传和传播才能真正实现他们的理论。在此后的革命斗争中，马克思、恩格斯可以说就是紧紧围绕着传播他们的革命思想、落实他们的革命观点、实践他们自己的革命理想而进行斗争的过程，为此他们整整奋斗了一生。不仅他们自己在实践这个观点，而且在帮助和指导无产阶级政党创立和发展的过程中，特别是在对无产阶级政党的领导人进行教育帮助时，都时刻强调这个问题。恩格斯在其《“德国农民战争”一八七〇年版序言的补充》中，就强调无产阶级政党的“领袖们有责任越来越透彻地理解种种理论问题”，这是做好无产阶级革命工作的基本前提。也就是说，作为无产阶级政党的领导人，要在自己研究透理论问题并且“摆脱那些属于旧世界观的传统词句的影响”之后，还“必须以高度的热情把由此获得的日益明确的意识传布到工人群众中去”[①]。这是作为无产阶级政党领袖的重要责任和义务，也是无产阶级革命能够取得胜利的重要保证。马克思就在 1869 年 8 月 10 日给恩格斯的信中写道：“……登在附刊上的威廉的这部分演讲（在**柏林**作的）虽然是荒谬的，但仍表明他善于用不可否认的巧妙手法把事情说得娓娓动听。而这是很妙的!”[②] 虽然马克思是在这里批判威廉，但从具体的宣传方法上，对他还是比较赞同的。这就意味着，共产主义教育与宣传，不是词句的教育与宣传，而是精神的教育与宣传，这其中包括马克思主义科学的世界观和方法论。1874 年 7 月 1 日由于准备付印《德国农民战争》一书的第三版，恩格斯对他在 1870 年为该书第二版所写的序言作了补充。在补充时他阐明了德国工人阶级在国际工人运动中的先锋作用，指出了把无产阶级的阶级斗争的三种形式，即理论斗争、政治斗争和经济斗争结合起来的必要性，提出掌握革命理论并在群众中加以传播是德国社会民主工党领导的刻不容缓的义务。1887 年 2 月 19 日，恩格斯在给尼古拉・弗兰策维奇・丹尼尔逊的信中说：“我认为，您如果向贵国广大读者指明如何将我们作者的理论应用于**你们本国的**条件，那是很好的。”[③]

---

① 恩格斯：《“德国农民战争”一八七〇年版序言的补充》，《马克思恩格斯全集》第 18 卷，人民出版社 1964 年版第567 页。

② 马克思：《马克思致恩格斯（1869 年 8 月 10 日）》，《马克思恩格斯文集》第 10 卷，人民出版社 2009 年版第302 页。

③ 恩格斯：《致尼古拉・弗兰策维奇・丹尼尔逊（1887 年 2 月 19 日）》，《马克思恩格斯全集》第 36 卷，人民出版社 1974 年版604 页。

（二）发展最快的当然是一部分无产阶级已经组织起来并且受过理论教育的地方

这是恩格斯在1890年2月8日给左尔格的信中提出的思想。恩格斯在这里说，“无论是你们那儿，还是这里，而现在还有德国的煤矿区，单靠宣传，运动是不可能开展的。应当由事实来使人们信服。到那时，运动就会迅速发展，而发展最快的当然是一部分无产阶级已经组织起来并且受过理论教育的地方”①。恩格斯还在《关于共产主义者同盟的历史》中提出过同样的思想，他在这里指出：“单靠那种认识到阶级地位的共同性为基础的团结感，就足以使一切国家和操各种语言的工人建立同样的伟大无产阶级政党并使它保持团结。”②

从以上论述可以看出，马克思、恩格斯认为必然会使共产主义实现的三大措施中，理论教育是重要措施之一。马克思在分析德国工人运动时，就指出：“哲学把无产阶级当做自己的**物质**武器，同样，无产阶级也把哲学当做自己的**精神**武器，思想的闪电一旦彻底击中这块素朴的人民园地，**德国人**就会解放成为**人**。”③ 但思想真正射入人民的园地，就必须通过教育来实现。恩格斯讲：“显而易见，社会成员中受过教育的人会比愚昧无知的没有文化的人给社会带来更多的好处。如果说无产阶级在受了教育之后必然不愿再忍受现代无产阶级所受的那种压迫，那末从另一方面来看，和平改造社会时所必需的那种冷静和慎重只有**受过教育的**工人阶级才能具有。”④ 恩格斯还提出了在军队中进行“理论训练”⑤ 的思想。

（三）建立经常性的通信联系，借以讨论学术问题，评论流行的著作，并进行社会主义宣传

这是马克思、恩格斯在最初宣传他们的理论时所采用的方法，也是根据当时的实际情况而确定的。1846年，马克思、恩格斯在布鲁塞尔建立了共产主义

---

① 恩格斯：《致弗里德里希·阿道夫·左尔格（1890年2月8日）》，《马克思恩格斯全集》第37卷，人民出版社1971年版第348页。

② 恩格斯：《关于共产主义者同盟的历史》，《马克思恩格斯全集》第21卷，人民出版社1965年版第261页。

③ 马克思：《〈黑格尔法哲学批判〉导言》，《马克思恩格斯文集》第1卷，人民出版社2009年版第17—18页。

④ 恩格斯：《在爱北斐特的演说》，《马克思恩格斯全集》第2卷，人民出版社1957年版第614页。

⑤ 恩格斯：《英国志愿兵猎兵的检阅》，《马克思恩格斯全集》第15卷，人民出版社1963年版第151页。

通讯委员会。他们建立这个委员会的主要目的，就是想通过这个组织，与各国社会主义者和工人团体建立广泛而紧密的联系，从而传播他们刚刚制定完成的新的世界观。正如马克思在 1846 年 5 月 5 日给蒲鲁东的信中所讲的，马克思、恩格斯、日果三个人同德国的共产主义者和社会主义者建立了经常性的通信联系，建立这个联系的目的，就是“借以讨论学术问题，评论流行的著作，并进行社会主义宣传”。之所以采取这种形式，是因为“在德国，人们可以用这种办法进行社会主义宣传”。恩格斯早在 1845 年的《英国工人阶级状况》中，特别举例，在由社会主义者举办的“教育机构”进行自然科学等的演讲和学习，听众很多。此外，他们也重视利用讲坛等形式进行宣传。

（四）假如出现一种真正科学的社会主义杂志，那的确是很好的事

这是马克思 1877 年 7 月 18 日给恩格斯的信中的内容。马克思在这里主要是针对维德请马克思担任他创办的《新社会》这本杂志的撰稿人而与恩格斯商议。马克思明确地回绝，并对杂志的功能作用进行了阐述，马克思指出：“它将提供进行批评和反批评的可能性，并且我们还可以阐明一些理论问题，揭露教授和讲师们的绝顶无知，同时廓清广大公众（既包括工人，也包括资产者）的思想。”①

这说明，马克思、恩格斯非常注重把报刊当作无产阶级政党理论宣传的主要阵地。恩格斯在《关于共产主义者同盟的历史》中，也阐明了报刊对党的联系和宣传的重要作用。恩格斯指出：“我们在布鲁塞尔建立了德意志工人协会，取得了‘德意志—布鲁塞尔报’，该报一直到二月革命始终是我们的机关报。我们通过朱利安·哈尼同英国宪章派中的革命部分保持着联系，哈尼是宪章运动中央机关报‘北极星报’的编辑，我是该报的撰稿人。我们也和布鲁塞尔的民主党人（马克思是民主协会副主席），以及‘改革报’（我向该报提供关于英国和德国运动的报道）方面的法国社会民主党人结成了某种联盟关系。总之，我们同激进派的和无产阶级的组织和刊物的联系是再好也没有了。”②

党的报刊的任务是什么呢？马克思在写于 1842 年 12 月的文章中写道：“正

---

① 马克思：《马克思致恩格斯（1877 年 7 月 18 日）》，《马克思恩格斯全集》第 34 卷，人民出版社 1972 年版第48—49 页。

② 恩格斯：《关于共产主义者同盟的历史》，《马克思恩格斯全集》第 21 卷，人民出版社 1965 年版第248—249 页。

是由于报刊把物质斗争变成思想斗争，把血肉斗争变成精神斗争，把需要、欲望和经验的斗争变成理论、理智和形式的斗争，所以，报刊才成为文化和人民的精神教育的极其强大的杠杆。”[①] 恩格斯在《共产主义者和卡尔·海因岑》中对党的报刊的作用进行了详细科学的论述，指出：“党刊的任务是什么呢？首先是组织讨论，论证、阐发和捍卫党的要求，驳斥和推翻敌对党的妄想和论断。”[②] 另外，恩格斯在这里还就当时的德国民主派报刊的具体任务提出了具体要求，指出，它应该探讨实现民主制的可能性空间有多大，党有哪些手段可以采取，当它还很软弱不能独立行动的时候，它应当联合哪些党派。马克思的第一份工作就是《莱茵报》编辑，后来成为主编。马克思、恩格斯在创立和领导国际工人协会时，就比较重视宣传工作，并且办了好几个机关报。马克思在1866年1月15日给路德维希·库格曼的信中就写道：“我们的协会有了很大的进展。它已经有三个正式的机关报，一个是伦敦的《工人辩护士报》，一个是布鲁塞尔的《人民论坛报》，一个是在瑞士的法国人支部的《国际工人协会报。瑞士罗曼语区支部》（日内瓦）；瑞士德国人支部的一个刊物《先驱》过几天就要出版，由**约·菲·贝克尔**主编。”[③] 1885年5月15日恩格斯写信给《社会民主党人报》编辑，建议应当把主要的注意力放在捍卫马克思主义，不许机会主义者歪曲和攻击上面，放在维护党在一切实际问题上的彻底革命的路线上面。特别是马克思、恩格斯还把报刊杂志作为革命斗争的主要平台。恩格斯就在《关于共产主义者同盟的历史》中写道：“我们通过口头、书信和报刊，影响着最杰出的盟员的理论观点。我们在问题涉及当时正在形成的共产党内部事务的特殊场合，向世界各处的朋友和通讯员分发各种石印通告，也是为了这个目的。这些通告有时也涉及同盟本身。例如，有一个年轻的威斯特伐里亚大学生海尔曼·克利盖，到了美洲，在那里作为同盟特使出现，和一个疯子哈罗·哈林建立了联系，企图利用同盟在南美洲掀起变革，他创办了一家报纸，在报纸上以同盟的名义鼓吹一种以‘爱’为基础、充满着爱、十分多情、陶醉于爱的共产

---

① 马克思：《评奥格斯堡〈总汇报〉第335号和第336号论普鲁士等级委员会的文章》，《马克思恩格斯全集》第1卷（上），人民出版社1995年版第329页。

② 恩格斯：《共产主义者和卡尔·海因岑》，《马克思恩格斯全集》第4卷，人民出版社1958年版第300页。

③ 马克思：《马克思致路德维希·库格曼（1866年1月15日）》，《马克思恩格斯文集》第10卷，人民出版社2009年版第232页。

主义。我们在一个通告里反对了他，这个通告立即发生了作用：克利盖从同盟舞台上消失了。”①

马克思、恩格斯还对报纸和杂志的不同作用进行过论述。1849 年 12 月 15 日由马克思、恩格斯共同撰写的《“新莱茵报。政治经济评论”出版启事》写道：“报纸最大的好处，就是它每日都能干预运动，能够成为运动的喉舌，能够反映出当前的整个局势，能够使人民和人民的日刊发生不断的、生动活泼的联系。至于杂志，当然就没有这些好处。不过杂志也有杂志的优点，它能够更广泛地研究各种事件，只谈最主要的问题。杂志可以详细地科学地研究作为整个政治运动的基础的**经济**关系。”②

另外，马克思、恩格斯还把著作译成多种文字进行传播。如马克思在世时，《资本论》被译成多国文字，共 14 种语言版本。他们还注重用通俗易懂的文字来阐释，“尽管研究对象的科学水平很高却非常生动”，“通俗易懂”。

五、先进的理论只有为群众所掌握才能转化为改造世界的物质力量

这里所阐述的基本思想，主要是从个人的角度探讨如何学习应用理论的问题。马克思在《神圣家族，或对批判的批判所做的批判》中指出，思想要得到实现，就要有使用实践力量的人。马克思在《〈黑格尔法哲学批判〉导言》中，又对他的这一观点进一步详细阐明。他在对物质力量与批判的关系进行深刻论述后，提出了他的著名论断：“批判的武器当然不能代替武器的批判，物质力量只能用物质力量来摧毁；但是理论一经掌握群众，也会变成物质力量。理论只要说服人［ad hominem］，就能掌握群众；而理论只要彻底，就能说服人［ad hominem］。所谓彻底，就是抓住事物的根本。而人的根本就是人本身。”③ 恩格斯也指出：“社会主义自从成为科学以来，就要求人们把它当做科学看待，就是说，要求人们去研究它。”并且强调：“必须以高度的热情把由此获得的日益

① 恩格斯：《关于共产主义者同盟的历史》，《马克思恩格斯全集》第 21 卷，人民出版社 1965 年版第249 页。

② 马克思、恩格斯：《“新莱茵报。政治经济评论”出版启事》，《马克思恩格斯全集》第 7 卷，人民出版社 1959 年版第3 页。

③ 马克思：《〈黑格尔法哲学批判〉导言》，《马克思恩格斯文集》第 1 卷，人民出版社 2009 年版第 11 页。

明确的意识传布到工人群众中去，必须日益加强团结党组织和工会组织。”[①] 从这里可以看出，马克思、恩格斯不仅重视革命理论的创立和发展，而且更注重科学理论为群众所掌握。他们进行理论研究的目的，就是面向广大工人阶级，为工人群众的革命斗争服务，为斗争指明正确的方向和道路。1891 年 5 月 1—2 日，恩格斯写信给倍倍尔，指出李卜克内西和德国社会民主党的其他一些执行委员会委员在发表马克思的著作《哥达纲领批判》这个问题上的错误立场，同时建议倍倍尔本人更多地注意掌握革命理论，注意革命理论的发展，开展科学讨论，等等。对于如何学好马克思主义这一问题，马克思和恩格斯，特别是恩格斯，在指导广大群众的过程中提出了一系列的基本思想和观点。

（一）一个人如果想研究科学问题，首先要学会按照作者写作的原样去阅读自己要加以利用的著作，并且首先不要读出原著中没有的东西[②]

这是恩格斯在 1894 年 10 月撰写的《资本论》第 3 卷序言中提出的重要学习方法。也就是说，学好一个人的理论，首要的是原原本本学，这是基础和前提。恩格斯还在 1891 年 7 月 1 日给康拉德·施米特的信中批判巴尔特对马克思的批评，明确指出：“巴尔特对马克思的批评，真是荒唐可笑。他首先臆造一种历史发展的唯物主义理论，说什么这**应当**是马克思的理论，继而发现，在马克思的著作中根本不是这么回事。但他并未由此得出结论：他，巴尔特，把某些不正确的东西强加给了马克思，相反的，却得出结论说，马克思自相矛盾，不会运用自己的理论！‘咳，这些人哪怕是能**读**懂也好啊！’——遇到这类批评时，马克思是这样感叹的。”[③] 这里的一句“咳，这些人哪怕是能读懂也好啊！”可以体现马克思对那些不学无术的人的无奈。

如何原原本本学习？首要一条，就是到书本中去寻找。这是马克思写于大约 1842 年 3 月 26 日—4 月 26 日的《在第六届莱茵省议会的辩论》中的第一篇论文，也就是《关于新闻出版自由和公布省等级会议辩论情况的辩论》中，在对德国人的批判中强调的一个思想，也算是学习的一个基本方法。马克思指出，

① 恩格斯：《“德国农民战争”一八七〇年版序言的补充》，《马克思恩格斯全集》第 18 卷，人民出版社 1964 年版第567 页。

② 恩格斯：《资本论》第 3 卷序言，《马克思恩格斯文集》第 7 卷，人民出版社 2009 年版第26 页。

③ 恩格斯：《致康拉德·施米特（1891 年 7 月 1 日）》，《马克思恩格斯全集》第 38 卷，人民出版社 1972 年版第124 页。

“你们应当到书本中去寻找这种精神，书本仅仅凭它的篇幅就足以保证它的翔实了。好孩子，你们要记住，这里讲的是‘学术性的’东西。因此，你们首先要钻研大部头的书”①。

恩格斯在 1890 年 9 月 21—22 日给约瑟夫·布洛赫的信中也进行了阐明：“我请您根据原著来研究这个理论，而不要根据第二手的材料来进行研究——这的确要容易得多。马克思所写的文章，没有一篇不是由这个理论起了作用的。特别是**《路易·波拿巴的雾月十八日》**，这本书是运用这个理论的十分突出的例子。**《资本论》**中的许多提示也是这样。其次，我也可以向您指出我的《欧根·杜林先生在科学中实行的变革》和《路德维希·费尔巴哈和德国古典哲学的终结》，我在这两部书里对历史唯物主义作了就我所知是目前最为详尽的阐述。”②

(二) 这种新的社会主义理论是以某种新哲学体系的最终实际成果的形式出现的。因此，必须联系这个体系来研究这一理论，从而研究这一体系本身③

这是恩格斯在《反杜林论》中提出的观点。恩格斯还在 1890 年 9 月给约瑟夫·布洛赫的信中，对系统学习马克思主义的问题进行了强调：“青年们有时过分看重经济方面，这有一部分是马克思和我应当负责的。我们在反驳我们的论敌时，常常不得不强调被他们否认的主要原则，并且不是始终都有时间、地点和机会来给其他参预④交互作用的因素以应有的重视。但是，只要问题一关系到描述某个历史时期，即关系到实际的应用，那情况就不同了，这里就不容许有任何错误了。可惜人们往往以为，只要掌握了主要原理，而且还并不总是掌握得正确，那就算已经充分地理解了新理论并且立刻就能够应用它了。在这方面，我是可以责备许多最新的‘马克思主义者’的；这的确也引起过惊人的混乱。”⑤ 从这里应该可以理解，马克思、恩格斯教给我们的是学习他们的理论的基本方法。

---

① 马克思：《关于新闻出版自由和公布省等级会议辩论情况的辩论》，《马克思恩格斯全集》第 1 卷（上），人民出版社 1995 年版第141 页。

② 恩格斯：《致约瑟夫·布洛赫（1890 年 9 月 21—22 日）》，《马克思恩格斯全集》第 37 卷，人民出版社 1971 年版第462 页。

③ 恩格斯：《反杜林论》，《马克思恩格斯全集》第 20 卷，人民出版社 1973 年版第7—8 页。

④ 这里的“参预”为原著表述，应为“参与”。

⑤ 恩格斯：《致约瑟夫·布洛赫（1890 年 9 月 21—22 日）》，《马克思恩格斯全集》第 37 卷，人民出版社 1971 年版第462—463 页。

对于如何学好《资本论》这个马克思的经典著作的问题，恩格斯曾经在1895年3月16日给维克多·阿德勒的信中进行过详细阐述。这应该是学习的基本思路和方法。特别因为马克思主义是一个庞大且系统的理论体系，包含的内容丰富而深刻，不能仅仅学习其中的基本原理，当然学好基本原理也是非常重要而且是非常必要的，但这并不是说只是学好这些基本原理就行了，这些只是从面上或者说基本框架上对马克思主义的基本了解和掌握。而要理解和把握他们的全部思想和观点，必须站在全局高度，以全面的思维，甚至从他们日常的工作生活、学习研究的轨迹等细节方面，去深入研究把握，只有这样才能在应用时不至于把马克思、恩格斯在特定的场合、特定的时间而讲的特定的话语，当成他们的基本规律性的思想和观点进行学习研究和贯彻落实。这是真正的马克思主义者不能接受的，这也是之所以在马克思、恩格斯之后，出现“修正主义”思潮、机会主义等问题的主要因素，也是恩格斯说“的确造成过惊人的混乱”的根本原因。

（三）科学和哲学结合的结果就是唯物主义——科学和实践结合的结果就是英国的社会革命

这是恩格斯在《英国状况》中提出的思想。马克思、恩格斯创立的理论是建立在实践基础上的理论，所以他们在指导革命群众学习掌握他们的理论时，强调最多也是最根本的就是从实践中而不是单纯从书本中去掌握理论知识。

其一，“实践胜于一切理论”①。这是马克思在1868年11月14日给恩格斯的信中讲的基本思想。这段话从根子里真正道出了马克思、恩格斯他们自己创立的理论的真谛。因此，学习掌握和研究透马克思主义，也必须从实践中特别是自身的错误中去理解和把握。在马克思、恩格斯的著作中，出现频率最高的词汇是“实践”。在一定程度上，也可以说他们的理论是“实践”的理论。早在《1844年经济学哲学手稿》中，马克思就强调，理论的对立本身的解决，只有通过实践的方式，只有借助于人的实践的力量，才是可能的。从内容看，这段话阐述了马克思主义的理论和实践的辩证关系问题，表明了理论只是对现实的概括。但是通过这段话，也可以明确感受到马克思、恩格斯的基本立场、观点

① 马克思：《马克思致恩格斯（1868年11月14）》，《马克思恩格斯全集》第32卷，人民出版社1974年版第191页。

和方法。那就是实践是第一位的，理论是服从、服务于实践的。在以后的一系列书信和文章中，马克思、恩格斯又反复强调了这个观点。1889 年 12 月 7 日，恩格斯在给弗里德里希·阿道夫·左尔格的信中指出："即使掌握了从一个大民族本身的生活条件中产生出来的出色理论，并拥有比社会主义工人党所拥有的还要高明的教员，要用空谈理论和教条主义的方法把某种东西灌输给该民族，也并不是那样简单的事情。"① 这就是说，空谈是不行的，只运用教条主义的方法把理论和观点进行灌输也不能解决问题，最主要的还是必须从亲身实践的经验中学习。马克思还曾在警示英国工人运动的领导人时说："如果工人议会把自己的时间浪费在纯粹理论性问题的讨论上，而不是为真正组织全国范围的党开辟道路，那末，它就会像卢森堡委员会一样地遭到失败。"② 马克思还在 1870 年 12 月 13 日给库格曼的信中，总结巴黎革命的经验教训时写道："无论如何，这场战争已经使我们摆脱了'资产阶级共和派'。战争已经给这帮人带来了可怕的结局。这可是一个重大的结果。战争也给了我们的教授们一个最好的机会，使他们在全世界面前暴露出自己原来是一伙卑躬屈节的学究。战争所引起的种种情况将给我们的原则提供最好的宣传材料。"③

其二，"要明确地懂得理论，最好的道路就是从本身的错误中、从痛苦的经验中学习"④。这一思想是在恩格斯具体指导美国工人运动的过程中不断深化的。在从 1886 年 9 月至 1890 年 2 月的几年间，马克思曾先后在给左尔格、弗洛伦斯·凯利-威士涅威茨基夫人、斐迪南·多梅拉·纽文胡斯、海尔曼·施留特尔等人的信中，不厌其烦地反复阐述自己对美国工人运动的看法，深刻阐述这一基本观点。1886 年 9 月 16—17 日，恩格斯在给左尔格的信中指出，"美国是一个独特的国家"，"在这个国家里，对实际活动和资本集中的需要导致了对任何理论的普遍轻视，这种轻视理论的态度，只是现在才在最有教养的知识阶

---

① 恩格斯：《恩格斯致弗里德里希·阿道夫·左尔格（1889 年 12 月 7 日）》，《马克思恩格斯文集》第 10 卷，人民出版社 2009 年版第575 页。

② 马克思：《工人议会开幕。——英国的军事预算》，《马克思恩格斯全集》第 10 卷，人民出版社 1962 年版第126 页。

③ 马克思：《马克思致路德维希·库格曼（1870 年 12 月 13 日）》，《马克思恩格斯文集》第 10 卷，人民出版社 2009 年版第347—348 页。

④ 恩格斯：《致弗洛伦斯·凯利-威士涅威茨基夫人（1886 年 12 月 28 日）》，《马克思恩格斯全集》第 36 卷，人民出版社 1974 年版第575 页。

层中有所克服，——在这样一个国家里，人们只有通过自己接连犯错误，才能认识清楚本身的**社会**利益。这种情况工人也避免不了”，“他们只有在使自己受到损失以后，才会变得聪明起来。但是主要的是他们已经投入了运动，事情一般说来已经有了进展，坚冰已被打破，而且现在一切将迅速（比任何地方都要迅速）前进，虽然他们所走的是一条他们所特有的、从理论观点看来几乎是荒唐的道路”。① 1886 年 12 月 28 日，恩格斯在给弗洛伦斯·凯利-威士涅威茨基夫人的信中又进一步强调：“使运动扩大，和谐地向前进，扎下根子并尽可能地包括整个美国无产阶级，要比使它从一开始就按照理论上完全正确的路线出发和前进重要得多。要明确地懂得理论，最好的道路就是从本身的错误中、从痛苦的经验中学习。而对于整整一个大的阶级来说，特别是对于象美国人这样一个如此重视实践而轻视理论的民族来说，别的道路是没有的。”② 恩格斯还在 1887 年 1 月 11 日给斐迪南·多梅拉·纽文胡斯的信中进一步指出：“对美国人这样一个如此重视实践而轻视理论的民族来说，要理解这一点只有一条道路可走，就是从痛苦的经验中、从本身的错误中学习。他们将相当迅速地并且彻底地做到这一点。”③ 1887 年 1 月 27 日，恩格斯又在再次给弗洛伦斯·凯利-威士涅威茨基夫人的信中进一步强调：“我们的理论是发展的理论，而不是必须背得烂熟并机械地加以重复的教条。愈少从外面把这种理论硬灌输给美国人，而愈多由他们通过自己亲身的经验（在德国人的帮助下）去检验它，它就愈会深入他们的心坎。”④ 恩格斯在 1890 年 1 月 11 日给海尔曼·施留特尔的信中，又突出强调：“美国工人已经行动起来了，但是和英国人一样，他们在走自己的道路。不能一开始就硬塞给他们理论，但是他们自己的经验、自己的错误和这些错误的可悲后果最后会教育他们重视理论，那时一切都会就绪的。”⑤

---

① 恩格斯：《致弗里德里希·阿道夫·左尔格（1886 年 9 月 16—17 日）》，《马克思恩格斯全集》第 36 卷，人民出版社 1974 年版第522 页。

② 恩格斯：《致弗洛伦斯·凯利-威士涅威茨基夫人（1886 年 12 月 28 日）》，《马克思恩格斯全集》第 36 卷，人民出版社 1974 年版第575 页。

③ 恩格斯：《致斐迪南·多梅拉·纽文胡斯（1887 年 1 月 11 日）》，《马克思恩格斯全集》第 36 卷，人民出版社 1974 年版第580 页。

④ 恩格斯：《致弗洛伦斯·凯利-威士涅威茨基夫人（1887 年 1 月 27 日）》，《马克思恩格斯全集》第 36 卷，人民出版社 1974 年版第584 页。

⑤ 恩格斯：《致海尔曼·施留特尔（1890 年 1 月 11 日）》，《马克思恩格斯全集》第 37 卷，人民出版社 1971 年版第339 页。

其三，从实践走向理论，从理论走向实践。恩格斯在写于 1842 年 3 月的《北德意志自由主义和南德意志自由主义》中写道："与此同时，不应当认为南德意志自由主义是一个无用的前哨、一次失败的尝试。我们曾依靠它取得了一些确实不容忽视的成果。首先，正是它奠定了德国反对派的基础，从而才有可能使德国产生这么一种政治主张，活跃了议会生活。它并没有使蕴藏在德国宪法内的种子瘪掉、腐烂，它从七月革命中为德国汲取了它所能汲取的教益。它从实践走向理论，但是通过这一途径没有达到目的；那么就让我们从另一头做起，试着从理论出发，深入到实践，——假如你们愿意，我准备打赌，我们用这种方法最终一定会前进的。"① 这段话，深刻阐明了学习理论或提升素质能力的基本方法，既是马克思、恩格斯自己革命实践的总结，也是历史唯物主义和辩证唯物主义的基本原理在实践中的应用。

（四）在科学上没有平坦的大道，只有不畏劳苦沿着陡峭山路攀登的人，才有希望达到光辉的顶点

马克思在《资本论》法文版序言和跋中写道："您想定期分册出版《资本论》的译本，我很赞同。这本书这样出版，更容易到达工人阶级的手里，在我看来，这种考虑是最为重要的。这是您的想法好的一面，但也有坏的一面：我所使用的分析方法至今还没有人在经济问题上运用过，这就使前几章读起来相当困难。法国人总是急于追求结论，渴望知道一般原则同他们直接关心的问题的联系，因此我很担心，他们会因为一开始就不能继续读下去而气馁。这是一种不利，对此我没有别的办法，只有事先向追求真理的读者指出这一点，并提醒他们。在科学上没有平坦的大道，只有不畏劳苦沿着陡峭山路攀登的人，才有希望达到光辉的顶点。"② 这句话，既是马克思对科学的理论总结，也是对自己科学理论研究生涯的总结。

一方面，恩格斯指出："即使只是在一个单独的历史实例上发展唯物主义的观点，也是一项要求多年冷静钻研的科学工作，因为很明显，在这里只说空话是无济于事的，只有靠大量的、批判地审查过的、充分地掌握了的历史资料，

---

① 恩格斯：《北德意志自由主义和南德意志自由主义》，《马克思恩格斯全集》第 41 卷，人民出版社 1982 年版第297 页。

② 马克思：《资本论》，《马克思恩格斯文集》第 5 卷，人民出版社 2009 年版第24 页。

才能解决这样的任务。”①

另一方面，马克思、恩格斯在科学理论研究过程中遇到的困难，从当前的环境条件看，我们是没法想象的，但他们凭借着对人类解放事业的使命感和责任感，凭借着超人的吃苦精神和坚韧的毅力，创立和发展了马克思主义。在马克思与恩格斯互通的信件中，可以很好地感受到这一点。比如，1865 年 7 月 31 日，马克思又因为没钱，需要向恩格斯求助时写道：“我诚心告诉你，我与其写这封信给你，还不如砍掉自己的大拇指。半辈子依靠别人，一想起这一点，简直使人感到绝望。这时唯一能使我挺起身来的，就是我意识到我们两人从事着一个合伙的事业，而我则把自己的时间用于这个事业的理论方面和党的方面。就我的条件来说，我住的房子的确太贵，再就是我们这一年比往年生活得好一些。但是唯有这种办法能使孩子们维持那些可以使她们的前途得到保证的社交关系，况且，她们受过许多痛苦，也应当使她们至少有一个短时期的补偿。我想你也会有这样的看法：即使单纯从商人的观点来看，纯粹无产者的生活方式在目前也是不适宜的，如果只有我们夫妻两人，或者这些女孩子都是男孩子，这种生活方式当然很好。”②

第二节　共产党人是最坚决的始终起推动作用的部分

任何政党都首先要有自己的党员，而党员又可具体分为普遍党员、担任党内领导职务的党员以及党的领袖等。这是构成政党的基本要素。而党员的质量与数量则直接影响着党的建设水平。从这个角度来讲，党员队伍应该是政党的主体，也是加强党的建设的基本内容。对于党员队伍建设的总体要求，马克思、恩格斯在《共产党宣言》中指出：“在实践方面，共产党人是各国工人政党中最坚决的、始终起推动作用的部分；在理论方面，他们胜过其余无产阶级群众的

① 恩格斯：《卡尔·马克思“政治经济学批判”（1859 年柏林弗兰茨·敦克尔出版社版，第一分册）》，《马克思恩格斯全集》第 13 卷，人民出版社 1962 年版第527 页。

② 马克思：《马克思致恩格斯（1865 年 7 月 31 日）》，《马克思恩格斯全集》第 31 卷（上），人民出版社 1972 年版第135 页。

地方在于他们了解无产阶级运动的条件、进程和一般结果。”[①] 如果再进一步对党员应具备的素质进行具体描述的话，恩格斯在 1890 年 9 月 7 日的《给〈萨克森工人报〉编辑部的答复》中，在批评德国社会民主党内的“青年派”时，对其具备的素质能力进行了阐述：“他们之中有的人曾经写出可以令人抱某些希望的东西。他们之中的大多数本来是可以有所作为的，如果他们不那么深信他们目前所达到的发展阶段是完美无缺的话。但愿他们能懂得：他们那种本来还需要彻底的、批判性的自我修正的‘学院式教育’，并没有授予他们有资格在党内担任相应职位的军官证书；在我们党内，每个人都应该从普通一兵做起；要在党内担任负责的职务，仅仅有写作才能或理论知识，甚至二者全都具备，都是不够的，要担任领导职务还需要熟悉党的斗争条件，掌握这种斗争的方式，具备久经考验的耿耿忠心和坚强性格，最后还必须自愿地把自己列入战士的行列中——一句话，他们这些受过‘学院式教育’的人，总的说来，应该向工人学习的地方，比工人应该向他们学习的地方要多得多。”[②] 在这里，恩格斯对党员特别是党的领导干部提出并强调五个方面的标准要求。第一是“从普通一兵做起”，这是对工作作风的要求，也就是始终把自己当成一个普通党员来严格要求。第二是“有写作才能或理论知识，甚至二者全都具备”，这是基本的理论素质。第三是“熟悉党的斗争条件，掌握这种斗争的方式”，也就是要有实际的斗争经验，是经过革命斗争考验和锻炼的。第四是“具备久经考验的耿耿忠心和坚强性格”，这是党性和思想修养的问题。第五，“最后还必须自愿地把自己列入战士的行列中”，也就是能够实际地去工作、去战斗，与战士们同甘共苦。

对于如何才能实现《共产党宣言》提出的“在实践方面”和“在理论方面”的总体要求，达到恩格斯 1890 年 9 月 7 日在《给〈萨克森工人报〉编辑部的答复》中总结性提出的五个方面的具体标准，不仅能从马克思、恩格斯的系统论述中学习感悟到，而且也能从他们对无产阶级革命斗争的总结以及对无产阶级政党领导人的基本评价的结论中，领悟到他们的系统性理论和观点。

---

① 马克思、恩格斯：《共产党宣言》，《马克思恩格斯文集》第 2 卷，人民出版社 2009 年版第44 页。

② 恩格斯：《给〈萨克森工人报〉编辑部的答复》，《马克思恩格斯文集》第 4 卷，人民出版社 2009 年版第397 页。

一、起初，在工人党创立的时候，必须容许所有接受纲领的人参加到党里来

这是1882年10月20日，恩格斯在给伯恩施坦的信中所阐述的思想。恩格斯在这封信中写道："起初，在工人党创立的时候，必须容许所有接受纲领的人参加到党里来；如果他们在接受纲领的时候暗地里还有保留，这在以后是一定会表现出来的。"① 恩格斯在这里所阐明的，实质是作为无产阶级政党的党员的基本条件。对于这个问题，马克思、恩格斯在他们创立和领导无产阶级政党建设的过程中有过系统论述。

（一）每一个承认并维护国际工人协会原则的人，都可成为国际工人协会的会员

这是1871年10月24日国际工人协会伦敦代表会议通过的，由马克思起草的《国际工人协会的共同章程和组织条例》② 中的《国际工人协会共同章程》第九条规定的内容。也就是说，作为国际工人协会的会员，首要的是维护国际工人协会的原则，这是基础和前提，也是总的要求。那么，国际工人协会的总的原则是什么呢？从该章程可以看出，总体上有三个方面。

第一，"加入协会的一切团体和个人，承认真理、正义和道德是他们彼此间和对一切人的关系的基础，而不分肤色、信仰或民族"③。这一规定，在恩格斯起草的《总委员会告国际工人协会全体会员书》中也再次提起："国际要求自己的会员承认真理、正义和道德是自己行为的准则。"④ "承认真理、正义和道德"这是三个最基本的条件。

第二，"我们的章程只承认有一种在权利和义务上都平等的国际会员"⑤。

---

① 恩格斯：《恩格斯致爱德华·伯恩施坦（1882年10月20日）》，《马克思恩格斯文集》第10卷，人民出版社2009年版第481—482页。

② 马克思：《国际工人协会的共同章程和组织条例》，《马克思恩格斯全集》第17卷，人民出版社1963年版第477页。

③ 马克思：《国际工人协会的共同章程和组织条例》，《马克思恩格斯全集》第17卷，人民出版社1963年版第476页。

④ 恩格斯：《总委员会告国际工人协会全体会员书》，《马克思恩格斯全集》第18卷，人民出版社1964年版第130页。

⑤ 恩格斯：《总委员会告国际工人协会全体会员书》，《马克思恩格斯全集》第18卷，人民出版社1964年版第130页。

这是恩格斯在《总委员会告国际工人协会全体会员书》中提出的观点。这也是国际工人协会章程规定的协会的基本原则，也就是“没有无义务的权利，也没有无权利的义务”。这也是马克思于1864年10月21日至27日之间起草的《协会临时章程》中阐明的思想。马克思在这里指出：“既然每个国家的工人运动的成功只能靠团结和联合的力量来保证，而国际中央委员会活动的成效又在很大程度上取决于它是同少数全国性的工人协会中心还是同许多细小而分散的地方性团体联系，所以，国际协会的会员应该竭力使他们本国的分散的工人团体联合成由全国性中央机关来代表的全国性组织。”① 也就是说，国际工人协会的会员，要通过履行自己的义务，来促进国际内部的团结，来凝聚国际无产阶级的力量。

第三，凡是不喜欢这些决议的人可以退出协会。恩格斯在1872年12月20日左右写的《曼彻斯特外国人支部致不列颠联合会所有支部和全体会员》中指出：“代表大会是它的立法机关。代表大会的决议全体会员都必须遵行。凡是不喜欢这些决议的人可以或者退出协会，或者在下次代表大会上设法废除这些决议。但是，任何一个协会会员、任何一个支部、任何一个联合会委员会、任何地方性的或全国性的代表大会，只要还想留在国际内，就无权宣布这些决议无效。”② 这充分说明，作为国际工人协会的一名会员，其基本的条件是遵守国际工人协会的法规和决议。马克思、恩格斯还在对赫希柏格等右倾机会主义的“三人团”进行批判时指出：“如果他们所想的正是他们所写的，那么他们就应当退出党，至少也应当放弃他们的显要职位。如果他们不这样做，那就是承认他们想利用自己的职务之便来反对党的无产阶级性质。所以，党如果还让他们占据显要的职位，那就是自己出卖自己。”③

（二）党员的具体标准和条件

如果说“承认并维护国际工人协会原则的人，都可成为国际工人协会的会员”，这是国际工人协会时期，马克思、恩格斯根据实际情况，对协会会员提出

---

① 马克思：《协会临时章程》（写于1864年10月21日和27日之间），《马克思恩格斯全集》第16卷，人民出版社1964年版第17页。

② 恩格斯：《曼彻斯特外国人支部致不列颠联合会所有支部和全体会员》，《马克思恩格斯全集》第18卷，人民出版社1964年版第221页。

③ 马克思、恩格斯：《给奥·倍倍尔、威·李卜克内西、威·白拉克等人的通告信》，《马克思恩格斯文集》第3卷，人民出版社2009年版第478—479页。

的总的条件和要求的话，那么在共产主义者同盟时期，马克思、恩格斯对盟员的条件就作了具体规定。这对当代无产阶级政党确立党员的基本条件更具有借鉴意义。

《共产主义者同盟章程》于 1847 年 6 月在同盟第一届代表大会上拟定。这个章程经过同盟各支部讨论后重新提交第二届代表大会审查，最后于 1847 年 12 月 8 日批准通过。马克思和恩格斯曾积极参加了这个章程的起草工作。该章程共有 10 章 50 条，章程的第 1 章第 2 条，对盟员的条件进行了具体明确。章程规定：

第二条 盟员的条件：

(a) 生活方式和活动必须符合同盟的目的；

(b) 具有革命毅力并努力进行宣传工作；

(c) 承认共产主义；

(d) 不得参加任何反共产主义的（政治的或民族的）团体并且必须把参加某团体的情况报告有关的领导机关；

(e) 服从同盟的一切决议；

(f) 保守同盟的一切机密；

(g) 必须获得一致通过，才能被接收入某一支部。

盟员如果不能遵守这些条件即行开除（见第八章）。①

在此后的 1850 年，共产主义者同盟中央委员会在 9 月份分裂之后，又根据马克思和恩格斯的指示，草拟了一份修改后的章程。1850 年 12 月 10 日，这份章程同中央委员会的其他一些文件一起送交同盟的伦敦区部，1851 年 1 月 5 日得到伦敦区部会议的批准，马克思出席了这次会议并对这个章程进行了大量修改。此章程由原来的章节式的 10 章 50 条压缩为条款式的 10 条。在其中的第 2 条，对盟员的基本条件又进行了进一步明确。章程规定：

2. 必须具备下列条件的人才能成为同盟的**盟员**：

(1) 不信仰一切宗教，平日不参加任何宗教团体和一切仪式（民法规定必

① 马克思、恩格斯：《共产主义者同盟章程（1847 年 12 月 8 日）》，《马克思恩格斯全集》第 4 卷，人民出版社 1958 年版第572 页。

须遵守的仪式除外)；

(2) 了解无产阶级革命的条件、发展道路和最终目的；

(3) 拒绝参加任何组织，拒绝支持任何敌视同盟的宗旨或可能阻挠实现这一宗旨的个别要求；

(4) 具有宣传的能力和热情、坚定不移的信念、革命的毅力；

(5) 严格遵守同盟一切活动的秘密。①

(三) 接收党员的基本程序和要求

马克思、恩格斯不仅为无产阶级政党的党员设定了基本条件，而且对工人团体和个人加入党组织的手续也进行了具体明确。1847 年 12 月 8 日的《共产主义者同盟章程》，在“第十章　接收盟员”中，对接收盟员的程序和要求进行了具体而详细的规定。章程明确规定：“第五十条　支部主席向被接收入盟的盟员宣读和说明章程的第一条到第四十九条，要在简短的讲话中特别强调入盟者应尽的义务，然后向他发问：‘那末，你愿意加入这个同盟吗?’如果后者回答：‘愿意!’，那末主席就要他保证尽盟员的一切义务，然后宣布他为盟员并在下一次会议上将他编入支部。”②

1850 年 12 月 1 日修改的《共产主义者同盟章程》，又对接收盟员的基本程序和方法以及开除盟员的条件进行了进一步明确。重点体现在以下两条：

3. 接收盟员的决定必须支部一致通过。接收盟员的工作通常应由支部会议的主席主持。被接收入盟的人必须严肃地保证无条件地服从同盟的决议。

4. 不遵守盟员条件的人应当开除盟籍。开除盟员的决定须经支部多数通过。中央领导机关可以在区部总支部呈请之下开除整个支部。开除盟员必须通报全盟；同盟必须对开除的盟员以及一切可疑分子进行监督。③

在 1865 年 2 月 7 日，由马克思起草，国际工人协会总委员会会议通过的《关于工人团体和个人参加国际的手续的决议》提出以下规定。

---

① 马克思：《共产主义者同盟章程（1850 年 12 月 1 日）》，《马克思恩格斯全集》第 7 卷，人民出版社 1959 年版第626 页。

② 马克思、恩格斯：《共产主义者同盟章程（1847 年 12 月 8 日）》，《马克思恩格斯全集》第 4 卷，人民出版社 1958 年版第577 页。

③ 马克思：《共产主义者同盟章程（1850 年 12 月 1 日）》，《马克思恩格斯全集》第 7 卷，人民出版社 1959 年版第626—627 页。

小委员会向中央委员会提出下列建议：

1. 发给加入协会的每个团体一张证件。这种证件是一般性的，上面写明所开列的团体已经加入国际协会。

2. 英国的个人会费，应全部送交中央委员会，但是，协会的任何支部遇有合理开支时，中央委员会如认为开支得当，可以拨给一笔钱款，以偿付这项开支。

3. 向大陆的兄弟们供应会员卡，每张一先令，所得之款应送交中央委员会。①

二、只要我还有一分力量，我就要坚定不移地为工人阶级的解放而斗争

这是 1890 年 12 月 27 日，恩格斯就德国社会活动家格·布路梅祝贺他 70 岁生日所写的回信中讲的。恩格斯写道："您以出席大会的德国五十九万六千工人的代表的名义给我的亲切的贺信，由施廷茨莱先生转给我了。我无需向您表明，人们在这个代表大会上想到我，这使我多么高兴。可惜，我不能向现在又回到德国各地的代表们表示感谢，所以我只好向代表大会主席表示衷心的感谢，并真诚地保证，只要我还有一分力量，我就要坚定不移地为工人阶级的解放而斗争。"② 恩格斯还在 1890 年 12 月 2 日给《柏林人民报》编辑部的回信中，表达了同样的思想。恩格斯写道："没有谁比我更清楚地知道，这些荣誉大部分我不应该归于自己，归于我的功劳。我只是有幸来收获一位比我伟大的人——卡尔·马克思播种的光荣和荣誉。因此，我只有庄严地许约，要以自己的余生积极地为无产阶级服务，但愿今后尽可能不辜负给予我的荣誉。"③

这些论述，都充分体现了恩格斯坚定的革命信念、坚韧不拔的革命精神。这是马克思和恩格斯的重要品格，也是作为无产阶级政党的党员首先需要确立

① 马克思：《关于工人团体和个人参加国际的手续的决议》，《马克思恩格斯全集》第 44 卷，人民出版社 1982 年版第498 页。

② 恩格斯：《致格·布路梅（1890 年 12 月 27 日）》，《马克思恩格斯全集》第 37 卷，人民出版社 1971 年版第525 页。

③ 恩格斯：《致"柏林人民报"编辑部》，《马克思恩格斯全集》第 22 卷，人民出版社 1965 年版第 100 页。

的标准。马克思、恩格斯的一生，是为人类解放而奋斗的一生，他们不管遇到什么样的困难和挫折，都始终信念坚定不移。可以说，马克思、恩格斯为了无产阶级的革命事业献出了他们自己的一切。从马克思来讲，作为一名出生在一个比较富裕家庭的长子，本可以继承家业，过上安稳而且比较舒适的生活，但他却选择了“为人类解放而努力”的事业，从此与贫困和困难相伴，因此还失去了四个孩子。他之所以能够始终坚持，就是有为人类解放而奋斗的崇高理想、信念支撑。同马克思一样，他的亲密伙伴和战友恩格斯，同样出生在富裕家庭，他甘愿为了无产阶级的革命事业，甚至为了支持马克思的理论研究而牺牲自己。他曾在给母亲伊丽莎白·恩格斯的信中说，“我丝毫没有改变将近 30 年来所持的观点”，而且“不仅会坚持它，在其他方面也会去履行自己的义务”，对于这一点，“是无法改变的，只好任其如此”。① 一句“只好任其如此”，可以感受到恩格斯对自己理想的坚定不移。这只是恩格斯对自己最亲近的人的内心表白。他们是这样想的，更是这样做的。只要好好研究一下马克思、恩格斯一生的革命轨迹，随时随地都可感受到，他们为了人类解放这个崇高理想而牺牲自我的伟大精神。这应该成为每位共产党人的首要要求，也是支撑起人生起点的基础支柱。

马克思、恩格斯不仅自己是这样做的，而且在实际的革命斗争中不管是领导和指导无产阶级的革命斗争，还是对无产阶级政党领导人的要求上，都始终坚持这样的思想。马克思在 1860 年 4 月 9 日给约翰·菲力浦·贝克尔的信中指出：“我至今始终确信，凡是真正坚强的人——举例来说罢，如老勒瓦瑟尔、科贝特、罗伯特·欧文、列列韦尔、梅利奈将军——一经踏上革命的道路，即使遇到失败，也总是能从中汲取新的力量，而且在历史的洪流中漂游得愈久，就变得愈坚决。”② 恩格斯在《德国的社会主义》中指出：“反革命势力的暂时优势也许能把社会主义的胜利推迟几年，然而这只能使今后的胜利更彻底和更巩固。”③ 他还在 1885 年 10 月 8 日写的《关于共产主义者同盟的历史》中，通过

① 恩格斯：《恩格斯致伊丽莎白·恩格斯（1871 年 10 月 21 日）》，《马克思恩格斯文集》第 10 卷，人民出版社 2009 年版第366 页。

② 马克思：《马克思致约翰·菲力浦·贝克尔（1860 年 4 月 9 日）》，《马克思恩格斯全集》第 30 卷（下），人民出版社 1974 年版第522 页。

③ 恩格斯：《德国的社会主义》，《马克思恩格斯文集》第 4 卷，人民出版社 2009 年版第430 页。

对沙佩尔的描述，指出了职业革命家的领导风格，他“身材魁伟，果断刚毅，时刻准备牺牲生活幸福以至生命”，并且强调，这“是三十年代起过一定作用的职业革命家的典型”。并且在进一步描述时讲道：“正像他从‘蛊惑者’到共产主义者的发展所证明的，他虽然思维有些迟缓，但决不是不能较深刻地理解理论问题，并且一经理解就更加坚定地奉行。正因为如此，他的革命热情有时和他的理智是有距离的，但他事后总是发现自己的错误，并公开承认这些错误。他是个纯粹的人，他在建立德国工人运动方面所做的一切是永远不会被遗忘的。”①

三、一般说来，马克思派学习是相当刻苦的

马克思、恩格斯不仅对党员提出了总的要求和基本的标准，而且在革命斗争实践中，对党员队伍适应革命斗争所需要的素质能力，也结合斗争实践提出了具体要求。这里面，首先一条就是学习问题，通过学习提升理论水平。恩格斯 1853 年 4 月 12 日在给魏德迈的信中，针对党内有些人不注重学习，而且学习不刻苦的问题，强调指出：“我们干吗要刻苦学习呢，那是马克思老爹的事儿，他的职责就是什么都要懂。不过，一般说来，马克思派学习是相当刻苦的，当你看到流亡者中间还有些蠢驴到处搬用一些新词句并被弄得糊里糊涂的时候，你就会明白，无论绝对地说还是相对地说，我们党的优势都已经增大了。这也是必要的，因为艰巨的工作还在前头……”② 学习相当刻苦，这既是对广大党员的基本要求，也是马克思和恩格斯自身的生动写照。他们两人本身就是“学习相当刻苦的”。所以恩格斯才从马克思和自身的角度，提出只要是马克思派就要刻苦学习，不然就不称其为马克思主义者。

（一）社会主义者和共产主义者是无产阶级的理论家

马克思在其撰写的《哲学的贫困》的第二章“政治经济学的形而上学”中，通过对无产阶级运动发展过程的论述，阐明了一个基本原理，那就是“社会主义者和共产主义者是无产阶级的理论家”。马克思指出：“正如**经济学家**是资产

① 恩格斯：《关于共产主义者同盟的历史》，《马克思恩格斯全集》第 21 卷，人民出版社 1965 年版第242—243 页。

② 恩格斯：《恩格斯致约瑟夫·魏德迈（1853 年 4 月 12 日）》，《马克思恩格斯文集》第 10 卷，人民出版社 2009 年版第110—111 页。

阶级的学术代表一样，**社会主义者**和**共产主义者**是无产者阶级的理论家。在无产阶级尚未发展到足以确立为一个阶级，因而无产阶级同资产阶级的斗争尚未带政治性以前，在生产力在资产阶级本身的怀抱里尚未发展到足以使人看到解放无产阶级和建立新社会必备的物质条件以前，这些理论家不过是一些空想主义者，他们为了满足被压迫阶级的需求，想出各种各样的体系并且力求探寻一种革新的科学。但是随着历史的演进以及无产阶级斗争的日益明显，他们在自己头脑里找寻科学真理的做法便成为多余的了；他们只要注意眼前发生的事情，并且有意识地把这些事情表达出来就行了。当他们还在深寻科学和只是创立体系的时候，当他们的斗争才开始的时候，他们认为贫困不过是贫困，他们看不出它能够推翻旧社会的革命的破坏的一面。但是一旦看到这一面，这个由历史运动产生并且充分自觉地参与历史运动的科学就不再是空论，而是革命的科学了。"① 这是马克思从理论层面对无产阶级运动所作的科学阐明。

恩格斯也在《卡尔·马克思的葬仪》中总结评价马克思的一生时，提出马克思对科学理论在推动世界发展方面的作用始终给予高度赞扬。恩格斯说："在马克思看来，科学是一种在历史上起推动作用的、革命的力量。任何一门理论科学中的每一个新发现，即使它的实际应用甚至还无法预见，都使马克思感到衷心喜悦，但是当有了立即会对工业、对一般历史发展产生革命影响的发现的时候，他的喜悦就完全不同了。"② 恩格斯还在《共产主义者和卡尔·海因岑》中，通过对海因岑的批判，指出了党的政论家应该具备的基本素质，恩格斯指出："海因岑先生也许怀有人间最善良的愿望，他也许是全欧洲信念最坚定的人。我们也知道，他是一个正直的人，具有勇气和毅力。但是，单凭这些条件还不能成为党的政论家。作为党的政论家，除了一定的信念、善良的愿望和洪亮的嗓音而外，还需要一些别的条件。同海因岑先生现在具有的和多年经验证明他能够具有的各方面的条件相比，党的政论家还需要具有更多的智慧、更明确的思想、更好的风格和更丰富的知识。"③ 这四个"更"，集中到一点，只有

---

① 马克思：《哲学的贫困》，《马克思恩格斯全集》第 4 卷，人民出版社 1958 年版第157—158 页。

② 恩格斯：《卡尔·马克思的葬仪》，《马克思恩格斯全集》第 19 卷，人民出版社 1963 年版第 375 页。

③ 恩格斯：《共产主义者和卡尔·海因岑》，《马克思恩格斯文集》第 1 卷，人民出版社 2009 年版第 664 页。

通过努力学习提高理论素养才能达到。这也充分体现了马克思和恩格斯对无产阶级领导人的更高期待和要求。对于具体的智慧、思想、风格和知识四个方面，他们又在不同时机进行了具体阐述。

(二) 共产主义者一向是最活跃、最有知识的会员，协会的领导权自然就完全掌握在同盟手中

这是恩格斯在《关于共产主义者同盟的历史》中所说的一段话。恩格斯在回忆共产主义者同盟成立之前的一个重要国际性工人组织，也就是德意志工人教育协会的发展时说："早在 1840 年 2 月 7 日，公开的德意志工人教育协会就已经成立，它直到今天还存在着。这个协会成了同盟吸收新盟员的地方；因为共产主义者一向是最活动①最有知识的会员，协会的领导权自然就完全掌握在同盟手中。"② 这里讲的一个重要思想，就是"共产主义者一向是最活动最有知识的"。这也从一个方面说明了共产主义者的理论素养问题。恩格斯还于 1886 年 4 月 29 日，在给左尔格的信中讲道："总之，在法国，一个了不起的运动又在飞速发展着，而最好不过的是，我们的人——盖得、拉法格、杰维尔——是这一运动的理论上的领导人。"③ 这里特别指出盖得等领导人是"理论上的领导人"，充分说明了理论的重要性，而要提升理论水平，就必须要加强学习。

恩格斯在评价党的领导人时，也多是从理论层面给予充分的肯定。比如，他在《共产主义者同盟的历史》中，在回忆无产阶级的革命家约瑟夫·莫尔时，恩格斯在对他进行描述时就写道："这是个中等身材的大力士——他同沙佩尔一起（屡次!）胜利地抵挡住成百个企图闯进厅门的敌人，——在毅力和决心方面无论如何不亚于他的两个同志，而在智慧上则胜过他们。他不仅是个天生的外交家，他多次作为全权代表出差获得的成功证明了这点，而且，对于理论问题也比较容易领会。"④

恩格斯在其《"德国农民战争"一八七〇年版序言的补充》中，对领导干部

---

① 这里的"活动"为原著表述，在其他版本中已改为"活跃"。

② 恩格斯：《关于共产主义者同盟的历史》，《马克思恩格斯全集》第 21 卷，人民出版社 1965 年版第244 页。

③ 恩格斯：《致弗里德里希·阿道夫·左尔格（1886 年 4 月 29 日）》，《马克思恩格斯全集》第 36 卷，人民出版社 1974 年版第471 页。

④ 恩格斯：《关于共产主义者同盟的历史》，《马克思恩格斯全集》第 21 卷，人民出版社 1965 年版第243 页。

应掌握的理论问题进行了阐述，要求无产阶级政党的领导人，要在“斗争和鼓动的各个方面都加倍努力”，但光做到这一点是不够的，还要“越来越透彻地理解种种理论问题，越来越彻底地摆脱那些属于旧世界观的传统言辞的影响”，特别是要时刻注意做到，以高度的热情把日益明确的意识传播到工人群众中去。恩格斯在 1872 年 1 月 29 日给卡洛·特尔察吉的信中写道：“您本人或许现在会相信，赋予总委员会这种**权威主义的**权力不是没有理由的，这种权力可能是有益的；而你们作为国际会员在开始自己活动的时候，与其去间接地谴责你们还完全不了解的总委员会，并在各地的政府迫害必然促使真正的国际会员最紧密地团结起来的时刻去通过一些只会使纠纷加剧的决议——与其采取你们所采取的这一切，倒不如将自己的决议搁置一旁，等到你们知道了更多的情况再说。”① 一句“等到你们知道了更多的情况再说”，充分体现了恩格斯希望他们学习理论、了解掌握基本知识的急切心情。在 1886 年 11 月 29 日恩格斯指导德国无产阶级运动时也体现了这一思想，他在给左尔格的信中指出：“如果那里存在着有清醒的理论头脑的人，能预先告诉他们，他们自己的错误会造成什么后果，能使他们弄清楚，任何一个运动，要是不始终把消灭雇佣劳动制作为最终目标，它就一定要走上歧途，遭到失败，那末，许多蠢事都可以避免，整个过程也将大大地缩短。”② 这也充分体现了恩格斯对“有清醒的理论头脑的人”的期盼。

（三）我的最大指望就是，我们的朋友们从自身错误的后果中得到的教训，会教育他们去钻研理论

恩格斯对美国无产阶级运动的发展给予指导，并在 1886 年 8 月 13—14 日给弗洛伦斯·凯利-威士涅威茨基夫人的信中指出：“现在您可以相信，还要过一些时候美国工人**群众**才会开始**阅读**社会主义书刊。那些**已经在**阅读和将要阅读的人，可以找到足够的材料，他们最不会感到缺少《起源》这本书。盎格鲁撒克逊人的头脑，特别是在美国经过了一番非常讲究实际的发展，一点也不重视理论，除非是迫切的需要促使他们去接受理论，所以我的最大指望就是，我

① 恩格斯：《恩格斯致卡洛·特尔察吉（1872 年 1 月 29 日）》，《马克思恩格斯全集》第 33 卷，人民出版社 1973 年版第400 页。

② 恩格斯：《致弗里德里希·阿道夫·左尔格（1886 年 11 月 29 日）》，《马克思恩格斯全集》第 36 卷，人民出版社 1974 年版第567 页。

们的朋友们从自身错误的后果中得到的教训，会教育他们去钻研理论。”[①] 恩格斯在1893年12月19日的一封信中，曾对大学生们提出自己的热切的希望，他认为大学生“应该从他们的行列中产生出这样一种脑力劳动无产阶级，他们负有使命同自己从事体力劳动的工人兄弟在一个队伍里肩并肩地在即将来临的革命中发挥巨大作用”，而这些作用的发挥，“需要的决不是响亮的词句，而是丰富的知识”。[②] 这是《致国际社会主义者大学生代表大会》中提出的思想。从这里可以看出，马克思、恩格斯不仅对无产阶级革命时期而且对未来的建设任务，都提出了他们的思想和观点。

恩格斯还在1889年10月17日给康拉德·施米特的信中，充分肯定了他钻研理论的行为。恩格斯写道：“您的著作特别使我个人高兴的是，它表明又出现了一个善于从理论上思考问题的人。这种人在德国的青年一代中非常少见。倍倍尔具有杰出的理论才能，但党的实际工作只能让他在运用理论到实际活动中去这方面表现他的这种优良素质。所以到目前为止，就只有伯恩施坦和考茨基两个人了，而伯恩施坦又过多地忙于实际活动，在理论方面不可能象他愿意而且能够做的那样去进行研究和深造。要知道在理论方面还有很多工作需要做，特别是在经济史问题方面，以及它和政治史、法律史、宗教史、文学史和一般文化史的关系这些问题方面，只有清晰的理论分析才能在错综复杂的事实中指明正确的道路。因此您可以想象，我是多么庆幸自己有了新的同行。”[③] 恩格斯不仅在给施米特本人回信时提出对他的赞赏，而且还在1889年11月15日给倍倍尔的信中，又专门提到康拉德·施米特。恩格斯写道：“我还非常遗憾的是，奥艾尔的处境如此不好；不过也已经有了比较令人快慰的消息。我感到很不愉快的是年轻一代在理论方面也比较弱。但现在出了一个小施米特，他在这里住了一年，而我甚至觉察不到他内心有什么抱负。如果他仍旧象迄今为止那样谦

---

① 恩格斯：《致弗洛伦斯·凯利-威士涅威茨基夫人（1886年8月13—14日）》，《马克思恩格斯全集》第36卷，人民出版社1974年版第495页。

② 恩格斯：《致国际社会主义者大学生代表大会（1893年12月19日）》，《马克思恩格斯全集》第22卷，人民出版社1965年版第487页。

③ 恩格斯：《致康拉德·施米特（1889年10月17日）》，《马克思恩格斯全集》第37卷，人民出版社1971年版第283页。

逊（妄自尊大是目前最讨厌和最常见的通病），那就可能获得较大的成就。”① 恩格斯在工作那么繁忙的情况下，在间隔不到一个月的时间里，连续在两封信中赞扬同一年轻人在理论方面的学习精神，并且还用了“特别使我个人高兴”“非常少见”等词语，如此赞扬一个人，这在马克思、恩格斯的整个革命生涯中是非常少见的。这既充分体现恩格斯对党员的理论素养的重视，也体现了对无产阶级革命运动中的人才队伍，特别是理论研究人才的期望。这是恩格斯在晚年提出的思想，这更加体现马克思、恩格斯对将来的无产阶级革命斗争，特别是理论研究方面的接班人的迫切期望。

（四）无条件地掌握无产阶级世界观

这是 1879 年 9 月 17—18 日，马克思、恩格斯在给倍倍尔、李卜克内西等人的通告信中提出的思想。马克思和恩格斯指出：“如果其他阶级出身的这种人参加无产阶级运动，那么首先就要求他们不要把资产阶级、小资产阶级等等的偏见的任何残余带进来，而要无条件地掌握无产阶级世界观。”② 这说明，对于无产阶级政党的党员来讲，掌握理论的核心问题是掌握无产阶级世界观。这是每位党员都必须掌握的基础理论，也是对党员的基本要求。同时，马克思、恩格斯还要求全面学习掌握各方面的科学理论知识。在 1891 年发表《哥达纲领批判》时，恩格斯在 5 月 1—2 日给倍倍尔的信中，指出李卜克内西和德国社会民主党的其他一些执行委员会委员在发表马克思的著作《哥达纲领批判》时所采取的错误立场，在对这个问题进行批判的基础上，还同时指出倍倍尔本人也很不了解发表这一著作的重要性，强调马克思的这一著作对于提高党员的思想理论水平具有重要意义。恩格斯建议他们更多地注意掌握革命理论，注意革命理论的发展、开展科学讨论等。

四、最优秀的共产主义者也是最勇敢的士兵

恩格斯在 1852 年 11 月 5—6 日给马克思的信中提出“最优秀的共产主义者

---

① 恩格斯：《致奥古斯特·倍倍尔（1889 年 11 月 15 日）》，《马克思恩格斯全集》第 37 卷，人民出版社 1971 年版第298 页。

② 马克思、恩格斯：《给奥·倍倍尔、威·李卜克内西、威·白拉克等人的通告信》，《马克思恩格斯文集》第 3 卷，人民出版社 2009 年版第484 页。

也是最勇敢的士兵"① 这一思想。这既是马克思、恩格斯革命生涯的经验总结，也是对无产阶级政党的党员的素质能力的始终一贯要求。

(一) 阶级斗争无论在何处、以何种形式、在何种条件下表现出来，自然总是由我们协会的会员站在最前列

这是共产主义者在革命斗争中作为"最勇敢的士兵"的最直接体现。马克思 1871 年 5 月 30 日在他于英国伦敦住所撰写的《法兰西内战》中，就国际工人协会特别是协会会员的重要地位作用进行阐述时指出："实际上，我们的协会只是文明世界各国先进工人之间的国际纽带。阶级斗争无论在何处、以何种形式、在何种条件下表现出来，自然总是由我们协会的会员站在最前列。产生这个协会的土壤就是现代社会本身。无论屠杀多少人，都不能把这个协会铲除。要铲除它，各国政府首先必须铲除资本对劳动的专横统治，即铲除它们自身的寄生性生存的条件。"②

无产阶级政党是按照一定条件和组织原则组成的组织，党员质量的高低直接影响党的威望和力量。马克思、恩格斯不管是在无产阶级政党的雏形——布鲁塞尔通讯委员会，还是创立第一个无产阶级政党——共产主义者同盟，再到国际工人协会，进而到第二国际时期，都对党员的基本条件提出过明确具体的要求，但始终不变的一条，就是要求共产党人在"坚持整个无产阶级共同的不分民族的利益"之外，还要"始终代表整个运动的利益"③，也就是始终保持党员的先进性。也就是，在承认并维护组织原则、服从组织的一切决议、作风品德符合组织纪律等这些基本要求的基础上，还要在具体实践中用自己的模范行动，为广大群众树立很高的标准和榜样。恩格斯就在 1879 年 11 月 14 日给奥古斯特·倍倍尔的信中提出："我们在这里既没有过低估计党在德国所必须克服的困难，也没有过低估计尽管如此仍然获得的成就的意义和党员**群众**一贯的模范行动。"④

---

① 恩格斯：《恩格斯致马克思（1852 年 11 月 5—6 日）》，《马克思恩格斯全集》第 28 卷（上），人民出版社 1973 年版第187 页。

② 马克思：《法兰西内战》，《马克思恩格斯全集》第 17 卷，人民出版社 1963 年版第384 页。

③ 马克思、恩格斯：《共产党宣言》，《马克思恩格斯文集》第 2 卷，人民出版社 2009 年版第44 页。

④ 恩格斯：《恩格斯致奥古斯特·倍倍尔（1879 年 11 月 14 日）》，《马克思恩格斯全集》第 34 卷，人民出版社 1972 年版第398 页。

（二）他们不承认任何外界的权威，不管这种权威是什么样的

勇敢的体现，还体现在敢于向权威挑战，特别是对于处在革命斗争时期的共产党人来讲，这一点显得更加重要。革命本身就是推翻统治阶级这个当时的最大权威，如果没有革命的勇敢无畏的精神，推翻统治阶级实现革命的胜利就只能是一句空话。恩格斯在《反杜林论》中对伟大人物的基本形象进行描述时，就讲道："在法国为行将到来的革命启发过人们头脑的那些伟大人物，本身都是非常革命的。他们不承认任何外界的权威，不管这种权威是什么样的。宗教、自然观、社会、国家制度，一切都受到了最无情的批判；一切都必须在理性的法庭面前为自己的存在作辩护或者放弃存在的权利。思维着的悟性成了衡量一切的唯一尺度。"① 对于这个思想，马克思、恩格斯始终强调，他们在制定党的章程时，首先要求的一条就是摒弃章程中一切助长迷信权威的东西。

（三）但愿那里的工人证明，他们不仅有必要的勇气，而且还具有取得胜利所绝对必需的耐心、沉着、理智和纪律性

这是 1893 年 12 月 21 日，恩格斯对奥地利的工人革命运动进行指导时，给阿德尔海德·德沃夏克的信中对当时的革命工人提出的希望。恩格斯在这里指出："如果一切迹象不是假象的话，您在奥地利还面临一个急风暴雨的时期和长期的斗争；但愿那里的工人证明，他们不仅有必要的勇气，而且还具有取得胜利所绝对必需的耐心、沉着、理智和纪律性！"② 这里面提出的主要思想包括两个方面，一方面是"必要的勇气"，这是基础和前提；另一方面是"必需的耐心、沉着、理智和纪律性"，这是重要保证。恩格斯还在 1884 年 10 月 29 日给奥古斯特·倍倍尔的信中，称赞革命工人的革命精神，其中提到的也主要是勇敢顽强。恩格斯以欣慰的心情，高兴地写道："我们的工人真是好样的！他们不顾政府和资产阶级的一切诡计、威胁和暴力，夺回一个又一个阵地，表现得那么顽强，那么坚决，主要的是，又那么达观！德国极其需要重新受到世界的尊重；俾斯麦和毛奇能够做到使人畏惧德国；只有我们的无产者才能得到真正的

① 恩格斯：《反杜林论》，《马克思恩格斯全集》第 20 卷，人民出版社 1973 年版第19 页。

② 恩格斯：《恩格斯致阿德尔海德·德沃夏克（1893 年 12 月 21 日）》，《马克思恩格斯全集》第 50 卷，人民出版社 1985 年版第500 页。

尊重，即得到那种只有自由而又纪律严明的人们才当之无愧的尊重。”① 在赞扬革命工人的勇敢顽强精神的同时，马克思、恩格斯也对怯懦的行为表示极大的愤慨。恩格斯就在 1871 年 5 月 10 日，就当时的巴黎革命斗争的形势进行分析和指导时，在给海尔曼·荣克的信中指出：“没有受到攻击就从伊西炮台逃跑的人们，真该枪毙。由于这种怯懦的行为，战局大大恶化了。”②

马克思、恩格斯不仅对全体革命工人的勇敢顽强的战斗精神表示赞赏，而且对革命领导人在这方面提出更高要求。恩格斯在总结评价贝克尔时就写道：“老头子在政治上和军事上都起过重大的作用。在 1849 年的运动中，他是唯一的一个真正来自人民的指挥员。他用自己在瑞士军队中学到的那种并不高明的战略和战术，比所有巴登军官和普鲁士军官作出了更大的贡献，而且他在政治上坚决执行了正确路线。他还是一位天生的人民统帅，具有惊人的冷静的头脑和罕见的善于指挥新部队的才能……”③ 同时，对于不能达到这种要求的，马克思、恩格斯也毫不留情地给予批评。马克思就在 1882 年 11 月 27 日与恩格斯的通信中，就拉法格存在巴枯宁主义的问题进行了严厉批判，他明确指出：“对拉法格和盖得的愚蠢行为的气愤我先前在给你的信中就发泄过，因而已经消了一些。真是不可思议，一个在运动中处于领导地位的人，怎么能这样轻率地——不客气地说，**这样愚蠢地**——不知为了什么而去冒丧失一切的危险！”④ 马克思所说的先前给恩格斯的信，写于 11 月 6 日，写信的原因是拉法格寄给马克思的一份《无产者报》，上面载有在圣亚田宣讲的对拉法格、盖得以及其他人的起诉书，而拉法格采取了“反映一时情绪的”⑤ 不当方式进行了反击。这引起了马克思的强烈不满。拉法格既是马克思的二女婿，也是法国工人党的领导人，马克思一直把他视作一位有才华的得力助手，而且是自己的精神

① 恩格斯：《致奥古斯特·倍倍尔（1884 年 10 月 29 日）》，《马克思恩格斯全集》第 36 卷，人民出版社 1974 年版第227 页。

② 恩格斯：《恩格斯致海尔曼·荣克（1871 年 5 月 10 日）》，《马克思恩格斯全集》第 33 卷，人民出版社 1973 年版第225 页。

③ 恩格斯：《恩格斯致奥古斯特·倍倍尔（1886 年 10 月 8 日）》，《马克思恩格斯文集》第 10 卷，人民出版社 2009 年版第556 页。

④ 马克思：《马克思致恩格斯（1882 年 11 月 27 日）》，《马克思恩格斯全集》第 35 卷，人民出版社 1971 年版第115 页。

⑤ 恩格斯：《恩格斯致马克思（1882 年 11 月 6 日）》，《马克思恩格斯全集》第 35 卷，人民出版社 1971 年版第99 页。

遗产的忠实卫士。从这封信里，我们既看到了马克思对拉法格处理问题的方式的不满，也更能体会到作为一名老师和一名家长，对自己的学生和孩子的教导和爱护，甚至有恨铁不成钢的情绪。

(四) 共产党人不屑于隐瞒自己的观点和意图①

这是马克思、恩格斯在《共产党宣言》中提出的思想。这既是对无产阶级政党的总体要求，也是对每名共产党人的具体要求。这就是要求每名党员都要光明磊落，有一说一，有二说二，不搞阴谋诡计，不管是在党内还是党外，都要心胸宽阔，堂堂正正做人，明明白白做事。这是对党员的基本品德要求。正如《国际工人协会共同章程》要求的那样，承认真理、正义和道德是他们彼此间和对一切人的关系的基础。这个光明磊落，有时还体现在如何正确处理个人利益与组织利益的关系上，这也是检验一名党员是否合格的基本标准。表现在具体问题上，就是坚持原则立场的坚定性。马克思在 1860 年 1 月 28 日给恩格斯的信中，就拉萨尔所坚持的对待福格特问题的基本立场和态度进行讨论时强调："置之不理，也就是说漠不关心，这在个人的和党的事业中只有在一定限度内才是许可的。"并且还特别指出："拉萨尔在给我的信件中已走得**太远**，不可能一下子完全退回来。无论如何，必须设法迫使他采取较明确的立场：非此即彼。"②

(五) 他很聪明，很积极，有革命性，坚决反对市侩习气，作风和态度比大多数德国人更有国际主义

这里主要体现的是无产阶级政党的党员特别是领导人在性格、作风等方面所应具有的特质。这是恩格斯在 1890 年 10 月 19 日，给马克思的二女儿也是曾任马克思秘书的劳拉·拉法格的信中，在费舍·理查（1855—1926）成为德国社会民主党的执行委员会书记（1890—1893）时，对费舍的评价。恩格斯在这封信中写道："我很高兴，费舍参加了党的执行委员会。你曾在这里见过他。他很聪明，很积极，有革命性，**坚决反对市侩习气**，作风和态度比大多数德国人更有国际主义精神。"③ 马克思在 1870 年 9 月 1 日给左尔格的信中，在对国际

---

① 马克思、恩格斯：《共产党宣言》，《马克思恩格斯文集》第 2 卷，人民出版社 2009 年版第66 页。

② 马克思：《马克思致恩格斯（1860 年 1 月 28 日）》，《马克思恩格斯全集》第 30 卷（上），人民出版社 1974 年版第12 页。

③ 恩格斯：《致劳拉·拉法格（1890 年 10 月 19 日）》，《马克思恩格斯全集》第 37 卷，人民出版社 1971 年版第481 页。

工人协会会员、德国民主主义者、律师，也是1849年巴登—普法尔茨起义的参加者席利·维克多（1810—1875）进行评价时指出："席利不仅是我的一个最老的、最亲密的私人朋友，他还是一个极能干、极勇敢和极可靠的党员。"① 恩格斯还在描述另一位无产阶级政党的领导人亨利希·鲍威尔时，对他的领导风格也进行阐述，写道："亨利希·鲍威尔生于法兰克尼亚，是皮鞋匠；他是个活泼、灵敏而诙谐的小伙子；但在他那矮小的身体里也蕴藏着许多机警和果断。"② 恩格斯在1868年5月6—7日向马克思祝贺50岁生日的信中，自豪地回顾了他们共同的革命生涯，恩格斯写道：

亲爱的摩尔：

我无论如何要祝贺你的五十寿辰。不过，我离这个日子，也只有短短一段时间了。二十五年前，我们曾经自豪地设想，等不到这一天到来，我们早就被砍头了，那时我们是多么富有青年人的满腔热情啊！③

（六）他是一个非常善于接近群众、在最困难时刻总是在需要的地方的坚强刚毅的人

这是恩格斯在1864年11月24日，就威廉·沃尔弗的逝世给约瑟夫·魏德迈所写的信中，对沃尔弗的评价。他在这里写道："你大概已经听说，我们不幸的鲁普斯今年5月9日在这里逝世了。对于党来说，这一损失比起拉萨尔的死，具有完全不同的意义。他是一个非常善于接近群众、在最困难时刻总是在需要的地方的坚强刚毅的人，象他这样的人我们永远不会再有了。"④ 这里面提出了两个方面的基本素质。一个是"非常善于接近群众"。这体现了马克思、恩格斯的群众观，也是作为党员特别是党的领导干部所应具备的基本素质。另一个是"在最困难时刻总是在需要的地方的坚强刚毅"。这充分体现了党员特别是党的领导干部的先锋模范作用，就是敢于和善于在最困难的时候、最关键的时刻站

---

① 马克思：《马克思致弗里德里希·阿道夫·左尔格（1870年9月1日）》，《马克思恩格斯全集》第33卷，人民出版社1973年版第148页。

② 恩格斯：《关于共产主义者同盟的历史》，《马克思恩格斯全集》第21卷，人民出版社1965年版第243页。

③ 恩格斯：《恩格斯致马克思（1868年5月6—7日）》，《马克思恩格斯全集》第32卷，人民出版社1974年版第78—79页。

④ 恩格斯：《恩格斯致约瑟夫·魏德迈（1864年11月24日）》，《马克思恩格斯全集》第31卷（下），人民出版社1972年版第430页。

出来，起到领导和指导的作用。

五、始终厌弃名望、淡泊名利

马克思和恩格斯一生淡泊名利，视无产阶级革命事业为己任。马克思、恩格斯对待名利的态度，体现在以下两个方面。

（一）马克思认为自己不适于担任领导职务，因为他是脑力劳动者，而不是体力劳动者

在1866年9月3—8日召开的国际工人协会日内瓦代表大会上，法国的蒲鲁东主义者在批准章程时企图通过如下观点：不仅担任工人组织领导职务的人，而且工人组织的成员都必须是工人。总委员会的英国委员马修·劳伦斯提议马克思为总委员会主席的候选人，就是反对这种观点的举措。但是马克思不仅拒绝当候选人，并且还起草了《关于总委员会成员的决议》，总委员会会议于1866年9月25日、1866年11月6日和1867年9月24日通过。该决议共有3条，其中的第1条就是："马克思提议奥哲尔为（总委员会主席的）候选人。马克思认为自己不适于担任此项职务，因为他是脑力劳动者，而不是体力劳动者。"[①] 从这段文字可以看出，马克思只是把领导职务看作为党的事业作贡献的一个基本平台，而不是获取个人利益的工具。

（二）始终把声望看得一钱不值

马克思1877年11月10日在给布洛斯的信中，明确指出"我们两人都把声望看得一钱不值"，"厌恶一切个人崇拜"，并且提到在国际工人协会的时候，"从来都不让公布那许许多多来自各国的、使我厌烦的歌功颂德的东西"，并且自己也"不予答复，偶尔答复，也只是加以斥责"。最后还明确提出，他们在最初加入共产主义者同盟的时候就提出了条件，那就是"摒弃章程中一切助长迷信权威的东西"。[②] 在这里，马克思明确提出了"厌恶一切个人崇拜"的思想。在这之前的1868年10月26日，马克思还在给库格曼的信中，拒绝了库格曼给自己写传记的事。在这之前，迈耶尔百科词典的出版者早就写信来要马克思的

---

① 马克思：《关于总委员会成员的决议》，《马克思恩格斯全集》第44卷，人民出版社1982年版第511页。

② 马克思：《马克思致威廉·布洛斯（1877年11月10日）》，《马克思恩格斯文集》第10卷，人民出版社2009年版第422—423页。

传记，马克思不仅没有给，而且连信都没有回。即使在这之前，马克思同意库格曼给自己在《凉亭》这个小杂志上登一个宣传小广告，也是在恩格斯和库格曼的反复劝说下才让步，并且“就我的本意来说是**坚决反对的**”①。在马克思去世之后，恩格斯独自担负指导国际共产主义运动的使命时，也坚持反对以任何形式突出个人和搞个人崇拜。特别是1891年，有人要为恩格斯71岁生日举行盛大的庆祝活动，他听说后立即回信表示反对，并强调避免使群众感到有人高高在上的阴影，从而危害党的事业的发展。

六、每个支部对它所接受的会员的品质纯洁负责

1871年10月24日国际工人协会伦敦代表会议通过的，由马克思起草的《国际工人协会的共同章程和组织条例》中的《国际工人协会共同章程》第九条规定：“每一个承认并维护国际工人协会原则的人，都可成为国际工人协会的会员。每一个支部对它所接受的会员的品质纯洁负责。”② 马克思不仅在章程中进行了明确规定，而且在革命实践中始终坚持贯彻落实这个基本要求。这集中体现在1870年1月8日左右，由马克思为国际工人协会伦敦总委员会北美通讯员、国际工人协会的创建人之一罗伯特·肖因患肺结核症逝世而起草的《讣告》中。在这份讣告中，马克思对罗伯特·肖的革命贡献和人品进行了充分肯定，马克思写道：“罗伯特·肖是委员会最热忱的委员之一。他心地纯洁，性格刚毅，具有火热的感情和真正的革命精神，他憎恶狭隘、虚荣和贪图私利。他自己是一个贫苦的工人，但他总是尽一切可能来帮助比他更贫苦的工人。他在私人交往方面像孩子一般温顺，但在社会生活中却对任何妥协行为深恶痛绝。”③ 这基本上包含了作为无产阶级政党的党员的品质的各个方面。

（一）从党的角度考虑问题，我个人利益经常受到损害，对此我已经习以为常了

马克思1859年12月10日在给恩格斯的信中，针对有些人对自己的诋毁，

① 马克思：《马克思致路德维希·库格曼（1868年10月26日）》，《马克思恩格斯全集》第32卷，人民出版社1974年版第561页。

② 马克思：《国际工人协会的共同章程和组织条例》，《马克思恩格斯全集》第17卷，人民出版社1963年版第477页。

③ 马克思：《讣告》，《马克思恩格斯全集》第16卷，人民出版社1964年版第444页。

他指出如果从党的角度考虑，他个人受到诋毁是没有什么的，也就是“从党的角度考虑问题，我个人的利益经常受到损害，对此我已经习以为常了；另一方面，我也习惯于不指望别人照顾我个人的利益。”① “习以为常”，从字面上看是非常普通和一般的词汇，但如果真正落实到行动上，就可感受到马克思为了党的利益而牺牲自己的利益，是经常性的而且是没有什么怨言的，认为这是应该的。这充分体现了他的党性觉悟和崇高品格。

一方面，在处理党的利益和个人利益的关系时，马克思、恩格斯始终强调要有献身精神。马克思 1866 年 10 月在给库格曼的信中，曾讲过自己写《资本论》时所受的苦，但同时也表达了自己为了人类解放事业而奉献自己的一切的伟大情怀。马克思指出，他之所以恼火是因为一些日常生活的麻烦事，因为“这些事情妨碍我去完成我的著作”，马克思在这里所说的日常生活的“麻烦事”，就是指因为没有固定工作而面临的生活困难，他还指出，如果不是“为我们的事业工作的话，那么明天我就能结束这种状况”。② 恩格斯在 1872 年 7 月 5 日的总委员会会议上，关于萨拉哥沙代表大会的发言中，针对巴枯宁领导之下的社会主义民主同盟，讲道：“在西班牙，这个秘密团体一度控制了国际，但是在瓦伦西亚代表会议（1871 年 9 月）召开前不久，在它的队伍中发生了意见分歧。把国际的利益确实看得比一个渺小的宗派集团的利益珍贵的那部分盟员遭到了这个宗派的狂热分子和阴谋分子的攻击，最后，不得不由萨拉哥沙代表大会来解决这个冲突。”③ 这句“把国际的利益确实看得比一个渺小的宗派集团的利益珍贵”，就充分体现了把党的利益置于小集体利益之上的重要思想。恩格斯还在 1873 年 5 月 3 日给左尔格的信中，提到了一名国际工人协会会员的感人事迹，恩格斯讲：“有一个会员为了给党弄些钱，曾委托丹特雷格把自己的表当掉。”④

---

① 马克思：《马克思致恩格斯（1859 年 12 月 10 日）》，《马克思恩格斯全集》第 29 卷，人民出版社 1972 年版第502 页。

② 马克思：《马克思致路德维希·库格曼（1866 年 10 月 9 日）》，《马克思恩格斯文集》第 10 卷，人民出版社 2009 年版第242 页。

③ 恩格斯：《弗·恩格斯关于萨拉哥沙代表大会的发言记录（摘自 1872 年 5 月 7 日总委员会会议记录）》，《马克思恩格斯全集》第 18 卷，人民出版社 1964 年版第718 页。

④ 恩格斯：《恩格斯致弗里德里希·阿道夫·左尔格（1873 年 5 月 3 日）》，《马克思恩格斯全集》第 33 卷，人民出版社 1973 年版第582 页。

另一方面，公私分明，有全局思维和意识。恩格斯在《德国的社会主义》中写道："不言而喻——而我再一次明确地声明——，在这篇文章中，我只是以我个人的名义，而决不是以德国党的名义说话。这样的权利只属于这个党的由选举产生的机构、它的代表和受托人。况且我由于自己50年的活动而在国际运动中所取得的地位，不允许我作为这一或那一国家的社会主义政党的代表发表与其他党相对立的意见，但是这并不妨碍我记住我是一个德国人，也不妨碍我为我们德国工人比所有其他工人先争得的那个地位而感到自豪。"① 即使在一个简单的称呼上，恩格斯也注重从党的全局利益来考虑。比如，恩格斯在1883年2月27日—3月1日给伯恩施坦的信中，就伯恩施坦在报纸上称呼自己为"同志"的问题进行了阐述，恩格斯指出："请不要在报纸上总是称呼我为'同志'。第一，我讨厌任何称号，既然在所有值得重视的德国报刊中，如果不是攻击，都不加称号，只是称呼名字，那么我们也应该照此办理，除非指明'同志'是要**确实告诉**读者，此人是党员。在讲台上和在口头争论中适用的和惯用的东西，有时在报刊上则是根本不容许的。此外，我们在这里根本不是狭义的'同志'。我们属于德国党的程度，未必大于属于法国、美国或俄国党的程度，我们很少受德国的纲领的约束，正象我们很少受最低纲领的约束一样。我们认为我们作为**国际**社会主义的代表的这种特殊地位是有一定的意义的。但是这种地位不容许我们属于某一个国家的党，至少是在我们回到德国并直接参加那里的斗争以前。现在这不会有什么意义。"②

（二）不要把金钱问题看得太重

这是马克思在1865年11月21日，在代表国际工人协会中央委员会给威廉·李卜克内西的信中提出的思想。马克思在这里主要是针对国际工人协会的会员证的问题而谈的。在国际工人协会中央委员会通过的决议中，为了征集协会的活动经费，规定了参加协会的"任何团体（不管它有多少人），只要付五先令就可以集体加入协会"，"每张收一先令的会员证就使你有权取得个人会员资格"。马克思在这里鼓励李卜克内西广泛在德国招募会员。马克思指出："我会把**会员证**寄给你，钱由我来付，这样你就可以**把它们分发出去**。但是现在就要

① 恩格斯：《德国的社会主义》，《马克思恩格斯文集》第4卷，人民出版社2009年版第425页。

② 恩格斯：《恩格斯致爱德华·伯恩施坦（1883年2月27日—3月1日）》，《马克思恩格斯全集》第35卷，人民出版社1971年版第443页。

行动起来！任何**团体**（不管它有多少人），只要付五先令就可以集体加入协会。可是那些每张收一先令的**会员证**就使你有权取得个人会员资格，这对于所有到外国去的工人是很重要的。但是你不要把这个金钱问题看得太重。主要的是在德国招募会员，既要个人会员，也要团体。”① 马克思还于 1866 年 8 月 31 日，在代表中央委员会给约翰·菲力浦·贝克尔的信中，就个别党的领导人对金钱过于看重的问题进行了批判，马克思指出：“克里默先生**在道德上**完全堕落了。他所追求的只是得到一个**‘有报酬的’**职务，而且不做工作。所以**在任何情况下都不应当**在代表大会上选他当**总书记**（这是唯一有报酬的职务）。”②

（三）应具备优秀的人格品质

党员首先是一个大写的人，只有具备优秀的人格，才能真正做好人，才能当好党员。这是最基本的要求。马克思、恩格斯就是这方面的楷模。恩格斯 1865 年 3 月 29 日在给朗格的信中说，虽然他已经不是黑格尔派了，并且还对黑格尔进行了严厉批判，“但是我对这位伟大的老人仍然怀着极大的尊敬和依恋的心情”③。黑格尔的理论是马克思、恩格斯创立他们自己的新世界观的理论来源之一，在学习借鉴的基础上，他们与黑格尔作了彻底分裂，并且还进行了深刻批判，但这并没减少马克思和恩格斯“对这位伟大的老人”的尊敬和依恋。这也从个人思想品质上体现了马克思和恩格斯的高尚情操，他们就是全体党员的楷模和道德标准。马克思还在 1867 年 7 月 25 日的《资本论》第一版序言中提出：“任何的科学批评的意见我都是欢迎的。而对于我从来就不让步的所谓舆论的意见，我仍然遵守伟大的佛罗伦萨诗人的格言：走你的路，让人们去说罢！”④

（四）无论是马克思还是我，凡是可能被说成是向某个工人组织请求给我们以个人帮助的事，都从来没有做过

这是恩格斯 1886 年 2 月 25 日在给美国工人运动的领导人弗洛伦斯·凯利-

① 马克思：《马克思致威廉·李卜克内西（1865 年 11 月 21 日）》，《马克思恩格斯全集》第 31 卷（下），人民出版社 1972 年版第491 页。

② 马克思：《马克思致约翰·菲力浦·贝克尔（1866 年 8 月 31 日）》，《马克思恩格斯全集》第 31 卷（下），人民出版社 1972 年版第526 页。

③ 恩格斯：《恩格斯致弗里德里希·阿尔伯特·朗格（1865 年 3 月 29 日）》，《马克思恩格斯文集》第 10 卷，人民出版社 2009 年版第227 页。

④ 马克思：《资本论》，《马克思恩格斯全集》第 23 卷，人民出版社 1972 年版第13 页。

威士涅威茨基夫人的信中提出的。恩格斯说："无论是马克思还是我，凡是可能被说成是向某个工人组织请求给我们以个人帮助的事，都从来没有做过。其所以必须如此，不仅是为了要保持我们的独立性，而且还因为资产阶级经常造谣诬蔑，说什么'煽动家们骗取工人们辛辛苦苦赚来的钱，为自己个人的目的花用'。因此，我将不得不通知执行委员会：这个请求，我完全不知道，也不是受我的委托。毫无疑问，福斯特小姐是按照她认为最好的方式去做的，而她的这个做法本身当然也是完全可以容许的，但是，如果我能事先预料到，那我就会尽一切可能加以阻止。"① 恩格斯还在 1890 年 12 月 3 日给斐迪南·多梅拉·纽文胡斯的信中，就纽文胡斯的儿子服役的问题，谈了个人看法，集中体现的思想，也是不能因为个人的事而影响党的整体利益。恩格斯指出："至于您儿子赎免服役问题，原则上我不认为有任何不当之处。""但是，在这种个别情况下，有决定意义的应该是，您的这一行动会给党内同志以及还在党外的一切工人群众造成什么样的印象；工人们的舆论对这件事是毫不介意呢，还是因此而反对社会民主党。这个问题只有在当地由相当熟悉情况的人才能解决，因此我在这里不能发表任何意见。"②

（五）党员要集中精力做党的事业，正确处理好党的事业与个人利益的关系

恩格斯 1845 年 1 月在给马克思的信中写道："一个人身为共产主义者如果**不从事写作**，或许还可以在表面上充当资产者和做生意的牲口，但是，如果他既要从事大量的共产主义宣传，同时又要做生意和搞工业，那就不行了。"③ 这是恩格斯 25 岁时，在与马克思的交流中对自己提出的要求，这也可体现出马克思、恩格斯对其他党员提出的基本行为准则。作为无产阶级的革命者，既然是职业革命者，就需要集中精神干好党所安排的工作任务。这既是干好工作的前提，也是防止党员被腐蚀从而产生腐败和违纪行为的根本之措。从当代中国共产党的建设实际来看，这一思想越来越凸显出它的英明之处。

---

① 恩格斯：《致弗洛伦斯·凯利-威士涅威茨基夫人（1886 年 2 月 25 日）》，《马克思恩格斯全集》第 36 卷，人民出版社 1974 年版第443 页。

② 恩格斯：《致斐迪南·多梅拉·纽文胡斯（1890 年 12 月 3 日）》，《马克思恩格斯全集》第 37 卷，人民出版社 1971 年版第503 页。

③ 恩格斯：《恩格斯致马克思（大约 1845 年 1 月 20 日）》，《马克思恩格斯文集》第 10 卷，人民出版社 2009 年版第30 页。

七、新党员如果没有充分阅读书报或听到鼓动，就难以达到老党员的水平

马克思、恩格斯不仅对党员的能力素质十分关注，而且还非常重视对党员的教育培养。恩格斯就在1890年8月10日给李卜克内西的信中，就德国社会民主党的建设发展进行指导时指出："三年来，你们得到了大发展，增加了上百万人。在实施反社会党人法的条件下，这些新人没有可能充分阅读书报和听到鼓动，所以没有达到老党员的水平。他们之中很多人只有善良的愿望和美好的意图，可是大家知道，这往往会把人引入地狱。如果他们连一切新教徒的那种热忱也没有，那倒是怪事。因此，他们是一种很容易受反对你们的那些钻到前面去的文学家和大学生的影响和利用的材料。"① 这里的"充分阅读书报和听到鼓动"，就内含着加强党员的教育培养问题。

（一）要对无产阶级运动有益处，这些人必须带来真正的教育因素

马克思、恩格斯在《给奥·倍倍尔、威·李卜克内西、威·白拉克等人的通告信》中指出："**第一**，要对无产阶级运动有益处，这些人必须带来真正的教育因素。"② 这一思想早在《共产党宣言》中就作了阐明，马克思、恩格斯在这里指出："共产党一分钟也不忽略教育工人尽可能明确地意识到资产阶级和无产阶级的敌对的对立，以便德国工人能够立刻利用资产阶级统治所必然带来的社会的和政治的条件作为反对资产阶级的武器，以便在推翻德国的反动阶级之后立即开始反对资产阶级本身的斗争。"③ 这虽然从字面上看，是从党组织的角度专门对工人来讲的，但从深层来讲，这也是对所有普通党员提出的要求。加强党员的教育培养是党组织的基本职责，每一个支部都应对接受的会员的品德负责。这是《国际工人协会共同章程》对每个支部提出的基本要求。

---

① 恩格斯：《致威廉·李卜克内西（1890年8月10日）》，《马克思恩格斯全集》第37卷，人民出版社1971年版第441页。

② 马克思、恩格斯：《给奥·倍倍尔、威·李卜克内西、威·白拉克等人的通告信》，《马克思恩格斯文集》第3卷，人民出版社2009年版第483页。

③ 马克思、恩格斯：《共产党宣言》，《马克思恩格斯文集》第2卷，人民出版社2009年版第66页。

（二）在日益壮大的工人政党内，小资产阶级分子的增多是不可避免的，这就象“学士”、落选的大学生等的增多一样，并没有什么了不起。他们在几年前还是危险人物。现在我们能够溶化他们

这是恩格斯在1894年11月24日，给李卜克内西的信中提出的思想。恩格斯在这里主要是针对一个叫福尔马尔的党员的教育培养所说的。并且恩格斯在提出“溶化他们”的思想之后，还进一步指出：“但是必须促进这个过程。为此就需要加盐酸；如果盐酸不够（象法兰克福所表明的那样），那末现在应该感谢倍倍尔，他正是为了使我们能够很好地溶化这些非无产阶级分子而加了盐酸。恢复党内真正和谐的途径就在这里，而不在于否认和隐瞒党内一切真正有争论的问题。”① 这里所说的“盐酸”等，就是指强化对党员的教育培养。

（三）违反别人的意志去影响别人的任何企图，都只会对我们有害

也就是说，对党员的教育培养的基本原则是尊重人的意志。这也是马克思、恩格斯的唯物辩证法在实践中的基本应用。马克思主义哲学的基本原理之一，就是内因是主观的，起主导作用的，而外因是客观的，起辅助作用的。所以，在加强党员队伍的教育管理，或者说在对党员进行帮助指导时，马克思、恩格斯始终强调，要他们从自己的错误中学习，这样就能“吃一堑，长一智”。恩格斯在1881年10月25日给伯恩施坦的信中，就明确指出，“我们总是同他们保持接触”，但“违反别人的意志去影响别人的任何企图，都只会对我们有害”，并且结合自己长期革命工作的实践，指出“我们在这方面的经验实在太多了”。② 这是恩格斯结合自己长期指导无产阶级革命斗争的实践，从而总结提炼出的经验教训，也是加强党员队伍建设，搞好教育培养工作应坚持的基本原则。这里提出的思想观点，就是要求各级党组织有针对性地去搞好各项教育活动，增强教育培养的实效性和针对性。

八、在我们党内，每个人都应该从普通一兵做起

实践是最好的舞台。马克思、恩格斯一贯主张，革命和力量要经受“拳打

---

① 恩格斯：《致威廉·李卜克内西（1894年11月24日）》，《马克思恩格斯全集》第39卷（上），人民出版社1974年版第315页。

② 恩格斯：《恩格斯致爱德华·伯恩施坦（1881年10月25日）》，《马克思恩格斯文集》第10卷，人民出版社2009年版第468页。

脚踢”，需要在革命实践的锤炼中不断提高党员的能力素质。恩格斯 1890 年 9 月 7 日在《给〈萨克森工人报〉编辑部的答复》中批评德国党内“青年派”时指出：“他们之中有的人曾经写出可以令人抱某些希望的东西。他们之中的大多数本来是可以有所作为的，如果他们不那么深信他们目前所达到的发展阶段是完美无缺的话。但愿他们能懂得：他们那种本来还需要彻底的、批判性的自我修正的‘学院式教育’，并没有授予他们有资格在党内担任相应职位的军官证书；在我们党内，每个人都应该从普通一兵做起；要在党内担任负责的职务，仅仅有写作才能或理论知识，甚至二者全都具备，都是不够的，要担任领导职务还需要熟悉党的斗争条件，掌握这种斗争的方式，具备久经考验的耿耿忠心和坚强性格，最后还必须自愿地把自己列入战士的行列中——一句话，他们这些受过‘学院式教育’的人，总的说来，应该向工人学习的地方，比工人应该向他们学习的地方要多得多。”① 对于如何才能真正从普通一兵做起，接受党内实践和作风方面的教育培养，马克思、恩格斯还提出过具体要求。

（一）我反对他们的空想和浮夸

这是马克思、恩格斯对党员的行事作风的基本要求，也是他们在革命实践中始终强调的问题。也就是说，革命要靠实实在在地干，从一点一滴去干。马克思在 1846 年 12 月 28 日给安年科夫的信中，曾指出在德国党内有相当的一部分人在生他的气，这主要是因为“我反对他们的空想和浮夸”②。这虽然只是在当时对德国党内的风气发出的内心独白，但从这一点也可以看出，马克思、恩格斯始终对无产阶级政党内部的空想和浮夸持反对和批判态度。从他们整个革命生涯，随时可以看出他们对这种作风进行批判的思想。他们既是这样要求所有党员的，自己更是这样做的。马克思、恩格斯创立的新的世界观的理论基础，就是要求从事物的本来面貌出发去研究和探索事物，这就是不能空想和浮夸的具体体现。

（二）一贯受到拳打脚踢的人民，才正是能够实现社会革命的人民

这是恩格斯在 1870 年 8 月 15 日给马克思的信中提出的思想。恩格斯指出：

---

① 恩格斯：《给〈萨克森工人报〉编辑部的答复》，《马克思恩格斯文集》第 4 卷，人民出版社 2009 年版第397 页。

② 马克思：《马克思致帕维尔·瓦西里耶维奇·安年科夫（1846 年 12 月 28 日）》，《马克思恩格斯文集》第 10 卷，人民出版社 2009 年版第53 页。

“一贯受到拳打脚踢的人民，才正是能够实现社会革命，而且是在威廉所喜爱的无数小邦里实现社会革命的人民!”① 这一思想，马克思在1870年12月13日给库格曼的信中总结巴黎公社经验时也进行了阐明：“不管战争怎样结束，它已经教会法国无产阶级掌握武器，而这就是未来的最好的保证。”② 这里体现了两个方面的思想：一个是实践是最好的成才平台；另一个是要进行战斗。另外，马克思还提出了在反对统治阶级的革命斗争中进行“训练”的思想。这是马克思在1871年11月23日给弗里德里希·波尔特的信中提出的。马克思在信中指出，无产阶级政党需要进行政治运动，讲到如何开展政治方面的行动时，特别强调：“在工人阶级在组织上还没有发展到足以对统治阶级的集体权力即政治权力进行决定性攻击的地方，工人阶级无论如何必须不断地进行反对统治阶级政策的鼓动（并对这种政策采取敌视态度），从而使自己在这方面受到训练。否则，工人阶级仍将是统治阶级手中的玩物，法国的九月革命已经证明了这一点，而格莱斯顿先生及其同伙在英国到现在还能够要把戏也在某种程度上证明了这一点。”③ 这里的“在这方面受到训练”，也体现了要经受革命的实践锤炼的思想。

（三）只有通过和敌对势力斗争，主张变革的党才走向成熟，成为一个真正革命的党

这是马克思在《1848年至1850年的法兰西阶级斗争》中提出的思想。马克思在这里写道：“革命的进展不是在它获得的直接的悲喜剧式的胜利中，相反，是在产生一个联合起来的、强大的反革命势力的过程中，即在产生一个敌对势力的过程中为自己开拓道路的，只是通过和这个敌对势力的斗争，主张变革的党才走向成熟，成为一个真正革命的党。”④ 这是马克思总结巴黎革命所得出的重要革命经验，强调的就是真正的革命的党是在同敌人的一次次斗争中，

① 恩格斯：《恩格斯致马克思（1870年8月15日）》，《马克思恩格斯全集》第33卷，人民出版社1973年版第43页。

② 马克思：《马克思致路德维希·库格曼（1870年12月13日）》，《马克思恩格斯全集》第33卷，人民出版社1973年版第169页。

③ 马克思：《马克思致弗里德里希·波尔特（1871年11月23日）》，《马克思恩格斯全集》第33卷，人民出版社1973年版第337页。

④ 马克思：《1848年至1850年的法兰西阶级斗争》，《马克思恩格斯文集》第2卷，人民出版社2009年版第79页。

不断成长和成熟起来的。因此，一方面，要敢于斗争、善于斗争；另一方面，要善于总结、善于学习，在革命斗争中学习革命斗争，使党得到不断成长和进步。

九、用 6 个办事员组织一个管理部门，可以比用 60 个政府顾问和财政学家所组织的要精练实用 1 000 倍

这是恩格斯 1851 年 8 月 11 日在给马克思的信中提出的观点。恩格斯在这里指出："我们的法学家等等不适于做这种工作。我们需要的是从事簿记和会计的办事员，编写电报、书信、文件的有才能、受过良好教育的人。我用六个办事员组织一个管理部门，可以比用 60 个政府顾问和财政学家所组织的要精练实用一千倍。"① 从这里可以看出，马克思、恩格斯对如何科学用人的问题提出了他们的基本思想。这个思想就是用人所长，强调专业化，也就是根据每个人的特点和具有的基本素质，去科学安排工作岗位。这是进行科学管理的基本要求，也蕴含了干部队伍专业化的基本观点。

（一）马克思认为自己不适于担任此项职务，因为他是脑力劳动者，而不是体力劳动者

在 1866 年 9 月 3—8 日召开的国际工人协会日内瓦代表大会上，法国的蒲鲁东主义者在批准章程时，企图通过如下观点：不仅担任工人组织领导职务的人，而且工人组织的成员都必须是工人。马克思、恩格斯对这种观点进行了彻底批判。而且国际工人协会的总委员会的英国委员马修·劳伦斯还提议马克思为总委员会主席的候选人，就是反对这种观点的一个实际举措。马克思不仅拒绝当候选人，并且还起草了《关于总委员会成员的决议》，其中第 1 条就是："马克思提议奥哲尔为（总委员会主席的）候选人。马克思认为自己不适于担任此项职务，因为他是脑力劳动者，而不是体力劳动者。"② 关于这个内容的基本描述，在前面已经进行了梳理，之所以又拿出来进行阐述，是因为这里面既体现了马克思高尚的人格品质，特别是对"为官"问题的个人奉献精神，也体现了马克思、恩格斯的用人思想，就是什么人干什么活，什么人适合干什么就安

---

① 恩格斯：《恩格斯致马克思（1851 年 7 月 20 日前后）》，《马克思恩格斯文集》第 10 卷，人民出版社 2009 年版第84 页。

② 马克思：《关于总委员会成员的决议》，《马克思恩格斯全集》第 44 卷，人民出版社 1982 年版第 511 页。

排他们去干，这就是人尽其才，才尽其用的用人理念。

（二）荣克当代表大会的主席是非常必要的，因为他能说三种语言

这是马克思在 1866 年 8 月 31 日，代表国际工人协会中央委员会针对日内瓦代表大会的主席的人选问题，给贝克尔的信中所写的内容。在这封信中，马克思提议荣克为代表大会的主席，并给出了 10 条理由和建议，除了讲明克里默和奥哲尔等其他人选“策划了极其卑鄙的阴谋”“违反中央委员会的绝大多数的意愿”“两人都在改革同盟中出卖了我们”“他所追求的只是得到一个‘有报酬的’职务，而且不做工作”等理由外，其中讲的首要一条，就是“（1）因为他能说三种语言——英语、法语和德语”，所以，在第 8 条中，就建议：“（8）在选举**代表大会主席**时你应当当场声明，只有会说几种语言的人才能在**国际代表大会**上担任主席，这至少是为了节省时间，等等。”① 从这里可以看出，虽然从一定程度上，马克思提出这个基本条件是为了力争让荣克当上主席，但另一方面，也是因为国际工人协会是世界上各个国家无产阶级革命运动的中心，需要与各国工人阶级进行联系，如果不懂多种语言，就无法进行沟通和联系，因此这是基本的条件。另外这也从一个侧面证明了马克思、恩格斯对专业化人才的重视。1886 年 11 月 29 日，恩格斯在给左尔格的信中对美国工人运动进行指导时，又进一步强调了这一点。恩格斯指出：“你们那里加倍地需要有几个我们方面的人，他们要在理论和久经考验的策略方面毫不动摇，同时要能说英语和写英文，因为美国人由于各种显而易见的历史原因在所有理论问题上都远远落后，他们虽然没有从欧洲接受中世纪的制度，但是接受了大量中世纪的传统、宗教、英国的习惯（封建）法、迷信、降神术，总之，接受了过去对做生意并不直接有害而现在对愚化群众则非常有用的各种荒唐的东西。”②

在选择中央委员会的书记时，马克思、恩格斯也坚持了专业化的基本原则。这在恩格斯于 1871 年 5 月 19 日给荣克的信中进行了详细阐明。恩格斯在这封信中写道：“我们的结论还是这样：只有两个人谈得上作为**这一**职务的候选人，这就是黑尔斯和莫特斯赫德。”“总的说来，我们认为，应该说他比莫特斯赫德

---

① 马克思：《马克思致约翰·菲力浦·贝克尔（1866 年 8 月 31 日）》，《马克思恩格斯全集》第 31 卷（下），人民出版社 1972 年版第525—526 页。

② 恩格斯：《致弗里德里希·阿道夫·左尔格（1886 年 11 月 29 日）》，《马克思恩格斯全集》第 36 卷，人民出版社 1974 年版第567 页。

更合适些，莫特斯赫德的性格不大适合于在伦敦的群众中进行有效的宣传，而进行宣传正是书记的主要职责。”“书记要作会议记录，要同英国各支部进行通信联系，同时还要在伦敦的群众中广泛扩大协会的影响，使他们摆脱工人贵族及其公认的首领而独立。”“我们不应该忘记，需要担负的这个职务，不象埃卡留斯喜欢自称的那样，是协会‘总书记’的职务，而仅仅是总委员会的书记的职务，——他的正式职责只限于在总委员会会议上履行书记的工作并同英国各支部进行通信联系（据我所知，他同美国的英国人支部通信仅仅是根据专门的决议）；换句话说，他既是英国的书记，同时又应以书记的身分在这里进行宣传，而埃卡留斯从来没有这样做过，然而，这是非常重要的。马克思和我都认为，书记的这一部分职务是最重要的。”①

（三）工人本身如果放弃劳动而成为职业文人，就会不断制造“理论上的”灾难

这是马克思在1877年10月19日给左尔格的信中提出的思想。马克思明确指出：“工人本身如果象莫斯特先生那帮人一样放弃劳动而成为**职业文人**，他们就会不断制造‘理论上的’灾难，并且随时准备加入所谓的‘有学问的’阶层中的糊涂虫行列。”② 放弃劳动而成为职业文人，就会不断制造“理论上的”灾难。这也从一个侧面进一步强调了马克思、恩格斯专业化用人的基本思想。

（四）增添委员时不要过多地拣选一个民族的公民

这是马克思和恩格斯在1871年10月17日起草的《1871年9月17日至23日在伦敦举行的国际工人协会代表会议的决议》中的第一个决议内容。该决议在“关于总委员会的成员”中提出：“代表会议建议总委员会对委员人数的增添加以限制，并且在增添委员时不要过多地拣选一个民族的公民。”③

这里所体现的基本思想，实质是领导层的多元化问题，也反映了要适应无产阶级政党的革命需要而选配干部的问题。之所以提出“不要过多地拣选一个民族的公民”，还是基于国际工人协会的根本任务。因为，国际工人协会是国际

---

① 恩格斯：《恩格斯致海尔曼·荣克（1871年5月10日）》，《马克思恩格斯全集》第33卷，人民出版社1973年版第224—225页。

② 马克思：《马克思致弗里德里希·阿道夫·左尔格（1877年10月19日）》，《马克思恩格斯全集》第34卷，人民出版社1972年版第281页。

③ 马克思、恩格斯：《1871年9月17日至23日在伦敦举行的国际工人协会代表会议的决议》，《马克思恩格斯全集》第17卷，人民出版社1963年版第451页。

无产阶级运动的中心，是领导和指导各国的无产阶级工人运动的，如果在国际工人协会的领导层不能体现国际性，那么在领导和指导国际工人运动时，一方面就会出现因不了解当事国的实际情况，而造成革命行动的错误等问题；另一方面也会在加强国际工人协会内部建设时形成派系，特别是在决定重大问题时，会因一个民族的人员过多，而造成决策的时候过多考虑这个民族而忽视其他民族等问题。这应该是配备领导班子的基本原则。

十、党在财力允许的情况下，应该尽量帮助有困难的党员

恩格斯在 1886 年 10 月 8 日给倍倍尔的信中，就贝克尔的情况写道："我认为，党既然在财力上允许（根据李卜克内西的话和从苏黎世得到的消息来看，情况是这样的)，那它就应该用自己的抚恤基金起码是部分地负担这位老战士的生活费用，而不要让他为了每星期挣 25 法郎累瞎了眼睛。"① 这充分体现了党需要加强对贫困党员的物质关心的问题。在当时革命斗争条件非常艰苦，经费十分紧张的情况下，要力所能及给予党员关心照顾。特别是对马克思本人来讲，本身生活就非常贫困和艰难，还能够给予其他党员以关怀照顾，这充分体现了马克思为大家舍小家的高贵品质。在马克思、恩格斯的革命生涯中，关于这方面的论述和事例比较多。

（一）他死后妻女贫困不堪，但是英国工人绝不会把他们丢开不管的

1870 年 1 月 8 日左右，在马克思为国际工人协会伦敦总委员会北美通讯员、国际工人协会的创建人之一罗伯特·肖因患肺结核症逝世而起草的《讣告》中，马克思在对罗伯特·肖的革命贡献和人品进行充分肯定的基础上，明确提出："他整个一生所经历的严酷无情的斗争损害了他病弱的身体。他去出席布鲁塞尔代表大会的时候（1868 年 9 月)，已经是病势垂危了。而他回来以后，慈善的资产阶级雇主们又把他关在企业的大门之外。他死后妻女贫困不堪，但是英国工人绝不会把他们丢开不管的。"②

（二）马克思、恩格斯不仅在日常关心党员群众的实际困难，而且还把这一行动在章程中作了明确规定

在马克思、恩格斯积极参与起草的 1847 年《共产主义者同盟章程》中明确

① 恩格斯：《恩格斯致奥古斯特·倍倍尔（1886 年 10 月 8 日）》，《马克思恩格斯文集》第 10 卷，人民出版社 2009 年版第555—556 页。

② 马克思：《讣告》，《马克思恩格斯全集》第 16 卷，人民出版社 1964 年版第444—445 页。

规定："**第三条** 所有盟员都一律平等，他们都是兄弟，因而有义务在一切场合下互相帮助。"① 马克思起草于1864年10月21日至27日之间的国际工人协会的《协会临时章程》也提出："国际协会的每个会员，在由一个国家迁居另一国家时，应该从加入协会的工人方面得到兄弟般的帮助。"②

（三）不仅规定进行关心和帮助，而且还成立专门组织来负责落实这方面的事务

马克思在1865年11月20日给海尔曼·荣克的信中，就协会的有关问题提出了自己的意见和建议，其中很重要的一条就是建立互助会。马克思在"有关协会的问题"中写道："（1）有关它的组织的问题。（2）建立协会会员的互助会。——从道义上和物质上帮助协会会员的孤儿。"③

十一、无产阶级运动的规律显然是，到处都有一部分工人领袖必然要蜕化

这是恩格斯在1869年7月30日的信中，与马克思交流探讨英国工人运动时提出的重要规律。恩格斯写道："当工人政治运动在英国开展了将近四十年之后，仅有的一家工人报纸竟会被赛·摩里这样的资产者所收买，这毕竟是个耻辱。可惜无产阶级运动的规律显然是，到处都有一部分工人领袖必然要蜕化，尽管这种现象无论在哪里也没有象拉萨尔在德国搞得那样普遍。"④ 这一基本规律的提出，既是马克思、恩格斯对他们几十年革命斗争经验的总结，也是他们的辩证唯物主义在实践中应用的体现。

（一）任何一次革命中，除了真正代表革命的人物，总还要挤进来另外一种人

马克思在《法兰西内战》中指出："在任何一次革命中，除了真正代表革命的人物，总还出现另外一种人。这种人当中有些是以前各次革命的遗老和笃信

---

① 马克思、恩格斯：《共产主义者同盟章程（1847年12月8日）》，《马克思恩格斯全集》第4卷，人民出版社1958年版第572页。

② 马克思：《协会临时章程》，《马克思恩格斯全集》第16卷，人民出版社1964年版第17—18页。

③ 马克思：《马克思致海尔曼·荣克（1865年11月20日）》，《马克思恩格斯全集》第31卷（下），人民出版社1972年版第488页。

④ 恩格斯：《恩格斯致马克思（1869年7月30日）》，《马克思恩格斯全集》第32卷，人民出版社1974年版第334页。

者，他们不了解当前运动的意义，但他们由于具有人人皆知的忠诚和勇敢精神或者只是由于传统关系，还保留有对人民的影响；另外有些人则不过是些空喊家，他们年年重复自己反对现存政府的刻板的声明，因而博得第一流革命家的声誉。”① 恩格斯也在《论原始基督教的历史》中指出，“各国工人政党里都会钻进一些在官方世界中毫无指望或在其中走完红运的形形色色的分子”②。马克思、恩格斯的这些论述，不管是“任何一次革命”还是“各国工人政党”，都是针对革命发展和政党的整体建设提出的规律性的认识。

（二）我们党内流行着一种腐败的风气

这是马克思 1877 年 10 月 19 日在给左尔格的信中所提出的观察结论。马克思指出“我们党内流行着一种腐败的风气”，并且强调“在群众中有，在领导人中尤为强烈”，③ 并且用括号进一步指出，这些人中“上等阶级出身的分子和‘工人’”尤其明显。从这里可以看出，马克思、恩格斯很早就意识到，在无产阶级政党内部会出现“腐败的风气”，也正因如此，他们在制定党的第一部纲领时，就强调共产党人要保持先进性，要代表整个阶级的共同利益，走在整个阶级的前列。他们也认识到，党内出现腐败问题是不可避免的。

（三）领导的一切错误总是由群众来纠正

恩格斯在 1880 年 4 月 1 日给贝克尔的信中，明确指出，“德国的运动的特点是，领导的一切错误总是由群众来纠正”④。从当时提出这一观点的背景来看，恩格斯主要是针对当时由于工人协会的分裂而对党的建设造成的损害而写的这封信。

之所以提出这个基本原理，既是马克思、恩格斯群众观的体现，还是基于对群众的信任和信赖。恩格斯就在 1884 年 6 月 20 日给约翰·菲力浦·贝克尔的信中指出：“我抱着最好的希望。在领袖中间废物很多，但我对群众的信赖却

---

① 马克思：《法兰西内战》，《马克思恩格斯全集》第 17 卷，人民出版社 1963 年版第368 页。

② 恩格斯：《论原始基督教的历史》，《马克思恩格斯文集》第 4 卷，人民出版社 2009 年版第480 页。

③ 马克思：《马克思致弗里德里希·阿道夫·左尔格（1877 年 10 月 19 日）》，《马克思恩格斯文集》第 10 卷，人民出版社 2009 年版第420 页。

④ 恩格斯：《恩格斯致约翰·菲力浦·贝克尔（1880 年 4 月 1 日）》，《马克思恩格斯文集》第 10 卷，人民出版社 2009 年版第448 页。

坚如磐石。"[①] 这是马克思和恩格斯群众观的充分体现，说明了不管是消除"总还要挤进来另外一种人"，还是克服和纠治"党内流行着一种腐败的风气"，都需要坚持群众路线。在这之前，恩格斯写于1878年2月中旬至3月中旬的《一八七七年的欧洲工人》也阐述了这一基本思想，恩格斯指出："色当会战以后，1870年9月，德国工人党执行委员会对自己的选民说，战争使欧洲工人运动的重心由法国转移到了德国，从而德国工人肩负起新的责任和更崇高的义务，要求他们作出新的努力。1877年证明了这一点的正确，同时还表明，德国无产阶级完全能够胜任他们所肩负的临时领导的任务。无论个别领袖犯了什么错误（错误很多，而且又是各种各样的），群众仍然坚决地、毫不动摇地朝着正确的方向前进。他们的坚毅精神、组织性和纪律性同德国历次资产阶级运动表现得十分突出的软弱无力、犹豫不决、逢迎和胆怯，形成了特别鲜明的对照。"[②] 马克思在《1848年至1850年的法兰西阶级斗争》中也指出，国民议会和每个议员，一旦使人民丧失了权利，自己也就会丧失代表权，并且强调，这是因为人民是他们的授权人。在这里，我们既可以看到党的群众路线的最早表述，也可感受到马克思、恩格斯立足于人民群众来加强对党员干部的监督和管理的基本思想。马克思在总结巴黎公社的革命斗争经验的《法兰西内战》中，对此问题也有很深刻的阐述。比如，用人民选举监督、随时撤换国家工作人员，公职人员只领取相当于工人工资的薪金，等等。

十二、当二月革命爆发的时候，人们所称的德国"共产党"仅仅是一个人数不多的核心。但是，这个不大的战斗队，却拥有一个大家都乐于服从的第一流领袖马克思

这是恩格斯写于1884年2月中旬至3月初的《马克思和"新莱茵报"（1848—1849年）》中提出的思想。恩格斯在这里写道："当二月革命爆发的时候，我们所称的德国'共产党'仅仅是一个人数不多的核心，即作为秘密宣传团体而组成的共产主义者同盟。同盟所以是秘密的，只是因为当时在德国没有

---

① 恩格斯：《致约翰·菲力浦·贝克尔（1884年6月20日）》，《马克思恩格斯全集》第36卷，人民出版社1974年版第165页。

② 恩格斯：《一八七七年的欧洲工人》，《马克思恩格斯全集》第19卷，人民出版社1963年版第139页。

结社和集会的权利。除了同盟得以从中吸收盟员的国外各工人协会之外，同盟在本国大约有三十个支部或小组，此外，在许多地方还有个别的盟员。但是，这个不大的战斗队，却拥有一个大家都乐于服从的第一流领袖**马克思**，并且赖有他才具备了一个至今还保留其全部意义的原则性的和策略的纲领——**'共产党宣言'**。"① 这里提出了两个关键概念，一个是"核心"，另一个就是"领袖"。在马克思和恩格斯看来，实现人类解放，完成无产阶级的历史使命，需要无产阶级政党的坚强领导，而这个坚强领导还必须发挥党的核心领导作用和党的领袖的重要作用，否则，完成异常艰巨的对旧社会进行根本改造的历史任务就是一句空话。

（一）必须在他们中间进行工作，在这批还完全可塑的群众中培养一个核心

恩格斯在1886年11月29日给左尔格的信中指出："我认为，必须在他们中间进行工作，在这批还完全可塑的群众中培养一个核心，这一核心了解运动和运动的目的，因而在目前的'骑士团'必然发生分裂的时候能把该团的领导权（至少是一部分领导权）抓到自己手中。"② 这之前的1880年4月1日，恩格斯在给贝克尔的信中也曾指出，"如果欧洲的运动，象预期的那样，很快重新活跃起来，那末德国无产阶级的广大群众就会投入这个运动，1878年的五十万人成为这些群众中有训练的、有纪律的核心"③。1893年8月1日，恩格斯在给马克思的二女儿劳拉·拉法格的信中，对法国工人运动进行指导时，进一步提出了党的领导"核心"的思想。恩格斯指出："你把20日的选举结果看成是一次胜利，我很高兴。但愿下星期日保尔和德尔克律兹以及其他几个人的当选将证实这点。否则我担心我们党将不能在波旁王宫起到我和其他许多人希望它起的那种作用。如果我们在那里有八个到十个人，他们将形成一个足够巩固的核心，使布朗基派、可能派和独立的社会主义者聚集在它的周围，从而准备形成统一的党。如果我们的人只有三四个，那末其他派别中的任何一派都将具有差不多同样的力量，统一不仅将更加困难，而且在更大程度上将带有妥协的性质。

① 恩格斯：《马克思和"新莱茵报"（1848—1849年）》，《马克思恩格斯全集》第21卷，人民出版社1965年版第17页。

② 恩格斯：《致弗里德里希·阿道夫·左尔格（1886年11月29日）》，《马克思恩格斯全集》第36卷，人民出版社1974年版第566页。

③ 恩格斯：《恩格斯致约翰·菲力浦·贝克尔（1880年4月1日）》，《马克思恩格斯全集》第34卷，人民出版社1972年版第418页。

因此，我希望我们能够以强大的阵势进入波旁王宫。”①

以上是马克思和恩格斯，特别是恩格斯对党的领导核心作用的基本论述，虽然他们没有专门对这个“核心”的地位、作用以及领导职责等进行进一步论证，但从这里也可以感受到他们对这个问题的重视和思考，主要体现在三个方面：一是如何牢固地掌握对革命的领导权的问题；二是如何加强对群众的教育和训练，切实履行领导和指导的职责问题；三是切实团结和凝聚全体成员，真正成为革命运动中心的问题。

（二）您可以把马克思先生看做我们党的领袖

这是恩格斯于 1847 年 10 月 25—26 日给马克思的信中提出的。恩格斯通过对当时革命斗争形势的分析，在回答革命工人的问题时提出：“我说你是领袖：‘您可以把马克思先生看做我们党（就是说，德国民主派中最先进的一派，我在他面前就是这一派的代表）的领袖，并且把他最近出版的反对蒲鲁东先生的著作看作我们的纲领’。”② 马克思也在《路易·波拿巴的雾月十八日》中，对领袖的问题从理论上进行了阐述，指出，一般来说，一个阶级的政治代表和著作方面的代表人物同他们所代表的阶级间的关系是这样的，“他们的思想不能越出”他们所代表的阶级的“生活所越不出的界限，因此他们在理论上得出的任务和作出的决定，也就是他们的物质利益和社会地位在实际生活上引导他们得出的任务和作出的决定”。③ 从这一段话可以看出，作为“一个阶级的政治代表”，也可以说是领袖，应该是能够从理论得出任务和解决办法，并且能够引导他们所代表的阶级去共同解决。这就是基本的职能。恩格斯还在写于 1886 年初的《路德维希·费尔巴哈和德国古典哲学的终结》中，对领袖促进历史发展的重要作用进行了阐述，恩格斯写道：“探讨那些作为自觉的动机明显地或不明显地、直接地或以思想的形式、甚至以幻想的形式反映在行动着的群众及其领袖即所谓伟大人物的头脑中的动因，——这是可以引导我们去探索那些在整个历

---

① 恩格斯：《致劳拉·拉法格（1893 年 8 月 31 日）》，《马克思恩格斯全集》第 39 卷（上），人民出版社 1974 年版第116 页。

② 恩格斯：《恩格斯致马克思（1847 年 10 月 25—26 日）》，《马克思恩格斯全集》第 27 卷，人民出版社 1972 年版第108—109 页。

③ 马克思：《路易·波拿巴的雾月十八日》，《马克思恩格斯全集》第 8 卷，人民出版社 1961 年版第 152 页。

史中以及个别时期和个别国家的历史中起支配作用的规律的唯一途径。”①

（三）我们之所以有今天的一切，都应当归功于他；现代运动当前所取得的一切成就，都应归功于他的理论活动和实践活动；没有他，我们至今还会在黑暗中徘徊

任何一个政党的正常运作与功能发挥，政党领袖起着举足轻重的作用。在马克思逝世后，恩格斯在评价马克思时说“这个天才的头脑不再用他那强有力的思想来哺育”无产阶级运动了，“我们之所以有今天的一切，都应当归功于他；现代运动当前所取得的一切成就，都应归功于他的理论活动和实践活动；没有他，我们至今还会在黑暗中徘徊”。② 从以上论述来看，在马克思、恩格斯的眼中，政党领袖应该是政党意志的最高表达者、政党活动的组织者、行动方向的导航者，他应该凝聚和团结所有党员的意志，表达他们的思想，提升党的政治影响力和竞争力，成为该党的真正领路人。

第一，“这里的组织又要重新陷入完全解体的状态，而现在资产阶级恰恰要使工人真的跟它走了”。这是恩格斯在1869年1月29日，威廉·沃尔弗逝世后，给马克思的信中提出的思想。恩格斯在这里写道：“明天将要在鲁普斯长眠的那个墓地上为琼斯举行隆重的葬礼。这个人死得真可惜。他的资产阶级词句毕竟只是一种伪装，而在曼彻斯特这里，没有一个人能够在工人当中代替他。这里的组织又要重新陷入完全解体的状态，而现在资产阶级恰恰要使工人真的跟它走了。此外，他是政治家中实际上完全站在我们方面的唯一**有教养**的英国人。”③ 这充分说明了，无产阶级政党的领袖，要起到凝聚人心、团结力量、引领方向的重要作用。对这一思想，马克思、恩格斯在他们的革命斗争生涯中强调过多次。恩格斯在《6月17日的妥协会议》中就讲：“在6月14日夜里，当人民由于孤立无援很快就要失去他们已经争得的优势的时候，当人民为了获得彻底胜利仅仅缺少领袖的时候，这些在选举中曾经利用过人民的先生们在什么

---

① 恩格斯：《路德维希·费尔巴哈和德国古典哲学的终结》，《马克思恩格斯全集》第21卷，人民出版社1965年版第343页。

② 恩格斯：《恩格斯致威廉·李卜克内西（1883年3月14日）》，《马克思恩格斯文集》第10卷，人民出版社2009年版第502页。

③ 恩格斯：《恩格斯致马克思（1869年1月29日）》，《马克思恩格斯全集》第32卷，人民出版社1974年版第237页。

地方呢?”[①] 恩格斯在1869年6月22日给马克思的信中也讲道：“他们只是缺少一个组织，不过从这些材料来看，他们的组织似乎已经暗中存在。而且既然他们在一切旧的党派甚至新的党派中拥有从勒津到施韦泽这样的杰出人物，那末他们的胜利是必不可免的。”[②] 马克思也在1870年8月8日给恩格斯的信中，就巴黎公社革命的问题提出自己的意见，指出：“如果巴黎爆发革命，那末要问，这个革命是否拥有对普鲁士人进行认真抵抗的手段和领袖呢?不能否认，二十年来波拿巴主义的丑剧已使人心极为涣散。未必能够指望产生革命的英雄主义。这一点你以为怎样?”[③] 即使在恩格斯的晚年，他还始终坚持这一思想。他在1893年3月31日给尤莉娅·倍倍尔的信中讲：“今天我们在等待白恩士，这样，在世界历史上将第一次实现德国、法国、英国的三位社会主义者议员的会晤。欧洲三个最主要的议会的三位议员，三个社会主义政党的领袖，代表着三个具有决定作用的欧洲国家——这样一次会晤之成为可能，这本身就足以证明我们取得的巨大成就。我真希望马克思能够活到今天!”[④] 从这里可以看出，恩格斯把党的领袖看作党的发展的集中代表和标准。

第二，党的领袖应成为在紧要关头群众都自然地去请教的中心点。恩格斯在1883年3月15日给左尔格的信中，对马克思的去世，表达了自己的深切感受，指出无产阶级的革命者“在紧要关头都自然地去请教的中心点没有了”。从这可以看出，无产阶级政党的领袖的作用，体现在靠他的个人领导魅力和崇高威望，来指引党的方向，可能他在这个党内没有职务，但必定有很强的人格吸引力，是党的建设的“中心点”。

第三，“为了使国际获得今天的光荣地位，他所做的事比任何人都多”。这是作为党的领袖，在党的建设中做工作的基本要求。恩格斯在写于1871年7月28日的《马志尼反对国际的言论》中讲道：“马志尼所以称马克思是一个具有**‘破坏性的……头脑，不容异己的性格’**等等特点的人，显然是因为马克思很成

① 恩格斯：《6月17日的妥协会议》，《马克思恩格斯全集》第5卷，人民出版社1958年版第104页。

② 恩格斯：《恩格斯致马克思（1869年6月22日）》，《马克思恩格斯全集》第32卷，人民出版社1974年版第305—306页。

③ 马克思：《马克思致恩格斯（1870年8月8日）》，《马克思恩格斯全集》第33卷，人民出版社1973年版第34页。

④ 恩格斯：《致尤莉娅·倍倍尔（1893年3月31日）》，《马克思恩格斯全集》第39卷（上），人民出版社1974年版第60页。

功地破坏了马志尼对国际策划的阴谋，**不容异己地**反对老阴谋家掩饰不周的贪求权力的野心，从而使他永远无法再危害协会。所以国际应该为自己的会员中有这样一个人而感到十分满意，这个人的‘**头脑**’和‘**性格**’是如此具有‘**破坏性**’和‘**不容异己**’，以致他能保证国际存在七年之久，为了使国际获得今天的光荣地位，他所做的事比任何人都多。”①

（四）最有才能的工人必然成为这一起义的领袖和组织者

这是1871年7月3日马克思在同《世界报》记者谈话时所阐述的思想。马克思在这里说：“巴黎的起义完全是由巴黎工人发动的。最有才能的工人必然成为这一起义的领袖和组织者；但是最有才能的工人往往同时又是国际协会的会员。”② 恩格斯也在《法兰克福关于波兰问题的辩论》中讲道：“在一切政党的领袖（除了少数例外）都缺乏毅力、决心、才干和知识的情况下，我们在拉多维茨身上发现了至少可以较量的**敌人**，我们只有高兴。”③ 这也从反面阐述了政党的领袖应该具有很高的素质能力，也就是从总体来讲是最有才能的人。如果对政党领袖应具备的素质能力进行具体归纳的话，就是不仅有很高的思想觉悟、理论水平和道德修养，还要有毅力、决心、才干和知识。这在马克思、恩格斯身上都有很具体的体现。

恩格斯在1881年10月25日给伯恩施坦的信中，就提出马克思是天才的观点。恩格斯讲：“对党员——不管他们是谁——在这种或那种场合的行为可以有自己的看法，在某个理论问题上也可以有意见分歧和争论，这是完全正常的。但是用这类办法去向象马克思这样的人争夺完全是他个人的发现，这就是表现出大概只有排字工人才能有的狭隘性，排字工人的自以为是，您大约根据经验是相当了解的。我完全不理解，怎么能妒忌天才。天才是这样一种独特的现象，我们这些没有天才的人一开始就知道，这是我们所达不到的；只有十分渺小的人才妒忌天才。马隆采用的那种隐蔽的方法，也丝毫无济于事。他这样做归根到底是个蠢人，处处显得缺乏知识和批判能力。如果将来有一天必须研究一下

---

① 恩格斯：《马志尼反对国际的言论》，《马克思恩格斯全集》第17卷，人民出版社1963年版第419页。

② 《卡·马克思同“世界报”记者谈话的记录》，《马克思恩格斯全集》第17卷，人民出版社1963年版第682页。

③ 恩格斯：《法兰克福关于波兰问题的辩论》，《马克思恩格斯全集》第5卷，人民出版社1958年版第410页。

他的妙不可言的‘从最早期起’（!!）的《社会主义史》和其他著作的内容，那时就可以使他很不愉快地感觉到这一点。”①

（五）真正的领袖的成长是需要时间的

恩格斯在 1886 年 9 月 16—17 日给左尔格的信中指出：“这里的运动仍然一方面被冒险主义者（民主联盟）所操纵，另一方面被幻想家和伤感主义的社会主义者（社会主义同盟）所把持；群众还远远地站在一边，虽然这里也看到了运动的**苗头**。但是还要过一个时候，群众才能开始行动，这样也好，因为真正的领袖的成长是需要时间的。”② 正如列宁 1907 年 4 月 6 日所撰写的《〈约·菲·贝克尔、约·狄慈根、弗·恩格斯、卡·马克思等致弗·阿·左尔格等书信集〉俄译本序言》中，在阐述马克思、恩格斯的思想时指出的：“马克思和恩格斯在估计革命时机很快到来这一点上，在希望革命（例如 1848 年的德国革命）获得胜利这一点上，在相信德意志‘共和国’很快成立这一点上（‘为共和国捐躯’，——恩格斯回忆他 1848—1849 年期间参加维护帝国宪法的运动的情绪时这样称呼那个时代），有很多错误，常常犯错误。”“但是两位伟大的革命思想家在努力提高（并且确实提高了）全世界无产阶级的水平，使他们摆脱日常的琐碎的任务时所犯的**这种**错误，同官气十足的自由派的宣扬、喊叫和诉说他们的谬论（说革命是无谓忙碌，革命斗争是徒劳，反革命的‘立宪’幻想妙不可言）时所表现的平庸智慧比较起来，要千倍地高尚，千倍地伟大，千倍地**有历史价值**，千倍地**正确**……”③ 从这里可以看出，即使像马克思、恩格斯这样创立和发展了自己的世界观，而且还经过了几十年的革命实践锤炼的伟大领袖，在实践他们自己的理论时，也会犯错误。这也从不同侧面证明了，领袖首先是个人，是人就会犯错误，特别是在复杂而长期的艰苦斗争进程中，面对各类问题都会犯这样或者那样的错误。也可以说，真正领袖的成长是需要时间的，是需要长期而艰苦的实践磨砺的。

---

① 恩格斯：《恩格斯致爱德华·伯恩施坦（1881 年 10 月 25 日）》，《马克思恩格斯全集》第 35 卷，人民出版社 1971 年版第221—222 页。

② 恩格斯：《致弗里德里希·阿道夫·左尔格（1886 年 9 月 16—17 日）》，《马克思恩格斯全集》第 36 卷，人民出版社 1974 年版第523—524 页。

③ 列宁：《〈约·菲·贝克尔、约·狄慈根、弗·恩格斯、卡·马克思等致弗·阿·左尔格等书信集〉俄译本序言》，《列宁专题文集·论马克思主义》，人民出版社 2009 年版第132—133 页。

第三节　任何政党没有组织都是无法存在的

恩格斯在1852年12月1日的《最近的科伦案件》中，在阐述当时无产阶级政党斗争形势时指出："由于结社权和集会权的废除，共产主义的或无产阶级的政党，同其他政党一样，都失去了在大陆上建立合法组织的可能性。更何况共产主义的或无产阶级的政党的领袖们都已被逐出自己的国境。但是，任何政党没有组织都是无法存在的；如果说在自由资产阶级以及民主派小资产阶级那里，它们的社会地位、它们的物质优势以及它们的成员之间早已建立起来的日常联系，在某种程度上能代替这类组织的话，那末，没有这种社会地位和资财的无产阶级，便不得不在各种秘密的联合中寻求这种组织。"① 在这里，恩格斯阐明了组织问题对于无产阶级政党建设的重要作用。在马克思、恩格斯整个革命生涯中，创立、发展、领导、指导的无产阶级政党性质的组织主要是共产主义者同盟、国际工人协会以及各国的无产阶级政党等。而在这里面，又以共产主义者同盟为基础，或者说更具有无产阶级政党的性质。研究马克思恩格斯无产阶级政党理论的组织问题，主要应以他们创立和发展的共产主义者同盟和国际工人协会为蓝本。特别是共产主义者同盟，虽然仅存在了5年多时间，但它为各国创立和发展各自独立的无产阶级政党奠定了组织基础。中国共产党的组织原则、组织形式、组织机构、组织制度等，都可以在这里找到"根"。

一、在阶级反对阶级的政治斗争中，组织是最重要的武器

恩格斯在写于1881年5月20日左右的《工联》中，提出"在阶级反对阶级的任何斗争中，斗争的直接目的是政治权力；统治阶级保卫自己的最高政治权力，也就是说保卫它在立法机关中的可靠的多数；被统治阶级首先争取一部分政治权力、然后争取全部政治权力，以便能按照他们自己的利益和需要去改变现行法律"的重要思想。在这个基础上，恩格斯又通过进一步分析当时的中等阶级即资本家阶级同土地贵族之间的长期斗争和工人阶级同资本家之间的斗

① 恩格斯：《最近的科伦案件》，《马克思恩格斯全集》第8卷，人民出版社1961年版第449页。

争的经验教训，进而阐明了“在阶级反对阶级的政治斗争中，组织是最重要的武器”① 这个基本思想。对于这个基本思想的进一步论证，马克思、恩格斯在他们的革命斗争实践中进行了系统阐述。

(一) 只有当群众组织起来并为知识所指导时，人数才能起决定胜负的作用

这是马克思在《国际工人协会成立宣言》中提出的观点。马克思在这里指出：“工人们已经具备了作为成功因素之一的人数；但是只有当群众组织起来并为知识所指导时，人数才能起决定胜负的作用。过去的经验证明：忽视在各国工人间应当存在的兄弟团结，忽视那应该鼓励他们在解放斗争中坚定地并肩作战的兄弟团结，就会使他们受到惩罚，——使他们分散的努力遭到共同的失败。这种认识促使 1864 年 9 月 28 日在圣马丁堂出席公开大会的各国工人创立了国际协会。”② 组织的一个重要作用就是组织群众，这是充分发挥集体力量的重要保证。正如马克思、恩格斯在《德意志意识形态》中阐明的：“个人力量（关系）由于分工转化为物的力量这一现象，不能靠从头脑里抛开关于这一现象的一般观念的办法来消灭，而只能靠个人重新驾驭这些物的力量并消灭分工的办法来消灭。没有集体，这是不可能实现的。只有在集体中，个人才能获得全面发展其才能的手段，也就是说，只有在集体中才可能有个人自由。”③

由无产阶级组成的政党就更应该拥有严密的组织。马克思、恩格斯 1850 年 3 月在《中央委员会告共产主义者同盟书》的第二条中写道：“为了坚决而严厉地声讨这个从胜利的头一小时起就开始背叛工人的政党，工人应该拥有武装和严密的组织。”④ 这充分说明，工人阶级是大工业的产物，而大工业又是许多人的协调劳动，它本身就要求它的劳动者具有高度的组织性和纪律性，但是在无产阶级政党建立以前，工人阶级的组织却是一些松散的团体和“密谋组织”。因而，马克思、恩格斯在把这些初级形态的工人组织改造成无产阶级政党时所遵循的原则之一，就是赋予新的组织以较严整、严密的科学组织形式。

---

① 恩格斯：《工联》，《马克思恩格斯全集》第 19 卷，人民出版社 1963 年版第284 页。

② 马克思：《国际工人协会成立宣言》，《马克思恩格斯全集》第 16 卷，人民出版社 1964 年版第 13 页。

③ 马克思、恩格斯：《德意志意识形态》，《马克思恩格斯全集》第 3 卷，人民出版社 1960 年版第 84 页。

④ 马克思、恩格斯：《中央委员会告共产主义者同盟书（1850 年 3 月）》，《马克思恩格斯全集》第 7 卷，人民出版社 1959 年版第295 页。

(二) 每个政党首先需要把组织的架子搭起来

恩格斯在1852年3月2日给马克思的信中，阐述1838年由厂主科布顿和布莱特所创立，目的在于降低国内的谷物价格，并从而降低雇佣工人的工资的反谷物法同盟的基本情况时写道："目前反谷物法同盟正在开会，讨论这个同盟是否应该重新建立起来。科布顿、布莱特、米尔纳·基卜生等人在这里。他们大概至少会重新把组织的架子搭起来。"① 这里虽然只是反谷物法同盟的建设问题，但提出了"把组织的架子搭起来"这个基本观点。这里的"组织的架子"，就是组织机构。这也从一般意义上讲明了，不管是一般的同盟还是政党，只要是作为一种组织，首先需要做的就是把组织机构建起来。这在1847年6月9日的《共产主义者同盟第一次代表大会致同盟盟员的通告信》中也有所体现。在筹备共产主义者同盟时，针对一位同盟的代表提出关于六个月后召开一次新的代表大会的建议时，明确指出："代表大会认为，本届大会是在同盟的组织被削弱的时候宣布召集和举行的，它作为第一次代表大会，首先应当把自己看作是组织建设的大会。"②

马克思、恩格斯在他们创立和发展无产阶级政党时，始终坚持这一思想。马克思1872年6月11日，在国际工人协会关于召开代表大会和关于总委员会权力的总委员会会议的发言中指出："组织问题无疑会将成为代表大会讨论的主要问题。已经展开的斗争非常清楚地表明了这点。"③ 恩格斯在其革命的最后阶段，也就是1895年的1月28日，在给维克多·阿德勒的信中，就《工人报》的建设问题向他提出意见："需要在每个城市设立一个组织完备的机构，其中有一名首席通讯员专职为你们工作。"④ 虽然这里只是报纸的组织建设问题，但从这里也可以看出，在恩格斯的思想里，组织建设是重要的内容。

---

① 恩格斯：《恩格斯致马克思（1852年3月2日）》，《马克思恩格斯全集》第28卷（上），人民出版社1973年版第32—33页。

② 《共产主义者同盟第一次代表大会致同盟盟员的通告信（1847年6月9日于伦敦）》，《马克思恩格斯全集》第42卷，人民出版社1979年版第432页。

③ 《卡·马克思关于召开代表大会和关于总委员会权力的发言记录（摘自1872年6月11日总委员会会议记录）》，《马克思恩格斯全集》第18卷，人民出版社1964年版第722页。

④ 恩格斯：《致维克多·阿德勒（1895年1月28日）》，《马克思恩格斯全集》第39卷（上），人民出版社1974年版第377页。

(三) 组织机构应该是一个系统

在马克思、恩格斯积极参与起草的 1847 年 12 月 8 日的《共产主义者同盟章程》中，第五条明确规定："同盟的组织机构是：支部、区部、总区部、中央委员会和代表大会。"[①] 后来，科伦的同盟中央委员会在 1850 年 9 月共产主义者同盟分裂以后，根据马克思和恩格斯的指示，又草拟了一份《共产主义者同盟章程》。马克思对这个章程进行了逐字修改，之后于 1850 年 12 月 10 日同中央委员会的其他文件一起送交同盟的伦敦区部。1851 年 1 月 5 日得到伦敦区部会议的批准，马克思出席了这次会议。这份修改后的章程的第五条规定："同盟的组织系统如下：支部、区部、中央委员会和代表大会。"[②] 在这里，马克思把原来第五条规定的"组织机构"，改成了"组织系统"。从马克思、恩格斯之后的表述看，这个"组织系统"的概念只出现了这一次，在后来都是用的"组织机构"。虽然"组织系统"这一概念只出现了这一次，但从这里也可以看出，在马克思、恩格斯的理论体系里，组织机构是作为一个系统存在的。

从现实情况来看也是如此，组织本来就是一个系统。这是对组织机构的基本要求。机构，从其基本内涵来讲，就是一个相对完整而系统的由多种要素组成的综合体。它犹如一张网，笼罩着每一名党员，使之在党的严格组织和领导之下，根据党的总体目标和要求去行动。从组织机构的普遍意义来讲，它一般有纵向和横向两个方面。所谓纵向的，就是从中央到基层，是从上到下的组织领导关系。从横向来看，又是由多种职能、多种部门，根据一定的架构组织起来的。另外，还有党的组织及其领导之下的群众组织之分等。总之，加强无产阶级政党建设就要高度重视组织机构的科学体系，只有这样才能保证它的科学运转。

(四) 马克思、恩格斯高度重视党的组织机构建设

在马克思、恩格斯整个革命生涯中，除了当好"脑力劳动者"[③]，刻苦进行理论研究之外，投入精力最多的就是共产主义者同盟和国际工人协会这两个组

---

① 马克思、恩格斯：《共产主义者同盟章程（1847 年 12 月 8 日）》，《马克思恩格斯全集》第 4 卷，人民出版社 1958 年版第572 页。

② 马克思：《共产主义者同盟章程（1850 年 12 月 1 日）》，《马克思恩格斯全集》第 7 卷，人民出版社 1959 年版第627 页。

③ 马克思：《关于总委员会成员的决议》，《马克思恩格斯全集》第 44 卷，人民出版社 1982 年版第 511 页。

织的建设。正如恩格斯在 1883 年 6 月 24 日给拉法格的信中评价马克思的一生贡献时指出的："摩尔的一生，要是没有国际，便成了挖去了钻石的钻石戒指。"① 这其实也是对恩格斯一生革命生涯的总结。在马克思、恩格斯创立和领导这两个组织的过程中，总共撰写制定了 25 个决议或草案。其中，5 年多的共产主义者同盟时期有 6 个，近 12 年的国际工人协会时期有 19 个。这不仅仅是一个文件数量的问题，更重要的是体现了马克思、恩格斯对加强组织建设的重视。下面，我们分别看一下他们建设这两个组织的基本过程。

其一，马克思、恩格斯对共产主义者同盟的组织建设。从 1847 年 6 月初在伦敦成立到 1852 年 11 月 17 日解散，在创立和发展共产主义者同盟的 5 年多时间里，马克思、恩格斯为同盟的组织建设投入大量精力，也奠定了无产阶级政党建设的组织基础。在此期间，马克思、恩格斯研究制定了《共产主义者同盟章程》，并进行了一次修订，还为加强同盟的组织建设作出了 2 次决定。

1847 年 12 月 8 日，马克思、恩格斯制定《共产主义者同盟章程》，规定了共产主义者同盟的纲领和组织原则，并在同盟的 1847 年 6 月初的第一次和 1847 年 11 月 29 日至 12 月 8 日的第二次代表大会上得到批准。共产主义者同盟章程草案于 1847 年 6 月初在同盟的第一次代表大会上通过，并分送各区部和支部讨论。草案反映了正义者同盟也就是共产主义者同盟前身的领导，根据马克思和恩格斯的建议所进行的改组工作。在讨论通过这个章程的过程中，章程在比利时的布鲁塞尔区部通过。对这个章程，马克思、恩格斯提出两处修改意见并交下次代表大会讨论。布鲁塞尔区部委员会对共产主义者同盟章程草案的修改意见，反映了马克思为使无产阶级政党的组织原则完善化，为在党的结构中克服正义者同盟所固有的宗派主义关门倾向的残余而进行的斗争。共产主义者同盟第二次代表大会接受了这些修改意见。

1848 年 3 月初，共产主义者同盟中央委员会在布鲁塞尔召开会议，会议通过了《共产主义者同盟中央委员会 1848 年 3 月 3 日的决议》②，鉴于当时的革命斗争形势日益严峻和巴黎已经成为整个革命运动的中心的实际情况，会议决

---

① 恩格斯：《致劳拉・拉法格（1883 年 6 月 24 日）》，《马克思恩格斯全集》第 36 卷，人民出版社 1974 年版第44 页。

② 《共产主义者同盟中央委员会 1848 年 3 月 3 日的决议》，《马克思恩格斯全集》第 4 卷，人民出版社 1958 年版第586—587 页。

定了四项内容。一是把中央委员会由布鲁塞尔迁到法国巴黎；二是布鲁塞尔中央委员会授权马克思在目前独自实现中央对同盟一切事务的领导，在这项工作中他要对即将成立的新中央委员会和即将召开的代表大会负责；三是布鲁塞尔中央委员会委托马克思，一有情况许可，就亲自选择人员在巴黎成立新的中央委员会，其组成人员应是最适当的盟员，为此甚至可以将不住在巴黎的盟员召去；四是解散布鲁塞尔中央委员会。这个决议为加强共产主义者同盟领导能力建设提供了重要保证。

1850 年 9 月 15 日，马克思和恩格斯参与拟定了《共产主义者同盟中央委员会的决议》，决定对组织建设进行进一步的改革和调整。主要内容有三项："1. 中央委员会由伦敦迁到科伦，委托科伦区部建立新的中央委员会。2. 共产主义者同盟章程宣告无效，委托新的中央委员会草拟新章程。3. 撤销以前的伦敦区部，设立两个各自独立的区部，两者都只跟共同的中央委员会发生关系。"①

1850 年 12 月 1 日，科伦的同盟中央委员会在 1850 年 9 月共产主义者同盟与沙佩尔等人分裂以后，根据马克思和恩格斯的指示，又草拟了一份《共产主义者同盟章程》，马克思对这个章程进行了逐字修改。这份章程于 1850 年 12 月 10 日同中央委员会的其他文件一起送交同盟的伦敦区部，1851 年 1 月 5 日得到伦敦区部会议的批准，马克思出席了这次会议。

1852 年 11 月 17 日，在共产主义者同盟伦敦区部会议上，马克思提议解散共产主义者同盟，因为在欧洲反动势力猖獗，共产主义者同盟的著名活动家遭到逮捕的情况下，同盟实际上已不存在。马克思的提议被通过。

其二，马克思、恩格斯在国际工人协会时期的组织建设。国际工人协会从 1864 年 9 月 28 日正式成立，到 1876 年在美国费城召开的代表会议上正式宣布解散，前后有近 12 年时间。在这期间，马克思、恩格斯除了研究制定和修改国际工人协会的章程、组织条例等规程外，还根据需要为加强国际工人协会的组织建设做了大量经常性工作。

1864 年 9 月 28 日，国际工人协会的前身英国工联在伦敦圣马丁堂召开群

---

① 马克思、恩格斯：《共产主义者同盟中央委员会的决议》，《马克思恩格斯全集》第 7 卷，人民出版社 1959 年版第615 页。

众大会，欢迎为响应呼吁书而来访的法国工人代表团。出席大会的还有德国、意大利、波兰、爱尔兰等的工人代表以及一些资产阶级民主人士。大会根据英国工人代表的提议，决定建立一个国际性的工人协会，并选出一个有 21 个成员的临时委员会。该委员会从 1864 年 10 月 18 日起称为中央委员会，1866 年夏改名为总委员会，标志着国际工人协会的成立。

1864 年 10 月 5 日，国际工人协会临时委员会举行第一次会议，选举代表各国的委员，连同原已选出的委员共 50 人。会议还选出一个由 9 人组成的起草章程的专门委员会，俗称小委员会。马克思出席这次会议并入选临时委员会和小委员会，负责起草国际工人协会的宣言和章程。在 1864 年 10 月 21 日至 27 日之间，马克思起草了《国际工人协会成立宣言》和《协会临时章程》。在草拟章程的过程中，马克思彻底改写了在 1864 年 10 月 18 日临时委员会会议上被提出的那份文件的引言部分，把章程的条目由 40 条缩减为 10 条，改变了根本的组织原则，只把个别形式性质的条款保留下来，如组织名称、关于 1865 年在布鲁塞尔召开代表大会的决定、对从一地转至另一地的组织成员给予帮助，等等。马克思所写的临时章程，在 10 月 27 日得到起草委员会的赞同，并在 1864 年 11 月 1 日由临时委员会一致批准。它和成立宣言一起于 1864 年 11 月在伦敦出版的小册子《国际工人协会的宣言和临时章程》以及 1864 年 11 月 12 日《蜂房报》第 161 号上以英文发表。在这个章程中，马克思着眼当时的实际情况，把原则上的坚定性和策略上的灵活性结合起来，采用“实质上坚决，形式上温和”① 的方式，起草了一个“不致把英国工联派，法国、比利时、意大利和西班牙的蒲鲁东派以及德国的拉萨尔派拒之门外的纲领”“能使一切党派都满意的纲领”。

1864 年 11 月 8 日、11 月 29 日，1865 年 1 月 24 日、1 月 31 日、4 月 11 日、4 月 25 日，总委员会会议通过马克思提出的《关于临时中央委员会成员的决议》②，该决议主要从 6 个方面，对成为协会会员特别是协会的中央委员的条件进行了规定。1864 年 11 月 22 日，马克思起草《关于接受工人组织加入国际

① 马克思：《马克思致恩格斯（1864 年 11 月 4 日）》，《马克思恩格斯文集》第 10 卷，人民出版社 2009 年版第216 页。

② 马克思：《关于临时中央委员会成员的决议》，《马克思恩格斯全集》第 44 卷，人民出版社 1982 年版第496—497 页。

工人协会的条件的决议草案》，并由总委员会一致通过，成为《中央委员会告各工人团体书》[①] 的草本。议决有两个内容："一、邀请各工人组织作为集体加入协会，它们可以根据自己拥有的经费酌情确定自己缴纳会费的数额。二、加入协会的团体有权各选派代表一名参加中央委员会；委员会保留接纳或拒绝这些代表的权利。"[②] 1865 年 2 月 7 日，总委员会会议通过马克思起草的《关于工人团体和个人参加国际的手续的决议》[③]，从发给加入协会的每个团体一张证件、英国的个人会费、向大陆的兄弟们供应会员卡等 3 个方面进行具体规定。

1865 年 3 月 4 日，马克思针对国际工人协会法国巴黎支部内部出现的问题，专门拟定《关于巴黎支部中的冲突的决议最初方案》[④]，从吸纳人员、委派代表、加强对各分部的监督等 4 个方面进行规定。3 月 7 日，国际工人协会召开会议，批准了由马克思拟定的《总委员会关于巴黎支部中的冲突的决议》，主要是通过了是否批准托伦申请辞职、废除关于为法国报刊委派正式辩护人的决定、批准现在成员组成的理事会、委派巴黎理事会代表等 5 项决议，并且反对只有工人才可以被任命为协会里的负责人员的原则。[⑤]

在 1866 年 1 月 23 日的总委员会会议上，马克思提出《关于讨论代表大会议程的程序的决议》，提出："在开始讨论代表会议所提出的问题之前，必须首先确定宣言和章程所规定的协会的总目标和指导原则。"[⑥] 1866 年 9 月 25 日、11 月 6 日和 1867 年 9 月 24 日的总委员会会议，通过了马克思起草的《关于总委员会成员的决议》[⑦]，决议提出总委员会的人选组成、中央委员会委员出席会

---

① 《中央委员会告各工人团体书》，《马克思恩格斯全集》第 16 卷，人民出版社 1964 年版第 579—580 页。

② 马克思：《关于接受工人组织加入国际工人协会的条件的决议草案》，《马克思恩格斯全集》第 16 卷，人民出版社 1964 年版第19 页。

③ 马克思：《关于工人团体和个人参加国际的手续的决议》，《马克思恩格斯全集》第 44 卷，人民出版社 1982 年版第498 页。

④ 马克思：《关于巴黎支部中的冲突的决议最初方案》，《马克思恩格斯全集》第 16 卷，人民出版社 1964 年版第90 页。

⑤ 马克思：《总委员会关于巴黎支部中的冲突的决议》，《马克思恩格斯全集》第 16 卷，人民出版社 1964 年版第91—92 页。

⑥ 马克思：《关于讨论代表大会议程的程序的决议》，《马克思恩格斯全集》第 44 卷，人民出版社 1982 年版第507 页。

⑦ 马克思：《关于总委员会成员的决议》，《马克思恩格斯全集》第 44 卷，人民出版社 1982 年版第 511—512 页。

议的规定、不定常务主席等三个方面的内容，同时还提出“马克思提议奥哲尔为（总委员会主席的）候选人。马克思认为自己不适于担任此项职务，因为他是脑力劳动者，而不是体力劳动者”①。

1866 年 9 月 3—8 日，国际工人协会在日内瓦举行第一次代表大会。在这之前，国际工人协会原定于 1865 年在布鲁塞尔召开第一次代表大会。马克思认为，国际工人协会的各个地方组织在思想和组织上还不够巩固，因此建议先在伦敦召开一个预备会议。马克思在 1866 年 8 月底，为第一次代表大会撰写了《临时中央委员会就若干问题给代表的指示》②，就国际工人协会的组织，领导人选出，在协会帮助下实现劳资斗争中的国际联合行动，工作日的限制，男女儿童和少年的劳动，合作劳动，工会（工联）的过去、现在和未来，波兰问题，军队问题，宗教问题等 11 个问题，进行了规定和要求。这份指示作为总委员会的正式报告曾在大会上宣读。1866 年 9 月 5 日，代表大会又进一步对《协会临时章程》进行讨论并通过，称为《国际工人协会章程》，并给它补充了一个有 15 条内容的“条例”。这个“条例”在 1866 年 9 月 8 日的会议上得到批准，后来被称为“组织条例”。

在这之后，马克思、恩格斯坚决执行日内瓦代表大会通过的章程和决议，加强国际工人协会的经常性建设。1870 年 12 月 23 日，恩格斯撰写《致国际工人协会比利时支部第六次代表大会》③，在对代表大会举行表示祝贺的同时，就确定支部以及其中每个组织的人数等问题，对加强比利时支部的党组织建设提出意见和建议。1871 年 2 月 13 日，恩格斯撰写《致国际工人协会西班牙联合会委员会》④，就加强组织和宣传的手段、会费、加强组织联系等问题进行了阐明，特别是提出在每一个国家建立一个无产阶级的政党的重要思想。为保证国际工人协会的纯洁，恩格斯还于 1871 年 4 月 25 日提出《总委员会关于开除托

① 马克思：《关于总委员会成员的决议》，《马克思恩格斯全集》第 44 卷，人民出版社 1982 年版第 511 页。

② 马克思：《临时中央委员会就若干问题给代表的指示》，《马克思恩格斯全集》第 16 卷，人民出版社 1964 年版第213—223 页。

③ 恩格斯：《致国际工人协会比利时支部第六次代表大会》，《马克思恩格斯全集》第 17 卷，人民出版社 1963 年版第296—298 页。

④ 恩格斯：《致国际工人协会西班牙联合会委员会》，《马克思恩格斯全集》第 17 卷，人民出版社 1963 年版第303—306 页。

伦的决议》[①]，1871 年 10 月 7 日提出《总委员会关于开除杜郎的决议》[②]。1871 年 10 月 14 日，马克思拟写《总委员会关于涅恰也夫盗用国际名义的声明》[③]，通报涅恰也夫的问题。

1871 年 9 月 17—23 日，国际工人协会伦敦代表会议召开。这次代表会议是在巴黎公社失败后，国际工人协会的成员遭到残酷镇压的情况下召开的，参加会议的有 22 名有表决权的代表和 10 名有发言权的代表。未能派代表出席会议的国家则由通讯书记代表。在这之前的 1871 年 9 月 9 日左右，马克思和恩格斯就共同拟定了《伦敦代表会议决议的初步草案》[④]，主要内容有 8 个方面："应以总委员会名义在代表会议上提出的建议"，如"任何一个支部，在未向总委员会缴清本年度会费（每个会员缴一辨士）以前，无论总委员会或各国的中央委员会均不承认其为协会的支部"，"（L）至于因政府的阻挠而现时无法设有国际经常性组织的国家，建议这些国家的代表根据各该国的特殊情况提出组织计划，（N）协会可以进行改组，改用其他名称；（J）但是绝对禁止建立任何秘密团体"，"由总委员会任命执行特殊任务的一切代表，有权出席联合会委员会、地方委员会和支部的一切会议并发表意见，但没有表决权"，等等。在这次代表会议上，马克思代表德国，恩格斯代表意大利。代表会议总共开了 9 次，马克思进行了《关于社会主义民主同盟的活动》的发言，恩格斯进行了《关于工人阶级的政治行动》的发言，马克思还拟定了《伦敦代表会议关于瑞士罗曼语区的分裂的决议》。

伦敦代表会议标志着马克思和恩格斯为建立无产阶级政党而斗争的重要阶段，他们于 1871 年 9—10 月拟定、校订并准备付印的《在伦敦举行的国际工人协会代表会议的决议》[⑤]，包括了关于总委员会的成员、关于各国委员会等组织

---

① 恩格斯：《总委员会关于开除托伦的决议》，《马克思恩格斯全集》第 17 卷，人民出版社 1963 年版第321 页。

② 恩格斯：《总委员会关于开除杜郎的决议》，《马克思恩格斯全集》第 17 卷，人民出版社 1963 年版第469 页。

③ 马克思：《总委员会关于涅恰也夫盗用国际名义的声明》，《马克思恩格斯全集》第 17 卷，人民出版社 1963 年版第470 页。

④ 马克思、恩格斯：《伦敦代表会议决议的初步草案》，《马克思恩格斯全集》第 17 卷，人民出版社 1963 年版第438—439 页。

⑤ 马克思、恩格斯：《1871 年 9 月 17 日至 23 日在伦敦举行的国际工人协会代表会议的决议》，《马克思恩格斯全集》第 17 卷，人民出版社 1963 年版第451—461 页。

的名称、关于总委员会的代表、关于向总委员会缴纳数额为每个会员一便士的会费、关于成立女工支部、关于对工人阶级的普遍统计、关于工会的国际联系、关于农民、关于工人阶级的政治行动等 17 个方面的内容。这一系列的决议，阐述了无产阶级政党的最重要的策略原则和组织原则，打击了宗派主义和改良主义。

1871 年 10 月 17 日，在总委员会会议上，通过了马克思拟定的《总委员会关于 1871 年法国人支部章程的决议》[①]，从四个方面对章程提出了修改意见和建议。马克思还进一步拟定了《总委员会关于 1871 年法国人支部的决议草案》[②]，确定 10 月 17 日决议的有效性，对加强支部建设提出意见和建议，在总委员会 1871 年 11 月 7 日会议上通过。

1871 年 9 月底至 10 月 24 日，马克思和恩格斯重新修订《国际工人协会的共同章程和组织条例》[③]，特别是专门提出组织条例"按历届代表大会（1866—1869）和伦敦代表会议（1871）的决议修订"，准备了新版文本，同时删除了章程和条例中已经失效的提法。附录部分重新写过，其中详细叙述了所有修改和补充的理由。

1872 年 9 月 2—7 日，国际工人协会海牙代表大会召开，大会有代表 15 个全国性组织的 65 名代表参加。代表大会面临的刻不容缓的任务，就是以自己的决议把 1871 年伦敦代表会议通过的包括关于工人阶级的政治行动和反对各个宗派主义支部的决议肯定下来。会上，马克思代表总委员会作了《国际工人协会第五次年度代表大会的报告》，恩格斯代表总委员会提出《关于社会主义民主同盟的报告》，特别是会议通过了由马克思和恩格斯共同起草的《在海牙举行的全协会代表大会的决议（1872 年 9 月 2—7 日）》[④]，包括了关于章程的决议、关于条例的决议、关于各抵抗团体之间的国际联系的决议、关于接受和开除支部

---

① 马克思：《总委员会关于 1871 年法国人支部章程的决议》，《马克思恩格斯全集》第 17 卷，人民出版社 1963 年版第471—474 页。

② 马克思：《总委员会关于 1871 年法国人支部的决议草案》，《马克思恩格斯全集》第 17 卷，人民出版社 1963 年版第499—504 页。

③ 马克思：《国际工人协会的共同章程和组织条例》，《马克思恩格斯全集》第 17 卷，人民出版社 1963 年版第475—492 页。

④ 马克思、恩格斯：《在海牙举行的全协会代表大会的决议（1872 年 9 月 2—7 日）》，《马克思恩格斯全集》第 18 卷，人民出版社 1964 年版第165—177 页。

的决议、对总委员会财务报告的审查、关于总委员会和各联合会委员会给予的权力、关于同盟的决议、未来的总委员会的驻在地和成员、下次代表大会的召开地点以及记录审订委员会共 10 项内容。这次大会的决议为将来建立各国独立的无产阶级政党奠定了基础。

在准备这次代表大会期间，马克思还起草了《1872 年夏总委员会批准的国际工人协会共同章程和组织条例草案》①。总委员会根据马克思的建议在 1872 年 6—8 月修订的共同章程和组织条例的草案，拟提交国际工人协会海牙代表大会批准。由于时间仓促和代表大会总的形势，马克思、恩格斯及其战友们只限于解决几个最重要的问题：章程中写进了关于工人阶级的政治行动的第七条，为了加强纪律和组织上的集中制，对条例中的一些提法作了修改。用于修订的原稿是 1871 年共同章程的正式法文本，总委员会通过的对原稿所作的修改是保尔·拉法格亲笔记下的，同马克思本人写的草稿完全一致。

在 1871 年的巴黎工人暴动中，国际工人协会的法国支部不仅参加，而且占据领导地位。可巴黎公社失败了，国际工人协会受到极大打击，加上外有资产阶级政府取缔，内有小资产阶级思想进攻，遂使组织力量一天比一天衰弱。这就造成，实际上自 1872 年海牙代表大会后，国际工人协会实际上已经停止活动。因此，在 1876 年 7 月 15 日的美国费城代表会议上，根据马克思的建议，宣布国际工人协会解散。

二、组织形式应当适合当前斗争的需要

恩格斯起草于 1872 年 8 月底的《代表总委员会向海牙代表大会提出的关于社会主义民主同盟的报告》中，在批判社会主义民主同盟的错误理论时写道：“‘在我们队伍中爆发的一场战争，一场公开的战争’的通告要求使国际具有一种不是适合于当前斗争的需要，而是适合于未来社会的什么玄妙莫测的理想的组织形式，等等。”② 恩格斯在这里提出“适合于当前斗争的需要”的思想。组织形式是任何一个组织存在的形态和类型，是其组织原则、组织结构、组织活

① 马克思：《1872 年夏总委员会批准的国际工人协会共同章程和组织条例草案》，《马克思恩格斯全集》第 44 卷，人民出版社 1982 年版第572—585 页。

② 恩格斯：《代表总委员会向海牙代表大会提出的关于社会主义民主同盟的报告》，《马克思恩格斯全集》第 18 卷，人民出版社 1964 年版第160 页。

动等的综合反映，特别是对于一个政党来讲，它是由这个政党担负的历史使命、具有的阶级基础以及这个政党所处的历史环境和条件决定的。组织形式虽然只是一个政党的外在形态，但能否依照阶级的特征和环境的要求来恰当地确定其基本形式，却是关系到一个政党能否成为本阶级有凝聚力的政治核心以及是否有战斗力的大事。马克思、恩格斯在他们创建和领导无产阶级政党的过程中，很注重无产阶级所处的时代、斗争环境、阶级特点和历史使命等来设计党的组织形式。

（一）我们每一个人都是更多地受环境的支配，而不是受自己的意志的支配

这是马克思 1868 年 10 月 13 日在给约翰·巴普提斯特·施韦泽的信中提出的思想观点。约翰·巴普提斯特·施韦泽（1833—1875）是德国拉萨尔派著名代表人物之一，1864—1867 年曾担任《社会民主党人报》编辑，担任全德工人联合会的主席，但他支持俾斯麦奉行的在普鲁士霸权下“自上”统一德国的政策，阻挠德国工人加入国际工人协会，反对社会民主工党，1872 年他同普鲁士当局的勾结被揭露，因而被开除出全德工人联合会。1868 年 9 月 15 日，施韦泽就准备在 1868 年 9 月 26 日于柏林召开全德工人代表大会的事，给马克思写了一封信，以征求马克思对这次代表大会的意见。马克思在代表大会召开前，因为误会和其他的事情而没有及时给施韦泽回信。大会结束后，针对这个代表大会通过的章程从根本上是违反工会运动的目的和性质的问题，马克思对施韦泽进行了尖锐批评。马克思在这封信中明确指出：“不管组织犯了什么样的错误，这些错误大概都可能被合理的实践或多或少地克服掉。作为国际的书记，我准备充当您和直接参加了国际的纽伦堡多数派之间的调解人，——当然是在合理的基础上进行调解。我已经把同样的意思写信告诉莱比锡。我不会忽视您的困难处境，并且永远不会忘记，我们每一个人都是更多地受环境的支配，而不是受自己的意志的支配。”①

“具体问题具体分析”是辩证唯物主义的“活的灵魂”。马克思在这里提出“我们每一个人都是更多地受环境的支配，而不是受自己的意志的支配”的基本原理，就是强调要适应外在环境条件，根据客观实际科学确立组织的形式，而

① 马克思：《马克思致约翰·巴普提斯特·施韦泽（1868 年 10 月 13 日）》，《马克思恩格斯全集》第 32 卷，人民出版社 1974 年版第559 页。

不能仅仅靠主观意志去想当然地做工作。这是马克思、恩格斯不管是在制定党的革命斗争的纲领和策略，还是在加强党的组织建设时，都始终坚持的一个思想。

（二）组织应当怎样进行自己的活动，这主要取决于革命新高涨的前景能否实现

恩格斯在其撰写的《关于共产主义者同盟的历史》中，在详细阐述共产主义者同盟1850年在德国的革命斗争任务时，指出“同盟无疑是在德国唯一有意义的革命组织”①。但就如何实现这些革命任务，恩格斯提出了一个思想，就是同盟要组织筹划好革命任务是一个方面，“然而这个组织应当怎样进行自己的活动，这主要取决于革命新高涨的前景能否实现”②。这可以说是恩格斯对共产主义者同盟革命斗争经验教训的总结，也是“组织形式应当适合于当前斗争的需要”这个基本原理在革命实践中的应用。也就是说，组织形式需要根据不同任务的需要而改动，以适应不断发展的建设要求。无产阶级政党是为了实现无产阶级的历史使命而创立的，最终目标与阶段性目标的统一是实现历史使命的基本策略。因此，在实现最终目标的阶段性目标上，无产阶级政党的组织形式就要随着目标的不断改变而不断调整，即使是在同一个时期，也还有外在的环境条件以及内部人员等方面的制约，也需要不断调整和改变。因此，依据党的目标任务和环境变化适时调整其组织形式，以保证党在创立到完备的渐进过程中求得发展，这是无产阶级政党建设的必然要求。

马克思、恩格斯是这样强调的，也是在创立和发展无产阶级政党的进程中这样做的。他们最初在比利时的布鲁塞尔创立的共产主义通讯委员会，目的是通过与各国工人团体、社会主义者的经常联系，传播他们创立的科学世界观，此时的组织形式就是一个以通信和讨论为主要活动形式，相对自由和松散的有点学术交流性质的组织。在共产主义者同盟时期，在它的前身也就是正义者同盟时期，它还只是以一种秘密团体的组织形式存在，正如恩格斯在《关于共产主义者同盟的历史》中指出的：“至于说在德国工人阶级队伍中必须有一个哪怕

---

① 恩格斯：《关于共产主义者同盟的历史》，《马克思恩格斯全集》第 21 卷，人民出版社 1965 年版第257—258 页。

② 恩格斯：《关于共产主义者同盟的历史》，《马克思恩格斯全集》第 21 卷，人民出版社 1965 年版第258 页。

只以宣传为目的的组织，至于说这个组织由于它将不只具有地方性质，所以即使在德国境外也只能是秘密的组织，对此我们是没有怀疑过的。而同盟就正是这样一个组织。”① 而当马克思、恩格斯对其进行科学社会主义的改造后，就成为一支公开的以科学理论为指导的组织。同样，在国际工人协会时期，马克思、恩格斯也根据革命任务和形势的发展，对国际工人协会的组织形式进行了设计，并且进行了多次调整。马克思 1873 年 9 月 27 日在给左尔格的信中，通过分析国际工人协会当时的状况，并且表示确信，国际工人协会作为工人运动的组织形式在历史上已经过时了，需要进行调整。1874 年 9 月 12—17 日，恩格斯又在给左尔格的信中，阐明了国际工人协会的历史意义，表示确信将来必然会出现以马克思主义为依据的共产主义的国际无产阶级组织。1876 年 11 月 20 日，恩格斯在给德国无产阶级革命家贝克尔的信中，进一步表达了他和马克思的共同意见，即国际工人协会的全体积极活动家应该努力的方向不是恢复以前的国际组织，而是建立和巩固各国群众性的工人党。

（三）应该接受符合章程和组织条例要求的每一个支部

按照组织的历史使命和根本任务去确立组织形式和组织原则，进而设置组织结构，这是搭建一个组织架子的基本规律和要求。1873 年 1 月 5 日，国际工人协会总委员会在《给总委员会驻伦敦负责意大利事务的代表弗里德里希·恩格斯的指示》中，就恩格斯去负责组织意大利的党组织事务，提出的第一条就是“总委员会负责意大利事务的代表将全力促进在意大利按照共同章程、条例和总委员会的指示组织国际”②。也就是说，国际工人协会的任何一级组织都必须遵守协会的纲领、章程和代表大会的决议，在这个前提下，各个全国性的或地方性的联合会才享有广泛的权利和行动的自由。为了保证纲领的统一性和为共同利益而斗争，赋予总委员会和联合委员会以必要的全权。

这也是马克思、恩格斯所坚持的基本原则。恩格斯就在 1873 年 3 月 20 日给左尔格的信中，就如何加强国际工人协会的组织建设问题，提出个人的意见和建议，指出：“总委员会（12 月 15 日）提出的关于用**这种**方式接受支部的要

---

① 恩格斯：《关于共产主义者同盟的历史》，《马克思恩格斯全集》第 21 卷，人民出版社 1965 年版第251 页。

② 《给总委员会驻伦敦负责意大利事务的代表弗里德里希·恩格斯的指示》，《马克思恩格斯全集》第 18 卷，人民出版社 1964 年版第734 页。

求肯定不会实现。总委员会**应该**接受符合章程和组织条例要求的**每一个**支部；它不应提出任何新的条件，因此第一条要求（总委员会有权要求提供有关会员人数和会员职业的统计数字，但不必提供姓名）有一部分不能成立，而第四条则完全不能成立，因为组织条例第三项里规定了另一种交纳会费的办法。最好悄悄地放弃这一要求，我们这里从来没有做到超出第二条和第三条要求所规定的东西，就是做到规定的那样也很困难，如果同一些相当诚挚的人们打交道，那从来不用坚持要求严格地遵守手续。当然在发生问题的情况下，手头有这样一个规定还是好的。”①

三、当各民族的无产阶级政党彼此联合起来的时候，它们完全有权把“民主”一词写在自己的旗帜上

马克思在 1871 年撰写的《国际工人协会共同章程》的第九条提出：“每一个承认并维护国际工人协会原则的人，均可成为国际工人协会的会员。每一支部应对接受的会员的品行负责。”② 从这里可以看出，马克思、恩格斯把组织原则作为创建和发展国际工人协会的基本条件。作为一个组织，按照什么样的原则组织起来，决定着这个组织的组织结构和形式。马克思、恩格斯在创建和发展无产阶级政党的进程中，对这个问题进行了实践探索和总结，提出了加强组织建设的一些基本原则，并把它们具体贯彻落实到党的纲领、章程、条例和决议等法规文件之中。

马克思 1851 年 9 月 23 日在给恩格斯的信中写道：“民主原则比在国家的内部组织中更加充分地运用于军队之中，只有在革命胜利以后才有可能。”③ 马克思在这里提出了“民主原则”这个基本思想。对于这个基本原则，恩格斯在 1845 年底撰写的《在伦敦举行的各族人民庆祝大会（庆祝 1792 年 9 月 22 日法兰西共和国的成立）》中也提出：“**民主在今天就是共产主义**。任何其他的民主都只能存在于那些跟实际毫无联系、认为原则不是靠人和环境发展起来而是靠

① 恩格斯：《恩格斯致弗里德里希·阿道夫·左尔格（1873 年 3 月 20 日）》，《马克思恩格斯全集》第 33 卷，人民出版社 1973 年版第575 页。

② 马克思：《国际工人协会共同章程》，《马克思恩格斯文集》第 3 卷，人民出版社 2009 年版第 229 页。

③ 马克思：《马克思致恩格斯（1851 年 9 月 23 日）》，《马克思恩格斯全集》第 27 卷，人民出版社 1972 年版第366 页。

它本身发展起来的、好空谈的梦幻家的头脑中。民主已经成了无产阶级的原则，群众的原则。即使群众并不总是很清楚地懂得民主的这个唯一正确的意义，但是他们全都认为民主这个概念中包含着社会平等的要求，虽然这种要求还是模糊的。我们在估计共产主义的战斗力量的时候，可以放心地把这些具有民主思想的群众估计在内。而且，当各民族的无产阶级政党彼此联合起来的时候，它们完全有权把'民主'一词写在自己的旗帜上，因为除了我们现在没有加以考虑的那些民主主义者之外，1846 年欧洲所有的民主主义者都是或多或少地有些觉悟的共产主义者。"① 恩格斯还在写于 1872 年 8 月底的《代表总委员会向海牙代表大会提出的关于社会主义民主同盟的报告》中写道："在西班牙，完全民主的、同时又非常明确的组织形式，是由巴塞罗纳代表大会和瓦伦西亚代表会议制定出来的。"② 从以上论述可以看出，民主原则是无产阶级政党始终坚持的基本原则，而且贯穿无产阶级政党组织建设的各方面、全过程。

（一）工人革命的第一步就是使无产阶级上升为统治阶级，争得民主

马克思、恩格斯在《共产党宣言》中宣告："工人革命的第一步就是使无产阶级上升为统治阶级，争得民主。"③ 也就是说，无产阶级政党是一个民主的政党，只有立足于民主政治这一资本主义制度提供的平台，才能生存和有所发展。之所以提出这一思想，一方面是因为，从政党本身的发展渊源来看，它本身就是资本主义的产物。作为无产阶级的政党，也不可避免地具有与其他政党相同的机构特征。另一方面，从无产阶级追求的目标看，也是为了人类解放而努力。而为了实现这个伟大的理想，首先就得求得在社会、权利等方面的平等，而这需要广泛的民主来保证。特别是无产阶级政党，作为广大工人群众利益的代表，它也必然首先是民主的，才能为了争取广大成员的利益而奋斗。也正是从这一思想出发，马克思、恩格斯在设想无产阶级夺取资产阶级的政治权利后要建立的政治统治形式时，一直坚持的思想就是"民主共和国"，并且强调"如果说有什么是毋庸置疑的，那就是，我们的党和工人阶级只有在民主共和国这种形式

---

① 恩格斯：《在伦敦举行的各族人民庆祝大会（庆祝 1792 年 9 月 22 日法兰西共和国的成立）》，《马克思恩格斯全集》第 2 卷，人民出版社 1957 年版第664 页。

② 恩格斯：《代表总委员会向海牙代表大会提出的关于社会主义民主同盟的报告》，《马克思恩格斯全集》第 18 卷，人民出版社 1964 年版第161 页。

③ 马克思、恩格斯：《共产党宣言》，《马克思恩格斯文集》第 2 卷，人民出版社 2009 年版第52 页。

下，才能取得统治。民主共和国甚至是无产阶级专政的特殊形式”①。1892 年他在同卓万尼·博维奥的通信中又重申，“民主共和国是唯一的这样的政治形式”，并且强调“马克思和我在 40 年间反复不断地说过”。②

无产阶级政党的民主，还具体体现在每名党员在党章面前一律平等，在党内生活中一律平等，不允许有任何的特殊党员。《共产主义者同盟章程》就明确规定：“所有盟员都一律平等，他们都是兄弟。”要实现党内一律平等，这就意味着在无产阶级政党内不允许存在特权与迷信。《共产主义者同盟章程》中的重要一条，就是“摒弃章程中一切助长迷信权威的东西”。这也是马克思、恩格斯在同意加入同盟时提出的一个基本条件。马克思、恩格斯是这样说的，也是这样做的。在他们创立的各个时期的无产阶级政党和群众性组织中，他们大多是以普通成员的身份出现的。他们在帮助和指导其他的党的领导人时，也从来不强迫他们接受自己的思想和观点，而是采取平等的商议的态度，去耐心说服和教育，有时还要让他们在自己的错误中找到正确解决问题的办法。特别是由于无产阶级政党的主要成分是工人，他们从小就受官僚主义的训诫，相信权威，相信上级机关，所以在这里更应当培养他们的独立自主精神，需要坚持民主的原则。

（二）组织本身是完全民主的，它的各委员会由选举产生并随时可以罢免

既然在政治统治上实行民主的形式，那么在无产阶级政党内部的领导也应是民主的。这是因为，党要领导无产阶级进行革命斗争，不能只靠少数人，更不能搞“个人独裁”，而必须依靠集体的智慧，为此就要在党内实行民主制度，这个民主制度在党内的基本体现就是选举。恩格斯在总结共产主义者同盟的历史时，首先提出的重要经验就是党内民主。他总结指出：“组织本身是完全民主的，它的各委员会由选举产生并随时可以罢免，仅这一点就已堵塞了任何要求独裁的密谋狂的道路”③。

---

① 恩格斯：《1891 年社会民主党纲领草案批判》，《马克思恩格斯文集》第 4 卷，人民出版社 2009 年版第415 页。

② 恩格斯：《答可尊敬的乔万尼·博维奥》，《马克思恩格斯文集》第 4 卷，人民出版社 2009 年版第443 页。

③ 恩格斯：《关于共产主义者同盟的历史》，《马克思恩格斯全集》第 21 卷，人民出版社 1965 年版第251 页。

一方面，选举原则是党内民主的主要体现。马克思、恩格斯赋予选举以高度的意义，认为民主政治意味着真正的普遍选举。马克思就在《黑格尔法哲学批判》中指出：“**选举**是**现实的市民社会**对**立法权的市民社会**、对**代表要素**的**现实关系**。换句话说，**选举**是市民社会对政治国家的**非间接的**、**直接的**、不是**单纯想像的而是实际存在的**关系。因此显而易见，**选举**构成现实市民社会的最根本的政治利益。通过**不受限制的选举**和**被选举**，市民社会才第一次**真正**上升到自身的抽象，上升到作为自己真正普遍的本质的存在的**政治**存在。”① 从这里可以看出，马克思、恩格斯对选举制度的高度重视。他们在创建和领导无产阶级政党的过程中，也在积极实践这一思想。恩格斯就指出，共产主义者同盟的“各委员会由选举产生并随时可以罢免”。同盟章程规定，所有盟员都有选举权和被选举权，盟内一切事务都由盟员或通过代表来处理；同盟从基层到中央委员会的各级领导机构，都必须由民主选举产生；选举者如认为担任公职的人员的工作不能令人满意，可随时撤换。在国际工人协会时期，马克思指导国际工人协会依据章程制定了组织条例，对党内选举制度作了进一步规定，规定每个会员都有选举代表大会代表的权利；每一个支部，不论其成员多少，均有权派遣一名代表参加代表大会；每一个代表在代表大会上只有一票表决权；对有关原则问题的一切决议，均须举行记名投票，并且按照少数服从多数的原则，作出最终决定。他们在总结巴黎公社的经验时，其中很重要的一条就是选举制度。

另一方面，中央机关由那些除了公民赋予的权力以外不承认别的权力的人组成。恩格斯写于 1872 年 8 月 4—6 日的《总委员会告国际工人协会全体会员书》中，向全体国际工人协会的会员们呼吁：“公民们，你们应当作出抉择。现在问题不在于支部自治、小组自由联合，不在于‘自下而上’的组织，也不在于任何其他的夸夸其谈的和响亮的词句。现在问题在于：你们希望我们的中央机关由那些除了你们所赋予的权力而外不承认别的权力的人来组成，还是希望我们的中央机关由那些通过欺骗的办法选举出来并从你们那里获得权力，但是决意遵照在瑞士的某位神秘人物的秘密指令把你们当成一群绵羊来驱使的人组成?”②

在《共产主义者同盟章程》等主要的党内法规中，明确规定党内领导人的

① 马克思：《黑格尔法哲学批判》，《马克思恩格斯全集》第 3 卷，人民出版社 2002 年版第150 页。
② 恩格斯：《总委员会告国际工人协会全体会员书》，《马克思恩格斯全集》第 18 卷，人民出版社 1964 年版第133 页。

产生都要通过选举。1847 年的《共产主义者同盟章程》① 规定："第七条　每个支部选举主席和副主席各一人。主席主持各种会议，副主席管理财务，主席缺席时由副主席代理主席职务。""第十三条　由这些支部的主席和副主席组成区部委员会。区部委员会从委员中选出领导人。""第二十五条　区部委员会和中央委员会的委员任期为一年，连选得连任，选举者可以随时撤换之。""第二十六条　每年 9 月进行选举。"

马克思起草于 1872 年 12 月 20 日的《不列颠联合会委员会告国际不列颠联合会各支部、分部、所属团体和会员书》中，也对党内选举提出具体要求："3. 建议各支部选举一个委员会，将联合会委员会的会议记录交给这个委员会，由它来断定，谁在阻碍协会的工作和谁在促进协会的工作，以及谁的行动有利于工人阶级的敌人。4. 建议各支部选举一个委员会，以便弄清各支部的组织情况、它们的成员人数、它们成立的日期，尤其是它们通常派到联合会委员会里去的代表的人数。"②

（三）协会具有一种特殊的组织结构，这种结构给予每个全国性的或地方性的联合会以充分的行动自由

这是党的民主原则在组织结构中的具体体现。恩格斯在 1872 年 4 月 3 日《致在萨拉哥沙举行的西班牙全国代表大会的代表公民们》中写道："西班牙国际的成立还不到三年，如今它的支部和联合会已遍布全国；它在所有的城市都有自己的组织，目前它正向乡村深入。由于你们的活动，以及你们国家的互相更替的政府的荒谬而又愚蠢的迫害，你们才能够取得这些巨大的成就，并使国际在西班牙成为一种实际的力量。但是，也不应当忘记，这些成就之所以可能取得，只是因为我们协会具有一种特殊的组织结构，这种结构给予每个全国性的或地方性的联合会以充分的行动自由，而对于协会的各个中央机关则只是在必要的范围内才给与全权，以便使这些机关能够顺利地为纲领的统一性和共同利益而斗争，并且使协会不致变成资产阶级或警察的阴谋诡计的玩物。"③ 马克

① 马克思、恩格斯：《共产主义者同盟章程（1847 年 12 月 8 日）》，《马克思恩格斯全集》第 4 卷，人民出版社 1958 年版第572—577 页。

② 马克思：《不列颠联合会委员会告国际不列颠联合会各支部、分部、所属团体和会员书》，《马克思恩格斯全集》第 18 卷，人民出版社 1964 年版第230 页。

③ 恩格斯：《致在萨拉哥沙举行的西班牙全国代表大会的代表公民们（1872 年 4 月 3 日于伦敦）》，《马克思恩格斯全集》第 18 卷，人民出版社 1964 年版第68—69 页。

思也在1871年7月3日同《世界报》记者的谈话中阐明了这个思想。马克思说："什么时候出现过不利用公开的和非公开的联系手段来进行工作的组织呢?"但是，像谈论来自某个中心的法令一样来谈论来自伦敦的秘密指示，"这就是完全不懂得国际的实质。要是那样，在国际里就需要有集权的政府；但实际上它的组织形式恰恰给地方的主动性和独立性以最大的自由。其实，国际完全不是原来意义上的工人阶级政府；与其说国际是指挥力量，还不如说它是一种联合。"[①] 1872年2月24日，马克思在给斐迪南·约策维茨的信中进一步强调："柏林支部属于这样一些国家的范畴，那里由于'法律障碍'而不能建立经常性组织，因此，这些国家的支部有充分自由按适合于该国法律的形式来建立，而并不因此丧失其他支部所享有的**任何权利**。"[②] 虽然在这里，马克思、恩格斯提出的是国际工人协会时期的特殊组织形式和组织机构下的基本原则，但这也体现了他们的民主思想。

（四）它们保留有向应届代表大会进行申诉的权利，由应届代表大会做出最后决定

申诉权是党的民主原则在日常组织建设中的具体体现。1871年9月21日，马克思在由他起草的《伦敦代表会议关于瑞士罗曼语区的分裂的决议》中就规定"在属于一个全国性组织的团体或支部之间、或各全国性组织之间发生纠纷时，总委员会有权解决这些纠纷，但是，它们保留有向应届代表大会进行申诉的权利，由应届代表大会做出最后决定（见巴塞尔代表大会决议第七条）"[③]。恩格斯还在1881年10月25日给爱德华·伯恩施坦的信中指出："对党员——不管他们是谁——在这种或那种场合的行为可以有自己的看法，在某个理论问题上也可以有意见分歧和争论，这是完全正常的。"[④] 这也是党内民主在党员的言论自由方面的体现。

---

① 《卡·马克思同"世界报"记者谈话的记录》，《马克思恩格斯全集》第17卷，人民出版社1963年版第682—683页。

② 马克思：《马克思致斐迪南·约策维茨（1872年2月24日）》，《马克思恩格斯全集》第33卷，人民出版社1973年版第411页。

③ 马克思：《伦敦代表会议关于瑞士罗曼语区的分裂的决议》，《马克思恩格斯全集》第17卷，人民出版社1963年版第462页。

④ 恩格斯：《恩格斯致爱德华·伯恩施坦（1881年10月25日）》，《马克思恩格斯全集》第35卷，人民出版社1971年版第221页。

马克思和恩格斯还特别重视把民主制度落实在党的具体组织制度上。1892年9月26日，恩格斯在写给倍倍尔的信中指出："我完全同意你的意见，应当坚持**每年**召开一次党代表大会。即使为了遵守党章，你们执行委员会也必须这样做；否则，你们就会为那些喜欢叫喊的人提供极好的口实。而且，让全党哪怕一年有一次发表自己意见的机会，一般说来也是重要的。这样做任何时候都是必要的，而现在则更加必要——既为了对付'独立派'，又为了对付福尔马尔。"①

四、为了进行斗争，必须把我们的一切力量拧成一股绳，并使这些力量指向同一个攻击点

马克思、恩格斯在首先阐明民主原则的同时，还比较强调集中和权威的问题。恩格斯写于1872年10月—1873年3月的《论权威》，就明确提出了这一基本原则。在这之前的1872年1月6日，恩格斯在给卡洛·特尔察吉的信中科学而深刻地阐明了权威和集中的基本原则。恩格斯指出："如果您想了解他们为国际做了些什么，能做些什么，那就请读一下1871年11月23日日内瓦《社会革命报》第5号上刊载的联合会委员会向汝拉联合会代表大会所作的正式报告，您将会看到，他们把一年前还很稳固的联合会弄得瓦解和软弱到什么地步。我认为，'**权威**'这个词用得太滥了。我不知道什么东西能比革命更有权威了，如果用炸弹和枪弹打败自己的敌人，那末，我认为这就是权威行动。如果巴黎公社的权威和集中稍微多一些，那末，它就会战胜资产者。胜利以后，我们可以随意组织起来，但是，为了进行斗争，我认为必须把我们的一切力量拧成一股绳，并使这些力量指向同一个攻击点。如果有人向我说，没有权威和集中就不可能做到这一点，而这是两种应当坚决加以诅咒的东西，那末我就认为，说这种话的人，要么不知道什么叫革命，要么只不过是口头革命派。"② 对于如何把集中和权威的原则贯彻落实于无产阶级政党建设的始终，马克思、恩格斯在领导和指导无产阶级政党建设的过程中还进行了系统阐述。

---

① 恩格斯：《致奥古斯特·倍倍尔（1892年9月26日）》，《马克思恩格斯全集》第38卷，人民出版社1972年版第474页。

② 恩格斯：《恩格斯致卡洛·特尔察吉（1872年1月6日左右）》，《马克思恩格斯全集》第33卷，人民出版社1973年版第375—376页。

（一）代表大会决定加强组织，用他们的术语来说，就是加强权威

这里的“加强权威”的思想观点，是恩格斯在写于1872年10月初的《海牙代表大会的限权代表委托书》中提出的。恩格斯在这里明确指出：“那末汝拉代表们所提出的组织原则，或者更确切些说，他们所提出的瓦解组织的原则，是否被代表大会接受了呢？恰恰相反，代表大会决定加强组织，用他们的术语来说，就是加强权威。”① 马克思、恩格斯不仅提出加强权威的思想，而且还与反权威主义进行了坚决斗争。马克思、恩格斯1873年7月21日撰写的《社会主义民主同盟和国际工人协会》这篇文章，就是对当时的社会主义民主同盟所持的反权威主义进行的严厉批判。马克思、恩格斯在这里通过分析社会主义民主同盟反权威主义的来源，明确指出：“当时这一派人还没有穿上反权威主义的外衣。他们以为能够掌握总委员会，所以在巴塞尔代表大会上首先要求通过并且提出了有关组织问题的各项决议案，这些决议授予总委员会以‘权威主义的权力’，而两年以后他们却如此疯狂地攻击起这些权力来了。下面是从詹姆斯·吉约姆主编的洛克尔‘进步报’（1869年12月4日）上摘引的一段关于‘社会民主党人报’同‘人民国家报’之间的冲突的文章，没有什么能比这段文章更好地说明他们当时对总委员会的权威作用的看法了。”②

（二）国际不能容许另外的具有自己单独组织的宗派主义国际存在

这个基本思想，强调的就是国际工人协会要加强组织的权威性。恩格斯在1871年7月28日给卡洛·卡菲埃罗的信中，就巴枯宁集团分裂国际工人协会的行为进行批判时指出：“国际不能容许另外的具有自己单独组织的宗派主义国际存在，我认为不能有两种意见。毫无疑义，所有将来的代表大会和总委员会都将坚决反对在我们协会内部进行这种阴谋活动，最好让我们那不勒斯的朋友们，至少让那些在日内瓦得到支持的人们知道下面这一点：**巴枯宁主义者**在协会中是微不足道的少数，**只有他们**一直在制造纠纷。我说的主要是**瑞士人**，因为我们和其他人之间完全没有发生或者很少发生这种事情。我们始终允许他们所有的人具有自己的原则，用他们认为最好的方法传播这些原则，只是希望他

① 恩格斯：《海牙代表大会的限权代表委托书》，《马克思恩格斯全集》第18卷，人民出版社1964年版第194页。

② 马克思、恩格斯：《社会主义民主同盟和国际工人协会》，《马克思恩格斯全集》第18卷，人民出版社1964年版第390页。

们放弃任何破坏协会或者把自己的纲领强加给我们的企图。这样，他们就会相信，欧洲工人决不想成为小宗派集团的工具。”① 也就是说，在马克思、恩格斯的理论里，无产阶级政党是不允许党内有“党”的，需要保持党的团结和统一，从而保证党的权威性。

第一，“我们始终允许他们所有的人具有自己的原则，用他们认为最好的方法传播这些原则，只是希望他们放弃任何破坏协会或者把自己的纲领强加给我们的企图”。这是马克思、恩格斯与由巴枯宁创立和领导的社会主义民主同盟的斗争中提出的思想。恩格斯在关于萨拉哥沙代表大会的发言中指出：“国际西班牙组织的代表大会是 4 月初在萨拉哥沙召开的，但是会议记录只是现在才发表；代表大会的结果是，在巴枯宁领导下在最近四年中无时无刻不企图在我们协会的队伍里制造纠纷的那个人数不多，但是非常活跃的派别遭到了彻底的失败。这个派别组成了一个叫做社会主义民主同盟的国际性团体，当它被允许加入国际工人协会时，它曾经庄严地保证一定解散自己的特殊组织，并且完全溶化在国际中。但是，尽管有这个庄严的保证，同盟却继续作为一个**秘密**团体存在于国际内部，这是目的不在于反对各国统治阶级及其政府，而是要反对它允诺溶化在其中的那个无产阶级组织本身的秘密团体的第一个例子。”②

恩格斯还在写于 1872 年 8 月底的《代表总委员会向海牙代表大会提出的关于社会主义民主同盟的报告》中进一步强调。恩格斯在这里详细介绍了由巴枯宁创立和领导的社会主义民主同盟的基本情况，揭露了这个同盟的根本企图，指出：“社会主义民主同盟是米·巴枯宁在 1868 年底建立的。这是一个企图在国际工人协会内部和外部同时进行活动的国际团体。这个团体是由协会会员组成的，他们要求有参加国际会员的一切集会的权利，但是却希望有权同国际并列地保留自己的地方性组织、自己的全国性联合会、自己的代表大会。可见，同盟从一开始就企图成为我们协会内部的一个特殊的贵族集团，一个有自己的纲领、享有特权的上等人物的派系。”恩格斯进一步强调：“只要同盟保持着独特的国际性质，总委员会就拒绝接受它；总委员会答应，只有在同盟解散自己

① 恩格斯：《恩格斯致卡洛·卡菲埃罗（1871 年 7 月 28 日）》，《马克思恩格斯全集》第 33 卷，人民出版社 1973 年版第265 页。

② 《弗·恩格斯关于萨拉哥沙代表大会的发言记录（摘自 1872 年 5 月 7 日总委员会会议记录）》，《马克思恩格斯全集》第 18 卷，人民出版社 1964 年版第718 页。

特殊的国际组织，它的支部变成我们协会的普通支部，并且总委员会知道每一个新的支部的所在地及其人数的条件下，才能接受它。”①

第二，马克思、恩格斯还在他们1871年9—10月起草的《1871年9月17日至23日在伦敦举行的国际工人协会代表会议的决议》中的第二项决议，也就是“关于各国委员会等组织的名称”的决议，这项决议堵塞了各种宗派主义组织钻入国际的道路②，通过统一名称，体现唯一性，凸显权威性。通过的第16项“关于社会主义民主同盟”中，对这个问题进行了进一步阐明，指出：“鉴于：社会主义民主同盟已经宣布解散（见1871年8月10日从日内瓦给总委员会的信，签署人为同盟书记、公民尼·茹柯夫斯基）；代表会议在9月18日的会议（见本通告第二项）上决定，国际现有的一切组织，今后应按共同章程的精神和文字，一律定名为国际工人协会分部、支部、联合会等等，并冠以该地地名；因此，现有的支部和团体，今后不得再用宗派名称，如实证论派、互助主义派、集体主义派、共产主义派等等，或者用宣传支部、社会主义民主同盟以及诸如此类的名称成立旨在执行与协会共同目标不符的特殊任务的分立主义组织……”③

第三，“我们不接受任何在章程中稍有一点宗教倾向的团体”。这里充分体现了无产阶级政党是以辩证唯物主义和历史唯物主义为理论基础的政党，强调了思想和理论上的统一性。恩格斯在1871年7月28日给卡洛·卡菲埃罗的信中写道：“当我们和其他人一样为耕种贫瘠土壤分担一份工作的时候，不应当要求总委员会隔不长的时间就发出振奋人心的宣言，这种宣言可能使相当一部分我们的会员满意，当然也会使另一部分人不满意。不过，如果现实局势要求这样做，我们就应当象发表《内战》宣言并为法兰西内战本身所证明的那样，来适应这个要求。至于宗教问题，那我们不能正式谈论它，除非神父们迫使我们这样做，但是您在我们的所有出版物中都会感到无神论的精神，此外，我们不接受任何在章程中稍有一点宗教倾向的团体。许多这样的团体曾希望被接受，但都遭到了拒绝。如果我们的那不勒斯朋友们联合成一个无神论的团体，并只

① 恩格斯：《代表总委员会向海牙代表大会提出的关于社会主义民主同盟的报告》，《马克思恩格斯全集》第18卷，人民出版社1964年版第153页。

② 马克思、恩格斯：《1871年9月17日至23日在伦敦举行的国际工人协会代表会议的决议》，《马克思恩格斯全集》第17卷，人民出版社1963年版第451—452页。

③ 马克思、恩格斯：《1871年9月17日至23日在伦敦举行的国际工人协会代表会议的决议》，《马克思恩格斯全集》第17卷，人民出版社1963年版第458—459页。

接受无神论者，那末，正如您自己说的，在不仅上帝万能而且对圣詹纳罗也要表示恭敬的这样一个城市里，他们的宣传将会变成什么呢!”①

马克思、恩格斯还在《所谓国际内部的分裂》中进一步阐明：“同盟根本不愿意让代表会议调查它的阴谋，就在8月10日宣布，它从8月6日起已经解散。但是9月15日它又重新出现了，并以**无神论社会主义者支部**的名称要求总委员会接受它。根据巴塞尔代表大会第五项关于组织问题的决议，总委员会如果不征求两年来一直肩负着同各宗派主义支部作斗争的重担的日内瓦联合会委员会的意见，就没有权利接受这一支部。此外，总委员会早先已经向英国基督教工人团体［Young men's Christian Association（基督教青年会）］宣布，国际不承认有神论支部。”②

（三）应该使自己的每一个支部变成工人联合会的中心和核心

这个重要思想，是马克思、恩格斯在1850年3月起草的《中央委员会告共产主义者同盟书》中提出的，他们强调：“工人，首先是共产主义者同盟，不应再度充当资产阶级民主派的随声附和的合唱队，而应该努力设法建立一个秘密的和公开的独立工人政党组织，以与那些正式的民主派相并立，并且应该使自己的每一个支部变成工人联合会的中心和核心，在这种工人联合会中，无产阶级的立场和利益问题应该能够进行独立讨论而不受资产阶级影响。”③ 对于如何使每个支部成为中心和核心，马克思、恩格斯又进行了进一步阐明。

首先，实施集中领导。1847年6月9日的《共产主义者同盟第一次代表大会致同盟盟员的通告信》写道：“你们大家都将看到，通过特使来组织宣传并使宣传服从集中的领导是多么需要。——我们希望，我们在经过深思熟虑之后作出的决定能受到你们的欢迎并给我们的事业带来良好的效果。”④ 后来，他们把这一思想贯彻到国际工人协会的创立和领导过程中，恩格斯在1872年3月21日

① 恩格斯：《恩格斯致卡洛·卡菲埃罗（1871年7月28日）》，《马克思恩格斯全集》第33卷，人民出版社1973年版第267页。

② 马克思、恩格斯：《所谓国际内部的分裂》，《马克思恩格斯全集》第18卷，人民出版社1964年版第20页。

③ 马克思、恩格斯：《中央委员会告共产主义者同盟书（1850年3月）》，《马克思恩格斯全集》第7卷，人民出版社1959年版第293页。

④ 《共产主义者同盟第一次代表大会致同盟盟员的通告信（1847年6月9日于伦敦）》，《马克思恩格斯全集》第42卷，人民出版社1979年版第433页。

给切扎雷·贝尔特的信中指出："在同一个城市里存在两个互相竞争和敌对的支部是完全不能容许的，幸亏组织条例（巴塞尔代表大会的决议）赋予总委员会接受或不接受任何新支部的权力。您会看到这个权力对于我们的组织是多么必要，而特尔察吉的汝拉朋友们却把这个权力描绘成权威主义的和不正当的。"①

其次，"在'联合会'中有三个来源不同的独立的权力机构"，这是不实际的。这是马克思在 1868 年 10 月 13 日给约翰·巴普提斯特·施韦泽的信中，就施韦泽担任的全德工人联合会主席的职务，对联合会的组织机构建设提出的建议，指出："您的计划在其他方面也是不实际的。在'联合会'中有三个来源不同的独立的权力机构：（1）由**工会**选出来的**委员会**；（2）由**普选**产生的**主席**（他在这里完全是多余的）；（3）由**地方**选出来的代表大会。这样一来，就到处都是冲突，而竟说这样有利于'迅速行动'！"② 这里所体现的就是通过组织的统一，从而形成组织行动的一致。这也从党的组织结构的建设中体现加强党的权威性的思想。

五、哪儿有组织存在，那儿就必然要为了行动的一致而牺牲一部分自治

这是恩格斯在 1872 年 10 月 5 日撰写的《伦敦来信（二）：再谈海牙代表大会》中提出的思想。恩格斯在这里指出："我希望，海牙代表大会的结局将促使我们意大利的'自治的'朋友们深思一番。他们应当知道，哪儿有组织存在，那儿就必然要为了行动的一致而牺牲一部分自治。如果他们不了解，**国际**是一个为了斗争，而不是为了发明堂皇理论而组织起来的团体，那是非常遗憾的，不过可以说有一点是肯定的：在意大利还没有服从大家都要遵守的一切规章以前，伟大的**国际**可以让它自行其是。"③ 这里所强调的，就是为了集体利益必然要牺牲个人利益的问题。说到底，其实就是中国共产党正确处理党内各种关系的"四个服从"基本准则的起源，也就是党员个人服从党的组织、少数服从多

① 恩格斯：《恩格斯致切扎雷·贝尔特（1872 年 3 月 21 日）》，《马克思恩格斯全集》第 33 卷，人民出版社 1973 年版第435 页。

② 马克思：《马克思致约翰·巴普提斯特·施韦泽（1868 年 10 月 13 日）》，《马克思恩格斯全集》第 32 卷，人民出版社 1974 年版第559 页。

③ 恩格斯：《伦敦来信（二）：再谈海牙代表大会（1872 年 10 月 5 日）》，《马克思恩格斯全集》第 18 卷，人民出版社 1964 年版第198 页。

数、下级组织服从上级组织、全党各个组织和全体党员服从党的全国代表大会和中央委员会。这也是强化党的集中和权威的重要举措。

(一) 权威与自治是相对的东西，它们的应用范围是随着社会发展阶段的不同而改变的

这是恩格斯在《论权威》中提出的思想。恩格斯指出："把权威原则说成是绝对坏的东西，而把自治原则说成是绝对好的东西，这是荒谬的。权威与自治是相对的东西，它们的应用范围是随着社会发展阶段的不同而改变的。"① 恩格斯根据辩证唯物主义的基本原理，强调的就是权威与自治都是相对的，都是随着事物的不断变化而变化的，不能把它们任何一方加以绝对化。恩格斯在这里，主要是针对巴枯宁主义者把自治作为一个理想的状况，反对一切权威的观点而进行的坚决批判。巴枯宁明确把权威说成是绝对坏的东西，而把自治说成是绝对好的东西，这是"荒谬的"。恩格斯在 1872 年 1 月 24 日给泰奥多尔·库诺的信中就指出："在这里，有从来没有被我们承认过的 1871 年法国人支部的残余分子，这个支部已经分裂为三个彼此敌对的部分；其次是大约二十个从德国人支部中清除出去的（由于提议大批**退出国际**的缘故）冯·施韦泽先生式的拉萨尔分子，他们这些捍卫极端的集中和强有力的组织的人，却十分适合同无政府主义者和自治主义者结成联盟。"② 恩格斯在这里强调的，既不是反对集中，也不是抵制自治，而是反对"极端的"行为。因此，自治是需要的，但需要在一定的范围内实施，而且是随着社会的发展而不断改革的，不能作为一个绝对的而且是一成不变的铁律来坚持。恩格斯还在《论权威》中说："一方面是一定的权威，不管它是怎样造成的，另一方面是一定的服从，这两者，不管社会组织怎样，在产品的生产和流通赖以进行的物质条件下，都是我们所必需的。"③

(二) 一个哪怕只由两个人组成的社会，如果每个人都不放弃一些自治权，又怎么可能存在?

恩格斯于 1872 年 10 月至 1873 年 3 月写的《论权威》一文，通过对权威重

---

① 恩格斯：《论权威》，《马克思恩格斯全集》第 18 卷，人民出版社 1964 年版第343 页。

② 恩格斯：《恩格斯致泰奥多尔·库诺（1872 年 1 月 24 日）》，《马克思恩格斯全集》第 33 卷，人民出版社 1973 年版第393 页。

③ 恩格斯：《论权威》，《马克思恩格斯全集》第 18 卷，人民出版社 1964 年版第343 页。

要意义的阐述，为正确处理好民主与集中、权威的辩证关系，从理论上进行了全面深刻阐述。恩格斯在1872年1月24日给泰奥多尔·库诺的信中，就在批判巴枯宁时指出“一个哪怕只由两个人组成的社会，如果每个人都不放弃一些自治权，又怎么可能存在”①。恩格斯还在《论权威》中指出：“如果说人靠科学和创造天才征服了自然力，那末自然力也对人进行报复，按他利用自然力的程度使他服从一种真正的专制，而不管社会组织怎样。”② 这从自然发展的内在规律角度，阐明了权威的重要性，也就是集中的根本意义。

（三）没有无义务的权利，也没有无权利的义务③

这是《国际工人协会章程》所明确规定的基本原则。也就是说，正确处理好民主与集中、权威的辩证关系，在实践操作层面，就是确保权利与义务的对等，既有权利也有义务，不能够有特权的思想和行为。马克思、恩格斯在章程的序言中，强调无产阶级的解放运动，争取的是平等的权利和义务，是最终为了消灭阶级这个最大的不平等的关系而进行努力的，而不是争取阶级的特权。因此，他们在制定共产主义者同盟的章程时，贯穿的一个基本思想，就是既规定了所应享有的权利，同时也规定了必须履行的义务，并且平等地接受民主监督。恩格斯就在1872年8月19日给维耳布罗尔的信中提出：“如果国际会员履行自己的义务，海牙代表大会将取得很大成就；它将在组织上奠定牢固的基础，而协会又能稳步发展，并将重新有力地抗击一切外部敌人。”④ 这说明，每个会员履行好个人应尽的义务，是处理好内部关系的基本行为准则。

（四）把国际的利益确实看得比一个渺小的宗派集团的利益珍贵

在1872年5月7日的总委员会会议上，恩格斯在关于萨拉哥沙代表大会的发言中，针对西班牙的工人运动情况，提出了自己的意见和建议，在介绍基本情况时说：“在西班牙，这个秘密团体一度控制了国际，但是在瓦伦西亚代表会议（1871年9月）召开前不久，在它的队伍中发生了意见分歧。把国际的利益

① 恩格斯：《恩格斯致泰奥多尔·库诺（1872年1月24日）》，《马克思恩格斯全集》第33卷，人民出版社1973年版第391页。

② 恩格斯：《论权威》，《马克思恩格斯全集》第18卷，人民出版社1964年版第342页。

③ 马克思：《国际工人协会共同章程》，《马克思恩格斯文集》第3卷，人民出版社2009年版第227页。

④ 恩格斯：《恩格斯致埃·格拉泽·德·维耳布罗尔（1872年8月19日）》，《马克思恩格斯全集》第33卷，人民出版社1973年版第516页。

确实看得比一个渺小的宗派集团的利益珍贵的那部分盟员遭到了这个宗派的狂热分子和阴谋分子的攻击，最后，不得不由萨拉哥沙代表大会来解决这个冲突。”① 恩格斯对这里点出的基本问题的态度，就是“把国际的利益确实看得比一个渺小的宗派集团的利益珍贵”。这说明，在恩格斯的思想里，始终强调的是国际的整体利益大于局部利益。这是处理内部关系的基本要求。

六、工人的组织不可能在一切细枝末节上都是完全一样的

这是 1871 年 7 月 3 日，马克思在同《世界报》记者谈话时提出的思想。马克思在回答关于国际工人协会“联合的目的是什么”这一问题时，在明确阐明国际工人协会的目的是通过夺取政权来达到工人阶级的经济解放，是利用这一政权来实现社会任务。国际工人协会的目的应当广泛到能包括工人阶级的一切形式的活动。正因为这种活动是国际的，这就决定了这种活动是十分广泛的，因此国际工人协会“没有规定政治运动的固定形式；它只要求这些运动朝向一个目标。国际是联合起来的团体的网，它布满整个劳动世界。在世界上的每一地区，我们的任务都从某种特殊的方面体现出来，那里的工人用他们自己的方法去完成这一任务。在新堡和巴塞罗纳，在伦敦和柏林，工人的组织不可能在一切细枝末节上都是完全一样的”。具体“用什么方式来达到结局，应当由这个国家的工人阶级自己选择。国际不会就这个问题下达什么命令，甚至未必提出什么建议。但是它对每一个运动都表示同情并给以自己章程规定范围内的援助”。② 这里虽然讲的是国际工人协会这个具有国际性质的组织，但也从一定程度上体现了一个重要思想，那就是在一个大的工人政党内部，虽然组织机构是统一的，但在一些具体细节上可以根据各个地区或支部的实际情况有所区别。这方面，马克思、恩格斯在实践中总结提炼了一些基本思想和观点。

第一，国际性组织的文献自然不能带有某一个民族的特色。这主要是政党内部的公开统一问题。恩格斯在写于 1871 年 6 月 20 日的《总委员会关于侯里欧克的信的声明》中讲：“总委员会提请注意，国际性组织的文献自然不能带有

① 《弗・恩格斯关于萨拉哥沙代表大会的发言记录（摘自 1872 年 5 月 7 日总委员会会议记录）》，《马克思恩格斯全集》第 18 卷，人民出版社 1964 年版第718 页。

② 《卡・马克思同“世界报”记者谈话的记录》，《马克思恩格斯全集》第 17 卷，人民出版社 1963 年版第683 页。

哪一个民族的特色。况且总委员会在这一点上也没什么可隐瞒的。宣言以及以前总委员会所发表的许多文件，都是由德国通讯书记卡尔·马克思博士起草的。宣言是一致通过的，也没有经过任何人润色。”① 公开统一是一个政党对外呈现的基本原则，也是一个政党具有战斗力和凝聚力的基础和前提。

第二，然而有人竟把这种做法加以概括并不加区别地运用于一切新成立的支部或团体，这就走得太远了。在强调公开统一的同时，还要强调不能过分。马克思、恩格斯在《所谓国际内部的分裂》中就讲：“最后，使十六人大发雷霆的巴塞尔代表大会，只是使那些在协会发展进程中在组织工作方面形成的关系固定下来。”“对于在联合会组织之外成立的地方性独立团体来说，这些条文只是证实了从国际产生时起就规定下来的做法，保持这种做法对于国际是个生死存亡的问题。然而有人竟把这种做法加以概括并不加区别地运用于一切新成立的支部或团体，这就走得太远了。”②

第三，“国际的共同章程对自己的组织结构问题只是轻轻地提了一笔。它让组织结构在实践中发展，而由未来的代表大会加以固定”。这是马克思、恩格斯在《所谓国际内部的分裂》中提出的思想，并且还接着指出：“但是，鉴于只有行动的统一和一致才能赋予各个国家的支部以真正国际的性质，所以章程对总委员会比对组织的其他环节给予了更多的注意。”③ 也就是说，组织机构是可以改革和调整的，是需要跟着实践的发展而不断发展的，特别是对于一些“细枝末节”的东西，只有在发展中不断根据实际进行调整改革，才能不断增强其科学性。比如，恩格斯就在写于1872年12月11日的《伦敦来信》中指出：“领导联合会委员会的**同盟**的拥护者们确定于12月25日在哥多瓦举行全国代表大会。按上次萨拉哥沙代表大会所通过的议程，这次代表大会应当根据全协会代表大会所通过的各项决议整顿西班牙联合会的组织机构。”④ 还比如，在国际工

---

① 恩格斯：《总委员会关于侯里欧克的信的声明》，《马克思恩格斯全集》第17卷，人民出版社1963年版第398—399页。

② 马克思、恩格斯：《所谓国际内部的分裂》，《马克思恩格斯全集》第18卷，人民出版社1964年版第42、43页。

③ 马克思、恩格斯：《所谓国际内部的分裂》，《马克思恩格斯全集》第18卷，人民出版社1964年版第39页。

④ 恩格斯：《伦敦来信（四）：海德公园的群众大会。——西班牙状况》，《马克思恩格斯全集》第18卷，人民出版社1964年版第214页。

人协会内的领导机构也是根据工作需要进行调整的。在 1872 年 7 月，国际工人协会总委员会常务委员会（或小委员会）改称为执行委员会，常务委员会是由早在 1864 年国际工人协会进行活动初期为制定协会的纲领和章程而成立的委员会产生的。参加常务委员会的有各国通讯书记、总委员会总书记和财务委员。这个未被国际工人协会章程明文规定下来的委员会，起到了工人执行机构的作用。它在马克思的领导下全面处理国际的日常领导工作，草拟日后提交总委员会审阅的文件。1872 年 6 月 18 日，为了加紧筹备应届代表大会，总委员会通过了一项决议，把一切组织工作移交给执行委员会。1872 年夏，执行委员会在揭露巴枯宁主义者和一切敌视马克思主义分子的阴谋方面，在海牙代表大会前夕把真正的无产阶级力量团结到马克思和恩格斯周围方面，起到了巨大作用。

七、共产主义者同盟的组织机构是：支部、区部、中央委员会和代表大会

在 1847 年 12 月 8 日马克思、恩格斯积极参与起草的《共产主义者同盟章程》中，第五条规定："同盟的组织机构是：支部、区部、总区部、中央委员会和代表大会。"① 政党的力量在于组织的力量。任何一个组织都是由一定的组织机构组成的，都必须按照一定的组织形式和组织原则来对它的成员进行分工、确定职责范围、分配职责权力等。作为一个政党，组织机构是其核心的部分，是其日常运转的基本平台和载体。无产阶级政党虽然有其特殊性，但从普遍意义来讲，也同样如此。在马克思、恩格斯的革命生涯中，先后创立和领导了布鲁塞尔通迅委员会、共产主义者同盟、国际工人协会以及第二国际等，还指导欧美一些国家建立了各自的独立的无产阶级政党。他们在理论探索和实践躬行中提出了关于组织机构的基本思想和观点，为构建无产阶级政党的组织机构奠定了基础。其中，共产主义者同盟和国际工人协会，作为马克思、恩格斯基本的革命活动平台，他们对这两个组织下气力最多，特别是相对于国际工人协会这个以联合为目的的国际性组织来讲的共产主义者同盟，如果从各国无产阶级政党的角度去研究它的组织机构的话，它的创立和发展，既是无产阶级政党的

---

① 马克思、恩格斯：《共产主义者同盟章程（1847 年 12 月 8 日）》，《马克思恩格斯全集》第 4 卷，人民出版社 1958 年版第572 页。

开创，也为以后的无产阶级政党的发展奠定了坚实基础，特别是它在组织机构方面的设置，为国际工人协会以及各国建立独立的无产阶级政党提供了基本参照和经验。

（一）组织机构的总体设置

马克思在《福格特先生》中回顾共产主义者同盟的历史同时，对同盟的组织结构作了总结。他指出，在实际活动中，同盟逐渐形成了这样一种结构，即由一定数目的成员组成一个“支部”，同一个城市的各个支部组成一个“区部”，整个组织由中央委员会领导。这种逐级组织和层层领导的体制成为以后各国无产阶级政党组织形式的雏形。各国党的建设，在组织机构上基本上是按照共产主义者同盟的这种组织形式建立起来的。这种组织架构的好处是显而易见的，它层级较少，容易做到政令通畅，下情上达。

在充分借鉴共产主义者同盟的组织机构基础上，马克思、恩格斯着眼当时国际工人运动的实际，创造性创立了国际工人协会，并采取“实质上坚决，形式上温和”的原则，科学合理设置了其组织机构。马克思在《国际工人协会共同章程》中，对协会的组织机构进行了详细规定和规范。规定协会的最高权力机关是支部或联合会选派代表参加的代表大会，代表大会每年召开一次，听取总委员会的工作报告，选举总委员会。代表大会闭会期间，总委员会是协会的最高执行机关，受权执行代表大会的决议，负责了解各国工人运动的状况，指导各支部的活动，对地方各级组织实行集中统一领导。总委员会是一个集体领导的中央机关，它作出的决议对每一个国家的支部联合委员会都具有约束力。它有权接受或拒绝新的支部和小组加入国际工人协会，有权将任何支部暂时开除出国际工人协会。但该支部可以上诉至代表大会，受代表大会的监督和制约。下级组织对总委员会有不同意见，可以向代表大会申诉，代表大会的裁决为最终裁决。总委员会内部实行集体领导原则，重要问题由总委员会集体作出决定，实行少数服从多数原则。

具体到各个国家的支部，恩格斯在 1872 年 8 月底撰写的《代表总委员会向海牙代表大会提出的关于社会主义民主同盟的报告》中进行了阐述。恩格斯的论述涉及的国际工人协会在西班牙的组织结构，是基于 1871 年 9 月 9—17 日举行的西班牙联合会瓦伦西亚代表会议通过的西班牙联合会的章程以及各地方联合会和各支部的示范章程，从而也确定了国际工人协会在西班牙的组织结构。

代表会议通过的章程规定，每个地方同一行业的全体工人联合组成一个支部；若干支部成立一个地方联合会，地方联合会在自己的代表大会上选出地方联合会委员会。所有地方联合会组成全国联合会，全国联合会在自己的代表大会上选出全国联合会委员会。瓦伦西亚代表会议扩大了联合会委员会的成员，设立了五个地区的通讯书记的职位，并且通过决定，允许个人直接加入联合会。

（二）各层级机构的基本地位、职能和设置

政党有整体的组织机构，这个组织机构由各个不同的层级组成，并且赋予它们各自不同的职责，从而构成了一个各负其责、各尽其能的组织系统。从共产主义者同盟以及国际工人协会的组织机构的构成来看，其具体的地位、职能和设置体现在以下方面。

1. 支部

1847 年 12 月 8 日的《共产主义者同盟章程》[①] 第二章有 6 条规定，具体包括：支部的人数为至少 3 人、至多 20 人；每个支部选举主席和副主席各 1 人，主席主持各种会议，副主席管财务，主席缺席时由副主席代理主席职务；接收新盟员须经支部研究同意，由支部主席和充当介绍人的盟员办理。另外还规定了支部的特别称号、联系规定以及迁居时须事先报告本支部的主席等。

1850 年 12 月 1 日的《共产主义者同盟章程》对支部的组成作出修改，规定："6. 支部至少须有居住同一地区的 3 个人组成。每个支部选举一名主席主持会议，一名副主席管理出纳。7. 一国或一省的支部隶属于总支部、即中央委员会任命的**区部**。支部只直接跟区部发生关系，区部只直接跟中央委员会发生关系。"[②]

2. 区部

这是 1847 年 12 月 8 日的《共产主义者同盟章程》第三章的内容，这里用 4 条规定明确了区部的一些基本问题。其中对区部管辖的支部数量，规定为 2 个以上、10 个以下，规定了由各支部的主席和副主席组成区部委员会，并从区部委员会中选出领导人，区部委员会同本区各支部和总区部保持联系；区部委员

---

① 马克思、恩格斯：《共产主义者同盟章程（1847 年 12 月 8 日）》，《马克思恩格斯全集》第 4 卷，人民出版社 1958 年版第 572—577 页。

② 马克思：《共产主义者同盟章程（1850 年 12 月 1 日）》，《马克思恩格斯全集》第 7 卷，人民出版社 1959 年版第627 页。

会是区内各支部的权力执行机关；各独立支部须加入已有的区部，或同其他各别的支部成立新的区部。并且还在第六章的一般规定中的第二十七条规定：“区部委员会必须根据盟的意图对各支部所进行的讨论加以领导。”如中央委员会认为某些问题的讨论具有普遍的和直接的利害关系，可以提交全盟讨论。

3. 总区部

1847 年 12 月 8 日的《共产主义者同盟章程》第四章用 5 条对总区部的组成及职权进行了具体规定，明确规定：“本国或本省内的各区部隶属于一个总区部。”“由代表大会根据中央委员会的建议按省划分同盟各区部和指定总区部。”“总区部是本省各区部的权力执行机关。它同各该区部和中央委员会保持联系。”“新建立的区部加入邻近的总区部。”“总区部向最高权力机关——代表大会报告工作，在代表大会闭幕期间则向中央委员会报告工作。”

4. 中央委员会

1847 年 12 月 8 日的《共产主义者同盟章程》第五章，用 3 条对中央委员会的地位、作用和职权进行了具体明确。明确规定：“中央委员会是全盟的权力执行机关，向代表大会报告工作。”“中央委员会的成员不少于五人，由代表大会指定为中央委员会所在地区的区部委员会选出。”“中央委员会同各总区部保持联系，每三个月作一次关于全盟状况的报告。”并且还在第六章的一般规定中的第 27 条，规定：“如中央委员会认为某些问题的讨论具有普遍的和直接的利害关系，可以提交全盟讨论。”

在 1850 年 12 月 1 日的《共产主义者同盟章程》中，规定：“11. **中央委员会**是全盟的执行机关。它的成员不少于 3 人。中央委员会由代表大会指定为中央委员会所在地的区部选举和补选；中央委员会只向代表大会报告工作。”①

在国际工人协会时期，《国际工人协会共同章程》规定：“第五条　总委员会由参加国际协会的各国工人代表组成。总委员会从其委员中选出处理各种事务的必要负责人，如财务委员、总书记、各国通讯书记等。”“第六条　总委员会是在协会各国的全国性组织和地方性组织之间进行联系的国际机关，应使一国工人能经常了解其他各国工人阶级运动的情况；在统一领导下对欧洲各国社

① 马克思：《共产主义者同盟章程（1850 年 12 月 1 日）》，《马克思恩格斯全集》第 7 卷，人民出版社 1959 年版第627—628 页。

会状况同时进行调查；使一个团体中提出的但具有普遍意义的问题能由一切团体加以讨论，并且在需要立刻采取实际措施，例如在发生国际冲突时，使加入协会的团体能同时一致行动。在一切适当场合，总委员会应主动向各国的全国性团体或地方性团体提出建议。”①

由马克思起草的，1866 年 9 月 25 日、1866 年 11 月 6 日、1867 年 9 月 24 日总委员会会议通过的《关于总委员会成员的决议》提出：“建议目前只暂时确定这个委员会的人选。委员会应由负责人员和已经委任的书记组成。”②

马克思、恩格斯在《所谓国际内部的分裂》中，在总结总委员会职权时指出：“总委员会必须符合三个根本条件才能执行自己的权力。首先，它必须有足够数量的委员，以便完成它所担负的多种的工作；其次，总委员会应当由‘参加国际协会的各国工人’组成，最后，工人成分应在总委员会中占优势。但是，由于工人受就业机会的束缚而使总委员会的人员经常变更，如果总委员会没有加聘权，它怎么能够把所有这些必要的条件结合起来呢？因此总委员会终究认为必须比较明确地规定这项权利；它在最近一次代表会议上表示了这种愿望。”③

5. 代表大会

1847 年 12 月 8 日的《共产主义者同盟章程》第七章中，用 7 条对代表大会的地位、作用、职权及代表大会代表的产生等问题进行了详细规定。明确规定如下。

第三十条　代表大会是全盟的立法机关。关于修改章程的一切提案均经总区部转交中央委员会，再由中央委员会提交代表大会。

第三十一条　每个区部都可派遣代表。

第三十二条　盟员不超过三十人的区部派代表一名，满六十人者派两名，满九十人者派三名，以此类推。各区部可以选举不属于本地区的盟员为自己的代表。

① 马克思：《国际工人协会共同章程》，《马克思恩格斯文集》第 3 卷，人民出版社 2009 年版第 227—228 页。

② 马克思：《关于总委员会成员的决议》，《马克思恩格斯全集》第 44 卷，人民出版社 1982 年版第 511 页。

③ 马克思、恩格斯：《所谓国际内部的分裂》，《马克思恩格斯全集》第 18 卷，人民出版社 1964 年版第38 页。

凡属上述情况，则各区部须赋予自己的代表以全权并给予详细的指示。

第三十三条 代表大会于每年8月举行。遇紧急情况中央委员会得召集非常代表大会。

第三十四条 每届代表大会指定本届中央委员会所在地，同时指定下届代表大会的开会地点。

第三十五条 中央委员会得出席代表大会，但无表决权。

第三十六条 代表大会于每次会议后除发指示信件外，还可以代表全党发表宣言。①

在1850年12月1日修改的《共产主义者同盟章程》中，对代表大会问题进行了进一步规定："12. **代表大会**是全盟的立法机关。代表大会由区域会议的代表组成。区域会议的每5个支部选一名代表参加代表大会。""14. 区域选举会议闭幕两个星期以后，代表大会一般地在中央委员会的所在地召开，如果中央委员会没有另外指定地点的话。""15. 代表大会听取中央委员会关于它的全部活动和同盟情况的报告；中央委员会出席代表大会会议，但没有表决权。代表大会阐明同盟必须遵循的政策的原则，决定修改盟章的问题并指定中央委员会下一年度的所在地。""16. 中央委员会在紧急情况下可以召开非常代表大会。在这种情况下，非常代表大会应当由各区所选的最近一届代表大会的代表组成。"②

在国际工人协会时期，马克思、恩格斯根据新的斗争经验，在《国际工人协会共同章程》中，对这一制度进行了调整，规定更加详细规范，规定："第三条 每年召开由协会各支部选派代表组成的全协会工人代表大会。代表大会宣布工人阶级共同的要求，采取使国际协会能够顺利进行活动的措施，并任命协会的总委员会。""第四条 每次代表大会规定下次代表大会召开的时间和地点。代表按规定的时间在规定的地点集会，不再另行通知。总委员会有权在必要时改变集会地点，但无权推迟集会时间。代表大会每年确定总委员会驻在地，并选举总委员会委员。当选的总委员会有权增加新的委员。全协会代表大会在年

① 马克思、恩格斯：《共产主义者同盟章程（1847年12月8日）》，《马克思恩格斯全集》第4卷，人民出版社1958年版第575页。

② 马克思：《共产主义者同盟章程（1850年12月1日）》，《马克思恩格斯全集》第7卷，人民出版社1959年版第628页。

会上听取总委员会关于一年来活动的公开报告。在紧急情况下，总委员会可以早于规定的一年期限召开全协会代表大会。”①

6. 区域会议

1850 年 12 月 1 日修改的《共产主义者同盟章程》对区域会议的具体职责作了规定：“13. **区域会议**是区的代表机关。它每 3 个月在区的中心召开一次会议，在总支部委员会的领导下讨论区组织的事务。每个支部各派一名代表参加。区域会议必须在每年 7 月中旬召开一次会议，选举参加同盟代表大会的代表。”②

7. 代表会议

马克思 1871 年 7 月 27 日在给尼古拉·伊萨柯维奇·吴亭的信中写道：“星期二总委员会决定，今年（鉴于特殊情况）将不召开**代表大会**，但是将象 1865 年那样在伦敦召开**秘密代表会议**。将建议各支部选派自己的代表。关于召开这次代表会议的事，**不要在报纸上公布**。会议将是秘密的。代表会议所要讨论的不是理论问题，而仅仅是**组织**问题。会上还要研究某些国家各支部之间的分歧。代表会议将于**9 月 17 日**（9 月的第三个星期日）**在伦敦开幕**。荣克将把这些决定通知贝克尔和培列。”③

恩格斯也在写于 1872 年 1 月 3 日左右的《桑维耳耶代表大会和国际》中，就代表大会与代表会议的问题进行了论述，指出：“召开代表会议（在会议上没有公开的辩论，而只是举行事务性的会议）则完全是可能的，因为不会把出席代表会议的代表的名字公布出来。代表会议的缺陷在于：它不能解决原则性的问题，也就是不能修改章程和通过任何立法性质的措施，它应当只限于通过事务性的决议，以保证更好地贯彻代表大会的章程和决议所规定的组织原则。但是在当前的条件下，所要求的也只是这一点：要讨论目前迫切需要的措施，而

---

① 马克思：《国际工人协会共同章程》，《马克思恩格斯文集》第 3 卷，人民出版社 2009 年版第 227 页。

② 马克思：《共产主义者同盟章程（1850 年 12 月 1 日）》，《马克思恩格斯全集》第 7 卷，人民出版社 1959 年版第628 页。

③ 马克思：《马克思致尼古拉·伊萨柯维奇·吴亭（1871 年 7 月 27 日）》，《马克思恩格斯全集》第 33 卷，人民出版社 1973 年版第260 页。

要做到这一点，召开代表会议也就足够了。”①

（三）组织机构根据形势的发展进行适时调整

这是为适应革命斗争的需要而采取的措施，也是党的组织机构科学化的重要保证。马克思、恩格斯在领导和指导无产阶级政党建设的过程中始终坚持做到这一点。比如，在1866年9月25日、1866年11月6日和1867年9月24日，马克思分别向总委员会提出修改组织机构的建议，并得到总委员会会议通过。在《关于总委员会成员的决议》中，马克思提出：“马克思提议奥哲尔为（总委员会主席的）候选人。马克思认为自己不适于担任此项职务，因为他是脑力劳动者，而不是体力劳动者。”“马克思建议目前只暂时确定这个委员会的人选。委员会应由负责人员和已经委任的书记组成。”“一致决定今年不委任常务主席；财务书记迄今所履行的一切职责移交给总书记，取消财务书记一职。”②

八、组织的正常运行靠基本的组织制度来保证

制度是要求大家共同遵守的办事规程或行动准则。加强无产阶级政党的组织建设，制度化程度是关键性指标。马克思、恩格斯在领导和指导无产阶级政党建设过程中，创立和规范了一系列基本制度，从而保证了党的正常有序运转，进而提升了无产阶级政党建设的科学性。

（一）会议制度

1847年12月8日的《共产主义者同盟章程》第六章的一般规定明确：“第二十四条　支部、区部委员会以及中央委员会至少每两周开会一次。”第三十三条规定：“代表大会于每年8月举行。遇紧急情况中央委员会得召集非常代表大会。”③ 1850年12月1日修改的《共产主义者同盟章程》规定“8. 支部应定期召开会议，至少两个星期一次”④。

---

① 恩格斯：《桑维耳耶代表大会和国际》，《马克思恩格斯全集》第17卷，人民出版社1963年版第517页。

② 马克思：《关于总委员会成员的决议》，《马克思恩格斯全集》第44卷，人民出版社1982年版第511—512页。

③ 马克思、恩格斯：《共产主义者同盟章程（1847年12月8日）》，《马克思恩格斯全集》第4卷，人民出版社1958年版第575页。

④ 马克思：《共产主义者同盟章程（1850年12月1日）》，《马克思恩格斯全集》第7卷，人民出版社1959年版第627页。

在国际工人协会时期，对会议制度要求更加规范严格。在1864年11月8日、11月29日和1865年1月24日、1月31日、4月11日、4月25日，由马克思提出的《关于临时中央委员会成员的决议》明确规定："凡居住英国者均可成为协会会员。但任何会员如不能出席中央委员会会议并参加其工作，则不得被选进中央委员会。"① 在1866年9月25日、1866年11月6日和1867年9月24日，由马克思提出的《关于总委员会成员的决议》对参加会议有了更加严格的要求，规定："中央委员会委员凡无充分理由不出席中央委员会会议四次以上者应从中央委员会除名。"②

坚持会议制度对无产阶级政党建设具有重要作用。恩格斯在1892年9月26日给倍倍尔的信中，就会议制度的重要性进行了阐述，指出："我完全同意你的意见，应当坚持**每年**召开一次党代表大会。即使为了遵守党章，你们执行委员会也必须这样做；否则，你们就会为那些喜欢叫喊的人提供极好的口实。而且，让全党哪怕一年有一次发表自己意见的机会，一般说来也是重要的。这样做任何时候都是必要的，而现在则更加必要——既为了对付'独立派'，又为了对付福尔马尔。"③

（二）报告制度

这是政党正常运转的制度保证。马克思、恩格斯在创立和发展共产主义者同盟和国际工人协会的过程中，坚持定期报告、经常联系、及时报告等相结合的方法，有力保证了组织的正常运转和正常的内部关系。

共产主义者同盟时期，在1847年6月，同盟的第一次代表大会给盟员的通告信中就讲："在审查了代表资格证以后，前议事会首先向代表大会作了关于它的领导工作的总结报告和关于同盟情况的报告。"④ 这说明，共产主义者同盟刚刚建立就确立了报告制度。1847年12月8日的《共产主义者同盟章程》第六

① 马克思：《关于临时中央委员会成员的决议》，《马克思恩格斯全集》第44卷，人民出版社1982年版第496页。

② 马克思：《关于总委员会成员的决议》，《马克思恩格斯全集》第44卷，人民出版社1982年版第511页。

③ 恩格斯：《致奥古斯特·倍倍尔（1892年9月26日）》，《马克思恩格斯全集》第38卷，人民出版社1972年版第474页。

④ 《共产主义者同盟第一次代表大会致同盟盟员的通告信（1847年6月9日于伦敦）》，《马克思恩格斯全集》第42卷，人民出版社1979年版第425页。

章的一般规定中，作了以下明确规定。

第二十八条 盟员至少每三个月同所属区部委员会联系一次，支部每月联系一次。

每个区部至少每两个月向总区部报告一次本地区的工作进展情况，每个总区部至少每三个月向中央委员会报告一次本地区的工作进展情况。

第二十九条 同盟各级机关必须采取必要的措施来保证同盟的安全并加强其活动，按照章程独立负责进行活动，并立即把一切通知上级机关。①

1850年12月1日修订的《共产主义者同盟章程》对报告制度又进行了进一步集中规范，规定支部“至少一个月向区部书面报告一次，各区的总支部至少两个月向中央委员会书面报告一次；中央委员会每3个月作一次有关同盟情况的报告”②。在第10条中还特别规定“区部把总额的一半上缴中央委员会，同时向自己的支部报告盟费的收支情况。中央委员会向代表大会报告盟费的收支情况。特别费用由特别收入开支”③。

在国际工人协会时期，马克思、恩格斯又进一步深化和巩固了这项制度。《国际工人协会共同章程》明确规定：“为了加强联系，总委员会发表定期报告。”④

1866年7月31日，马克思在总委员会会议上的《常务委员会关于日内瓦代表大会议程的建议》中提出：“责成书记提出关于会员人数的报告和关于收支情况的综合报告。”⑤

由马克思进行修订，于1866年9月5日和9月8日通过的《国际工人协会章程和条例》明确规定：“各中央委员会和分部在每个协会会员要求阅读总委员

① 马克思、恩格斯：《共产主义者同盟章程（1847年12月8日）》，《马克思恩格斯全集》第4卷，人民出版社1958年版第574—575页。

② 马克思：《共产主义者同盟章程（1850年12月1日）》，《马克思恩格斯全集》第7卷，人民出版社1959年版第627页。

③ 马克思：《共产主义者同盟章程（1850年12月1日）》，《马克思恩格斯全集》第7卷，人民出版社1959年版第627页。

④ 马克思：《国际工人协会共同章程》，《马克思恩格斯文集》第3卷，人民出版社2009年版第228页。

⑤ 马克思：《常务委员会关于日内瓦代表大会议程的建议》，《马克思恩格斯全集》第44卷，人民出版社1982年版第509页。

会报告时，应该无偿地向他们提供这些报告。”①

马克思在1869年3月5日给恩格斯的信中也写道：“根据条例，必须把注明新加入的支部的国名、所在地和成员人数的登记表寄给总委员会。”②

马克思还在1870年3月8日由总委员会批准的《关于里昂支部中的冲突》中，根据国际工人协会里昂支部请求总委员会裁决阿尔伯·里沙尔和旧里昂支部的成员舍特尔、科尔米埃、安·勃朗、沙诺、万德里之间的纠纷的经验教训，进一步规定：“总委员会利用这次误会使它所处的地位，要求协会全体会员在公开发表任何文章或公开采取某种行动之前，必须向它报告。”③

（三）定期交纳会费制度

在马克思、恩格斯创立和发展无产阶级政党时期，由于无产阶级本身就是“无产阶级”，所以基本没有经费的来源，而组织政党活动是需要经费作保障的。因此，会费制度就成为最基本也是相对重要的保障。

马克思、恩格斯在写于1846年6月15日的《布鲁塞尔共产主义通讯委员会给古·阿·克特根的信》中指出：“你们认为必须规定定期交纳会费的制度；但是我们不同意你们主张用这笔会费补助著作家以保证他们象样的生活。我们认为，会费只能用来印刷宣传共产主义的便宜的传单和小册子以及支付通讯（包括向国外发出的通讯）用费。必须确定每月会费的最低数字，这样任何时候都可以确切知道，有多少钱可以用到公共用途上。”④

1850年12月1日的《共产主义者同盟章程》，专门拿出一条对会费问题进行具体明确，规定：“10. 每个盟员必须每月交纳盟费，盟费的最低额由代表大会规定。盟员所交的盟费，一半交区部，一半上缴中央委员会；盟费用来支付组织工作方面的费用，散发宣传品和派遣特使。区部负担与支部通信的费用。盟费每3个月向区部上缴一次，而区部把总额的一半上缴中央委员会，同时向

---

① 马克思：《国际工人协会章程和条例》，《马克思恩格斯全集》第16卷，人民出版社1964年版第602页。

② 马克思：《马克思致恩格斯（1869年3月5日）》，《马克思恩格斯文集》第10卷，人民出版社2009年版第301页。

③ 马克思：《关于里昂支部中的冲突》，《马克思恩格斯全集》第44卷，人民出版社1982年版第524页。

④ 马克思、恩格斯：《布鲁塞尔共产主义通讯委员会给古·阿·克特根的信》，《马克思恩格斯全集》第4卷，人民出版社1958年版第23页。

自己的支部报告盟费的收支情况。中央委员会向代表大会报告盟费的收支情况。特别费用由特别收入开支。”①

在1864年11月8日、11月29日和1865年1月24日、1月31日、4月11日、4月25日，由马克思提出的《关于临时中央委员会成员的决议》中共有6条内容，其中涉及会费问题的就有3条，也就是第2条：“本协会会员未预先缴纳其一年会费者，不得被选入中央委员会。”第4条：“缴纳会费的时间自1月1日开始，12月31日结束。”第5条：“委托书记写信给尚未领取会员卡的中央委员会委员，通知他们，如果截至4月25日不领取会员卡，就认为他们是自愿退出中央委员会，从而把他们从委员名单中除名。”并且强调：“中央委员会认为这个决议是必要的，因为有人抱怨早先一个同样内容的决议没有正式通知过缺席的委员们。”②

马克思1867年4月30日在给迈耶尔的信中指出，国际工人协会的“会费是每个会员每年一便士（约合一个银格罗申）。但是每个支部可以尽自己的力量交纳”③。

马克思在起草于1867年8月下半月的《国际工人协会总委员会向1867年洛桑代表大会的报告》中，对会费和工作报酬问题又进行了进一步明确：“为了使总委员会有可能完成这些任务，代表大会规定每个会员每年捐款30生丁，并规定每周付给总书记2英镑的报酬；总书记由总委员会任命。”④

1871年9月9日左右，由马克思和恩格斯起草的《伦敦代表会议决议的初步草案》，“应以总委员会名义在代表会议上提出的建议”共有8条，其中第1条就是关于会费问题的。规定：“1. 代表会议结束后，任何一个支部，在未向总委员会缴清本年度会费（每个会员缴一辨士）以前，无论总委员会或各国的中央委员会均不承认其为协会的支部。”⑤

---

① 马克思：《共产主义者同盟章程（1850年12月1日）》，《马克思恩格斯全集》第7卷，人民出版社1959年版第627页。

② 马克思：《关于临时中央委员会成员的决议》，《马克思恩格斯全集》第44卷，人民出版社1982年版第496—497页。

③ 马克思：《马克思致齐格弗里德·迈耶尔（1867年4月30日）》，《马克思恩格斯文集》第10卷，人民出版社2009年版第254页。

④ 《国际工人协会总委员会向1867年洛桑代表大会的报告》，《马克思恩格斯全集》第16卷，人民出版社1964年版第614页。

⑤ 马克思、恩格斯：《伦敦代表会议决议的初步草案》，《马克思恩格斯全集》第17卷，人民出版社1963年版第438页。

由马克思和恩格斯起草的《1871 年 9 月 17 日至 23 日在伦敦举行的国际工人协会代表会议的决议》，把会费制度制定得更加具体严格，专门作为第 4 项决议“关于向总委员会缴纳数额为每个会员一辨士的会费”，用 5 条内容进行了规定，具体如下。

1. 总委员会应印发每张值一辨士的会费券，每年向各联合会委员会按要求数量供应这种会费券。

2. 联合会委员会向各地方委员会，在没有地方委员会时，则向各支部按其会员人数寄发会费券。

3. 这种会费券应粘贴在会员证或协会每个会员均须持有的章程的专页上。

4. 每年 3 月 1 日，各国联合会委员会均应将与所用会费券价值相符的金额寄给总委员会，并交回剩余的会费券。

5. 这些印明个人会费金额的会费券，须注明当年日期。①

（四）回避制度

在 1864 年 11 月 8 日、11 月 29 日和 1865 年 1 月 24 日、1 月 31 日、4 月 11 日、4 月 25 日，由马克思提出并经总委员会会议通过的《关于临时中央委员会成员的决议》中，第 3 条规定：“中央委员会候选人的提名至少应在选举前一周进行，选举时候选人不得在场；只有领取了会员卡的人才能被提名为候选人。”② 这里的“选举时候选人不得在场”，就充分体现了回避制度的基本精神。

（五）事务公开制度

从当时的实际来看，事务公开主要体现在两个方面。一方面是财务公开。恩格斯 1870 年 4 月 28 日在给威廉・白拉克的信中，就党内的账务问题进行阐述时指出：“详细确切的现金出纳报告使我非常高兴。在英国这里，我亲眼看见，吸引工人参加运动和建立工人组织的许多尝试，都由于出纳和会计工作安排失当而遭到了失败，并且经常被谴责为盗用公款等等，尽管这种谴责有的罪有应得，有的则未必符合事实。因此在这方面，我可以认为我对这个问题的重

---

① 马克思、恩格斯：《1871 年 9 月 17 日至 23 日在伦敦举行的国际工人协会代表会议的决议》，《马克思恩格斯全集》第 17 卷，人民出版社 1963 年版第452—453 页。

② 马克思：《关于临时中央委员会成员的决议》，《马克思恩格斯全集》第 44 卷，人民出版社 1982 年版第496 页。

要性的看法是内行的。工人拿出每一文钱都不容易，因此他们完全有权了解，这一文钱究竟干什么用了——当然，直到他们需要建立**秘密**基金和这种基金建立起来以前，他们都有权这样做。自从在德国也出现了无耻的鼓动家们剥削工人的现象以后，我认为财务公开恰恰在德国是一件特别重要的事。说什么公布这种现金出纳报告我们就会把我党的弱点暴露给敌人，这不过是一种无聊的托词罢了。如果敌人想根据工人政党特有的弱点，即根据工人政党的财务状况来估计它的力量，那他们是肯定要失算的。财务秘密在**党本身**队伍中带来的坏处，比财务公开带来的坏处要大得多。”①

马克思也在1872年5月20日的《总委员会关于世界联邦主义委员会的声明》中讲：“毫不奇怪，这伙人既根本不知道国际的历史，也根本不知道国际的组织结构。他们怎么能知道，根据我们的章程总委员会应当向全协会代表大会，而根本不是向他们提出自己的报告？或者，他们怎么能知道，当1870年爆发的战争使代表大会不能如期召开的时候，所有的联合会一致决议延长总委员会的任期，直到情况允许召开公开的代表大会时为止？至于总委员会为救济流亡者而募集的基金，那末进款总数是定期在关于总委员会会议的报告中公布的，而且在我们的财务委员、公民荣克——克勒肯威尔区北安普顿广场查理街4号——那里保存着开销每一个法郎的收据；每一个捐款人在任何时候都可以查对这些收据以及报告。这样查对将表明，总委员会不仅分出了相当大一部分时间来做这件完全不属于它的通常职权范围以内的事情，而且无论是作为一个组织的总委员会本身还是它的个别委员都尽自己的能力捐款来充实流亡者基金。”②

另一方面是会议内容的公开。恩格斯在1889年7月5日给保尔·拉法格的信中，就会议内容公开的问题提出个人建议，指出：“某个协会的代表大会，为了讨论仅仅同会员有关的事务而举行秘密会议，这我完全能够理解。一般说来，这甚至是很必要的。但是，召开工人和社会主义者代表大会，是为了讨论诸如八小时工作日、女工和童工劳动法、废除常备军等等一般性的问题，这样的代

---

① 恩格斯：《恩格斯致威廉·白拉克（1870年4月28日）》，《马克思恩格斯全集》第32卷，人民出版社1974年版第666页。

② 马克思：《总委员会关于世界联邦主义委员会的声明》，《马克思恩格斯全集》第18卷，人民出版社1964年版第90页。

表大会如果把公众拒之于门外，宣布会议秘密举行，那我看就没有任何道理了。”①

（六）征求意见制度

共产主义者同盟召开第一次代表大会时，在1847年6月9日以代表大会的名义所形成的通告信中，就是“代表大会决定草拟这个提纲，把它发给各支部讨论、编写”，并要求“各支部要把修改建议与补充意见寄给中央委员会”，并且强调“我们把它推荐给各支部进行严肃的、仔细的考虑”。“我们希望，中央委员会将从你们那里收到很多的补充意见和修改建议，并且再次要求你们就这个问题进行特别热烈的讨论。”②

（七）调查研究制度

马克思、恩格斯十分重视对实际情况的调查。恩格斯于1844年9月至1845年3月撰写的《英国工人阶级状况》，就是通过访问工矿和工人家庭，查阅议会报告以及工厂视察员、医生和教师们的证词，并亲自到伦敦、利物浦等工业中心实地考察，搜集大量关于英国工人生活条件、政治态度和斗争情况的第一手材料。应该讲，这是恩格斯广泛而全面深刻调查研究的结果，是一份非常典型的调查报告。马克思也非常重视调查问题。《资本论》不仅是马克思在他的书房里写出来的，更是他收集整理和研究大量的相关资料，特别是对英国等国家的资本主义制度实地考察研究的结晶。马克思1866年7月31日在总委员会会议上提出的《常务委员会关于日内瓦代表大会议程的建议》中的第3条，就是一份非常好的调查问卷的大纲。该建议第3条对调查内容提出了详细规定。

3. 常务委员会建议代表大会按下列调查大纲对工人阶级状况进行调查：

（1）行业名称。

（2）从业工人的年龄和性别。

（3）从业工人的人数。

（4）雇用的条件和工资：（a）学徒工资；（b）工资是计日或者计件；支付是

---

① 恩格斯：《致保尔·拉法格（1889年7月5日）》，《马克思恩格斯全集》第37卷，人民出版社1971年版第237页。

② 《共产主义者同盟第一次代表大会致同盟盟员的通告信（1847年6月9日于伦敦）》，《马克思恩格斯全集》第42卷，人民出版社1979年版第434页。

否经过中间人等等。平均每周工资、平均每年工资。

(5) 工厂中工作日的长短。如有小企业和家庭生产这一类生产形式，则调查其中的工作日的长短。夜工，日工。

(6) 吃饭的时间和对工人的态度。

(7) 劳动场所的情况和劳动条件：房屋拥挤，通风不良，光线不足，采用瓦斯照明等，清洁条件等等。

(8) 工种。

(9) 劳动对身体的影响。

(10) 道德状况。教育。

(11) 生产情况。生产是季节性的或是全年内开工比较平衡的，是否经常发生很大的波动，是否遭到国外的竞争，它主要是为国内市场服务还是为国外市场服务，等等。①

1880 年 4 月上半月，马克思又专门起草了一个《工人调查表》②，从 4 个方面对工人的 99 个具体问题进行详细调查。

(八) 任期制

在 1847 年 12 月 8 日的《共产主义者同盟章程》第六章的一般规定中，“**第二十五条** 区部委员会和中央委员会的委员任期为一年，连选得连任，选举者可以随时撤换之”③。

1850 年 12 月 1 日的《共产主义者同盟章程》又进一步规定：“9. 支部和区部的主席和副主席每年改选一次，选举人可以随时罢免他们；中央委员会的委员只有代表大会才能罢免。”④

(九) 集体领导制度

这是政党的领导方式或者说决策方式问题，虽然不是具体的制度，但对加强党的建设，增强党的领导力，具有重要保障作用。马克思、恩格斯在加强党

① 马克思：《常务委员会关于日内瓦代表大会议程的建议》，《马克思恩格斯全集》第 44 卷，人民出版社 1982 年版第509—510 页。

② 马克思：《工人调查表》，《马克思恩格斯全集》第 19 卷，人民出版社 1963 年版第250—258 页。

③ 马克思、恩格斯：《共产主义者同盟章程（1847 年 12 月 8 日）》，《马克思恩格斯全集》第 4 卷，人民出版社 1958 年版第574 页。

④ 马克思：《共产主义者同盟章程（1850 年 12 月 1 日）》，《马克思恩格斯全集》第 7 卷，人民出版社 1959 年版第627 页。

的建设过程中，对如何加强集体领导，提高领导效率问题，进行了研究和探索。比如，在《共产主义者同盟章程》中，规定同盟定期召开各种会议，它的根本任务就是定期召集人员，集体研究和讨论同盟的重大事务。《国际工人协会共同章程》规定："第五条　总委员会由参加国际协会的各国工人代表组成。总委员会从其委员中选出处理各种事务的必要负责人，如财务委员、总书记、各国通讯书记等。"① 还明确规定："第六条　总委员会是在协会各国的全国性组织和地方性组织之间进行联系的国际机关，应使一国工人能经常了解其他各国工人阶级运动的情况；在统一领导下对欧洲各国社会状况同时进行调查；使一个团体中提出的但具有普遍意义的问题能由一切团体加以讨论，并且在需要立刻采取实际措施，例如在发生国际冲突时，使加入协会的团体能同时一致行动。在一切适当场合，总委员会应主动向各国的全国性团体或地方性团体提出建议。为了加强联系，总委员会发表定期报告。"②

在国际工人协会时期设立的总委员会以及定期召开的党的代表大会，都是集体领导的基本平台。这是马克思、恩格斯始终坚持的一个基本原则。他们始终认为，无产阶级的革命运动是为广大劳动人民争取解放的运动，这个运动既然是为广大人民群众争取利益，那么就必然要追求广大人民群众的利益的最大化，要代表他们的利益就要首先了解和掌握他们的意愿，这就必须靠集体的力量才能广泛了解民意。马克思、恩格斯作为无产阶级政党的创建人，在党内具有很高的威信，但他们非常注重发挥集体的力量来讨论和决定党内事务。比如，虽然他们是国际工人协会实际的领导核心，但从他们担任的职务来看，只是一个国家的"支部书记"，却做着最多的工作，在党内实际起到了主心骨的作用。这样的目的，就是为了能够最大限度地发挥其他党的领导人的作用，调动他们的积极性。马克思、恩格斯不仅个人这样做，而且也注重通过具体措施保证集体领导的实现。在 1867 年 9 月 24 日的会议上，马克思提议在总委员会取消主席这一职务。马克思本人在 1866 年就拒绝了这个职务，代之以轮流担任每周例会的执行主席，从而使国际工人协会的领导体制得到进一步完善。这就排斥或

① 马克思：《国际工人协会共同章程》，《马克思恩格斯文集》第 3 卷，人民出版社 2009 年版第 227—228 页。

② 马克思：《国际工人协会共同章程》，《马克思恩格斯文集》第 3 卷，人民出版社 2009 年版第 228 页。

减少了某一领导者利用不变的会议主席身份来贯彻个人倾向的可能性。马克思这一措施进一步健全了总委员会的集体领导制度，为一切工人政党和组织树立了良好的榜样。

还比如，关于提高集体领导的决策质量的问题。马克思起草于1850年4月中旬的《世界革命共产主义者协会（章程）》规定：“**第六条** 协会的一切决定必须经过三分之二的多数票通过。”① 这应该是集体领导的最初体现。另外，在开始讨论代表会议提出的问题之前，必须首先确定宣言和章程所规定的协会的总目标和指导原则。这就是议事先议政策的最早体现。1871年9月9日左右，由马克思和恩格斯起草的《伦敦代表会议决议的初步草案》强调：“7. 由总委员会任命执行特殊任务的一切代表，有权出席联合会委员会、地方委员会和支部的一切会议并发表意见，但没有表决权。”②

第四节　纪律是一个有成效的和坚强的组织的首要条件

1886年10月23日，恩格斯在写给劳拉·拉法格的信中，就法国工人罢工进行指导时指出：“罢工纪律对法国工人是很有好处的；在这种斗争中，胜利的首要条件是严格遵守法律，而一切革命的高调和喧嚷都不可避免地会导致失败。这种纪律是一个有成效的和坚强的组织的首要条件，是资产阶级最害怕的。”③ 这里虽然讲的是罢工中的纪律问题，但也同样适用于“一切革命”。马克思、恩格斯始终认为，对任何一个政党、组织而言，纪律是构成其骨架的基本要素。如果没有严格的纪律作保证，党就不可能保持其先进性和组织力，甚至连基本生存也会成为问题。他们在创建和领导无产阶级政党时，在理论和实践方面都对纪律建设提出了系统的思想观点。

---

① 马克思：《世界革命共产主义者协会（章程）》，《马克思恩格斯全集》第7卷，人民出版社1959年版第606页。

② 马克思、恩格斯：《伦敦代表会议决议的初步草案》，《马克思恩格斯全集》第17卷，人民出版社1963年版第439页。

③ 恩格斯：《恩格斯致劳拉·拉法格（1886年10月23日）》，《马克思恩格斯全集》第36卷，人民出版社1974年版第540页。

一、没有任何服从纪律的支部，没有任何党的纪律，没有任何力量在一点的集中，没有任何斗争的武器，就会得到一个畏缩胆怯而又阿谀奉承的组织

这是恩格斯写于1872年1月3日左右的《桑维耳耶代表大会和国际》[①] 中提出的思想。恩格斯在这里主要是针对国际工人协会内部的纪律建设进行的论述，明确强调，如果没有任何的党的纪律，就会得到一个畏缩胆怯而又阿谀奉承的组织。从这里可以看到，无产阶级政党与其他组织的根本区别，就在于它是一个组织严密、纪律严明的党。纪律建设既是无产阶级政党建设的重要内容，也是始终保持战斗力的重要保证。

（一）我们是唯一有纪律的、日益壮大的党

这个观点是恩格斯在1891年1月31日给拉法格的信中提出的。恩格斯在对法国工人政党的建设问题提出意见时，以德国社会民主党的创立和发展为例，指出："在德国，我们的人却是一支真正的力量，拥有一百五十万到二百万选民，是唯一有纪律的、日益壮大的党。"[②] 从这里可以看出，恩格斯把纪律性作为无产阶级政党的基本属性。

马克思、恩格斯不管是在评价一个党员还是一个政党时，提出的关键一条标准，就是"纪律性"。1879年7月1日，恩格斯在给贝克尔的信中，批判莫斯特散布谣言说马克思、恩格斯支持他时写道："他不是没有才能，但是非常爱虚荣，毫无纪律性，并且野心勃勃。"[③] 1881年8月18日，马克思在就法国工人党的建设问题给恩格斯的信中指出："至于在巴黎的**工人党**的状况，一个在这点上毫无偏见的人，即利沙加勒承认，它虽然还处于萌芽状态，但是只有**它一个**算是站在各种色彩的资产阶级政党对面的。它的组织虽然还很弱并且多多少少是空的，但毕竟是有足够纪律性的：它能在所有各区提出自己的候选人，能在各种集会上引人注目并使官方人士感到伤脑筋。我自己从这方面注意了巴黎

---

① 恩格斯：《桑维耳耶代表大会和国际》，《马克思恩格斯全集》第17卷，人民出版社1963年版第519页。

② 恩格斯：《致保尔·拉法格（1891年1月31日）》，《马克思恩格斯全集》第38卷，人民出版社1972年版第19页。

③ 恩格斯：《恩格斯致约翰·菲力浦·贝克尔（1879年7月1日）》，《马克思恩格斯全集》第34卷，人民出版社1972年版第357页。

各种色彩的报纸，没有一家报纸不被激起反对这个共同的祸患——集体主义工人党。”[①] 在这封信里，马克思最后还提出“集体主义工人党”这个词汇，这就充分说明了，马克思对“巴黎的工人党”发挥纪律的团结和凝聚作用，保证党的凝聚力和战斗力的赞赏。

1889 年 11 月 20 日，恩格斯在给盖得的信中，就英国伦敦的工人运动进行指导时指出：“已经有四个月了，伦敦东头的工人们不仅以全部身心投入了运动，而且在组织纪律、自我牺牲和英勇顽强等方面给世界各国的同志们作出了榜样。可以与之媲美的只有巴黎人在遭到普鲁士人包围时的那种行为。”[②] 这是恩格斯在评价 1889 年法国巴黎发生的码头工人罢工时的评语。在这里，恩格斯把“组织纪律”放在第一位的位置，这说明了在一个组织里组织纪律的重要性。

在写于 1890 年 2 月 21 日和 3 月 1 日之间的《今后怎样呢?》中，恩格斯称赞德国社会民主主义工人，认为他们之所以取得光辉的胜利，“正是由于自己的坚毅和沉着、铁一般的纪律、朝气蓬勃的战斗精神和坚持不懈的毅力”[③]。同年 10 月 19 日，恩格斯在给劳拉·拉法格的信中说：“杜西很喜欢利尔的代表，确实，他们看来是真正的优秀分子，他们所表现的品质，恰恰是受近时法国风尚所指责的，因为德国人在更大程度上表现出这些品质，虽然在 1870 年以前人们总是认为纪律性、组织性和团结性是最有代表性的法国品质。”[④] 恩格斯的《1893 年 9 月 22 日在柏林的社会民主党人大会上的演说》又进一步称赞德国社会民主党，认为它之所以是全世界最统一、最团结、最强有力的党，就是“由于它在斗争中有冷静的头脑、严格的纪律和蓬勃的朝气，它从胜利走向胜利”[⑤]。

即使在恩格斯最后的时光里，他还是坚持这一观点。1895 年 3 月，也就是

---

① 马克思：《马克思致恩格斯（1881 年 8 月 18 日）》，《马克思恩格斯全集》第 35 卷，人民出版社 1971 年版第25 页。

② 恩格斯：《致茹尔·盖得（1889 年 11 月 20 日）》，《马克思恩格斯全集》第 37 卷，人民出版社 1971 年版第309 页。

③ 恩格斯：《今后怎样呢?》，《马克思恩格斯全集》第 22 卷，人民出版社 1965 年版第10 页。

④ 恩格斯：《致劳拉·拉法格（1890 年 10 月 19 日）》，《马克思恩格斯全集》第 37 卷，人民出版社 1971 年版第481 页。

⑤ 恩格斯：《1893 年 9 月 22 日在柏林的社会民主党人大会上的演说》，《马克思恩格斯全集》第 22 卷，人民出版社 1965 年版第484 页。

在恩格斯逝世前仅仅 5 个月的时候，恩格斯撰写了《卡·马克思〈1848 年至 1850 年法兰西阶级斗争〉一书导言》。他在这篇文章里，明确指出“德国工人仅仅以自己作为最强有力、最守纪律并且增长最快的社会主义政党的存在，就已经对工人阶级事业作出了头一个重大贡献”①。

从马克思、恩格斯关于纪律问题的重要论述来看，他们对纪律建设的关注是一贯的，并且越到他们革命生涯的后期，对这个问题越是重视。之所以把纪律建设放在无产阶级政党建设的重要位置，首要的还是基于马克思、恩格斯对无产阶级政党内在本质的基本认知。马克思、恩格斯始终认为，无产阶级政党之所以被称为无产阶级的政党，是因为它主要是由工人阶级组成的，工人阶级由于机器大生产的进行，具有天然的纪律性。这是马克思在其《资本论》中提出的基本观点。马克思在这里写道：“在工场手工业中，也和在简单协作中一样，执行职能的劳动体是资本的存在形式。由许多单个的局部工人组成的社会生产机构是属于资本家的。因此，由各种劳动的结合所产生的生产力也就表现为资本的生产力。真正的工场手工业不仅使以前独立的工人服从资本的指挥和纪律，而且还在工人自己中间造成了等级的划分。”② 马克思还指出：“在真正的工厂中是否也有这样的结果，看来是值得怀疑的，因为在这里，工人要服从机器的连续的、划一的运动，这早已造成了最严格的纪律。”③ 也正是由于这一点，才形成了无产阶级政党的组织优势和战斗力优势。

（二）为了保证革命的成功，必须有思想和行动的统一

这是马克思、恩格斯在《社会主义民主同盟和国际工人协会》这篇文章中提出的思想。马克思、恩格斯在这里明确指出，“总之，一切都在变化。无政府状态、‘放纵人民生活’、‘恶欲’等等已经不够了。为了保证革命的成功，必须有**思想和行动的统一**。国际的会员们正力图通过宣传、讨论和无产阶级的公开组织来建立这种统一”④。恩格斯还在《美国工人运动》中指出：“初次按共同方向行动的无数的工人群众还没有找到适当地表达他们共同利益的东西，也没

---

① 恩格斯：《卡·马克思〈1848 年至 1850 年法兰西阶级斗争〉一书导言》，《马克思恩格斯文集》第 4 卷，人民出版社 2009 年版第544 页。

② 马克思：《资本论》，《马克思恩格斯全集》第 23 卷，人民出版社 1972 年版第398—399 页。

③ 马克思：《资本论》，《马克思恩格斯全集》第 23 卷，人民出版社 1972 年版第450 页。

④ 马克思、恩格斯：《社会主义民主同盟和国际工人协会》，《马克思恩格斯全集》第 18 卷，人民出版社 1964 年版第385 页。

有找到最适合于斗争的组织形式，也没有找到保证胜利所必需的纪律。”① 从这里可以看到，无产阶级革命事业的成功需要依靠各种因素的配合，诸如资本主义社会矛盾的激化、无产阶级力量的壮大、阶级意识的觉醒、革命时机的选择，等等。同时对无产阶级革命队伍来讲，革命能否成功还与领导这支队伍的政治组织的成熟与否、路线纲领、革命原则与策略制定的正确性等有着极大关系。而其中，无产阶级革命队伍的纪律建设起着重要保障作用。这是因为，革命要取得成功，就必须有思想和行动的统一，而实现这个统一靠什么？唯有纪律。也就是说，马克思、恩格斯把党的纪律作为革命成功的重要保证，是取得革命胜利的重要武器。马克思、恩格斯始终认为，没有纪律的政党就等于缴了枪的军队，就丧失了战斗力，就将沦落到奴隶般的地步。反之，有了纪律约束的党，则可以做到步调统一，行动一致，能够形成坚强有力的战斗组织，可以为实现党的奋斗目标勇敢前进。

首先，纪律是取得作战胜利的重要依靠。马克思、恩格斯首先是从军队作战的角度来看待纪律的重要性的。恩格斯在写于 1848 年 6 月 30 日至 7 月 1 日的《六月革命（巴黎起义的经过）》中写道：“我们所以要对这一斗争作纯军事的叙述，是为了告诉我们的读者：巴黎工人作战多么英勇，多么齐心，多么有纪律，多么有军事素养。4 万工人同 4 倍于自己的敌人鏖战了 4 天，而且差一点就要获得胜利。”② 他还在 1890 年 2 月 21 日和 3 月 1 日之间写的《德国 1890 年的选举》中讲：“德国社会党人至少有一半在军队里呆过。他们在那里学会了遵守纪律，这一点至今帮助他们抵制了任何挑起他们暴动的做法。此外，他们在军队里还学到了一点别的什么。”③

马克思、恩格斯之所以对纪律问题那么重视，主要还是由于纪律对于作战胜利的重要作用。马克思在 1851 年 9 月 23 日给恩格斯的信中，强调纪律是取得作战胜利的重要依靠，为了取得胜利，最初除了严格的铁的纪律以外，没有更好的基础。马克思指出：“组织作战，无论在共和派营垒还是在保皇派营垒中

① 恩格斯：《美国工人运动（“英国工人阶级状况”美国版序言）》，《马克思恩格斯全集》第 21 卷，人民出版社 1965 年版第390—391 页。

② 恩格斯：《六月革命（巴黎起义的经过）》，《马克思恩格斯全集》第 5 卷，人民出版社 1958 年版第175 页。

③ 恩格斯：《德国 1890 年的选举》，《马克思恩格斯全集》第 22 卷，人民出版社 1965 年版第6 页。

都只能以强制为基础。从来还没有一个人在同有纪律和指挥良好的士兵作战时，能依靠政治热情，依靠想象的神奇的起义部队而取得一次开阔地的战役的胜利。军事上的热情只有在取得一系列的胜利以后才会出现。为了取得这些胜利，最初除了严格的铁的纪律以外，没有更好的基础。”① 恩格斯在1861年4月4日左右写的《布莱顿和温伯耳登》中，引用麦克默多上校的话，系统阐述了纪律的重要作用。恩格斯写道：“怎样才能克服这一切呢？靠纪律，只有靠纪律。我用‘纪律’这个词，并不是指纠正不良行为说的；我说的纪律，是指成了习惯的团结一致，即旨在实现一定目的的那种精神和肉体的结合，——这种精神和肉体的结合使一切作为一个整体来行动，使一个连、一个营或一个旅的行动就像一部机器一样。”②

恩格斯还在《反杜林论》中通过拿破仑的话阐述了纪律的重要性。恩格斯在著作中写道：“拿破仑描写过骑术不精但有纪律的法国骑兵和当时无疑地最善于单个格斗但没有纪律的骑兵——马木留克兵之间的战斗，他写道：‘两个马木留克兵绝对能打赢三个法国兵，一百个法国兵与一百个马木留克兵势均力敌，三百个法国兵大都能战胜三百个马木留克兵，而一千个法国兵则总能打败一千五百个马木留克兵。’”③ 恩格斯称赞当时的英国军队作战能力突出，强调的也是纪律问题，指出：“不列颠军队毕竟没有丧失军人的荣誉，它很少退却，几乎从未遭受彻底的失败。这是兵士个人非常勇敢顽强、遵守纪律和绝对服从的结果。”④

其次，无产阶级政党要取得革命斗争胜利，也必须像军队那样去战斗。“巴黎公社遭到灭亡，就是由于缺乏集中和权威。”⑤ 这是恩格斯在1872年1月6日给卡洛·特尔察吉的信中，总结巴黎公社失败的重要教训之一。“由于我们党的组织和纪律极好，委员会最先得到关于选举最后结果的消息。”⑥ 这是恩格斯

① 马克思：《马克思致恩格斯（1851年9月23日）》，《马克思恩格斯全集》第27卷，人民出版社1972年版第366页。

② 恩格斯：《布莱顿和温伯耳登》，《马克思恩格斯全集》第15卷，人民出版社1963年版第286页。

③ 恩格斯：《反杜林论》，《马克思恩格斯全集》第20卷，人民出版社1973年版第141页。

④ 恩格斯：《欧洲军队——英国军队》，《马克思恩格斯全集》第11卷，人民出版社1962年版第487页。

⑤ 恩格斯：《恩格斯致卡洛·特尔察吉（1872年1月6日左右）》，《马克思恩格斯全集》第33卷，人民出版社1973年版第378页。

⑥ 恩格斯：《关于一八七七年德国选举给恩·比尼亚米的信》，《马克思恩格斯全集》第19卷，人民出版社1963年版第108页。

在1877年2月13日总结德国工人政党取得选举胜利的重要经验之一。恩格斯还在1884年10月29日给倍倍尔的信中，称赞德国工人真是好样的。“他们不顾政府和资产阶级的一切诡计、威胁和暴力，夺回一个又一个阵地，表现得那么顽强，那么坚决，主要的是，又那么达观！德国极其需要重新受到世界的尊重；俾斯麦和毛奇能够做到使人畏惧德国；只有我们的无产者才能得到真正的尊重，即得到那种只有自由而又纪律严明的人们才当之无愧的尊重。”① 他还在1889年8月22日给伯恩施坦的信中，总结码头工人在斗争中体现的战斗力，提出：“这些偶然凑合在一起的、每天都有变动的群众能够形成一支四万人的团结力量，能够维持纪律，使强大的码头公司感到恐惧。我能活着看到这种情况真是高兴。**这个**阶层能够组织起来，是具有重大意义的事。”② 1893年6月底，恩格斯在与英国《每日纪事报》记者的谈话中称赞：“我们的组织是完美无瑕的，它使我们的敌人感到钦佩而又绝望。它之所以成为完美无瑕的，那是由于俾斯麦的反社会党人法，这个反社会党人法很像你们的对付爱尔兰的惩治法。此外，我们的军事素养和纪律也有巨大的作用。”③

从以上可以看出，马克思、恩格斯十分注重各国无产阶级政党在革命斗争中的纪律问题。正因为马克思、恩格斯意识到纪律的重要作用，所以他们也始终强调这一点。特别是在恩格斯革命斗争的后期，随着斗争形势的不断变化，恩格斯结合各国政党的实际提出强化纪律的要求。1893年12月21日，恩格斯在给阿德尔海德·德沃夏克的信中，对奥地利的革命斗争进行指导时强调：“如果一切迹象不是假象的话，您在奥地利还面临一个急风暴雨的时期和长期的斗争；但愿那里的工人证明，他们不仅有必要的勇气，而且还具有取得胜利所绝对必需的耐心、沉着、理智和纪律性！”④ 在1894年3月22日，他又进一步指出，奥地利党的“斗争将是长期的和激烈的。但是，如果工人们能显示出政治

---

① 恩格斯：《致奥古斯特·倍倍尔（1884年10月29日）》，《马克思恩格斯全集》第36卷，人民出版社1974年版第227页。

② 恩格斯：《致爱德华·伯恩施坦（1889年8月22日）》，《马克思恩格斯全集》第37卷，人民出版社1971年版第253页。

③ 《1893年6月底弗·恩格斯对英国“每日纪事报”记者的谈话》，《马克思恩格斯全集》第22卷，人民出版社1965年版第636页。

④ 恩格斯：《恩格斯致阿德尔海德·德沃夏克（1893年12月21日）》，《马克思恩格斯全集》第50卷，人民出版社1985年版第500页。

远见、能保有耐心和坚毅精神、能团结一致和遵守纪律、能发扬这一切已经使他们取得这样多辉煌成就的品质，那末，最后胜利保证是属于他们的”①。

（三）纪律是党组织正常运转的前提基础

马克思、恩格斯始终认为，无产阶级政党作为有着崇高理想的战斗的组织，保持其先进性和战斗力，一靠共同的理想和目标进行凝聚，二就是靠严格的党的纪律来进行约束。严明的纪律，可以保证党在思想上、政治上、组织上的团结统一，保证党的路线、方针、政策的贯彻执行，保证党始终走在时代前列，完成其历史使命。这就需要建立健全一套纪律和规章来约束成员的行为，养成雷厉风行的战斗风格，团结统一的良好风气。在它的组织内部绝对不允许自由主义作风的滋生和蔓延。否则，后果可想而知。

首先，“兵士对自己的直接长官是否信任（甚至在不止一次的失败以后），是有无纪律的最好标志”②。这是恩格斯在写于 1861 年 6 月的《瓦德西论法国军队》这篇文章中阐述的思想。这里虽然讲的是军队官兵遵守纪律的问题，但也从这里看到，对一个组织甚至一个政党来讲，纪律能够体现这个组织内部的凝聚力和团结力，能够保证上下关系顺畅，等等。这也是马克思、恩格斯非常重视纪律问题的重要原因。

其次，良好的纪律也是党内正常工作的基本条件。1871 年 12 月，恩格斯在给拉法格的信中，用巴塞罗纳的某个大工厂的生产和铁路的管理问题，对权威问题进行了深刻阐述，这里所说的“权威”“规章制度”以及“条例”等，都是纪律建设的重要内容。这里对巴枯宁否定一切权威的极端错误的批判，就是强调权威，也就是纪律、制度、规章的约束和强制，对于任何组织都是必要的，没有这些就不可能有任何的一致行动，人类的合作与社会的正常秩序就要大成问题，特别是对一个具有共同理想和目标的无产阶级政党来讲，更需要发挥纪律的保障作用，加强对所有成员的约束，以纪律的硬性规定来保持党的战斗力的不断提升。否则，单靠人的热情和信仰的力量是难以持久的。恩格斯还在 1889 年 12 月 24 日给娜塔利亚·李卜克内西的信中，称赞法国工人党：“这个由八人组成的法国党团，目前的表现很不坏，具有惊人的纪律，特别是考虑到

① 恩格斯：《致奥地利党第四次代表大会（1894 年 3 月 22 日于伦敦）》，《马克思恩格斯全集》第 22 卷，人民出版社 1965 年版第520 页。

② 恩格斯：《瓦德西论法国军队》，《马克思恩格斯全集》第 15 卷，人民出版社 1963 年版第309 页。

这些人都是从法国各地来的，他们多半互不认识。”① 马克思在 1861 年 5 月 7 日给恩格斯的信中，提到准备在德国柏林出版一份报纸，拉萨尔主动要求担任这份报纸的编辑，针对拉萨尔的思想和实际行为，马克思提出：“拉萨尔可以在有严格纪律的条件下当一名编辑。不然他只会给我们丢脸。你当然理解，在他对我做了这么友好的表示之后，我是很难把所有这些都开诚布公地跟他谈的。因此我采取了含糊的态度，告诉他说，不预先同你和鲁普斯商量，我不能作出任何决定。”② 这也在一定程度上反映出，马克思、恩格斯考察党的工作人员的基本条件，首先就是要遵守纪律。

二、共同章程和组织条例、代表大会的决议等等，都属于同一范畴，而遗憾的是，任何一个团体，即使是最革命的团体，都非有它不可

在创建和领导无产阶级政党的过程中，马克思、恩格斯为保证党的正常有序运转，注重通过制定党内法规来把各项纪律和规矩立起来、严起来。恩格斯在 1871 年 11 月 23 日给卡尔梅洛・帕拉迪诺的信中写道：“共同章程和组织条例、代表大会的决议等等，都属于同一范畴，而遗憾的是，任何一个团体，即使是最革命的团体，都非有它不可。”③ 恩格斯还在 1871 年 11 月 30 日给朱泽培・博里昂尼的委托书中写道：“公民朱泽培・博里昂尼已被接受为国际工人协会会员，今授予他接受新会员和组织新支部的权力，条件是他和新接受入会的会员和支部必须承认协会的正式文件对他们有约束力，这些文件就是：共同章程和组织条例，成立宣言，各次代表大会的决议，1871 年 9 月伦敦代表会议的决议。”④

从这里可以看出，在马克思、恩格斯的理论里，这里的章程和组织条例、宣言、代表大会的决议等，就是党内法规纪律的基本范畴。作为创立和发展中的政党，马克思、恩格斯把这些法规作为基本的党内纪律来制定和遵守。

---

① 恩格斯：《致娜塔利亚・李卜克内西（1889 年 12 月 24 日）》，《马克思恩格斯全集》第 37 卷，人民出版社 1971 年版第326 页。

② 马克思：《马克思致恩格斯（1861 年 5 月 7 日）》，《马克思恩格斯全集》第 30 卷（上），人民出版社 1974 年版第164 页。

③ 恩格斯：《恩格斯致卡尔梅洛・帕拉迪诺（1871 年 11 月 23 日）》，《马克思恩格斯全集》第 33 卷，人民出版社 1973 年版第339 页。

④ 恩格斯：《给朱・博里昂尼的委托书（1871 年 11 月 30 日》，《马克思恩格斯全集》第 17 卷，人民出版社 1963 年版第509 页。

(一) 任何一个团体成立的时候，都首先必须制定章程和组织条例

这是恩格斯在 1872 年 4 月 16 日《致费拉拉工人协会》这一信件中提出的思想，也是党内纪律建设的重点。恩格斯在这里还进一步强调：“这个共同章程和组织条例，是我们协会唯一的法律……”① 之所以提出这个观点，马克思、恩格斯还结合革命实践进行了阐明。

一方面，党的章程是无产阶级政党法规的根本，必须首先制定好、落实好。1847 年 6 月 9 日，共产主义者同盟中央委员会关于第一次代表大会的通告信写道：“在章程的问题解决之后，就转入讨论由中央委员会准备的或者由各代表提出的各种各样的建议。”② 从这里可以看出，党内事务的第一项就是解决章程的问题，只有把这个问题解决了，才能谈其他事项。马克思、恩格斯在其革命生涯中，主要亲自制定了《共产主义者同盟章程》和《国际工人协会共同章程》这两部章程，并且在第二国际时期，恩格斯还帮助指导欧美各国创建了独立的无产阶级政党并制定了各自的章程。他们在创建共产主义者同盟和国际工人协会时，是把宣言和章程分开制定的，而在之后指导和帮助欧美各国创建独立的无产阶级政党时，一般是把宣言作为章程的引言部分，即使在国际工人协会时期，也没有直接叫“宣言”这个名称，在当初只是叫《告工人阶级书》。这些章程，详细规定了成员的条件、党的组织机构的层级关系，各级的工作方式、工作权限，以及内部发生争执时的解决办法等，为建立维护正常的党内秩序，使党组织的活动走向正规化、制度化指明了方向，奠定了基础。

之所以把章程作为党的纪律的首要方面来规定，是因为章程严格规定了党的纪律的基本内容。比如，1847 年 12 月制定通过的《共产主义者同盟章程》在第八章规定了 6 条党的纪律。这可以说是无产阶级政党的纪律的初始内容。章程规定：

第八章　反盟罪行

第三十七条　凡不遵守盟员条件者（见第二条），视情节轻重或暂令离盟或开除出盟。

① 恩格斯：《致费拉拉工人协会》，《马克思恩格斯全集》第 18 卷，人民出版社 1964 年版第79 页。

② 《共产主义者同盟第一次代表大会致同盟盟员的通告信（1847 年 6 月 9 日于伦敦）》，《马克思恩格斯全集》第 42 卷，人民出版社 1979 年版第431 页。

凡开除出盟者不得再接收入盟。

第三十八条 开除盟籍的问题只能由代表大会决定。

第三十九条 区部或独立支部可以暂令各别盟员离盟，但必须立即报告上级机关备案。在这种情况下代表大会同样作为最高权力机关作出决定。

第四十条 被暂令离盟的盟员重新入盟问题，须由中央委员会根据区部的提议处理。

第四十一条 反盟的罪行由区部委员会审理；区部委员会还应督促判决的执行。

第四十二条 为了盟的利益必须对被暂令离盟者，被开除盟籍者和可疑者加以监视，使他们不能为害。有关这些人的阴谋活动必须立即通知有关支部。①

另外，由于在国际工人协会时期，采取的是支部自治的制度，所以马克思、恩格斯还依据《国际工人协会共同章程》，指导和帮助各国的支部制定了分章程。比如，在1871年10月17日会议上，通过了由马克思拟定的总委员会决议《总委员会关于1871年法国人支部章程的决议》②。

另一方面，依据章程科学制定组织条例。在制定好党的章程同时，马克思、恩格斯还注重依据章程，制定具体条例以对各项具体事务进行规范和明确。特别是在国际工人协会时期，这一特征体现得更为明显。马克思、恩格斯为贯彻落实章程的具体规定，指导国际工人协会专门制定了组织条例，并把历次代表大会的重要决议作为附则，附在后面。1866年9月5日，日内瓦工人代表大会通过的《国际工人协会章程和条例》，对国际工人协会章程进行了进一步修订，而且还制定了15条具体条例，对协会的具体问题进行具体规范和规定。③ 后来随着国际工人协会的发展，根据斗争形势和协会发展要求，在1871年10月24日，马克思在英国伦敦进一步修订形成了《国际工人协会的共同章程和组织条例》④。特别

---

① 马克思、恩格斯：《共产主义者同盟章程（1847年12月8日）》，《马克思恩格斯全集》第4卷，人民出版社1958年版第576页。

② 马克思：《总委员会关于1871年法国人支部章程的决议（在1871年10月17日会议上通过的总委员会决议）》，《马克思恩格斯全集》第17卷，人民出版社1963年版第471—474页。

③ 马克思：《国际工人协会章程和条例》，《马克思恩格斯全集》第16卷，人民出版社1964年第599—603页。

④ 马克思：《国际工人协会的共同章程和组织条例》，《马克思恩格斯全集》第17卷，人民出版社1963年版第475—492页。

是组织条例，按照历届代表大会（1866—1869）和伦敦代表会议（1871）的决议进行修订。这个组织条例从国际工人协会代表大会的组成，总委员会，应向总委员会缴纳的会费，联合会委员会，地方性团体、支部和小组，关于对劳动的普遍统计以及附录，共7个方面进行了详细规范和规定。这就有了6个具体条例。至此，在国际工人协会内部，就形成了比较完备的党内法规体系。这为维护国际工人协会的纪律提供了基本规范和依据，也为无产阶级政党以后的进一步发展奠定了坚实的法规基础。

（二）只要代表大会没有作出其他决议，它就要遵守这次代表会议的决议

这里所阐明的基本思想就是，决议也是法规的基本内容。恩格斯在1871年11月23日给卡尔梅洛·帕拉迪诺的信中写道："总委员会尊重个人的意见，它准备把自己的权力交回给那些授予它的人，然而，当它还承担着协会的最高领导时，它就要注意使造成国际目前这种局面的运动的性质不致改变，只要代表大会没有作出其他决议，它就要遵守这次代表会议的决议。"① 1872年1月24日，恩格斯在给泰奥多尔·库诺的信中，针对"几个阴谋家和妄自尊大的人"的问题，强调总委员会不会为了他们"而召开非常代表大会"，但是"只要他们做出什么违反章程或代表大会决议的事情，总委员会就要履行自己的职责"。② 从这可以看出，决议在党内也同样具有法规效力。马克思、恩格斯还在1879年9月17—18日《给奥·倍倍尔、威·李卜克内西、威·白拉克等人的通告信》中指出："失策固然是造成了，但这不是希尔施造成的，而是以自己的决议掩饰凯泽尔的议员们造成的。既然那些比任何人更应当遵守党纪的人通过了这样的决议，十分严重地违反了党的纪律，那就更糟了。但是还要糟糕的是，人们竟然相信，不是凯泽尔的发言和投票，也不是议员们的决议违反党纪，而是希尔施违反党纪，因为他不顾这个决议——他也不知道这个决议——抨击了凯泽尔。"③ 马克思、恩格斯在这里传达的意思，就是要把决议作为经常性的党内纪律来制定和贯彻执行。

---

① 恩格斯：《恩格斯致卡尔梅洛·帕拉迪诺（1871年11月23日）》，《马克思恩格斯全集》第33卷，人民出版社1973年版第341页。

② 恩格斯：《恩格斯致泰奥多尔·库诺（1872年1月24日）》，《马克思恩格斯文集》第10卷，人民出版社2009年版第381—382页。

③ 马克思、恩格斯《给奥·倍倍尔、威·李卜克内西、威·白拉克等人的通告信（1879年9月17—18日）》，《马克思恩格斯全集》第19卷，人民出版社1963年版第180页。

通过研究共产主义者同盟和国际工人协会时期的内部运转，可以看到，每次会议或者对党内事务进行研究讨论时，都要形成决议。这个决议就具有党内法规效能，起着重要的经常性指导党的内部事务的作用。比如，早在共产主义者同盟初创时期，马克思、恩格斯就撰写了《科伦民众大会关于法兰克福起义的决议》《科伦工人联合会1849年4月17日全体会议的决议》等，作为布告张贴，并公诸报端，以指导工人斗争。在国际工人协会时期，马克思在拟定《国际工人协会成立宣言》同时，还拟定了协会临时章程，通过了《关于接受工人组织加入国际工人协会的条件的决议草案》作为具体规定和要求。在具体领导国际工人协会工作时，也经常采取决议的形式，以指导和领导各支部的活动。比如，1865年3月7日，由马克思起草、总委员会批准的《总委员会关于巴黎支部中的冲突的决议》。分别于1866年9月25日、1866年11月6日和1867年9月24日，由马克思提议、总委员会通过的3个《关于总委员会成员的决议》①，明确了总委员会成员的资格、条件以及职责移交等问题。1872年8月28日，马克思在小委员会会议上提出《关于总委员会委员的职责的决议》，指出："在着手讨论新的总委员会的候选人以前，总委员会委员无权在国际代表大会上对委员会的另一委员进行指责。"②

（三）一个有生命力的党所借以进行活动的法律基础，不仅必须由它自己建立，而且还必须可以随时改变

党的法规应当根据需要适时调整，不能僵化。恩格斯在1879年11月14日给倍倍尔的信中，对制定和执行党的纪律问题进行了阐述。他首先指出："一个有生命力的党所借以进行活动的法律基础，不仅必须由它自己建立，而且还必须可以随时改变。"之所以需要经常进行变化和调整，这是因为"一个党丧失了作出有约束力的决议的可能性，它就只能在自己的活的、经常变化的需要中去寻找自己的法规"，并且强调"如果党甘愿使这种需要服从于那些已经僵化和死去的旧决议，那它就是自掘坟墓"。③

---

① 马克思：《关于总委员会成员的决议》，《马克思恩格斯全集》第44卷，人民出版社1982年版第511—512页。

② 马克思：《关于总委员会委员的职责的决议》，《马克思恩格斯全集》第44卷，人民出版社1982年版第602页。

③ 恩格斯：《恩格斯致奥古斯特·倍倍尔（1879年11月14日）》，《马克思恩格斯文集》第10卷，人民出版社2009年版第440页。

从这里可以看出，马克思、恩格斯对适时进行法规条例的修改完善是多么的重视，已经强烈提醒党的领导者，如果还是服从于“那些已经僵化和死去的旧决议”，那这个党“就是自掘坟墓”。对党的法规进行适时修订，这既是辩证唯物主义的题中应有之义，也是马克思和恩格斯在处理任何问题时坚持的一个基本原则，不管是他们在制定党的策略原则时，还是在加强党的纪律建设方面，都坚持原则性与灵活性的统一，根据外界环境的变化而适时进行调整，以保证党的法规的实效性。

（四）在一个大党内不能继续存在严格的宗派纪律，这也是件好事

这是恩格斯在1891年4月30日给卡尔·考茨基的信中提出的思想。恩格斯指出：“在矿工罢工问题上，《前进报》的立场有了某些改变。李卜克内西没有处理这种事情的能力。他的调色板上只有黑白两种颜色，没有浓淡的变化，这有什么办法呢？我们在柏林的人对待一切只从**自己**的观点出发。所以他们有时忘记，不能要求矿工象党内**老**战士一样，具有在反社会党人法实施期间所牢固确立的那种纪律；也有时忘记，**促使每一**批新的工人**到我们这方面来的**，是那些不明智的、注定要失败的、但在当时条件下是不可避免的自发的罢工。我将写信给倍倍尔说明这一点。不能只承认运动中令人愉快的方面，有时也得容忍暂时的、使人苦恼的事实。不过，**在一个大党内**不能继续存在严格的**宗派**纪律，这也是件好事。”① 这里所说的“宗派纪律”，主要是指当时德国党内以遵守纪律为名，不允许党内发扬民主，提出党员个人的意见和建议的问题。这也体现了马克思、恩格斯的民主观。无产阶级政党的纪律，是建立在民主基础上的纪律，是广大党员自觉遵守的纪律，是全体党员共同意志的体现，而不是对个人或某几个人的无限遵从。

首先，党需要社会主义科学，而这种科学没有发展的自由是不能存在的。恩格斯在1891年2月23日给考茨基的信中就强调反对党内的宗派纪律，明确指出：“在国会党团里有人要求对《新时代》进行检查，这确实太妙了。这是非常法时期国会党团独裁（这个独裁当时是必要的而且实行得很好）的幽灵出现了呢，还是对冯·施韦泽过去的严密组织的留恋呢？在德国社会主义科学摆脱

---

① 恩格斯：《致卡尔·考茨基（1891年4月30日）》，《马克思恩格斯全集》第38卷，人民出版社1972年版第80页。

了俾斯麦的反社会党人法以后，又要把它置于一个由社会民主党的机关自己炮制和实施的新的反社会党人法之下，这实在是个绝妙的想法。但是，大自然本身总不会叫树木长得戳破了天。”① 在1891年5月1—2日，恩格斯又针对他要发表马克思的《哥达纲领批判》，而德国社会民主党领导人却强烈反对的问题，指出：“你们曾企图强行阻止这篇文章发表，并向《新时代》提出警告：如再发生类似情况，可能就得把《新时代》移交给党的最高权力机关管理并进行检查，从那时起，由党掌握你们的全部刊物的措施，不由地使我感到离奇。既然你们在自己的队伍中实施反社会党人法，那你们和普特卡默有什么区别呢？其实这对我个人来说，倒是无关紧要的：如果我要讲话，任何国家的任何党都不能迫使我沉默。不过，我还是要你们想一想，不要那么器量狭小，在行动上少来点普鲁士作风，岂不更好？你们——党——**需要**社会主义科学，而这种科学没有发展的自由是不能存在的。”然后，进一步明确指出“同时，你们不要忘记：一个大党的纪律无论如何不可能象一个小宗派那样严厉”。②

其次，对这种永无休止的把人驱逐出党的威吓，再也不能不进行批判了。这是恩格斯1892年9月4日在给考茨基的信中提出的思想。恩格斯在这里指出：“对这种永无休止的把人驱逐出党的威吓，再也不能不进行批判了。这是反社会党人法独裁时期在目前的完全不合时宜的回音。现在应该给腐化分子时间，让他们烂透，使他们几乎自行垮台。拥有几百万人的党，其纪律同只有几百人的小宗派是完全不同的。你似乎可以更多地讲一讲‘国家社会主义本身’在实践中，也就是说在它实际上唯一可能出现的国家即普鲁士（这一点你说明得很好），是怎样**不可避免地**变为财政措施的。”③

三、我们现在必须绝对保持党的纪律，否则将一事无成

这里所阐明的是党的纪律的贯彻执行问题。1859年5月18日，马克思在给恩格斯的信中，针对拉萨尔于1859年5月初在柏林匿名出版的《意大利战争

① 恩格斯：《致卡尔·考茨基（1891年2月23日）》，《马克思恩格斯全集》第38卷，人民出版社1972年版第38页。

② 恩格斯：《致奥古斯特·倍倍尔（1891年5月1—2日）》，《马克思恩格斯全集》第38卷，人民出版社1972年版第88页。

③ 恩格斯：《致卡尔·考茨基（1892年9月4日）》，《马克思恩格斯全集》第38卷，人民出版社1972年版第444页。

和普鲁士的任务。民主派的主张》这个小册子里，错误地维护德意志各邦在意大利战争中采取的普鲁士-波拿巴主义的中立立场问题，进行了严厉批判，提出“如果拉萨尔竟然敢于以党的名义讲话，那末他将来或者是必须准备我们公开驳斥他，因为情况十分严重，不能讲客气”，并且特别强调“我们现在必须绝对保持党的纪律，否则将一事无成”。① 马克思还在 1866 年 4 月 23 日给恩格斯的信中说：“**国际**的情况如下：自从我回来以后，纪律完全恢复了。”② 恩格斯也在 1868 年 9 月 21 日给马克思的信中，针对施韦泽对国际工人协会的阻挠和分裂行为，指出：“至于章程，你可以写信告诉他，重要的不是章程的内容，而是实行章程的方法。”③ 从这些论述可以看出，马克思、恩格斯对维护党的纪律的坚定态度。马克思、恩格斯不仅制定了党内法规，而且他们在实践中以身作则、严格执行。对敢于违抗纪律的组织和个人一律坚决惩处，决不手软。在中文第 1 版《马克思恩格斯全集》中就可以经常看到，国际工人协会开除某某人的公告。这样做的目的理所当然是为了维护纪律的权威性，而且也只有这样做了的时候，才能说是真正地维护了党的纪律。

(一) 他知道纪律的价值，直接以敌为鹄来进行教育

这是恩格斯写于 1873 年 6 月 19—20 日的《在国际中》这篇文章提出的思想。恩格斯针对当时意大利分裂分子阵营里的无政府主义者声嘶力竭地叫嚣和反对他们的“权威主义原则”，称赞意大利著名军人加里波第（朱塞佩·加里波第，1807 年 7 月 4 日—1882 年 6 月 2 日）说：“这位争取自由的老战士在 1860 年这一年中所做的工作比所有无政府主义者加在一起在自己一生中曾经想要做的工作还要多；他知道纪律的价值，何况，他总是不得不亲自来加强自己战斗部队的纪律，而且不是像官方军阀那样，采用机械训练的办法，经常用枪决来威胁，而是直接以敌为鹄来进行教育。”④ 这里提出的“以敌为鹄来进行教育”，就是说，遵守纪律不仅是强制的，而且需要把纪律教育作为重要基础和前提。

---

① 马克思：《马克思致恩格斯（1859 年 5 月 18 日）》，《马克思恩格斯全集》第 29 卷，人民出版社 1972 年版第413 页。

② 马克思：《马克思致恩格斯（1866 年 4 月 23 日）》，《马克思恩格斯全集》第 31 卷（上），人民出版社 1972 年版第211 页。

③ 恩格斯：《恩格斯致马克思（1868 年 9 月 21 日于曼彻斯特）》，《马克思恩格斯全集》第 32 卷，人民出版社 1974 年版第150 页。

④ 恩格斯：《在国际中》，《马克思恩格斯全集》第 18 卷，人民出版社 1964 年版第519—520 页。

恩格斯还分别在1886年9月13—14日给倍倍尔和1886年9月16—17日给左尔格的信中，就法国工人阶级运动进行指导时，对学习纪律的问题进行了论述。他在给倍倍尔的信中指出："我们的人在很巧妙地进行活动，法国人表现出来的纪律性使我感到惊奇。这正是他们过去所缺少的，现在他们正在学习这一点，而且是在真正革命传统的基础上学习这一点，这种传统在法国是不言自明的，那里丝毫没有我们的盖泽尔分子和菲勒克分子身上所充满着的种种庸人的疑虑。"① 在给左尔格的信中说："在法国，情况是很好的。人们正在学习纪律：在外地是从罢工中学习，在巴黎是从反对激进派中学习。"②

（二）必须不顾情面地战胜这些内部敌人并使之不能为害

无产阶级政党的纪律是铁的纪律，特别是在面对内部的敌人时，"考虑到同盟的危险处境，考虑到讲德语的整个共产党有瓦解之虞，还必须不顾情面地战胜这些内部敌人并使之不能为害"③。这是《共产主义者同盟第一次代表大会致同盟盟员的通告信》中提出的思想。在中文第1版的《马克思恩格斯全集》里面，可以看到，马克思、恩格斯始终把党的纪律作为规范和约束党内行为的根本依据，有比较多的总委员会作出的开除决议。

马克思在处理巴枯宁的问题时，一切都是以《国际工人协会共同章程》的各章节为依据进行的。马克思根据章程第一条，对巴枯宁制定的所谓"国际社会主义民主同盟"这个分裂组织的纲领，进行了全面批判，要求巴枯宁"根据国际工人协会的原则，允许每个支部自己对自己的纲领负责。因此，没有任何障碍会阻挡同盟各支部变成国际工人协会的支部。如果将这样做的话，那末，根据条例，就必须立即把注明新加入的支部的国名、所在地和成员人数的登记表寄给总委员会"④。从这里可以看出，章程在马克思、恩格斯心目中的位置，他们在处理国际工人协会内部事务，特别是重大行动时，都是逐条对照执行，

① 恩格斯：《致奥古斯特·倍倍尔（1886年9月13—14日）》，《马克思恩格斯全集》第36卷，人民出版社1974年版第516页。

② 恩格斯：《致弗里德里希·阿道夫·左尔格（1886年9月16—17日）》，《马克思恩格斯全集》第36卷，人民出版社1974年版第524页。

③ 《共产主义者同盟第一次代表大会致同盟盟员的通告信（1847年6月9日于伦敦）》，《马克思恩格斯全集》第42卷，人民出版社1979年版第435页。

④ 马克思：《马克思致恩格斯（1869年3月5日）》，《马克思恩格斯全集》第32卷，人民出版社1974年版第256页。

并且作为总的依据。

1870 年 8 月 2 日，马克思给贝克尔写信，对总委员会召开特别代表大会进行指导，指出："根据章程第三条规定，总委员会不能延期**召开代表大会**。然而在目前的**非常**情况下，如果总委员会在这个问题上得到各支部的必要支持，它是能够对此承担责任的。"① 在这一段论述里，一方面，充分说明了马克思带头遵守章程规定；另一方面，也体现了总委员会的负责精神，更是体现了马克思一直强调的，要根据外界实际情况的变化搞好科学贯彻落实的思想。

1871 年 1 月 18 日，马克思在给海尔曼·荣克的信中，向荣克传达了总委员会通过的一项决议，委托荣克给瑞士的德意志工人教育协会机关报《邮袋报》的编辑写一封信，内容提了四条，其中第四条指出，"如果他们坚持不履行自己的义务"，也就是不按照章程规定向总委员会寄会费，"并坚持对符合**国际**章程的总委员会的政策持反对立场"，也就是《邮袋报》的言论同总委员会关于普法战争的两篇宣言根本抵触，"那末，总委员会就要行使巴塞尔代表大会赋予它的权力，将它们暂时开除出**国际**，听候下届代表大会裁决"。② 从这里可以看出，章程是总依据，并且要执行总委员会的决议，不执行就要依据章程进行处置。

1879 年 9 月 17—18 日，马克思和恩格斯在给倍倍尔等人的信中指出：

希尔施谴责他违反党的纪律，因为他：

（1）投票赞成党纲明确要求加以废除的间接税；

（2）同意拨款给俾斯麦，从而违反了我们党的策略的首要的基本原则："不给这个政府一文钱"。

就这两点来说，希尔施无疑是正确的。既然凯泽尔一方面践踏了议员们根据代表大会的决议曾宣誓遵守的党纲，另一方面又践踏了党的策略的一条确定不移的、最基本的原则，竟投票**赞成拨款**给俾斯麦，**以酬谢反社会党人法**，那末我们认为，希尔施恰恰有充分权利象他所做的那样，给凯泽尔以有力的打击。③

---

① 马克思：《马克思致约翰·菲力浦·贝克尔（1870 年 8 月 2 日）》，《马克思恩格斯全集》第 33 卷，人民出版社 1973 年版第138—139 页。

② 马克思：《马克思致海尔曼·荣克（1871 年 1 月 18 日）》，《马克思恩格斯全集》第 33 卷，人民出版社 1973 年版第175 页。

③ 马克思、恩格斯：《马克思和恩格斯致奥古斯特·倍倍尔、威廉·李卜克内西、威廉·白拉克等人（1879 年 9 月 17—18 日）》，《马克思恩格斯全集》第 34 卷，人民出版社 1972 年版第374 页。

（三）在我们中间，为了党本身的利益，批评必然是尽可能坦率的

马克思和恩格斯始终认为，维护党的纪律，处理是一个方面，但更重要的是通过经常性的批评，维护党的作风和纪律。恩格斯 1859 年 5 月 18 日在给斐迪南·拉萨尔的信中指出：“**在我们中间**，为了党本身的利益，批评必然是尽可能坦率的；此外，每当出现一个新的例证，证明我们的党不论在什么领域中出现，都显出自己的优越性时，我和我们大家总是感到高兴。”① 马克思在 1864 年 10 月 16 日给哈茨费尔特的信中指出，对于拉萨尔“我一方面经常告诉他，我非常热情地赞扬他的优点，另一方面，对于所有我认为是缺点的东西，我也总是坦率地向他提出自己的批评性意见”②。

另外，马克思、恩格斯还把开展正常的党内批评看成是党员群众监督党的领导干部的有效方式。1891 年 2 月 11 日，恩格斯在给考茨基的信中，要求不要总是过分客气地对待党内的官吏，因为他们是我们广大人民群众“自己的仆人”，也“不要再总是把他们当做完美无缺的官僚，百依百顺地服从他们，而不进行批评”。③

（四）根本用不着太性急。所有这类事应该遵守“着急反倒误事”的格言

这也是马克思、恩格斯在执行党的纪律时坚持的一个基本原则。1868 年 9 月 25 日，马克思在给恩格斯的信中，针对向拉萨尔主义进攻的问题，指出对这样的事情“根本用不着太性急。所有这类事应该遵守‘着急反倒误事’的格言”④。从这里可以看出，马克思虽然是针对处理党内事务而说的，但对党员的处理方面更有重要指导意义，所以执行纪律更要坚持这一原则。之所以坚持这一原则，主要是从两方面考虑的。

一方面是需要找到证据。比如，恩格斯于 1871 年 10 月 7 日，针对巴黎首饰匠、前巴黎工人团体联合会首饰匠代表、前国民自卫军营长、前巴黎公社财

---

① 恩格斯：《恩格斯致斐迪南·拉萨尔（1859 年 5 月 18 日）》，《马克思恩格斯文集》第 10 卷，人民出版社 2009 年第 177—178 页。

② 马克思：《马克思致索菲娅·哈茨费尔特（1864 年 10 月 16 日）》，《马克思恩格斯全集》第 31 卷（下），人民出版社 1972 年版第425—426 页。

③ 恩格斯：《致卡尔·考茨基（1891 年 2 月 11 日）》，《马克思恩格斯全集》第 38 卷，人民出版社 1972 年版第33 页。

④ 马克思：《马克思致恩格斯（1868 年 9 月 25 日），《马克思恩格斯全集》第 32 卷，人民出版社 1974 年版第154 页。

政委员会出纳主任古斯达夫·杜朗，在伦敦冒充流亡者，过去和现在一直为法国警察机关充当密探，对流亡的公社社员特别是对国际工人协会总委员会进行监视，并且已领取酬金725法郎。总委员会在对上述情节已掌握最充足的证据基础上，拟定了《总委员会关于开除杜朗的决议》，并斥责杜朗的可耻行为，在所有机关刊物上公布。从这个决议可以看出，对杜朗的处理，掌握的证据是非常充分的，可以说是铁证如山。

另一方面，处理要慎重。马克思、恩格斯不仅强调纪律教育问题，而且在执行纪律的过程中，也首先是进行教育引导，实在教育不好才去执行纪律。共产主义者同盟时期，在巴黎的同盟支部，由于魏特林派阻挠同盟的活动，造成了内部的分裂，于是中央委员会派去了一名特使，他尽了最大努力把组织恢复起来。但在不久之后争论又出现了，这就使分裂不可避免，于是进步派力量最强的三个支部作出决定，同作为魏特林派的支部分开，并且在自己的全体会议上选举一名大会代表。这个巴黎多数派的代表就是恩格斯。从这里，可以看到当时斗争的严峻性和复杂性。为了维护同盟的团结，也更是为了同盟的发展，先是进行调和，在调和不成的情况下，就把魏特林派开除出同盟。虽然同盟的人数大为减少了，但由于起阻碍作用的分子被清除了，并且由于这场斗争，促使人们振奋起来从事新的活动，所以使一种新的精神、一种崭新的面貌出现了。1873年2月12日，马克思在给弗里德里希·波尔特的信中明确指出："每一个人和每一个团体都有权**退出国际**，如果出现这种情形，总委员会就应正式**确认**这种**退出**，而绝对不要宣布**暂时开除**。**暂时开除**的规定是指这样的情况，即某些团体（支部或联合会）只是对总委员会的权力提出异议，或者只是违反章程或条例的某一条款。但是，在章程中没有一条谈到那些否认整个组织的团体，根据一个简单的理由，即从章程中**自然而然得出的结论**是：这样的团体不再属于国际。这绝不是一个方式问题。"①

（五）加强对党的纪律实施的监督

这是维护党的纪律的重要手段和保障。从马克思、恩格斯当时的实际情况来看，主要的监督方式有两种。

---

① 马克思：《马克思致弗里德里希·波尔特（1873年2月12日）》，《马克思恩格斯全集》第33卷，人民出版社1973年版第566页。

一种是派遣特使进行监督。在共产主义者同盟时期，同盟中央委员会要拨出一定的基金用来派遣特使。同盟有两种特使，一种是用同盟的费用派到一定地方去执行特殊的使命，在同盟还不存在的地区建立同盟，或者在同盟已经瓦解的地方重建同盟。“这种特使必须受中央委员会的直接监督。”① 另一种是回自己的故乡或者到其他地方去的工人。这些工人往往是很能干的人，只要同盟补偿他们为同盟而花费的额外开支，就可利用他们去访问一些距离他们旅居之处不远的支部，这对同盟有很大的益处。“这样的临时特使当然只能受区部委员会的直接监督，只是在特殊情况下才受中央委员会的监督。——因此代表大会决定：委托中央委员会每三个月向每个区部委员会收取一定的经费，并用这笔钱来建立派遣第一种特使的基金。”还规定“每个特使应对给他提供经费的委员会负责并向它汇报工作”。②

在国际工人协会时期，针对特殊情况也随时派出代表履行监督权。比如，1865 年 3 月 4 日，在马克思撰写的《关于巴黎支部中的冲突的决议最初方案》中，就明确委派维克多·席利为伦敦中央委员会在巴黎的代表，“作为这样的代表，他应当只同巴黎分部**理事会**协同工作。他将行施 droit de surveillance（监督权），而巴黎分部自己也认为必须承认这种监督权是中央委员会的一种由当前政治情况决定的必然属性”③。还比如，1871 年 9 月 29 日，马克思在给古斯达夫·克瓦斯内夫斯基的信中，针对当时工人运动的形势提出：“法律可能阻碍建立正规的组织，但是不能阻止社会民主工党的现有组织实际上进行在所有其他国家进行的同样工作，如吸收个别会员、交纳会费、寄送报告，等等。您个人作为社会民主工党监察委员会委员，也许能够在这方面采取行动。”④ 这里主要是谈落实党的基本制度的问题，马克思让他履行他的监督委员会委员的职责，搞好基本制度的监督落实。

---

① 《共产主义者同盟第一次代表大会致同盟盟员的通告信（1847 年 6 月 9 日于伦敦）》，《马克思恩格斯全集》第 42 卷，人民出版社 1979 年版第432 页。

② 《共产主义者同盟第一次代表大会致同盟盟员的通告信（1847 年 6 月 9 日于伦敦）》，《马克思恩格斯全集》第 42 卷，人民出版社 1979 年版第432—433 页。

③ 马克思：《关于巴黎支部中的冲突的决议最初方案》，《马克思恩格斯全集》第 16 卷，人民出版社 1964 年版第90 页。

④ 马克思：《马克思致古斯达夫·克瓦斯内夫斯基（1871 年 9 月 29 日）》，《马克思恩格斯全集》第 33 卷，人民出版社 1973 年版第300 页。

另一种，运用党内报刊进行监督。恩格斯在1892年11月19日给倍倍尔的信中，就发挥党的报刊的监督作用的问题进行了阐述。恩格斯在这里指出："在党内当然**必须**拥有一个不**直接**从属于执行委员会甚至党代表大会的刊物，也就是说这种刊物在纲领和既定策略的**范围内**可以自由地反对党所采取的某些步骤，并在不违反党的道德的范围内自由批评纲领和策略。你们作为党的执行委员会，应该提倡甚至创办这样的刊物，这样，你们在道义上对这种刊物所起的影响，就会比对一半是**违反**你们意志创办的刊物要大。党正在超越迄今存在的严峻纪律的框框；在拥有二三百万党员和不断流入'有教养的'分子的情况下，要求有比至今给予的更多的行动自由，虽然过去给予的行动自由不仅足够了，而且由于规定了一定的界限而得到了好处。你们自己同时也使党对这种已经变化了的形势适应得越快越好。首先需要的是一个**形式上**独立的党的刊物。而这种刊物肯定是要出现的，不过，如果你们能使它一开始就在你们的道义影响之下问世，而不是在违背你们的意志和反对你们的情况下出现，那就更好。"①

第五节　大国的任何工人政党只有在内部斗争中才能发展起来

无产阶级政党是如何发展的？恩格斯在1882年10月20日给伯恩施坦的信中给出了基本答案。恩格斯在这里针对德国社会民主党内部的斗争，有个别党的领导人非常厌烦，甚至有点过于意气用事的问题，在对他们进行帮助和指导时，提出了著名的论断，也就是："看来，一个大国的**任何**工人政党，只有在内部斗争中才能发展起来，这是符合一般辩证发展规律的。"② 把党的内部斗争上升为一般发展规律的高度来认识和把握，这是恩格斯对无产阶级政党斗争哲学的总结升华和系统诠释，丰富和发展了他们的政党理论。全面理解和把握这个一般辩证发展规律，对深入研究和推进无产阶级政党的建设发展有着重要实践

---

① 恩格斯：《致奥古斯特·倍倍尔（1892年11月19日）》，《马克思恩格斯全集》第38卷，人民出版社1972年版第517—518页。

② 恩格斯：《恩格斯致爱德华·伯恩施坦（1882年10月20日）》，《马克思恩格斯文集》第10卷，人民出版社2009年版第483页。

指导意义。

一、无产者组织成为阶级，从而组织成为政党这件事，不断地由于工人的自相竞争而受到破坏。但是，这种组织总是重新产生，并且一次比一次更强大、更坚固、更有力①

这是马克思、恩格斯在《共产党宣言》中提出的基本原理。恩格斯还在1877年7月31日给威廉·李卜克内西的信中写道："一个健康的党随着时间的推移必定会把废物排泄掉，但这是一个长期而艰巨的过程，然而不应当仅仅因为群众是健康的，就平白无故地把疾病接种到他们身上。"② 以上的"自相竞争"和"随着时间的推移必定会把废物排泄掉"等表述，就带有内部斗争的意思。这里也充分说明，对内部斗争这一基本规律的认识，是在综合各方因素基础上提出的，既有深厚的理论基础也有长期的实践积淀，既有现实的需求也有客观的条件。只有充分认识到这一点，才能深化对这一辩证发展规律的理解把握，深切感受这一辩证发展规律的真理性，也才能真正增强探究和遵循的自觉性、紧迫感。

(一) 对这一辩证发展规律的揭示，是马克思、恩格斯共同的认识成果

马克思、恩格斯这对为无产阶级革命事业奉献了一生的亲密战友，他们的思想在40多年的共同奋斗中早已深深地融为一体。对无产阶级政党辩证发展的一般规律认识，同样是他们长期共同研究和实践的结晶。

早在1848年共产主义者同盟成立，在他们共同拟定《共产党宣言》时，他们就提出"自相竞争"的问题，并且在最后还特别提出"全世界无产者，联合起来!"的革命口号。这里首次指出，无产阶级政党的发展是伴随着"工人的自相竞争"而实现的，为了变得"更强大，更坚固，更有力"，就必须要"联合起来"共同行动。在随后的1848年欧洲革命中，马克思、恩格斯注意到共产主义者同盟内部各种理论观点和政治主张差别很大，有的甚至是根本对立的。为此他们进行了深入系统的理论研究，用科学手段证明了自己理论的正确性，统一

① 马克思、恩格斯：《共产党宣言》，《马克思恩格斯文集》第2卷，人民出版社2009年版第40—41页。

② 恩格斯：《恩格斯致威廉·李卜克内西（1877年7月31日）》，《马克思恩格斯全集》第34卷，人民出版社1972年版第264页。

了同盟内部的思想。

国际工人协会时期，正是因为意识到内部斗争是不可避免的，所以马克思在其修订于1871年9月底10月初至大约11月6日的《国际工人协会共同章程》的第一条规定："本协会的成立，目的是要成为追求共同目标即工人阶级得到保护、发展和彻底解放的各国工人团体进行联络和合作的中心。"① 为达到"各国工人团体进行联络和合作"的目的，马克思、恩格斯同蒲鲁东主义、拉萨尔主义、巴枯宁主义等进行了艰苦斗争。在总结这一段历史时，马克思在1871年11月23日给弗里德里希·波尔特的信中就讲："国际的历史就是**总委员会**对那些力图在国际内部巩固起来以抗拒真正工人阶级运动的各个宗派和各种浅薄尝试所进行的**不断的斗争**。这种斗争不仅在**历次代表大会**上进行，而且更多的是在总委员会同个别支部的非正式的商谈中进行。"② 这句话初步阐明了无产阶级政党的内部斗争思想。

国际工人协会后期，虽然欧美各国兴起了建立群众性社会主义政党的热潮，但各国党内都存在着严重的党内斗争。恩格斯在帮助和指导各国党特别是法国党正确进行内部斗争的基础上，于1882年10月20日给伯恩施坦的信中正式提出"一个大国的任何工人政党，只有在内部斗争中才能发展起来"这一基本规律。仅仅过去8天，也就是1882年10月28日，恩格斯在给倍倍尔的信中又进一步提出"无产阶级的发展，无论在什么地方总是在内部斗争中实现的"。③ 又把这一基本规律拓展到无产阶级运动发展的整个过程。

从以上的简要回顾可以看出，这一思想的提出是一个不断发展的过程，是一个在实践基础上的思想积累过程，是客观条件和主观因素辩证统一的过程，符合无产阶级政党发展的基本规律。

（二）辩证唯物主义历史观是揭示这一辩证发展规律的理论依据

马克思、恩格斯在创立无产阶级政党理论之前，首先创立了他们自己的新世界观。这既是国际共产主义运动的理论基础和行动指南，也是他们自己从事

---

① 马克思：《国际工人协会共同章程》，《马克思恩格斯文集》第3卷，人民出版社2009年版第227页。

② 马克思：《马克思致弗里德里希·波尔特（1871年11月23日）》，《马克思恩格斯文集》第10卷，人民出版社2009年版第367页。

③ 恩格斯：《恩格斯致奥古斯特·倍倍尔（1882年10月28日）》，《马克思恩格斯文集》第10卷，人民出版社2009年版第486页。

革命实践活动的世界观和方法论。马克思、恩格斯正是从辩证唯物主义历史观的基本原理出发，通过分析总结无产阶级政党不断发展的实践过程，才揭示了这一辩证发展规律。

辩证唯物主义告诉我们，世界上的一切事物都充满着矛盾，事物都是在自身的矛盾运动中不断发展变化的。无产阶级政党和其他一切事物一样，也是一个矛盾的统一体。恩格斯 1885 年 10 月 8 日在给伯恩施坦的信中指出："矛盾绝不能长期掩饰起来，它们总是以斗争来解决的。"① 正是从这个最一般意义上来分析，恩格斯才把党内斗争视为无产阶级政党的一般辩证发展规律。

（三）长期的艰苦斗争经验是揭示这一辩证发展规律的实践基础

在恩格斯 1882 年 10 月 20 日提出"一个大国的任何工人政党，只有在内部斗争中才能发展起来，这是符合一般辩证发展规律的"这一基本规律之后，恩格斯还进一步对提出这一基本规律的实践认知过程进行了阐述，恩格斯分别列举了德国和法国的工人政党的发展过程进行了例证。恩格斯指出："德国党是在爱森纳赫派和拉萨尔派的斗争中变成了现在的样子的，在这个斗争中连吵架本身也起了重要的作用。只有被拉萨尔特意豢养起来充当其工具的一帮恶棍没落以后，团结才有可能，其实就在那时我们的人去谋取团结也是过于匆忙了。在法国，有些人虽然抛弃了巴枯宁的理论，却继续运用巴枯宁的斗争手段，同时还想为了自己的特殊目的而牺牲运动的阶级性质，这些人也必须先行没落，然后团结才有可能。在这种情况下宣传团结就是十足的愚蠢。"②

实践出真知。从恩格斯阐明这一基本规律的整个论述来看，恩格斯也主要是基于他与马克思在创立和领导无产阶级政党的过程中的经验和教训。不管是在由马克思、恩格斯亲自创建和领导的共产主义者同盟、国际工人协会时期，还是各国创建独立的无产阶级政党的时期，都存在着内部斗争问题。比如，在 1850 年夏，共产主义者同盟中央委员会内部，在策略问题上的原则性分歧就达到了很尖锐的程度。以马克思和恩格斯为首的中央委员会多数派坚决反对维利希-沙佩尔集团所提出的宗派主义的冒险策略，他们无视客观规律和欧洲的现实

① 恩格斯：《致爱德华·伯恩施坦（1885 年 10 月 8 日）》，《马克思恩格斯全集》第 36 卷，人民出版社 1974 年版第359 页。

② 恩格斯：《恩格斯致爱德华·伯恩施坦（1882 年 10 月 20 日）》，《马克思恩格斯全集》第 35 卷，人民出版社 1971 年版第370—371 页。

政治形势而主张立即发动革命。与此相反，马克思和恩格斯竭力强调，在反动派进攻的情况下，共产主义者同盟的最重要的任务就是宣传科学共产主义和为未来的革命战斗培养无产阶级的革命干部。通过与这一集团的坚决斗争，1850年9月中旬，维利希-沙佩尔集团的分裂活动终于导致了多数派与该集团的分裂。

恩格斯还在写于1890年5月5日和21日之间的《伦敦的5月4日》这一著述中，针对奥地利的各个党派的内部斗争，进一步提出“不应该忘记这一事实”的思想。恩格斯指出：“奥地利的，特别是维也纳的工人在运动中就取得了完全不同的地位。就在几年以前，奥地利的运动几乎完全停顿，各德意志省和各斯拉夫省的工人分裂成两个互相敌视的党派，把自己的力量都消耗在内部斗争上面；仅仅在三年以前，如果有人断定说，1890年5月1日维也纳和整个奥地利会向全世界做出如何庆祝无产阶级的阶级节日的示范，人们一定会报之以嘲笑。当我们必须对在其他国家，例如在法国仍然消耗着工人力量的那些内部纷争作出自己的判断时，是不应该忘记这一事实的。”①

从马克思、恩格斯创立和发展无产阶级政党的整个过程看，既是同党外资产阶级不懈斗争的过程，更是同党内各种非社会主义思潮、机会主义等艰苦斗争的过程。1846年2月创建的共产主义通讯委员会拉开了马克思、恩格斯建党活动的帷幕，仅仅在委员会存在的1年多时间里，就同魏特林的空想社会主义、以克利盖和格律恩为代表的“真正的社会主义”、蒲鲁东的小资产阶级思潮等进行了不懈斗争，从而促进了委员会的发展。从1847年共产主义者同盟诞生到1852年11月7日暂时解散的5年多时间里，虽然由于1848年欧洲革命的外在压力，促使同盟的内部斗争有所缓和，但不同思想流派和观点始终激荡其间，为此马克思、恩格斯加强了科学理论研究，引领和促进了同盟发展。国际工人协会从1864年9月28日成立到1876年解散，共存在了约12年，马克思、恩格斯先后同蒲鲁东主义、巴枯宁主义、拉萨尔主义、工联主义等进行了斗争，升华促进了他们对无产阶级政党内部斗争的认识。特别是在国际工人协会解散后，欧美各国在开启创建独立无产阶级政党时代同时，也形成了不同国家政党纷繁复杂的内部斗争局面。正是在回顾和总结自己与马克思几十年的共同革命

① 恩格斯：《伦敦的5月4日》，《马克思恩格斯全集》第22卷，人民出版社1965年版第69页。

实践的基础上，恩格斯才揭示了无产阶级政党的这一辩证发展规律。

马克思、恩格斯在领导和指导共产主义者同盟和国际工人协会等进行内部斗争的过程中，曾先后拟定了《关于巴黎支部中的冲突的决议最初方案》《总委员会关于巴黎支部中的冲突的决议》《伦敦代表会议关于瑞士罗曼语区的分裂的决议》《总委员会关于开除托伦的决议》《国际工人协会总委员会会议通过的关于合众国联合会的分裂的决议》等，从这也可以看出这种内部斗争的基本情况。

列宁通过回顾总结马克思和恩格斯的革命理论发展过程，进一步证实了这一辩证发展规律，他分析指出："马克思主义在它存在的头半个世纪中（从19世纪40年代起）一直在同那些与它根本敌对的理论进行斗争。在40年代前5年，马克思和恩格斯清算了站在哲学唯心主义立场上的激进青年黑格尔派。40年代末，在经济学说方面进行了反对蒲鲁东主义的斗争。50年代完成了这个斗争，批判了在狂风暴雨的1848年显露过头角的党派和学说。60年代，斗争从一般的理论方面转移到更接近于直接工人运动的方面：从国际中清除巴枯宁主义。70年代初在德国名噪一时的是蒲鲁东主义者米尔柏格，70年代末则是实证论者杜林。"①

（四）党的建设实际状况是揭示这一辩证发展规律的现实条件

对这一辩证发展规律的揭示，是着眼于当时各国党的实际状况，为各国党的建设提供科学指导，以提高党的建设水平。

从当时实际情况看，巴黎公社之后的19世纪70至80年代，资本主义出现了一个相对和平发展的时期。这一时期，随着工人运动的不断发展壮大，马克思主义的广泛传播，在各民族国家内出现了一个"相继成立群众性的社会主义工人政党的时代"。但当时建立的各国无产阶级政党，在主观上是不够成熟的，很多党不但缺乏严格的组织纪律，而且未能同各种非无产阶级思想划清界限，甚至受其影响很大，各国党特别是大国的党都存在着严重的党内斗争。恩格斯在具体指导和帮助德法两国政党的建设斗争中，就更加真切感受到了解决这一问题的重要性和迫切性。要使建立不久的各国无产阶级政党真正成为以马克思主义为指导的无产阶级先锋队，就必须同各种错误思潮、倾向以及派别作斗争。

---

① 列宁：《马克思主义和修正主义》，《列宁专题文集·论马克思主义》，人民出版社2009年版第149页。

于是，恩格斯就在系统总结马克思和自己革命实践的基础上，着眼当时斗争形势需要，揭示了这一辩证发展规律，以具体帮助指导各国党的建设发展。从这里可以看出，恩格斯对党内斗争的论述既是从当时德法两国政党发展的实际状况出发的，又是从无产阶级政党发展的总过程来讲的。

二、在一个日益壮大的工人政党内，小资产阶级分子的增多是不可避免的，并没有什么了不起

这是作为无产阶级政党，应该如何正确认识和看待内部斗争的问题。恩格斯在 1894 年 11 月 24 日给李卜克内西的信中指出："在一个**日益壮大的**工人政党内，小资产阶级分子的增多是不可避免的，并没有什么了不起。这就像'学士'、考试不及格的大学生等的增多一样。"① 可以说，这是恩格斯对马克思和他自己一生革命经验教训的总结。恩格斯虽然在这里讲的仅仅是党内的小资产阶级分子的增多问题，但也从一个方面充分证明，党的不断发展必将面临各种情况，因此对这一规律须客观认识、正确面对。从规律本身来讲，它本来就是事物内在的本质的东西，是不以人的意志为转移的。恩格斯把无产阶级政党的内部斗争上升为一般规律的高度来认识，首先就说明无产阶级政党的内部斗争是客观存在的、不可避免的。这就需要对无产阶级政党一般辩证发展规律进行全面而深入的认识。

（一）无产阶级政党的内部斗争是发展中的问题

之所以在无产阶级政党发展中会出现内部斗争的问题，通过分析政党发展特别是无产阶级政党的创立和发展中面临的内外因素就可以得到充分说明。

一方面，科学社会主义与工人运动相结合，本身就是一个与各种非马克思主义进行较量斗争以实现对工人运动思想阵地的占领的过程。特别是在马克思主义创立阶段，作为一种新的世界观，马克思主义还很孤立，还不被很多人知晓，更不要说被更多人接受。在当时来说还只是众多思想流派中的一派，甚至是"无名之辈"，要与魏特林、蒲鲁东、格律恩等"大人物"争夺思想阵地并"清理门户"，不进行艰苦的斗争是不可能的。实际上科学社会主义理论在工人

---

① 恩格斯：《恩格斯致威廉·李卜克内西（1894 年 11 月 24 日）》，《马克思恩格斯文集》第 10 卷，人民出版社 2009 年版第679 页。

运动中的传播，也只能通过与各种空想社会主义和小资产阶级社会主义思潮进行坚决而彻底的理论斗争这一特定形式来实现。只有这样，才能使欧洲无产阶级，首先是使德国无产阶级相信科学社会主义理论是正确的。也只有这样，才能使自发的工人运动与科学社会主义理论融合在一起，建立起真正的以科学社会主义理论为指导的无产阶级政党。正如列宁在总结这一过程中所阐述的：

在第一个时期的开头，马克思学说决不是占统治地位的。它不过是无数社会主义派别或思潮中的一个而已。当时占统治地位的，是那些基本上同我国民粹主义相似的社会主义：它们不懂得历史运动的唯物主义原理，不能分别说明资本主义社会中每个阶级的作用和意义，并且用各种貌似社会主义的关于“人民”“正义”“权利”等等的词句来掩盖各种民主变革的资产阶级实质。

1848 年革命给了马克思**以前**的所有这些喧嚣一时、五花八门的社会主义形式以致命的打击。各国的革命使社会各阶级**在行动中**显露出自己的面目。共和派资产阶级在巴黎 1848 年 6 月的那些日子里枪杀工人，最终证明**只有**无产阶级具有社会主义本性。自由派资产阶级害怕这个阶级的独立行动，比害怕任何反动势力还要厉害百倍。怯懦的自由派在反动势力面前摇尾乞怜。农民以废除封建残余为满足，转而支持现存秩序，只是间或动摇于**工人民主派和资产阶级自由派**之间。一切关于**非**阶级的社会主义和**非**阶级的政治的学说，都是胡说八道。①

另一方面，工人运动的阶段性和各国工人运动中普遍存在的党派性，也导致了无产阶级政党的内部斗争问题。马克思、恩格斯认为，在工人运动的阶段性发展中，总存在着一致性和不一致性的矛盾。也就是说，各国工人运动在目标追求上具有一致性，都是“工人阶级得到保护、发展和彻底解放”②，但“因为同一个国家各行各业的工人的发展水平和不同国家的工人阶级的发展水平都必然是极不相同的，所以，实际运动也必然以十分不同的理论形式反映出来”③。如果因此而拒绝与持不同理论观点的人合作，那就只能成为宗派，就一

① 列宁：《马克思学说的历史命运》，《列宁专题文集·论马克思主义》，人民出版社 2009 年版第 61—62 页。

② 马克思：《国际工人协会共同章程》，《马克思恩格斯文集》第 3 卷，人民出版社 2009 年版第 227 页。

③ 马克思：《马克思致恩格斯（1869 年 3 月 5 日）》，《马克思恩格斯文集》第 10 卷，人民出版社 2009 年版第301 页。

定灭亡。因此在无产阶级运动发展的特定阶段，就客观上要求把各种观点不同的工人群众及其党派组织成为一支“联合大军”，也就是“在工人阶级普遍性的运动的各个阶段上同它进行合作”①。但同时又必须坚持科学社会主义理论纲领和政治立场，这就要进行深入的思想理论斗争。这种斗争就消极方面而言，表现为一部分人停留下来，不再前进；就积极方面而言，表现为思想理论上达到普遍共识而求得党内的团结统一。正如恩格斯指出的，“无产阶级的运动必然要经过各种发展阶段；在每一个阶段上都有一部分人停留下来，不再前进。仅仅这一点就说明了，为什么‘无产阶级的团结一致’实际上到处都是在各种不同的党派中实现的，这些党派彼此进行着生死的斗争”②。

（二）无产阶级政党的内部斗争是长期而艰苦的

恩格斯认为：“无产阶级的发展，无论在什么地方总是在内部斗争中实现的。”③ 这一重要论述说明，无产阶级政党的发展，无论在什么地方、什么时候都存在着内部斗争，并且这种斗争是长期的、艰苦的。

首先，内部斗争“无论在什么地方”都存在。也就是说，这个内部斗争，不仅在党的整体上存在，而且在各个支部内部也存在着。比如，1870 年 12 月，国际工人协会美国联合会几个支部的代表在纽约成立了一个中央委员会，作为在美国的领导机关，以资产阶级女权主义者维多利亚·伍德赫尔和田纳西·克拉夫林为首的第九支部和第十二支部，于 1871 年 7 月加入了这些支部，它们以国际工人协会的名义展开了争取资产阶级改良的宣传。伍德赫尔和克拉夫林的拥护者们把自己和“外国人支部”（德国人支部、法国人支部、爱尔兰人支部），特别是和弗里德里希·阿道夫·左尔格领导的纽约德国人第一支部对立起来，企图利用国际的组织来为自己的目的服务。1871 年 9 月 27 日，第十二支部背着纽约中央委员会向总委员会提出承认它是国际工人协会在美国的领导支部的要求；同时在报纸上发起一个运动，反对协会中的那些坚持该组织的无产阶级性质的支部。总委员会在 1871 年 11 月 5 日的决议中，拒绝了第十二支部的要

---

① 恩格斯：《恩格斯致弗洛伦斯·凯利-威士涅威茨基（1887 年 1 月 27 日）》，《马克思恩格斯文集》第 10 卷，人民出版社 2009 年版第563 页。

② 恩格斯：《恩格斯致奥古斯特·倍倍尔（1873 年 6 月 20 日）》，《马克思恩格斯文集》第 10 卷，人民出版社 2009 年版第393 页。

③ 恩格斯：《恩格斯致奥古斯特·倍倍尔（1882 年 10 月 28 日）》，《马克思恩格斯文集》第 10 卷，人民出版社 2009 年版第486 页。

求，并确认了纽约中央委员会的职权。但是在这以后，第十二支部仍继续进行自己的活动，这就加重了国际工人协会在美国的各组织中的小资产阶级成分，并在 1871 年 12 月引起了无产阶级支部和小资产阶级支部的分裂。在纽约成立了一个包括左尔格和波尔特等人的临时联合会委员会和以伍德赫尔以及第十二支部的其他资产阶级改革派为首的第二委员会。总委员会坚决支持了北美联合会的无产阶级派；第十二支部被暂时开除出国际，直到应届代表大会为止。关于美国联合会分裂的原因，恩格斯在《国际在美国》一文中作了详细阐述。

其次，这种内部斗争无论在什么时候都存在。也就是说，不仅在一个时期内存在，而且在整个发展过程中都存在。马克思、恩格斯之后的无产阶级政党发展过程也证明了这一辩证发展规律的科学性。在马克思、恩格斯相继去世后不久，欧美工人运动内部就相继出现了无政府主义、伯恩施坦修正主义等思潮并在党内表现出来。

列宁在领导俄国革命时期，俄国无产阶级政党是在同民粹主义和“合法马克思主义”的斗争中建立“工人阶级解放斗争协会”这个雏形，又在与经济派的机会主义派别和孟什维克主义的斗争中创立俄国社会民主工党，十月革命胜利后还与托洛茨基等进行了激烈争论。苏联共产党倒台，原因是多方面的，但没有全面认识和把握这一辩证发展规律、正确开展党的内部斗争是一个重要因素。

中国共产党也可以说是在内部斗争中发展起来的。我们党正是通过与陈独秀右倾投降主义、李立三“左”倾盲动主义、王明“左”倾教条主义以及张国焘分裂主义等的艰苦斗争中，才发展壮大起来，并最终建立了中华人民共和国。正是基于这一点，毛泽东才指出：“党内如果没有矛盾和解决矛盾的思想斗争，党的生命也就停止了。”①

（三）无产阶级政党的内部斗争是分阶段的

历史唯物主义认为，人的认识是一个不断深化的过程，而任何事物的发展也都是一个螺旋式上升的过程。无产阶级政党的发展也应该是一个不断发展的持续过程，而且这个过程会由于外在环境的影响，特别是人员思想的不断深化

---

① 毛泽东：《矛盾论（一九三七年八月）》，《毛泽东选集（第一卷）》，人民出版社 1991 年版第 306 页。

而分为不同的阶段。恩格斯在 1882 年 10 月 28 日给倍倍尔的信中，明确指出无产阶级政党的发展，无论在什么地方总是在内部斗争中实现的同时，进一步提出："现在第一次建立工人政党的法国也不例外。在德国，我们已经走过了这种内部斗争（同拉萨尔派）的第一阶段，其他阶段还摆在我们面前。"① 从这一论述可以看出，无产阶级政党的内部斗争是随着党的不断发展而发展的，是分为不同阶段的。

第一，从马克思、恩格斯创立和发展国际工人协会的过程来看，就是一个分阶段的过程。马克思、恩格斯曾在《所谓国际内部的分裂》中，针对国际工人协会与拉萨尔派的斗争问题进行阐述，指出："无产阶级反对资产阶级斗争的第一阶段，带有宗派运动的性质。"并且进一步强调："宗派在开始出现时曾经是运动的杠杆，而当它们一旦被这个运动所超过，就会变成一种障碍；那时宗派就成为反动的了。法国和英国的宗派，以及目前德国的拉萨尔派都证明了这一点。拉萨尔派多年来一直是组织无产阶级的绊脚石，而最终成了警察手中的简单工具。总之，这是无产阶级运动的童年，正像占星术和炼金术是科学的童年一样。在国际的建立成为可能以前，无产阶级必须跨过这个阶段。"② 从这里可以看出，在国际工人协会的"童年"，也就是刚创立的时候，就伴随着内部的斗争，事实也证明，国际工人协会 1864 年 9 月成立到 1876 年 7 月 15 日宣布解散，在它存在的不到 12 年的时间里，这种内部斗争一直是持续不断的，主要是反对蒲鲁东主义、反对工联主义、反对巴枯宁主义等的斗争。从总体上来看，这种内部斗争分为两个时期。第一个时期，主要是反对蒲鲁东主义。这一斗争主要是因蒲鲁东派反对工人阶级的政治斗争，公开维护私有制等问题而展开的。这一斗争从 1865 年的第一次伦敦代表会议、1866 年的日内瓦代表大会、1867 年的洛桑代表大会、1868 年的布鲁塞尔代表大会持续到 1869 年的巴塞尔代表大会。在此期间，马克思先后撰写了日内瓦代表大会中的《临时中央委员会就若干问题给代表的指示》等重要文献，指导国际工人协会取得了对蒲鲁东主义斗争的胜利。在此期间，马克思还同工联派的妥协投降倾向和拉萨尔派的宗派

---

① 恩格斯：《恩格斯致奥古斯特·倍倍尔（1882 年 10 月 28 日）》，《马克思恩格斯文集》第 10 卷，人民出版社 2009 年版第486 页。

② 马克思、恩格斯：《所谓国际内部的分裂》，《马克思恩格斯全集》第 18 卷，人民出版社 1964 年版第35—36 页。

主义进行了斗争。第二个时期，主要是反对巴枯宁主义。这个斗争主要是围绕着如何消灭私有制问题展开的，问题的实质涉及无产阶级为了消灭资本主义制度，要不要建立自己的独立政党和建立无产阶级的政治统治问题。这一斗争从1869 年的巴塞尔代表大会、1871 年的第二次伦敦代表大会到 1872 年的海牙代表大会，前后历时多年。针对巴枯宁及其阴谋组织“社会主义民主同盟”混入国际工人协会后，一直企图把国际变成实行无政府主义的工具的问题，马克思先后撰写《关于继承权的报告》《机密通知》，马克思、恩格斯共同撰写了《所谓国际内部的分裂》以及《社会主义民主同盟和国际工人协会》等重要文献，与巴枯宁主义者进行了激烈斗争并取得关键性胜利。

第二，从各个国家特别是大国的工人政党的发展来看，也事实上存在着内部斗争问题。研究恩格斯提到的德国社会民主党的内部斗争历史看，恩格斯所说的“第一阶段”，就是在创建初期为了实现工人运动的联合而进行的爱森纳赫派与拉萨尔派的统一时期。这一阶段，马克思、恩格斯通过对哥达纲领的批判，从而为党的建设进一步指明了方向。德国社会民主党在恩格斯指出的“其他阶段”中，又先后经历了第二国际时期的反对无政府主义和“左”右倾机会主义的斗争，恩格斯去世之后与以伯恩施坦为代表的修正主义思潮斗争等。

第三，从回顾和总结马克思、恩格斯之后的无产阶级政党发展来看也同样如此。列宁总结俄国社会民主党的发展历程，也同样采取分段的思想。他在《俄国社会民主党人的任务》中写道：“俄国社会民主党还很年轻，刚刚在走出那个以理论问题占主要地位的萌芽状态。它才刚刚开始展开实践活动。”① 总结中国共产党的历史发展来看，也可看到一个从初创到发展，再到巩固完善，进而夺取政权、巩固政权过程中的内部斗争。在这个历史脉络中，每个阶段有每个阶段的时代背景和现实条件，每个阶段有每个阶段的斗争特点和要求。

（四）无产阶级政党的内部斗争是纷繁复杂的

党的内部斗争是一个十分复杂的社会政治现象。之所以说是复杂的，主要是由于产生内部斗争的根源的复杂性。

① 列宁：《俄国社会民主党人的任务》，《列宁专题文集·论无产阶级政党》，人民出版社 2009 年版第41 页。

一方面，无产阶级政党的斗争环境复杂性决定了党的内部斗争的复杂性。马克思指出："我们每一个人都是更多地受环境的支配，而不是受自己的意志的支配。"① 在阶级存在的条件下，党内斗争是阶级矛盾在党内的反映，这是党内斗争的外在根源。特别是统治阶级策略手段的改变，会引起无产阶级政党内部的意见分歧，从而对内部斗争产生影响。比如在当时的德国，政府为了缓和阶级矛盾取消了《非常法》，在采取了一些改良措施以后，德国的无产阶级政党内部就出现了各种机会主义。

另一方面，党员个体思想认识的多样性也造成了党内斗争的复杂性。大量党内斗争，是根本目标、根本利益一致基础上的思想认识上的先进与落后、正确与错误之间的斗争。作为党组织的细胞，每个党员都有其自身特点，其知识、经历、经验、修养以及认识水平、认识条件、认识方法等诸多因素的差异性，必然会带来党内斗争。这些由思想认识差异导致的党内斗争是大量的、经常的、普遍的。同时，也由于产生这种斗争的原因又是随着不同环境条件在不断变化的，这就更加增强了内部斗争的复杂性。比如，19 世纪末，随着国际工人运动的发展，无产阶级运动吸收了大批经不起较大资本家竞争而破产的小资产阶级。这样，"在一个**日益壮大**的工人政党内，小资产阶级分子的增多是不可避免的"②。这些加入到无产阶级政党中来而世界观没有得到根本改造的小资产阶级分子，就在党内形成了形形色色的小资产阶级社会主义和无政府主义思潮。

三、一个党如果分裂了并且经得起这种分裂，这就证明自己是胜利的党

这是如何正确把握和处理党内斗争的问题。恩格斯在 1873 年 6 月 20 日给倍倍尔的信中指出："老黑格尔早就说过：一个党如果分裂了并且经得起这种分裂，这就证明自己是胜利的党。"③ 恩格斯之所以把无产阶级政党的内部斗争上升到一般辩证发展规律的高度来认识，根本目的就是为了使无产阶级政党领导

---

① 马克思：《马克思致约翰·巴蒂斯特·施韦泽（1868 年 10 月 13 日）》，《马克思恩格斯文集》第 10 卷，人民出版社 2009 年版第295 页。

② 恩格斯：《恩格斯致威廉·李卜克内西（1894 年 11 月 24 日）》，《马克思恩格斯文集》第 10 卷，人民出版社 2009 年版第679 页。

③ 恩格斯：《恩格斯致奥古斯特·倍倍尔（1873 年 6 月 20 日）》，《马克思恩格斯文集》第 10 卷，人民出版社 2009 年版第393 页。

人，通过全面深刻认识和把握这个规律，以更好地领导无产阶级政党建设，推进无产阶级运动发展。在如何科学认识和把握这个规律，正确开展好内部斗争的策略方法等方面，马克思、恩格斯提出了一系列重要思想。

（一）正确的态度是开展好党的内部斗争的基本前提

思想是行动的先导。开展好内部斗争，正确的思想和态度是基础和前提。而对于采取什么样的态度来处理内部斗争问题，马克思、恩格斯从辩证唯物主义的角度，提出了两个方面的基本思想。

一方面，马克思、恩格斯认为，在处理内部斗争问题时，首先要清醒认识党内斗争的特征，不能厌烦和急躁。也就是说，正确开展党内斗争，首先就得充分认清党内斗争的必然性和长期性，从不利中找到有利，进而促进党的健康持续发展。这就需要充分认清，党内斗争不仅不会阻碍党的发展，而且是党不断发展壮大的有利因素。马克思就根据自己创立和发展无产阶级政党的实践经验，指出："党内的分歧并不怎么使我不安；偶尔发生这类事情而且人们都公开发表意见，比暮气沉沉要好得多。党不断壮大和不可阻挡的发展，会造成这样的情况，即新入党的人比以前入党的人难于消化。"① 针对德国党内一些人对不断发生的党内争吵和斗争感到十分烦恼的情况，恩格斯指出："谁要是像马克思和我那样，一生中对冒牌社会主义者所作的斗争比对其他任何人所作的斗争都多（因为我们把资产阶级只当做一个**阶级**来看待，几乎从来没有去和资产者个人交锋），那他对爆发不可避免的斗争也就不会感到十分烦恼了。"②

另一方面，面对内部斗争要有勇气，要敢于斗争、善于斗争。恩格斯 1879 年 8 月 20 日给马克思的信中，针对德国党内的情况进行交流时，明确提出："当各种腐朽分子和好虚荣的分子可以毫无阻碍地大出风头的时候，就该抛弃掩饰和调和的政策，只要有必要，即使发生争论和吵闹也不怕。一个政党宁愿容忍任何一个蠢货在党内肆意地作威作福，而不敢公开拒绝承认他，这样的党是没有前途的。"③ 恩格斯还在 1894 年 11 月 24 日给李卜克内西的信中写道："建

① 恩格斯：《恩格斯致保尔·施土姆普弗（1895 年 1 月 3 日）》，《马克思恩格斯文集》第 10 卷，人民出版社 2009 年版第683 页。

② 恩格斯：《恩格斯致奥古斯特·倍倍尔（1882 年 10 月 28 日）》，《马克思恩格斯文集》第 10 卷，人民出版社 2009 年版第486 页。

③ 恩格斯：《恩格斯致马克思（1879 年 8 月 20 日）》，《马克思恩格斯全集》第 34 卷，人民出版社 1972 年版第90 页。

立党内真正和谐的关键就在这里，而不在于否认和隐瞒党内一切真正有争论的问题。”①

(二) 只要党还没有分裂，就应当致力于党的团结

恩格斯在1894年11月24日给李卜克内西的信中指出：“应当通过争论消除确实存在的分歧，应当做到各方都能接受，只要党还没有分裂，就应当致力于党的团结。”② 内部斗争的目的是辨明是非、消除矛盾，在科学社会主义基础上实现新的团结。这既是最终目的，也是基本出发点。

第一，团结是取得任何胜利的基本条件。马克思在《资本论》中指出：“一个骑兵连的进攻力量或一个步兵团的抵抗力量，与每个骑兵分散展开的进攻力量的总和或每个步兵分散展开的抵抗力量的总和有本质的差别，同样，单个劳动者的力量的机械总和，与许多人手同时共同完成同一不可分割的操作（例如举起重物、转绞车、清除道路上的障碍物等）所发挥的社会力量有本质的差别。在这里，结合劳动的效果要么是单个人劳动根本不可能达到的，要么只能在长得多的时间内，或者只能在很小的规模上达到。这里的问题不仅是通过协作提高了个人生产力，而且是创造了一种生产力，这种生产力本身必然是集体力。”③

第二，马克思、恩格斯始终认为，无产阶级政党的力量，就在于团结统一。马克思、恩格斯在《共产党宣言》中提出的党的革命口号就是：“全世界无产者，联合起来!”马克思在总结国际工人协会的建设经验时指出，国际工人协会的一个基本原则就是团结，如果一切国家的一切工人都牢牢地巩固这个富有生气的原则，就一定会达到众人所向往的伟大目标。同时马克思、恩格斯又深刻认识到，党内斗争是不可避免的，只有通过正确的内部斗争，才能达到真正的团结统一，使党不断发展壮大。为了实现真正团结，一方面必须同那些力图在国际内部巩固起来以抗拒真正工人阶级运动的各个宗派和各种浅薄尝试进行不断斗争④，在斗争中教育各国无产阶级，提高他们的政治觉悟。另一方面又始

① 恩格斯：《恩格斯致威廉·李卜克内西（1894年11月24日）》，《马克思恩格斯文集》第10卷，人民出版社2009年版第679页。

② 恩格斯：《恩格斯致威廉·李卜克内西（1894年11月24日）》，《马克思恩格斯文集》第10卷，人民出版社2009年版第677页。

③ 马克思：《资本论》，《马克思恩格斯文集》第5卷，人民出版社2009年版第378页。

④ 马克思：《马克思致弗里德里希·波尔特（1871年11月23日）》，《马克思恩格斯文集》第10卷，人民出版社2009年版第367页。

终注意到斗争的目的，斗争是为了促进团结而不是为了分裂，是为了打垮敌人而不是整垮自己。为了团结，在一定条件下可以作出必要的妥协和让步，甚至牺牲一些眼前的和局部的东西，尽可能把广大工人群众团结在自己周围。马克思在 1872 年 9 月 8 日的阿姆斯特丹群众大会上的演说中讲："公民们，让我们回忆一下国际的一个基本原则——团结。如果我们能够在一切国家的一切工人中间牢牢地巩固这个富有生气的原则，我们就一定会达到我们所向往的伟大目标。"并且提出无产阶级的革命应当是团结的，而且还反思巴黎公社的教训，提出："巴黎公社之所以失败，就是因为在一切主要中心，如柏林、马德里以及其他地方，没有同时爆发同巴黎无产阶级斗争的高水平相适应的伟大的革命运动。"马克思还提出："至于我个人，我将继续自己的事业，为创立这种对未来具有如此良好作用的所有工人的团结而不倦地努力。"①

第三，为了取得团结，可以采取宽容的态度。这是恩格斯在 1878 年 2 月中旬至 3 月中旬撰写的《一八七七年的欧洲工人》中提出的思想。恩格斯在这里写道："去年 9 月在比利时根特召开世界社会主义者代表大会（这次大会是他们自己召集的）的时候，他们面对着欧洲工人阶级的团结一致的伟大组织的代表，在会上成了微不足道的少数。这次大会在坚决拒绝他们可笑的学说和狂妄的要求，并肯定它所拒绝的只不过是一个小小的宗派以后，最后对他们采取了宽容的态度。这样经过四年内部斗争以后，欧洲工人阶级的行动一致完全恢复了，国际最后一次代表大会的大多数所宣布的政策，已完全被事件证明是正确的。现在基础已经重新恢复，欧洲各国工人又可以在这种基础上一起坚决地行动，相互支援，这种支援就是运动的主要力量。"②

（三）坚持原则是开展好党的内部斗争的基本要求

开展内部斗争要尽可能地求得团结，能够求得团结是最好的结果，"但还有高于团结一致的东西"③。恩格斯在这里所指出的这个东西就是原则。

一方面，开展党的内部斗争决不能拿原则做交易。马克思在《哥达纲领批

---

① 马克思：《关于海牙代表大会》，《马克思恩格斯全集》第 18 卷，人民出版社 1964 年版第180 页。

② 恩格斯：《一八七七年的欧洲工人》，《马克思恩格斯全集》第 19 卷，人民出版社 1963 年版第 143 页。

③ 恩格斯：《恩格斯致奥古斯特·倍倍尔（1882 年 10 月 28 日）》，《马克思恩格斯文集》第 10 卷，人民出版社 2009 年版第486 页。

判》中，针对德国社会民主党的问题，明确提出“决不会拿原则来做买卖”① 的基本原则。只有坚持革命原则，同各种非无产阶级流派进行坚决而彻底的斗争，才能保持党的无产阶级性质，才能成为真正的无产阶级政党，也才能真正达到党的团结统一，最终完成党的历史使命。因此，马克思、恩格斯始终把党内斗争看作原则斗争，强调要采取严肃态度。

另一方面，不要让“团结”的叫喊把自己弄糊涂了，斗争中要抓住十分明确的原则性问题。恩格斯在 1884 年 6 月 5 日给伯恩施坦的信中，明确提出“但如果分裂还是不能避免的话，那么它决不应当带有私人的性质，不应当成为个别人之间的争吵（或某种可能被描绘成这类争吵的东西），例如，你和斯图加特人之间的争吵，而应当在某个十分明确的原则性问题上发生”②。这些观点正确回答了什么是党内斗争的问题，划清了党内斗争同无原则纠纷的界限，为正确进行党内斗争指明了方向。

（四）批评和讨论是开展好党的内部斗争的基本方法

党的内部斗争同阶级斗争不一样，内部斗争是有分寸的，不能采取残酷斗争、无情打击的方法，除了对极少数阴谋家和野心家进行残酷斗争和打击外，大都要通过积极引导、说服教育、以理服人、和平争论、民主协商等消除思想分歧，逐步达到思想上、组织上的统一，并“努力做到使私人关系间应该遵循的那种简单的道德和正义的准则，成为各民族之间的关系中的至高无上的准则”③。

马克思、恩格斯始终注重从团结的愿望出发，相信工人群众会在运动发展的过程中改变自己的观点，使他们“明白自己一向所崇奉的那些万应灵丹都不灵，并使他们的头脑更容易透彻地了解工人解放的真正的条件”④。采取这种方法，马克思、恩格斯团结和争取了法国的瓦尔兰、弗兰克尔，意大利的卡菲埃罗，比利时的德·巴普，德国的约翰·菲力浦·贝克尔等人，使他们抛弃了过

---

① 马克思：《哥达纲领批判》，《马克思恩格斯全集》第 19 卷，人民出版社 1963 年版第14 页。

② 恩格斯：《恩格斯致爱德华·伯恩施坦（1884 年 6 月 5 日）》，《马克思恩格斯文集》第 10 卷，人民出版社 2009 年版第520 页。

③ 马克思：《国际工人协会总委员会关于普法战争的第一篇宣言》，《马克思恩格斯全集》第 17 卷，人民出版社 1963 年版第3 页。

④ 马克思、恩格斯：《共产党宣言》，《马克思恩格斯文集》第 2 卷，人民出版社 2009 年版第20 页。

去所信仰的宗派观点，转到科学社会主义的道路上来。

马克思、恩格斯始终认为，批评是工人运动的生命要素，进行自我批评是无产阶级政党区别于其他政党的重大特征，并且感叹："一个能够这样做的党该具有多么大的内在力量啊！"①

（五）慎重运用组织处理是开展好党的内部斗争的重要手段

马克思、恩格斯认为，党的内部斗争极其复杂，在坚持批评和讨论这个基本方法基础上，还要注重运用好组织处理这个重要手段。恩格斯在 1869 年 7 月 10 日给路德维希·库格曼的信中，在阐述与拉萨尔派的斗争策略时提出："看来拉萨尔宗派正是要通过他们名义上的重新联合而走向真正的瓦解，而这并不是没有辩证讽刺意味的。施韦泽现在也许还掌握着自己的大多数人，但是没有一个政党或派别能经受得住经常重演驱逐领袖的事情。何况这一次这个肮脏透顶的集团在揭家丑过程中会暴露出只会有损于施韦泽的种种奇闻。"② 这里所阐述的基本思想，一方面要保持党的领导层的稳定；另一方面反映了如何慎重运用组织处理的问题。

由马克思修改的 1850 年 12 月 1 日的《共产主义者同盟章程》就对个别盟员之间的分歧的处理问题，进行了具体规定："17. 同一支部内的个别盟员之间的争执由支部最后解决；同一区部内的个别盟员之间的争执由各区的总支部最后解决；不同区部的个别盟员之间的争执由中央委员会最后解决；对中央委员的个人性质的控诉应转交代表大会。同一区部内的支部之间的争执由区的总支部解决；支部和它的区部之间的争执或区部之间的争执由中央委员会解决；同时，在第一种情况下，可以诉诸区域代表会议解决；在第二种情况下，可以诉诸代表大会解决。代表大会还应当解决中央委员会和同盟下级委员会之间的一切意见冲突。"③ 对于这个规定的执行，马克思、恩格斯还十分注意方式方法。

一方面，在运用组织处理时，一定要保持清醒头脑。恩格斯在 1894 年 11 月 24 日给李卜克内西的信中指出："在政治争论中，一切都必须冷静考虑，决

---

① 恩格斯：《恩格斯致卡尔·考茨基（1891 年 2 月 23 日）》，《马克思恩格斯文集》第 10 卷，人民出版社 2009 年版第602 页。

② 恩格斯：《恩格斯致路德维希·库格曼（1869 年 7 月 10 日）》，《马克思恩格斯全集》第 32 卷，人民出版社 1974 年版第609 页。

③ 马克思：《共产主义者同盟章程（1850 年 12 月 1 日）》，《马克思恩格斯全集》第 7 卷，人民出版社 1959 年版第628—629 页。

不要匆忙行事或者凭一时的冲动，我自己在这方面也常常吃亏。因此我现在也要向你提出一个小小的警告。”① 恩格斯还特别强调：“在这个问题上，再没有什么比急躁更糟的了；一时激动作出的决定，在自己看来似乎总是非常高尚的和英雄主义的，但是通常会导致蠢举，这一点我从千百次的亲身经验中知道得太清楚了。”②

另一方面，分清是党员之间的思想矛盾和斗争，还是同混入党内的野心家、阴谋家、投机分子的斗争。对后一类人就要彻底揭露、坚决斗争，毫不手软地清除出党。同时，即使对这一类人的处理也一定要慎重，切忌感情用事，贸然行动，动辄就赶出去，把人驱逐出党，这种做法是不恰当的，不要为未来的困难撒下种子，也不能造成不必要的牺牲者。如果非开除不可，那只有举出昭然若揭、证据确凿的卑鄙行为和叛变行为的事实，并且是明显的行为后，才能开除，“这是党内斗争的常规”③。

（六）根据不同情况和时机采取不同斗争策略是开展好党的内部斗争的基本准则

马克思、恩格斯认为，无产阶级政党必须充分估量某一时期党内斗争的形势，认清党内矛盾的主流与支流、一般与个别的关系，以便掌握斗争尺度，在不牺牲工人阶级根本原则的前提下，不同时机采用不同策略，以使党内斗争沿着正确轨道进行。

比如，法国工人党同党内机会主义“可能派”发生分裂，恩格斯认为“这是一件好事”。但同时他还认为，在对党不利的情况下，不应首先挑起分裂。如在当时条件下分裂，会被对方利用来加强对工人的影响，会削弱党的力量。他还指出，如果分裂不可避免的话，那就应当让对方提出来，因为在这种情况下，应当避免一切使对方有借口把分裂的罪名加在自己身上的行动。

还比如，对工人运动和无产阶级政党内出现的腐化堕落分子，马克思、恩格斯认为应该给他们时间，让他们好好表演，让他们烂透，使他们几乎自行垮

---

① 恩格斯：《恩格斯致威廉·李卜克内西（1894 年 11 月 24 日）》，《马克思恩格斯文集》第 10 卷，人民出版社 2009 年版第677 页。

② 恩格斯：《恩格斯致爱德华·伯恩施坦（1884 年 6 月 5 日）》，《马克思恩格斯文集》第 10 卷，人民出版社 2009 年版第520 页。

③ 恩格斯：《恩格斯致爱德华·伯恩施坦（1884 年 6 月 5 日）》，《马克思恩格斯文集》第 10 卷，人民出版社 2009 年版第520 页。

台。这样既能使他们彻底暴露，又能教育全党。

再比如，对于党内斗争的宣传策略，恩格斯指出："宣传上的正确策略并不在于经常从对手那里把个别人物和一批批成员争取过来，而在于影响还没有卷入运动的广大群众。我们自己从荒地上争取到的每一个新生力量，要比十个总是把自己的错误倾向的病菌带到党内来的拉萨尔派倒戈分子更为宝贵。"①

① 恩格斯：《恩格斯致奥古斯特·倍倍尔（1873 年 6 月 20 日）》，《马克思恩格斯文集》第 10 卷，人民出版社 2009 年版第390 页。

第五章

中国共产党人对马克思恩格斯无产阶级政党理论的继承和发展

马克思指出："人们自己创造自己的历史，但是他们并不是随心所欲地创造，并不是在他们自己选定的条件下创造，而是在直接碰到的、既定的、从过去承继下来的条件下创造。"① 这是马克思在《路易·波拿巴的雾月十八日》这部经典文献中提出的思想。从1848年马克思、恩格斯完成《共产党宣言》创立世界上第一个无产阶级政党，到1871年巴黎公社这个世界上第一个无产阶级专政的建立，再到1917年列宁领导"十月革命"建立了世界上第一个社会主义国家，进而十月革命的一声炮响给中国送来了马克思列宁主义，指引着中国共产党经过28年艰苦卓绝的奋斗，建立中华人民共和国，使中国人民站起来，又经过70多年的奋力建设和改革，让中国人民不断富起来、强起来。这一段段历史，无不彰显着马克思恩格斯无产阶级政党理论的真理光芒。马克思、恩格斯深刻改变了世界，深刻改变了中国。中国共产党人作为马克思、恩格斯的忠实传人，是马克思主义的忠诚信奉者和坚定实践者，正是在马克思恩格斯无产阶级政党理论的指引下，坚持在承继中不断发展中国马克思主义，从而带领中国人民取得举世瞩目的历史功绩。

习近平指出："回顾历史，不是为了从成功中寻求慰藉，更不是为了躺在功劳簿上、为回避今天面临的困难和问题寻找借口，而是为了总结历史经验、把握历史规律，增强开拓前进的勇气和力量。"② 今天研究马克思恩格斯无产阶级政党理论，既不是为了单纯回顾和歌颂他们创立和发展无产阶级政党的历程，也不只是为了学习研究他们的理论而学习研究理论，根本还在于能从本源上找到无产阶级政党特别是中国共产党人的"初心"，提炼出指导党的建设的基本理论原理，总结出党的建设的基本规律，为推进当代共产主义运动特别是中国共产党的建设提供"理论营养"和根本指导。

---

① 马克思：《路易·波拿巴的雾月十八日》，《马克思恩格斯全集》第8卷，人民出版社1961年版第121页。

② 习近平：《在庆祝中国共产党成立95周年大会上的讲话（二〇一六年七月一日）》，《论中国共产党历史》，中央文献出版社2021年版第121页。

第一节　矢志不渝把马克思主义作为立党立国的根本指导思想

马克思主义是我们立党立国的根本指导思想。中国共产党之所以称为“马克思主义政党”，就是因为它是以马克思、恩格斯创立的马克思主义为指导的无产阶级政党；中国共产党之所以称为“共产党”，就是因为从成立之日起就把以实现人的自由而全面的发展为本质特征的共产主义确立为党的最高目标。恩格斯指出：“只要进一步发挥我们的唯物主义论点，并且把它应用于现时代，一个伟大的、一切时代中最伟大的革命远景就会立即展现在我们的面前。”① 中国共产党之所以能经受一次次挫折而又一次次奋起，归根到底是因为有马克思主义这个科学理论为指导。中国共产党人要带领全国人民真正过上“好日子”，实现人类解放的崇高理想，只有继续坚持马克思主义的指导地位，坚持把马克思主义基本原理同当代中国实际紧密结合起来，推进理论创新、实践创新，才能把马克思主义中国化不断推向前进，让马克思和恩格斯设想的人类解放的美好前景在中国大地上生动展现出来！

一、始终把指导思想作为党的根本性问题来对待

（一）指导思想问题是一个政党建设的根本性问题

一个先进的政党，首先就在于它能够用先进的理论武装自己。这是因为，一方面，指导思想就是指导一个政党全部活动的理论体系，是这个政党各方面建设的理论基础，是这个政党的行动指南，决定着这个政党建设的基本方向。任何一个政党的行动，都要受到理论的指导和支配，而这个理论体系，就是这个政党的指导思想，也称行动指南。恩格斯就说过：“一个民族想要站在科学的最高峰，就一刻也不能没有理论思维。”② 另一方面，指导思想还是一个政党的精神旗帜，它不仅能为政党的建设提供方向的引领和路线的指导，而且还能为凝聚和团结全体成员提供不竭的精神动力。辩证唯物主义就告诉我们，

① 恩格斯：《卡尔·马克思“政治经济学批判”（1859年柏林弗兰茨·敦克尔出版社版，第一分册）》，《马克思恩格斯全集》第13卷，人民出版社1962年版第526—527页。

② 恩格斯：《自然辩证法》，《马克思恩格斯全集》第20卷，人民出版社1973年版第384页。

干任何事情，就两个方面，一个是想不想的问题，另一个是能不能的问题。而在一定意义上，想不想的问题又是根本的。这个想不想的问题，就是思想和理论的问题。这都从不同的侧面，阐明了指导思想对一个政党建设的重要作用。

（二）马克思和恩格斯终其一生所重点解决的就是党的指导思想问题

恩格斯在1895年3月撰写的《卡·马克思〈1848年至1850年的法兰西阶级斗争〉一书导言》中指出："马克思的理论，是一个得到大家公认的、透彻明了的、明确地表述了斗争的最终目标的理论。"① 作为马克思主义的创立者、无产阶级政党的创建者，马克思、恩格斯深知他们肩负的历史使命，首要的就是深入进行理论研究，为人类找到"向何处去"的方向，为无产阶级政党的创立和发展奠定坚实的理论基础。因此，在马克思、恩格斯的整个革命生涯中，始终着力的重点就是进行理论研究。他们始终深信："理论工作比参加大陆上已经过了时的组织对工人阶级更有好处。"② 并且恩格斯还认为："在实际鼓动工作方面，我不会比别的任何人做得更多，然而在理论工作方面，直到现在我还没有看到有谁能够代替我和马克思。"③ 甚至马克思还在1866年9月25日、1866年11月6日和1867年9月24日撰写，后由国际工人协会总委员会会议通过的《关于总委员会成员的决议》中写道："马克思提议奥哲尔为（总委员会主席的）候选人。马克思认为自己不适于担任此项职务，因为他是脑力劳动者，而不是体力劳动者。"④ 从这段话可以看出，马克思把理论研究作为终生的而且是最重要的任务，并以此为荣。马克思、恩格斯之所以那么重视理论工作，并且把理论研究当作自己的终生工作，这并不仅仅是他们的个人兴趣，而是由革命理论在革命斗争特别是无产阶级运动的初期所起的作用决定的，是他们的使命感和责任感的体现。

---

① 恩格斯《卡·马克思〈1848年至1850年的法兰西阶级斗争〉一书导言》，《马克思恩格斯文集》第4卷，人民出版社2009年版第541页。

② 马克思：《马克思致斐·弗莱里格拉特（1860年2月29日）》，《马克思恩格斯全集》第30卷（下），人民出版社1974年版第481页。

③ 恩格斯：《恩格斯致奥古斯特·倍倍尔（1883年4月30日）》，《马克思恩格斯全集》第36卷，人民出版社1974年版第19页。

④ 马克思：《关于总委员会成员的决议》，《马克思恩格斯全集》第44卷，人民出版社1982年版第511页。

（三）中国共产党从其诞生之日起就始终以马克思主义为自己的指导思想

马克思主义及其在中国的发展，为党和人民事业的发展，提供了既一脉相承又与时俱进的科学理论指导，为增进全党全国各族人民团结统一提供了坚实的思想和理论基础。自 1921 年 7 月成立以来，中国共产党之所以能完成近代以来各种政治力量不可能完成的艰巨任务，克服其他组织所不能克服的艰难险阻，就在于始终把马克思主义这一科学理论作为自己的行动指南，并坚持在实践中不断丰富和发展中国的马克思主义。这使党得以摆脱以往一切政治力量追求自身特殊利益的局限，从而以唯物辩证的科学精神、无私无畏的博大胸怀，领导和推动中国革命、建设和改革，不断坚持真理、修正错误。无论是处于顺境还是逆境，从未动摇对马克思主义的信仰，始终坚持不懈地在实践创新基础上，扎实推进马克思主义在中国的继承和发展。1921 年中国共产党第一次全国代表大会将“马克思列宁主义”确立为党的指导思想，1945 年的中国共产党第七次全国代表大会将“毛泽东思想”确立为党的指导思想并写进党章，1997 年的中国共产党第十五次全国代表大会将“邓小平理论”确立为党的指导思想并写进党章，2002 年的中国共产党第十六次全国代表大会将“三个代表”重要思想确立为党的指导思想并写进党章，2007 年的中国共产党第十七次全国代表大会将“科学发展观”确立为党的指导思想并写进党章，2017 年的中国共产党第十九次全国代表大会将“习近平新时代中国特色社会主义思想”确立为党的指导思想并写入党章。马克思主义作为科学的真理，不仅过往是而且将永远是中国共产党的指导思想，是中国共产党人认识世界、把握规律、追求真理、改造世界的强大思想理论武器。

二、永远做马克思主义的忠诚信奉者、坚定实践者

中国共产党是马克思主义的忠实“信徒”，自从 1921 年 7 月诞生之日起，就把马克思主义鲜明地写在自己的旗帜上。中国共产党人一路走来，无论是处于顺境还是逆境，从来没有动摇对马克思主义的坚定信仰，并在实践中不断丰富和发展马克思主义。

（一）马克思主义是科学的理论，创造性揭示了人类社会的发展规律

中国人民作为人类这个“大家庭”中的一员，要实现不断的发展，也必然要遵循人类社会发展的基本规律。对于人类社会的发展规律，各个历史时期的

学者都进行了持续不断的研究和探索。在马克思、恩格斯提出科学社会主义之前，空想社会主义者早已存在，他们怀着悲天悯人的情感，对理想社会有很多美好的设想，但由于没有揭示社会发展规律，没有找到实现理想的有效途径，因而也就难以真正对社会发展产生作用。而马克思、恩格斯创建的唯物史观和剩余价值学说，揭示了人类社会发展的一般规律，揭示了资本主义运行的特殊规律，为人类指明了从必然王国向自由王国飞跃的途径，为人类指明了实现自由和解放的道路。这是马克思、恩格斯对人类到底应向何处去的问题所进行的思考，从而为人类解放作出了根本贡献。从提出人类解放的基本思想到当前社会历史发展的具体实践来看，马克思、恩格斯的理论不仅没有过时，而且必将会随着历史的持续发展而焕发出更加璀璨的光芒。

（二）从马克思、恩格斯之后各国工人运动的革命实践来看，也充分证明了马克思主义的科学真理性

马克思 1883 年 3 月 14 日、恩格斯 1895 年 8 月 5 日去世，从马克思、恩格斯之后 100 多年的世界无产阶级运动的发展进程来看，既有好的经验也有失败的教训，但都充分证明了一个科学真理，也就是，当人们正确理解并坚决贯彻落实真正的马克思主义的时候，世界无产阶级运动就顺利持续发展，当人们不能正确理解甚至“修正”、背弃真正的马克思主义的时候，各国的无产阶级政党就会失去灵魂，从而迷失方向，进而最终导致无产阶级运动出现挫折甚至“倒退”。这里面最需要总结反思的教训有两个。一个是恩格斯去世后不久，就在第二国际内部出现以伯恩施坦为代表的修正主义。在恩格斯去世后不久，第二国际各党内的机会主义就逐渐公开化了。其中以伯恩施坦最为典型，他以“正统”的马克思主义者自居，1891—1898 年在《新时代》杂志上以《社会主义问题》为总题目，发表了一系列反马克思主义的言论。1899 年伯恩施坦还写了《社会主义的前提和社会民主党的任务》一书，形成了修正主义的思想体系，篡改无产阶级政党的性质，主张社会民主党应成为和平的党、民族的党、改良的党。在这种情况下，各国的机会主义分子都集中在伯恩施坦的周围，从各个方面反对马克思主义，从而导致了对马克思主义理解和贯彻落实的偏差，最终导致欧洲无产阶级运动的偏离。另一个是前苏联共产党。列宁作为前苏联共产党的创立者，在他革命的前期，为了总结和汲取第二国际破产给国际共产主义运动留下的历史教训，先后写了《马克思学说的历史命运》《卡尔·马克思》《马克思主义的三个来源和三个组成部分》《第二国际的破产》《国家与革命》《无产阶级革命和叛徒考茨基》等著作，总结第二国际的历史教训，阐述关于帝国主义的理论，关于无产阶级革命和无产阶级专政的理论，使科学社会主义又有了重大的发展。正是列宁坚持马克思主义的正确指导，1917 年，按照马克思主义建立起来的布尔什维克党，成功领导了十月革命，建立了苏维埃国家政权，建立了世界上第一个社会主义国家，俄国共产党也成为世界上第一个社会主义国家的无产阶级执政党。但在列宁去世以后，由于他们放弃了对马克思主义的正确坚守，放弃了马克思主义在党的建设中的指导地位，转而用民主社会主义思想改造党、建设党，结果造成了党内的思想混乱，从而导致其他一系列问题的出现，最终导致苏联的解体。事实胜于雄辩。可以看出，马克思主义是世界各国工人政党和人民事业不断发展的参天大树之根本，是各国工人政党和人民不断奋进的万里长河之泉源。

(三) 马克思主义本身就包含中国“基因”

马克思、恩格斯虽然出生在德国、长期生活在英国，主要是以欧洲的无产阶级革命问题为研究对象，但他们胸怀的是全人类的解放，视野里是全世界各国的人民，因此对于中国人民的解放问题，马克思、恩格斯也十分关注。在马克思、恩格斯的理论体系里，也包含着中国革命运动的理论和实践的基础。比如，习近平 2018 年 5 月 4 日在纪念马克思诞辰 200 周年大会上的讲话中，就列举了两个这方面的例子。一个是，帝国主义的野蛮侵略和中国人民的深重苦难曾引起马克思的高度关注。在第二次鸦片战争期间，马克思就撰写了十几篇关于中国的通讯，向世界揭露西方列强侵略中国的真相，为中国人民伸张正义。另一个是，马克思、恩格斯还高度肯定了中华文明对人类文明进步的突出贡献，科学预见了“中国社会主义”的出现，甚至为他们心中的新中国取了靓丽的名字——中华共和国。这也可以看出，之所以马克思主义能够指导中国的革命、建设和改革不断取得成功，不仅在于它的真理性和科学性，也有天然的理论和实践的“基因”在里面。

(四) 中国共产党作为马克思主义的忠实传人，马克思主义的命运早已同中国共产党的命运、中国人民的命运、中华民族的命运紧紧连在一起

自从十月革命的一声炮响，给中国送来了马克思主义，中国共产党人就始终把它作为自己的理论指导，忠诚信仰并坚决贯彻落实。以毛泽东为首的老一辈中国共产党人就是受马克思主义的影响而走上革命道路的。中国共产党的第一部党纲就是按照《共产党宣言》的精神而制定的。党所开辟的新民主主义革命道路、社会主义革命道路、社会主义建设道路、中国特色社会主义道路，都是马克思主义基本原理同中国具体实际相结合的伟大创造。党的百年历史发展进程已经充分证明，马克思主义为中国革命、建设、改革提供了强大思想武器，它的科学性和真理性在中国得到了充分检验，它的人民性和实践性在中国得到了充分贯彻，它的开放性和时代性在中国得到了充分彰显，它指导中国这个古老的东方大国创造了人类历史上前所未有的发展奇迹。历史和人民选择马克思主义是完全正确的，中国共产党把马克思主义写在自己的旗帜上是完全正确的，坚持马克思主义基本原理同中国具体实际相结合，不断推进马克思主义中国化、时代化是完全正确的！

（五）不管情况发生多大的变化，马克思主义的基本原理整体说来直到现在还是完全正确的

1872年，马克思、恩格斯为新出版的《共产党宣言》德文版写了一篇序言，其中就指出："不管最近25年来的情况发生了多大的变化，这个《宣言》中所阐述的一般原理整个说来直到现在还是完全正确的。"① 从现在来看，《共产党宣言》虽然诞生于170多年前，但其阐述的基本原理没有过时，也永远不会过时。当前，尽管人们所处的时代同马克思、恩格斯所处的时代相比，发生了巨大而深刻的变化，但正如习近平指出的，从世界社会主义500年的大视野来看，我们依然处在马克思主义所指明的历史时代，就是列宁所说的"大的历史时代"。在这个"大的历史时代"里，资本主义的基本矛盾没有改变，人类社会演进的历史趋势也没有改变。这是中国共产党人对马克思主义保持坚定信心、对社会主义保持必胜信念的科学根据。法国存在主义的代表人物萨特早在20世纪60年代就说，马克思主义远远没有衰竭，还十分年轻，几乎还在童年；它好像刚刚开始发展。所以，它仍然是我们时代的哲学；它是不能扬弃的，因为产生它的环境还没有发生根本改变。就在21世纪来临的时候，马克思仍被西方思想界评为"千年第一思想家"。当前，党和国家面临着十分复杂的国内外环境，肩负着艰巨繁重的历史任务，如果缺乏科学理论指导，在思想上、理论上犹疑

① 马克思、恩格斯：《共产党宣言》，《马克思恩格斯文集》第2卷，人民出版社2009年版第5页。

不定，必然会失去前进方向，甚至可能在根本问题上犯颠覆性错误，因此在坚持以马克思主义为指导这一根本问题上，中国共产党人必须坚定不移，任何时候、任何情况下都不能动摇。

三、坚持以科学的态度对待马克思主义

自100多年前，陈望道翻译《共产党宣言》进入中国，中国共产党人就开始了对马克思主义的学习理解，并指导中国革命不断前进。从100多年来的实践看，中国共产党人不仅深刻理解了马克思主义，把握了历史规律，而且以科学的态度对待马克思主义，促使马克思主义在中国不断生根发芽、持续发展。

（一）老老实实弄明白什么是真正的马克思主义

这是坚持马克思主义的前提和基础。只有真正弄懂了马克思主义，才能在揭示无产阶级政党革命规律、社会主义建设规律、人类社会发展规律上不断有所发现、有所创造。恩格斯1890年8月27日在给拉法格的信中指出："所有这些先生们都在搞马克思主义，然而是10年前你在法国就很熟悉的那一种马克思主义，关于这种马克思主义，马克思曾经说过：'我只知道我自己不是马克思主义者。'马克思大概会把海涅对自己的模仿者说的话转送给这些先生们：'我播下的是龙种，而收获的却是跳蚤。'"① 在过了不到一个月后，也就是1890年9月21—22日，恩格斯在给布洛赫的信中，又在指导青年们如何深入全面研究马克思主义时，再次指出："可惜人们往往以为，只要掌握了主要原理——而且还并不总是掌握得正确，那就算已经充分地理解了新理论并且立刻就能够应用它了。在这方面，我不能不责备许多最新的'马克思主义者'，他们也的确造成过惊人的混乱……"② 从以上可以看出，马克思、恩格斯早在130多年前，就对那些不真学不真懂自己理论的人深恶痛绝，以至于马克思自己都说，如果"这些先生们都在搞马克思主义"，那么"我只知道我自己不是马克思主义者"。

中国共产党从成立之日起，就始终坚持把学习掌握马克思主义作为一项"基础工程"来抓，强调学习马克思主义、用马克思主义武装全党特别是党的领

---

① 恩格斯：《恩格斯致保尔·拉法格（1890年8月27日于福克斯通贝尔维尤旅馆）》，《马克思恩格斯文集》第10卷，人民出版社2009年版第590页。

② 恩格斯：《恩格斯致约瑟夫·布洛赫（1890年9月21—22日）》，《马克思恩格斯文集》第10卷，人民出版社2009年版第594页。

导干部，提高全党的马克思主义理论水平。1938 年 10 月 14 日，毛泽东在中国共产党第六届中央委员会扩大的第六次全体会议上的政治报告《论新阶段》中的一部分，也就是《中国共产党在民族战争中的地位》中就指出“如果我们党有一百个至二百个系统地而不是零碎地、实际地而不是空洞地学会了马克思列宁主义的同志，就会大大地提高我们党的战斗力量”①。他还发出“来一个全党的学习竞赛”的号召，把全党变成一个大学校，“看谁真正地学到了一点东西，看谁学的更多一点，更好一点”。② 邓小平也曾向全党发出学习马克思列宁主义、毛泽东思想的号召，强调通过理论学习不断提高工作的原则性、系统性、预见性、创造性。特别是在新时代，习近平反复强调提高全党马克思主义理论水平的重要性和必要性，并就如何学习理解和贯彻落实马克思主义的问题教方法、提要求。比如，2013 年 1 月 5 日，在新进中央委员会的委员、候补委员学习贯彻党的十八大精神研讨班上的讲话中，就对马克思、恩格斯在批判旧世界的基础上，对未来社会主义社会的发展过程、发展方向、一般特征，对社会主义社会和资本主义社会之间具有决定意义的差别等问题上的科学分析，进行了科学总结阐述。2016 年 12 月 26 日、27 日，在中央政治局民主生活会上，习近平强调，要毫不动摇坚持以马克思主义为指导，不断丰富发展马克思主义，深入研究当代资本主义新变化、新特征，提高全党马克思主义理论水平。2018 年 4 月 23 日的十九届中央政治局第五次集体学习，专门学习《共产党宣言》，作了“学习马克思主义基本理论是共产党人的必修课”的重要讲话。2018 年 5 月 4 日专门召开大会，纪念马克思诞辰 200 周年，缅怀马克思的伟大人格和历史功绩，重温马克思的崇高精神和光辉思想。2019 年 3 月 1 日，在中央党校（国家行政学院）中青年干部培训班开班式上，指出干部要成长起来，必须加强马克思主义理论武装。2020 年 6 月 27 日，专门给复旦大学《共产党宣言》展示馆党员志愿服务队全体队员回信，对青年党员学习马克思主义提出希望和要求。

---

① 毛泽东：《中国共产党在民族战争中的地位（一九三八年十月十四日）》，《毛泽东选集（第二卷）》，人民出版社 1991 年版第533 页。

② 毛泽东：《中国共产党在民族战争中的地位（一九三八年十月十四日）》，《毛泽东选集（第二卷）》，人民出版社 1991 年版第533 页。

（二）把握“马克思主义不是教义，而是解决问题的方法”这个根本点，独立自主走中国人自己的路

恩格斯指出：“马克思的整个世界观不是教义，而是方法。它提供的不是现成的教条，而是进一步研究的出发点和**供**这种研究**使用**的方法。”① “如果不把唯物主义方法当做研究历史的指南，而把它当做现成的公式，按照它来剪裁各种历史事实，那它就会转变为自己的对立物。”② 马克思、恩格斯还指出：“这些原理的实际运用，正如《宣言》中所说的，随时随地都要以当时的历史条件为转移。”③ 从这些论述可以看出，马克思主义是不断发展的开放的理论，是始终站在时代前沿的理论。马克思、恩格斯之所以一再告诫人们，马克思主义不是教条，而是行动指南，就是要求他们的继承者，必须随着实践的变化、时代的环境条件和各国革命的实际状况，不断创造性发展他们的理论。从马克思、恩格斯创立和发展马克思主义的历史进程看，一部马克思主义发展史就是马克思、恩格斯以及他们的后继者们不断根据时代、实践和认识的发展而发展的历史，就是不断汲取人类历史上一切优秀思想文化成果，不断丰富发展自己的历史。

毛泽东在 1942 年 2 月 1 日中共中央党校开学典礼上的演说，也就是《整顿党的作风》中指出：“我们所要的理论家是什么样的人呢？是要这样的理论家，他们能够依据马克思列宁主义的立场、观点和方法，正确地解释历史中和革命中所发生的实际问题，能够在中国的经济、政治、军事、文化种种问题上给予科学的解释，给予理论的说明。我们要的是这样的理论家。”④ 中国共产党人作为马克思主义的忠实传人，坚持把握马克思主义这个根本点，在革命、建设、改革的各个历史时期，坚持从中国国情出发，探索并形成了符合中国实际的新民主主义革命道路、社会主义改造和社会主义建设道路、中国特色社会主义道路，这种独立自主的探索和实践精神，这种坚持走自己的路的坚定信心和决心，

---

① 恩格斯：《恩格斯致韦尔纳·桑巴特（1895 年 3 月 11 日）》，《马克思恩格斯文集》第 10 卷，人民出版社 2009 年版第691 页。

② 恩格斯：《恩格斯致保尔·恩斯特（1890 年 6 月 5 日）》，《马克思恩格斯文集》第 10 卷，人民出版社 2009 年版第583 页。

③ 马克思、恩格斯：《共产党宣言》，《马克思恩格斯文集》第 2 卷，人民出版社 2009 年版第5 页。

④ 毛泽东：《整顿党的作风（一九四二年二月一日）》，《毛泽东选集（第三卷）》，人民出版社 1991 年第 2 版第 814 页。

是党全部理论和实践的立足点，是党和人民事业不断从胜利走向胜利的根本保证，也是党不断从挫折中觉醒、不断从胜利走向胜利的真谛。毛泽东在 1944 年 7 月 14 日《同英国记者斯坦因的谈话》中指出："继承中国过去的思想和接受外来思想，并不意味着无条件地照搬，而必须根据具体条件加以采用，使之适合中国的实际。我们的态度是批判地接受我们自己的历史遗产和外国的思想。我们既反对盲目接受任何思想也反对盲目抵制任何思想。我们中国人必须用我们自己的头脑进行思考，并决定什么东西能在我们自己的土壤里生长起来。"① 邓小平也高度珍惜并坚决维护中国人民经过长期奋斗得来的独立自主权利，告诫人们："中国的事情要按照中国的情况来办，要依靠中国人自己的力量来办。独立自主，自力更生，无论过去、现在和将来，都是我们的立足点。""任何外国不要指望中国做他们的附庸，不要指望中国会吞下损害我国利益的苦果。"② 习近平在 2013 年 12 月 26 日纪念毛泽东同志诞辰 120 周年座谈会上也明确指出："独立自主是我们党从中国实际出发、依靠党和人民力量进行革命、建设、改革的必然结论。不论过去、现在和将来，我们都要把国家和民族发展放在自己力量的基点上，坚持民族自尊心和自信心，坚定不移走自己的路。"并且强调："独立自主是中华民族的优良传统，是中国共产党、中华人民共和国立党立国的重要原则。在中国这样一个人口众多和经济文化落后的东方大国进行革命和建设的国情与使命，决定了我们只能走自己的路。"③

（三）坚持实践第一的观点，真正以马克思主义为指导真抓实干

马克思主义的基本特征是实践性。在马克思、恩格斯的著作中，出现频率最高的词汇就是"实践"。这也是马克思、恩格斯始终强调和坚持的一个观点。马克思的《神圣家族，或对批判的批判所做的批判》，对这一基本原理进行了阐明，提出"**'思想'**一旦离开**'利益'**，就一定会使自己出丑"④。马克思在

① 毛泽东：《同英国记者斯坦因的谈话（一九四四年七月十四日）》，《毛泽东文集（第三卷）》，人民出版社 1996 年版第192 页。

② 邓小平：《中国共产党第十二次全国代表大会开幕词（1982 年 9 月 1 日）》，《邓小平文选（第三卷）》，人民出版社 1993 年版第3 页。

③ 习近平：《坚持和运用好毛泽东思想活的灵魂（2013 年 12 月 26 日）》，《习近平谈治国理政》，外文出版社 2014 年版第 29 页。

④ 马克思、恩格斯：《神圣家族，或对批判的批判所做的批判》，《马克思恩格斯文集》第 1 卷，人民出版社 2009 年版第286 页。

《1844年经济学哲学手稿》中也指出："**理论的**对立本身的解决，**只有**通过**实践**方式，只有借助于人的实践力量，才是可能的；因此，这种对立的解决绝对不只是认识的任务，而是**现实**生活的任务，而**哲学**未能解决这个任务，正是因为哲学把这**仅仅**看做理论的任务。"① 列宁在《卡尔·马克思》中阐述马克思主义的基本原理时指出："马克思的社会主义把民族问题和国家问题也放在同样的历史的基础上，这就是说不仅仅限于解释过去，而且大胆地预察未来，并勇敢地用实际活动来实现未来。"②

中国共产党继承和发展马克思主义的实践第一的观点，脚踏实地、真抓实干，坚持解决好人民群众最关心、最直接、最现实的利益问题，解决好改革、发展、稳定中急难险重问题，解决好社会上热点、难点、焦点问题，从而促进了党和国家事业的不断发展。特别是马克思、恩格斯创立的马克思主义既是他们理论研究的成果，还是他们革命实践的总结，但他们没有遇到全面治理一个社会主义国家的实践，因此很多关于未来社会的基本原理和理论观点都是基于他们的预想，更多的是他们理论研究和探索的结果。因此，这就更加需要结合中国的实际去创造性抓好贯彻落实。在这方面，中国共产党始终突出强调和坚持的有两方面。一方面，大兴调查研究之风。毛泽东在1941年3月、4月写的《〈农村调查〉的序言和跋》中就说，"要了解情况，唯一的方法是向社会作调查"③，"没有调查就没有发言权"④。这也是党的基本领导方法。另一方面，强调落实工作要抓紧。毛泽东在中国共产党第七届中央委员会第二次全体会议上的讲话，也就是《党委会的工作方法》中就说："什么东西只有抓得很紧，毫不放松，才能抓住。抓而不紧，等于不抓。伸着巴掌，当然什么也抓不住。就是把手握起来，但是不握紧，样子像抓，还是抓不住东西。我们有些同志，也抓主要工作，但是抓而不紧，所以工作还是不能做好。不抓不行，抓而不

---

① 马克思：《1844年经济学哲学手稿》，《马克思恩格斯文集》第1卷，人民出版社2009年版第192页。

② 列宁：《卡尔·马克思（1914年11月）》，《列宁专题文集·论马克思主义》，人民出版社2009年版第30页。

③ 毛泽东：《〈农村调查〉的序言和跋（一九四一年三月、四月）》，《毛泽东选集（第三卷）》，人民出版社1991年版第789页。

④ 毛泽东：《〈农村调查〉的序言和跋（一九四一年三月、四月）》，《毛泽东选集（第三卷）》，人民出版社1991年版第791页。

紧也不行。”① 毛泽东还在1930年5月，为了反对当时红军中的教条主义思想而写的《反对本本主义》中提出：“盲目地表面上完全无异议地执行上级的指示，这不是真正在执行上级的指示，这是反对上级指示或者对上级指示怠工的最妙方法。”② 邓小平强调：“摆在我们各级党组织面前的事情，就是要鼓实劲，要切实解决问题，要踏踏实实地工作。一句话，就是要落在实处。追求表面文章，不讲实际效果、实际效率、实际速度、实际质量、实际成本的形式主义必须制止。说空话、说大话、说假话的恶习必须杜绝。”③ 习近平2013年2月28日在党的十八届二中全会第二次全体会议上的讲话中，还提出了“钉钉子的精神”，指出：“我们要有钉钉子的精神，钉钉子往往不是一锤子就能钉好的，而是要一锤一锤接着敲，直到把钉子钉实钉牢，钉牢一颗再钉下一颗，不断钉下去，必然大有成效。如果东一榔头西一棒子，结果很可能是一颗钉子都钉不上、钉不牢。”④

四、结合中国革命、建设和改革实践创立和发展中国马克思主义

（一）马克思主义能够在中国取得胜利，关键是不断推进其中国化，紧密结合中国实际加以运用

任何科学的理论和制度，必须本土化才能真正起到作用。这是因为，任何理论都是一定历史条件的产物，特别是对于马克思主义来讲更是如此。马克思、恩格斯多次指出，他们的理论不是教义而是方法，它提供的是进一步研究的出发点和供这种研究使用的方法，并且在应用这个理论时，随时随地都要以当时的历史条件为转移。因此，马克思主义必定随着时代、实践和科学的发展而不断发展，不可能一成不变，社会主义从来都是在开拓中前进的。

总结中国共产党把马克思主义中国化的进程来看，如果从面上进行梳理的

① 毛泽东：《党委会的工作方法（一九四九年三月十三日）》，《毛泽东选集（第四卷）》，人民出版社1991年版第1442页。

② 毛泽东：《反对本本主义（一九三〇年五月）》，《毛泽东选集（第一卷）》，人民出版社1991年版第111页。

③ 邓小平：《在全国科学大会开幕式上的讲话（一九七八年三月十八日）》，《邓小平文选（第二卷）》，人民出版社1994年版第99—100页。

④ 习近平：《发扬钉钉子的精神，一张好的蓝图一干到底（2013年2月28日）》，《习近平谈治国理政》，外文出版社2014年版400页。

话，可以看到，这个实现马克思主义中国化的过程，实质就是一个“把大的变小、把‘虚’的变‘实’、把宏观的变具体、把远的拉近”的过程。所谓把大的变小，就是把远大的为实现人类解放的大目标，变为实现政治统治，实行无产阶级专政，建设社会主义等，这一个一个阶段性的小目标；把“虚”的变“实”，就是马克思、恩格斯当时大部分的工作是理论研究，只是对社会主义建设的预想，没有经过实践的检验，而中国共产党人要走的又恰恰是实实在在的在走的路，是实践的工作任务，这就需要以马克思、恩格斯预想和设计的理论性的思想和观点，结合中国革命、建设和改革的进程去搞好具体的社会主义实践；把宏观的变具体，就是马克思、恩格斯考虑的是全世界范围的无产阶级运动，而中国共产党的主要精力首先是为中国人民创造幸福，是首先完成中国的革命运动，这就需要更加具有针对性；把远的拉近，马克思、恩格斯是在近200多年前进行思考，是根据当时的社会发展状况进行分析研究，而现在已经进入21世纪，现在的社会发展情况与近200多年前相比，早已不可同日而语，因此需要把以前的问题放到现在的社会环境和条件下来思考和把握，结合当代实际去研究和解决。

(二) 马克思主义进入中国，既引发了中华文明深刻变革，也走过了一个逐步中国化的过程

十月革命一声炮响，给中国送来了马克思列宁主义。从纷然杂陈的各种观点和路径中，经过反复比较和鉴别，中国共产党人毅然选择了马克思列宁主义，选择了为实现共产主义而奋斗的崇高理想。党在领导中国革命、建设、改革的长期实践中，不断推进马克思主义中国化。新民主主义革命时期，形成了被实践证明了的关于中国革命和建设的正确的理论原则和经验总结——毛泽东思想。党的十一届三中全会以后，形成了被实践证明了的关于在中国建设、巩固、发展社会主义的正确的理论原则和经验总结，这就是包括邓小平理论、“三个代表”重要思想、科学发展观在内的中国特色社会主义理论体系。特别是党的十八大以来，以习近平为主要代表的中国共产党人，顺应时代发展，结合理论和实践系统回答了新时代坚持和发展什么样的中国特色社会主义、怎样坚持和发展中国特色社会主义这个重大时代课题，创立了习近平新时代中国特色社会主义思想，为决胜全面建成小康社会、夺取新时代中国特色社会主义伟大胜利、实现中华民族伟大复兴的中国梦、实现人民对美好生活的向往提供了行动指南，也为推动构建人类命运共同体、促进人类和平与发展事业贡献了中国智慧和中国方案。党的十九大把习近平新时代中国特色社会主义思想确立为党必须长期坚持的指导思想，实现了党的指导思想又一次与时俱进。这些都是对马克思列宁主义的坚持和发展，都是马克思主义中国化的实践成果。

（三）新时代坚持马克思主义，一项重要任务就是继续推进马克思主义中国化、时代化、大众化，继续发展21世纪马克思主义、当代中国马克思主义

马克思主义中国化虽然取得了重大成果，但还远未结束。马克思、恩格斯指出，党的纲领包括最高纲领和最低纲领，一个明确的积极的党的纲领必须是最高纲领和最低纲领相统一的纲领。这里提出的最高纲领和最低纲领的统一，就是既要着眼最终目标去努力，更要立足现实环境和条件，提出阶段性目标一步一步去奋斗。这是无产阶级政党完成历史使命的基本策略。马克思和恩格斯为实现党的崇高理想，提出了分三个阶段的思想，也就是首先推翻资产阶级统治从而建立无产阶级的政治统治，其次是实行无产阶级专政，大力建设社会主义，实现向共产主义的过渡，然后再经过全面努力实现以人的自由而全面发展为根本特征的共产主义，从而实现人类的最终解放。

中国共产党沿着这一宏伟规划齐心努力，不断前行，取得了举世瞩目的伟大成就。当今时代变化和发展的广度和深度远远超出了马克思、恩格斯当时的想象，同时，中国社会主义只有几十年的实践，还处在初级阶段，事业越发展，新情况、新问题就越多，也就越需要在实践上大胆探索、在理论上不断突破。面对新时代的环境条件，更加需要坚持用马克思主义观察时代、解读时代、引领时代，用鲜活丰富的当代中国实践来推动马克思主义发展，用宽广视野吸收人类创造的一切优秀文明成果，坚持在改革中守正出新、不断超越自己，在开放中博采众长、不断完善自己，不断深化对共产党执政规律、社会主义建设规律、人类社会发展规律的认识，不断开辟当代中国马克思主义、21世纪马克思主义新境界！

第二节　不忘初心，牢记使命，不断把人类解放的伟大实践推向前进

习近平在庆祝中国共产党成立95周年大会上的讲话指出：“一切向前走，

都不能忘记走过的路；走得再远、走到再光辉的未来，也不能忘记走过的过去，不能忘记为什么出发。”① 他还号召全党同志，面向未来、面对挑战，不忘初心、继续前进。不忘初心，才能继续前进。中国共产党从 1921 年 7 月成立以来，始终不忘初心、牢记使命，既着眼实现以人的全面而自由的发展为本质特征的共产主义这个崇高理想，也立足于为中国人民谋幸福、为中华民族谋复兴这个使命任务，结合中国实际坚持和发展马克思主义，不断把人类解放事业的伟大实践推向前进。这既是中国共产党人为什么出发、为什么集结的根本原因，也是时代赋予的神圣而光荣的历史使命。总结回顾中国共产党人领导中国人民革命、建设、改革的历史进程，可以总结的经验有很多，但从最基本的党的领导的内在要求来看，可以看到党始终坚守为了人民的基本立场，持续推进生产力的解放和发展这个中心任务，永葆“革命”的政党本色这个基本保证，坚持和弘扬国际主义的基本原则，等等。这应该作为马克思主义政党之所以取得一个又一个胜利的基本经验，也是继承和发展马克思恩格斯无产阶级政党理论，加强党的领导工作的基本原则和要求。

一、毫不动摇坚守党的人民立场

不管是一个人还是一个组织，站在什么立场，就有什么样的认识问题的角度，就会有什么样的解决问题的思路和方法，也就是观点和方法。一个政党也同样如此。这说到底就是，创立和发展政党是为了谁的问题。

(一) 为什么人的问题是政党建设的首要问题

马克思在 1843 年底至 1844 年 1 月撰写的《〈黑格尔法哲学批判〉导言》中，开头就指出：“一个人，如果曾在天国的幻想现实性中寻找超人，而找到的只是他自身的**反映**，他就再也不想在他正在寻找和应当寻找自己的真正现实性的地方，只去寻找他自身的**假象**，只去寻找非人了。”② 这篇文章开头讲的就是人的问题。马克思、恩格斯理论研究的基本逻辑起点就是人，就是为什么人的问题。习近平指出，为什么人的问题是哲学社会科学研究的根本性、原则性问

① 习近平：《在庆祝中国共产党成立 95 周年大会上的讲话（二〇一六年七月一日）》，《论中国共产党历史》，中央文献出版社 2021 年版第121 页。

② 马克思：《〈黑格尔法哲学批判〉导言》，《马克思恩格斯文集》第 1 卷，人民出版社 2009 年版第 3 页。

题。同理，坚持以马克思主义为指导加强党的建设，也必须首先把为什么人的问题作为根本性、原则性问题来强调和坚持。这也是党的领导工作的立足点和着眼点。只有首先解决了为什么人的问题，党的领导和建设才能有目标、有方向，也才能有的放矢。

恩格斯 1879 年 12 月 16 日在给倍倍尔的信中指出："这里涉及的是任何一个无产阶级政党内都根本不容讨论的问题。在党内讨论这些问题，就意味着对整个无产阶级社会主义提出怀疑。"① 恩格斯在这段话里所指的"根本不容讨论的问题"，就是无产阶级政党的阶级本质问题，也就是为什么人的问题。马克思、恩格斯之所以把这个问题作为不容讨论的问题，既是由政党的内在本质要求决定的，也是他们长期的革命经验教训总结而来的。从马克思、恩格斯之后的无产阶级政党的建设和发展来看，也从正反两个方面充分验证了这一思想的真理性。

（二）人民性是马克思主义的最鲜明品质

如何认识人民群众在历史上的作用，是社会历史观的重大问题。同历史唯心主义英雄史观相对立，历史唯物主义群众史观第一次彻底解决了这个重大问题，提出人民是历史的创造者。马克思、恩格斯说，历史活动是群众的事业，随着历史活动的深入，必将是群众队伍的扩大。这深刻阐述了马克思主义关于人民群众是历史的创造者这一基本原理。马克思主义是人民的理论，第一次创立了人民实现自身解放的思想体系。马克思主义虽然博大精深，但归根到底就是一句话：为人类求解放。在马克思、恩格斯之前，社会上占统治地位的理论都是为统治阶级服务的。马克思主义第一次站在人民的立场探求人类自由解放的道路，以科学的理论为最终建立一个没有压迫、没有剥削、人人平等、人人自由的理想社会指明了方向。马克思主义之所以具有跨越国度、跨越时代的影响力，就是因为它植根人民之中，指明了依靠人民推动历史前进的人间正道。历史已经反复证明，人民群众是历史发展和社会进步的主体力量。正如毛泽东 1949 年 6 月 15 日在《新政治协商会议筹备会上的讲话》中所说，"中国的命运一经操在人民自己的手里，中国就将如太阳升起在东方那样，以自己的辉煌的

---

① 恩格斯：《恩格斯致奥古斯特·倍倍尔（1879 年 12 月 16 日）》，《马克思恩格斯文集》第 10 卷，人民出版社 2009 年版第444 页。

光焰普照大地”①。

（三）人民立场是中国共产党的根本政治立场，是马克思主义政党区别于其他政党的显著标志

无产阶级政党之所以被称为无产阶级政党，首先因为它是由以无产阶级这个“劳动阶级”为主体的“人民大众”组成的政党。这是无产阶级政党的根本属性，也是党有所“为”的基本对象和立场。马克思、恩格斯毫不掩饰无产阶级政党的阶级性，旗帜鲜明站在无产阶级和广大人民一边，热情讴歌人民群众在推动历史前进中的伟大作用，把无产阶级看作先进生产力的代表者、资本主义制度的掘墓人、新社会制度的创造者，强调过去的一切运动都是少数人的或者为少数人谋利益的运动，无产阶级的运动是绝大多数人的、为绝大多数人谋利益的独立的运动。这一鲜明的政治立场，充分肯定了人民的历史主体地位，充分体现了马克思主义政党的根本性质和宗旨。

马克思、恩格斯明确指出，无产阶级政党是无产阶级自己的政党，是无产阶级的先锋队，是无产阶级利益的集中代表者，是为整个无产阶级谋利益的政党，除此之外，再没有别的特殊利益。正如《共产党宣言》指出的：

> 共产党人不是同其他工人政党相对立的特殊政党。
>
> 他们没有任何同整个无产阶级的利益不同的利益。
>
> 他们不提出任何特殊的原则，用以塑造无产阶级的运动。
>
> 共产党人同其他无产阶级政党不同的地方只是：一方面，在无产者不同的民族的斗争中，共产党人强调和坚持整个无产阶级共同的不分民族的利益；另一方面，在无产阶级和资产阶级的斗争所经历的各个发展阶段上，共产党人始终代表整个运动的利益。②

这里，马克思、恩格斯不仅指出了共产党的特性，而且指出了政党的一般特征。由此可见，无产阶级政党本质上是无产阶级这个特定阶级利益的集中代表者，是无产阶级的领导力量，是由工人阶级等各阶级的中坚分子为了实现无产阶级的利益，夺取资产阶级国家权力、巩固无产阶级专政下的国家政权而组

---

① 毛泽东：《在新政治协商会议筹备会上的讲话（一九四九年六月十五日）》，《毛泽东选集（第四卷）》，人民出版社 1991 年版第1467 页。

② 马克思、恩格斯：《共产党宣言》，《马克思恩格斯文集》第 2 卷，人民出版社 2009 年版第44 页。

成的政治组织。

中国共产党人作为马克思主义的“忠实信徒”，作为马克思恩格斯无产阶级政党理论的继承者、实践者，他们的初心和使命是建立在马克思主义科学理论基础之上的，始终是全心全意为人民服务的党，党一切工作的出发点和落脚点都是为了实现好、维护好、发展好最广大人民的根本利益。正如邓小平指出的，党“是人民群众的全心全意的服务者，它反映人民群众的利益和意志，并且努力帮助人民群众组织起来，为自己的利益和意志而斗争”①。

（四）中国共产党人始终把群众路线作为党的生命线和根本工作路线

坚持人民立场，具体落实在党的领导和建设中就是坚持群众路线，始终把人民利益作为一切工作的根本出发点和落脚点，尊重人民主体地位，保证人民当家作主。这是党永葆青春活力和战斗力的传家宝。党之所以能够克服一个又一个看似不可能克服的困难，能够取得一个又一个看似不可能取得的胜利，根本的原因就是坚持一切为了群众，一切依靠群众，从群众中来，到群众中去，把党的正确主张变为群众的自觉行动，把群众路线贯彻到革命斗争和治国理政的全部活动之中。

其一，始终代表最广大人民的根本利益。自党成立以来，中国共产党之所以得到广大人民群众的坚决拥护和支持，从根本上说，就是因为能始终代表中国最广大人民的根本利益，就是坚持群众是真正的英雄的基本观点，尊重人民的首创精神，最广泛地动员和组织人民投身到党领导的伟大事业中来。从党的历史发展来看，领导人民打土豪、分田地，领导人民开展抗日战争、赶走日本侵略者，领导人民推翻蒋家王朝、建立新中国，都是为了人民的根本利益而斗争；领导人民开展社会主义革命和建设，改变一穷二白的国家面貌，领导人民实行改革开放，推进社会主义现代化建设，同样是为了人民的根本利益而斗争。毛泽东要求全党必须全心全意为人民服务，邓小平要求全党做工作必须考虑群众拥护不拥护、赞成不赞成、高兴不高兴、答应不答应，江泽民提出党要始终代表中国最广大人民的根本利益，胡锦涛提出必须把实现好、维护好、发展好最广大人民根本利益作为一切工作的出发点和落脚点，习近平提出让老百姓过

① 邓小平：《关于修改党的章程的报告（一九五六年九月十六日）》，《邓小平文选（第一卷）》，人民出版社 1994 年第 2 版第218 页。

上好日子，是党的一切工作的出发点和落脚点，是党坚持全心全意为人民服务宗旨的重要体现。这些都是党的人民立场的一脉相承的基本体现。

其二，坚持人民是决定党和国家前途命运的根本力量。在中国革命、建设、改革的各个历史时期，党都始终坚持紧紧依靠人民。改革开放 40 多年来的历史经验表明，许多改革都是由基层群众自发推动、自下而上形成的，广大人民群众是推动改革的重要力量。坚持人民主体地位，充分调动人民积极性，始终是党立于不败之地的强大根基。在改革进程中，注重鼓励地方、基层、群众大胆探索、先行先试，及时总结经验，勇于推进理论和实践创新，不断深化对改革规律的认识。党提出并坚持的加强顶层设计和摸着石头过河相结合、整体推进和重点突破相促进的基本经验，既是全面深化改革必须遵循的重要原则，也是坚持历史唯物主义的基本要求。

其三，始终保持党同人民群众的血肉联系。中国共产党的最大政治优势是密切联系群众，党执政后的最大危险是脱离群众。这既是作为马克思主义政党的基本属性的本质要求，也是党的建设的历史经验的总结。毛泽东就曾在 1945 年 10 月 17 日，从重庆谈判回到延安以后，在延安干部会上的报告中说："我们共产党人好比种子，人民好比土地。我们到了一个地方，就要同那里的人民结合起来，在人民中间生根、开花。"① 这就很形象生动地阐明了中国共产党人与广大人民群众的关系。

其四，真正让人民来评判党的工作。任何政党的前途和命运最终都取决于人心向背。人心就是力量。一方面，从党员人数来看，虽然已经达到 9 500 多万，但放在人民中间仍然还是少数。另一方面，作为一个为广大人民群众求解放、谋幸福的无产阶级的政党，离开了人民就等于失去了基本的服务对象，失去了人民的支持就等于丢掉了基本的属性，因而党的宏伟奋斗目标最终也是绝对无法实现的。从这可以看出，不管是党的革命斗争成果，还是党的执政水平和执政成效，都不是由自己说了算的，而是只能由人民来评判。人民是党的工作的最高裁决者和最终评判者。如果自诩高明、脱离了人民，或者凌驾于人民之上，就必将被人民抛弃。任何政党都是如此，这是历史发展的铁律，古今中

① 毛泽东：《关于重庆谈判（一九四五年十月十七日）》，《毛泽东选集（第四卷）》，人民出版社 1991 年版第1162 页。

外概莫能外。在党的百年发展历程中，就是因为始终把人民满意不满意作为工作的基本评判标准，才保证了党的领导工作的科学性，进而最终取得一个又一个胜利。

二、持续推进生产力的解放和发展

这是创立和发展政党干什么的问题。既然人民立场是无产阶级政党的根本立场，那么它的根本目的就是带领人民创造幸福生活，说到底就是“让人民过上好日子”。这是党始终不渝的奋斗目标。中国共产党领导人民全面建设小康社会、进行改革开放和社会主义现代化建设的根本目的，就是通过发展社会生产力，不断提高广大人民群众的物质文化生活水平，促进人的全面发展。检验党的一切工作的成效，最终都要看人民是否真正得到了实惠，人民生活是否真正得到了改善，这是坚持立党为公、执政为民的本质要求，也是党和人民事业不断发展的重要保证。这里面最根本、最紧迫的任务还是进一步解放和发展社会生产力。邓小平 1992 年 1 月 18 日—2 月 21 日的《在武昌、深圳、珠海、上海等地的谈话要点》中就说：“革命是解放生产力，改革也是解放生产力。推翻帝国主义、封建主义、官僚资本主义的反动统治，使中国人民的生产力获得解放，这是革命，所以革命是解放生产力。社会主义基本制度确立以后，还要从根本上改变束缚生产力发展的经济体制，建立起充满生机和活力的社会主义经济体制，促进生产力的发展，这是改革，所以改革也是解放生产力。过去，只讲在社会主义条件下发展生产力，没有讲还要通过改革解放生产力，不完全。应该把解放生产力和发展生产力两个讲全了。”①

(一) 历史过程中的决定性因素归根到底是现实生活的生产和再生产

恩格斯在 1890 年 9 月 21 日给布洛赫的信中指出：“根据唯物史观，历史过程中的决定性因素**归根到底**是现实生活的生产和再生产。无论马克思或我都从来没有肯定过比这更多的东西。”② 在这之前的一个月，也就是 1890 年 8 月 21 日，恩格斯还在给伯尼克的信中指出：“我认为，所谓‘社会主义社会’不是一

① 邓小平：《在武昌、深圳、珠海、上海等地的谈话要点（一九九二年一月十八日——二月二十一日）》，《邓小平文选（第三卷）》，人民出版社 1993 年版第370 页。

② 恩格斯：《致约瑟夫·布洛赫（1890 年 9 月 21—22 日）》，《马克思恩格斯全集》第 37 卷，人民出版社 1971 年版第460 页。

种一成不变的东西，而应当和任何其他社会制度一样，把它看成是经常变化和改革的社会。它同现存制度的具有决定意义的差别当然在于，在实行全部生产资料公有制（先是国家的）基础上组织生产。”① 这两段论述，还只是在恩格斯晚年的时候，在帮助和指导欧美各国无产阶级政党进行斗争过程中的一个小片段。这充分说明了马克思、恩格斯对“历史过程中的决定性因素归根到底是现实生活的生产和再生产”这一论断的肯定和始终坚持。

之所以把生产力作为社会发展的决定性因素，还是基于马克思、恩格斯对人类历史发展规律的探索。一方面，从社会基本矛盾的决定性作用来看，正如恩格斯指出的，“历史破天荒第一次被安置在它的真正基础上；一个很明显而以前完全被人忽略的事实，即人们首先必须吃、喝、住、穿，就是说首先必须**劳动**，然后才能争取统治，从事政治、宗教和哲学等等”②。这段话，十分精辟地阐明了历史唯物主义的基本内涵。中国古人讲的“民以食为天”“仓廪实则知礼节，衣食足则知荣辱”等，也包含着这样的朴素唯物思想。另一方面，从物质生产作为社会生活的基础来看，历史唯物主义认为，物质生产力是全部社会生活的物质前提，同生产力发展的一定阶段相适应的生产关系的总和构成社会经济基础。也就是说，生产力是推动社会进步的最活跃、最革命的要素，生产力发展是衡量社会发展的带有根本性的标准。这为分析社会发展提供了可靠依据。

马克思、恩格斯在《共产党宣言》中，就以大无畏的革命精神向全世界宣布，资产阶级的灭亡和无产阶级的胜利是同样不可避免的，并呐喊：“让统治阶级在共产主义革命面前发抖吧。无产者在这个革命中失去的只是锁链。他们获得的将是整个世界。”③ 这就是“两个必然”，是就人类历史总的发展趋势而言的，是历史规律的必然指向。马克思、恩格斯在提出“两个必然”的基本规律同时，还提出了“两个决不会”的历史发展规律。马克思在《政治经济学批判》中指出：“无论哪一个社会形态，在它们所能容纳的全部生产力发挥出来以前，是决不会灭亡的；而新的更高的生产关系，在它存在的物质条件在旧社会的胎

① 恩格斯：《恩格斯致奥托·冯·伯尼克（1890 年 8 月 21 日）》，《马克思恩格斯文集》第 10 卷，人民出版社 2009 年版第588 页。

② 恩格斯：《卡尔·马克思》，《马克思恩格斯全集》第 19 卷，人民出版社 1963 年版第123 页。

③ 马克思、恩格斯：《共产党宣言》，《马克思恩格斯文集》第 2 卷，人民出版社 2009 年版第66 页。

胞里成熟以前，是决不会出现的。”① 这一重要论点，既可让我们加深对“历史过程中的决定性因素归根到底是现实生活的生产和再生产”这一思想观点的理解和把握，也可以帮助我们理解为什么资本主义至今没有完全消亡，为什么社会主义还会出现苏联解体、东欧剧变那样的曲折，为什么马克思主义预见的共产主义还需要经过很长的历史发展才能实现，等等深层次问题。

（二）中国共产党始终把发展生产力作为目标牵引和中心任务来进行

社会主义的根本任务是解放和发展社会生产力，不管是革命战争时期的革命斗争，还是取得革命胜利后的社会主义建设，都需要始终围绕着生产力来动员和组织力量，这一点任何时候都不能动摇。革命战争年代，正是在“打土豪，分田地”的口号动员下，党才激励广大劳动人民站起来，齐心努力去打倒剥削人民的统治阶级。解放战争中，正是由于实行了土地改革，使广大人民群众看到了新的生活希望，感觉到只有真正解放后才能有奔头，过上好日子，才激发了强大的战争动员的支前力量。从党和国家的建设发展历程来看，也可从改革开放前后的两个阶段的鲜明对比中，证明大力发展生产力的正确性。这一根本性转变，应该源于邓小平科学回答了“什么是社会主义、怎样建设社会主义”这个根本问题，主要是回答了社会主义的根本任务是什么这个问题。邓小平在1985年9月23日的《在中国共产党全国代表会议上的讲话》中提出，社会主义的任务很多，但根本一条就是发展生产力。“多少年来我们吃了一个大亏，社会主义改造基本完成了，还是‘以阶级斗争为纲’，忽视发展生产力。‘文化大革命’更走到了极端。十一届三中全会以来，全党把工作重点转移到社会主义现代化建设上来，在坚持四项基本原则的基础上，集中力量发展社会生产力。这是最根本的拨乱反正。”②

（三）坚持和发展中国特色社会主义，必须不断适应社会生产力发展调整生产关系，不断适应经济基础发展完善上层建筑

改革开放以来，中国经济社会发展取得了重大成就，根本原因就是通过不断调整生产关系激发了社会生产力发展活力，通过不断完善上层建筑适应了经

---

① 马克思：《政治经济学批判》，《马克思恩格斯全集》第13卷，人民出版社1962年版第9页。

② 邓小平：《在中国共产党全国代表会议上的讲话（一九八五年九月二十三日）》，《邓小平文选（第三卷）》，人民出版社1993年版第141页。

济基础发展要求。中国进行经济体制改革，进行政治体制、文化体制、社会体制、生态文明体制和党的建设制度改革，都是出于这个目的。中国提出进行全面深化改革，就是为了适应国家社会基本矛盾运动的变化来推进社会发展。中国仍处于并将长期处于社会主义初级阶段的基本国情没有变，人民日益增长的物质文化需要同落后的社会生产之间的矛盾这一社会主要矛盾没有变，就是对中国社会基本矛盾的准确把握。中国社会生产力已经快速发展起来，但发展中不平衡、不协调、不可持续问题依然突出，人口、资源、环境压力越来越大，上层建筑中的不适应问题也不断产生。怎么来解决这些问题，那就要坚持历史唯物主义，不断发展社会生产力。

（四）正确运用生产力标准，推动实现物的不断丰富和人的全面发展的统一

在全面深化改革中，坚持发展仍是解决中国所有问题的关键这个重大战略判断，使市场在资源配置中起决定性作用和更好发挥政府作用，推动中国社会生产力不断向前发展。中国人讲不简单以国内生产总值增长率论英雄，而要看全面工作水平，就是要按照生产力发展规律去发展，而不要违背规律蛮干。虽然物质生产是社会生活的基础，但上层建筑也可以反作用于经济基础，生产力和生产关系、经济基础和上层建筑之间有着十分复杂的关系，有着作用和反作用的现实过程，并不是单线式的、简单的决定和被决定的逻辑。世界上的事物总是有着这样那样的联系，不能孤立地、静止地看待事物的发展，否则往往会出现盲人摸象、以偏概全的问题。改革开放以来，提出的一系列“两手抓”，包括一手抓物质文明建设、一手抓精神文明建设，一手抓经济建设、一手抓法治建设，一手抓发展、一手抓稳定，一手抓改革开放、一手抓惩治腐败等，都是符合历史唯物主义要求的。党的十八届三中全会提出制定全面深化改革的方案，而不是只讲经济体制改革，或者只讲经济体制和社会体制改革，就是要解决党和国家面临的突出矛盾和问题，仅仅依靠单个领域、单个层次的改革难以奏效，必须加强顶层设计、整体谋划，增强各项改革的关联性、系统性、协同性。只有既解决好生产关系中不适应的问题，又解决好上层建筑中不适应的问题，才能产生综合效应。这是党和国家改革开放特别是进入新时代以来最基本的发展经验。

（五）着眼新时代的新特征加强党对经济建设的领导

东西南北中，党是领导一切的。其中最重要的，就是加强对经济建设的领导。也就是，以经济建设为中心、发挥经济体制改革牵引作用。这就是说，要把握住现阶段社会基本矛盾的主要方面，重点是发展。只有紧紧围绕发展这个第一要务来部署各方面改革，以解放和发展社会生产力为改革提供强大牵引，才能更好推动生产关系与生产力、上层建筑与经济基础相适应。中国改革开放以来的实践充分证明，紧紧扭住解放和发展社会生产力，就能为其他各方面改革提供强大推动，使其他各个方面改革相应推进。

新时代建设中国特色社会主义的主要任务，就是在2021年中国共产党成立100年时实现第一个百年奋斗目标、全面建成小康社会的基础上，到21世纪中叶中华人民共和国成立100年时实现第二个百年奋斗目标，即建成富强、民主、文明、和谐的社会主义现代化国家。这就首先需要党的全部工作都要服从并服务于经济建设这个中心。这虽然是早已在全党全国人民中形成共识的思想，但在实际贯彻过程中，也还时不时有人提出这样或者那样的异议，特别是当遇到外部势力的干涉或阻挠的时候，更容易动摇这个中心。因此，无论在何时，无论前进过程中遇到什么样的困难，都必须保持头脑清醒，保持定力，坚定不移始终坚持这个中心不动摇。其次是党对经济建设的领导，主要是通过制定和实行正确的路线、方针、政策来实现的。正确的方针政策，能极大调动广大人民群众的建设积极性，大大解放生产力；反之，错误的方针政策，就会阻碍生产力的解放和发展。这早已被历史反复证明。当前，面对中国经济发展进入新常态、世界经济发展进入转型期、世界科技发展酝酿新突破的发展格局，任何一个方针政策的出台，都会对经济建设产生不可估量的影响，因此必须坚持从国际国内的实际出发，始终坚持以经济建设为中心，坚持以新发展理念引领经济发展新常态，严格按经济规律和自然规律办事，科学制定好经济发展规划，凝聚全党全国乃至全世界中华儿女的智慧，齐心把家园建设好。第三是加强党对经济建设的领导，就要按照党所谋划的，统筹推进“五位一体”总体布局，协调推进“四个全面”战略布局，全力推进全面建成小康社会进程，不断把实现“两个一百年”奋斗目标推向前进。这是党现阶段建设中国特色社会主义的主要任务，也是向人民、向历史作出的庄严承诺，是广大中国人民的共同期盼。因此，必须把发展作为党执政兴国的第一要务，作为解决中国所有问题的关键，不断壮大中国的经济实力和综合国力，努力肩负起中国共产党人的历史重任。

三、永葆“革命”的政党本色

这是政党实现目标任务靠什么的问题，也是政党完成自己肩负的历史使命和目标任务的内在动力。习近平指出：“勇于自我革命，从严管党治党，是我们党最鲜明的品格。”①党要完成作为马克思主义政党的历史使命，实现预定的目标，就需要永葆“革命”的政党本色。这是组织保证。

（一）马克思、恩格斯把无产阶级政党始终看作是“革命的党”

对于无产阶级政党与革命的辩证关系，恩格斯曾在1884年11月18日给倍倍尔的信中指出，“如果党能保持住做一个革命党的权利”，“那末党也就有了它所需要的一切”。②这一基本结论的原理支撑，其实早在1851年2月恩格斯给马克思的信中就已提出，他在这封信中写道：“革命是一种与其说受平时决定社会发展的法则支配，不如说在更大程度上受物理定律支配的纯自然现象。或者更确切地说，这些法则在革命时期具有大得多的物理性质，必然性的物质力量表现得更加强烈。只要你作为一个党的代表出现，你就要被卷到这个不可抗拒的自然必然性的漩涡里去。”③ 从这里可以看出，在马克思、恩格斯的理论体系里，无产阶级政党永远是一个革命的党，需要承担起这个党应该承担的责任，完成好应该完成的革命的历史使命，这不仅是作为肩负着人类解放历史使命的政党的基本规律之所需，也是作为无产阶级的革命的政党的题中应有之义。马克思、恩格斯还根据无产阶级的历史使命，为无产阶级革命的过程做了科学设计：“工人革命的第一步就是使无产阶级上升为统治阶级，争得民主。无产阶级将利用自己的政治统治，一步一步地夺取资产阶级的全部资本，把一切生产工具集中在国家即组织成为统治阶级的无产阶级手里，并且尽可能快地增加生产力的总量。”④

---

① 习近平：《继续进行具有许多新的历史特点的伟大斗争（2018年1月5日）》，《习近平谈治国理政（第三卷）》，外文出版社2020年版第71页。

② 恩格斯：《致奥古斯特·倍倍尔（1884年11月18日）》，《马克思恩格斯全集》第36卷，人民出版社1974年版第239页。

③ 恩格斯：《恩格斯致马克思（1851年2月13日）》，《马克思恩格斯全集》第27卷，人民出版社1972年版第210页。

④ 马克思、恩格斯：《共产党宣言》，《马克思恩格斯文集》第2卷，人民出版社2009年版第52页。

在马克思、恩格斯的理论体系里，无产阶级革命与以往的革命相比，虽然都具有革命的性质，但在实现形式和路径上都是有所不同的。无产阶级革命的最终目的是彻底推翻资本主义生产方式，直至最后消灭阶级，所以无产阶级不仅需要政治革命，更重要的是进行社会革命。也正是基于此，习近平才在 2018 年 1 月 5 日的《在新进中央委员会的委员、候补委员和省部级主要领导干部学习贯彻习近平新时代中国特色社会主义思想和党的十九大精神研讨班上的讲话》中指出，有人说，我们党现在已经从“革命党”转变成了“执政党”。这个说法是不准确的。我们党的正式提法是，我们党历经革命、建设、改革，已经从领导人民为夺取全国政权而奋斗的党，成为领导人民掌握全国政权并长期执政的党；已经从受到外部封锁和实行计划经济条件下领导国家建设的党，成为对外开放和发展社会主义市场经济条件下领导国家建设的党。这里面并没有区分“革命党”和“执政党”，并没有把革命和执政当作两个截然不同的事情。

（二）中国共产党人通过革命建立了新中国，也通过革命建设了新时代的中国

马克思、恩格斯在《共产党宣言》中提出：“废除先前存在的所有制关系，并不是共产主义所独具的特征。一切所有制关系都经历了经常的历史更替、经常的历史变更。”① 也就是说，这是社会发展的基本规律。那么，经常发生的促使历史“更替”和“变更”的东西是什么呢？就是革命。在人类发展历史上，出现在每一个社会革命时代的政治革命，归根到底都是为了社会革命，即为了彻底改变旧的生产关系，确立和发展新的生产关系而进行的。因此，每一次革命的最后落脚点都是在生产关系上。正是在这个意义上，恩格斯总结说：“迄今所发生的一切革命，都是为了保护一种所有制以反对另一种所有制的革命。它们如果不侵犯另一种所有制，便不能保护这一种所有制。”“一切所谓政治革命，从头一个起到末一个止，都是为了保护**一种**财产而实行的，都是通过没收（或者也叫做盗窃）**另一种**财产而进行的。”②

中国共产党在 100 年的发展历程中，正是通过不断的革命建设了中华人民

① 马克思、恩格斯：《共产党宣言》，《马克思恩格斯文集》第 2 卷，人民出版社 2009 年版第45 页。

② 恩格斯：《家庭、私有制和国家的起源》，《马克思恩格斯全集》第 21 卷，人民出版社 1965 年版第131 页。

共和国，并进一步通过改革这个“自我革命”使中国人民从站起来到富起来，最终强起来。习近平指出：“中国特色社会主义不是从天上掉下来的，而是在改革开放 40 年的伟大实践中得来的，是在中华人民共和国成立近 70 年的持续探索中得来的，是在我们党领导人民进行伟大社会革命 97 年的实践中得来的，是在近代以来中华民族由衰到盛 170 多年的历史进程中得来的，是对中华文明 5 000多年的传承发展中得来的，是党和人民历经千辛万苦、付出各种代价取得的宝贵成果。得到这个成果极不容易。”[①] 因此，不仅新民主主义时期是革命，而且改革开放是党在新的历史条件下领导人民进行的新的伟大革命，是决定当代中国命运的关键抉择。中国特色社会主义之所以具有蓬勃生命力，就在于它是实行改革开放的社会主义，就在于不断地进行自我的“革命”。中国过去 40 多年的快速发展靠的是改革开放，中国未来发展也必须坚定不移依靠改革开放。只有改革开放才能发展中国、发展社会主义、发展马克思主义。中国特色社会主义在改革开放中产生，也必将在改革开放中发展壮大。

（三）适应阶段性发展特点持续推进中国的“革命”

这是中国共产党人百年革命历程的经验总结。党自成立之日起就致力于建设人民当家作主的新社会，提出了关于未来国家制度的主张，并领导人民为之进行斗争。中华人民共和国成立后，创造性运用马克思主义国家学说，为建设社会主义国家制度不懈努力，逐步确立并巩固了国家的国体、政体、根本政治制度、基本政治制度、基本经济制度和各方面的重要制度，中国特色社会主义制度不断完善，中国特色社会主义法治体系也不断健全。特别是党的十八大以来，不断推进全面深化改革，中国特色社会主义制度日趋成熟定型，中国特色社会主义法治体系不断完善，为推动党和国家事业取得历史性成就、发生历史性变革发挥了重大作用。总结回顾这些成就，可以从三个方面来认识。

其一，中国特色社会主义国家制度和法律制度是在长期实践探索中形成的，是人类制度文明史上的伟大创造。建立什么样的国家制度，是近代以来中国人民面临的一个历史性课题。实践证明，中国共产党把马克思主义基本原理同中国具体实际结合起来，在古老的东方大国建立起保证亿万人民当家作主的新型

---

① 习近平：《继续进行具有许多新的历史特点的伟大斗争（2018 年 1 月 5 日）》，《习近平谈治国理政（第三卷）》，外文出版社 2020 年版第70 页。

国家制度，使中国特色社会主义制度成为具有显著优越性和强大生命力的制度，保障中国创造出经济快速发展、社会长期稳定的奇迹，也为发展中国家走向现代化提供了全新选择，为人类探索建设更好社会制度贡献了中国智慧和中国方案。

其二，适应社会主义初级阶段实际推进国家治理体系和国家治理能力建设。从中国本身来看，中国共产党已经是百年大党，中华人民共和国成立至今也已经 70 多年，但从人类历史发展的长河看，从党担负的解放人类的历史使命看，却还是初步的。因此，需要紧紧把握这个基本阶段的特点。马克思、恩格斯没有经历全面治理一个社会主义国家的实践，他们关于未来社会的设想很多是预测性的，他们对巴黎公社的实践提出了指导意见，作出了深刻总结，但巴黎公社的实践毕竟范围比较小、时间比较短，没有遇到后来社会主义国家所面临的大范围、全局性、长时间的矛盾和问题。列宁在十月革命后不久就逝世了，尽管他生前已经看到社会主义实践产生的问题超出了预计，创造性提出了一些政策举措，但没有来得及深入探索和实践。之后，前苏联在这个问题上进行了探索，取得了一些成功经验，但也犯下了严重错误，最后结局是国亡政息。东欧剧变、苏联解体有多方面原因，没有形成有效的国家治理体系和国家治理能力是其中一个重要原因。从这可以看出，没有有效的国家治理体系和治理能力，就不能有效解决社会矛盾和问题，各种社会矛盾和问题日积月累、积重难返，必然带来严重政治后果。这既是历史发展的基本规律，也是党的历史发展的经验教训。

其三，中国特色社会主义制度把根本政治制度、基本政治制度同基本经济制度以及各方面体制机制等具体制度有机结合起来，坚持把国家层面民主制度同基层民主制度有机结合起来，坚持把党的领导、人民当家作主、依法治国有机结合起来，符合中国国情，集中体现了中国特色社会主义的特点和优势，是中国发展进步的根本制度保障。虽然中国特色社会主义制度是特色鲜明、富有效率的，但也应该同时看到，这个制度还不是尽善尽美、成熟定型的。中国特色社会主义事业不断发展，中国特色社会主义制度也需要不断完善。邓小平 1992 年在视察南方重要谈话中就指出："恐怕再有三十年的时间，我们才会在各方面形成一整套更加成熟、更加定型的制度。在这个制度下的方针、政策，也将更加定型化。”①

（四）将来中国共产党人带领中国人民实现伟大复兴还需要继续革命

马克思在《1848 年至 1850 年的法兰西阶级斗争》中，形象地提出了“革命是历史的火车头”② 的重要论断。在马克思和恩格斯看来，革命是改变世界的重要手段和方式，是牵引历史发展的重要动力，它可以加快历史发展进程、发挥人民群众的巨大创造力。习近平指出，“不忘初心，牢记使命，就不要忘记我们是共产党人，我们是革命者，不要丧失了革命精神。昨天的成功并不代表着今后能够永远成功，过去的辉煌并不意味着未来可以永远辉煌。时代是出卷人，我们是答卷人，人民是阅卷人。要实现党和国家兴旺发达、长治久安，全党同志必须保持革命精神、革命斗志，勇于把我们党领导人民进行了 97 年的伟大社会革命继续推进下去”③。党要坚持不忘初心、继续前进，就需要持续不断进行“革命”，也就是坚定不移高举改革开放的旗帜，勇于全面深化改革，不断进行自我革命，进一步解放思想、解放和发展社会生产力、解放和增强社会活力，不断把改革开放推向前进。

改革开放是当代中国最鲜明的特色，是党在新的历史时期最鲜明的旗帜。改革开放是决定当代中国命运的关键抉择，是党和人民事业大踏步赶上时代的重要法宝。这就需要坚持正确方向，既不走封闭僵化的老路，也不走改旗易帜的邪路。一是紧紧围绕完善和发展中国特色社会主义制度、推进国家治理体系和治理能力现代化等全面深化改革的总目标，勇于推进理论创新、实践创新、制度创新以及其他各方面创新，让制度更加成熟定型，让发展更有质量，让治理更有水平，让人民更有获得感。二是坚持以经济体制改革为重点，坚持社会主义市场经济改革方向，全面深化经济体制、政治体制、文化体制、社会体制、生态文明体制和党的建设制度改革。三是更加注重系统性、整体性、协同性，敢于涉深水区、啃硬骨头，以勇于自我革命的气魄、坚忍不拔的毅力推进改革，敢于向积存多年的顽瘴痼疾开刀，敢于触及深层次利益关系和矛盾，坚决冲破

---

① 邓小平：《在武昌、深圳、珠海、上海等地的谈话要点（一九九二年一月十八日—二月二十一日）》，《邓小平文选（第三卷）》，人民出版社 1993 年版第372 页。

② 马克思：《1848 年至 1850 年的法兰西阶级斗争》，《马克思恩格斯文集》第 2 卷，人民出版社 2009 年版第161 页。

③ 习近平：《继续进行具有许多新的历史特点的伟大斗争（2018 年 1 月 5 日）》，《习近平谈治国理政（第三卷）》，外文出版社 2020 年版第70 页。

思想观念束缚，坚决破除利益固化藩篱，坚决清除妨碍社会生产力发展的体制机制障碍。四是改革和法治如鸟之两翼、车之两轮，这就需要坚持走中国特色社会主义法治道路，加快构建中国特色社会主义法治体系，建设社会主义法治国家。全面依法治国，核心是坚持党的领导、人民当家作主、依法治国有机统一，关键在于坚持党领导立法、保证执法、支持司法、带头守法。要在全社会牢固树立宪法法律权威，弘扬宪法精神，任何组织和个人都必须在宪法法律范围内活动，都不得有超越宪法法律的特权。

四、坚持和弘扬国际主义

这是一个政党实现目标的外在环境和条件问题。对于中国共产党人来讲，就是始终不渝走和平发展道路，始终不渝奉行互利共赢的开放战略，加强同各国的友好往来，同各国人民一道，不断把人类和平与发展的崇高事业推向前进。这既是作为无产阶级政党的内在本质所要求的，也是继续推进党的事业持续发展的动力源泉。

（一）国际主义是无产阶级政党的基本原则

《共产党宣言》对资本主义生产跨越国界、不断开拓世界市场进行了深刻分析，科学预见了物质生产和精神文化生产的世界普遍性趋势，进而指出共产主义不是一种狭隘的地域的运动，而是一个世界性的全人类的共同行动。因此，无产阶级要获得彻底解放，必须解放全人类，需要号召全世界无产者联合起来。这为无产阶级政党胸怀全球、造福人类，共同创造美好世界提供了科学理论依据，也为无产阶级政党坚持国际主义原则提供了基础理论支撑。

马克思和恩格斯始终认为，从一般意义上来讲，无产阶级的解放事业是国际的事业。所以，马克思、恩格斯始终把国际主义作为实现无产阶级政党崇高理想的基本原则来阐述和坚持。不管是他们在《共产党宣言》中提出“工人没有祖国”的思想，并提出“全世界无产者，联合起来”的革命口号；还是在创立国际工人协会，制定《国际工人协会共同章程》时指出，之所以“经济解放”这个伟大的目标至今没有收到效果，“是由于每个国家里各个不同劳动部门的工人彼此间不够团结，由于各国工人阶级彼此间缺乏亲密的联合”，而“劳动的解放既不是一个地方的问题，也不是一个国家的问题，而是涉及存在现代社会的一切国家的社会问题，它的解决有赖于最先进的国家在实践上和理论上的合作”，所以国际工人协会的成立，“目的是要成为追求共同目标即工人阶级得到保护、发展和彻底解放的各国工人团体进行联络和合作的中心”。① 马克思去世之后，恩格斯在领导、指导第二国际时期对国际主义原则进行了不断深化和发展。因此，中国共产党作为无产阶级政党，理所当然也必须始终坚持和发展好这一基本原则。

（二）正确处理中国和世界的关系是事关党的事业成败的重大问题

中国历史上曾经是世界上的经济强国，后来在世界工业革命如火如荼、人类社会发生深刻变革的时期，中国的封建统治者却没有睁开眼睛看世界，夜郎自大，丧失了与世界同进步的历史机遇，变成落伍者，落到了被动挨打的境地。尤其是鸦片战争之后，中华民族更是陷入积贫积弱、任人宰割的悲惨状况。这段历史悲剧，每个中国人都刻骨铭心。

中国共产党的诞生，社会主义中国的成立，改革开放的实行，都是顺应世界发展大势的结果。党就是通过马克思列宁主义同中国工人运动相结合而产生的。十月革命一声炮响，给中国送来了马克思列宁主义，这就是当时的世界大势。党从这个世界大势中产生，走在了时代前列。中华人民共和国的成立，也是顺应时代大潮的产物。当时的世界，社会主义苏联发展壮大，东欧成为社会主义的天下，亚洲、非洲、南美洲被压迫民族的解放运动风起云涌。中华人民共和国就是借助这个大的民族解放的好的世界形势诞生并站住脚的。后来，在复杂国际形势影响下，中国对世界大势的判断有些偏离，认为要打世界大战，国内“以阶级斗争为纲”，错失了重要发展机遇。这在党关于建国以来若干历史问题的决议中有深刻总结。中国的改革开放也是基于对世界大势的正确判断。邓小平在 1985 年 6 月 4 日的《在中央军委扩大会议上的讲话》中就指出：“根据对世界大势的这些分析，以及对我们周围环境的分析，我们改变了原来认为战争的危险很迫近的看法。”② 由于对世界大势作出了准确判断，确立了和平与发展是时代主题的认识，才有了党和国家工作中心的转移，才有了改革开放历史新时期的开启。不仅党和国家的大的发展是因势利导的结果，而且具体的国

---

① 马克思：《国际工人协会共同章程》，《马克思恩格斯文集》第 3 卷，人民出版社 2009 年版第 226—227 页。

② 邓小平：《在军委扩大会议上的讲话（一九八五年六月四日）》，《邓小平文选（第三卷）》，人民出版社 1993 年版第127 页。

家建设也是顺势而为的成果。比如，中国顺应经济全球化发展大势，积极争取加入世贸组织，打开了对外开放的新天地；中国顺应发展中国家加速发展、世界力量对比有利于共同发展的大势，积极推动全球经济治理机制变革，提高了包括中国在内的新兴市场国家和发展中大国在国际经济治理机构中的代表性和发言权，等等。

（三）在新的历史发展时期坚持国际主义更加重要

一方面，在马克思、恩格斯之后，国际主义在实践中曾经被片面地曲解和利用过，特别是斯大林领导的共产国际和国际共产主义运动时期，扭曲了国际主义的精神实质，将其演变为“保卫苏联”，将苏联党和国家的利益凌驾于世界各国及其党的利益之上，偏离了马克思主义的国际主义原则。新的历史时期，国际共产主义运动发生了更加深刻的变化，特别是自1991年“八一九”事件后，苏联共产党被解散，进而引发苏联剧变，紧接着又出现东欧剧变，使国际共产主义运动步入低潮。虽然剧变已过去30多年时光，但国际共产主义运动还远远没有走出低谷，还任重而道远。作为当今世界上最大的，而且是最有活力、最有潜力，并且也最有领导力的无产阶级政党，要继承和发展马克思恩格斯无产阶级政党理论，更需要结合新时代的新形势、新要求坚持和发扬好国际主义。另一方面，从当今世界发展形势看，也必须坚持国际主义。当前，经济的全球化已成为历史大势，促成了贸易大繁荣、投资大便利、人员大流动、技术大发展。随着各国相互联系、相互依存的程度空前加深，人类越来越成为你中有我、我中有你的命运共同体。正如习近平指出的：“中国人始终认为，世界好，中国才能好；中国好，世界才更好。”所以，发展好中国自己的国家，也必须坚持国际主义。

（四）切实坚持新的形势下的国际主义

对如何坚持国际主义的问题，马克思、恩格斯提出了许多思想，本书第三章第四节进行了归纳和提炼。当前，面对新的形势和任务，如何继承马克思、恩格斯的基本理论原理，进一步坚持和发展好这个基本原则，中国共产党结合实践给予了认真回答。这也是党的大战略、大胸怀、大气魄的体现。首先是以构建人类命运共同体为目标。目标昭示方向，目标凝聚力量。习近平提出的人类命运共同体，作为实现共产主义的最新的阶段性目标的表述，是对马克思主义的新创造。坚持新的时期的国际主义，首先就要牢固确立人类命运共同体这个目标，并紧紧围绕这个目标去搞好战略谋划，凝聚好各方力量，齐心协力搞好落实。这就需要进一步搞好理论阐释，特别是从马克思主义的角度，对这一重大命题进行深入研究；进一步搞好宣传，切实让全党全世界都充分认清这一命题的重大意义，统一好思想，增强对这一命题的思想认识；进一步加强战略谋划，立足党的建设实际，着眼国际共产主义运动形势发展，瞄着世界发展形势，搞好战略方针和路线的制定，让行动有依据；进一步统筹好各方力量，以一步一步的实际行动抓好落实。其次是坚持以我为主。这是坚持国际主义的必然要求。当今世界，国际共产主义运动仍然处于低潮。面对西方敌对势力的侵蚀，面对其他国家的无产阶级政党的发展状况，只有先把中国自己的事真正办好了，才有能力去抵御西方敌对势力的挤压，也才能有底气去影响和带动其他国家的无产阶级政党去斗争。这是最基本的道理。第三是坚持国际与国内相统一。这是辩证统一的关系，也是坚持国际主义的必然要求。就是坚持国际与国内的相互配合，互相支撑，实现共赢共享。中国提出的“一带一路”倡议，就是实现共赢共享发展。这是坚持国际与国内相统一的最好体现。

第三节　始终保持共产党人的先进性和纯洁性

马克思、恩格斯在《共产党宣言》中指出：“一方面，在无产者不同的民族的斗争中，共产党人强调和坚持整个无产阶级共同的不分民族的利益；另一方面，在无产阶级和资产阶级的斗争所经历的各个发展阶段上，共产党人始终代表整个运动的利益。因此，在实践方面，共产党人是各国工人政党中最坚决的、始终起推动作用的部分；在理论方面，他们胜过其余无产阶级群众的地方在于他们了解无产阶级运动的条件、进程和一般结果。”[①] 这一段论述，既阐明了党的基本属性和本质特征，更体现了马克思、恩格斯对党的自身建设的总体要求，是对党的先进性和纯洁性的集中阐述。毛泽东也指出：“所谓无产阶级领导，就是共产党领导。中国共产党是无产阶级的政党。无产阶级里头出了那样一部分

① 马克思、恩格斯：《共产党宣言》，《马克思恩格斯文集》第2卷，人民出版社2009年版第44页。

比较先进的人，组织成一个政治性质的团体，叫共产党。”① 中国共产党人继承和发展马克思恩格斯无产阶级政党理论，围绕先进性和纯洁性的本质要求，坚持“党和人民事业发展到什么阶段，党的建设就要推进到什么阶段”②，不断提高党的领导能力和水平，保证了党的领导地位和执政地位的坚持和巩固，保证了党、国家和人民永远立于不败之地。

一、高度重视以自我革命精神加强党的建设

习近平指出：“勇于自我革命，从严管党治党，是我们党最鲜明的品格。”③ 这一论述，凝结了党 100 年来特别是党的十八大以来管党治党的宝贵经验，深刻揭示了马克思主义政党的本质属性与党兴旺发达的内在原因。先进性和纯洁性是马克思主义政党的本质属性，加强党的建设，就需要以自我革命的政治勇气，着力解决党自身存在的突出问题，不断增强自我净化、自我完善、自我革新、自我提高能力，确保始终成为中国革命、建设、改革的坚强领导核心。

（一）马克思、恩格斯对无产阶级政党的自身建设始终高度关注

回顾马克思、恩格斯一生的革命进程可以看到，他们在创立了自己的新的世界观之后，就开始了创立和发展无产阶级政党的进程。在这个进程中，他们创立和发展了世界上第一个无产阶级政党——共产主义者同盟，领导了世界上第一个国际工人组织——国际工人协会，热情支持世界上第一次工人阶级夺取政权的革命——巴黎公社革命，并且还在满腔热情、百折不挠推进各国工人运动发展中领导和指导各国创立和发展了独立的无产阶级政党。创立和领导这些政党组织的过程，就是创立和发展无产阶级政党理论的过程，党的自身建设也就理所当然成为其重要内容。

对于马克思恩格斯无产阶级政党理论的基本原理和思想，习近平进行了归

---

① 毛泽东：《在中国共产党第七次全国代表大会上的口头政治报告》，《毛泽东文集（第三卷）》，人民出版社 1996 年版第305 页。

② 习近平：《不忘初心，继续前进（2016 年 7 月 1 日）》，《习近平谈治国理政（第二卷）》，外文出版社 2017 年版第43 页。

③ 习近平：《决胜全面建成小康社会，夺取新时代中国特色社会主义伟大胜利（2017 年 10 月 18 日）》，《习近平谈治国理政（第三卷）》，外文出版社 2020 年版第20 页。

纳总结：论述了建立无产阶级政党的必要性，强调无产阶级在反对有产阶级联合力量的斗争中，只有组织成为与有产阶级建立的一切旧政党不同的、相对立的政党，才能作为一个阶级来行动，最终完成自己的历史使命；阐明了无产阶级政党的性质，强调党必须是代表无产阶级利益的先进政党，是无产阶级“最先进的和最坚决的部分”，由无产阶级和其他革命群众的先进分子组成，以科学的世界观即唯物史观作理论基础；制定了无产阶级政党的纲领，明确了无产阶级政党要实现共产主义的最终奋斗目标，强调党必须把无产阶级专政和最终实现共产主义作为自己的政治纲领；为无产阶级政党规定组织原则，认为党必须采取民主制的组织形式并实行严格的纪律；阐明了无产阶级政党应遵守的一系列策略原则，强调必须始终保持团结统一和党的生机活力，正确处理党的团结与党内斗争的辩证关系；阐明了无产阶级政党的国际主义原则，认为消灭私有制、实现共产主义是一个艰巨的任务，国际无产阶级的联合和团结是一个不可缺少的条件。

这些关于无产阶级政党的基本原理和思想观点，构成了马克思恩格斯无产阶级政党理论的基本内容，形成了无产阶级政党理论的基本框架和体系。特别是对无产阶级政党的先进性作了深入阐述，指出共产党不是同其他工人政党相对立的特殊政党，他们没有任何同整个无产阶级的利益不同的利益。在实践方面，共产党是各国工人政党中最坚决的、始终起推动作用的部分；在理论方面，共产党胜过其余无产阶级群众的地方在于他们了解无产阶级运动的条件、进程和一般结果，在当前运动中同时代表运动的未来。马克思主义政党必须由最彻底、最坚定的先进分子组成，共产党人应该是最不知疲倦、最无所畏惧和最可靠的先进战士。这些思想为马克思主义政党保持先进性和纯洁性提供了根本指导。习近平 2016 年 5 月 17 日在哲学社会科学工作座谈会上的讲话指出：“新形势下，坚持马克思主义，最重要的是坚持马克思主义基本原理和贯穿其中的立场、观点、方法。这是马克思主义的精髓和活的灵魂。马克思主义是随着时代、实践、科学发展而不断发展的开放的理论体系，它并没有结束真理，而是开辟了通向真理的道路。”① 正是在真正学懂弄通这些基本理论原理的基础上，紧密

① 习近平：《在哲学社会科学工作座谈会上的讲话（2016 年 5 月 17 日）》，新华社北京 2016 年 5 月 18 日电。

结合中国实际贯彻落实到党的建设实践，从而保证了党的先进性和纯洁性。

（二）中国共产党始终注重发扬自我革命精神推进全面从严治党

中国共产党作为肩负着革命任务，并且具有革命精神的党，是因革命而生，由革命而不断锤炼成长起来的。因此，勇于自我革命是熔铸在党的历史和共产党人血脉里的政治基因，也构成了党不断自我革新、发展壮大的政治底色。自党成立以来的百年历程来看，之所以能够由小到大、从弱到强，不断发展壮大，取得辉煌成就，经验有多条，但根本的一条就是因为发扬勇于自我革命的精神，不断加强自身建设。可以说，中国共产党百年的发展史就是一部革命史，一部不断自我警醒、自我革命与自我超越的历史。1939 年，毛泽东在《〈共产党人〉发刊词》中强调，要赢得革命的最终胜利，就必须把中国共产党建设成为"一个全国范围的、广大群众性的、思想上政治上组织上完全巩固的布尔什维克化的中国共产党"①，强调建设好这样的党，是一项伟大工程，要赢得革命最终胜利，必须抓好这项伟大工程，并且把党的建设作为三大法宝之一提了出来。这是毛泽东对中国革命胜利经验的总结。在革命、建设、改革的各个历史时期，党都高度重视加强自身建设，形成了关于党的自我革命的丰富思想成果，如坚定理想信念，加强党性修养，从严管党治党，严肃党内政治生活，坚持经常性教育和集中性教育相结合，勇于开展批评和自我批评，加强党内监督，接受人民监督，不断纯洁党的思想、纯洁党的组织、纯洁党的作风、纯洁党的肌体，等等。这些都是推进党的自我革命的重要经验。

（三）新时代必须以党的自我革命来推动党领导人民进行的伟大社会革命

习近平强调："把党建设成为始终走在时代前列、人民衷心拥护、勇于自我革命、经得起各种风浪考验、朝气蓬勃的马克思主义执政党。"② 这既是中国共产党领导人民进行伟大社会革命的客观要求，也是作为马克思主义政党建设和发展的内在需要。特别是作为一个有 9 500 多万名党员、480 多万个基层党组织的党，作为一个在有着 14 亿多人口的大国长期执政的党，党的建设关系重大、牵动全局。习近平在党的十九大报告中强调："打铁必须自身硬。党要团结带领

---

① 毛泽东：《〈共产党人〉发刊词（一九三九年十月四日）》，《毛泽东选集（第二卷）》，人民出版社 1991 年版第602 页。

② 习近平：《决胜全面建成小康社会，夺取新时代中国特色社会主义伟大胜利》，《党的十九大报告辅导读本》，人民出版社 2017 年版第60 页。

人民进行伟大斗争、推进伟大事业、实现伟大梦想，必须毫不动摇坚持和完善党的领导，毫不动摇把党建设得更加坚强有力。”① 怎样才算过硬？就是敢于进行自我革命，敢于刀刃向内，敢于刮骨疗伤，敢于壮士断腕。之所以始终强调这一点，就是因为勇于进行自我革命，把党建设得更加坚强有力，这是新时代坚持和发展中国特色社会主义的根本保证。没有中国共产党，哪有社会主义中国？哪有中国特色社会主义？哪有中华民族伟大复兴？邓小平就说，“中国要出问题，还是出在共产党内部。对这个问题要清醒”②。

对于如何才能勇于自我革命，从严管党治党，习近平给出了明确答案，那就是不断增强党的自我净化、自我完善、自我革新、自我提高能力。早在 2014 年 10 月召开的党的群众路线教育实践活动总结大会上，习近平就提出：“要注重把继承传统和改革创新结合起来，把总结自身经验和借鉴世界其他政党经验结合起来，增强从严治党的系统性、预见性、创造性、实效性，使从严治党的一切努力都集中到增强党自我净化、自我完善、自我革新、自我提高能力上来，集中到提高党的领导能力和执政能力、保持和发展党的先进性和纯洁性上来。”③ 这一重要论述抓住了全面从严治党、标本兼治、以治本为主的关键，揭示了全面从严治党与增强党自我净化、自我完善、自我革新、自我提高能力的关系，说明全面从严治党，既是党的自我净化、自我完善、自我革新、自我提高能力的生动体现，也是进一步增强自我净化、自我完善、自我革新、自我提高能力的战略举措；既体现了对自身存在的问题与解决自身问题的高度“自醒”“自觉”“自信”，更体现了依靠自身力量，从内部抓起，不断扎牢篱笆，设好防线，提升“审视自我”“改造自我”“修炼自我”“升华自我”的决心和信心。

二、注重思想建党、理论强党

习近平指出：“回顾党的奋斗历程可以发现，中国共产党之所以能够历经艰难困苦而不断发展壮大，很重要的一个原因就是我们党始终重视思想建党、理

① 习近平：《决胜全面建成小康社会，夺取新时代中国特色社会主义伟大胜利》，《党的十九大报告辅导读本》，人民出版社 2017 年版第61 页。

② 邓小平：《在武昌、深圳、珠海、上海等地的谈话要点（1992 年 1 月 18 日—2 月 21 日）》，《邓小平文选（第三卷）》，人民出版社 1993 年版第380 页。

③ 中共中央文献研究室：《习近平总书记重要讲话文章选编》，中央文献出版社、党建读物出版社 2016 年版第180 页。

论强党。"[①] 着重从思想上建党，注重以马克思主义为指导加强党的建设，这是马克思主义政党始终保持先进性和纯洁性的根本。回顾党的奋斗历程可以发现，中国共产党之所以能够不断历经艰难困苦创造新的辉煌，很重要的一条就是始终重视思想建党、理论强党，坚持用马克思主义的世界观武装广大党员、干部的头脑，要求每个共产党员不仅接受马克思列宁主义，筑牢信仰之基、补足精神之钙、把稳思想之舵，而且用马克思列宁主义指导自己的行动，使全党始终保持统一的思想、坚定的意志、强大的战斗力。

（一）马克思主义政党的先进性首先体现为思想和理论上的先进性

思想建党与理论强党，两者是高度统一的辩证统一体，是马克思主义政党永葆先进性和纯洁性、永葆生命力和创造力的根本所在。思想建党决定着党的性质，引领着党的方向，它的实质就是牢固树立共产主义的崇高理想信念和全心全意为人民服务的根本宗旨；理论强党夯实党的根本，提高党的素质，它的实质就是真正把马克思主义这个看家本领学精、悟透、用好，切实用马克思主义中国化的最新理论成果武装头脑、指导实践、推动工作。

马克思主义是马克思、恩格斯创立的理论体系，而不是其他什么人创立和发展的理论体系。从马克思、恩格斯之后的无产阶级政党发展来看，阶级本质是无产阶级政党的根本属性。也就是说，无产阶级政党始终是代表无产阶级根本利益的革命型的政党。如果改变这一根本属性，无产阶级政党也就不能称自己为无产阶级的政党。这从 19 世纪末 20 世纪初，在自由资本主义向垄断资本主义转变的过程中，由于出现伯恩施坦修正主义而使社会民主党由革命型政党衰变为议会型政党的教训中得到充分验证。伯恩施坦修正主义的最主要观点，就是借口时代变化，认为马克思主义已经过时。他们夸大资本主义制度的适应性和自我调节能力，否定马克思主义关于资本主义必然灭亡、社会主义必将胜利的科学结论。他们推崇议会民主和资本主义国家的选举制，攻击马克思主义的辩证法和社会革命学说等。伯恩施坦修正主义的最终目的，就是把一个革命型政党变成一个走议会道路的改良型政党。第二国际各党正是在改良的旗帜下完成了党的性质的改变，从而最终导致分裂和解散的结局。

---

① 习近平：《在纪念马克思诞辰 200 周年大会上的讲话（2018 年 5 月 4 日）》，人民出版社 2018 年版第 24 页。

（二）注重思想建党、理论强党是中国共产党发展壮大的重要法宝

翻开党史不难发现，中国共产党之所以能够完成近代以来各种政治力量不可能完成的艰巨任务，之所以能从一个 50 多人的小党发展成为有 9 500 多万名党员、在 14 亿多人口国家长期执政的世界第一大党，就在于始终把马克思主义这一科学理论作为自己的行动指南，并坚持在实践中不断丰富和发展马克思主义。1945 年 4 月 24 日，毛泽东在中国共产党第七次全国代表大会上的政治报告中，也就是《论联合政府》这篇讲话中说："掌握思想教育，是团结全党进行伟大政治斗争的中心环节。如果这个任务不解决，党的一切政治任务是不能完成的。"① 2020 年 1 月 8 日，习近平在"不忘初心、牢记使命"主题教育总结大会上的讲话中指出："共产党人的初心，不仅来自于对人民的朴素感情、对真理的执着追求，更建立在马克思主义的科学理论之上。只有坚持思想建党、理论强党，不忘初心才能更加自觉，担当使命才能更加坚定。"② 马克思主义是指导共产党人改造客观世界和主观世界的锐利思想武器。中国共产党在推进马克思主义中国化进程中，先后形成了毛泽东思想、邓小平理论、"三个代表"重要思想、科学发展观、习近平新时代中国特色社会主义思想，为推进社会革命和自我革命提供了强大思想武器。

坚持思想建党、理论强党，既有日常的经常性工作也有集中行动。延安整风就是集中行动，使全党端正了思想路线和政治路线，破除了主观主义、宗派主义、党八股等，明确了今后努力的方向，对夺取抗日战争和解放战争胜利产生了巨大推动作用。1937 年夏，毛泽东在延安应抗日军政大学之邀，亲自讲授马克思主义哲学，并为此撰写了《辩证法唯物论（讲授提纲）》。在撰写这个提纲的过程中，诞生了《实践论》和《矛盾论》等体现马克思主义中国化理论成果的重要哲学著作，从而走出了一条在农民占人口多数，党内小资产阶级具有强大影响的条件下建设一支无产阶级先锋队政党的道路。在全国执政后特别是改革开放以来，先后开展了整党运动、"三讲"教育活动、"三个代表"重要思想学习教育活动、深入学习实践科学发展观活动、党的群众路线教育实践活动以及"不忘初心，牢记使命"主题教育活动等，通过集中性教育和经常性教育

---

① 毛泽东：《论联合政府（一九四五年四月二十四日）》，《毛泽东选集（第三卷）》，人民出版社 1991 年版第1094 页。

② 习近平：《持续推动全党不忘初心、牢记使命（2020 年 1 月 8 日）》，《习近平谈治国理政（第三卷）》，外文出版社 2020 年版第539—540 页。

相结合，不断强化党的理论学习、教育、武装工作。

（三）坚定理想信念是共产党人安身立命的根本，也是党的思想建设的首要任务

革命理想高于天。共产主义远大理想和中国特色社会主义共同理想，是中国共产党人的精神支柱和政治灵魂，也是保持党的团结统一的思想基础。党之所以能够经受一次次挫折而又一次次奋起，归根结底是因为有远大理想和崇高追求。加强党的思想建设，就必须把坚定党员、干部的理想信念作为首要任务，补足精神之钙。这是党的建设历史经验的深刻总结。习近平多次强调，坚定理想信念，坚守共产党人精神追求，始终是共产党人安身立命的根本。的确，有了坚定的理想信念，站位就高了，眼界就宽了，心胸就开阔了，就能坚持正确政治方向，在胜利和顺境时不骄傲、不急躁，在困难和逆境时不消沉、不动摇，经受住各种风险和困难考验，自觉抵御各种腐朽思想的侵蚀，永葆共产党人政治本色。相反，共产党人如果没有理想信念，就必然导致政治上变质、经济上贪婪、道德上堕落、生活上腐化。党的历史发展中的正反两个方面事实已经很好地给出了警示。

坚定理论信念首要的是抓好思想政治教育，使全党在廓清思想迷雾中坚定理论自信。毛泽东早就指出："掌握思想教育，是团结全党进行伟大政治斗争的中心环节。"① 的确，越是形势复杂、任务艰巨，越要抓住思想教育这个中心环节不放。这是历史经验的总结。特别是面对意识形态领域斗争尖锐复杂，铸魂与蛀魂、固根与拔根的较量更加激烈，中国在由大向强、实现民族复兴的发展进程中，必将遇到西方敌对势力的遏制、渗透、西化、分化的严峻挑战，西方敌对势力企图让党改旗易帜、改名换姓，其要害就是企图让党丢掉对马克思主义的信仰，丢掉对社会主义、共产主义的信念。这就更加需要通过狠抓思想教育来明辨是非界限，澄清模糊认识，在大是大非面前和重大原则问题上保持清醒头脑，始终做到洞若观火、心明眼亮、立场坚定、旗帜鲜明。

（四）学习马克思主义理论是中国共产党做好一切工作的看家本领，也是领导干部必须普遍掌握的工作制胜的看家本领

列宁在 1902 年 8 月 1 日和 9 月 1 日撰写的《革命冒险主义》中指出："在

① 毛泽东：《论联合政府（一九四五年四月二十四日）》，《毛泽东选集（第三卷）》，人民出版社 1991 年版第1094 页。

我们看来，没有理论，革命派别就会失去生存的权利，而且不可避免地迟早注定要在政治上遭到破产。”① 1938 年 10 月 14 日，毛泽东也明确提出“如果我们党有一百个至二百个系统地而不是零碎地、实际地而不是空洞地学会了马克思列宁主义的同志，就会大大地提高我们党的战斗力量”②。1942 年 2 月 1 日，毛泽东在中央党校开学典礼上发表重要演说，题目是《整顿党的作风》，号召全党学会应用马克思列宁主义的立场、观点、方法，认真研究中国的历史，研究中国的经济、政治、军事和文化，对每一个问题要根据详细的材料加以具体的分析，然后引出理论性的结论来。他还强调：“不应当把马克思主义的理论当成死的教条。对于马克思主义的理论，要能够精通它、应用它，精通的目的全在于应用。如果你能应用马克思列宁主义的观点，说明一个两个实际问题，那就要受到称赞，就算有了几分成绩。被你说明的东西越多，越普遍，越深刻，你的成绩就越大。”③ 正是根据这一基本思想，中国共产党人不仅加强对中国化马克思主义的理论创新，先后形成了毛泽东思想、邓小平理论、“三个代表”重要思想、科学发展观、习近平新时代中国特色社会主义思想，而且持续不断加强对马克思列宁主义的学习，特别是领会贯穿其中的马克思主义立场、观点、方法，从而保证了始终心明眼亮，坚定理想信念，深刻认识和准确把握共产党执政规律、社会主义建设规律、人类社会发展规律，确保了在纷繁复杂的形势下坚持科学指导思想和正确前进方向，带领人民走对路，把中国特色社会主义不断推向前进。

三、保证党的权威和集中统一

习近平指出：“保证全党服从中央，坚持党中央权威和集中统一领导，是党的政治建设的首要任务。”④ 在阐述新时代中国特色社会主义思想和基本方略时，习近平进一步强调，“必须增强政治意识、大局意识、核心意识、看齐意

---

① 列宁：《革命冒险主义》，《列宁全集》第 6 卷，人民出版社 2013 年第 2 版增订版第367 页。

② 毛泽东：《中国共产党在民族战争中的地位（一九三八年十月十四日）》，《毛泽东选集（第二卷）》，人民出版社 1991 年版第533 页。

③ 毛泽东：《整顿党的作风（一九四二年二月一日）》，《毛泽东选集（第三卷）》，人民出版社 1991 年版第815 页。

④ 习近平：《决胜全面建成小康社会夺取新时代中国特色社会主义伟大胜利（2017 年 10 月 18 日）》，《习近平谈治国理政（第三卷）》，外文出版社 2020 年版第48—49 页。

识，自觉维护党中央权威和集中统一领导，自觉在思想上政治上行动上同党中央保持高度一致”①。这些重要论述阐明，党是最高政治领导力量，党的领导是中国特色社会主义最本质的特征，是中国特色社会主义制度的最大优势，是做好党和国家各项工作的根本保证。中国共产党之所以能够把全国各族人民紧密团结起来，形成万众一心、无坚不摧的磅礴力量，赢得一个又一个伟大胜利，就在于保证了党的权威和集中统一。党的建设经验有千条万条，这是根本的一条。

（一）马克思、恩格斯创立的党是集中统一的党

马克思、恩格斯在创立和发展无产阶级政党时始终强调集中和权威的问题。恩格斯写于1872年10月—1873年3月的《论权威》，就明确提出了这一基本原则。这之前的1872年1月6日，恩格斯在给卡洛·特尔察吉的信中，就科学而深刻地阐明了权威和集中的基本原理。恩格斯指出：“如果您想了解他们为国际做了些什么，能做些什么，那就请读一下1871年11月23日日内瓦《社会革命报》第5号上刊载的联合会委员会向汝拉联合会代表大会所作的正式报告，您将会看到，他们把一年前还很稳固的联合会弄得瓦解和软弱到什么地步。我认为，‘权威’这个词用得太滥了。我不知道什么东西能比革命更有权威了，如果用炸弹和枪弹打败自己的敌人，那末，我认为这就是权威行动。如果巴黎公社的权威和集中稍微多一些，那末，它就会战胜资产者。胜利以后，我们可以随意组织起来，但是，为了进行斗争，我认为必须把我们的一切力量拧成一股绳，并使这些力量指向同一个攻击点。如果有人向我说，没有权威和集中就不可能做到这一点，而这是两种应当坚决加以诅咒的东西，那末我就认为，说这种话的人，要么不知道什么叫革命，要么只不过是口头革命派。”② 马克思、恩格斯在1850年3月起草的《中央委员会告共产主义者同盟书》中还提出“应该使自己的每一个支部变成工人联合会的中心和核心”③。对于如何实现使每个支部成为中心和核心，对于如何把集中和权威的原则贯彻落实于无产阶级政党建

① 习近平：《决胜全面建成小康社会夺取新时代中国特色社会主义伟大胜利——在中国共产党第十九次全国代表大会上的报告》，人民出版社2017年版第20页。

② 恩格斯：《恩格斯致卡洛·特尔察吉（1872年1月6日左右）》，《马克思恩格斯全集》第33卷，人民出版社1973年版第375—376页。

③ 马克思、恩格斯：《中央委员会告共产主义者同盟书（1850年3月）》，《马克思恩格斯全集》第7卷，人民出版社1959年版第293页。

设的始终，马克思、恩格斯在领导和指导无产阶级政党建设的过程中还进行了系统性阐述。1900年11月初，列宁在《火星报》创刊号《我们运动的迫切任务》中说："在历史上，任何一个阶级，如果不推举出自己的善于组织运动和领导运动的政治领袖和先进代表，就不可能取得统治地位。"① 这也充分阐明了保持党的权威和集中统一的重要性。

（二）维护党的权威和集中统一领导，是中国共产党革命、建设、改革的重要经验，是一个成熟的马克思主义执政党的重大建党原则，是党领导人民进行伟大斗争的现实战略选择

正式文件中最早出现"党领导一切"的规定，是1942年9月1日通过的《关于统一抗日根据地党的领导及调整各组织间关系的决定》，文件明确规定党应该"领导一切其他组织，如军队、政府与民众团体"。毛泽东进一步阐发了"党领导一切"的思想，先后提出"领导我们事业的核心力量是中国共产党""工、农、商、学、兵、政、党这七个方面，党是领导一切的""政治局是管全部的，党政军民学、东西南北中"等思想。历史事实也证明，但凡党中央是有权威的、团结统一的，能够实现"党领导一切"的，党就能汇聚全党全国人民的力量攻坚克难，反之则会招致失败。1938年10月14日，在中国共产党第六届中央委员会扩大的第六次全体会议上的政治报告中，也就是《中国共产党在民族战争中的地位》这篇文章中，针对张国焘、王明等人自搞一套的错误做法，毛泽东突出强调了"党的纪律"问题，指出纪律是执行路线的保证，并明确："鉴于张国焘严重地破坏纪律的行为，必须重申党的纪律：（一）个人服从组织；（二）少数服从多数；（三）下级服从上级；（四）全党服从中央。谁破坏了这些纪律，谁就破坏了党的统一。"② 党的六届六中全会通过的有关文件，要求党的一切工作由中央集中领导，各级党的委员会的委员必须无条件地执行。后来，针对项英在任中共东南分局书记时"自成风气"，对党中央的指示不坚决执行，皖南事变发生给革命造成重大损失，毛泽东说，过去的张国焘与当时的项英、袁国平，都因不服从中央而失败，全党全军应该警惕，引以为戒。有鉴于此，

---

① 列宁：《我们运动的迫切任务（1900年11月初）》，《列宁全集》第4卷，人民出版社2013年第2版增订版第336页。

② 毛泽东：《中国共产党在民族战争中的地位（一九三八年十月十四日）》，《毛泽东选集（第二卷）》，人民出版社1991年版第528页。

当时的党中央于1941年7月1日发布了《关于增强党性的决定》，强调不允许任何党员与任何地方党部有标新立异、自成系统，及就全国性问题任意对外发表主张的现象，由于对中央的不尊重，三年中已发展至极不正常的程度，特别强调，当时比之前任何时候更需要相信与服从中央的领导。

邓小平对维护党中央权威和集中统一领导也一贯高度重视。1956年9月16日，邓小平在中国共产党第八次全国代表大会上的报告中就说，党内时常出现这样一种干部，他们在自己的工作岗位上，爱好自成系统，自成局面，在政治上自由行动，不喜欢党的领导和监督，不尊重中央和上级的决定，甚至在他们处理一些应当由中央统一决定的重要问题的时候，也事前既不向中央和上级机关请示，事后又不向中央和上级机关报告，违背党的政策和纪律，危害党的统一。邓小平还紧接着梳理了党反对分散主义的情况，说："党中央对于这种偏向，进行了不断的坚决的斗争。一九四一年中央关于增强党性的决定，一九四二年中央关于抗日根据地领导一元化的决定，一九四八年中央关于建立请示报告制度、加强组织性和纪律性的指示，一九四八年中央关于健全党委制的决定，都主要是针对着克服这种分散主义倾向而发出的。一九五四年二月党的七届四中全会，更从思想上、政治上和组织上彻底地摧毁了这种分散主义的错误。从那时以来，分散主义的偏向，就只在个别的范围内还有它的残余了。"① 邓小平在1988年9月12日听取关于价格和工资改革初步方案汇报时的谈话中，就明确提出："我的中心意思是，中央要有权威。"②

在新时代，以习近平同志为核心的党中央大力加强党的建设特别是政治建设，全力强化党中央的权威和集中统一。党的十八届六中全会通过的《关于新形势下党内政治生活的若干准则》《中国共产党党内监督条例》对此作出专门规定。党的十九大在新时代党的建设总要求中明确提出加强党的政治建设，把保证全党服从中央、坚持党中央权威和集中统一领导作为党的政治建设的首要任务。《中共中央政治局关于加强和维护党中央集中统一领导的若干规定》，对中央政治局的同志又专门提出了标准和要求。

---

① 邓小平：《关于修改党的章程的报告（一九五六年九月十六日）》，《邓小平文选（第一卷）》，人民出版社1994年版第2版第227页。

② 邓小平：《中央要有权威（一九八八年九月十二日）》，《邓小平文选（第三卷）》，人民出版社1993年版第277页。

（三）坚持和加强党的全面领导，首先要维护党中央权威和集中统一领导

习近平指出，“中国特色社会主义最本质的特征是中国共产党领导，中国特色社会主义制度的最大优势是中国共产党领导，党是最高政治领导力量”，强调“坚持党的政治领导，最重要的是坚持党中央权威和集中统一领导”。[①] 保证党中央权威和集中统一领导，保证全党令行禁止，是党和国家前途命运所系，是全国各族人民根本利益所在。中国共产党是一个有着 9 500 多万名党员和 480 多万个基层党组织的大党，而且是一个组织严密、纪律严明的党，正团结带领 14 亿多人民进行社会主义现代化建设，治国理政任务之艰巨、责任之重大、情况之复杂是世界上其他任何政党都无法比拟的。如果没有党中央权威和集中统一领导，不能把全党思想和意志牢固凝聚起来，不能把全国各族人民紧密团结起来，不能形成同心同德、和衷共济的磅礴力量，各方面各说各话、各自为政，甚至弄得人心涣散、七零八落，那就什么事情都干不成。特别是中国幅员辽阔、人口众多，党的集中统一是党的力量所在，是全党全国各族人民最高利益所在。党面临的形势越复杂，肩负的任务越艰巨，越要维护党的集中统一。因此，必须要求各级党组织和广大党员、干部特别是主要领导干部自觉遵守党章，自觉按照党的组织原则和党内政治生活准则办事，自觉接受党的纪律约束，决不允许任何个人凌驾于组织之上。

四、构建科学严密的党的组织系统

马克思、恩格斯指出：“**思想**从来也不能超出旧世界秩序的范围：在任何情况下它都只能超出旧世界秩序的思想范围。思想根本不能**实现什么东西**。为了实现思想，就要有使用实践力量的人。”[②] 这充分说明，思想是人的思想，实现人本身的思想，还需要人本身去努力、去奋斗。加强党的建设最终还是要落实到具体的人上，而落实到人上，组织是基本平台和载体。正是基于此，恩格斯才强调指出“任何政党没有组织都是无法存在的”[③]。这也是“党的力量来自组

---

① 新华社：《把党的政治建设作为党的根本性建设，为党不断从胜利走向胜利提供重要保证》，《人民日报》2018 年 7 月 1 日第 1 版。

② 马克思、恩格斯：《神圣家族，或对批判的批判所做的批判》，《马克思恩格斯全集》第 2 卷，人民出版社 1957 年版第152 页。

③ 恩格斯：《最近的科伦案件》，《马克思恩格斯全集》第 8 卷，人民出版社 1961 年版第449 页。

织，组织能使力量倍增”的基本道理。100 年来，中国共产党以马克思主义作为建党理论，以民主集中制为根本组织制度和领导制度，栉风沐雨、历经坎坷，不断从胜利走向胜利，发展成为世界第一大执政党，组织严密是党的光荣传统和独特优势。

（一）始终保持组织的坚强不断线

习近平在 2013 年 12 月 26 日的《在纪念毛泽东诞辰座谈会上的讲话》中指出，革命领袖是人不是神。尽管他们拥有很高的理论水平、丰富的斗争经验、卓越的领导才能，但这并不意味着他们的认识和行动可以不受时代条件限制。不能因为他们伟大就把他们像神那样顶礼膜拜，不容许提出并纠正他们的失误和错误；也不能因为他们有失误和错误就全盘否定，抹杀他们的历史功绩，陷入虚无主义的泥潭。习近平的这一段话，对正确认识和把握革命领袖问题提供了基本的思想理论依据。革命领袖也是人，从马克思、恩格斯创立和发展的以共产主义者同盟和国际工人协会为主线的政党进程看，共产主义者同盟仅仅存在了 5 年多的时间，而国际工人协会相对来讲要长一点，但也仅仅存在了约 12 年。这一方面是由于当时的革命斗争形式逼迫以及他们革命斗争的重点转移等因素的制约而不得不做出的无奈选择，但主要还是由于马克思、恩格斯没有始终坚持组织建设，从而导致党组织的中断。特别是在后来的德国社会民主工党的建设中，在法国工人党的建设中，劳拉·马克思也在参与法国工人党的建设中，因为党的内部斗争问题选择了退党。在这一点上，也许是需要引起反思的。

习近平指出：“党和人民事业发展到什么阶段，党的建设就要推进到什么阶段。这是加强党的建设必须把握的基本规律。”① 中国共产党之所以能够取得一个又一个胜利，科学把握这个基本规律，是党的建设的基本经验。回顾党自 1921 年 7 月成立以来的百年发展历程，可以看到，无论是面对 1927 年大革命失败后的疯狂屠杀，面对党的生死存亡的关键时刻，还是面对新时代的新情况、新问题，党都始终保持了组织健全，从而保证了党的凝聚力、领导力和战斗力。

（二）坚持民主集中制这个根本组织原则和领导制度

民主集中制是民主基础上的集中和集中指导下的民主相结合的制度，是党

① 习近平：《不忘初心，继续前进（2016 年 7 月 1 日）》，《习近平谈治国理政（第二卷）》，外文出版社 2017 年版第43 页。

的根本组织原则和领导制度，是马克思主义政党区别于其他政党的重要标志。对于民主集中制的问题，马克思、恩格斯虽然没有直接提出"民主集中制"的基本概念，但他们在创立和发展无产阶级政党时所强调的"民主""集中""权威"等基本思想，已经体现了民主集中制的初步思想和观点。列宁正式提出"民主集中制"的基本概念，并在加强布尔什维克党的过程中发展了这一根本制度。

作为马克思主义认识论和群众路线在党的生活和组织建设中的运用，民主集中制在党的建设中起着根本的制度保证作用。中国共产党就是按照马克思列宁主义奠定的民主集中制的组织原则建立起来的，并按照这个原则进行活动的政党。历史证明，坚持民主集中制，党就能保证团结统一，党的领导就坚强有力，中国革命、建设、改革的事业就兴旺发达；违背民主集中制，党就会涣散、分裂，党的战斗力就必然削弱，中国革命、建设、改革的事业就会遭受挫折。邓小平 1962 年在扩大的中央工作会议上指出："民主集中制是党和国家的最根本的制度，也是我们传统的制度。"① "民主集中制执行得不好，党是可以变质的，国家也是可以变质的，社会主义也是可以变质的。干部可以变质，个人也可以变质。"② 习近平在党的十九大报告中强调："完善和落实民主集中制的各项制度，坚持民主基础上的集中和集中指导下的民主相结合，既充分发扬民主，又善于集中统一。"③

（三）不断加强组织结构的科学化

1847 年 12 月 8 日，马克思、恩格斯积极参与起草的《共产主义者同盟章程》，在第五条规定："同盟的组织机构是：支部、区部、总区部、中央委员会和代表大会。"④ 政党的力量在于组织的力量。任何一个组织都是由一定的组织机构组成的，都必须按照一定的组织形式和组织原则来对它的成员进行分工、

---

① 邓小平：《在扩大的中央工作会议上的讲话（一九六二年二月六日）》，《邓小平文选（第一卷）》，人民出版社 1994 年第 2 版第312 页。

② 邓小平：《在扩大的中央工作会议上的讲话（一九六二年二月六日）》，《邓小平文选（第一卷）》，人民出版社 1994 年第 2 版第303 页。

③ 习近平：《决胜全面建成小康社会夺取新时代中国特色社会主义伟大胜利——在中国共产党第十九次全国代表大会上的报告》，人民出版社 2017 年版第62—63 页。

④ 马克思、恩格斯：《共产主义者同盟章程（1847 年 12 月 8 日）》，《马克思恩格斯全集》第 4 卷，人民出版社 1958 年版第572 页。

确定职责范围、分配职责权力等。作为一个政党，组织机构是其核心的部分，是其日常运转的基本平台和载体。无产阶级政党虽然有其特殊性，但从普遍意义来讲，也同样如此。在马克思、恩格斯一生的革命生涯中，先后创立和领导了布鲁塞尔通迅委员会、共产主义者同盟、国际工人协会以及第二国际等，还指导欧美一些国家建立了各自的独立的无产阶级政党。他们在理论探索和实践躬行中提出了自己对组织机构的基本思想和观点，为构建无产阶级政党的组织机构奠定了基础。

中国共产党历来高度重视党和国家机构建设和改革，注重在继承马克思、恩格斯创立的政党的基本组织结构基础上，结合中国实践对党的组织机构进行科学设置，并在此基础上又根据党和国家的发展需要不断进行改革，从而为党的科学有效运转提供基本组织保证。中华人民共和国成立后，在党的领导下，中国确立了社会主义基本制度，逐步建立起具有中国特点的党和国家机构职能体系，在治国理政、推进社会主义建设方面发挥了重要作用。改革开放以来，适应党和国家工作中心转移、社会主义市场经济发展和各方面工作不断深入的需要，积极推进党和国家机构改革。党的十一届三中全会以来，从国务院内部来看就经过了 6 轮改革，先后历经了 1982 年提出精简机构是一场革命、1988 年首先提出转变政府职能、1993 年适应建立社会主义市场经济体制的需要、1998 年机关行政编制精简 50%、2003 年为促进改革开放和现代化建设提供组织保障、2008 年探索实行职能有机统一的大部门体制，通过这 6 次大的改革，机构职能不断优化、逐步规范，实现了从计划经济条件下的机构职能体系向社会主义市场经济条件下的机构职能体系的重大转变，推动了改革开放和社会主义现代化建设。特别是自党的十八大以来，以习近平同志为核心的党中央明确提出，全面深化改革的总目标是完善和发展中国特色社会主义制度、推进国家治理体系和治理能力现代化，适应统筹推进“五位一体”总体布局、协调推进“四个全面”战略布局的要求，加强党的领导，坚持问题导向，突出重点领域，深化党和国家机构改革，又于 2013 年以转变职能、理顺职责为基本内容进行了第 7 次改革，在一些重要领域和关键环节取得重大进展，为党和国家事业取得历史性成就、发生历史性变革提供了有力保障。面对新时代、新任务提出的新要求，党和国家机构设置和职能配置同统筹推进“五位一体”总体布局、协调推进“四个全面”战略布局的要求还不完全匹配，同实现国家治理体系和治理能力现代化的要求还不完全匹配。正是基于以上原因，2018 年 2 月 28 日在北京举行的中国共产党第十九届中央委员会第三次全体会议审议通过了《中共中央关于深化党和国家机构改革的决定》，中共中央还专门印发《深化党和国家机构改革方案》，为推进国家治理体系和治理能力现代化提供基本制度保证。2019 年 8 月，中共中央还印发《中国共产党机构编制工作条例》，对于落实党管机构编制原则，推进机构编制法治化，提升机构编制工作水平，巩固党治国理政的组织基础，具有重要意义。

五、大力加强党的人才队伍建设

人才兴则事业旺。党员队伍是政党建设的主体，是实现党的领导和建设的骨干力量。中国共产党注重加强党员队伍特别是领导干部的教育培养，大力培养适应党的领导和建设需要的人才队伍，从而保证了党的事业兴旺发达。

（一）无产阶级政党要取得事业成功就应该培养本阶级的优秀人才

正确的政治路线确定以后，干部就是决定因素。要保证党的事业不断发展，完成历史使命，就必须建设适应时代发展任务需要的以广大党员干部为骨干的优秀人才群体。马克思、恩格斯就非常重视培养和选拔党的领导干部，认为党的领导干部是无产阶级政党的骨干力量，他们是斗争行动的策划者、组织者、宣传者和推动者，党的纲领路线、方针政策要靠他们去贯彻执行，他们在革命和建设中的作用是不可忽视的。马克思、恩格斯对党的领导干部的素质特别重视，在不同场合都提出了素质要求。恩格斯在《共产主义者和卡尔·海因岑》中指出："作为党的政论家，除了一定的信念、善良的愿望和洪亮的嗓音而外，还需要一些别的条件。同海因岑先生现在具有的和多年经验证明他能够具有的各方面的条件相比，党的政论家还需要具有更多的智慧、更明确的思想、更好的风格和更丰富的知识。"① 这四个"更"，充分体现了马克思和恩格斯对无产阶级政党领导人的更高期待和要求，并且强调要加强对党的干部的监督，高度警惕领导干部中出现的腐败风气。另外，马克思、恩格斯还强调无产阶级政党要重视知识分子队伍建设。1893 年 12 月 19 日，恩格斯在给国际社会主义者大

① 恩格斯：《共产主义者和卡尔·海因岑》，《马克思恩格斯文集》第 1 卷，人民出版社 2009 年版第 664 页。

学生代表大会的信中明确提出，在大学生中间将产生出“脑力劳动无产阶级”，他们将在无产阶级革命中和从事体力劳动的工人兄弟一起发挥巨大作用。恩格斯指出：“过去的资产阶级革命向大学要求的仅仅是律师，作为培养政治家的最好的原料；而工人阶级的解放，除此之外还需要医生、工程师、化学家、农艺师及其他专门人才，因为问题在于不仅要掌管政治机器，而且要掌管全部社会生产，而在这里需要的决不是响亮的词句，而是扎实的知识。”[①] 从这里可以看出，恩格斯对无产阶级专政后，所需要的人才特别是知识分子人才的重视。强调工人阶级的解放不仅要掌握政治机器，而且要掌握全部社会生产。这是发展和建设社会主义所必须的。

（二）中国共产党始终强调党的建设需要从人抓起

治国之要，首在用人。早在 1979 年 7 月，邓小平在接见海军党委常委扩大会议全体同志的谈话中说：“政治路线确立了，要由人来具体地贯彻执行。由什么样的人来执行，是由赞成党的政治路线的人，还是由不赞成的人，或者是由持中间态度的人来执行，结果不一样。”[②] 习近平也针对新时代党和国家的建设实际，总结性指出，伟大的斗争，宏伟的事业，需要高素质干部。党历来高度重视选贤任能，始终把选人用人作为关系党和人民事业的关键性、根本性问题来抓。当前，全党全国各族人民正在为全面建成小康社会、实现中华民族伟大复兴的中国梦而团结奋斗。面对复杂多变的国际形势和艰巨繁重的国内改革发展稳定任务，必须准备进行具有许多新的历史特点的伟大斗争。而进行具有许多新的历史特点的伟大斗争，实现党所确定的各项目标任务，关键在党，关键在人。关键在党，就要确保党在发展中国特色社会主义历史进程中始终成为坚强领导核心；关键在人，就要建设一支宏大的高素质干部队伍，培养造就一支具有铁一般信仰、铁一般信念、铁一般纪律、铁一般担当的干部队伍。

（三）下大力把优秀人才选拔和培养起来

习近平对怎样是好干部、怎样成长为好干部、怎样把好干部用起来等一系列问题进行了科学明确。习近平指出，好干部的标准就是信念坚定、为民服务、

---

① 恩格斯：《致国际社会主义者大学生代表大会》，《马克思恩格斯文集》第 4 卷，人民出版社 2009 年版第446 页。

② 邓小平：《思想路线政治路线的实现要靠组织路线来保证（一九七九年七月二十九日）》，《邓小平文选（第二卷）》，人民出版社 1994 年第 2 版第191 页。

勤政务实、敢于担当、清正廉洁；好干部不会自然而然产生，成长为一名好干部，一靠自身努力，二靠组织培养；对于如何把好干部用起来，就是要做到知人善任。这就是，以识才的慧眼、爱才的诚意、用才的胆识、容才的雅量、聚才的良方，广开进贤之路，把党内和党外、国内和国外等各方面优秀人才吸引过来、凝聚起来，努力形成人人渴望成才、人人努力成才、人人皆可成才、人人尽展其才的良好局面。这也就是习近平在 2016 年 7 月 1 日庆祝中国共产党成立 95 周年大会上的讲话中强调的："伟大的斗争，宏伟的事业，需要高素质干部。我们要坚持德才兼备、以德为先，坚持五湖四海、任人唯贤，坚持事业为上、公道正派，坚决防止和纠正选人用人上的不正之风，把党和人民需要的好干部精心培养起来、及时发现出来、合理使用起来。"① 从党员干部自身来讲，也要充分认清以德修养、以德立威、以德服众的基本道理，坚守"三严三实"，拧紧世界观、人生观、价值观这个"总开关"，做到心中有党、心中有责、心中有戒，把为党和人民事业无私奉献作为人生的最高追求。特别是加快知识更新、加强实践锻炼，使专业素养和工作能力跟上时代节拍，避免少知而迷、无知而乱，努力成为做好工作的行家里手。

（四）坚持抓"关键少数"和管"绝大多数"相统一

习近平在新进中央委员会的委员、候补委员和省部级主要领导干部学习贯彻习近平新时代中国特色社会主义思想和党的十九大精神研讨班开班式上的讲话中强调指出："要把我们党建设好，必须抓住'关键少数'。"② 这就是加强人才队伍建设的唯物辩证法，也就是既讲"两点论"，又讲"重点论"，在兼顾一般的同时紧紧抓住主要矛盾和矛盾的主要方面，以重点突破带动整体推进，在整体推进中破解重点难题。领导干部是党的执政骨干，其一言一行、一举一动，无形中在社会上营造一种风气、提倡一种追求、引导一种方向，只有抓住"关键少数"特别是高级干部和各级主要领导干部，人才队伍建设才能实现重点突破；同时，广大党员是党的队伍的主体，管住和培养好这个"绝大多数"，党的建设才能全面加强，有全面的人才支撑。从马克思、恩格斯之后的无产阶级运

① 习近平：《不忘初心，继续前进（2016 年 7 月 1 日）》，《习近平谈治国理政（第二卷）》，外文出版社 2017 年版第 45 页。

② 习近平：《以时不我待只争朝夕的精神投入工作，开创新时代中国特色社会主义事业新局面》，新华网客户端 2018 年 1 月 5 日。

动发展来看，也充分证明了党的“关键少数”的重要作用。比如，正是由于伯恩施坦这个马克思、恩格斯的继承者，恩格斯指定的遗嘱执行人，不仅没有真正继承马克思、恩格斯的马克思主义，而且还对马克思主义进行修正，从而导致德国社会民主党的无产阶级政党的基本性质的变质，也进而导致无产阶级运动的挫折。历史是群众的历史，但英雄人物或者说领袖，在历史发展中也起到关键的推动作用。正是因为有了马克思、恩格斯这两位无产阶级的革命导师，才让人类解决了“向何处去”的问题，从而促进了无产阶级革命运动的发展。

中国共产党历来重视通过抓住领导干部这个“关键少数”来从严管党治党。毛泽东在 1937 年 5 月 2 日至 14 日于延安召开的中国共产党全国代表会议上所作的结论中就指出：“我们党的组织要向全国发展，要自觉地造就成万数的干部，要有几百个最好的群众领袖。这些干部和领袖懂得马克思列宁主义，有政治远见，有工作能力，富于牺牲精神，能独立解决问题，在困难中不动摇，忠心耿耿地为民族、为阶级、为党而工作。党依靠着这些人而联系党员和群众，依靠着这些人对于群众的坚强领导而达到打倒敌人之目的。这些人不要自私自利，不要个人英雄主义和风头主义，不要懒惰和消极性，不要自高自大的宗派主义，他们是大公无私的民族的阶级的英雄，这就是共产党员、党的干部、党的领袖应该有的性格和作风。我们死去的若干万数的党员，若干千数的干部和几十个最好的领袖遗留给我们的精神，也就是这些东西。”① 改革开放之初，也就是在 1980 年 1 月 6 日，邓小平在中共中央召集的干部会议上的讲话中又指出：“艰苦创业，首先要我们党员、干部，特别是高级干部带头。我们不是反对特殊化吗？这是一场严肃的斗争。”② 习近平在党的群众路线教育实践活动工作会议上强调：“脱离群众的种种问题，主要表现在领导机关、领导干部中。这次活动要以县处级以上领导机关、领导班子、领导干部为重点。”③ 党的十八大以来，全面从严治党一个显著特点，就是既对广大党员提出普遍性要求，用严格教育、严明纪律管住大多数，同时又对“关键少数”特别是高级干部提出更高

① 毛泽东：《为争取千百万群众进入抗日民族统一战线而斗争（一九三七年五月八日）》，《毛泽东选集（第一卷）》，人民出版社 1991 年第 2 版第277 页。

② 邓小平：《目前的形势和任务（一九八〇年一月十六日）》，《邓小平文选（第二卷）》，人民出版社 1994 年版第260 页。

③ 中共中央文献研究室：《习近平总书记重要讲话文章选编》，中央文献出版社、党建读物出版社 2016 年版第51 页。

更严的标准，进行更严的管理和监督，严肃查处其中违纪违法的极少数人，坚决减存量、遏增量。这是取得阶段性重要成果的重要经验。

六、严明党的作风和纪律的基本保证

习近平指出："加强纪律建设是全面从严治党的治本之策。我们党是用革命理想和铁的纪律组织起来的马克思主义政党，组织严密、纪律严明是党的优良传统和政治优势，也是我们的力量所在。全面从严治党，重在加强纪律建设。"① 中国共产党作为马克思主义政党，不但需要强大的真理力量，而且需要强大的人格力量。真理力量集中体现为党的科学理论，人格力量集中体现为党的优良作风和严明纪律。党要管党、从严治党，靠什么管，凭什么治？就靠严明的作风和纪律。这不仅是党的建设的基本要求，也是党的建设历程的基本经验总结。

（一）马克思、恩格斯始终关注党的作风和纪律问题

对于党的作风和纪律建设问题，马克思、恩格斯始终高度关注。这个问题，我们在第四章的第四节，也就是"纪律是一个有成效的和坚强的组织的首要条件"中进行了系统研究梳理。对于无产阶级政党取得政权后，如何加强党的作风和纪律问题，恩格斯在1891年的《法兰西内战》导言中指出："为了防止国家和国家机关由社会公仆变为社会主人——这种现象在至今所有的国家中都是不可避免的——公社采取了两个可靠的办法。第一，它把行政、司法和国民教育方面的一切职位交给由普选选出的人担任，而且规定选举者可以随时撤换被选举者。第二，它对所有公职人员，不论职位高低，都只付给跟其他工人同样的工资。公社所曾付过的最高薪金是6 000法郎。这样，即使公社没有另外给代表机构的代表签发限权委托书，也能可靠地防止人们去追求升官发财了。"② 这是除了在《法兰西内战》正文中马克思的论述外，在马克思、恩格斯的著作里，为数不多的可看到的关于无产阶级专政后，对国家和国家机关人员进行管理约束的表述。虽然他们只是对巴黎公社经验作了简单总结，但从这里

① 中共中央纪律检查委员会、中共中央文献研究室：《习近平关于严明党的纪律和规矩论述摘编》，中央文献出版社、中国方正出版社2016年版第9页。

② 恩格斯：《法兰西内战（恩格斯写的1891年版导言）》，《马克思恩格斯文集》第3卷，人民出版社2009年版第110—111页。

也可以看出，马克思、恩格斯认为无产阶级政党实现政治统治以后，应关注的首要问题就是作风问题，就是防止党的干部由“社会公仆”变为“社会主人”，官僚主义和腐败问题滋生，从而葬送党的事业。

（二）狠抓作风和纪律问题是中国共产党取得胜利的重要经验

中国共产党是用革命理想和铁的纪律组织起来的马克思主义政党。组织严密、纪律严明是党的优良传统、政治优势和力量所在。中国共产党人秉持共产主义远大理想，继承和发展马克思、恩格斯关于党的作风和纪律建设的思想观点，始终加强党的作风和纪律建设，为党取得一个又一个胜利提供了基本保证。马克思在 1877 年 10 月 19 日给左尔格的信中提出：“我们党内流行着一种腐败的风气，在群众中有，在领导人（上等阶级出身的分子和“工人”）中尤为强烈。”① 这说明，无论在何时，党内以“腐败”为主的风气问题都是存在的。

中国共产党的百年建设历程充分证明，什么时候党的作风和纪律好了，党的建设和发展就好，什么时候党的作风和纪律出现问题了，党的建设和发展就必然会遇到挫折。这既是马克思、恩格斯的预见，也是中国共产党实践经验教训的总结。1921 年党的一大通过党的第一个纲领，对党的性质、基本任务、组织体制和党员政治立场、保守秘密等作出明确规定，涉及组织纪律、保密纪律和财经纪律等。党的一大通过的党纲奠定了“纪律立党”的基石。1922 年党的二大通过的第一部《中国共产党章程》首次设立“纪律”专章，第四章提出 9 条纪律要求，涉及政治纪律、组织纪律、宣传纪律、党员从业纪律等。1927 年党的五大通过的《组织问题议决案》，首次正式使用“政治纪律”一词，明确提出党内纪律非常重要，特别是重视政治纪律。井冈山斗争时期，毛泽东亲自制定“三大纪律八项注意”，统一全军纪律。延安整风时期，为统一全党思想，毛泽东在《反对主观主义和宗派主义》中强调指出：“路线是‘王道’，纪律是‘霸道’，这两者都不可少。”② 1948 年，针对党内无纪律倾向有所抬头、作决策不请示报告屡有发生的情况，毛泽东要求全党懂得“必须消灭现在我们工作中

---

① 马克思：《马克思致弗里德里希·阿道夫·左尔格（1877 年 10 月 19 日）》，《马克思恩格斯文集》第 10 卷，人民出版社 2009 年版第420 页。

② 毛泽东：《反对主观主义和宗派主义（一九四一年九月十日）》，《毛泽东文集（第二卷）》，人民出版社 1993 年版第374 页。

的某些严重的无纪律状态或无政府状态”①。毛泽东 1949 年 6 月 30 日在纪念中国共产党成立 28 周年的讲话，也就是《论人民民主专政》这篇文章中讲，我们党是“一个有纪律的，有马克思列宁主义的理论武装的，采取自我批评方法的，联系人民群众的党”②。毛泽东特别把有纪律放在最前面，这不是偶然的。因为这是党坚持革命、战胜敌人、争取胜利的首要条件。

革命战争年代，中国共产党团结带领人民打败穷凶极恶的敌人、夺取中国革命的胜利，靠的就是铁的纪律保证。从中取得的纪律建设理论成果，就是毛泽东总结的“军队向前进，生产长一寸，加强纪律性，革命无不胜”③。和平建设和改革时期，邓小平指出：“我们这么大一个国家，怎样才能团结起来、组织起来呢？一靠理想，二靠纪律。组织起来就有力量。没有理想，没有纪律，就会像旧中国那样一盘散沙，那我们的革命怎么能够成功？我们的建设怎么能够成功？”④ 2018 年 1 月 5 日，习近平在总结党的作风和纪律建设的基本经验时指出，为了解决这个问题，中国革命胜利时，党向领导干部提出 3 点要求，一是时刻不能脱离人民群众、自觉接受人民监督，二是永远不能骄傲自满、始终艰苦奋斗，三是时刻防范糖衣炮弹、永葆政治本色。党之所以能够走到今天离不开这 3 点，党要继续长期执政，也离不开这 3 点。党的十八大以来，党中央所抓的工作，概括起来也是在这 3 点上进行努力。从习近平总结的这段话可以看出，建党百年来，中国共产党之所以能够在复杂的环境变化中始终勇往直前，最终成为领导中国革命、建设和改革事业的核心力量，中国社会之所以发生翻天覆地的巨大变化，取得举世瞩目的辉煌成就，根本原因在于全党上下始终坚定共产主义的政治信仰、严守党的纪律和规矩。在党的发展历程中，也曾出现过右和“左”的错误，也曾面临过分裂和失败的危险，但每在关键时刻，都凭借坚定信仰和严明纪律，及时自省，拨乱反正，经受住生死攸关的考验，始终

---

① 毛泽东：《毛泽东年谱（1893—1949）》（下卷），人民出版社、中央文献出版社 2002 年版第 304 页。

② 毛泽东：《论人民民主专政（一九四九年六月三十日）》，《毛泽东选集（第四卷）》，人民出版社 1991 年版第1480 页。

③ 毛泽东：《毛泽东年谱（1893—1949）》（下卷），人民出版社、中央文献出版社 2002 年版第 307—308 页。

④ 邓小平：《一靠理想二靠纪律才能团结起来（一九八五年三月七日）》，《邓小平文选（第三卷）》，人民出版社 1993 年版第111 页。

走在时代和人民前列。实践证明，纪律严明过去是，现在是，将来依然是党战胜一切艰难险阻、从胜利走向胜利的根本保证。

（三）综合施策把党的作风和纪律保持好、建设好

习近平指出："纪律面前一律平等，党内不允许有不受纪律约束的特殊党员。党的各级组织要积极探索纪律教育经常化、制度化的途径，多做提提领子、扯扯袖子的工作，使党员、干部真正懂得，党的纪律是全党必须遵守的行为准则，严格遵守和坚决维护纪律是做合格党员、干部的基本条件。"① 实践也证明，只要真管真严、敢管敢严，党的作风和纪律建设就没有什么解决不了的问题。这是中国共产党全面从严治党的经验总结。

总结百年的发展历程，特别是自党的十八大以来的基本经验，可以重点看到以下几个方面。第一是持续加强纪律教育。习近平指出："要深入开展纪律教育，加强学习宣传教育，使党员、干部增强纪律意识，把党章党规党纪刻印在心上，形成尊崇党章、遵守党纪的良好习惯。"② 刻印在心上，是对纪律的内心认同；形成良好习惯，则是对纪律的行为认同。按照党的十九大要求，强化纪律教育，必须使遵守和维护纪律真正成为全体党员特别是领导干部的行动自觉。第二是持之以恒加强作风和纪律建设，坚持发扬党的优良传统和作风，坚持抓常、抓细、抓长，切实做到执纪必严、违纪必究，强化党纪执行的严肃性、严格性、严厉性。第三是充分认清党执政时面临的最大威胁是腐败这一问题，以反腐败为突破口，重点抓重点治。党的十八大以来，坚持"老虎""苍蝇"一起打，使不敢腐的震慑作用得到发挥，不能腐、不想腐的效应初步显现，反腐败斗争压倒性态势正在形成。以顽强的意志品质，坚持零容忍的态度不变，做到有案必查、有腐必惩，让腐败分子在党内没有任何藏身之地。第四是坚持监督执纪"四种形态"，切实把纪律挺在前面。特别是加强领导干部的权力观建设，保持高尚精神追求，使敬畏人民、敬畏组织、敬畏法纪成为基本要求，做到公正用权、依法用权、为民用权、廉洁用权，永葆共产党人拒腐蚀、永不沾的政治本色。第五是坚持以上率下，从中央领导做起，从高级干部抓起。

---

① 中共中央文献研究室：《习近平总书记重要讲话文章选编》，中央文献出版社、党建读物出版社2016年版第178页。

② 中共中央文献研究室：《习近平关于全面从严治党论述摘编》，中央文献出版社2016年版第115页。

后记

200 多年前出生的马克思与小他两岁的恩格斯，在携手齐心努力中创立了他们自己的世界观——唯物史观，从而创立人类解放理论，并把实现人类解放的神圣使命赋予无产阶级。在宣传和实践他们自己的世界观过程中，找到了领导无产阶级实现其历史使命的领导力量，也就是无产阶级政党。在创立和发展无产阶级政党过程中，提出并实践了无产阶级政党的基础理论、纲领策略、自身建设等方面的一系列思想观点和基本原理，从而构建了马克思恩格斯无产阶级政党理论。这一理论体系，既是马克思、恩格斯长期理论研究的成果，更是他们不断奋斗实践的结晶，有着科学而深刻的丰富内容，散发着真理的无限光芒。

习近平指出："马克思主义是随着时代、实践、科学发展而不断发展的开放的理论体系，它并没有结束真理，而是开辟了通向真理的道路。"① 作为马克思主义重要组成部分的无产阶级政党理论，自 1848 年《共产党宣言》发表以来 170 多年的实际检验，早已证明了它对国际共产主义运动的理论指导和实践价值。作为一个开放而宏大的理论体系，对它的研究犹如开采不尽的宝藏，不可能穷尽和完美，需要结合时代发展从不同角度持续进行全面而深入的研究。本书虽尽其所能进行了研究提炼，但由于学识制约和时间限制，还没有完全悟透他们的理论真谛，需要继续深化学习研究。特别是当代中国，正经历着历史上最为广泛而深刻的社会变革，正在进行着人类历史上最为宏大而独特的实践创新。这种前无古人的伟大实践，必将给理论创造、学术繁荣提供强大动力和广阔空间。作为当今世界最大最有领导力且最有发展前途的马克思主义的"忠实传人"，中国共产党 100 年的发展实践早已证明了其无穷力量。面对已经取得的伟大成就和正在进行的伟大实践，更加需要在继承基础上，创造并提炼出具有中国特色的无产阶级政党理论，以满足党的未来发展需求。这既是党的建设的实际需要，也是理论工作者义不容辞的责任。

---

① 习近平：《在哲学社会科学座谈会上的讲话（2016 年 5 月 17 日）》，《人民日报》2016 年 5 月 19 日第 2 版。

学无止境，科学的探索也永无止境。对于马克思恩格斯无产阶级政党理论的学习研究，从我在部队工作时开始关注到书稿成型出版，算起来整整花了近10年时间，如果再算上攻读国防大学硕士研究生的时间，可能就更长了。对于这一著作，我还是下了心血的，也是有所期待的。但我只是想进入马克思、恩格斯的理论大厦去走一走，好好阅读和感悟他们的灵魂和思想的魅力，去汲取他们在艰辛革命奋斗旅程中提炼出来的精神食粮和空气。这是因为马克思恩格斯无产阶级政党理论是个科学而完整的理论体系，对我来讲，有时还真不能把这个体系详尽研究清楚。正如恩格斯指出的："最蹩脚的哲学博士，甚至大学生，不动则已，一动至少就要创造一个完整的'体系'。"① 这里只是尽我所能把我对马克思、恩格斯的研究，原汁原味地呈现给大家。

学习研究的过程也是精神洗礼的过程。通过对这个问题的学习研究，不仅夯实了我的理论根基，让我感受到两位科学巨匠所创立和发展的无产阶级政党理论的理论魅力，更让我感受到他们作为革命导师的人格魅力，找到了自己终生前行的"精神导师"。他们一路相伴中的无私的相互关心、支持和鼓励，他们对待家人、朋友、战友等所展现的爱情、亲情、友情等，无不体现着崇高的思想品格和高尚的情怀。我从内心里被他们彻底征服了，虽然在理论水平和实践能力上还有差距，但我感觉自己已经成为了一名忠实的马克思主义"信徒"，甚至是他们的"粉丝"了。正因如此，我还将继续加强对马克思、恩格斯做人、做学问等方面的持续学习和研究，以期有更丰厚的收获。我也将立志在以后的生活工作和学习研究中，始终紧跟他们的思想和足迹，不管遇到什么样的艰难困苦，多从他们为了实现理想而奋斗的进程中找到前行方向，多从他们为了探索真理而为科学献身的思想境界中寻求前进动力。

这个理论研究的成果，是我的导师——国防大学政治学院何怀远教授悉心教导与关怀的结果。在人生的求学路上，遇一好导师是幸运的。另外，在这个成果成文过程中，国防大学政治学院姜延军教授、杜人淮教授、刘保国教授、杨宁教授、张明之教授、朱彦振副教授，陆军指挥学院凌胜银教授、韩飞，还有解放军理工大学俞红教授等，都给予了指导。国防大学政治学院的领导特别是科研学术处的同志们给予了大力支持和关心。感谢上海远东出版社编辑团队

① 恩格斯：《反杜林论》，《马克思恩格斯全集》第20卷，人民出版社1973年版第8页。

的辛苦付出。尤其要感谢我的家人，特别是妻子陈文、儿子张珈宁，这也算是对他们给我的全力无私支持的一个小小回馈吧！

最后，由于理论功底和研究水平的原因，有些问题还研究得不是很到位，有些地方还可能会产生不同的理论认识，还望得到大家的批评指教。

张　军

2020 年 11 月于上海